I0750604

"DARK FLORIDA - NIGHTTIME IN THE SUNSHINE STATE"

First Edition - 2026

NOMADCAT PRESS via
NOMADCAT PRODUCTIONS LLC
www.paulvlachos.com

ISBN: 979-8-9875312-0-4 (Paperback)

DARK FLORIDA

NIGHT
IN THE
SUNSHINE STATE

BY

PAUL VLACHOS

FOREWORD

What is darkness?

The absence of light? A well full of promise? Something is out there. What sits in the shadows behind that building, around that corner, at the edge of the parking lot? It could be anything or nothing. You feel the darkness as much as you see it.

You absorb the elements of a photo in the head and the gut. A photograph hits the brain before a thought happens. The gut thinks faster than the head. The picture creates an impression. Later, you might look for meaning. Sometimes, there is no meaning, just a feeling.

A photo can create a mood, filtered through the viewer's life experience. A photo tells a story and, the more dark space or empty space or blank space, the more is left to the viewer's imagination.

Critics still grapple with the value of photography. They tend to treat a photo more as a painting than a book. It's neither. A single photo doesn't have the narrative arc of a book and it's not an object the way a painting is - singular and unique. It's more a poem.

Florida is no more or less mysterious than any other place after dark. Wherever you go, the night is full of fear and promise. What we can't see, we imagine, and what we imagine, we cannot always comprehend. Tropical skies and luminous clouds light up if you are patient and have a steady hand.

I first went to Florida with my camera in 1999. It felt like truffle hunting. I drove around and something would strike me. I was hunting for old motel signs, but that became an excuse to stare into the darkness.

I went back to Florida a few times in the next decade and more frequently in the 2010's. I found myself looking at the bits and beams of light that formed in the tropical air. The glowing edges between objects and the humid sky. The alien backgrounds and the moist air that plays with the light down there.

Florida is a name that conveys all kinds of images - palm trees, old people, politics, and cliches. I'm from New York City and know what it's like to be judged for where I live. I know the cliches. The tourists in New York City always photograph the same things.

I have traveled all over America. In Florida - and everywhere else - I shoot man-made objects, rarely humans. I don't shoot nature unless it's part of the photo around an object. Nature is context here, not subject.

When I laid out this book, I did not include captions. I wanted each spread of two pages and four photos to speak on its own, with no distractions. When my significant other found this out, she suggested I include an index of place names and dates, so I did. If you want the date and location of a photo, the information is there.

I have returned to Florida many times in the past 25 years, and I still find myself wanting to go back. Especially in the winter, when the north becomes monochromatic and I curse the cold and the wet. At the first hint of hellish weather, I pack the car and head south with my gear.

There is little else to say.

Please enjoy the photos. It's what I saw.

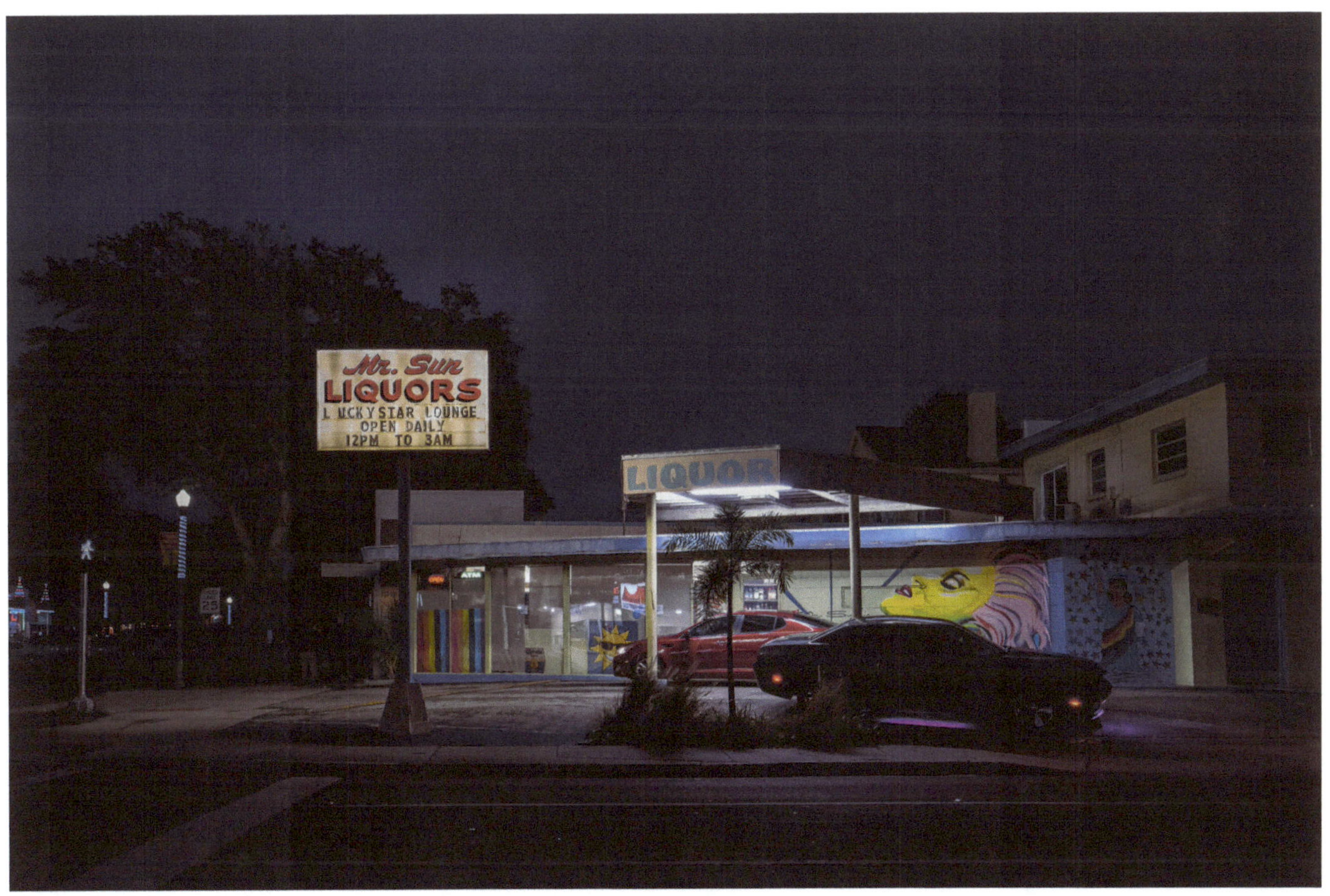

TO TONYA

"You can never know too much about the shadow line and the people who walk it."

Raymond Chandler

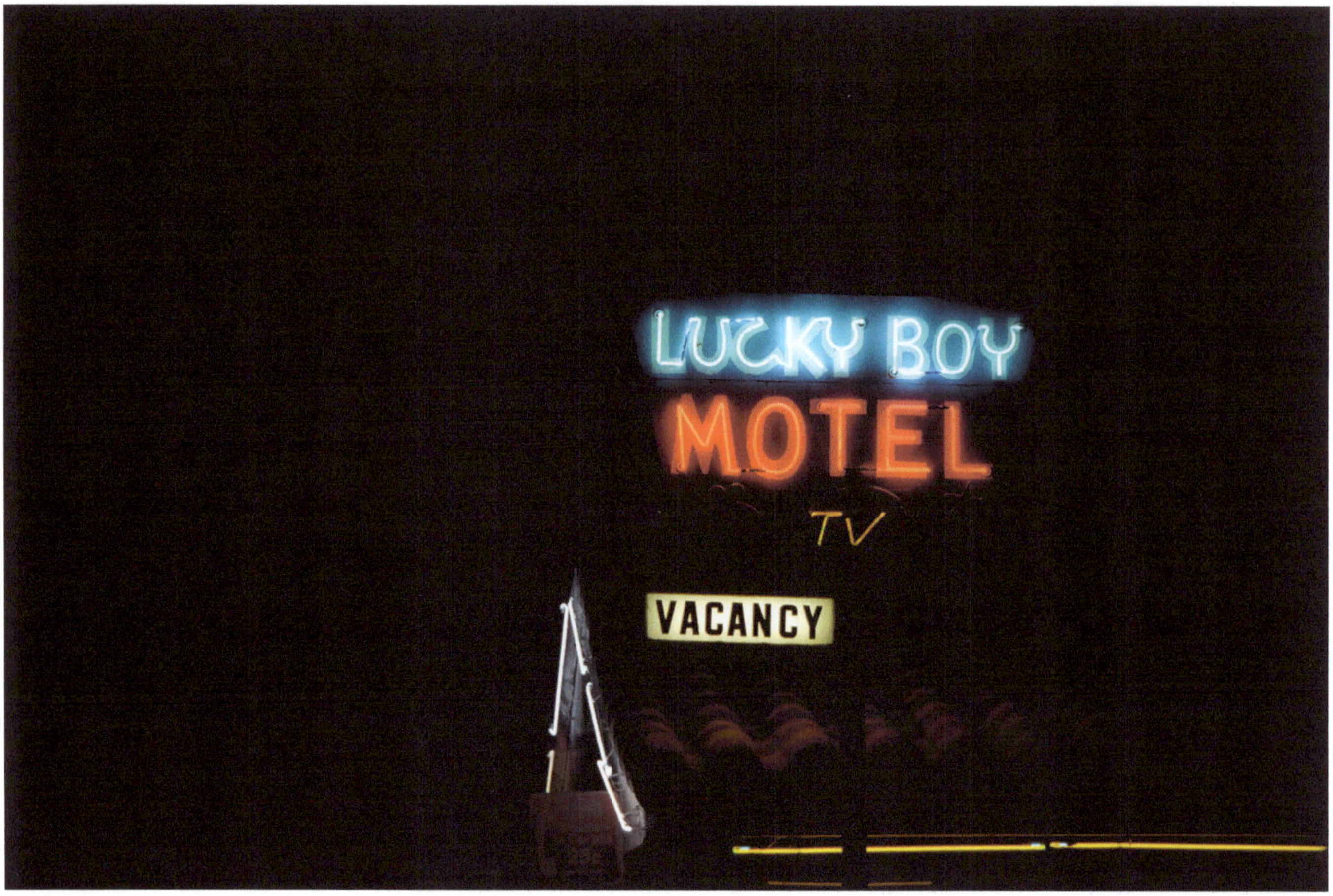

Hollywood - 1999

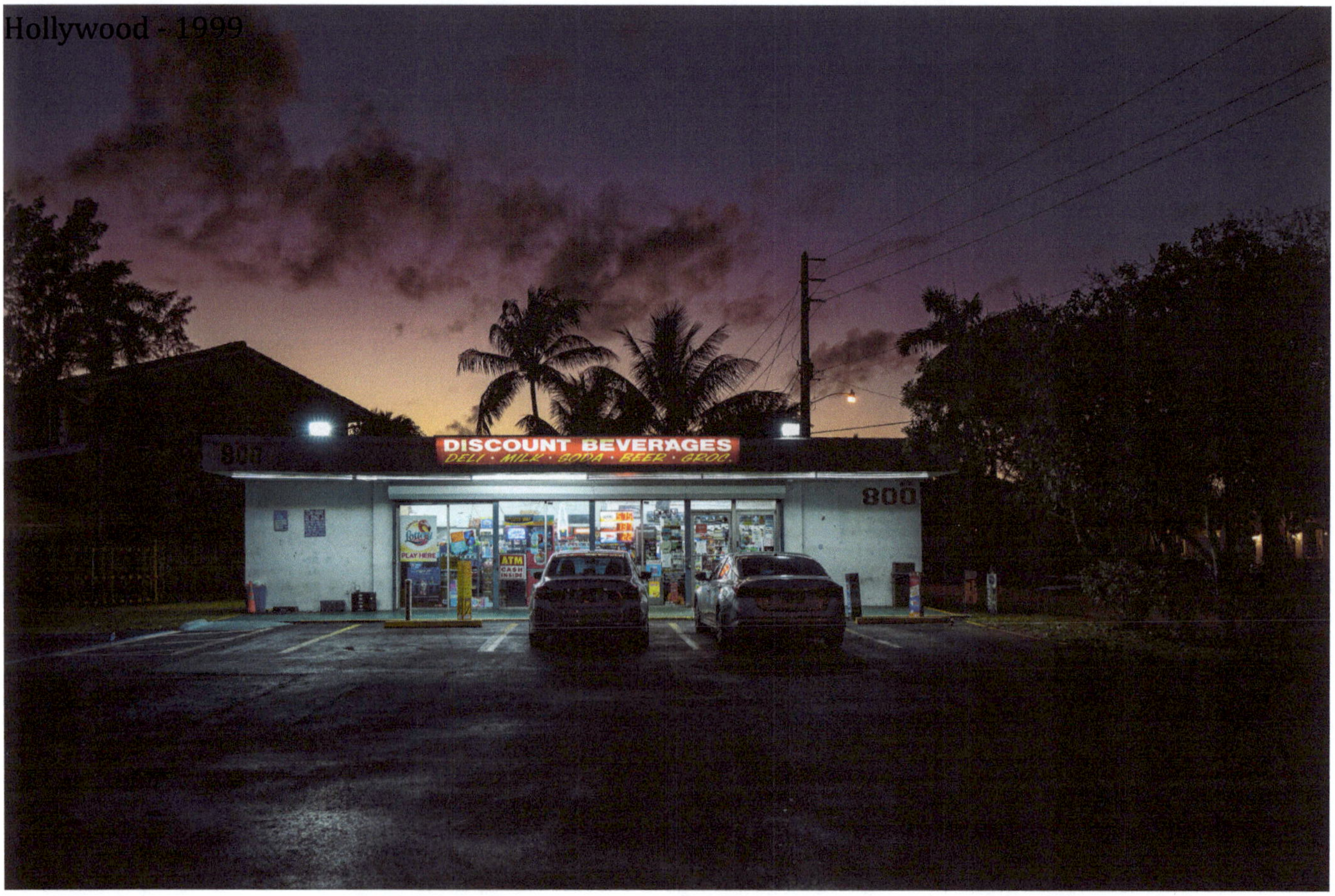

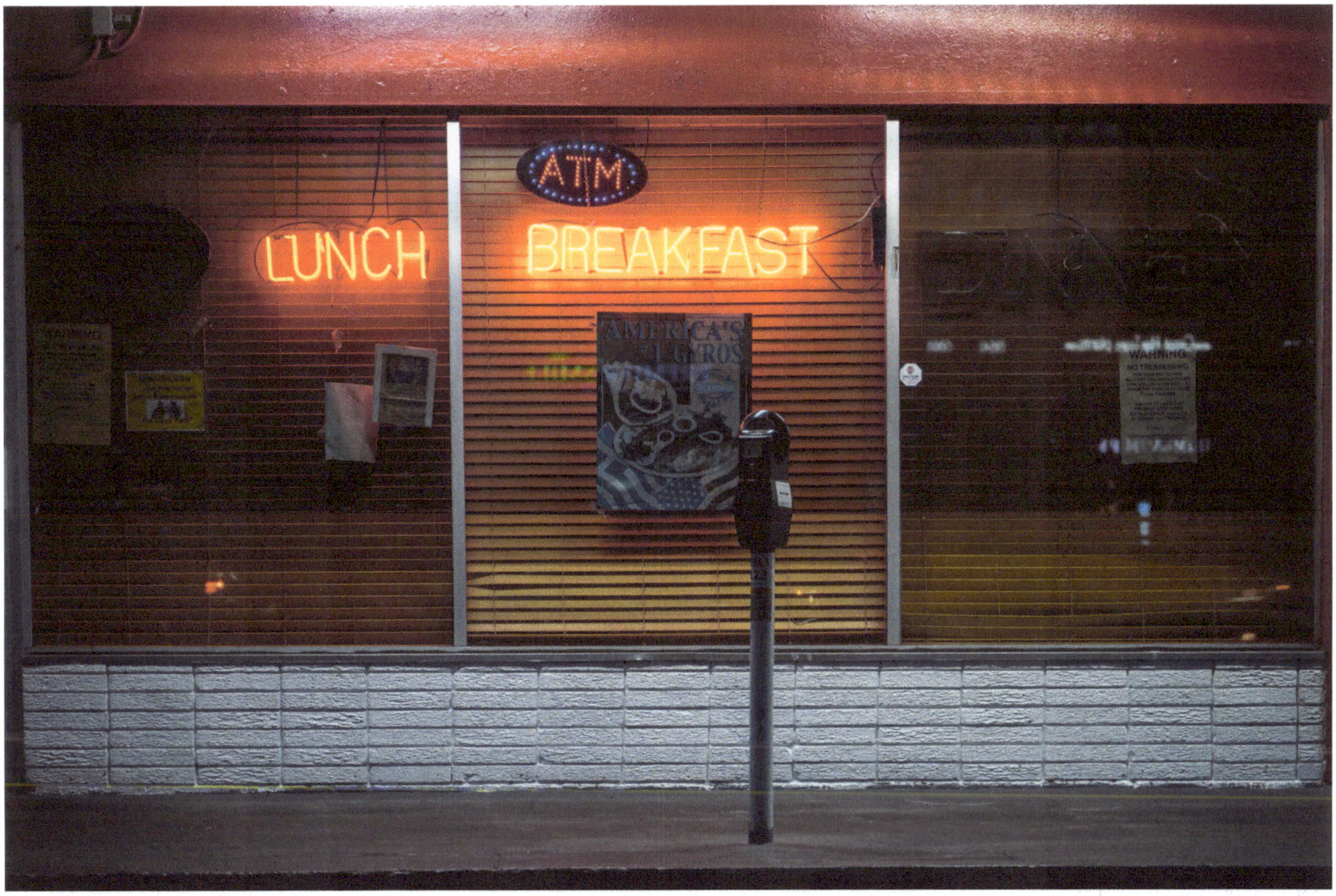

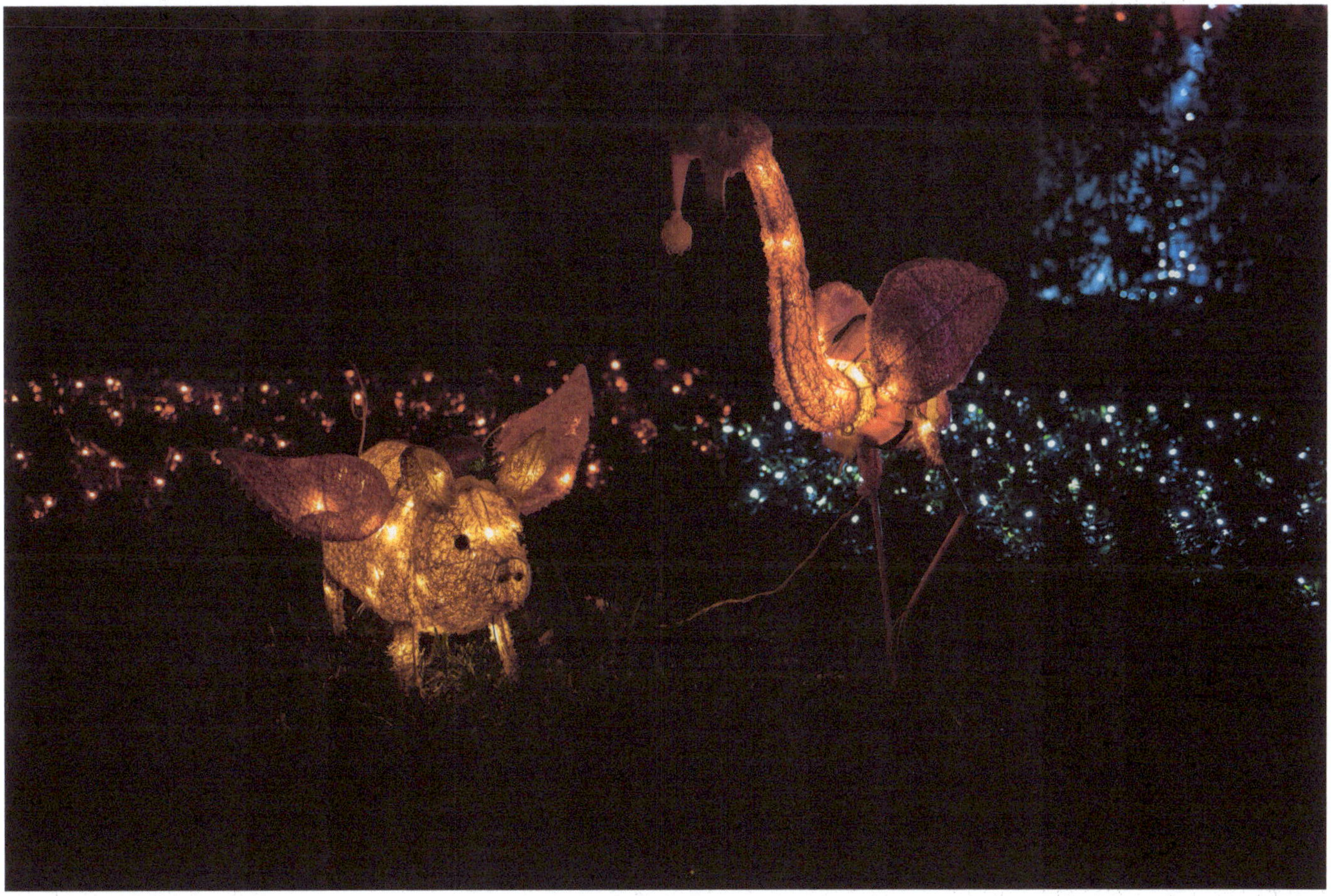

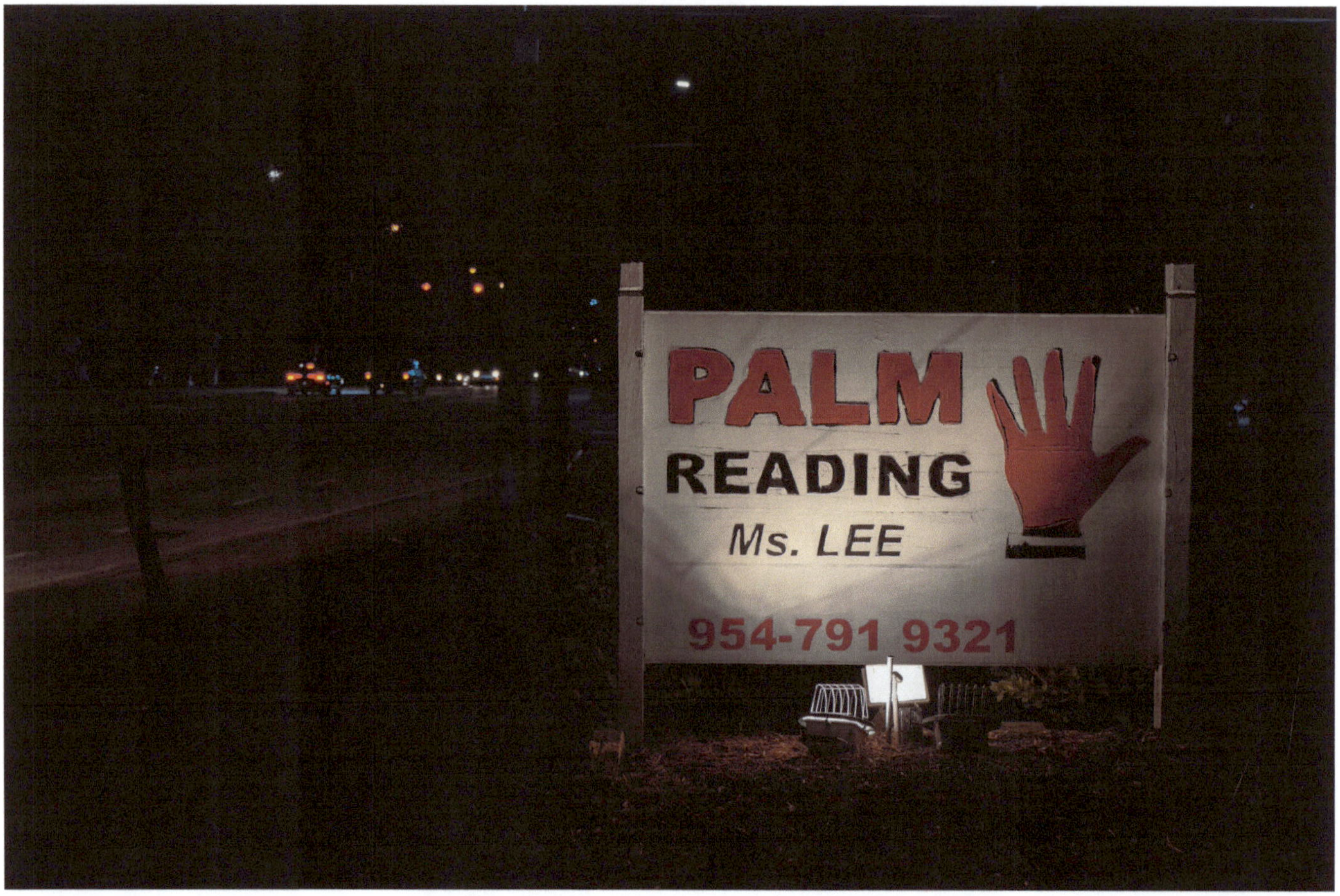
PALM
READING
Ms. LEE
954-791 9321

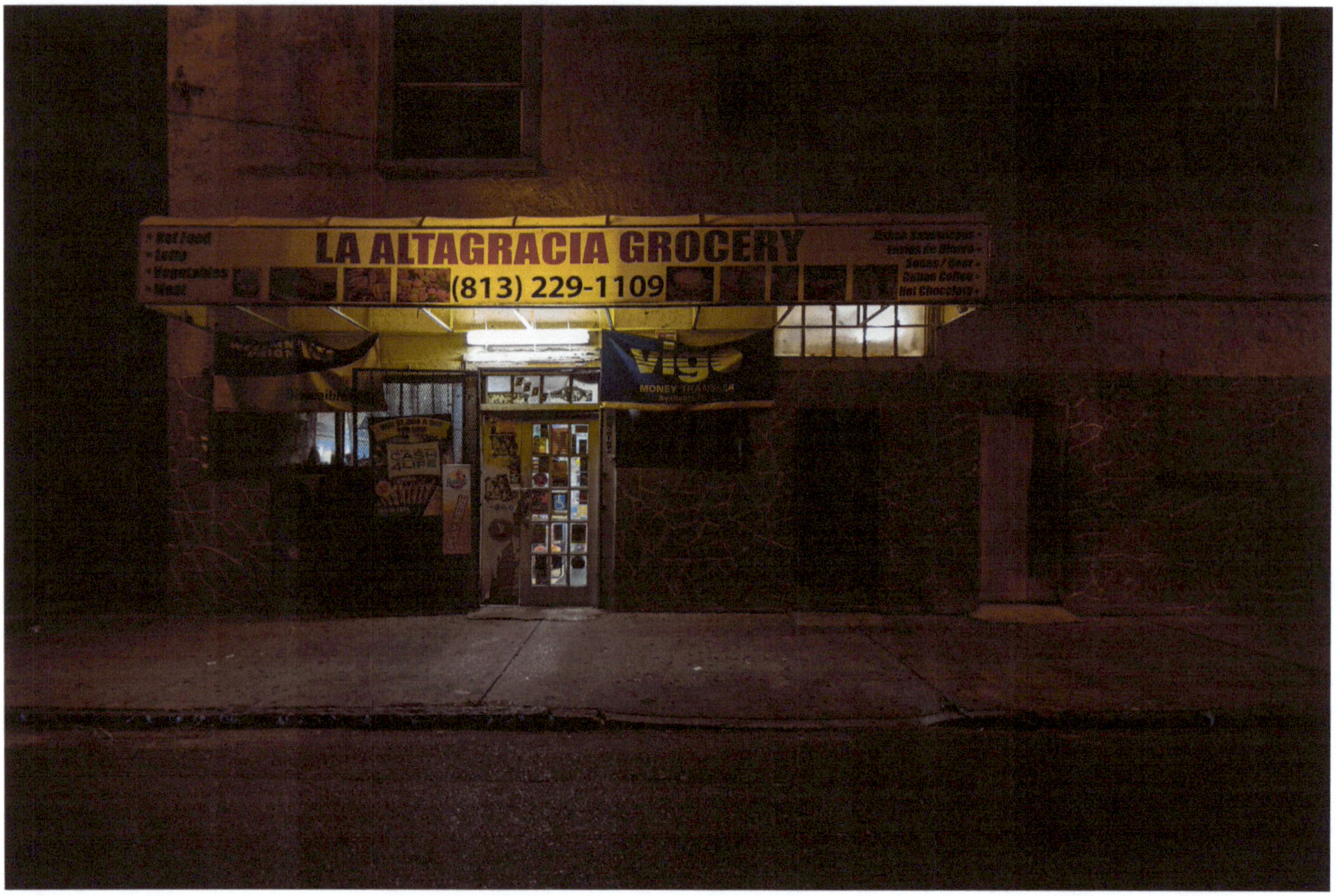
LA ALTAGRACIA GROCERY
(813) 229-1109
CASH 4LIFE

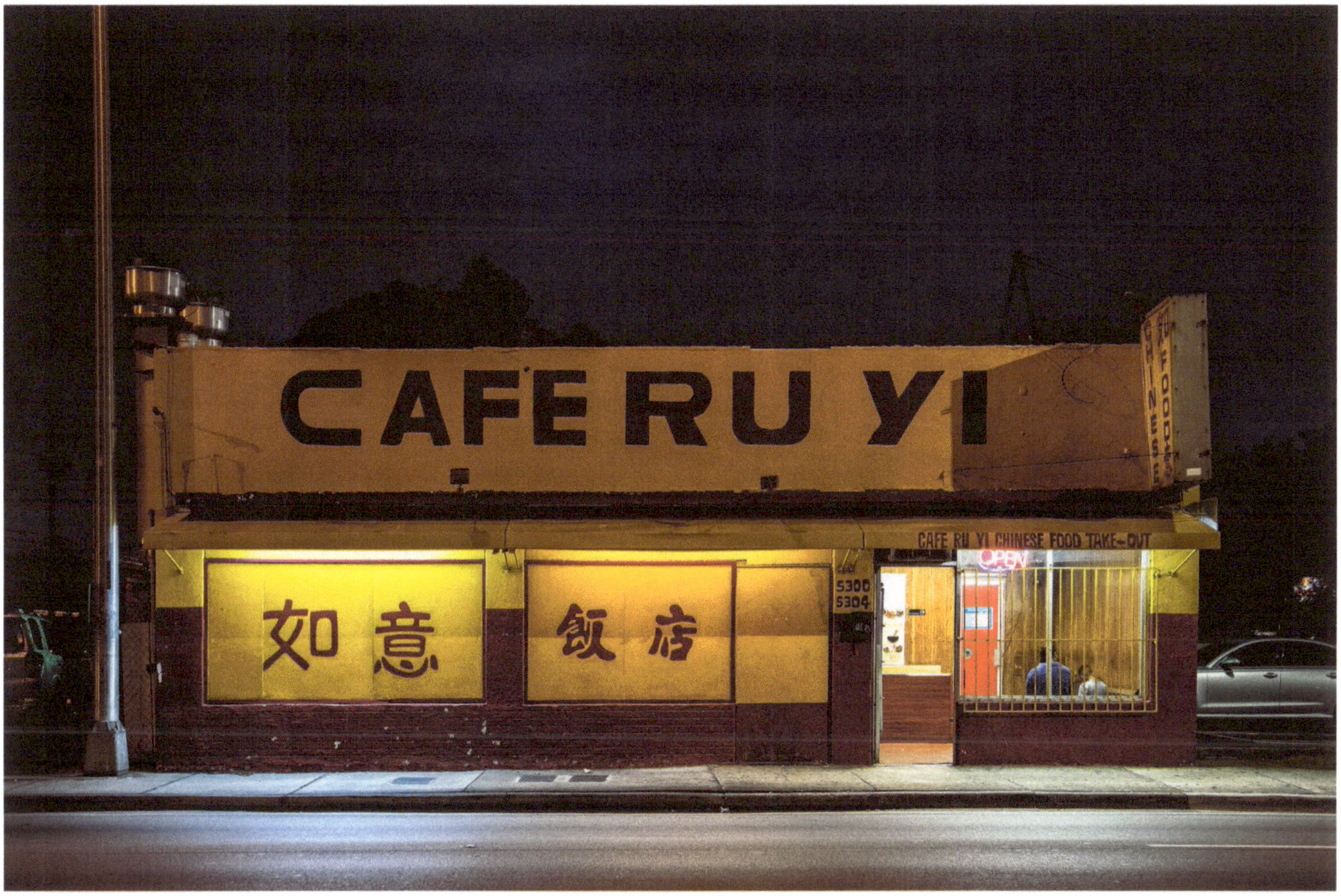

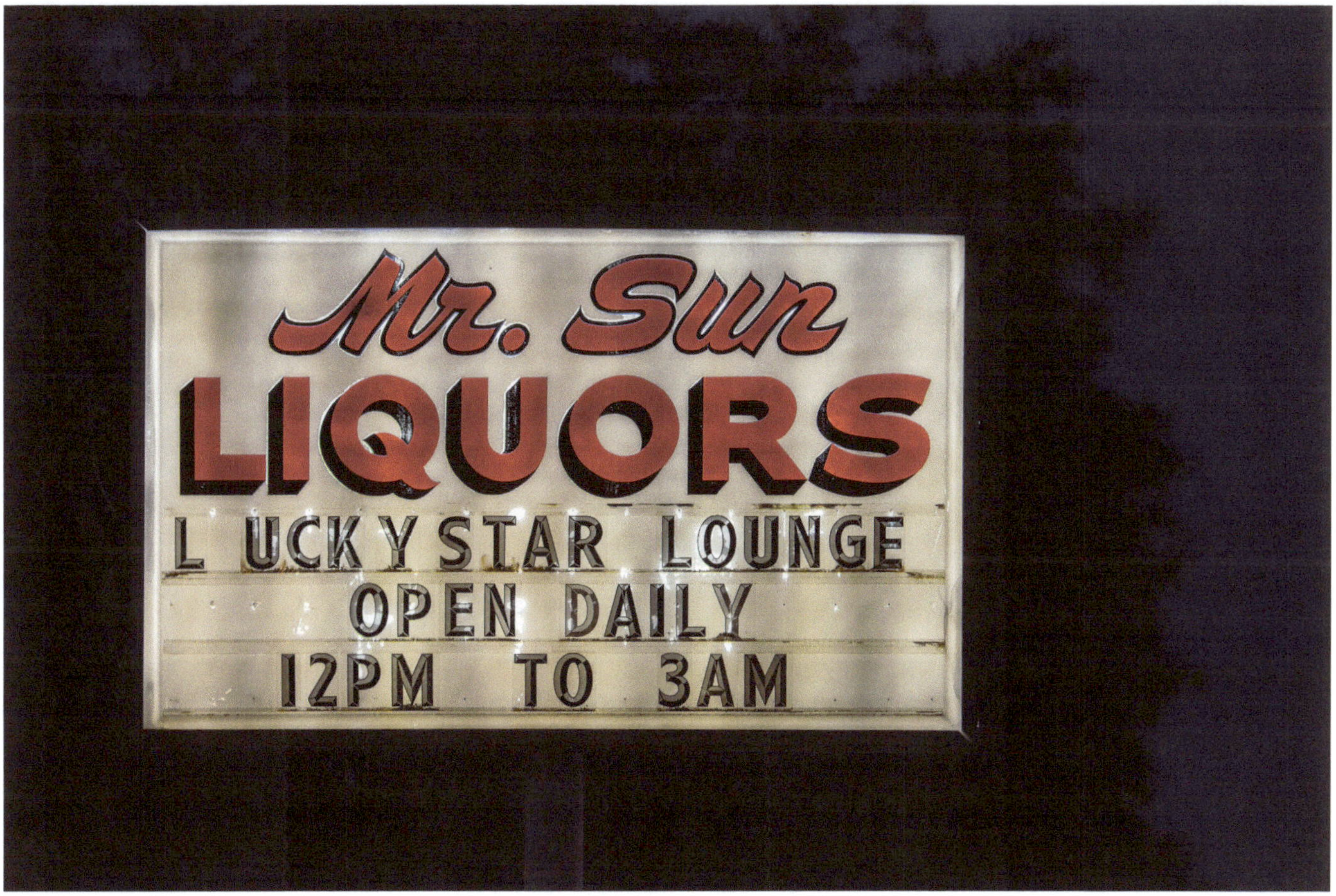

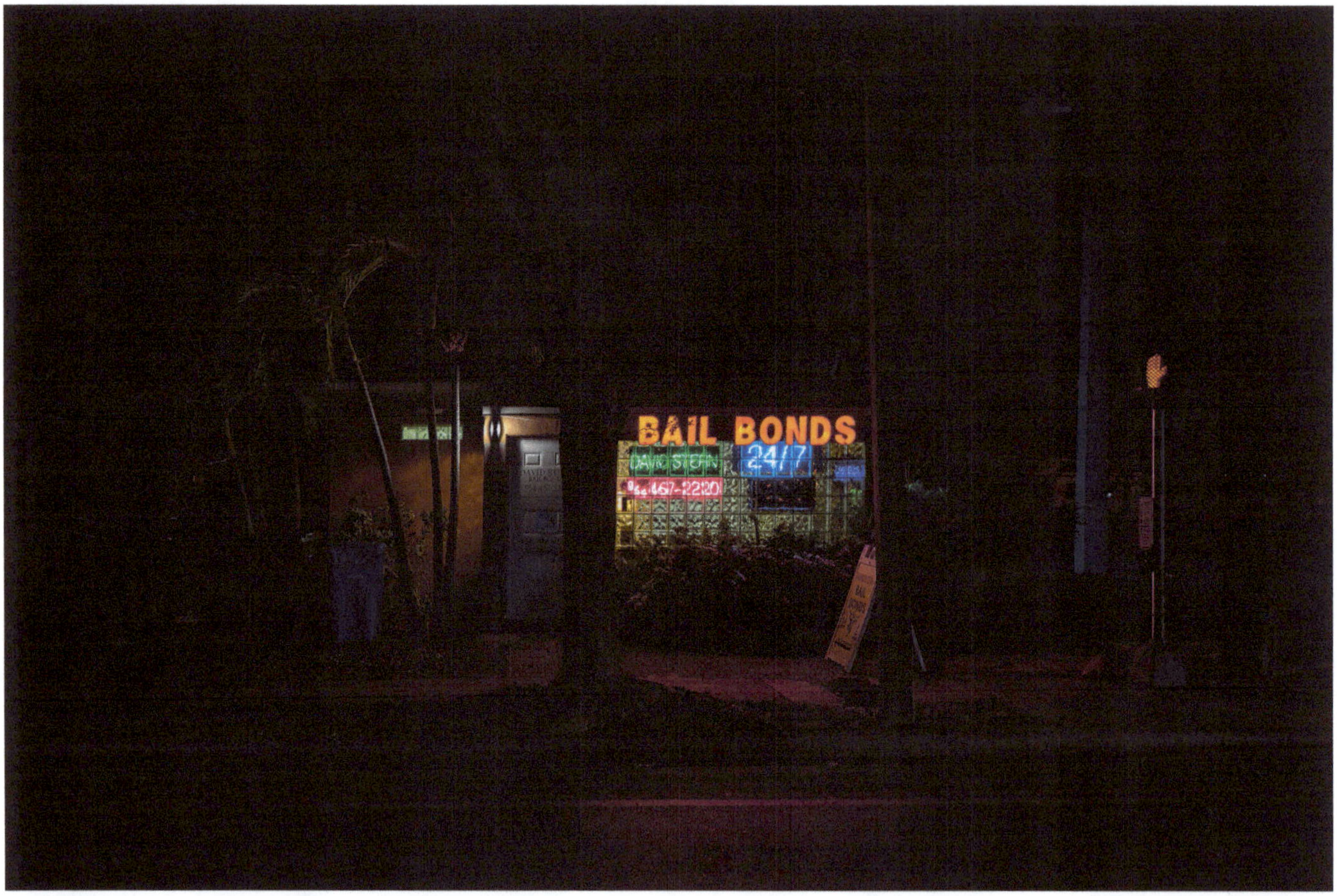
BAIL BONDS
24/7

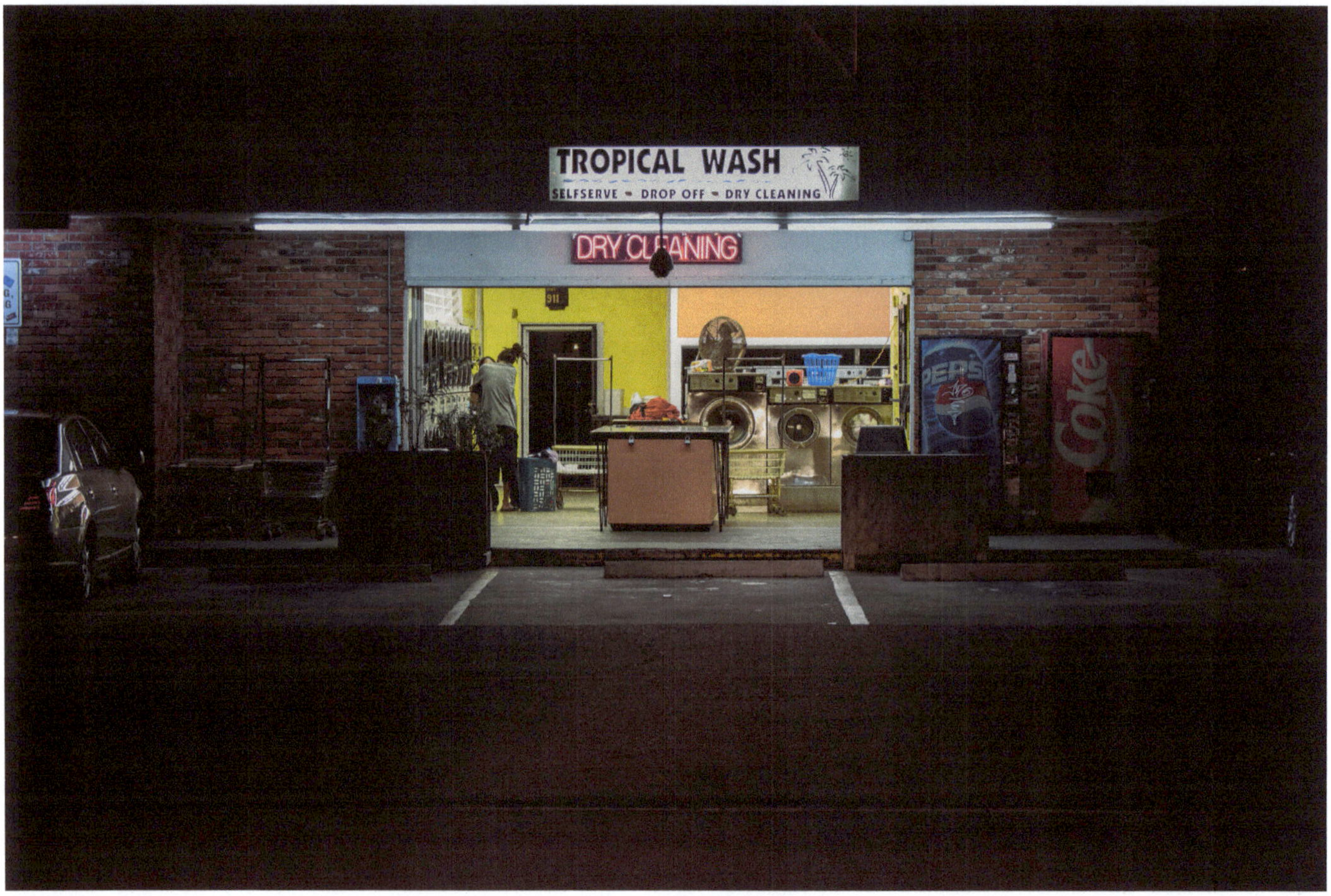
TROPICAL WASH
SELFSERVE • DROP OFF • DRY CLEANING
DRY CLEANING
Coke

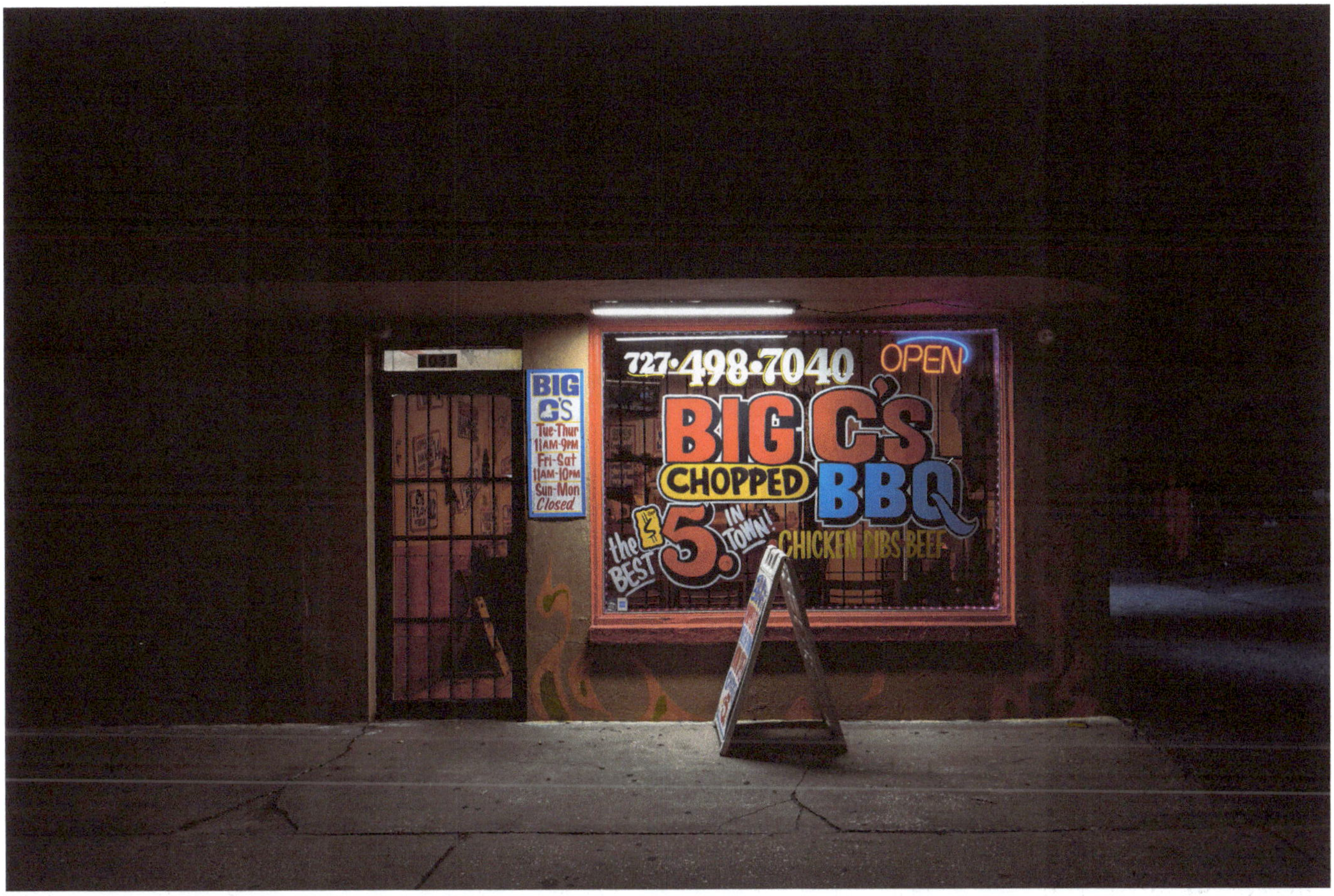
727-498-7040
OPEN
BIG C's
CHOPPED
BBQ
the BEST
5.
IN TOWN!
CHICKEN RIBS BEEF
BIG C's
Tue-Thur
11AM-9PM
Fri-Sat
11AM-10PM
Sun-Mon
Closed

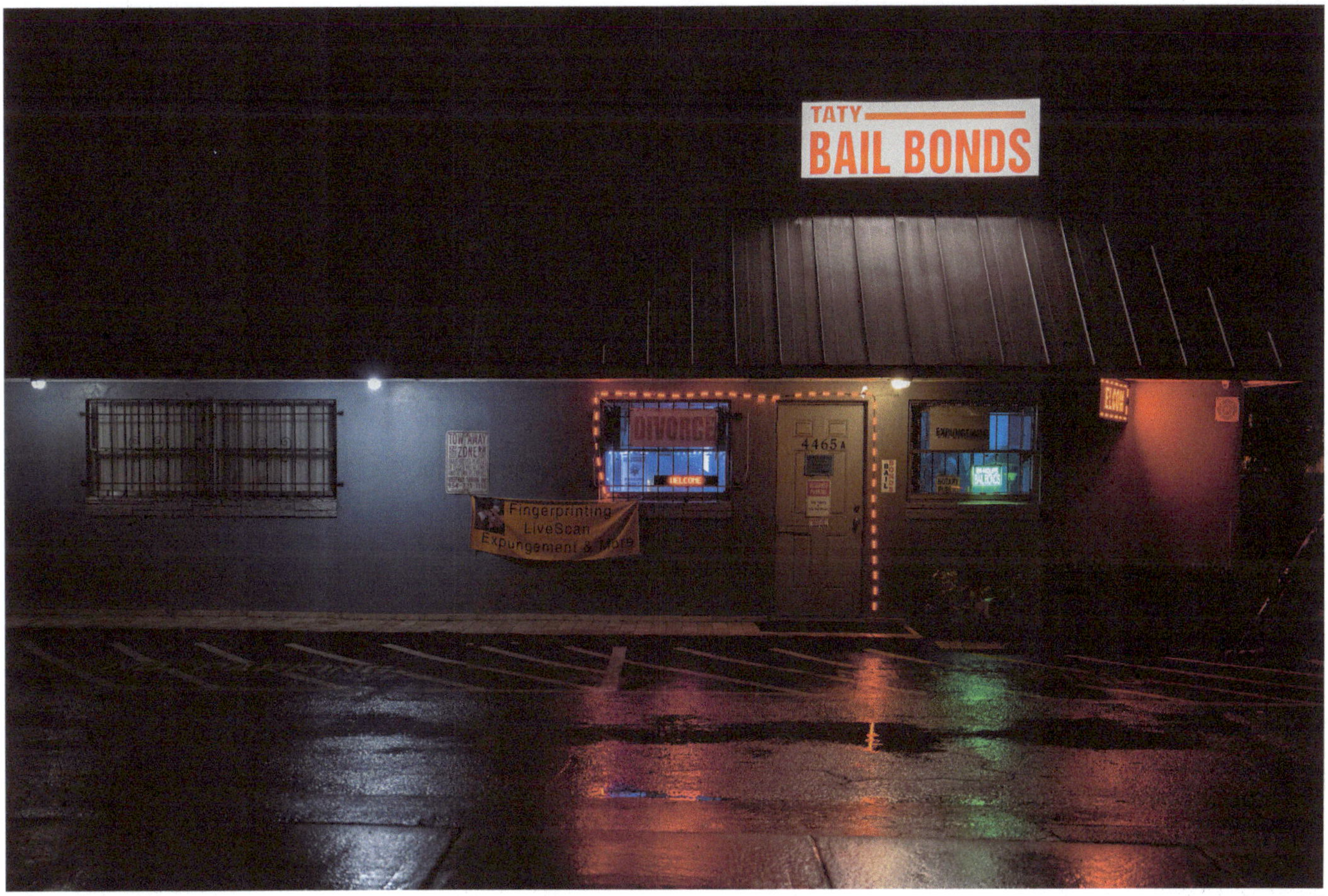
TATY
BAIL BONDS
DIVORCE
4465A
Fingerprinting
LiveScan
Expungement & More

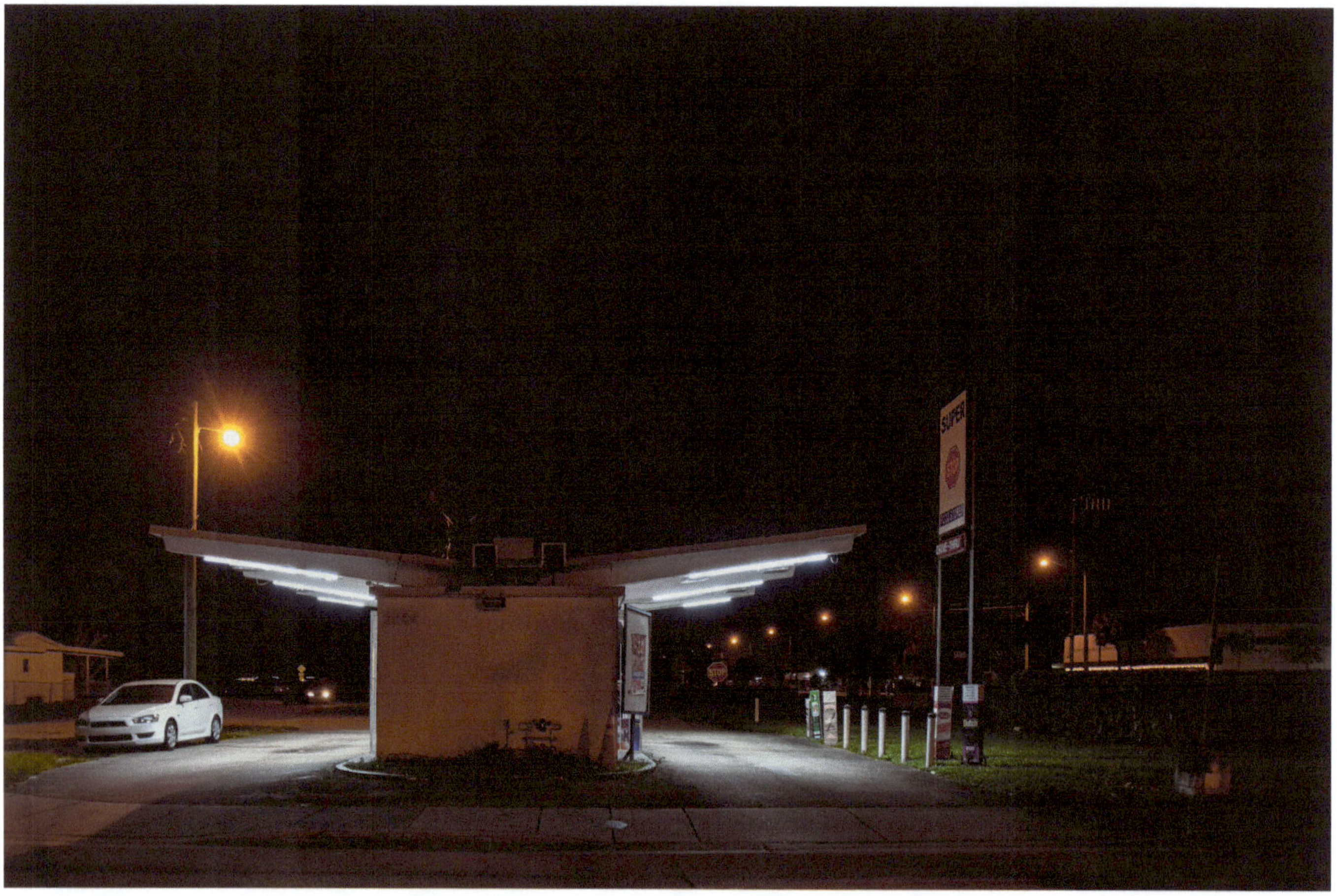

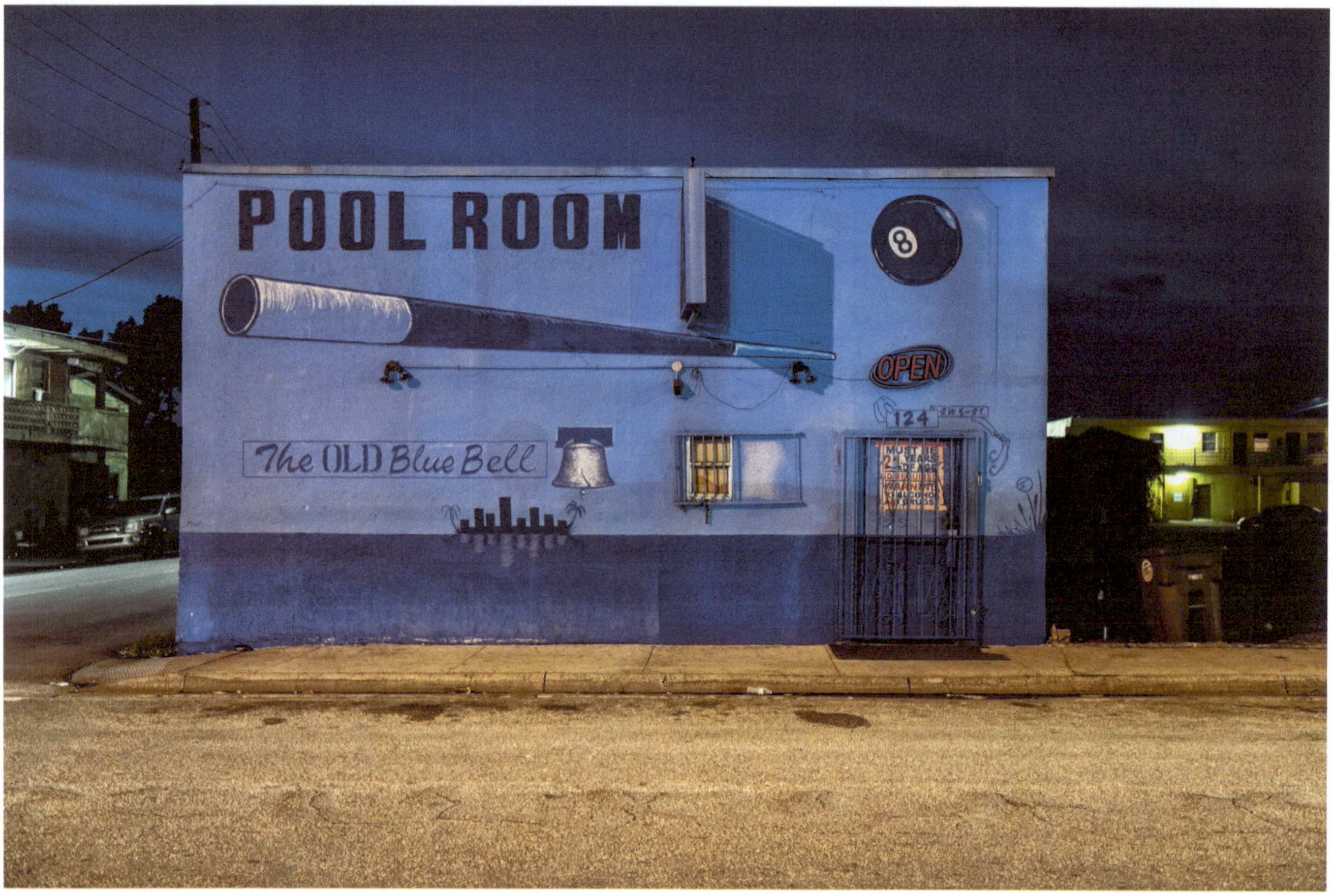

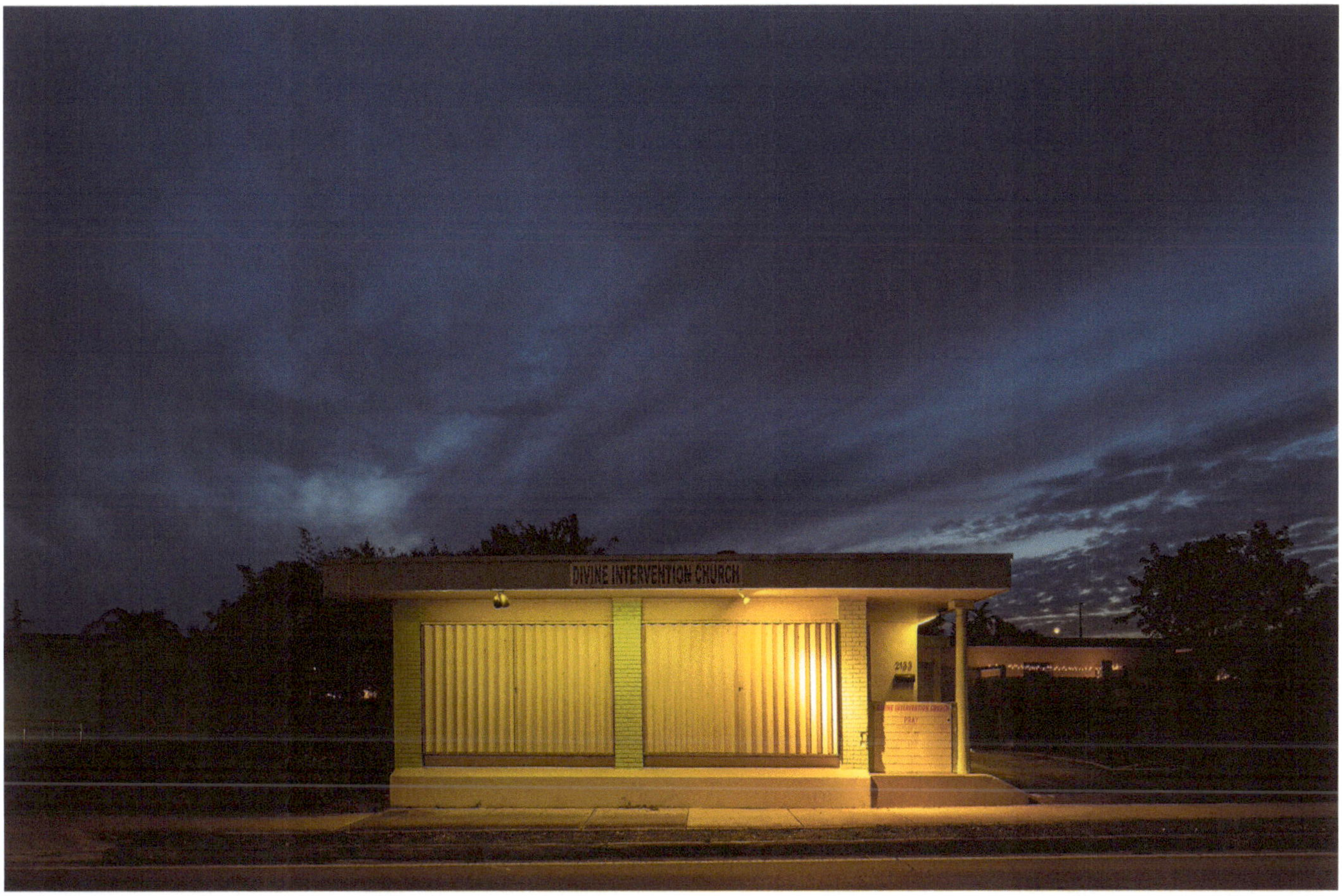

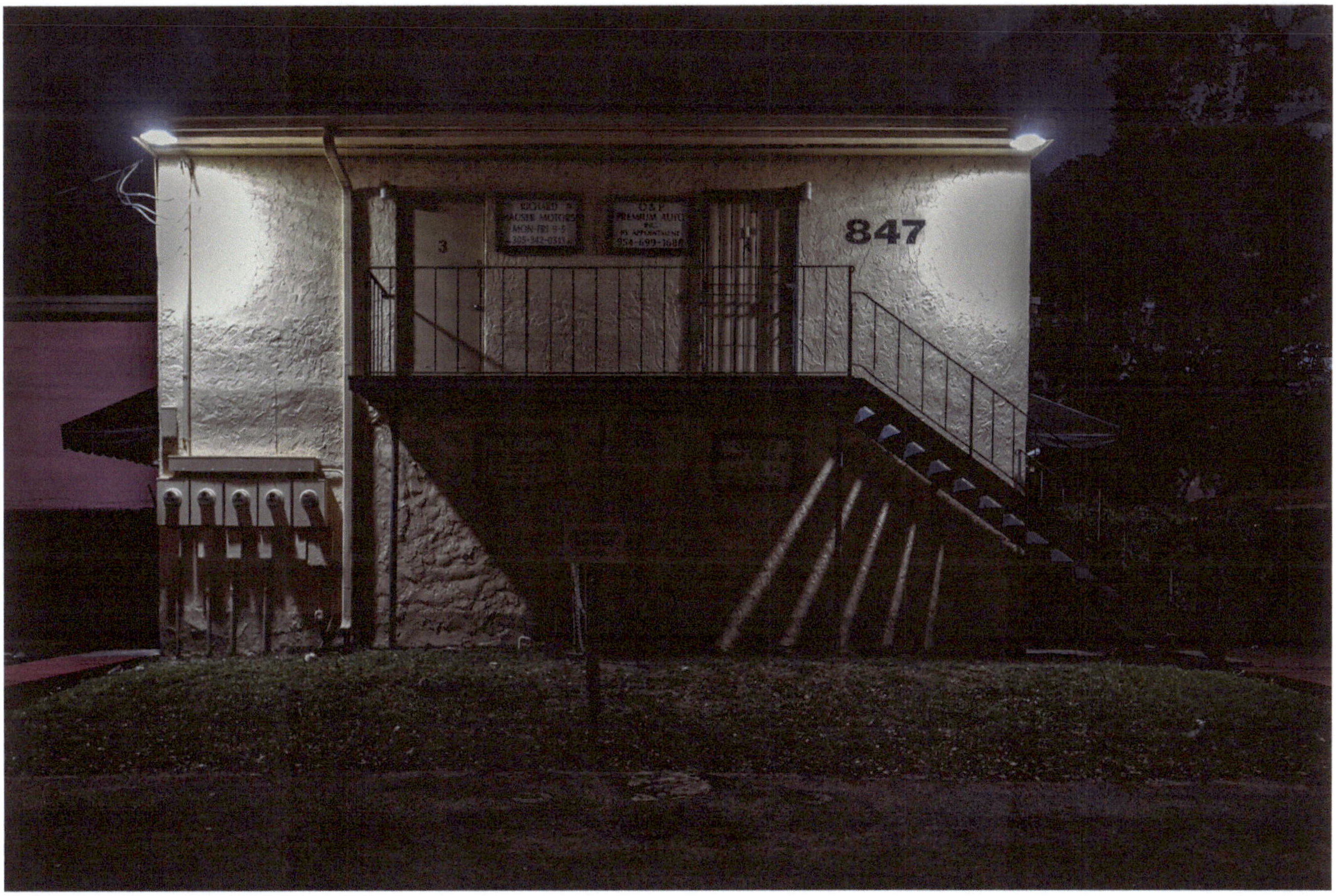

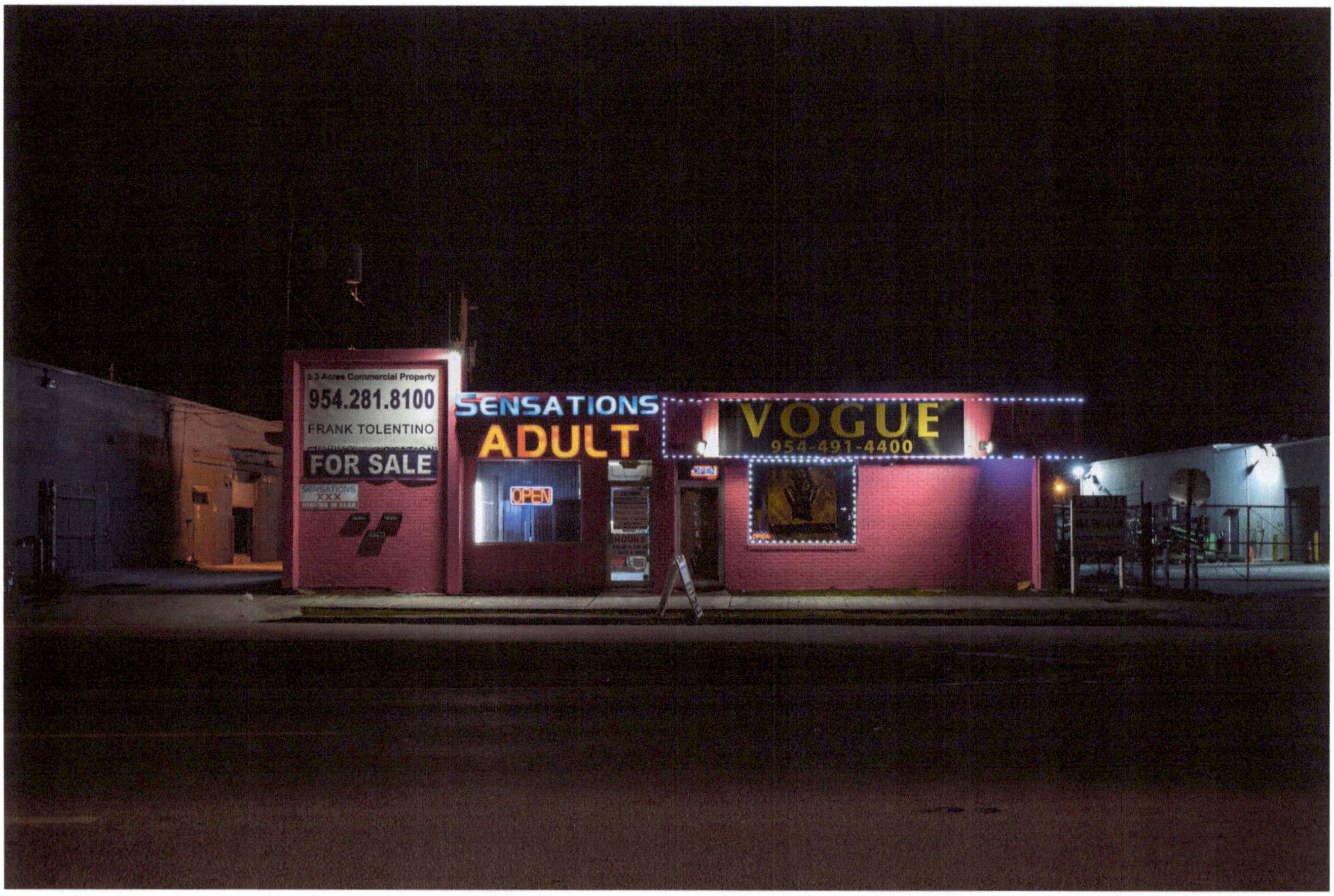

3 Acres Commercial Property
954.281.8100
FRANK TOLENTINO
FOR SALE
SENSATIONS
XXX
PARKING IN REAR
SENSATIONS
ADULT
OPEN
HOURS
OPEN
VOGUE
954-491-4400

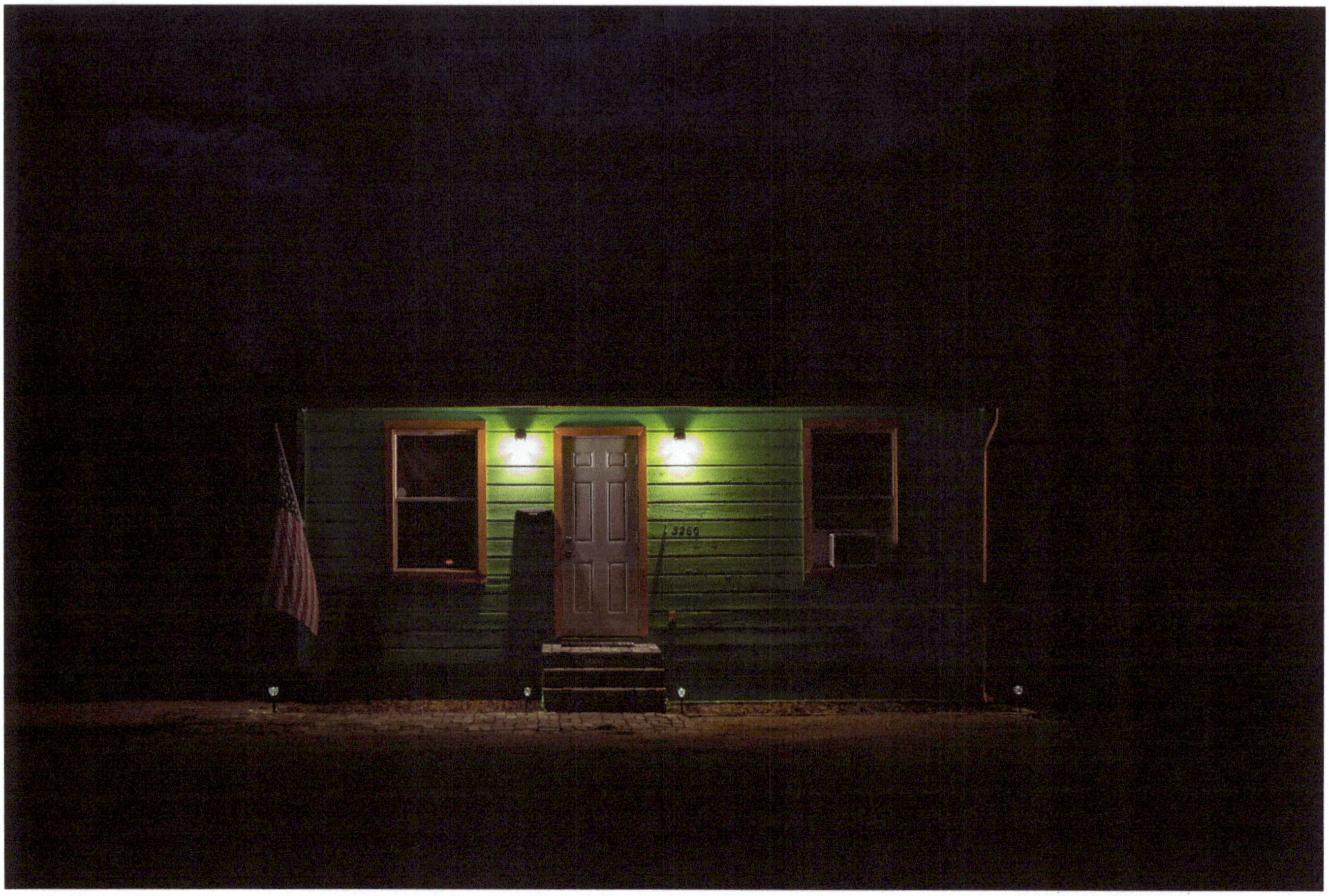

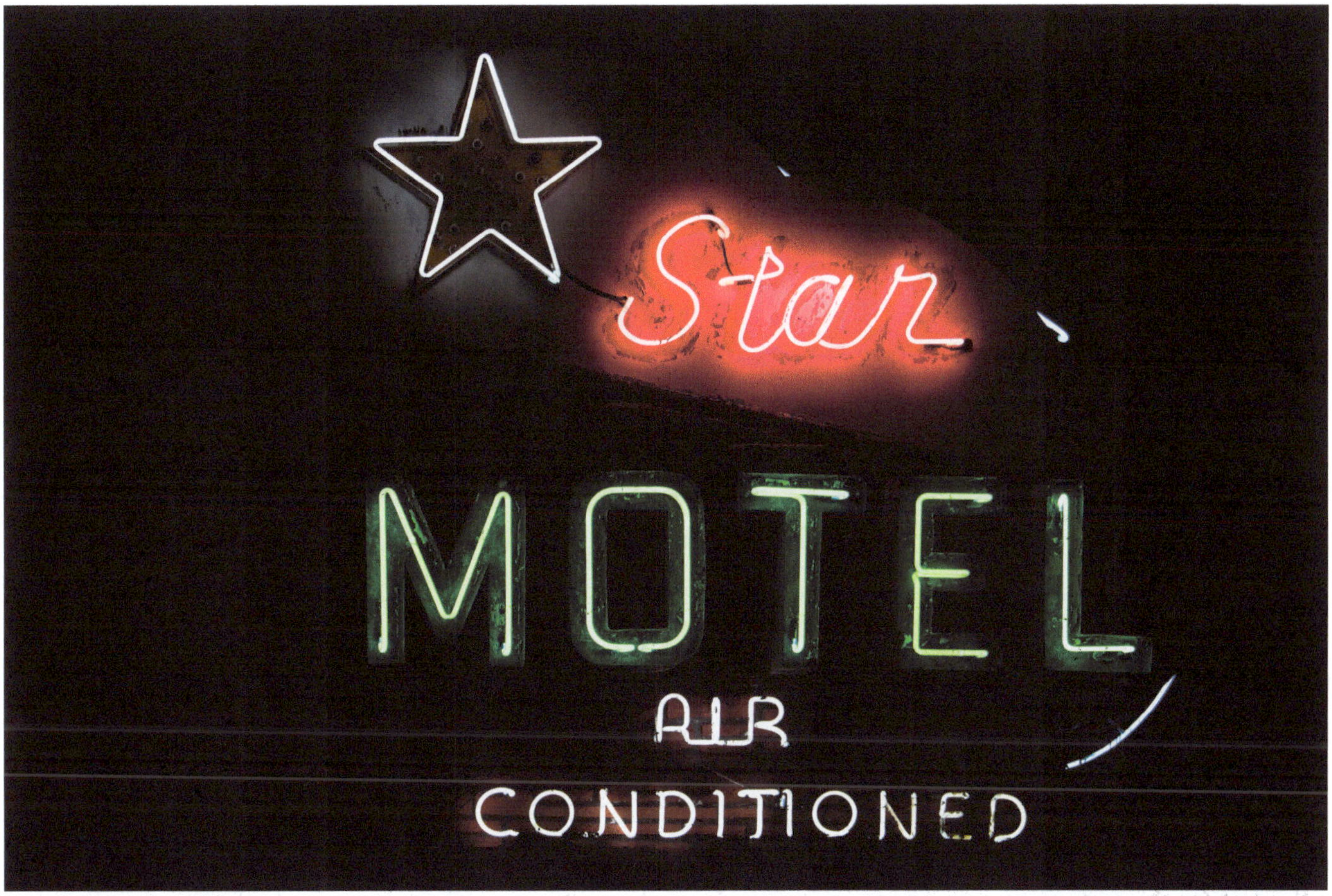
Star
MOTEL
AIR
CONDITIONED

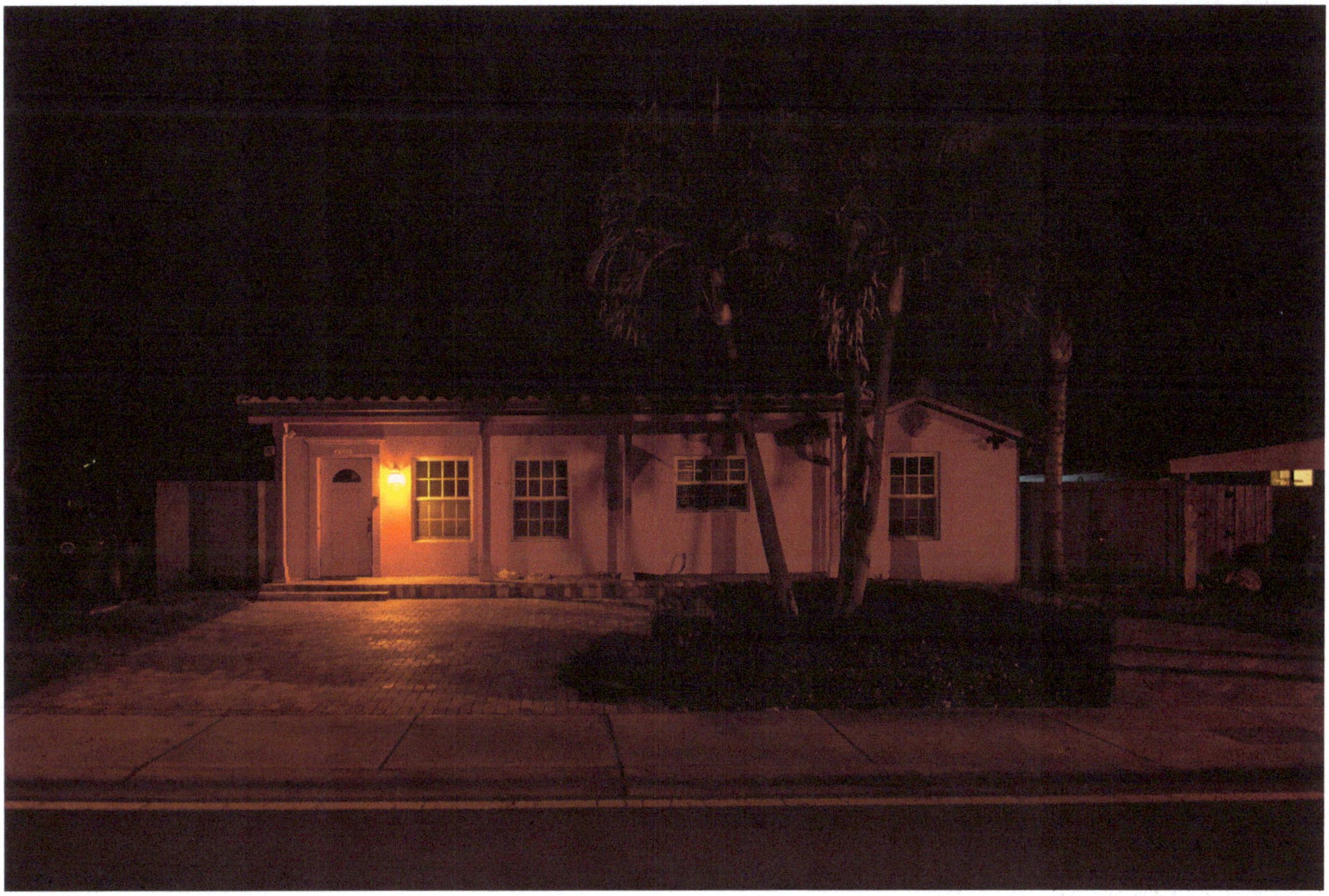

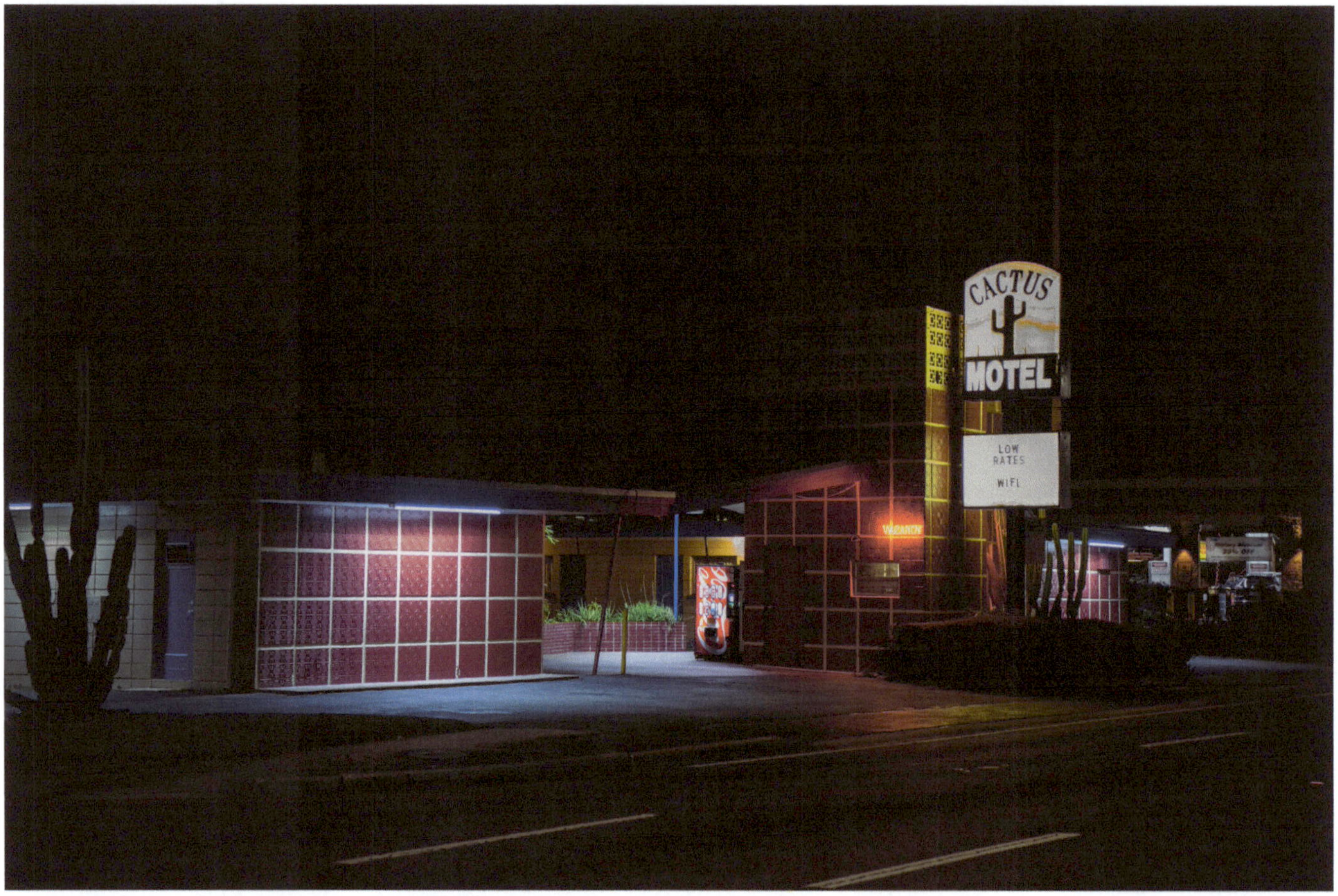
CACTUS
MOTEL
LOW
RATES
WIFI

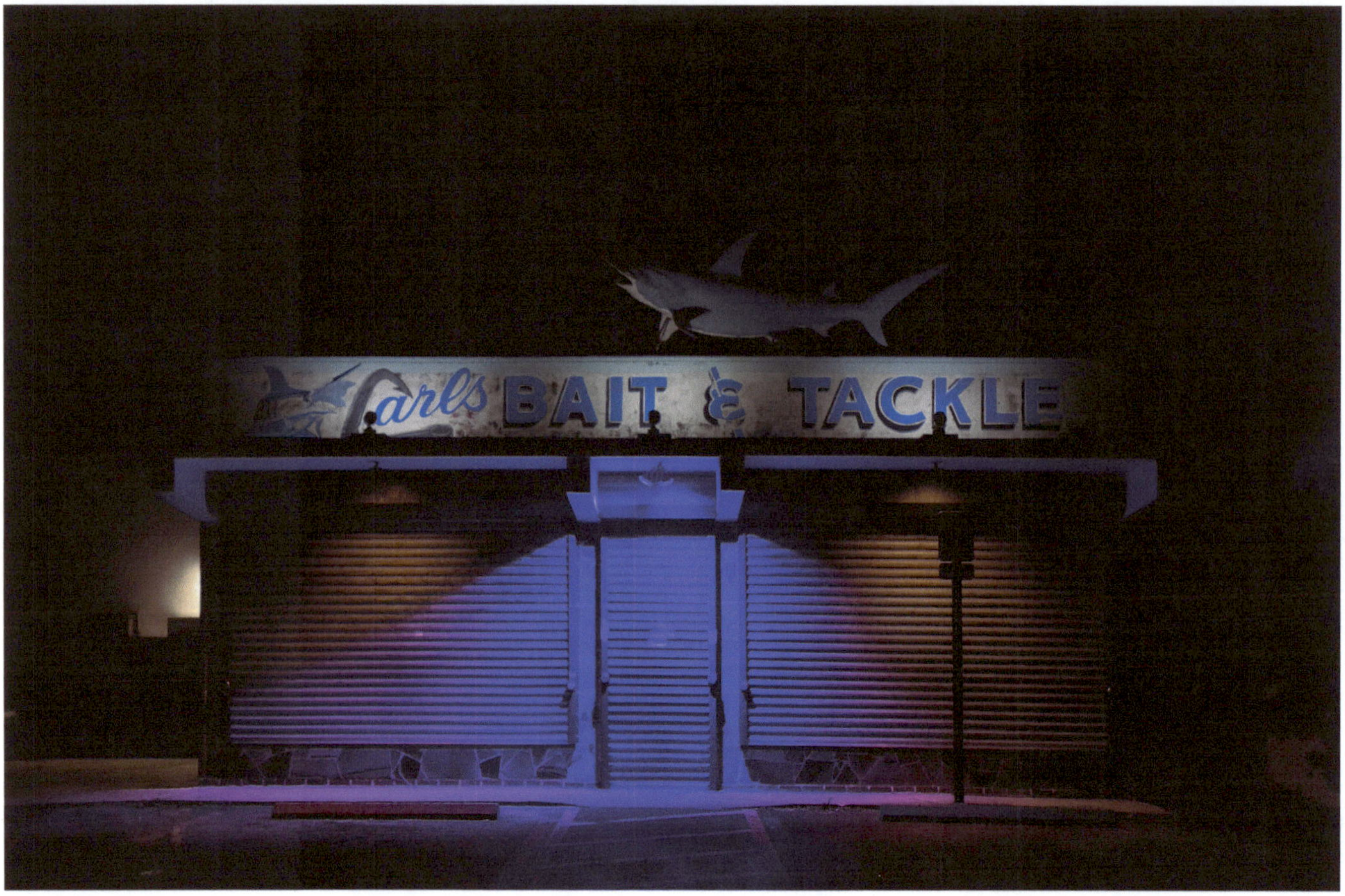
Carls BAIT & TACKLE

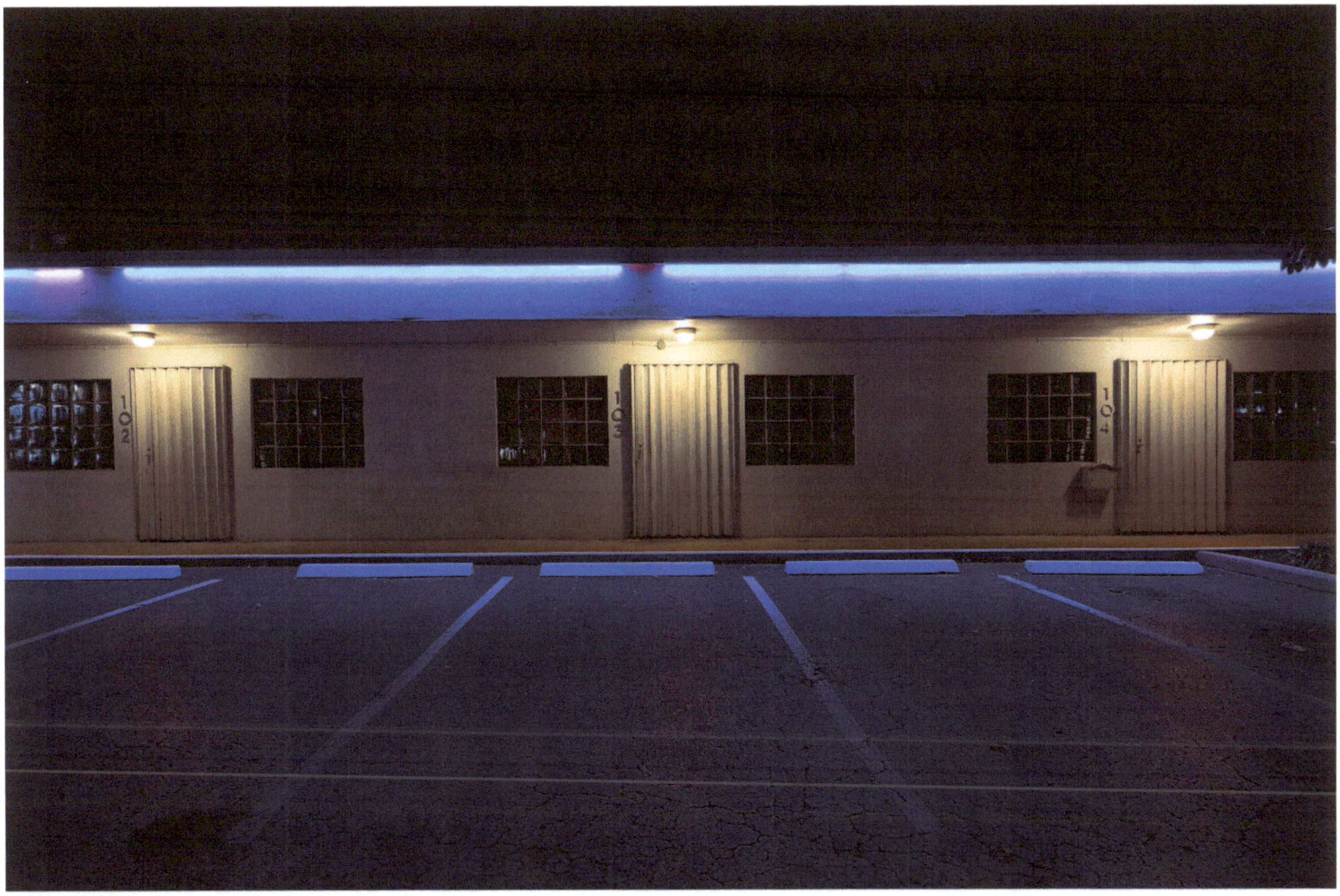
102
103
104

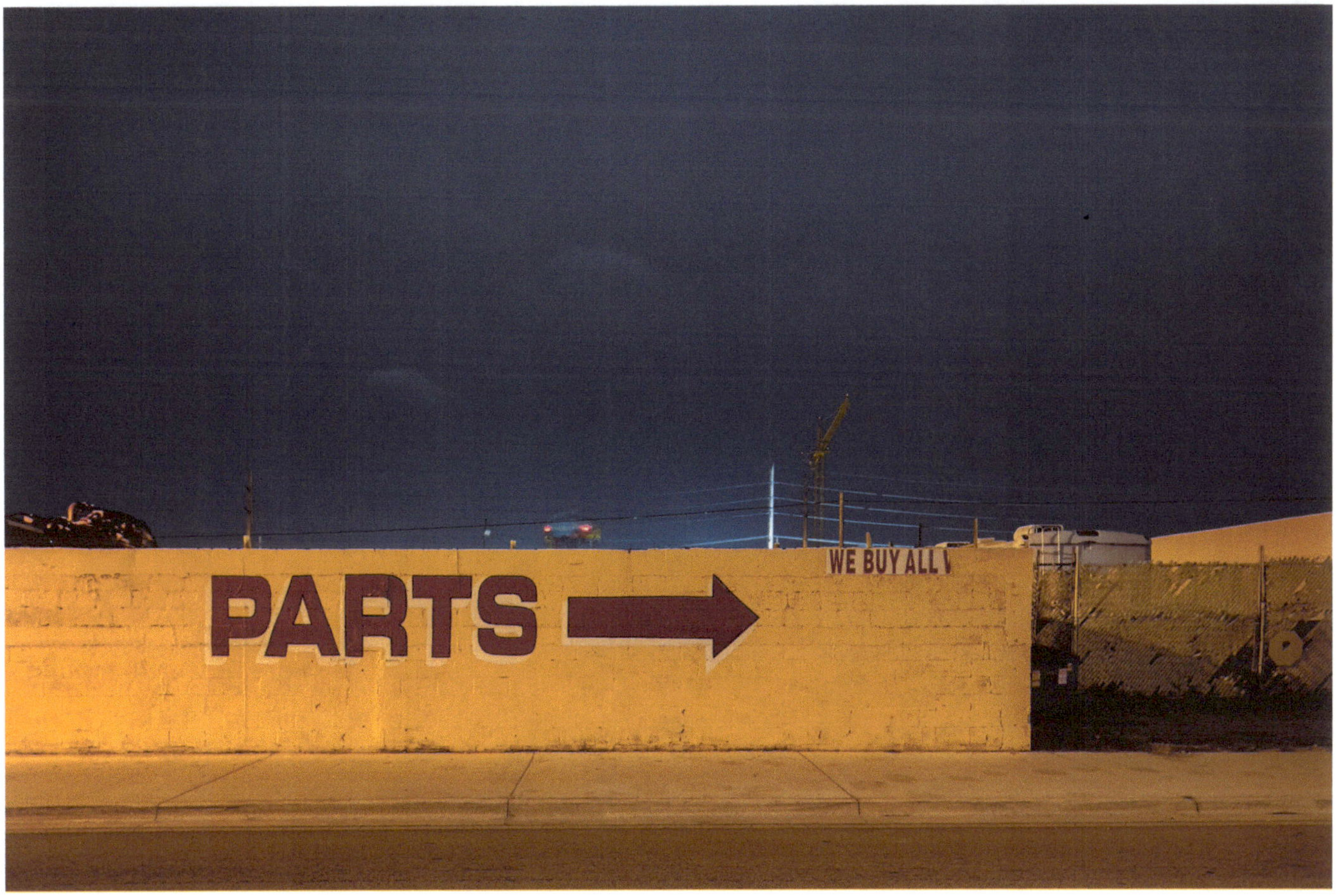
WE BUY ALL
PARTS

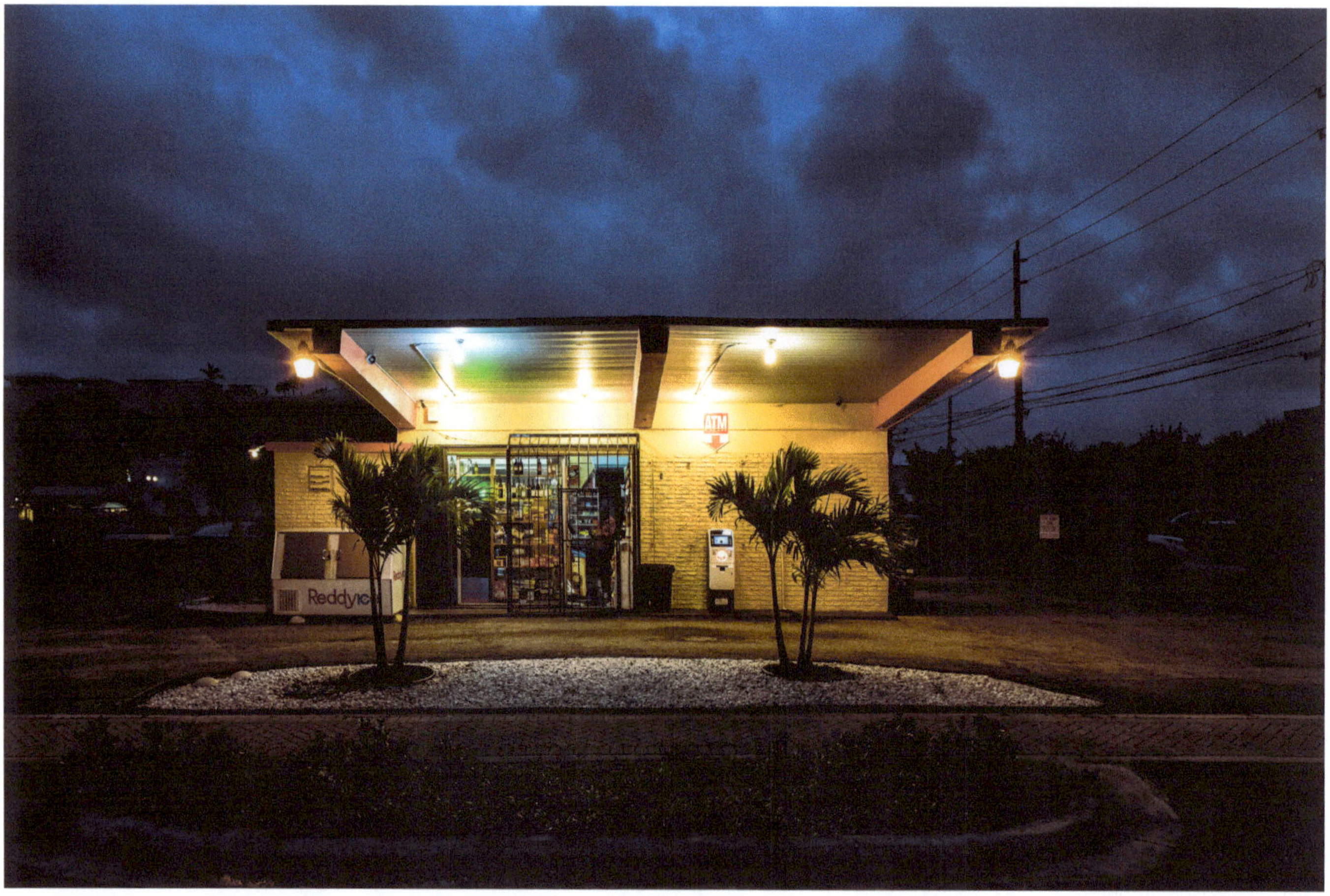
ATM

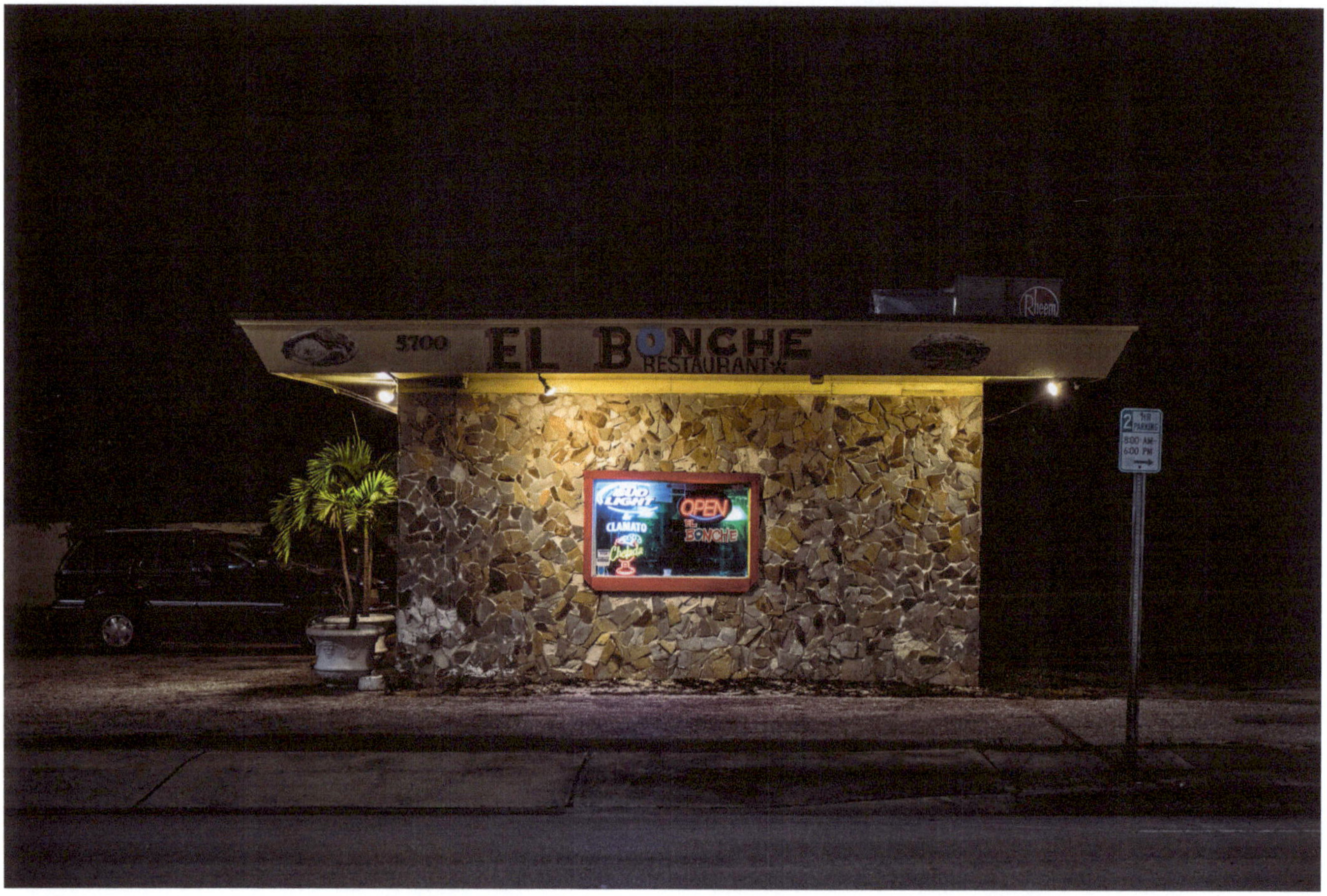
5700
EL BONCHE
RESTAURANT
OPEN
CLAMATO
Rheem

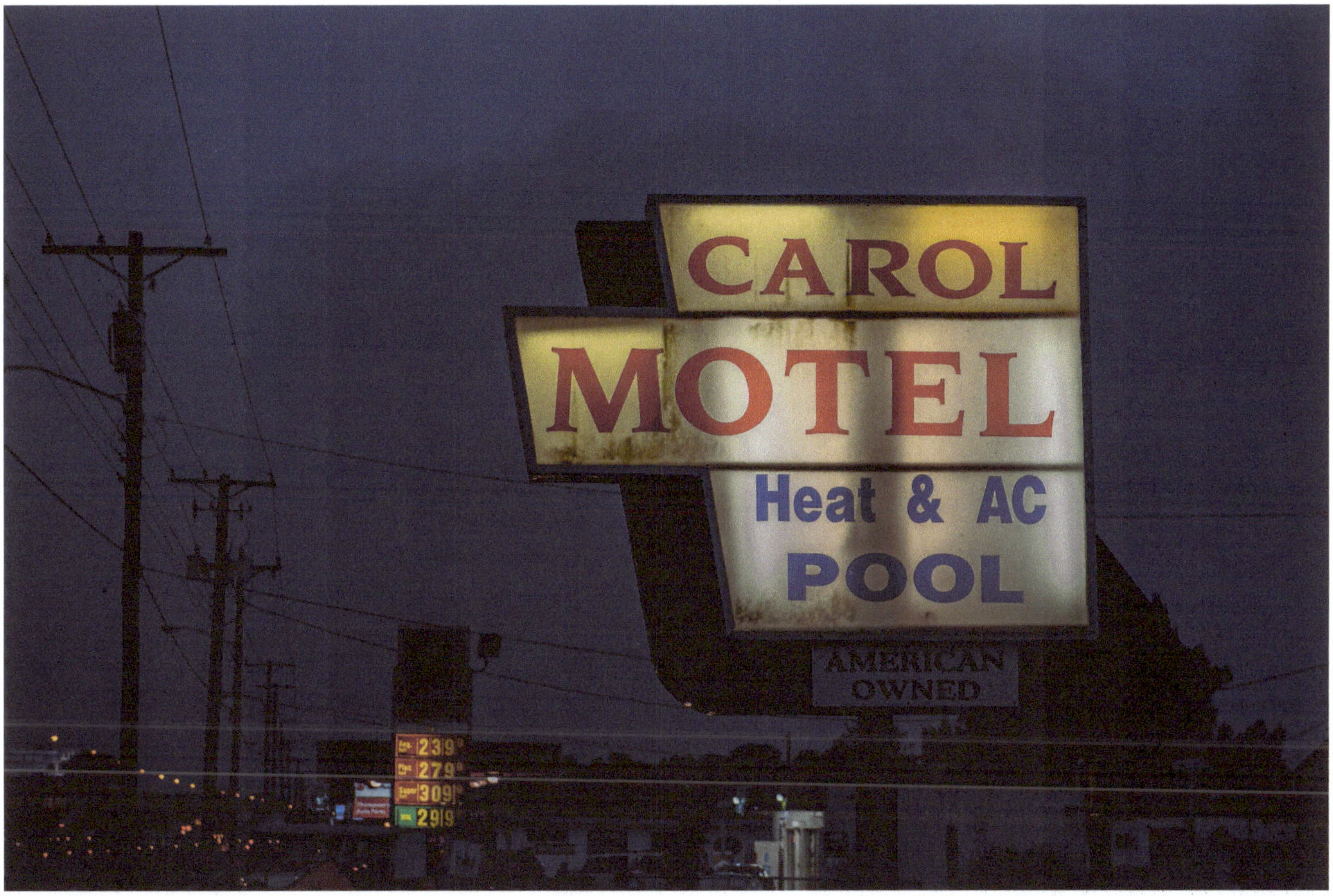

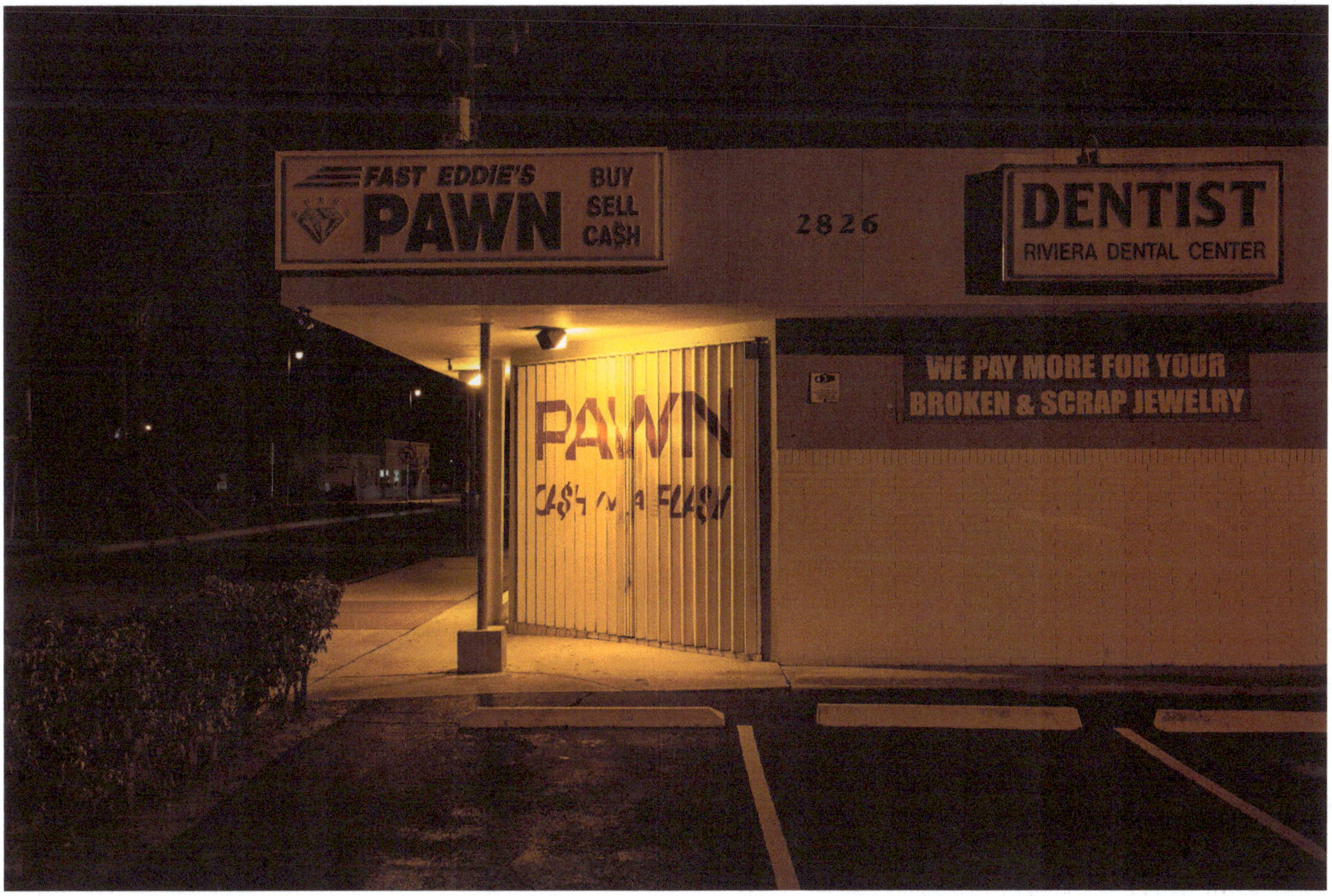

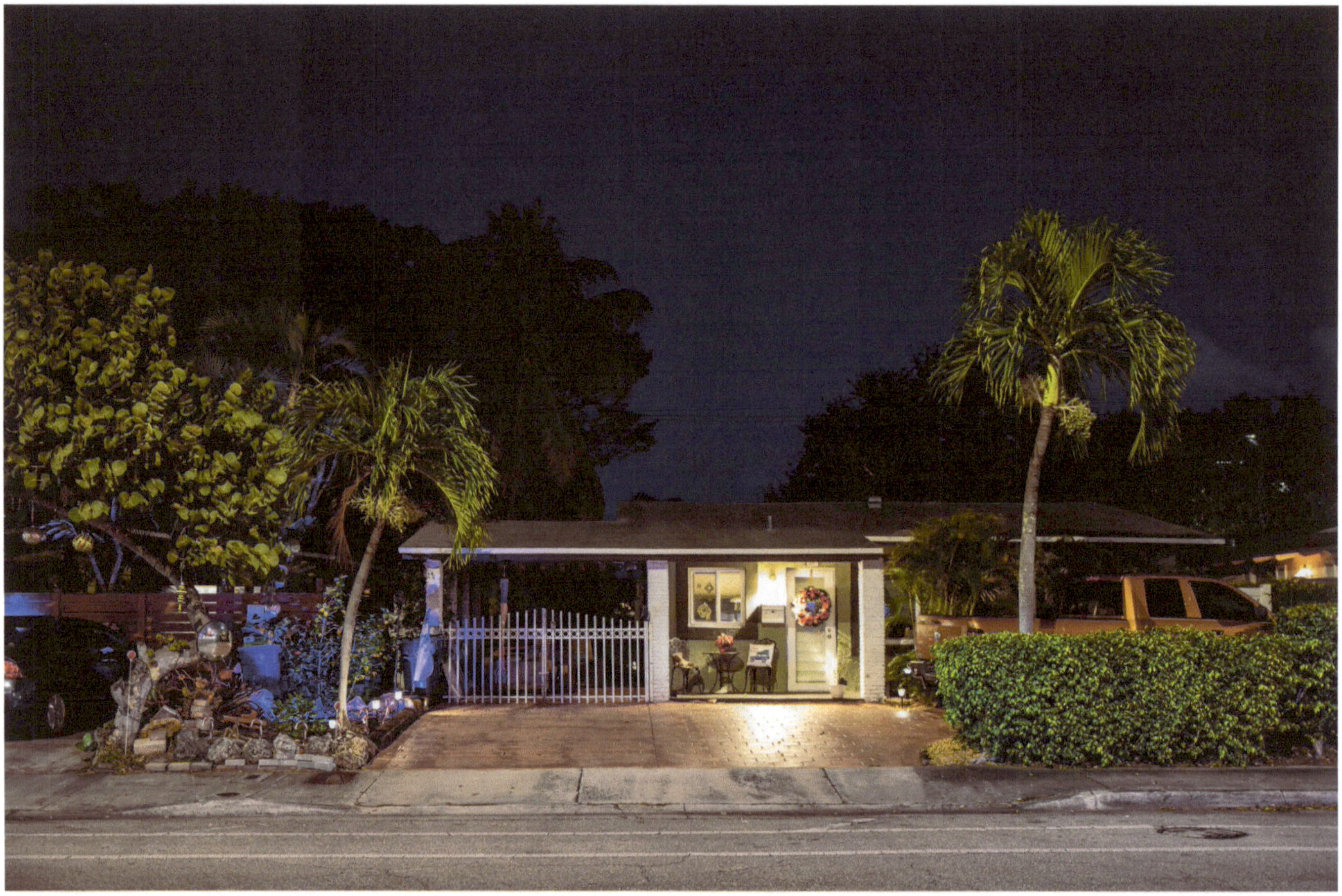

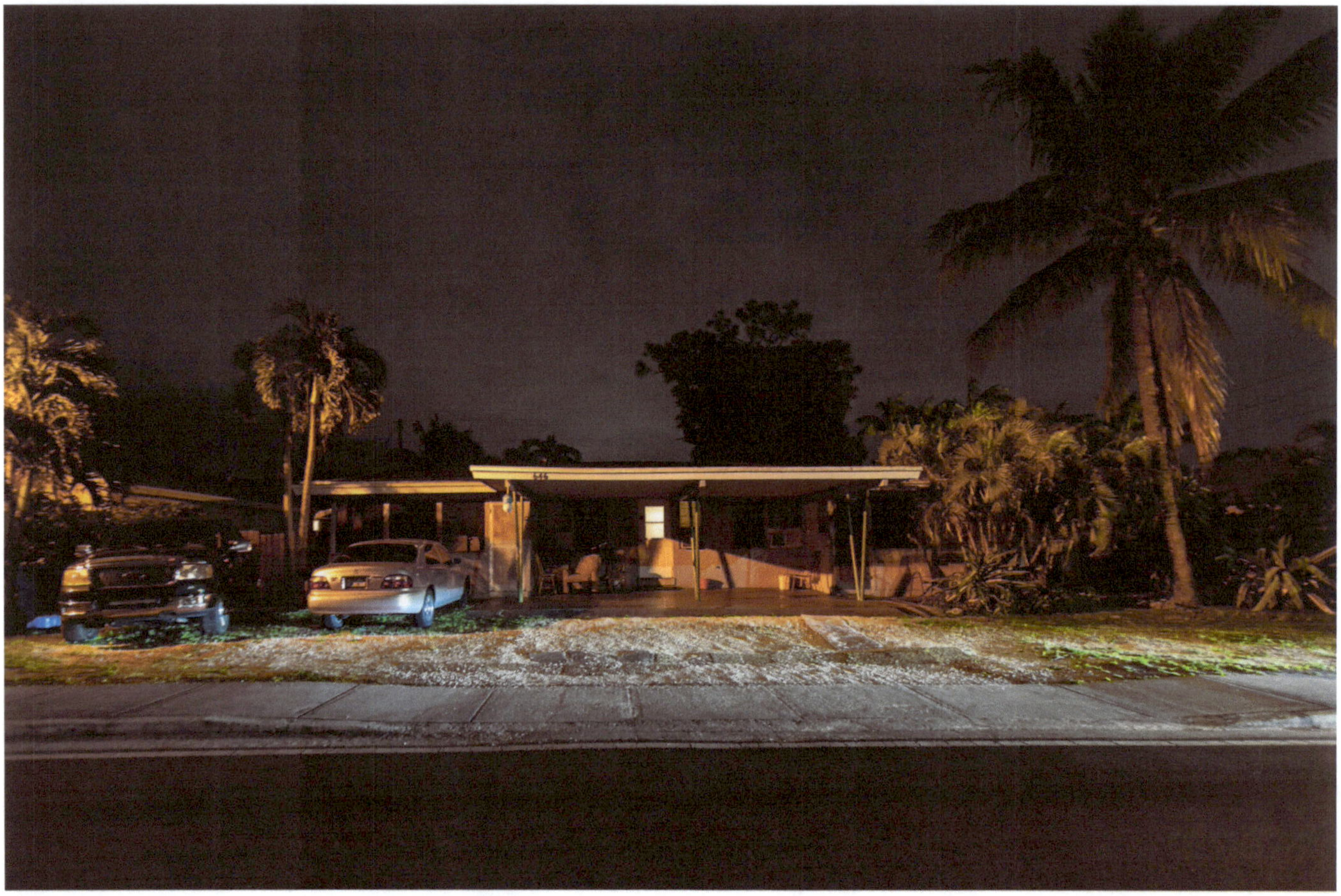

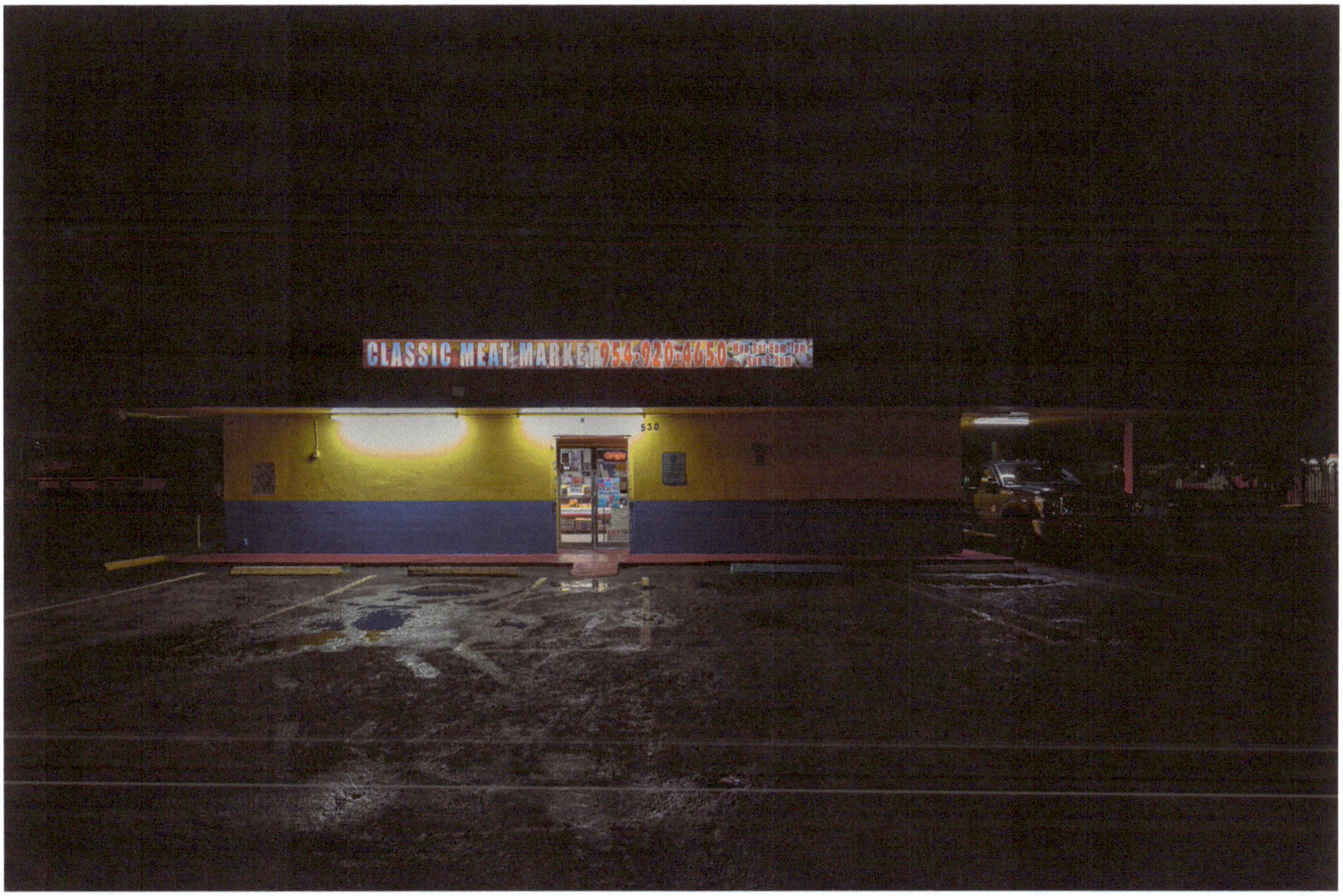
CLASSIC MEAT MARKET 954-920-4650
530
OPEN

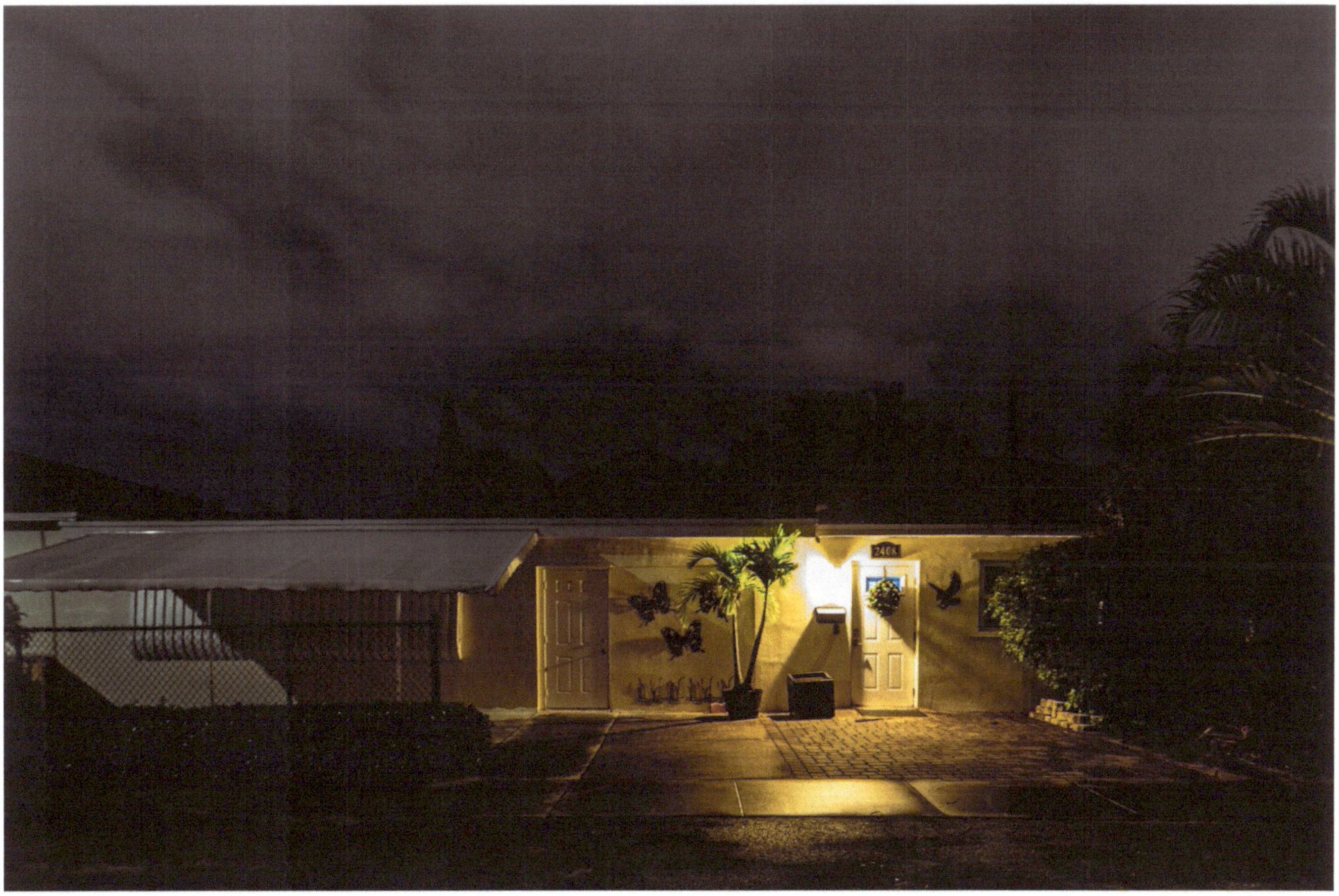

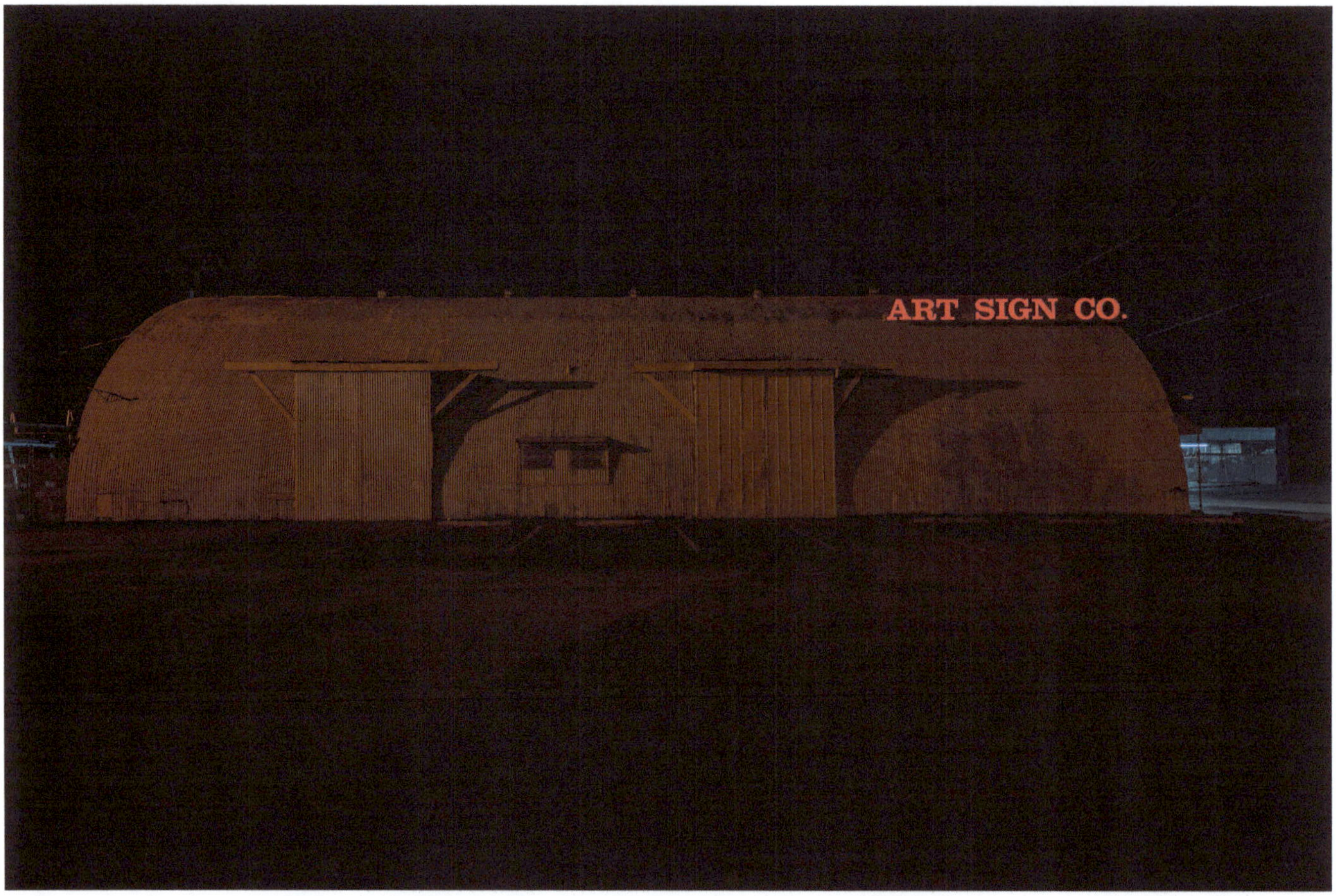

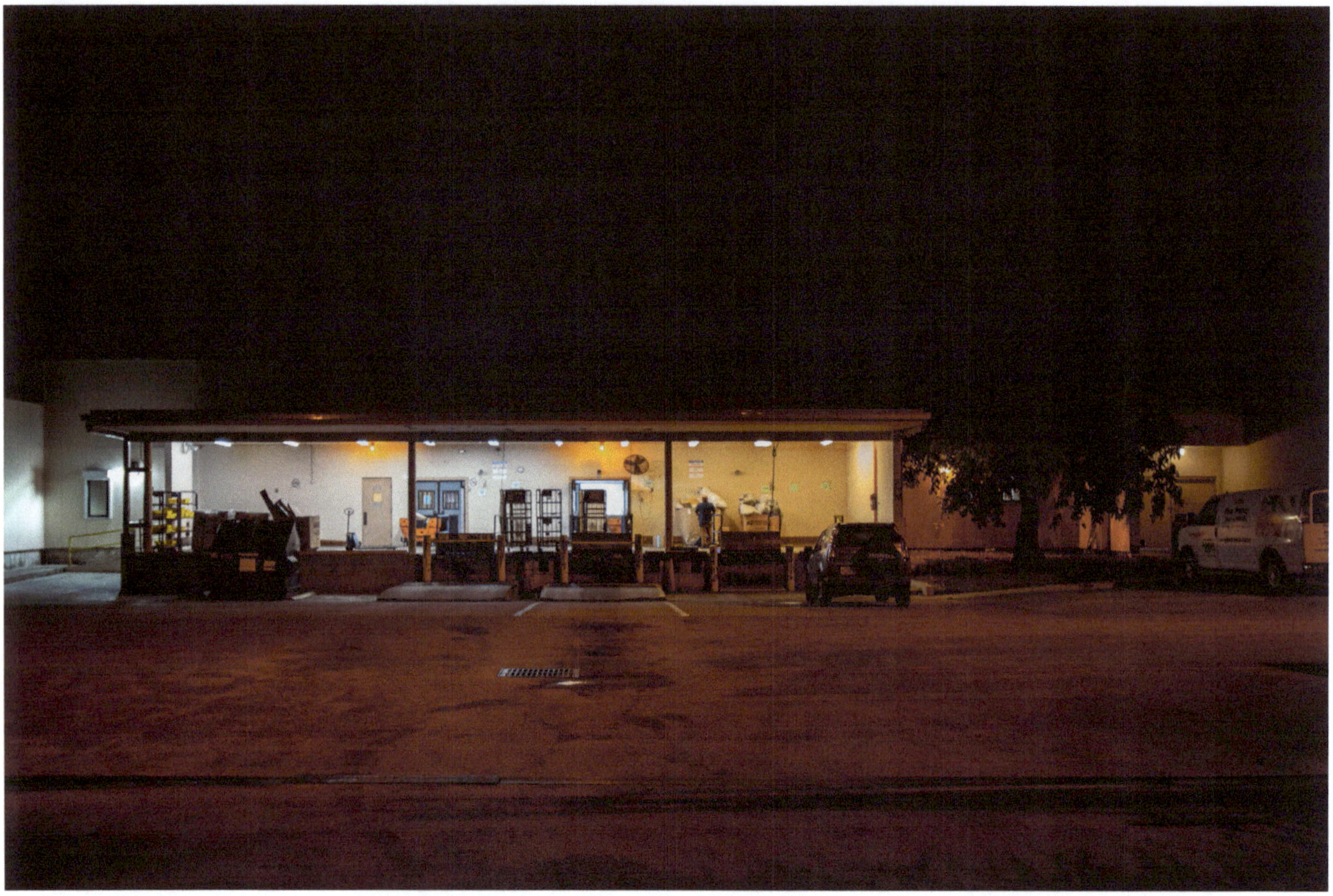

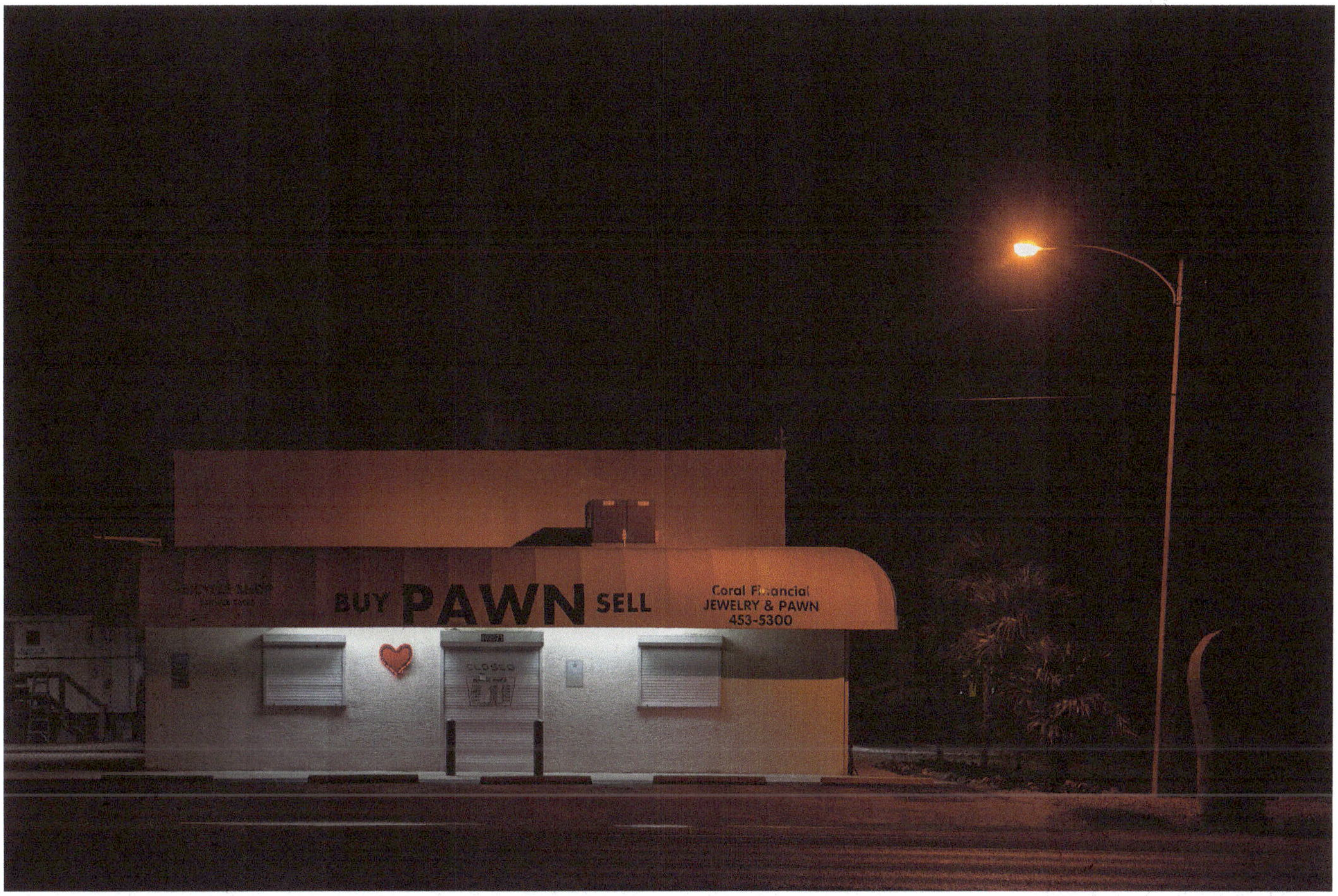
BUY PAWN SELL
Coral Financial
JEWELRY & PAWN
453-5300

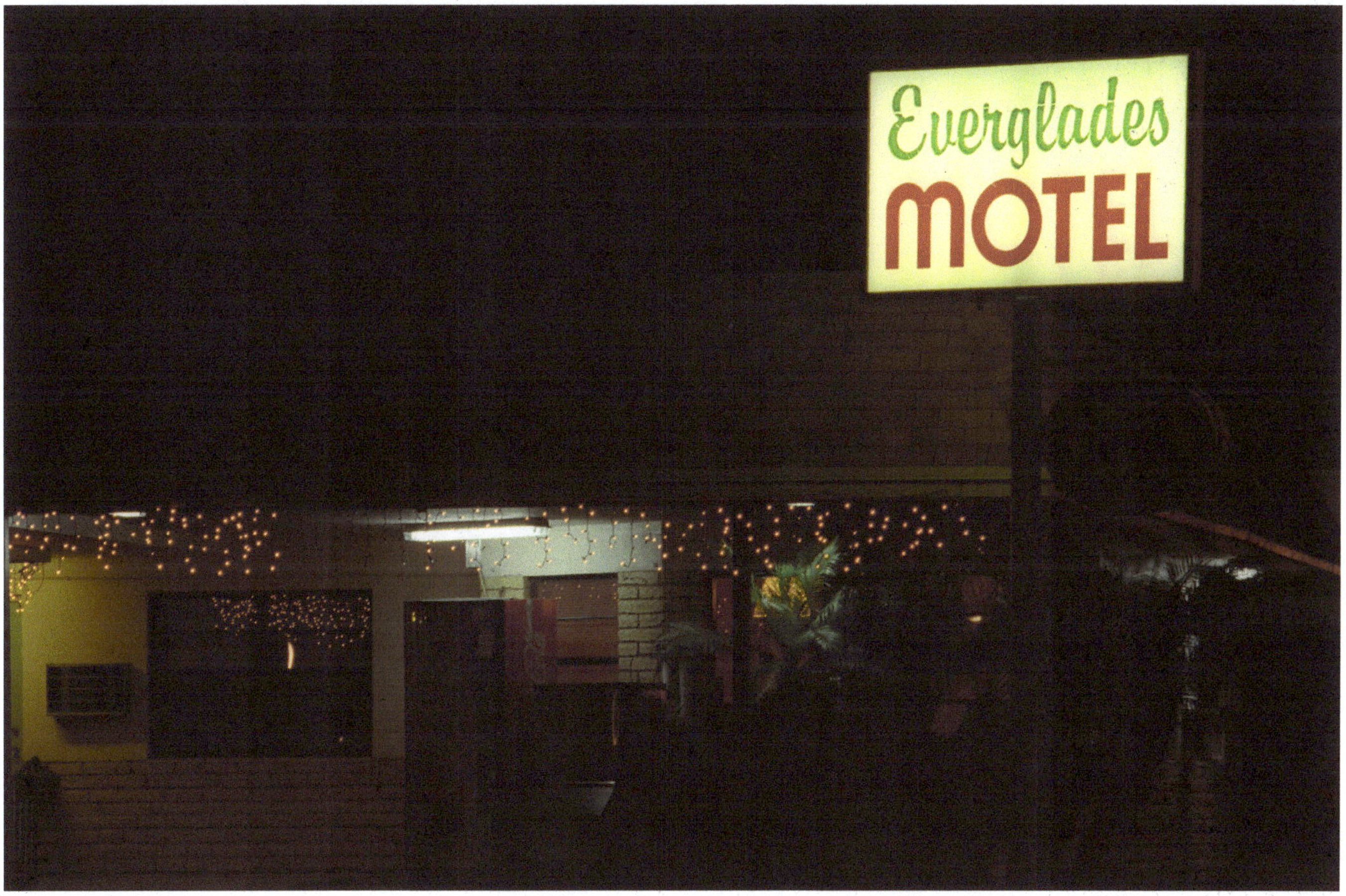
Everglades
MOTEL

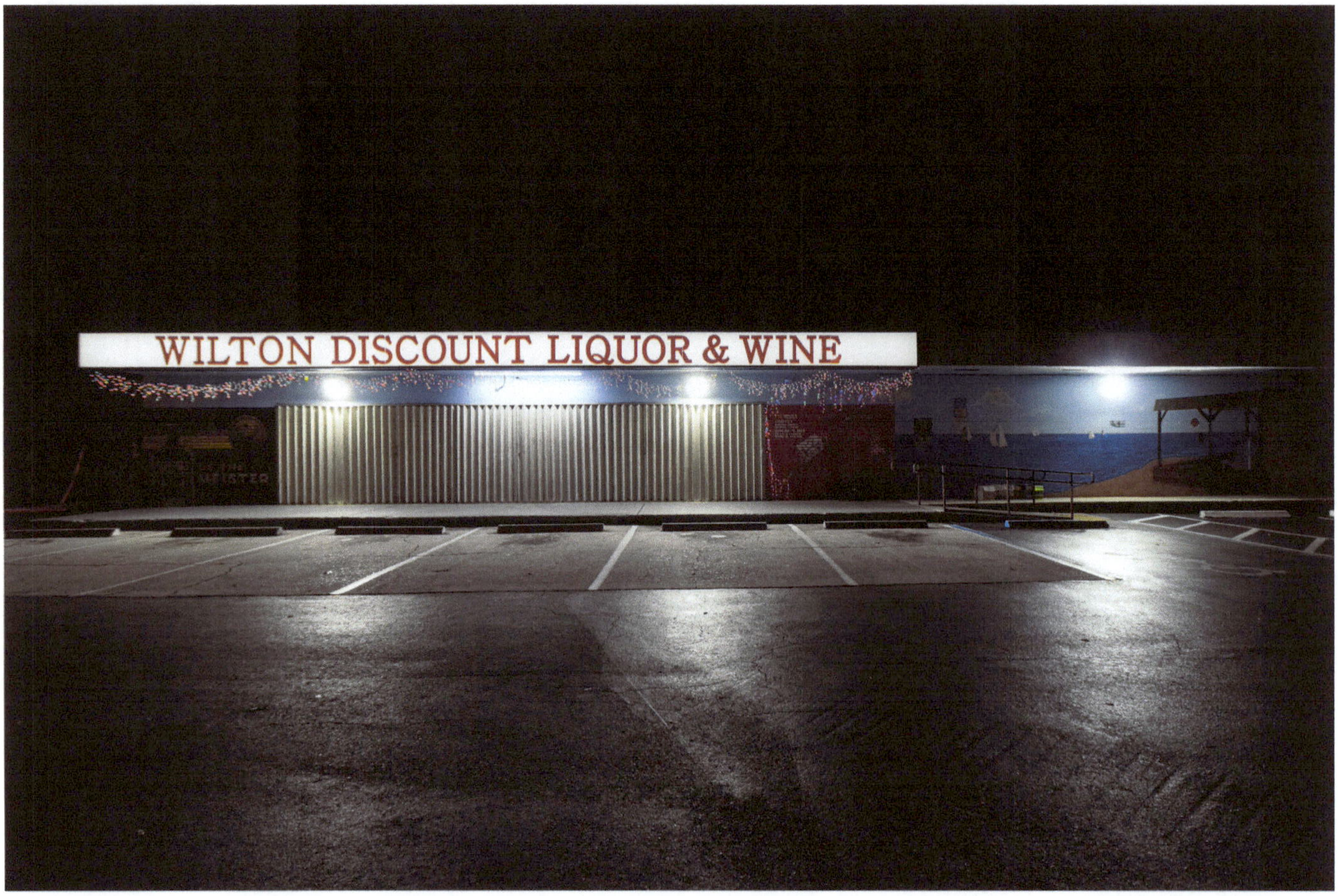

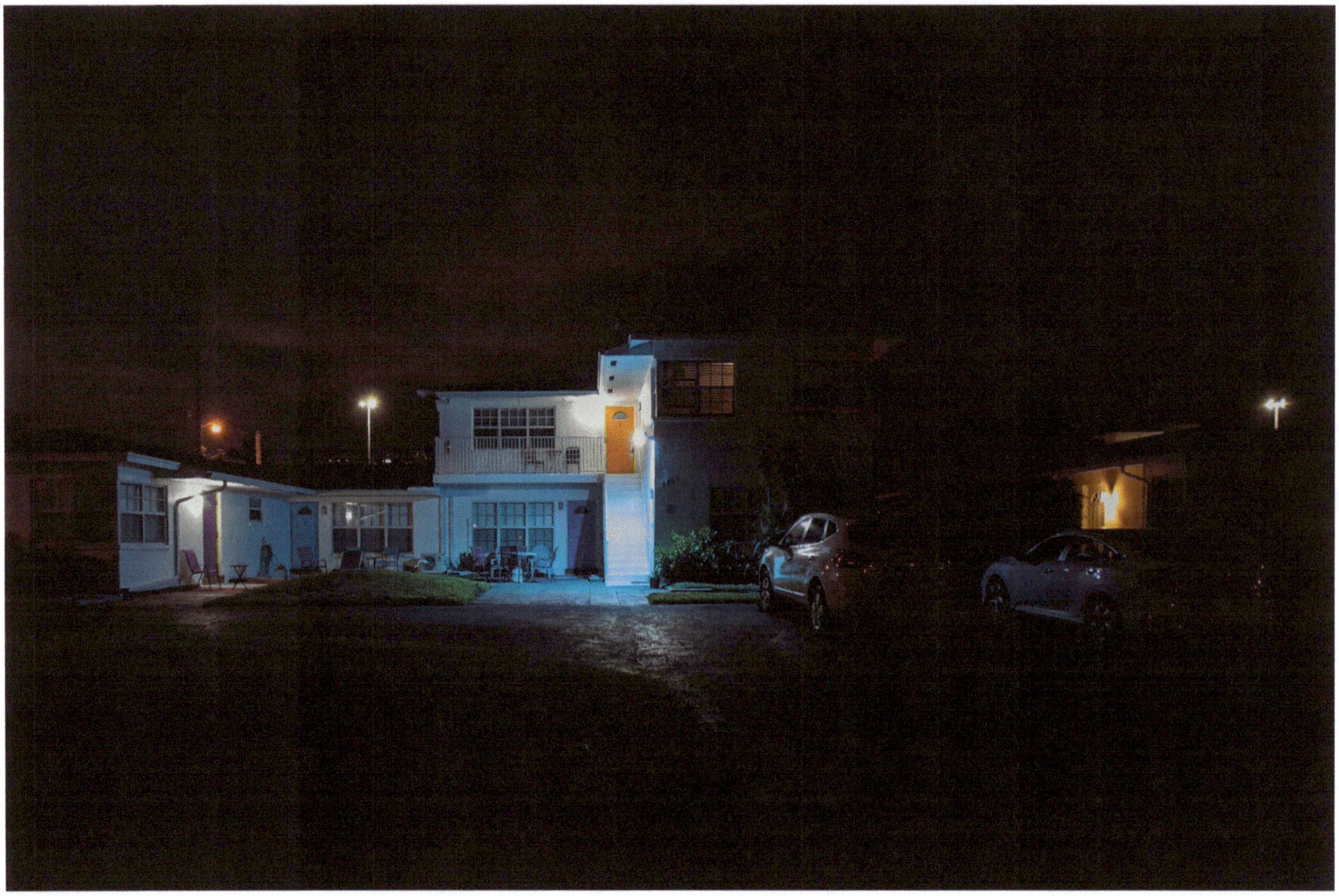

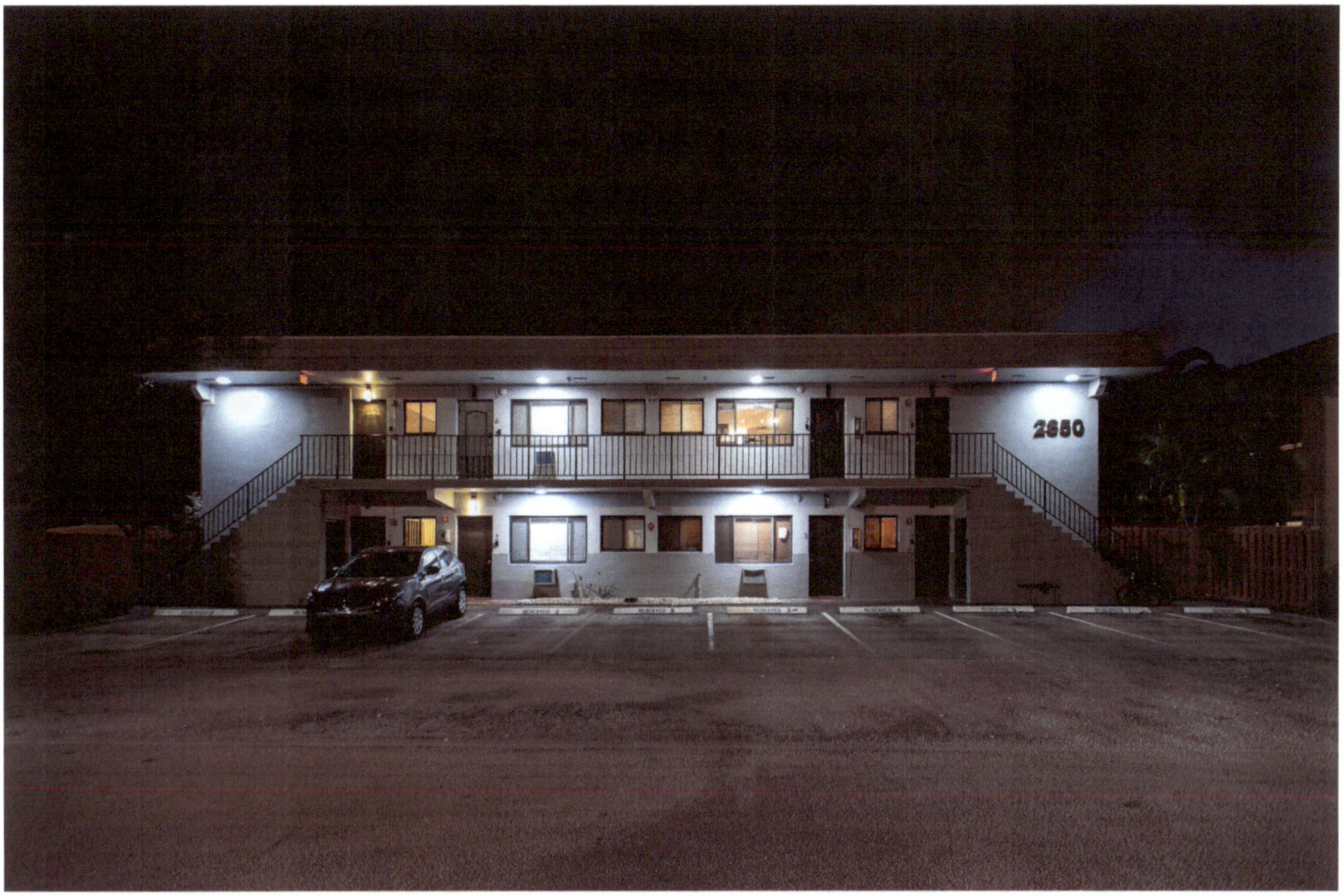
2650

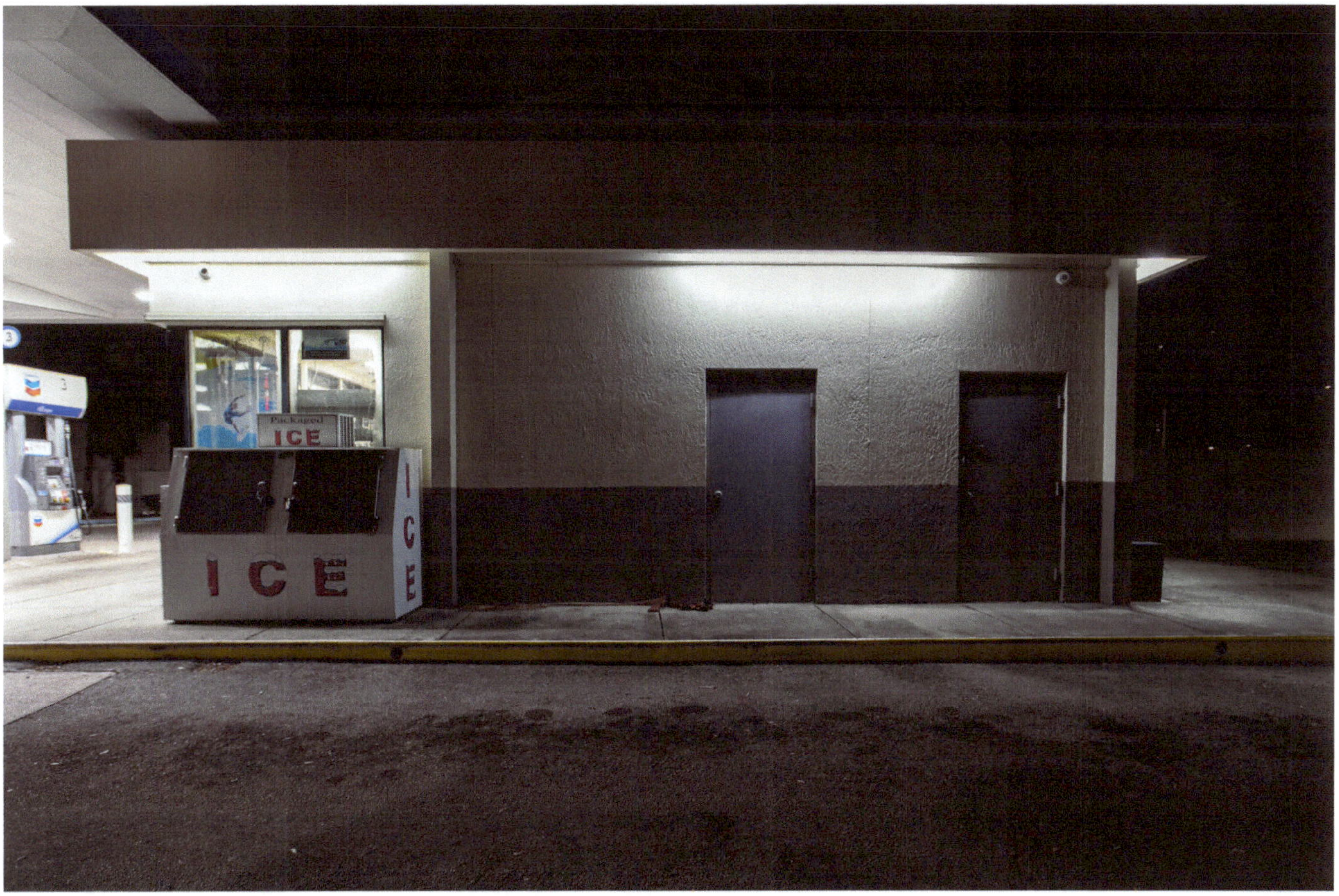
Packaged
ICE
ICE
ICE

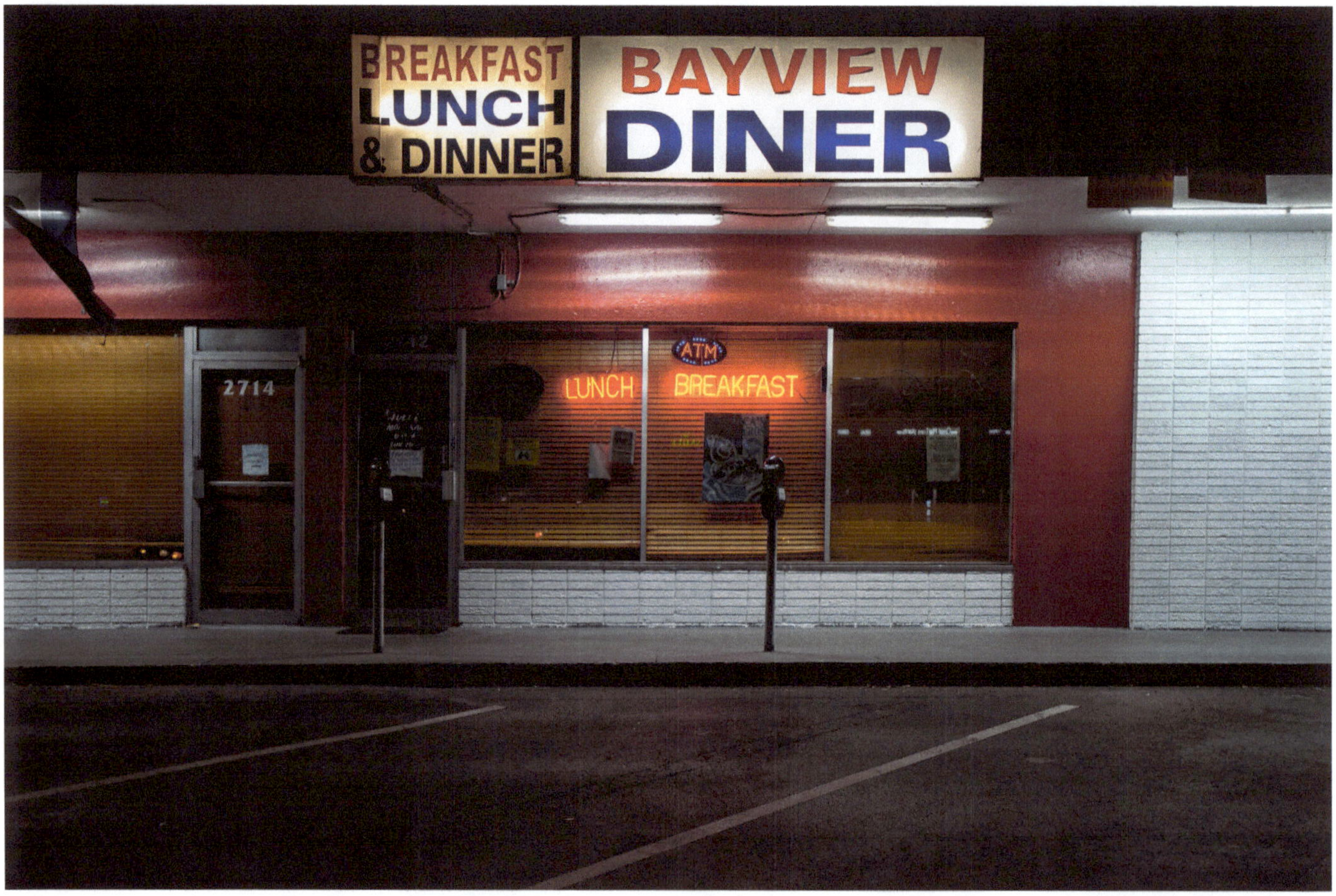
BREAKFAST
LUNCH
& DINNER
BAYVIEW
DINER
2714
ATM
LUNCH
BREAKFAST

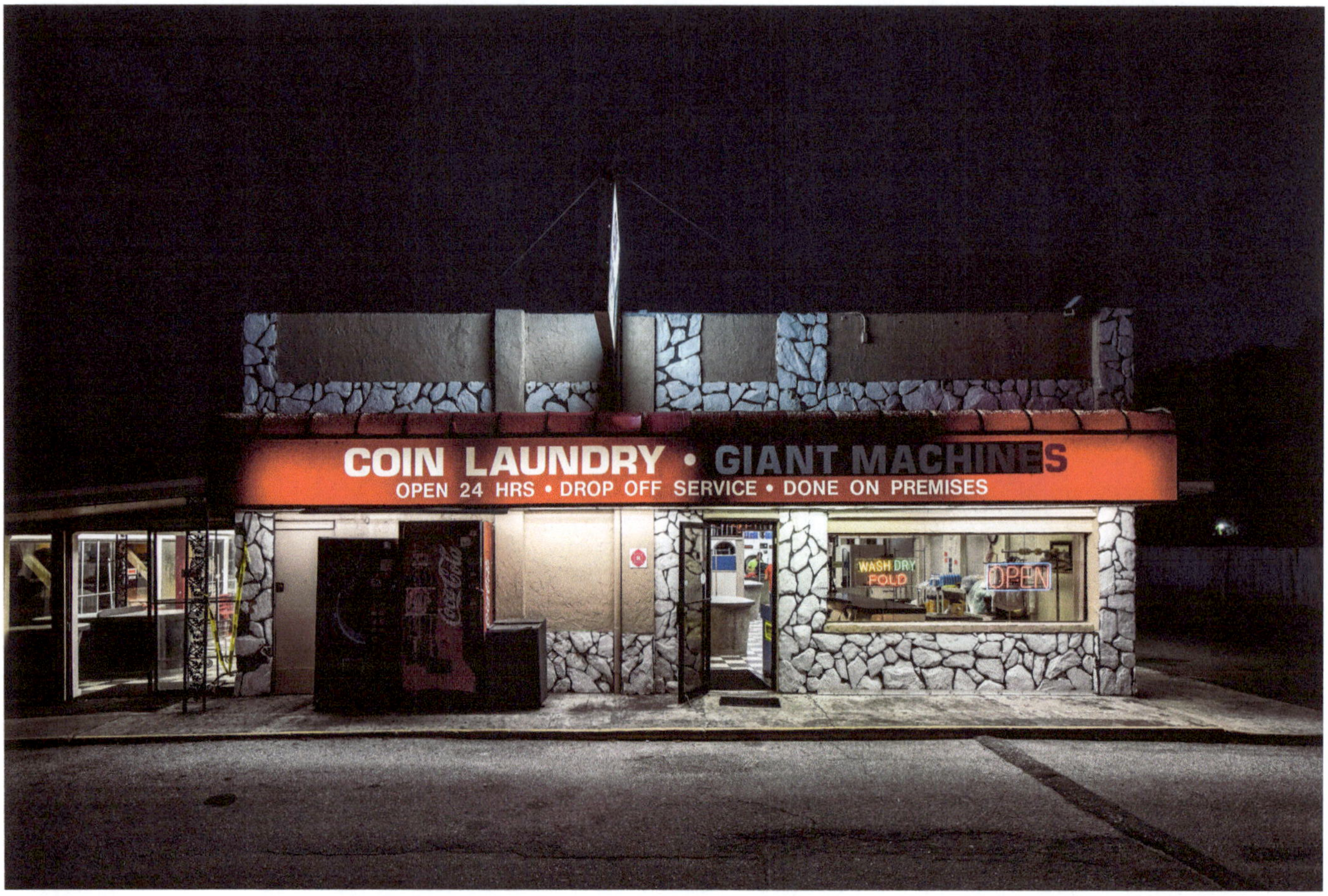
COIN LAUNDRY • GIANT MACHINES
OPEN 24 HRS • DROP OFF SERVICE • DONE ON PREMISES
WASH DRY
FOLD
OPEN

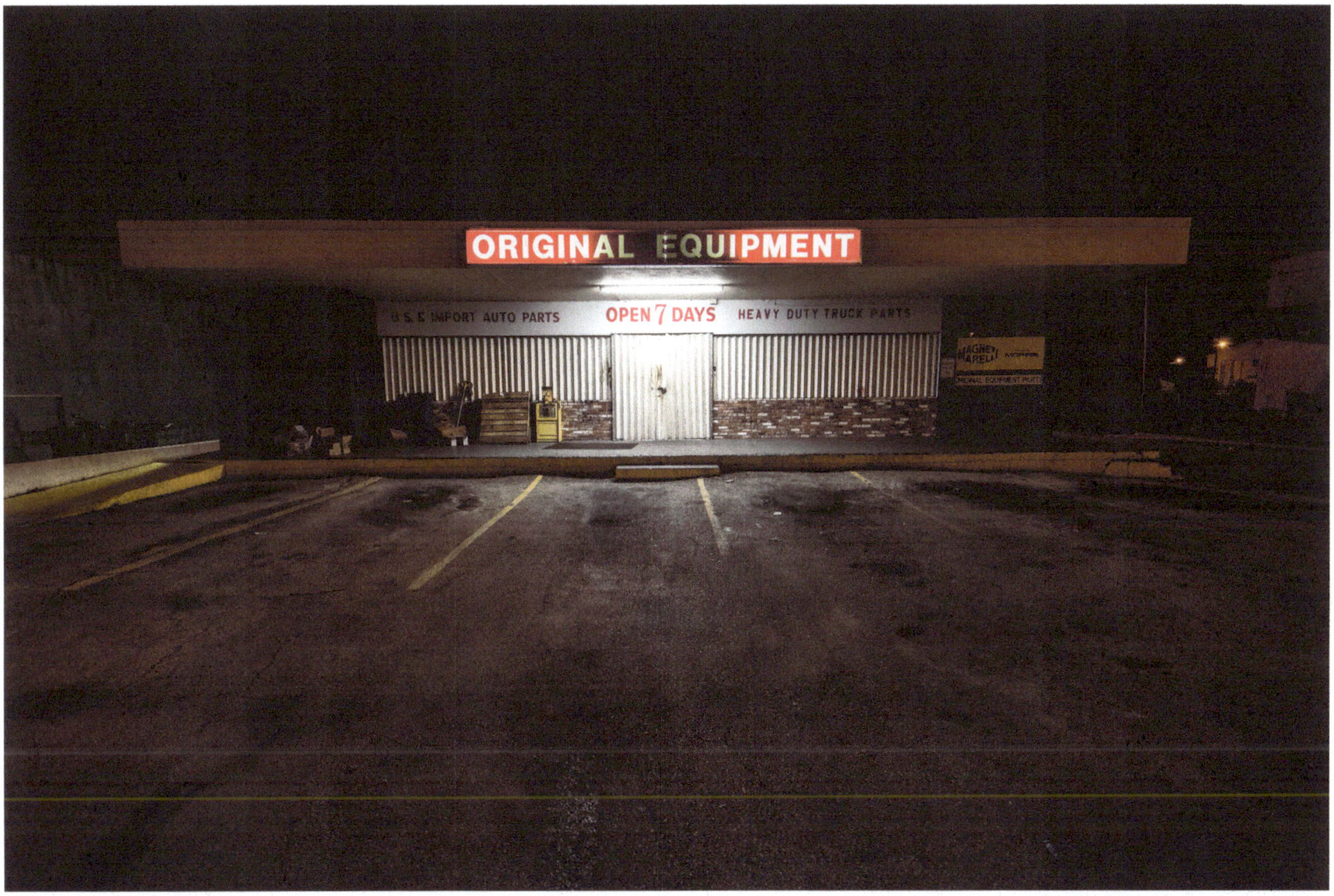

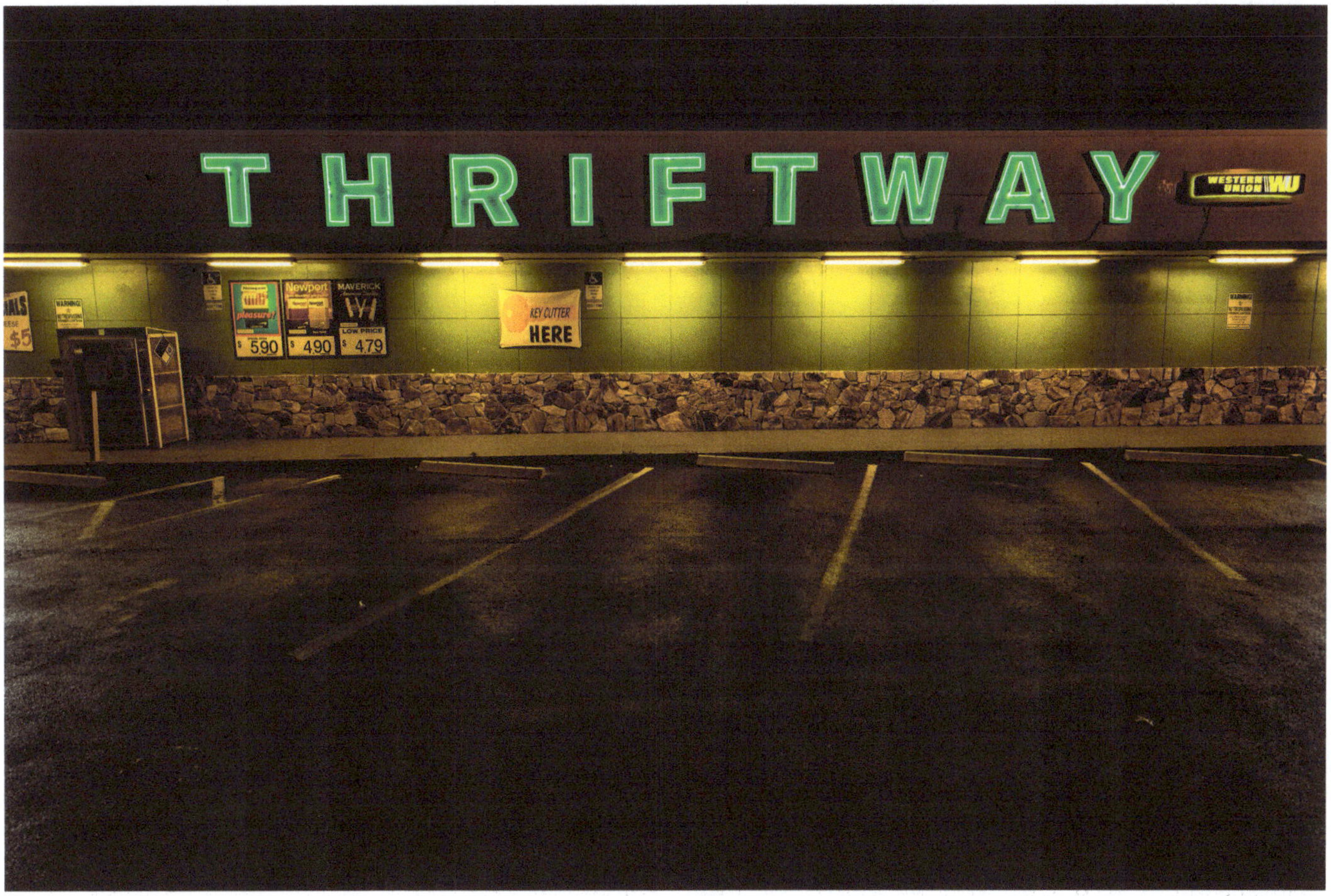

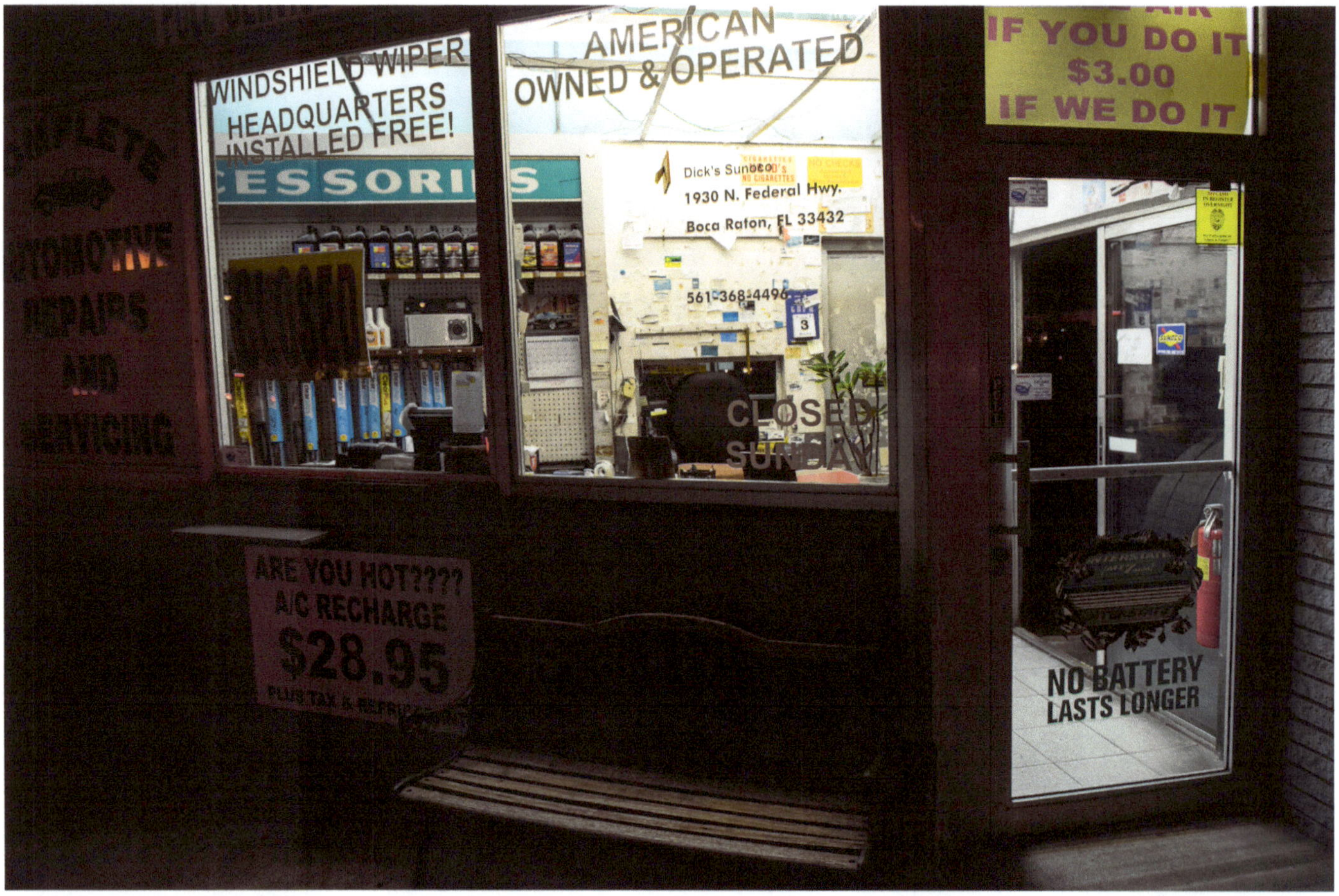

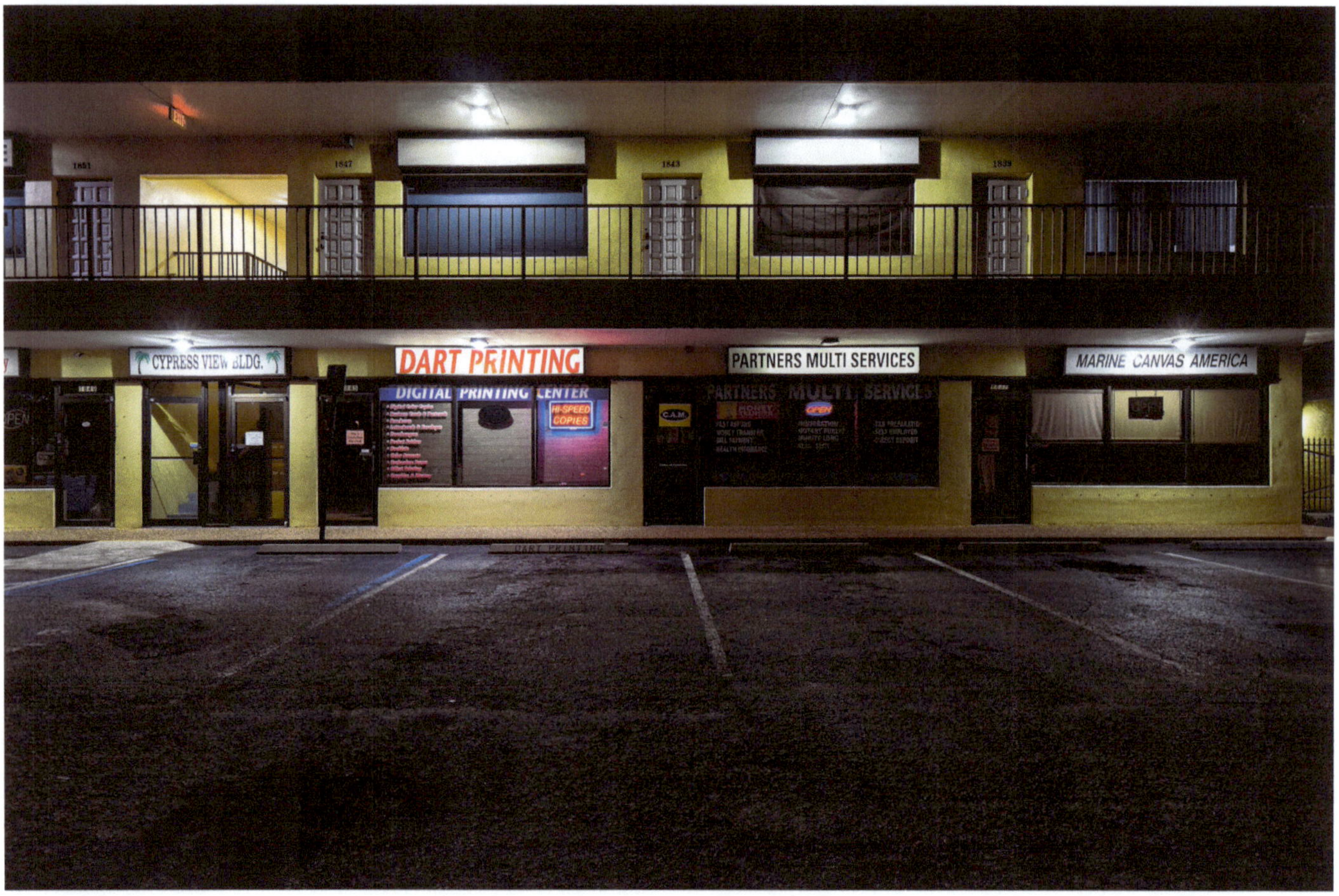

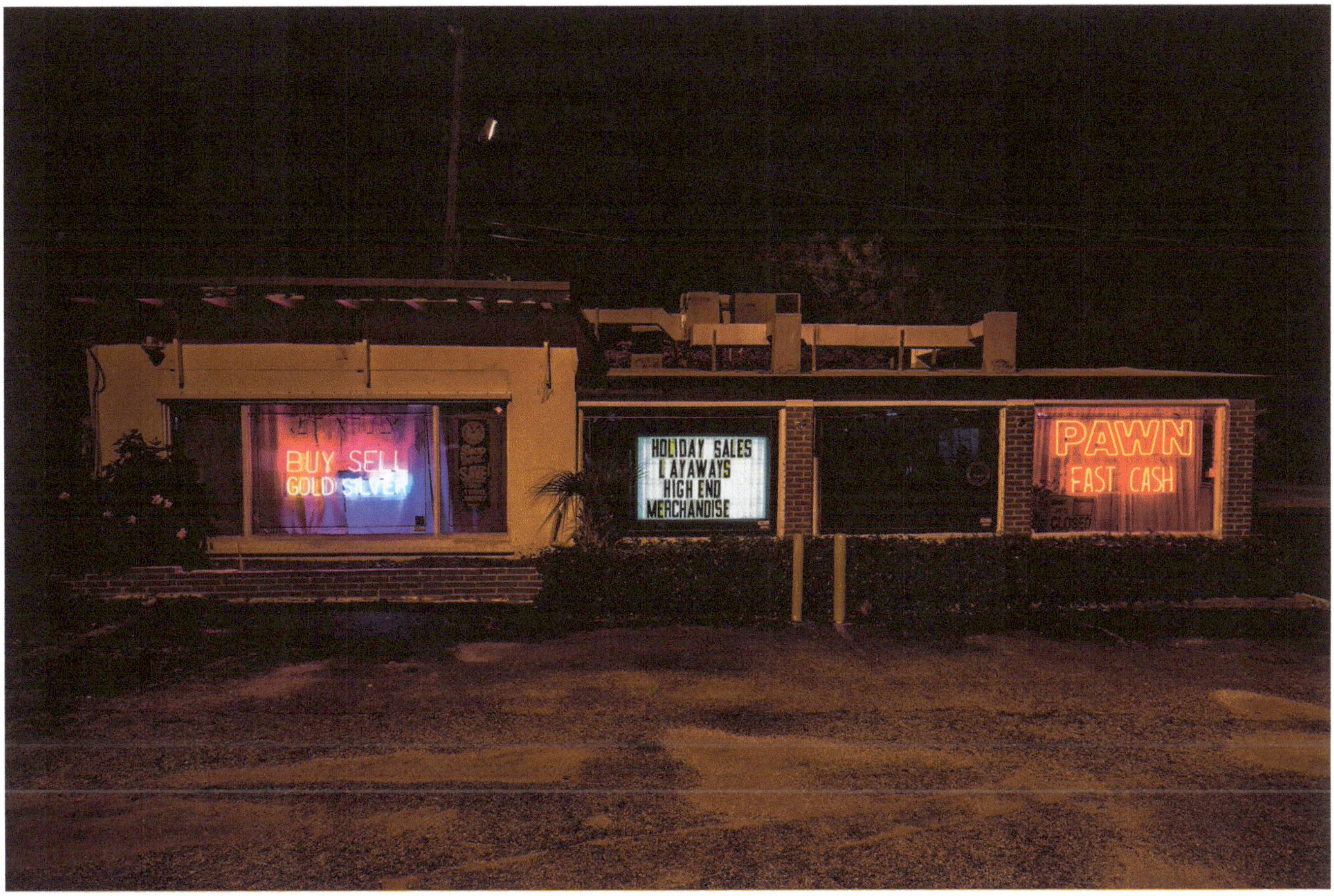

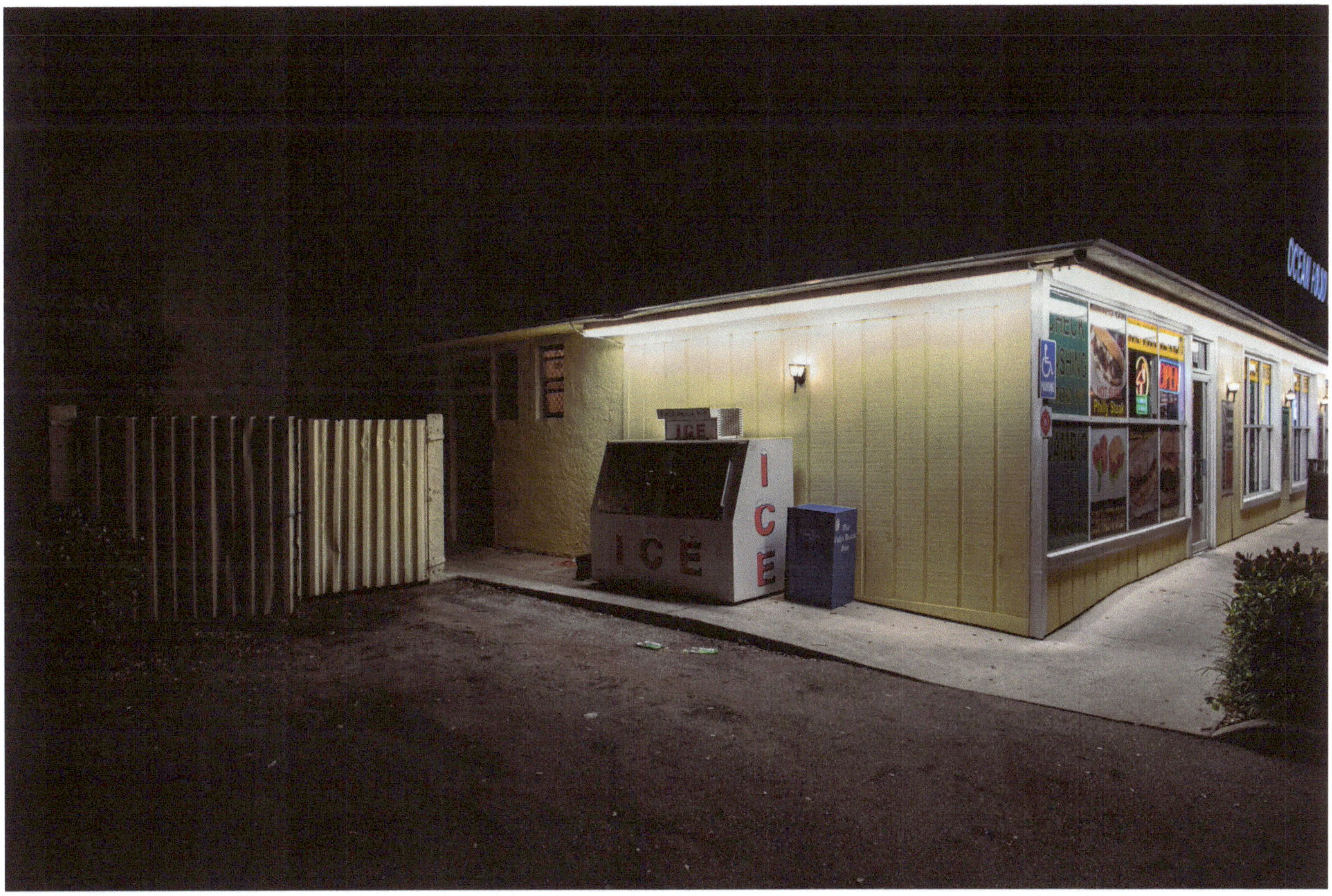

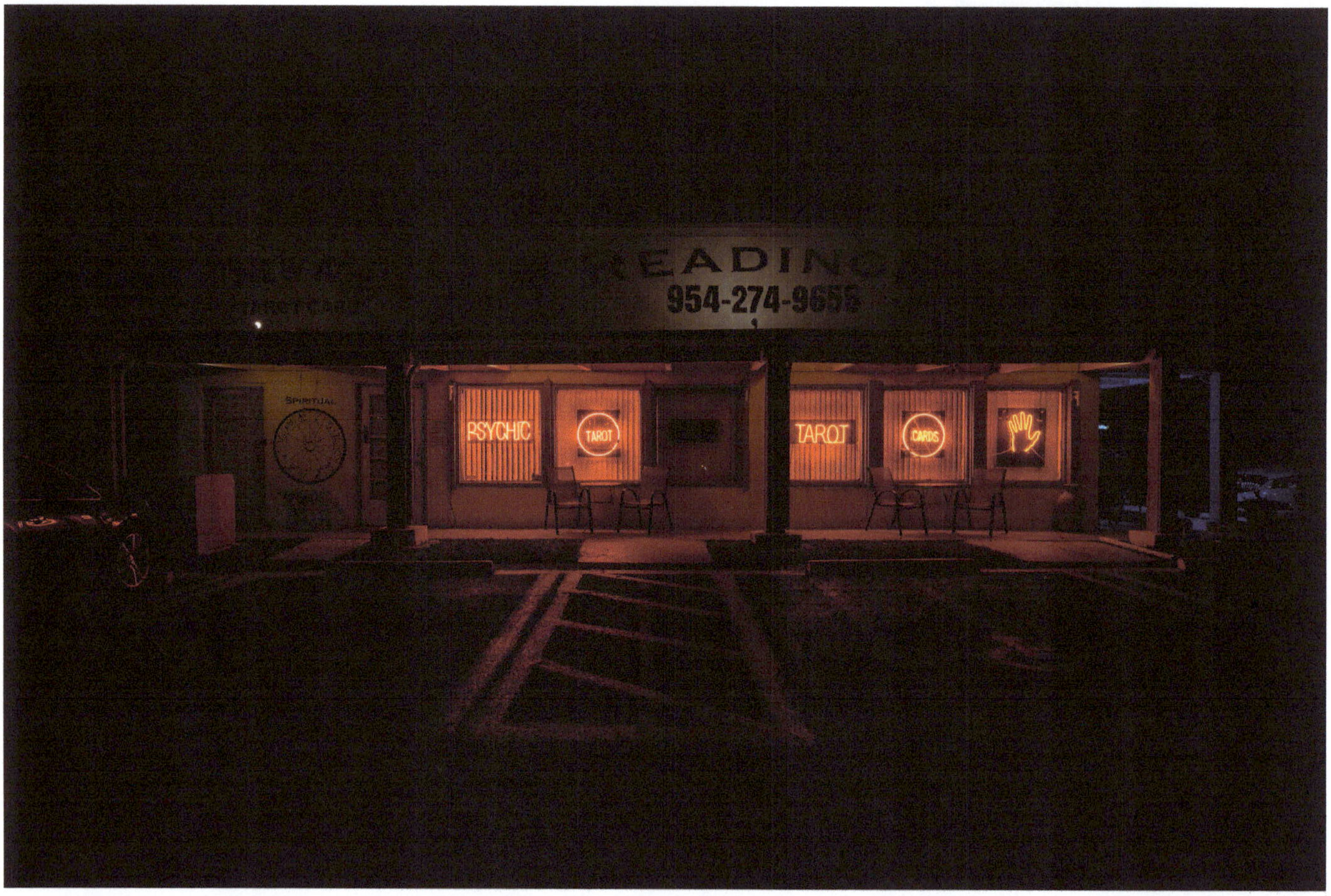
954-274-9655
PSYCHIC
TAROT
TAROT
CARDS

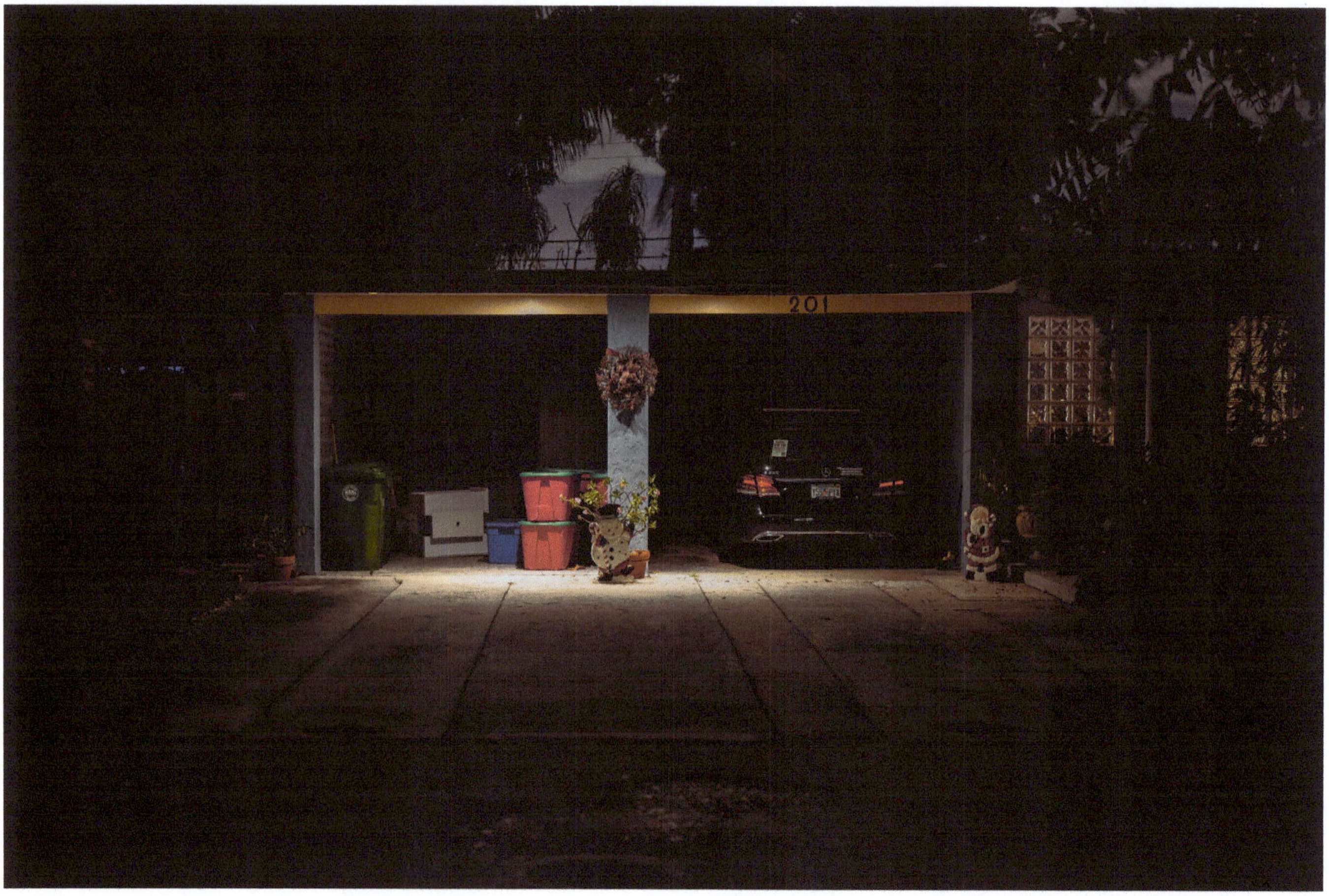
201

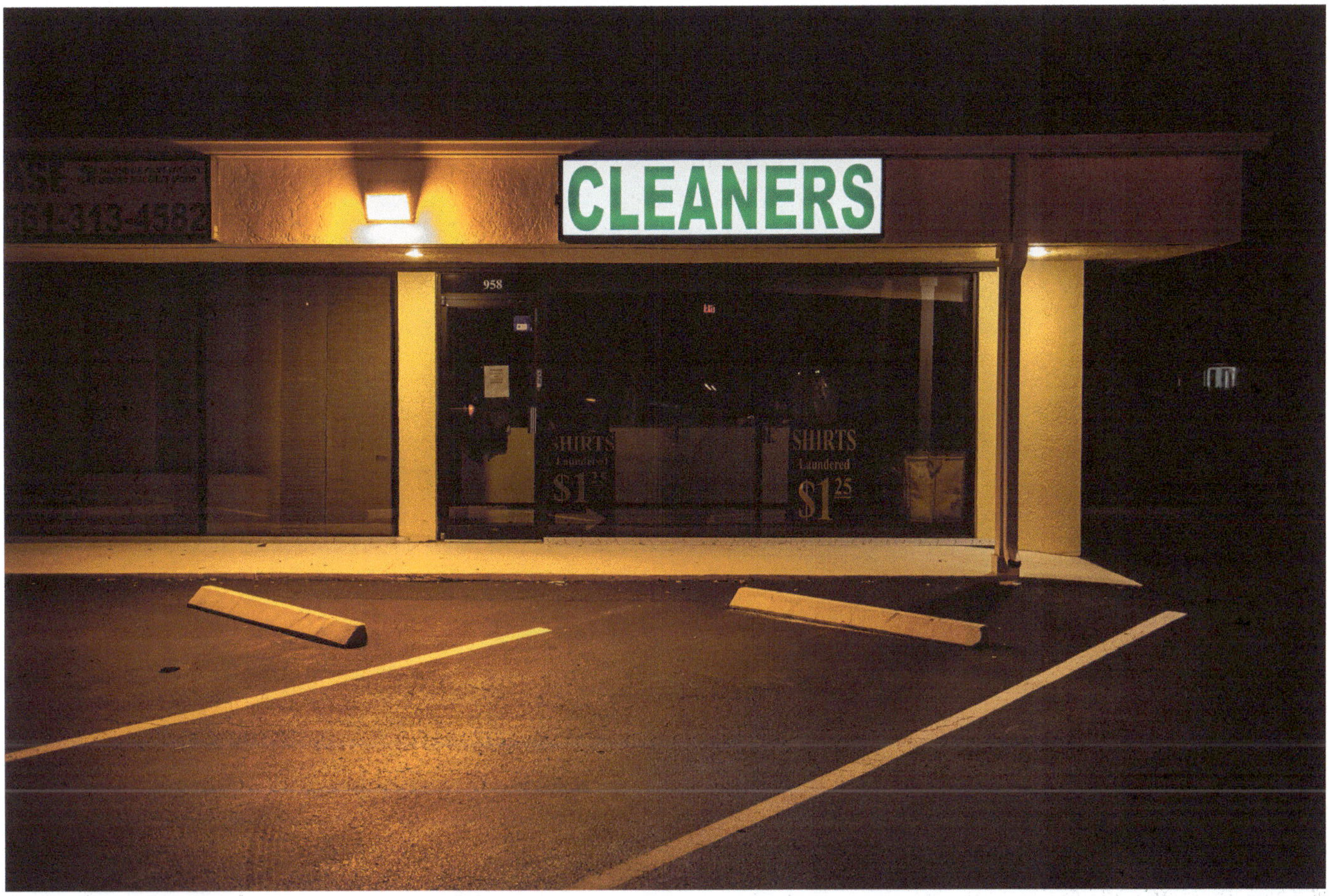
CLEANERS
958
SHIRTS
Laundered
$1 25
SHIRTS
Laundered
$1 25

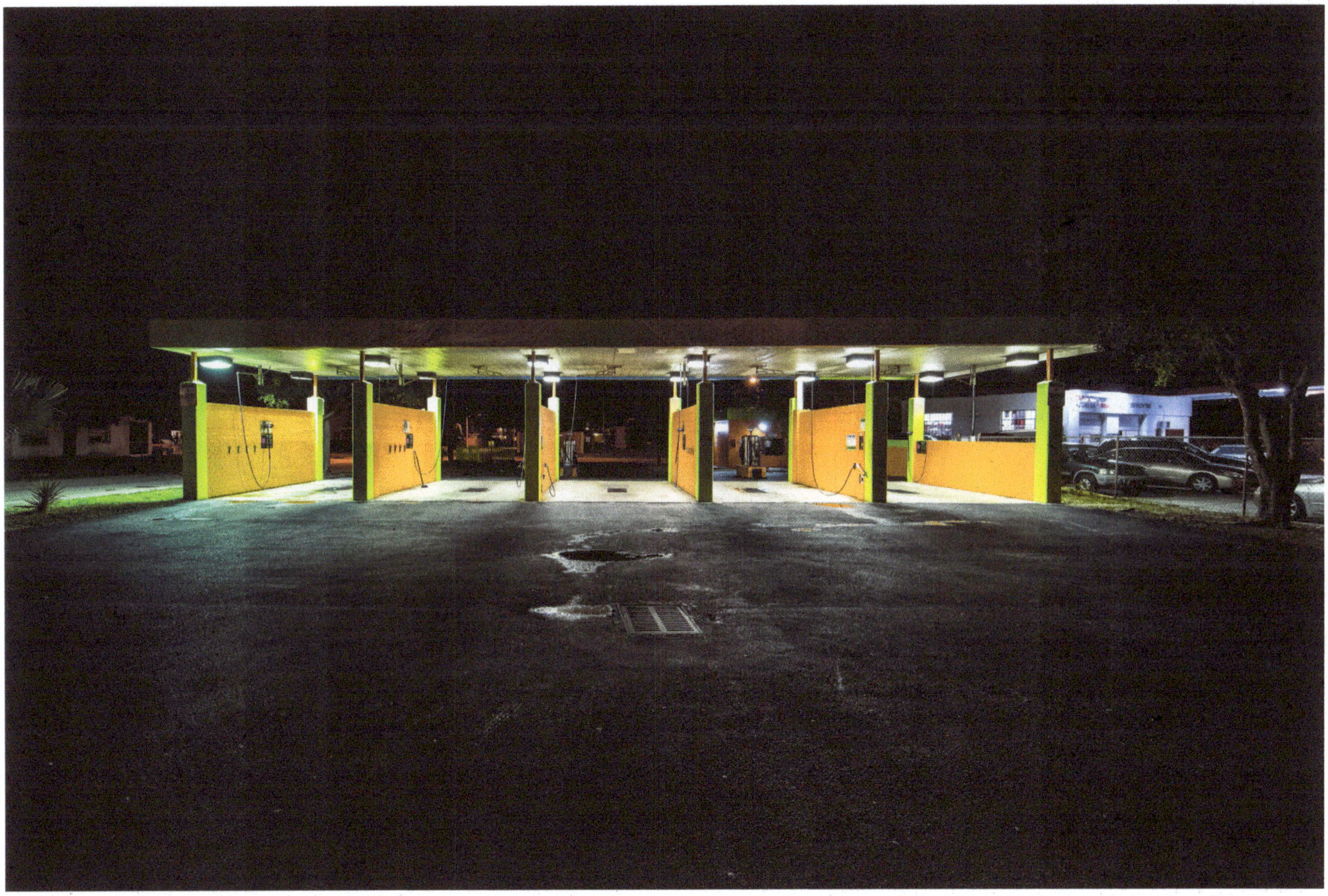

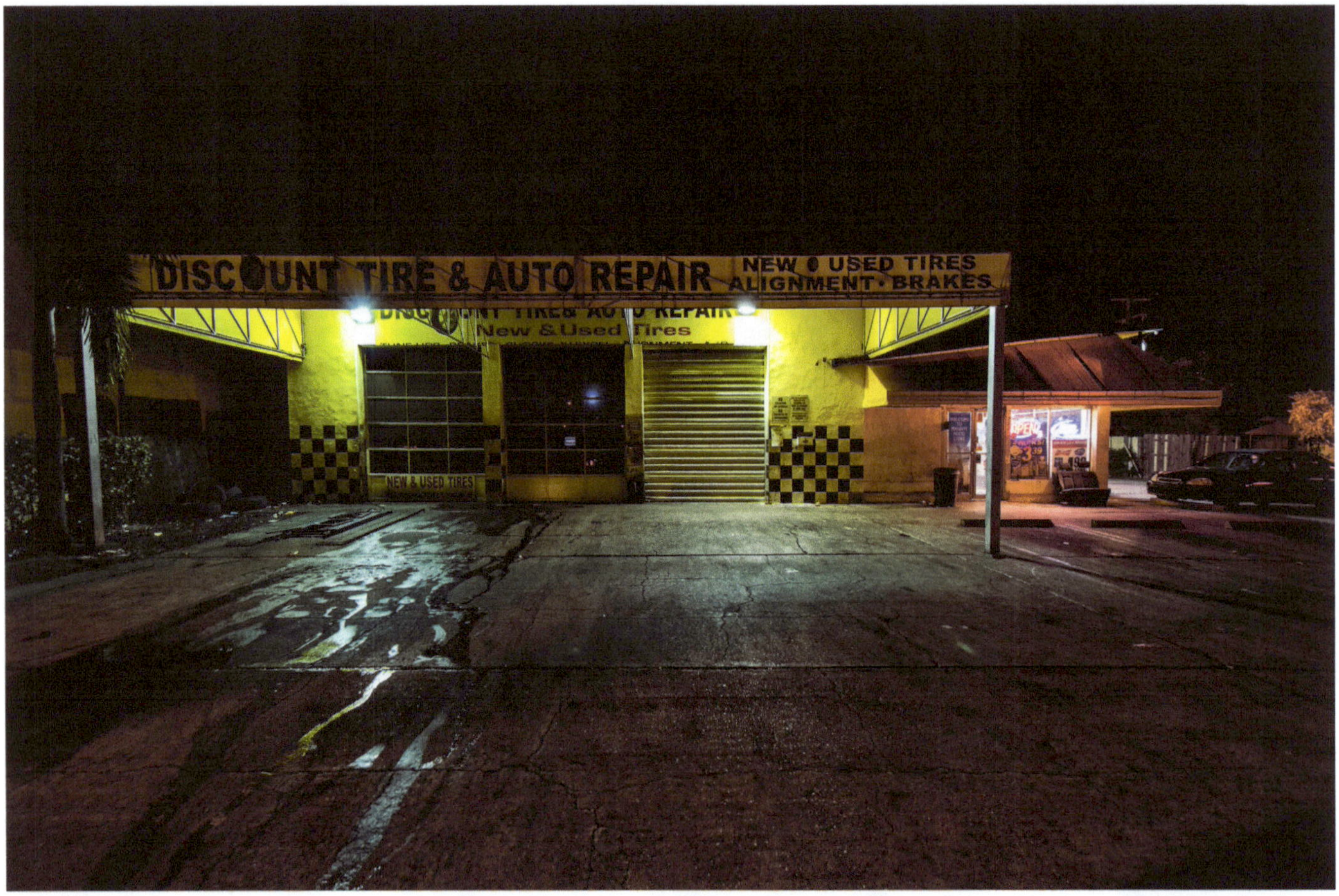
DISCOUNT TIRE & AUTO REPAIR
NEW & USED TIRES
ALIGNMENT · BRAKES
New & Used Tires
NEW & USED TIRES

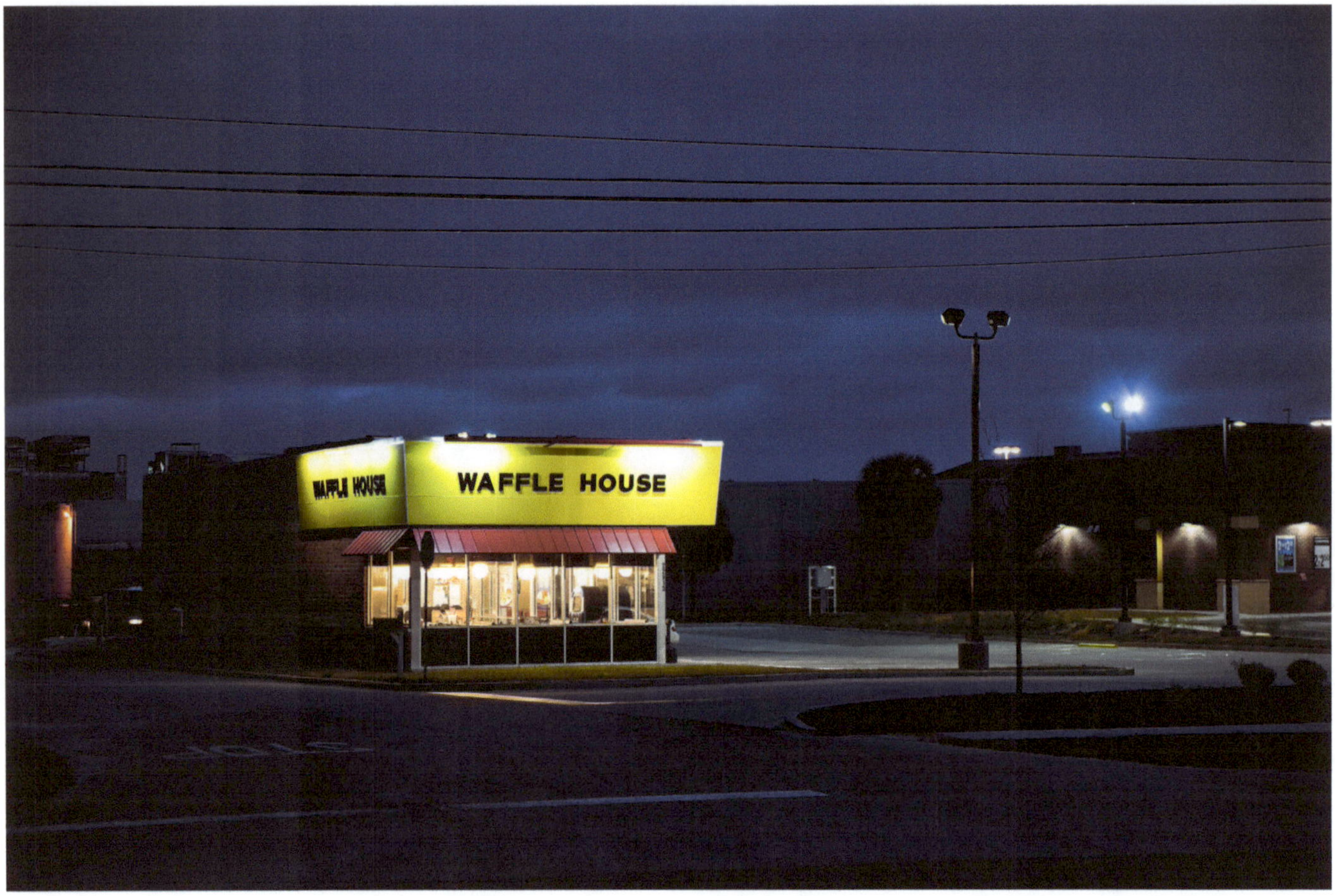
WAFFLE HOUSE
WAFFLE HOUSE

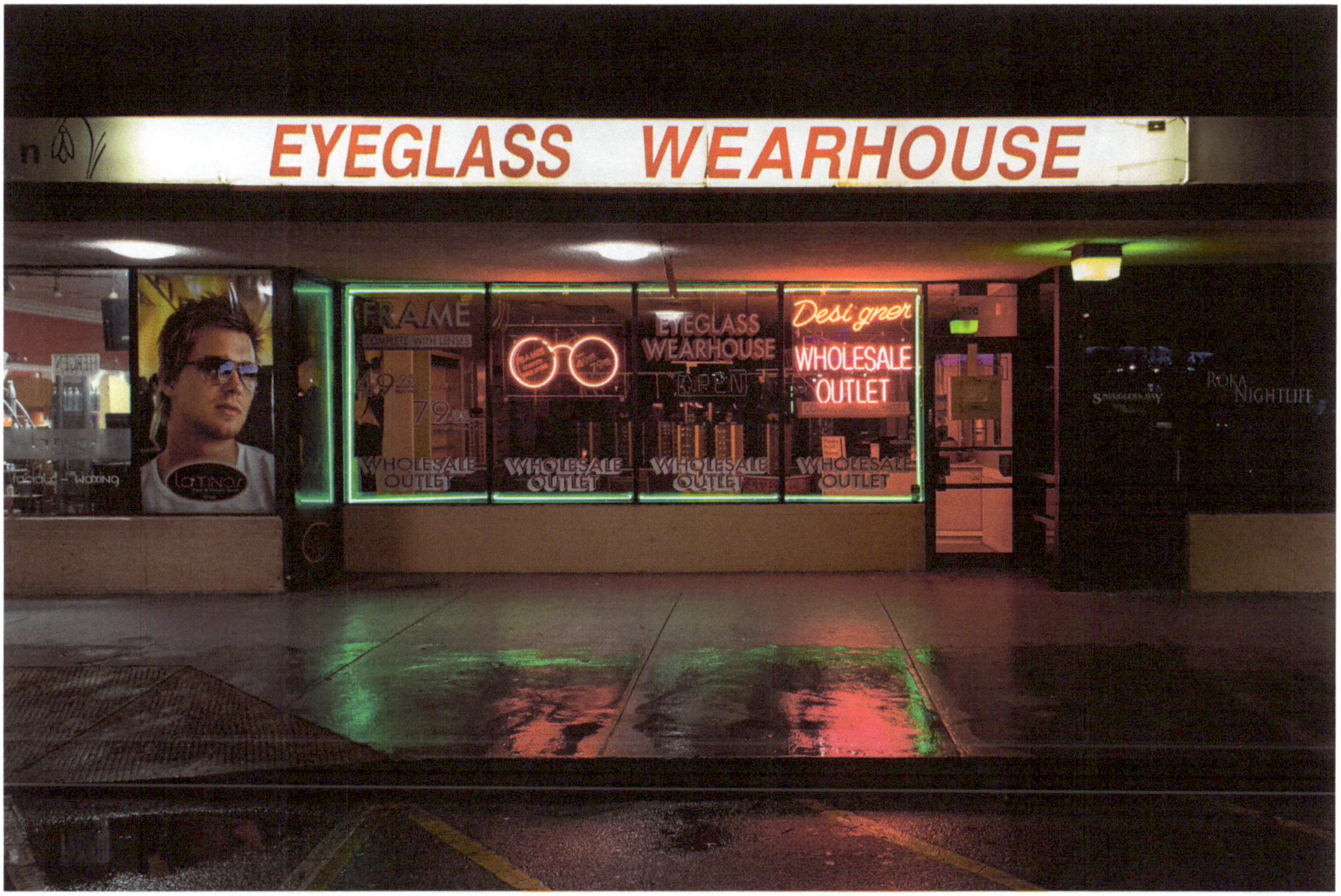

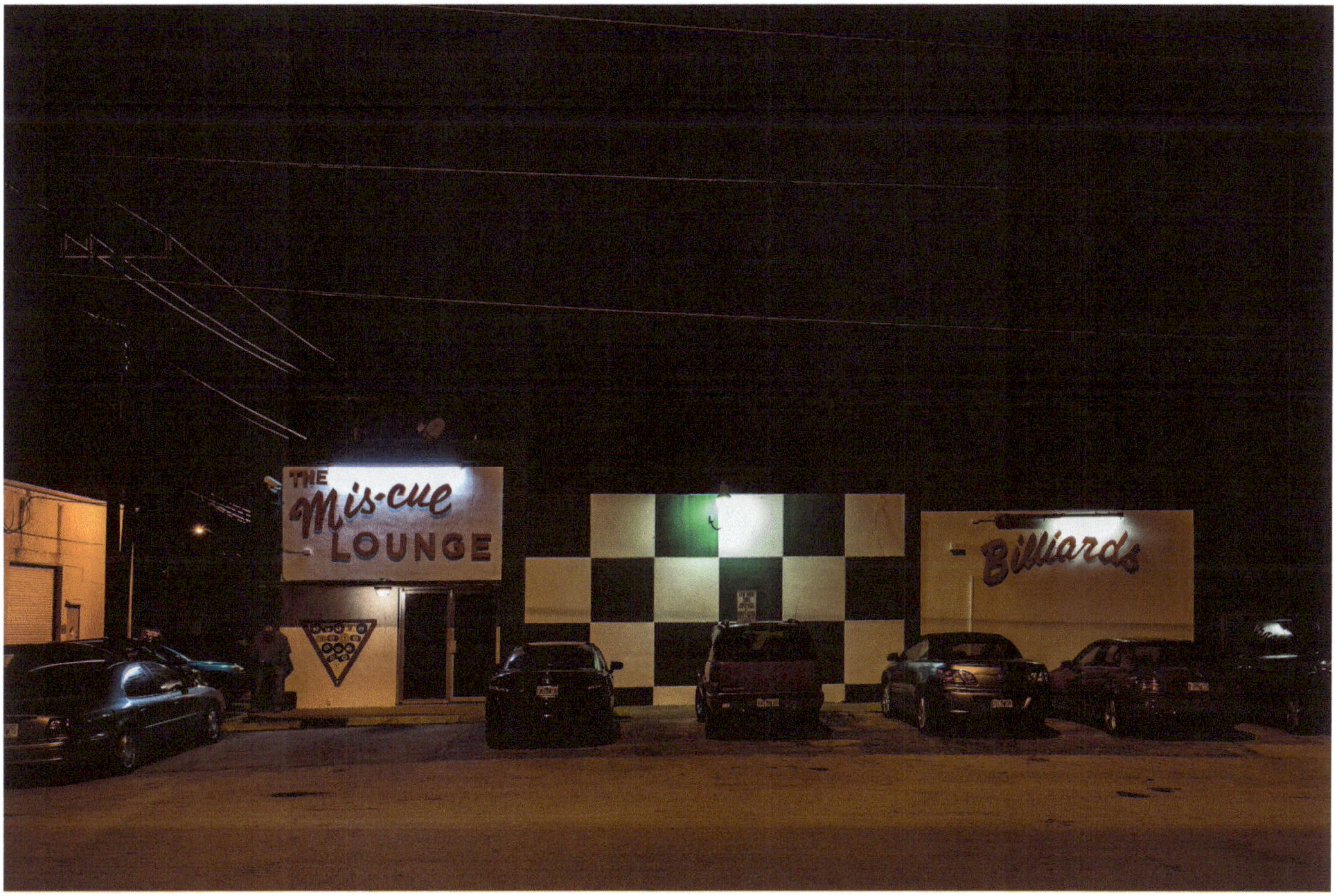

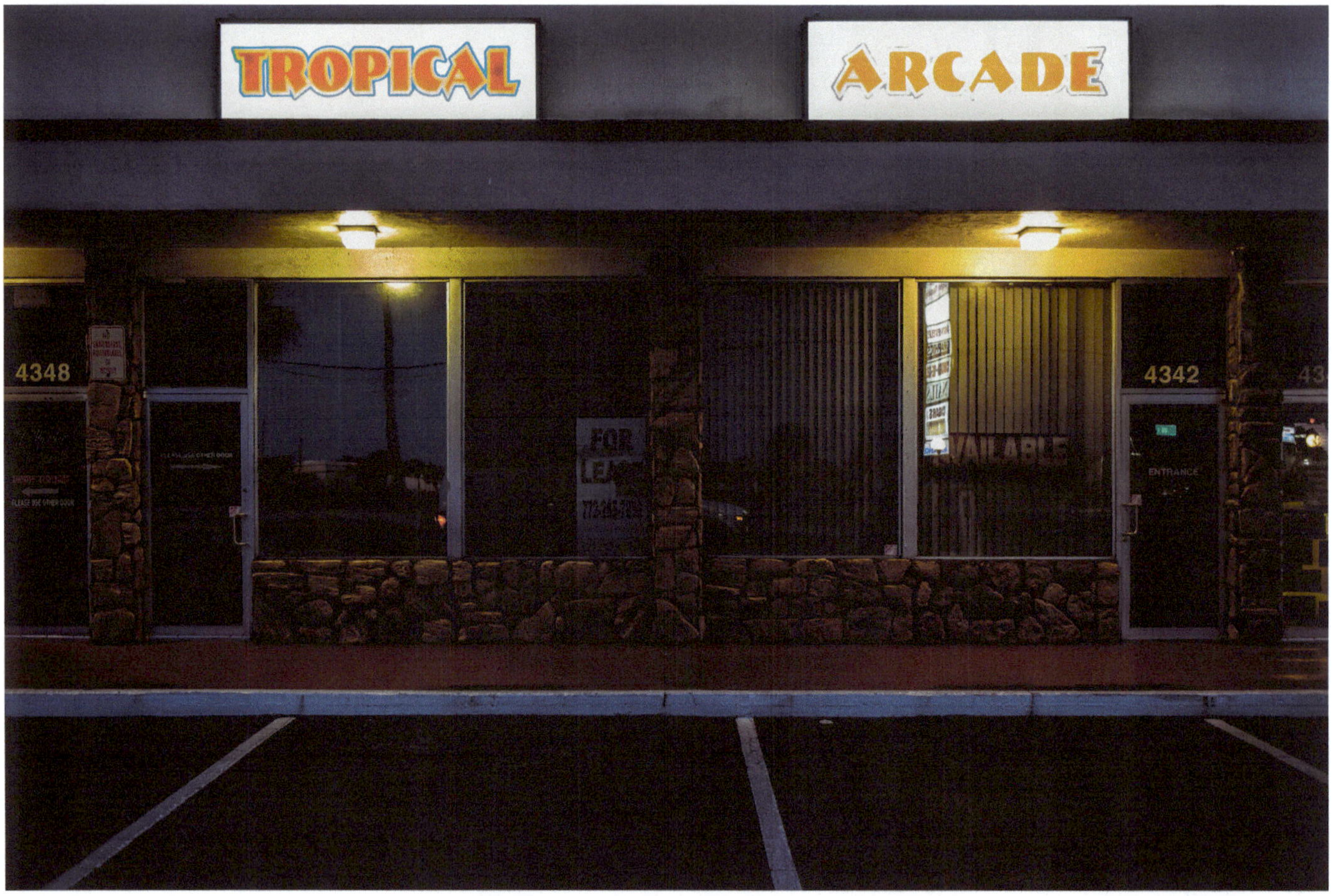
TROPICAL
ARCADE
4348
4342
FOR
AVAILABLE
ENTRANCE

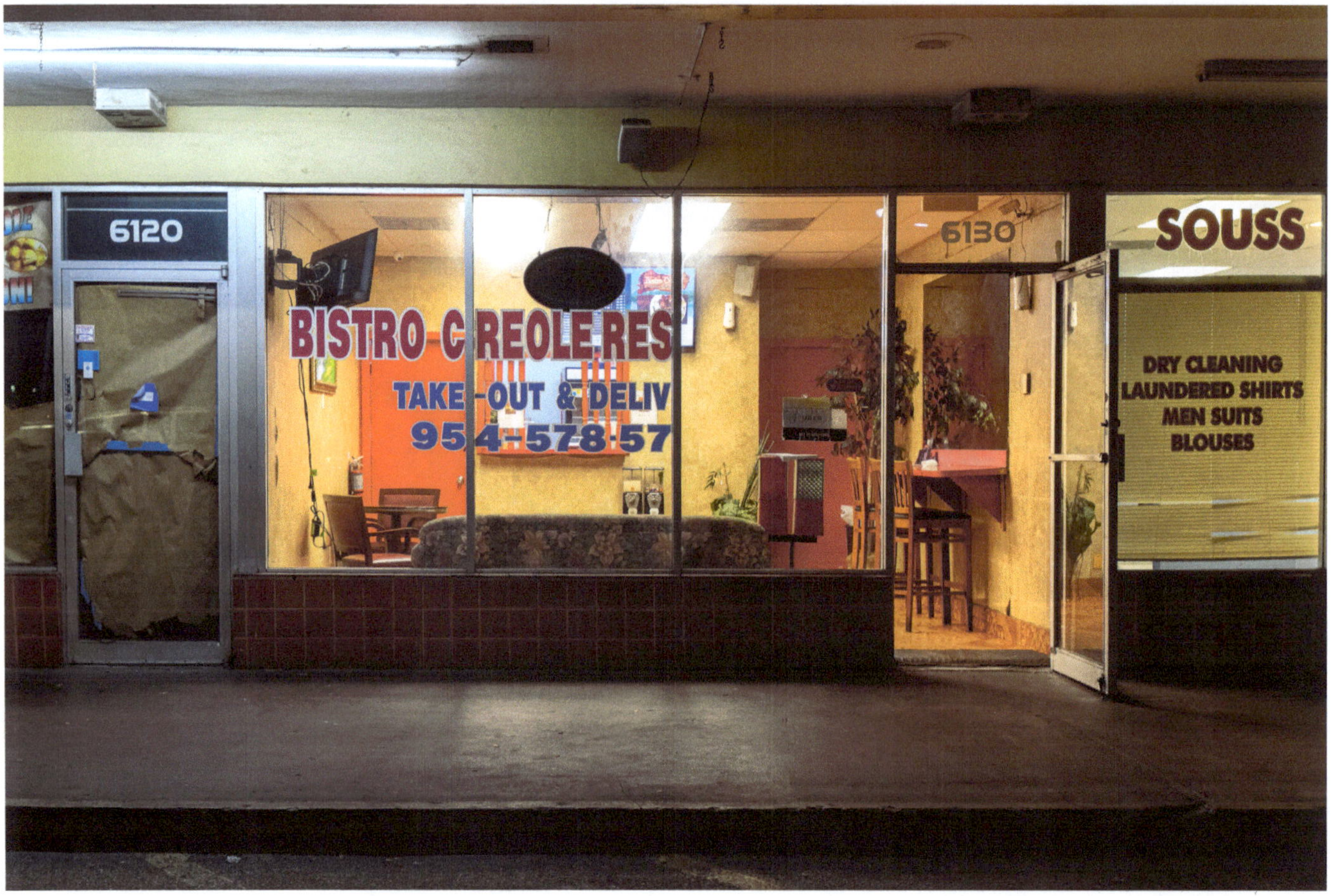
6120
6130
BISTRO CREOLE RES
TAKE-OUT & DELIV
954-578-57
SOUSS
DRY CLEANING
LAUNDERED SHIRTS
MEN SUITS
BLOUSES

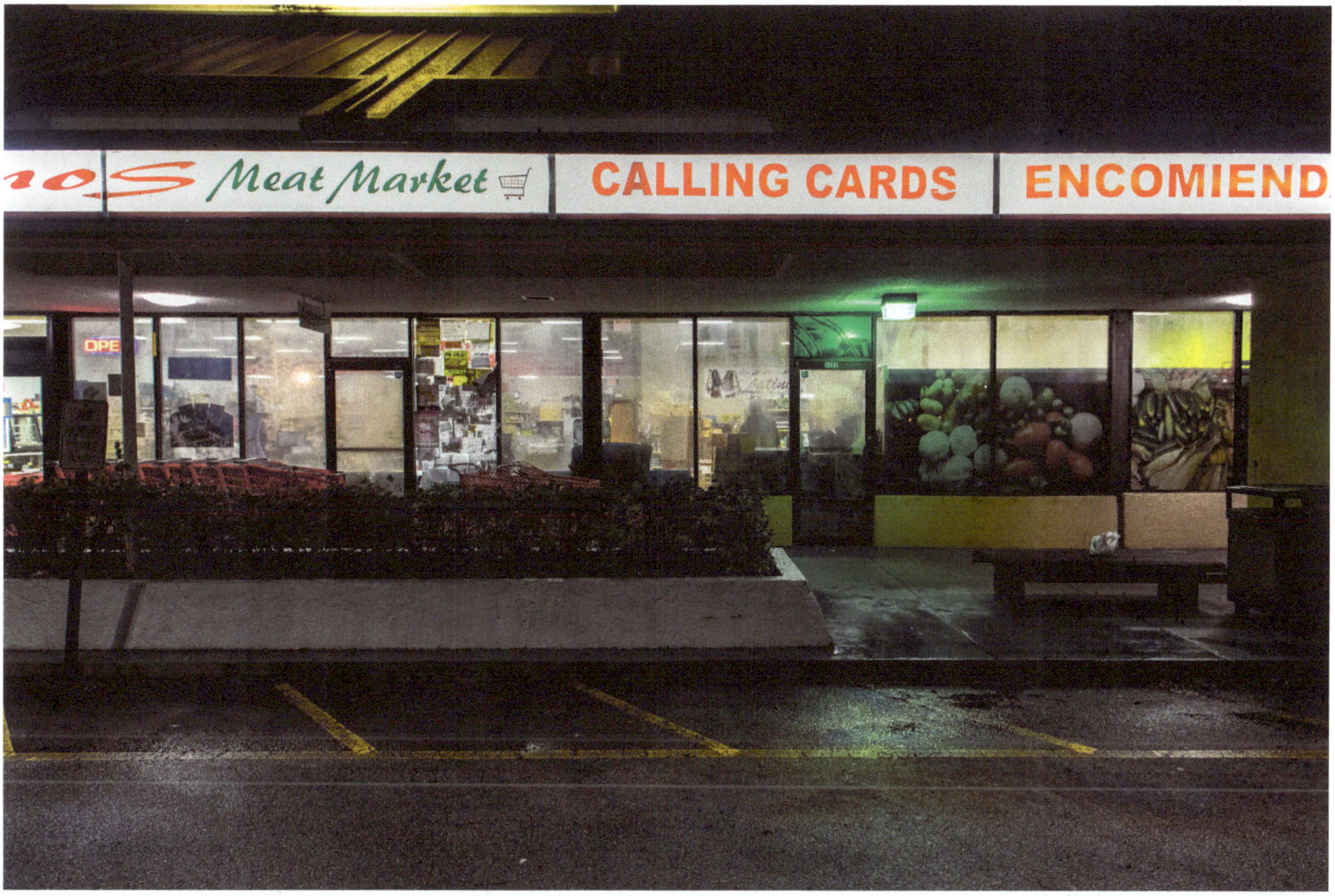

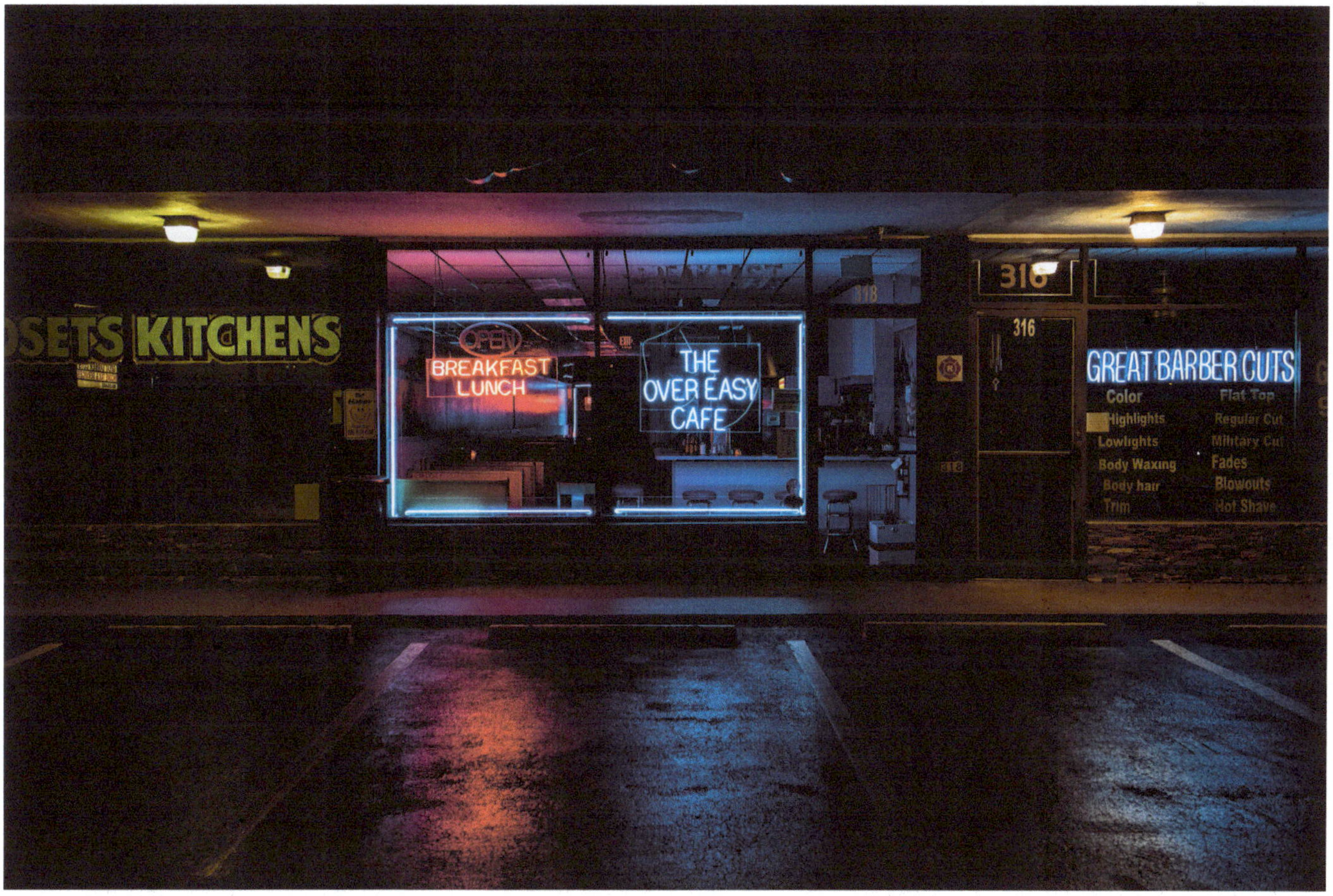

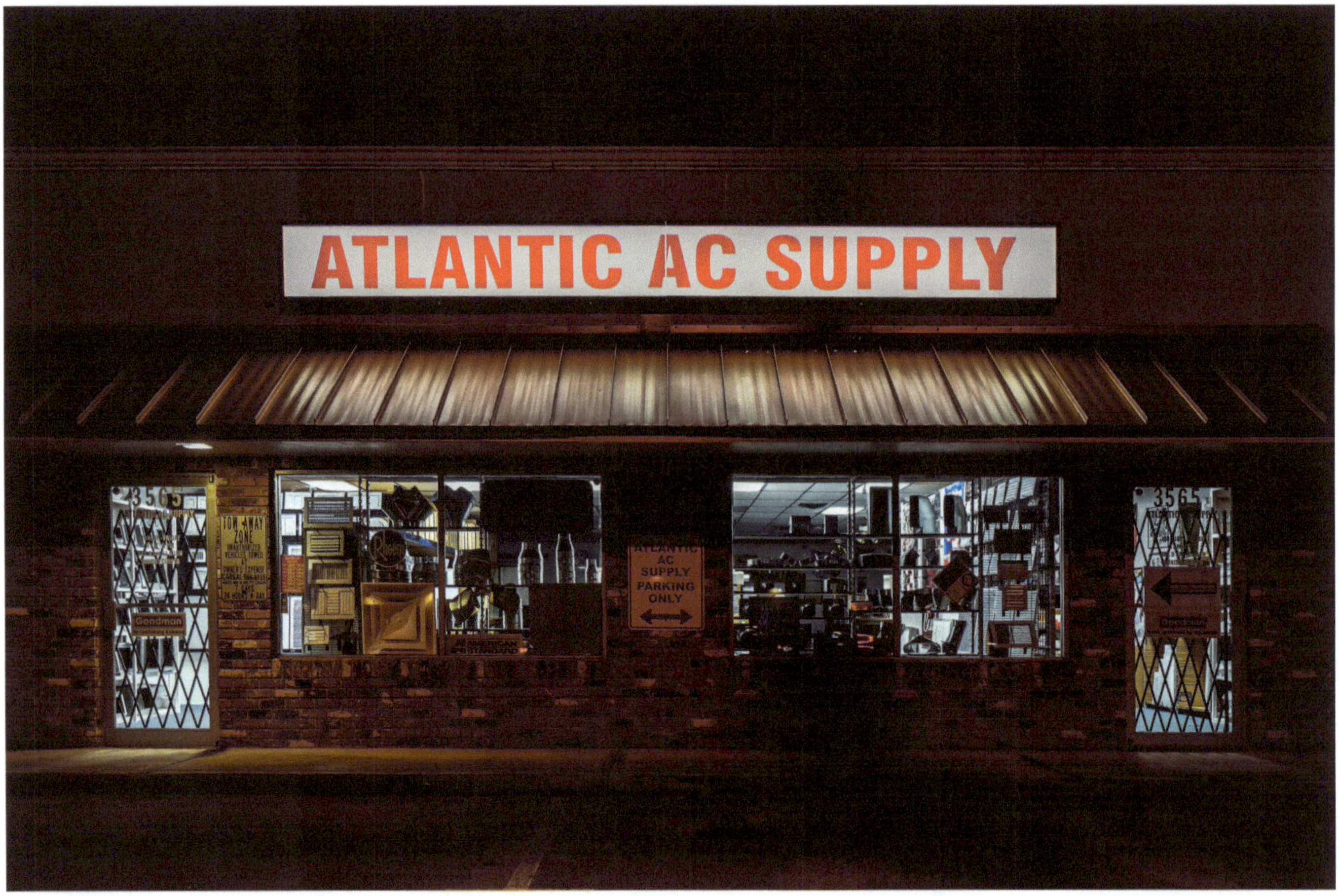
ATLANTIC AC SUPPLY
ATLANTIC AC SUPPLY PARKING ONLY

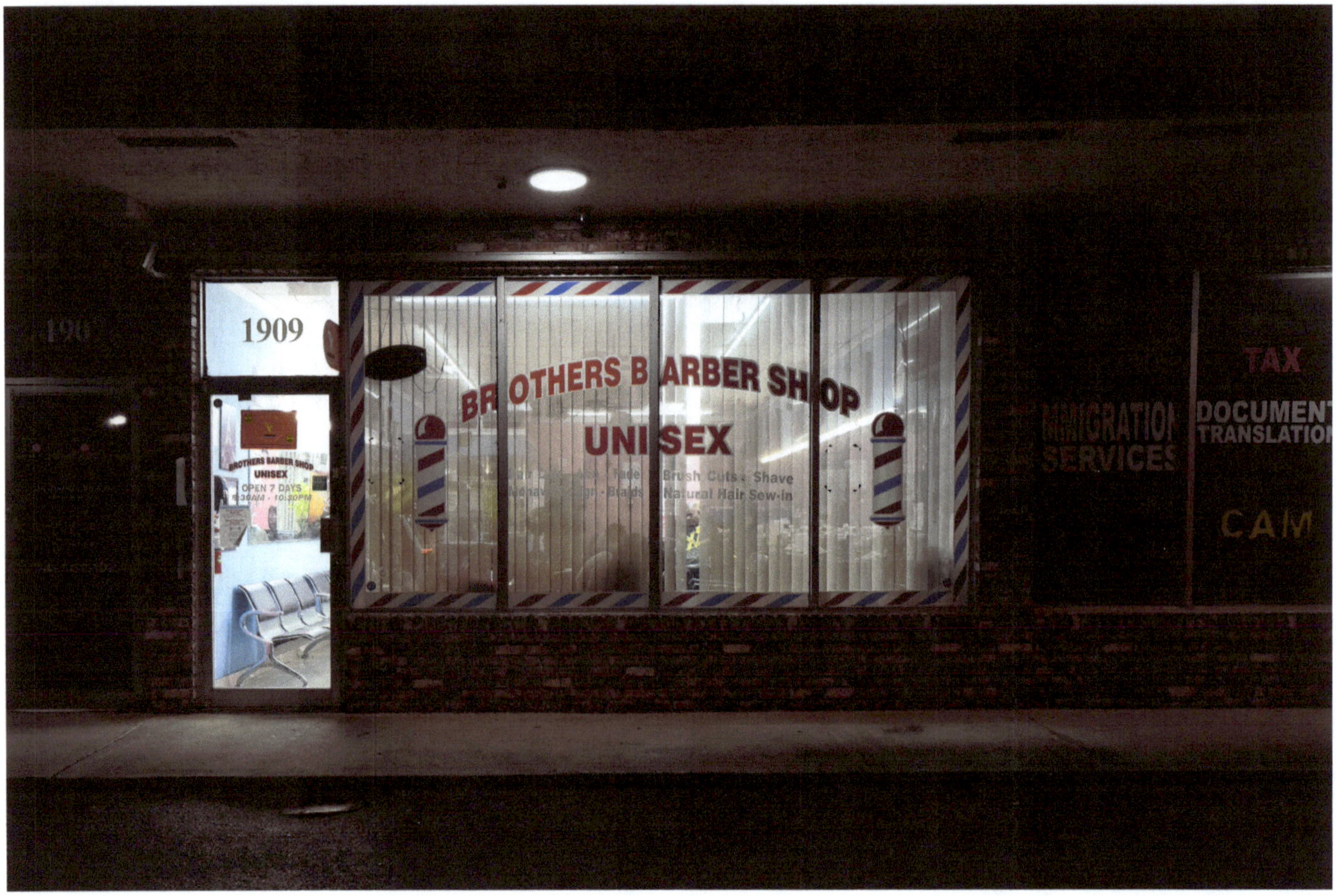
1909
BROTHERS BARBER SHOP
UNISEX
TAX
DOCUMENT TRANSLATION

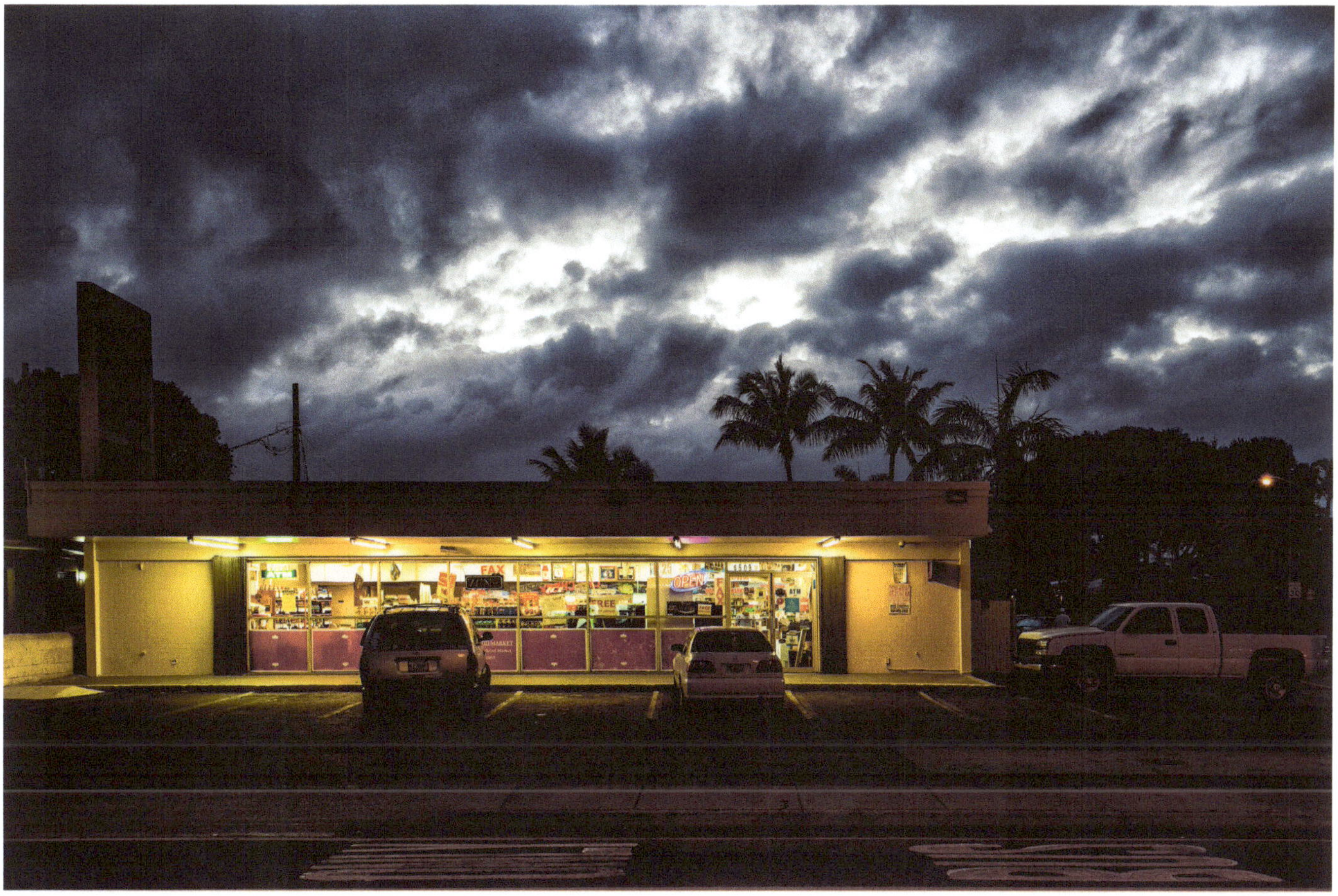

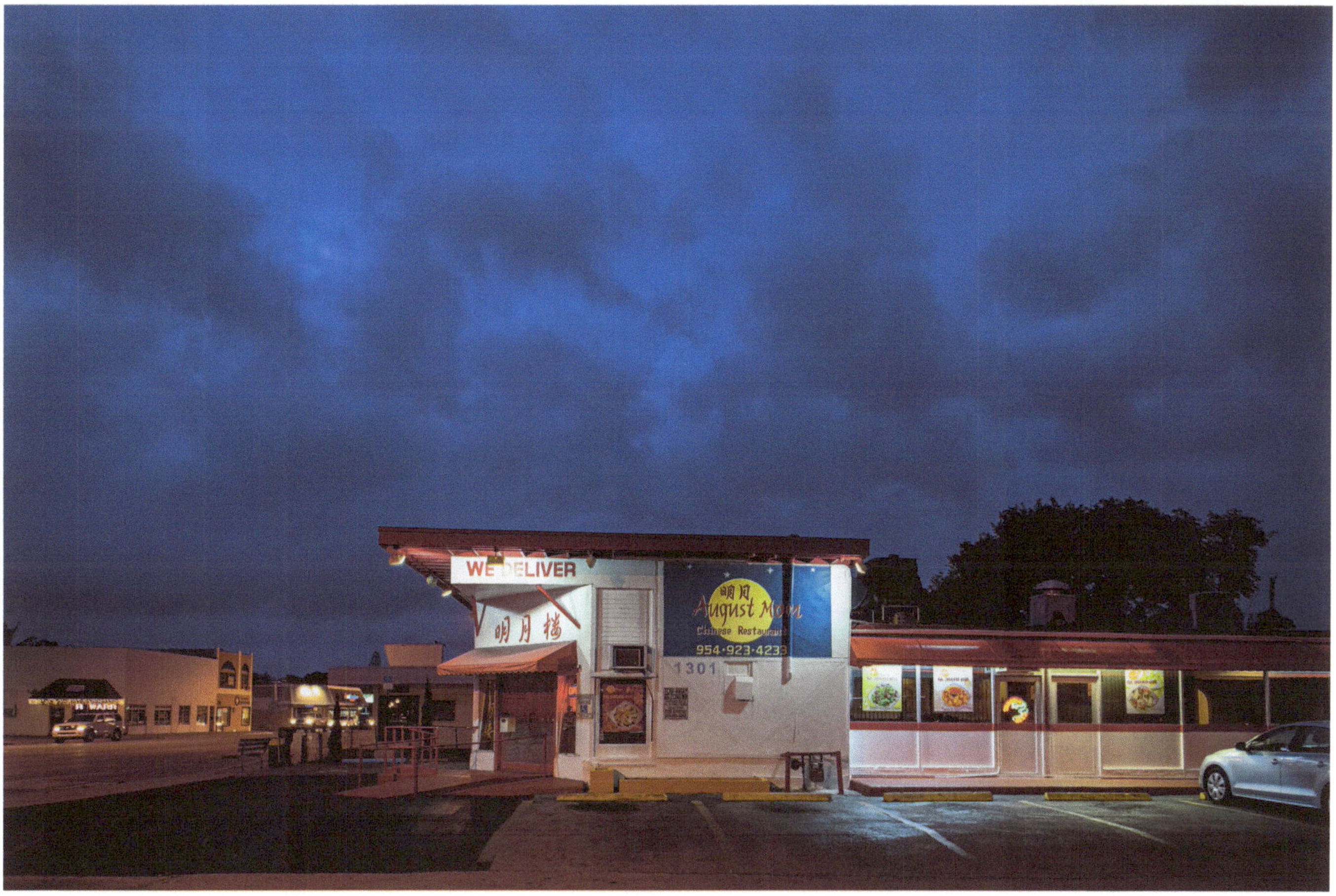

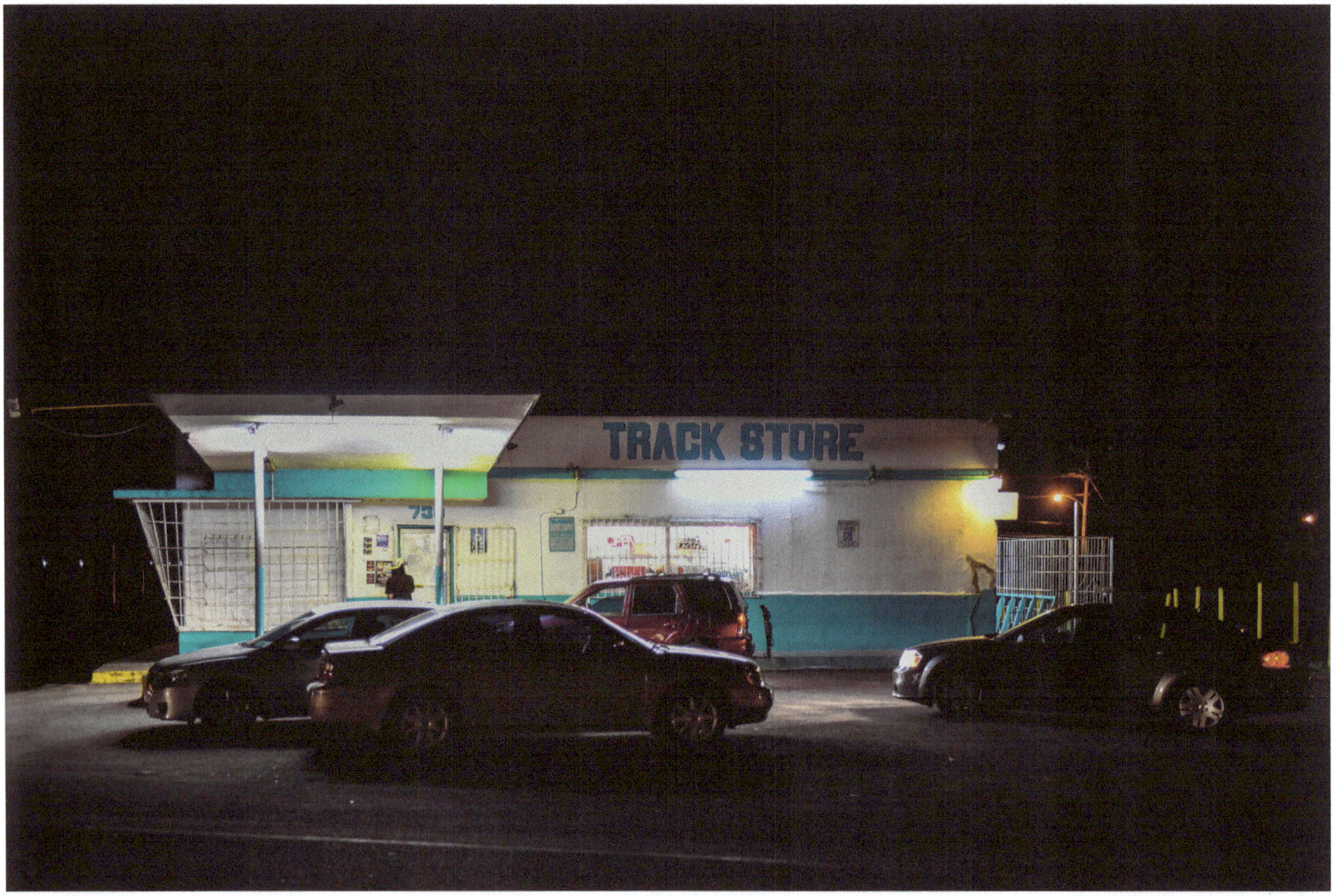

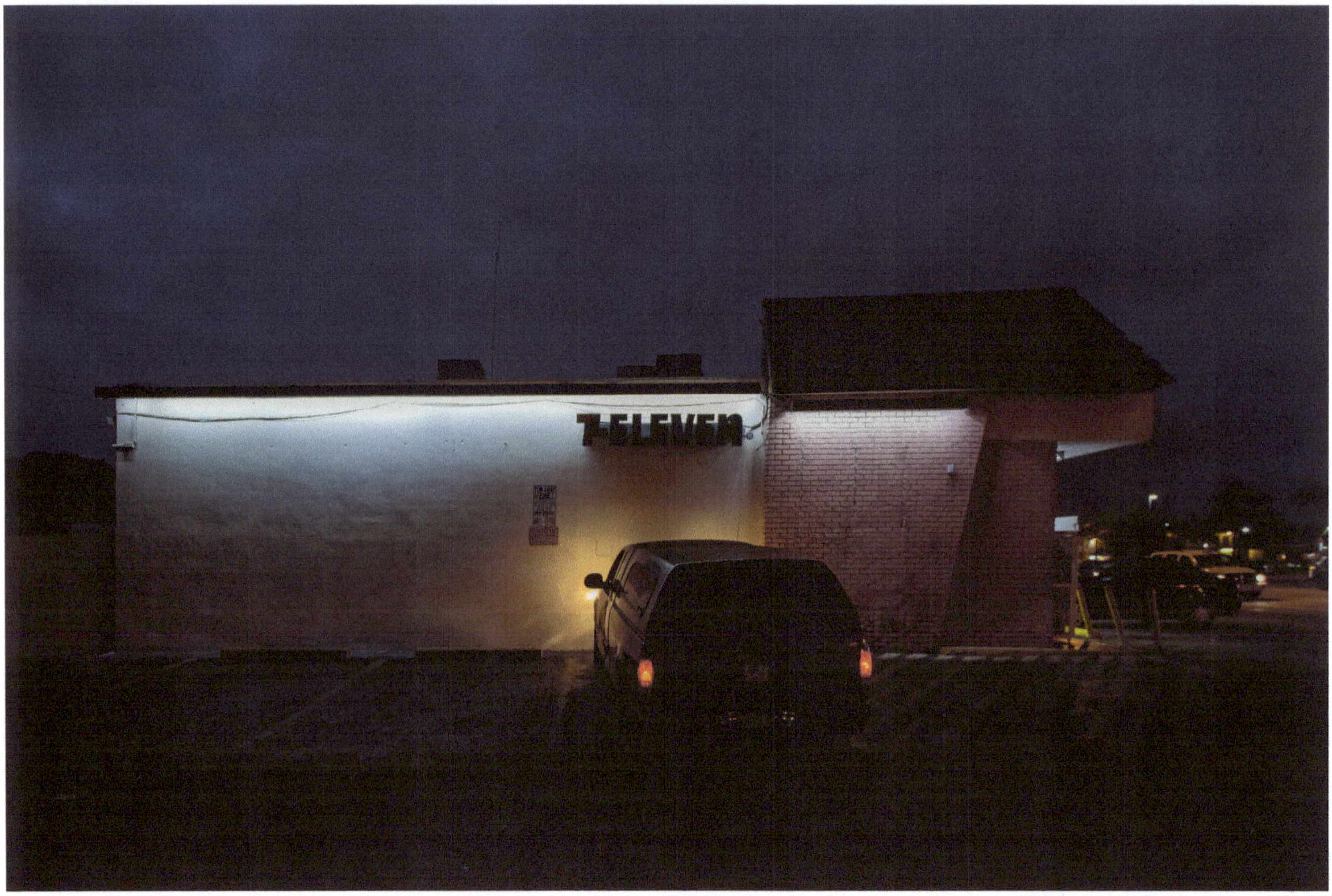

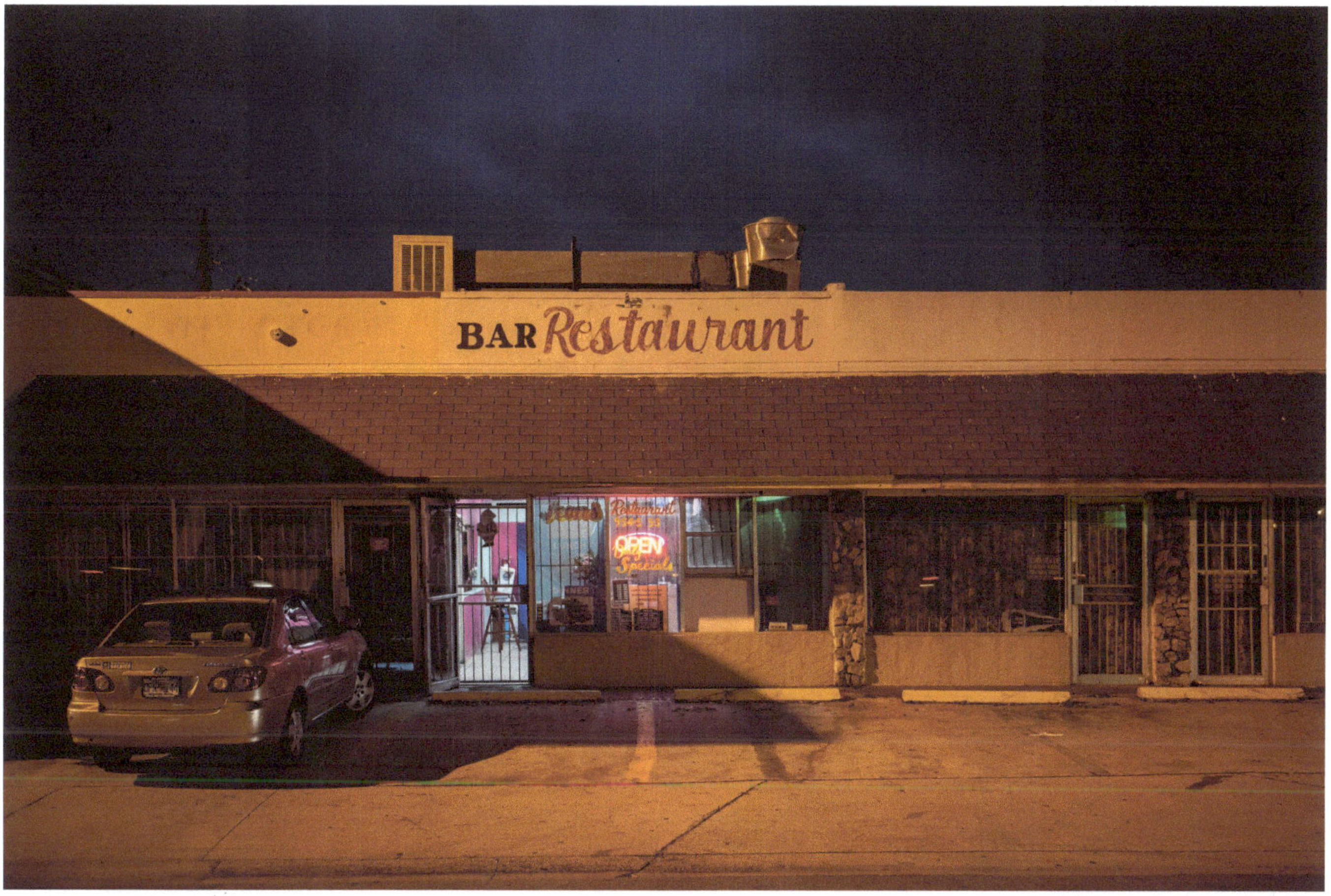
BAR Restaurant
OPEN

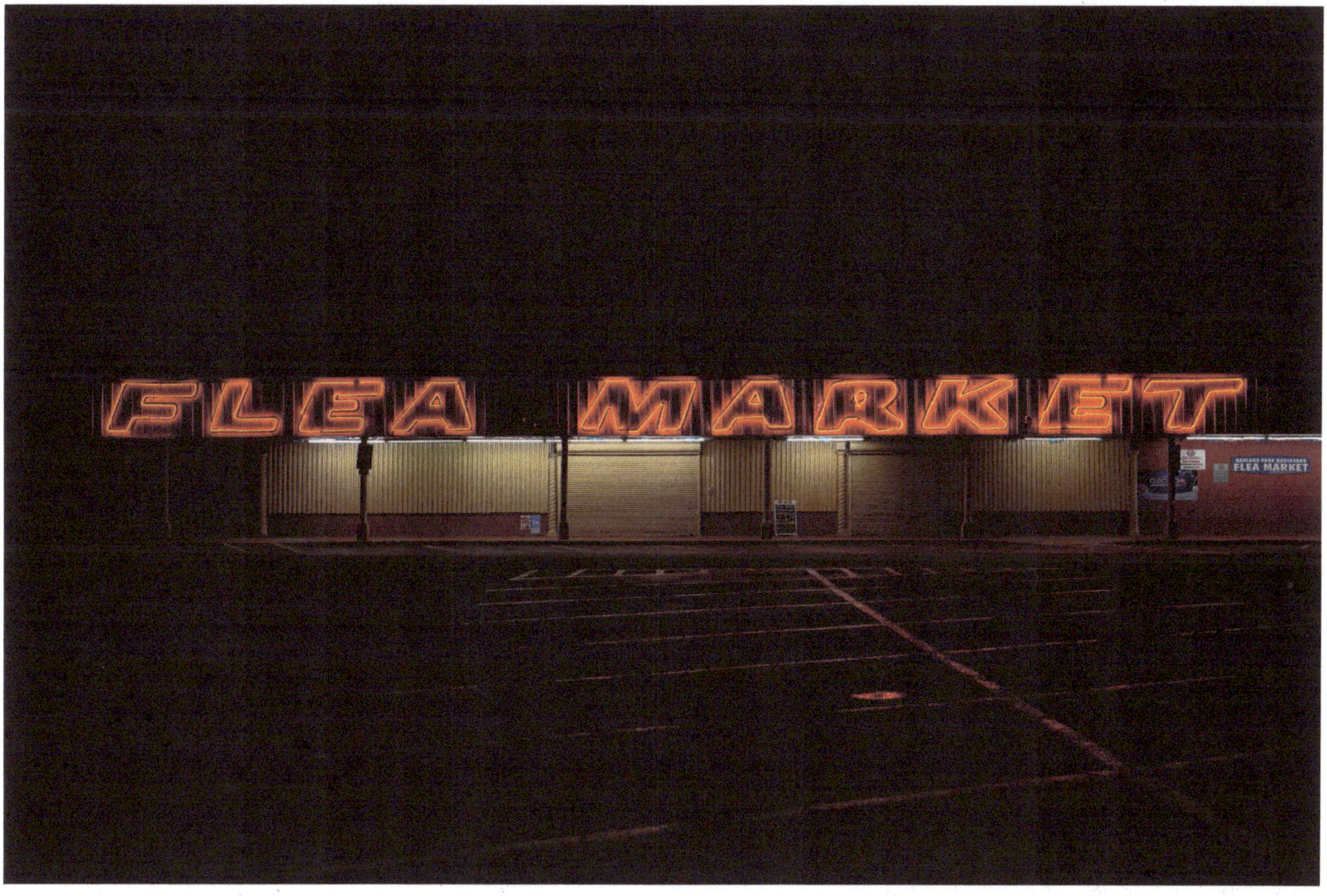
FLEA MARKET

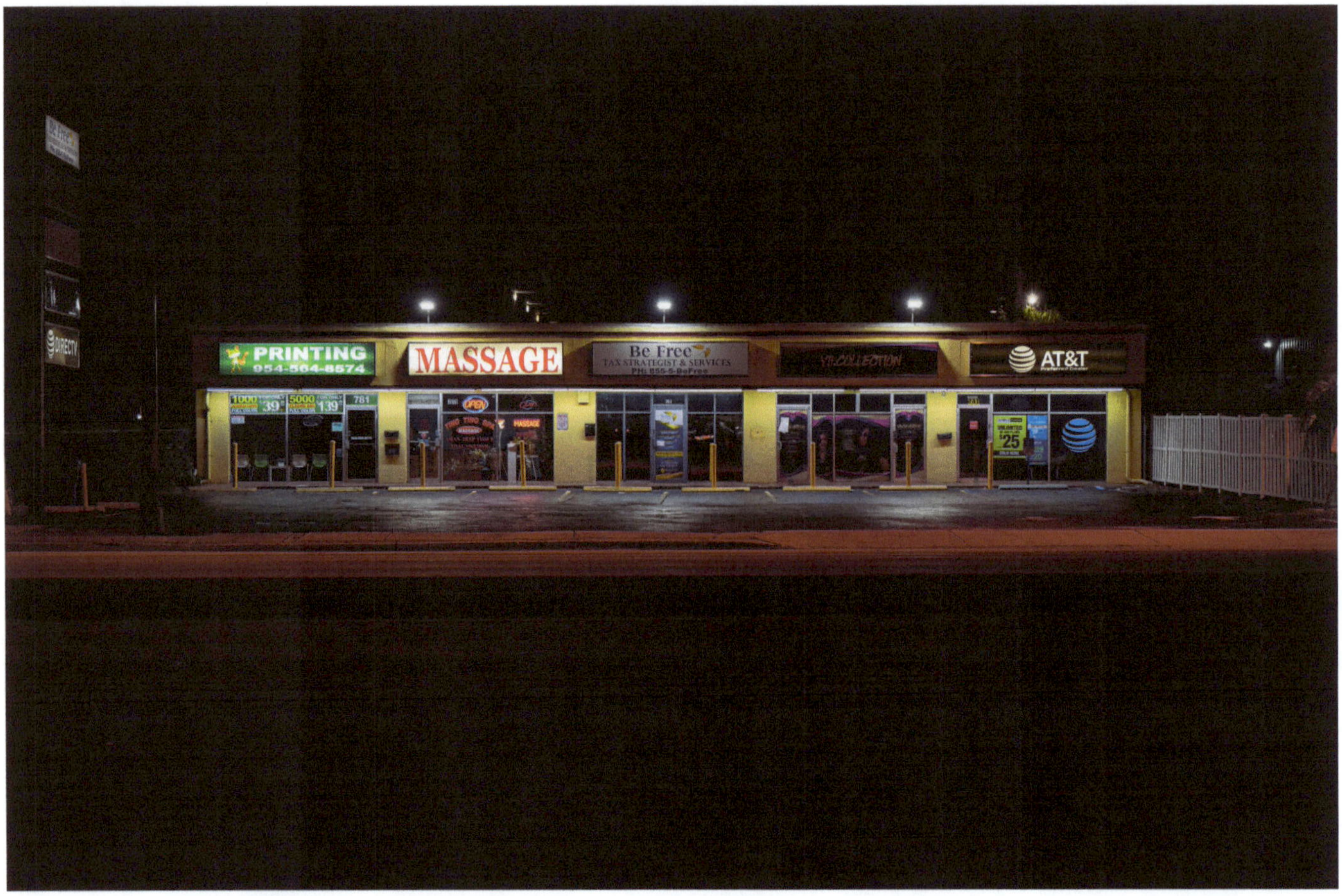
PRINTING
954-564-8574
MASSAGE
Be Free
TAX STRATEGIST & SERVICES
AT&T

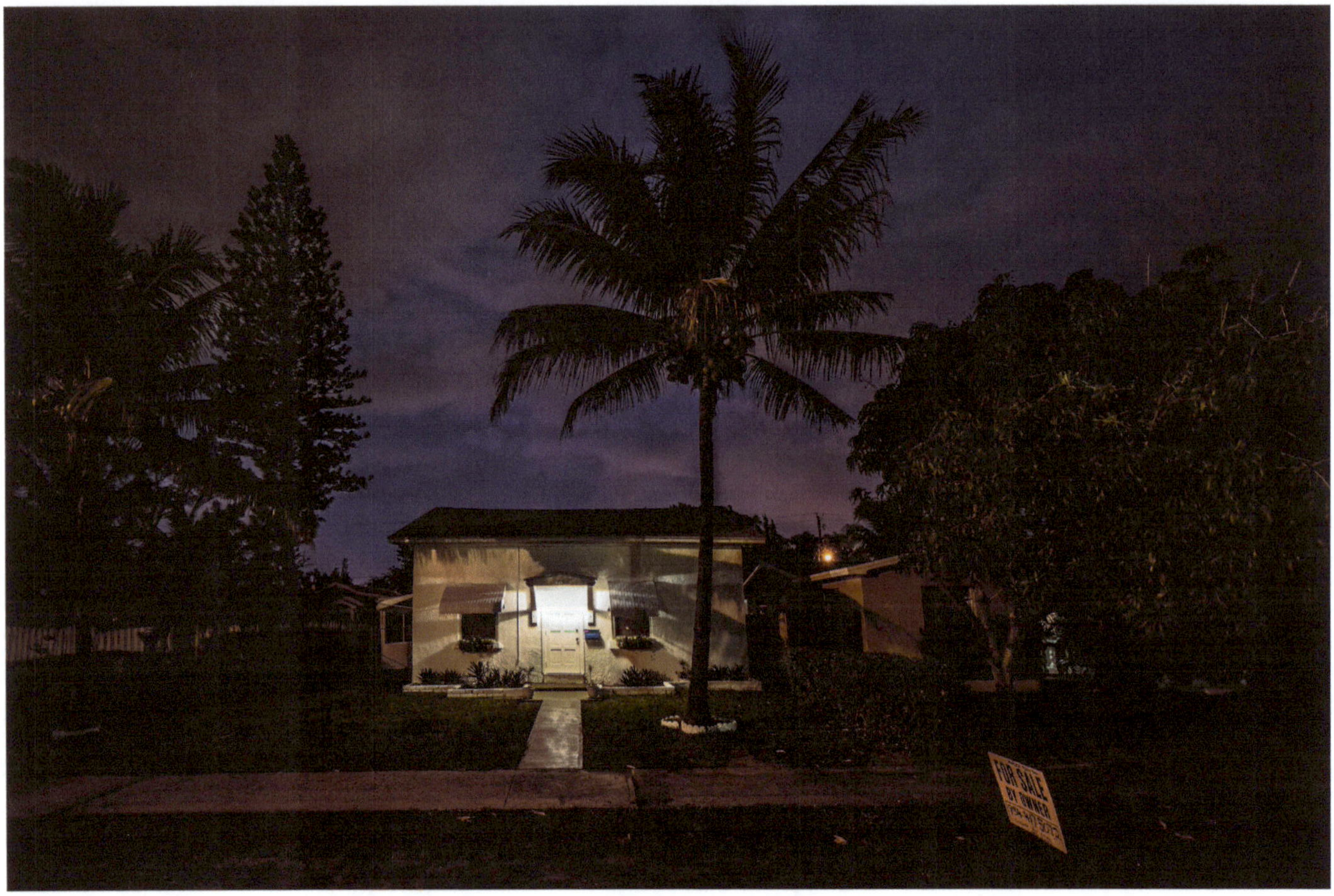
FOR SALE
BY OWNER

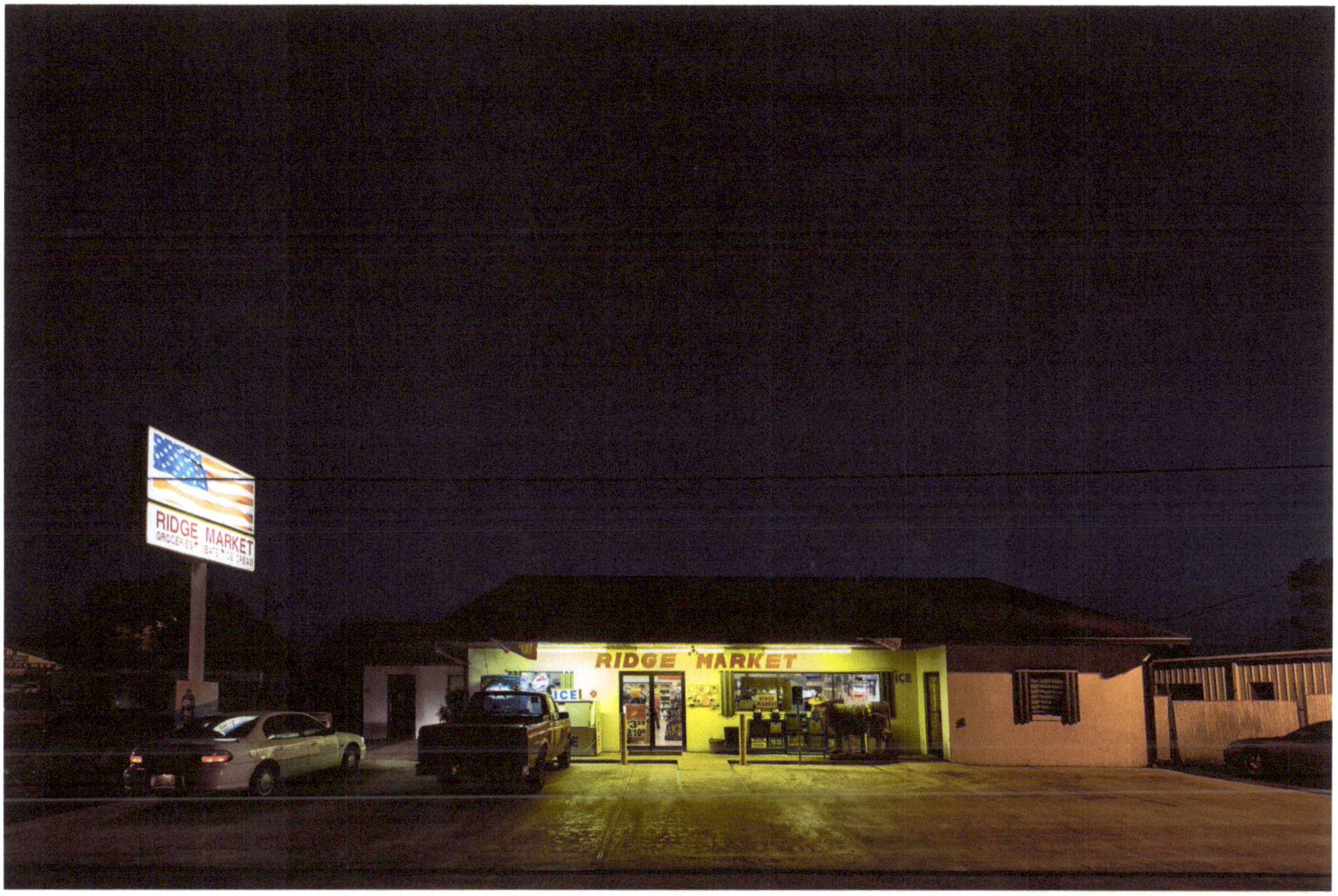

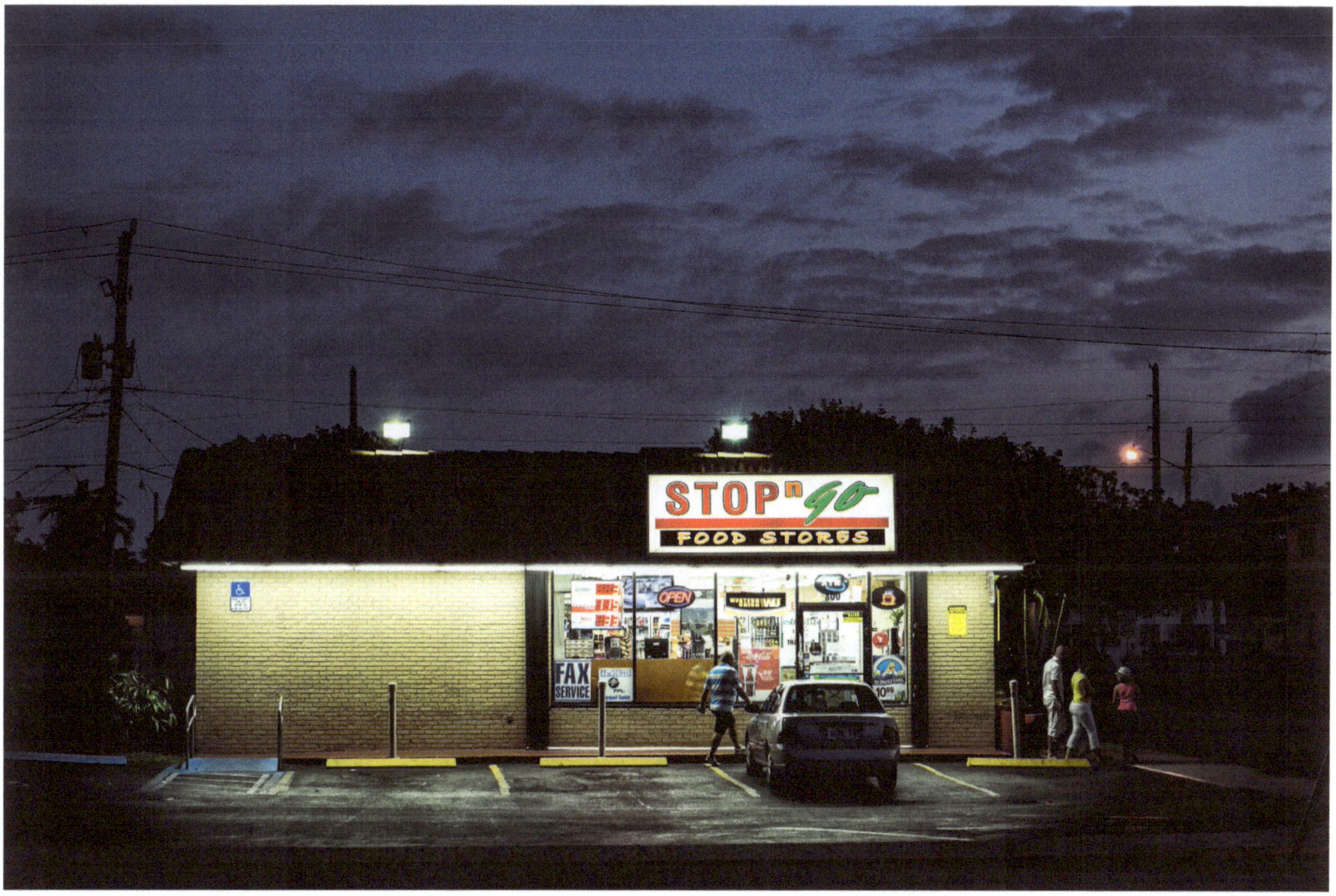

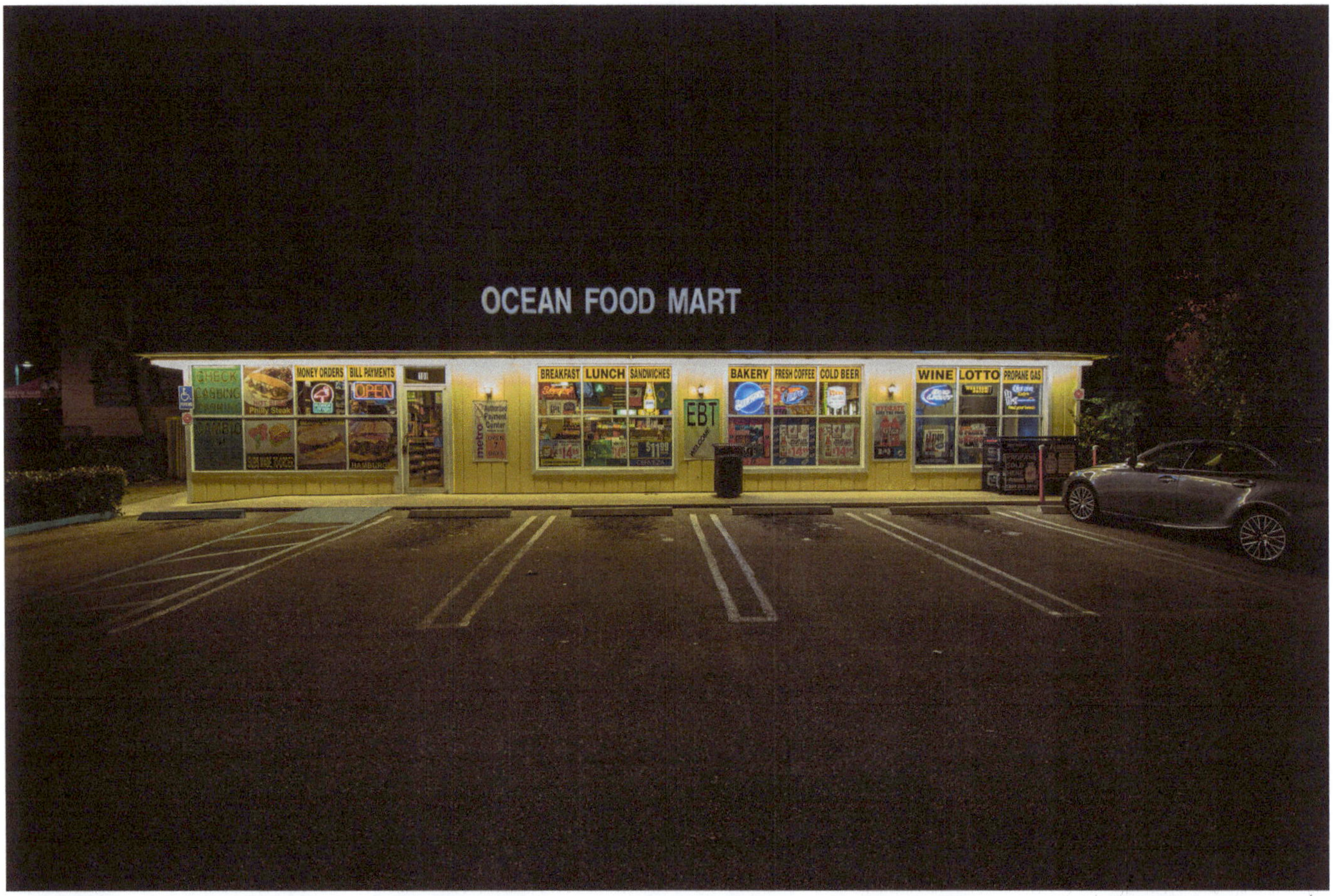
OCEAN FOOD MART
MONEY ORDERS
BILL PAYMENTS
OPEN
BREAKFAST
LUNCH
SANDWICHES
EBT
BAKERY
FRESH COFFEE
COLD BEER
WINE
LOTTO
PROPANE GAS

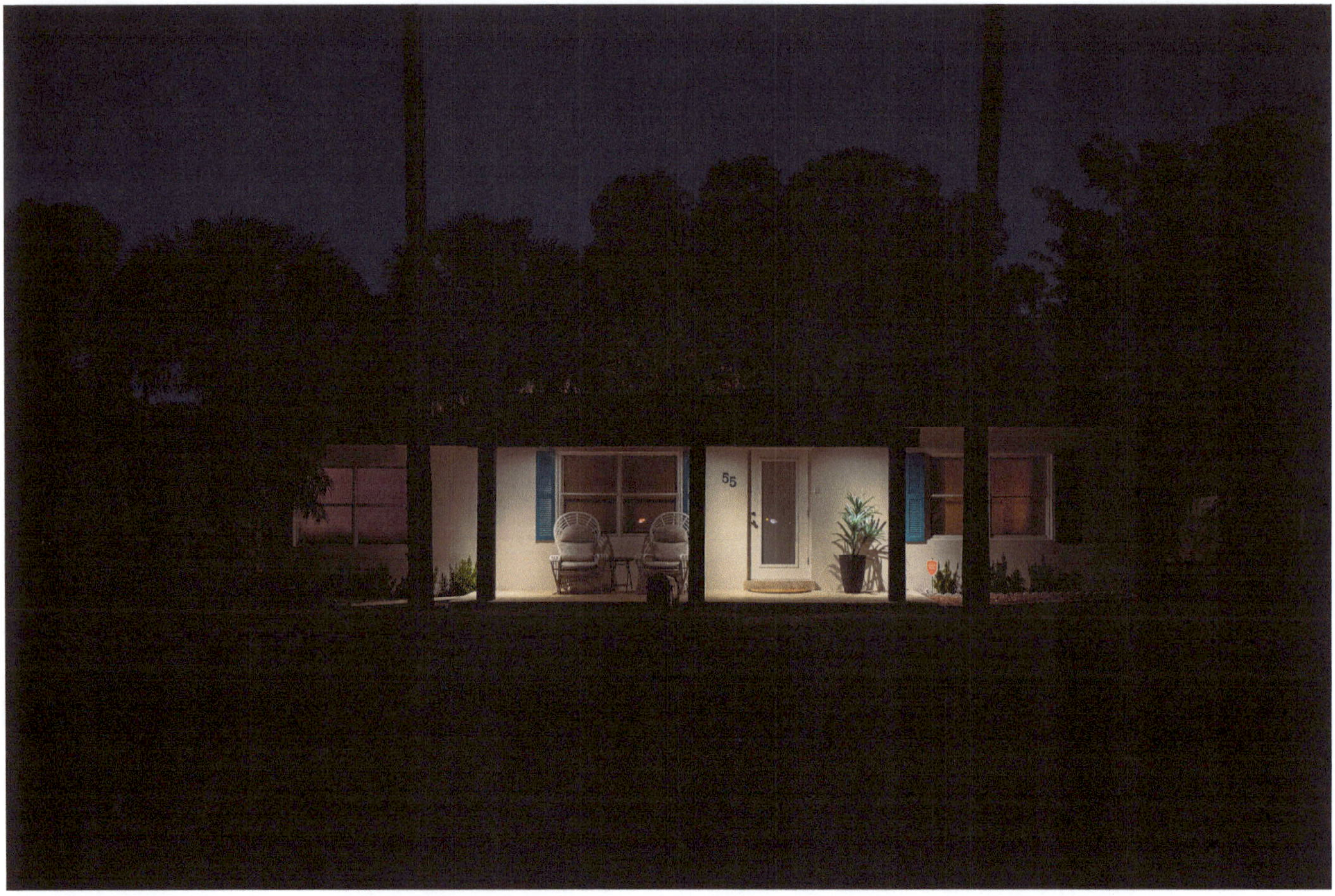
55

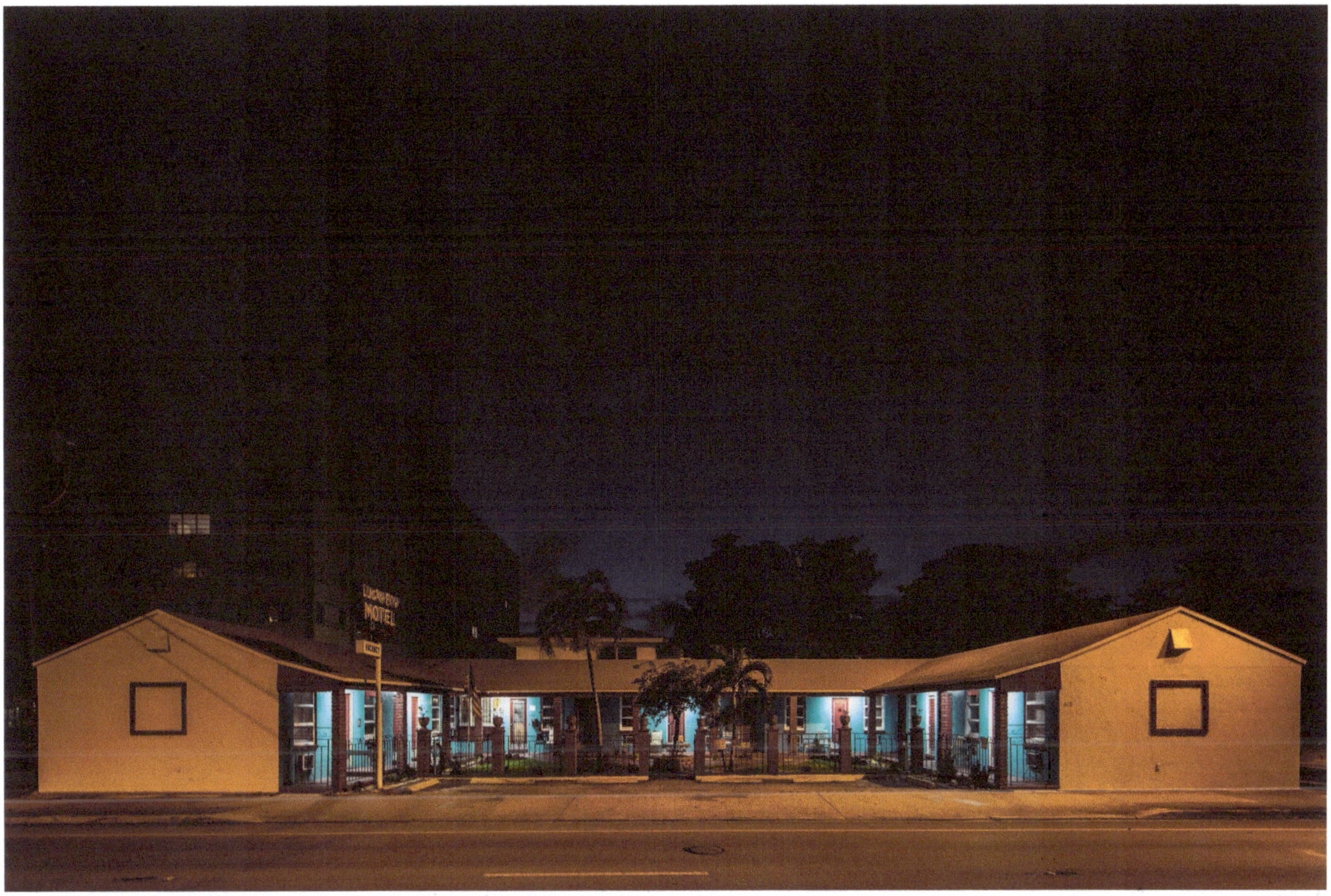

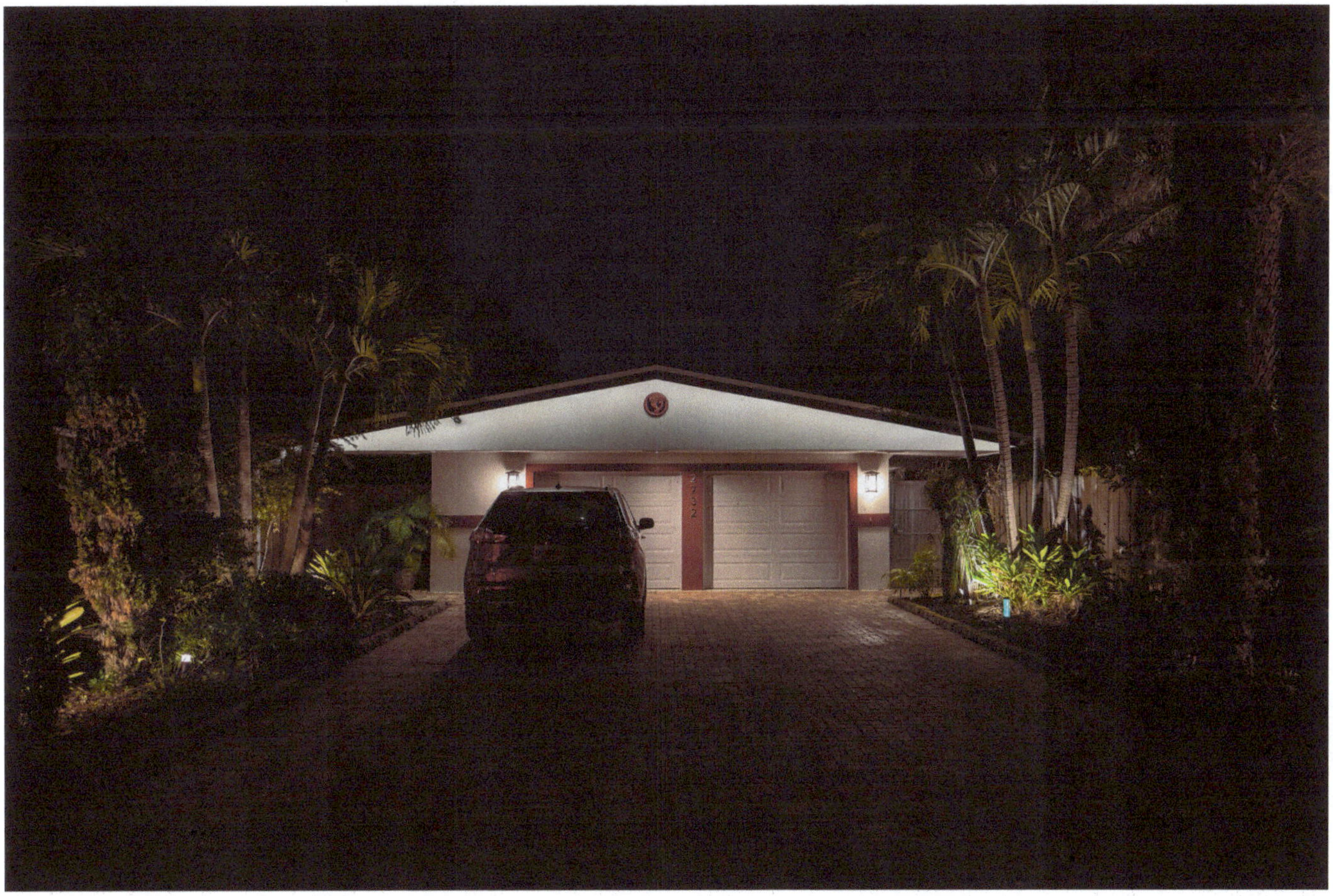

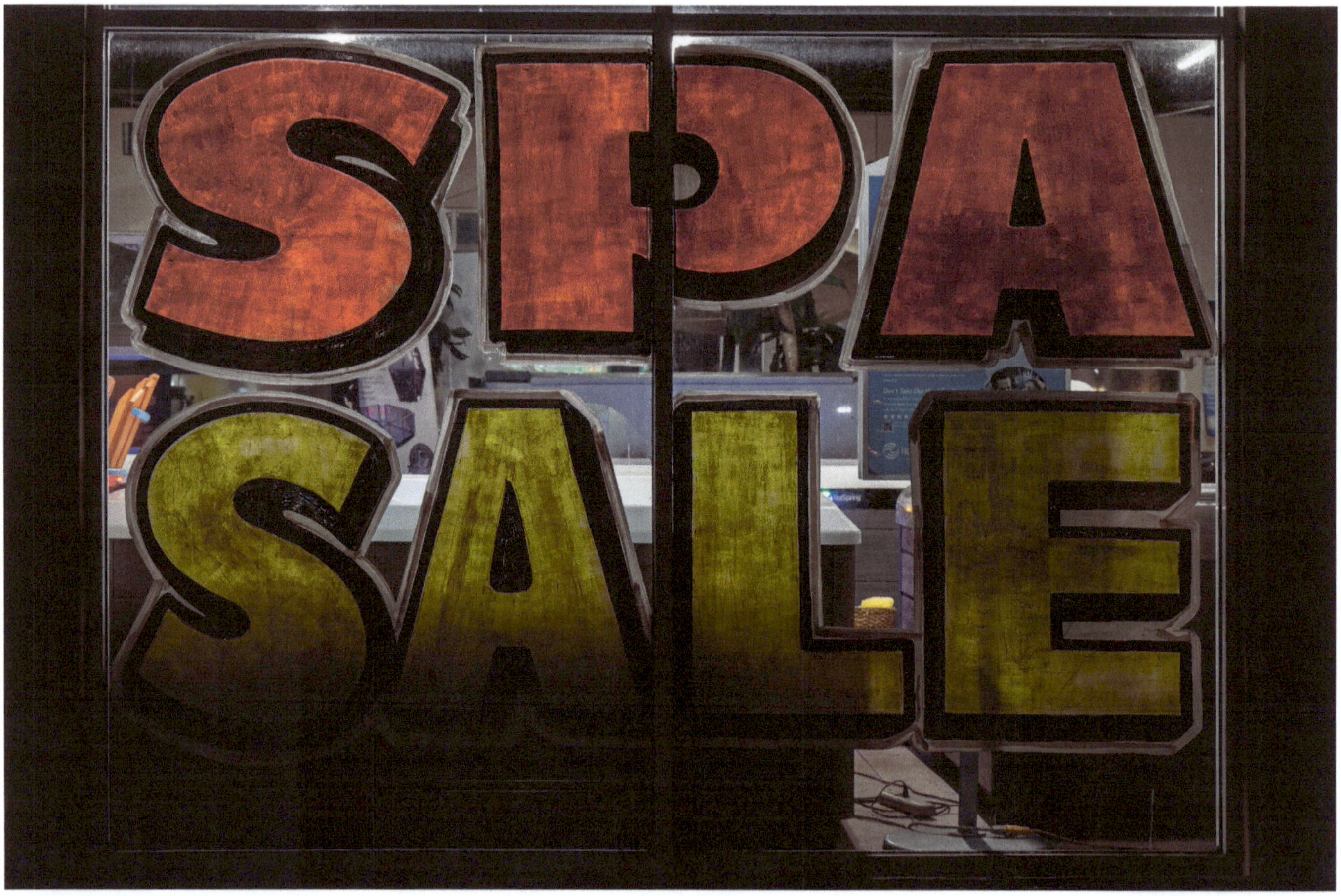
SPA
SALE

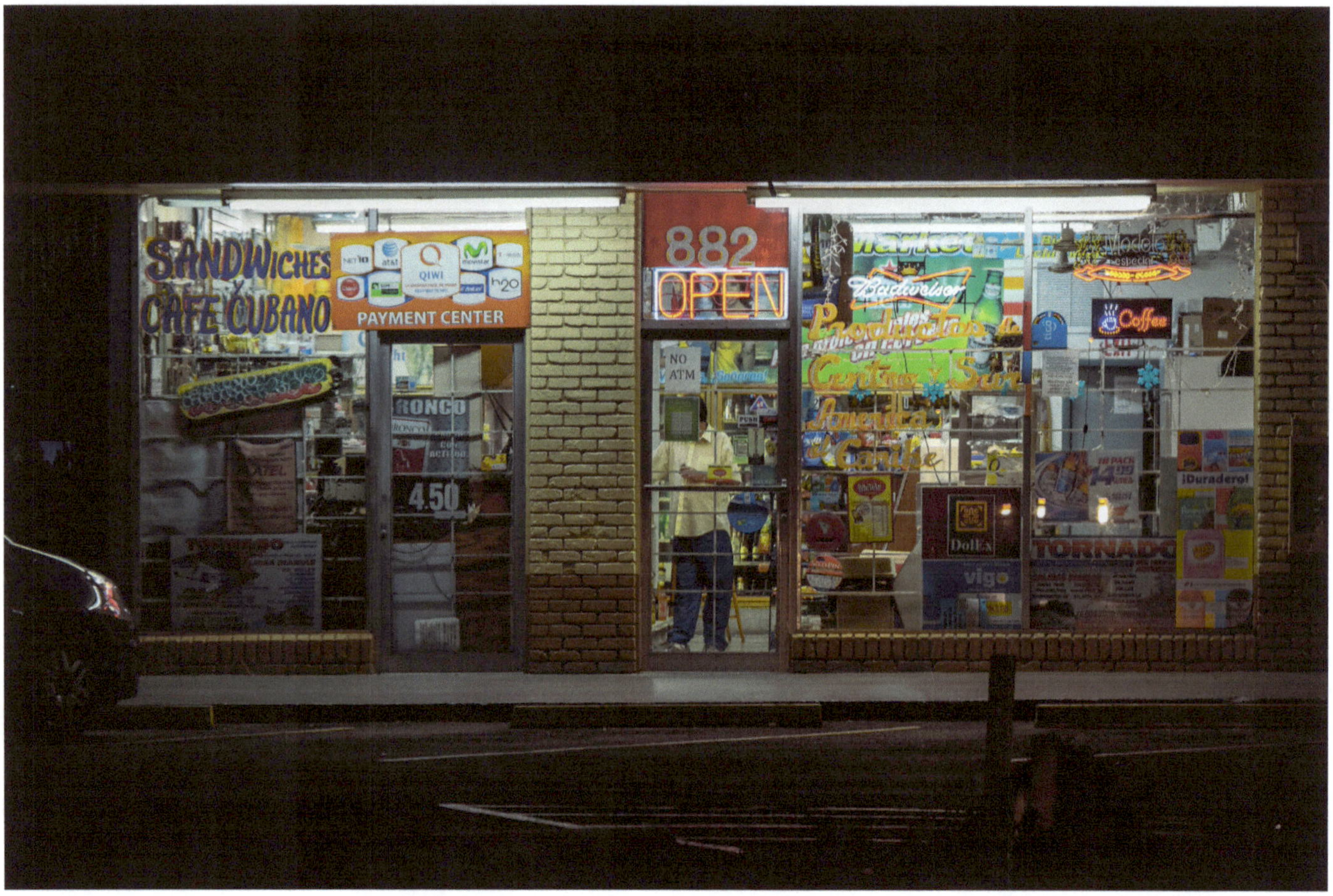
SANDWICHES
CAFE CUBANO
QIWI
PAYMENT CENTER
882
OPEN
NO
ATM
Budweiser
Coffee
4.50
¡Duradero!

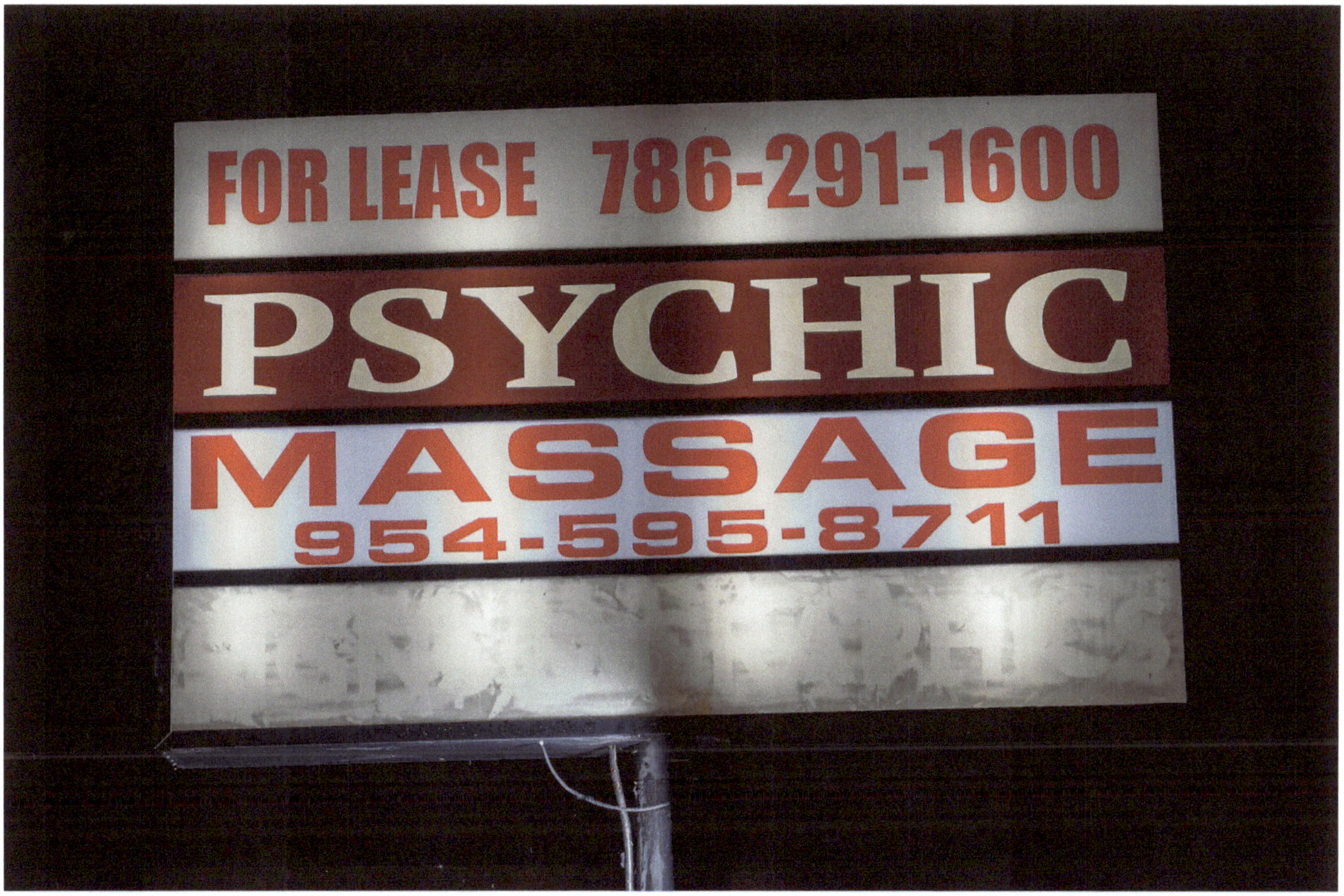

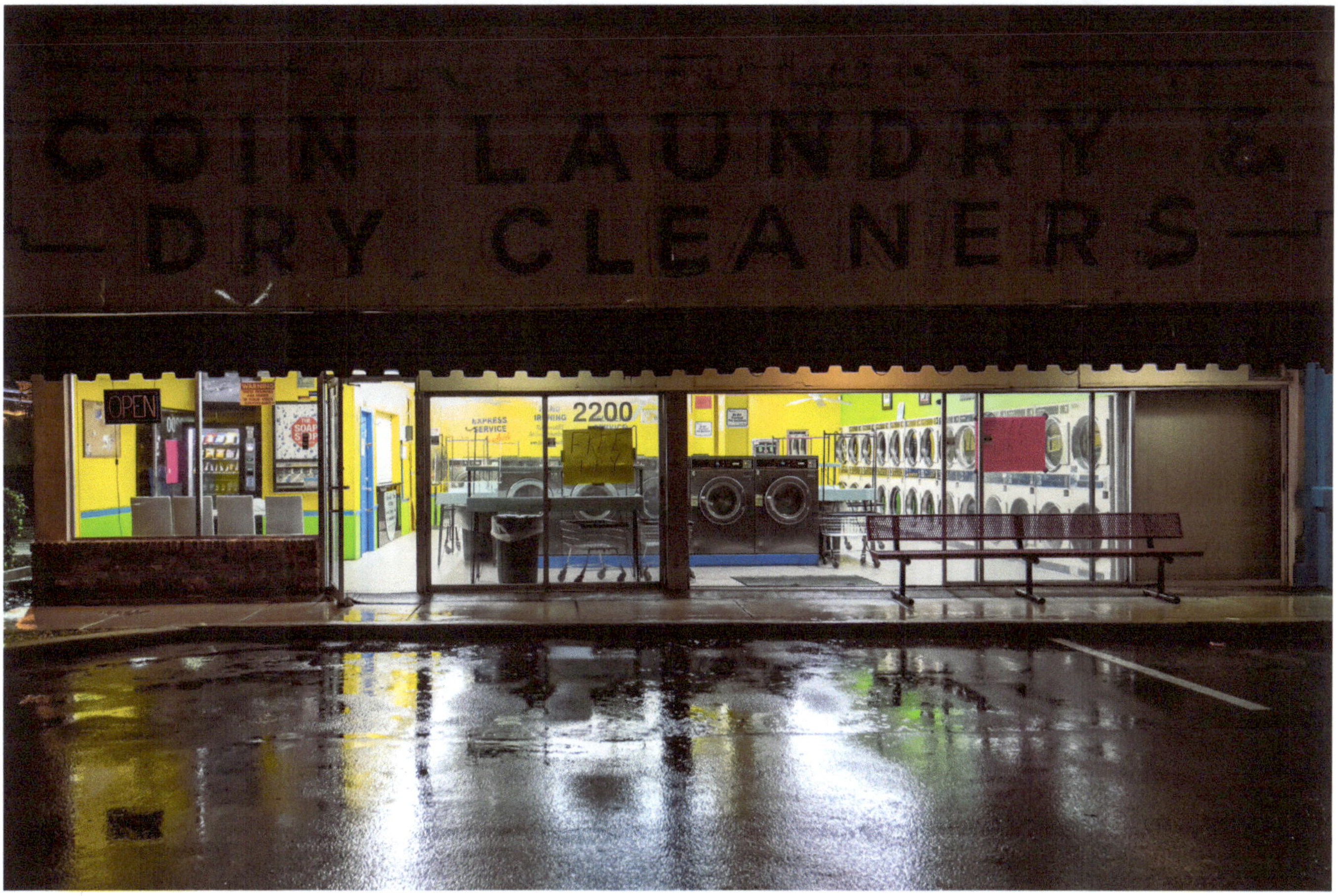

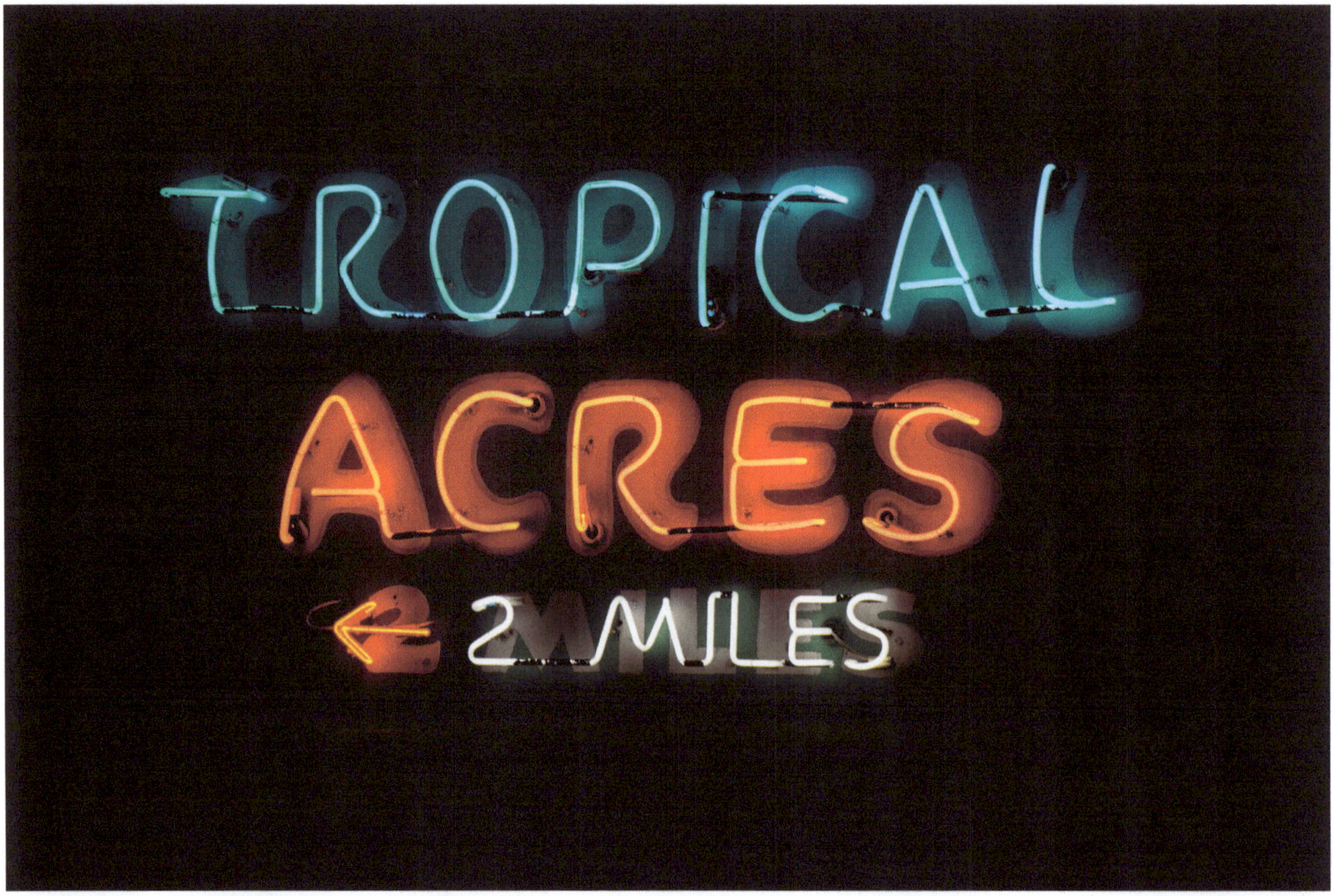
TROPICAL
ACRES
2 MILES

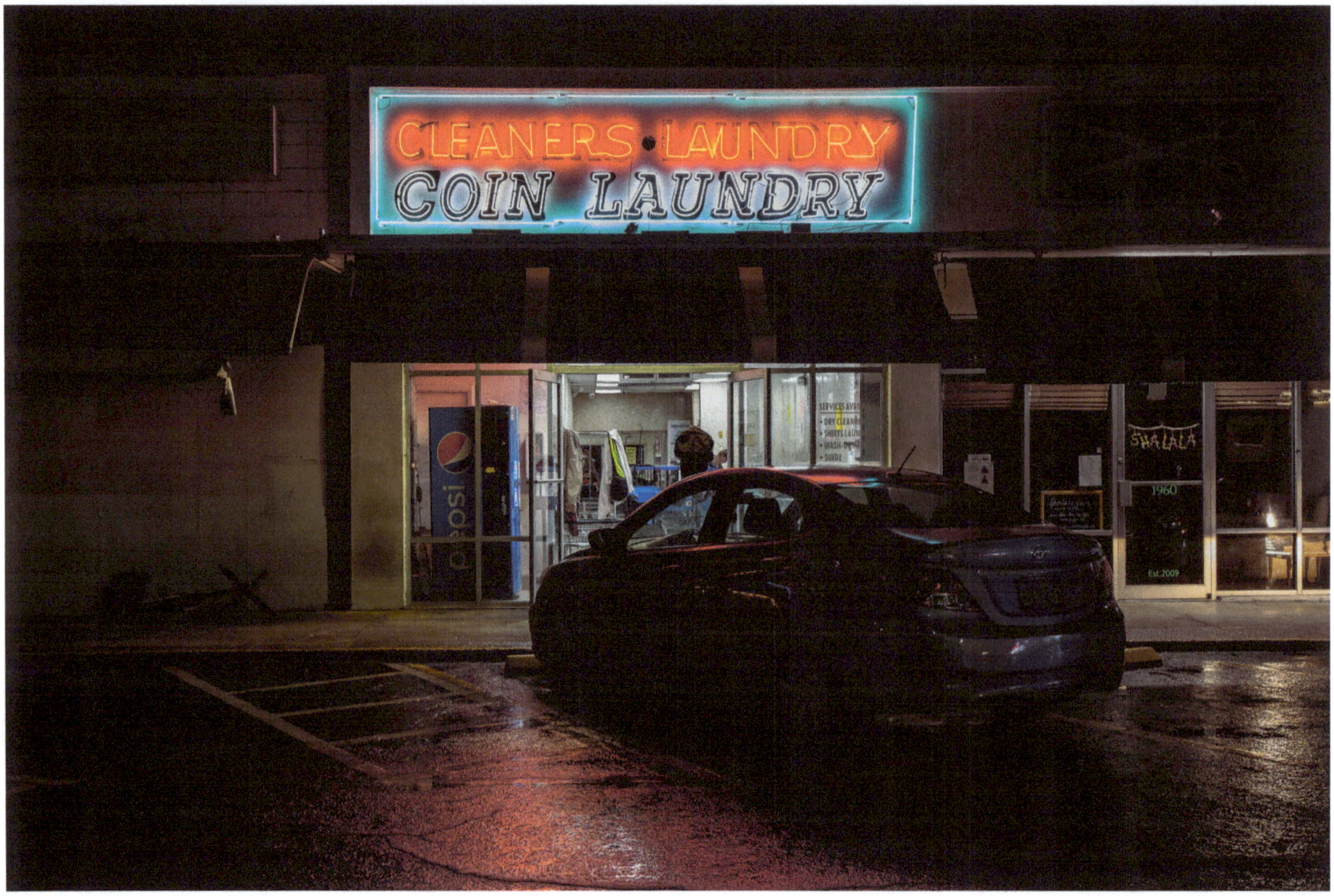
CLEANERS • LAUNDRY
COIN LAUNDRY
pepsi
SHALALA
1960
Est. 2009

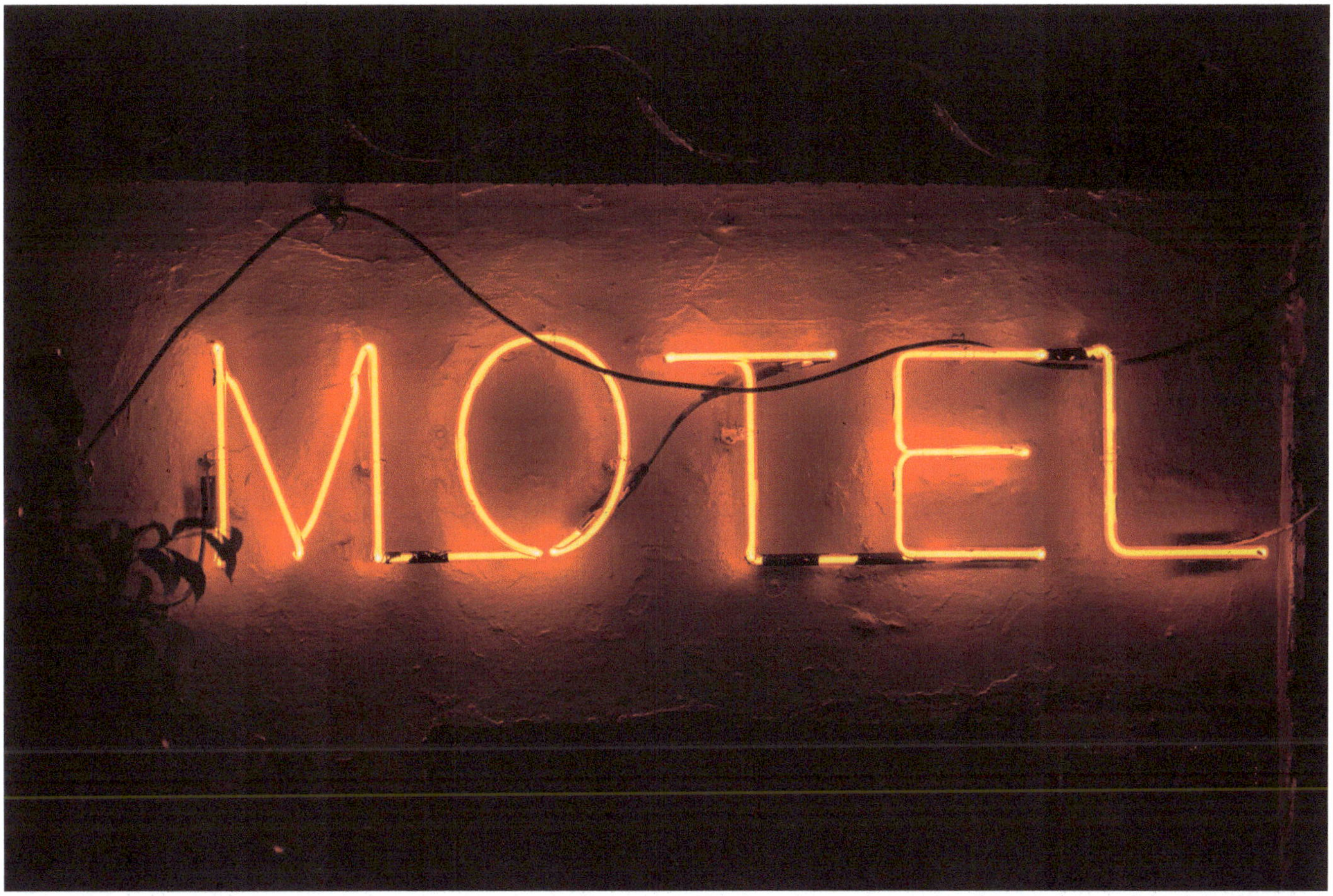

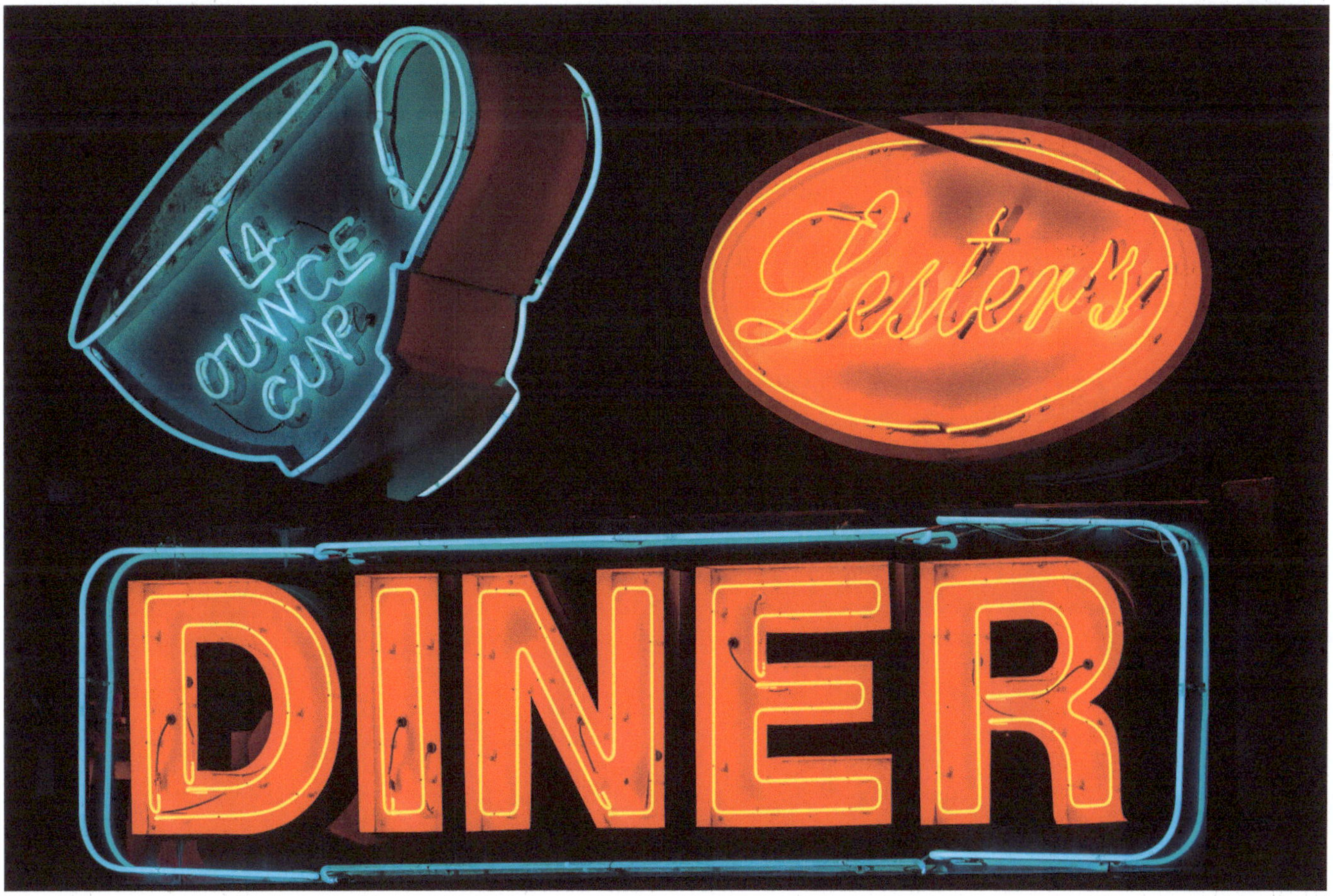

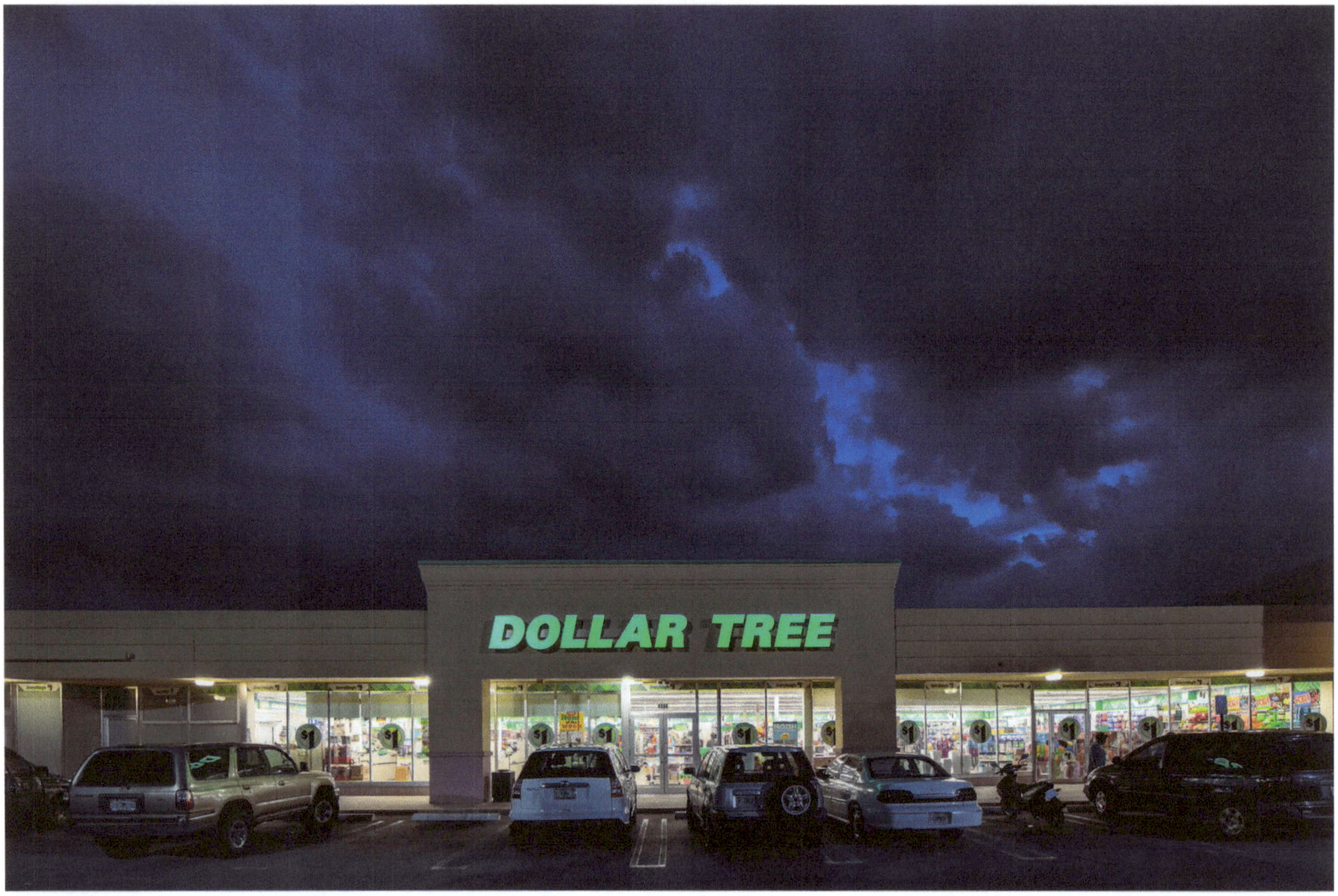

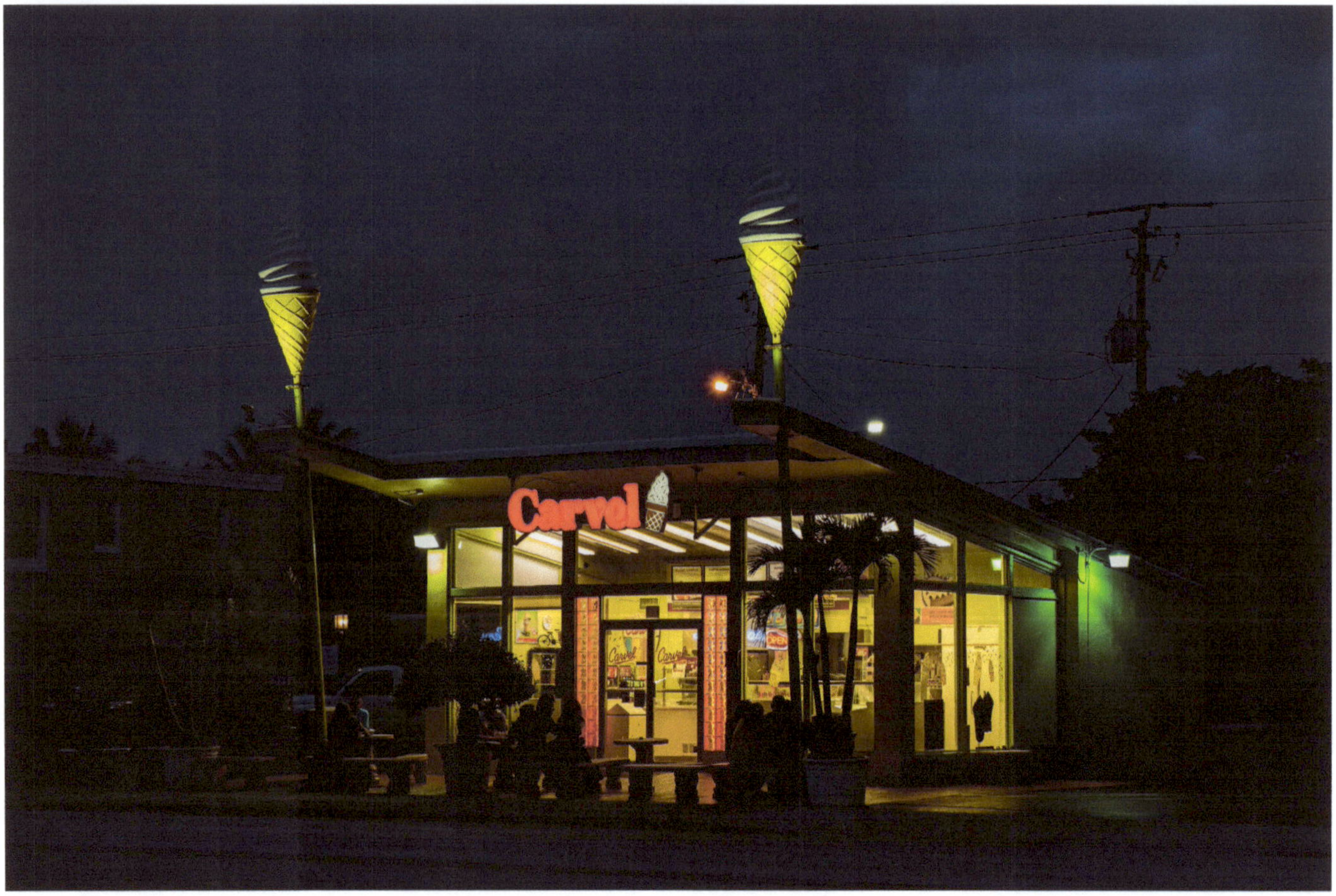

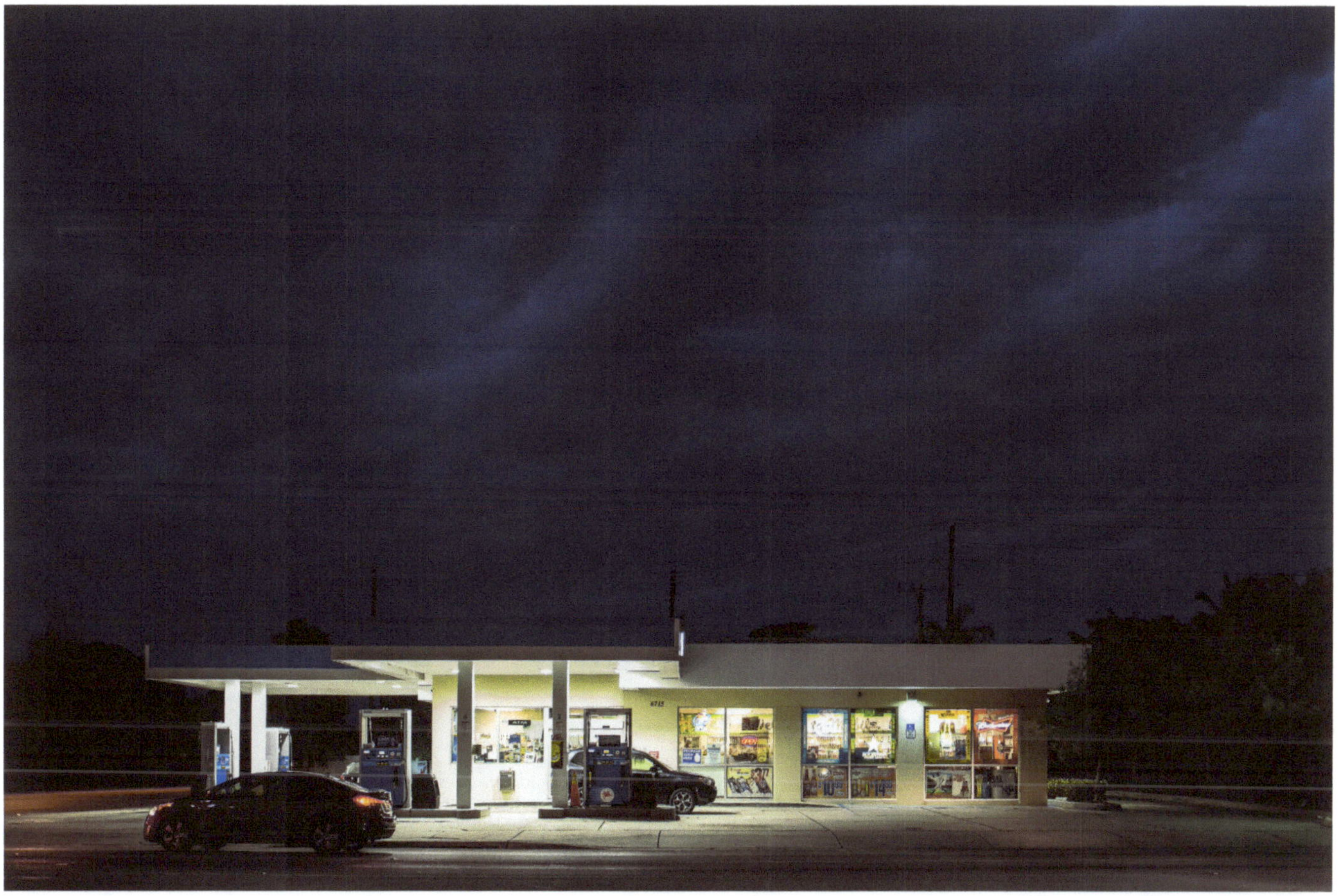

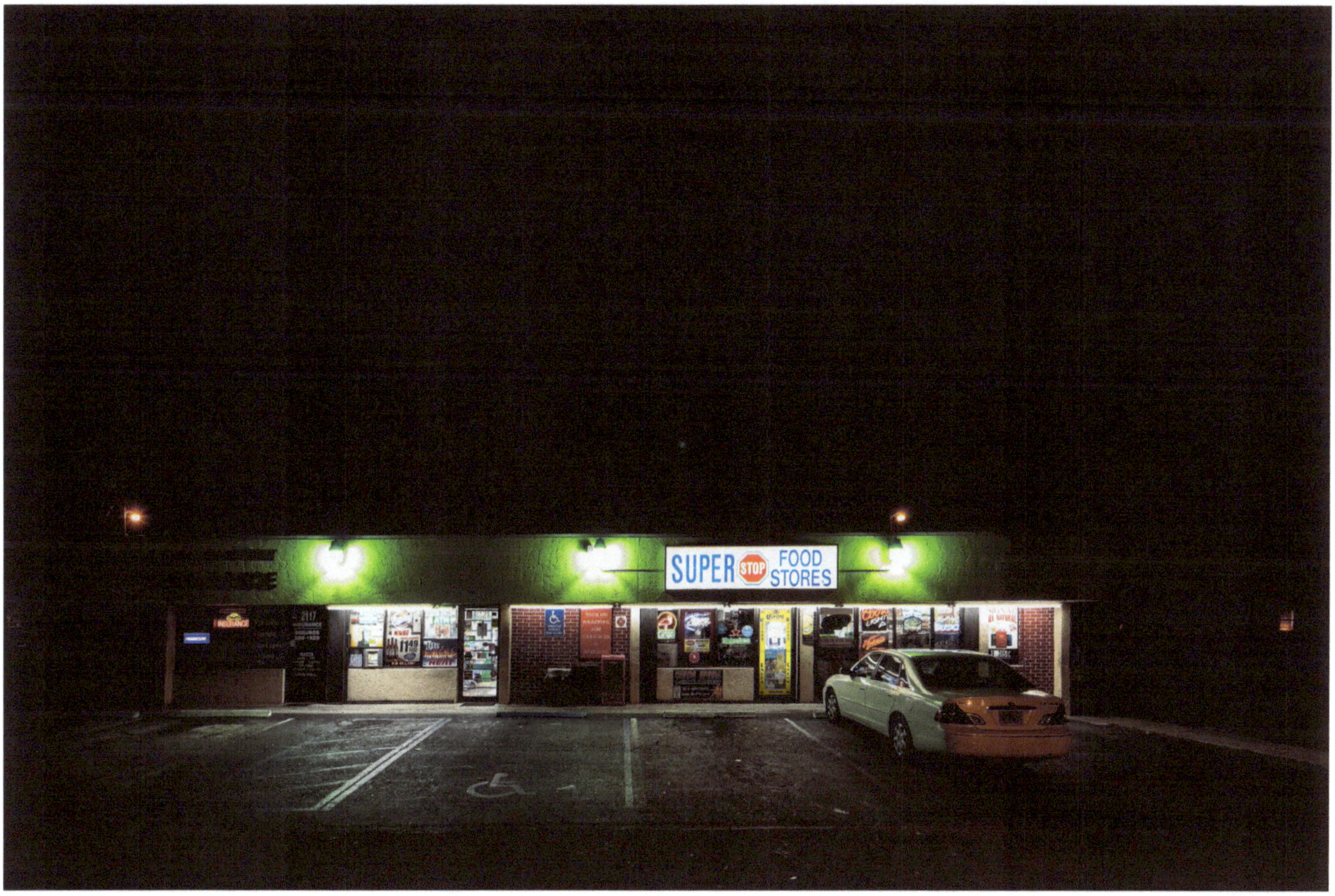

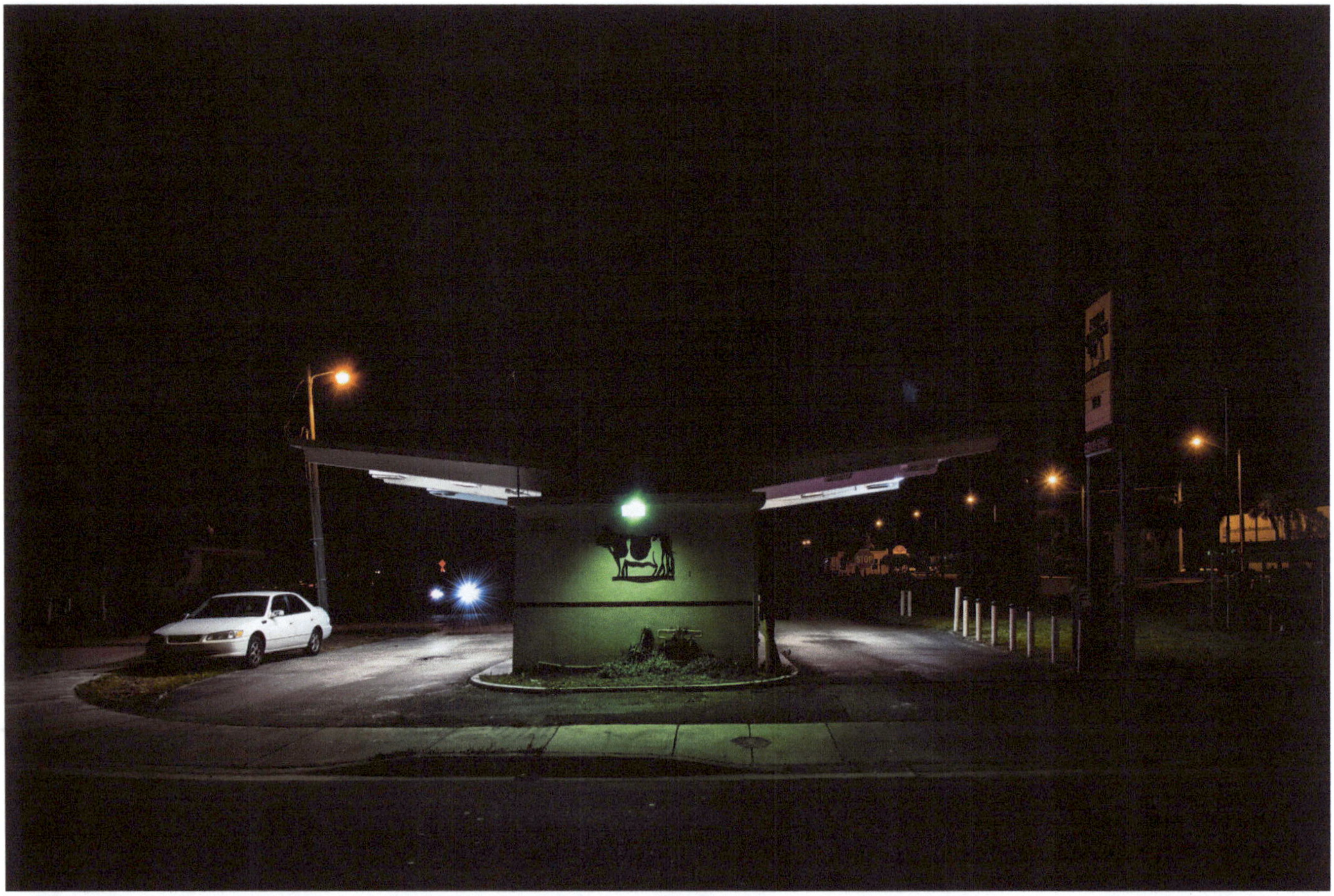

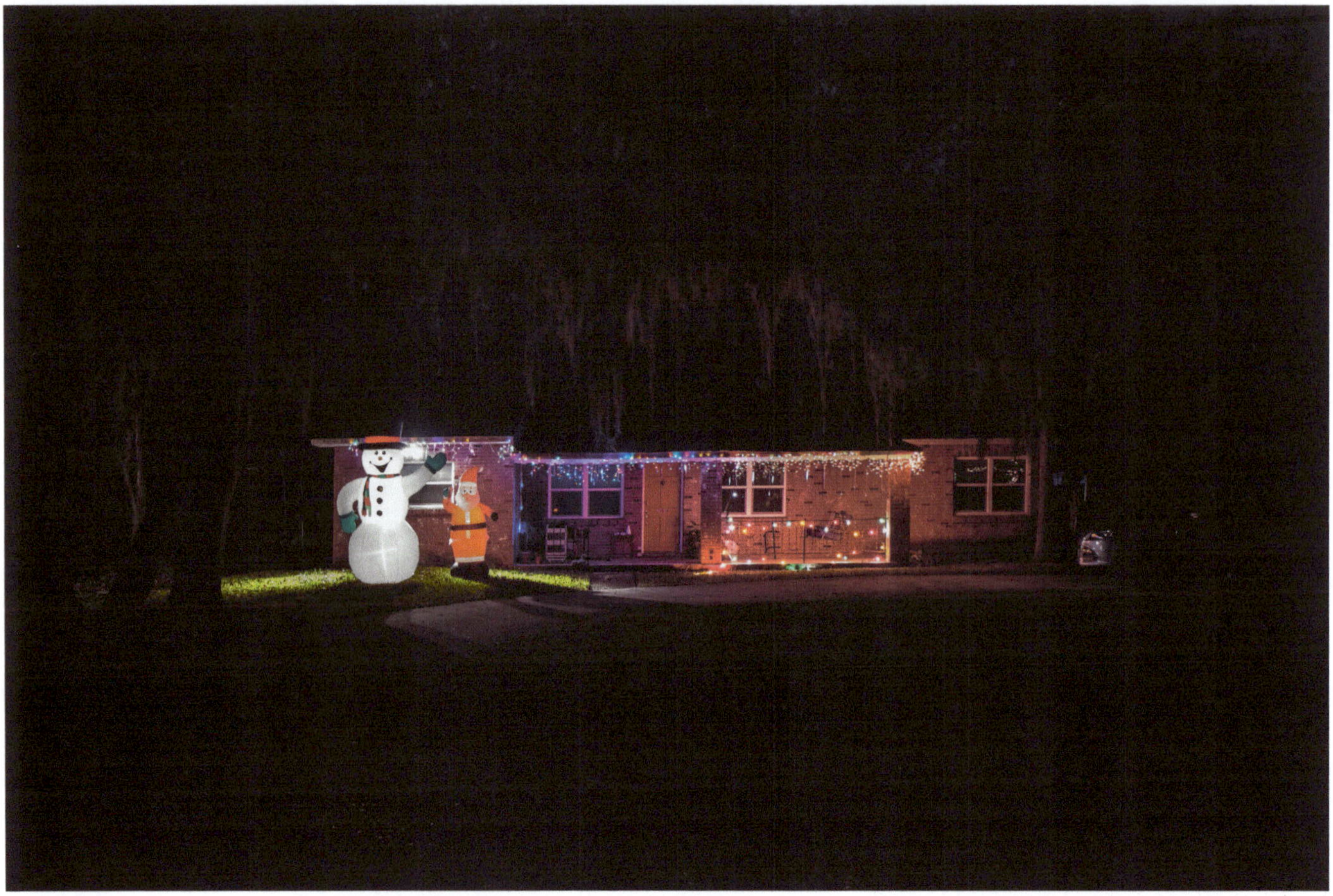

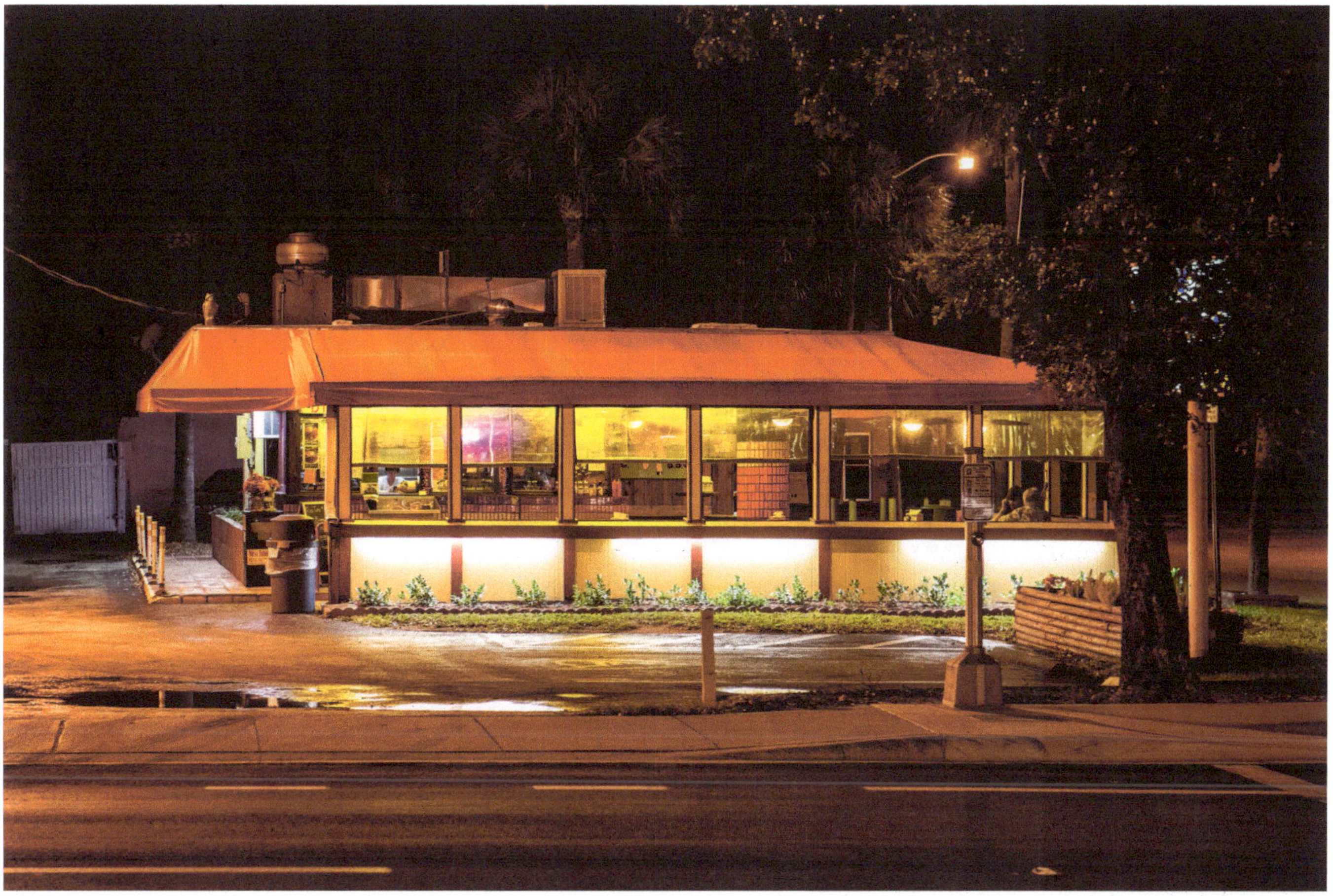

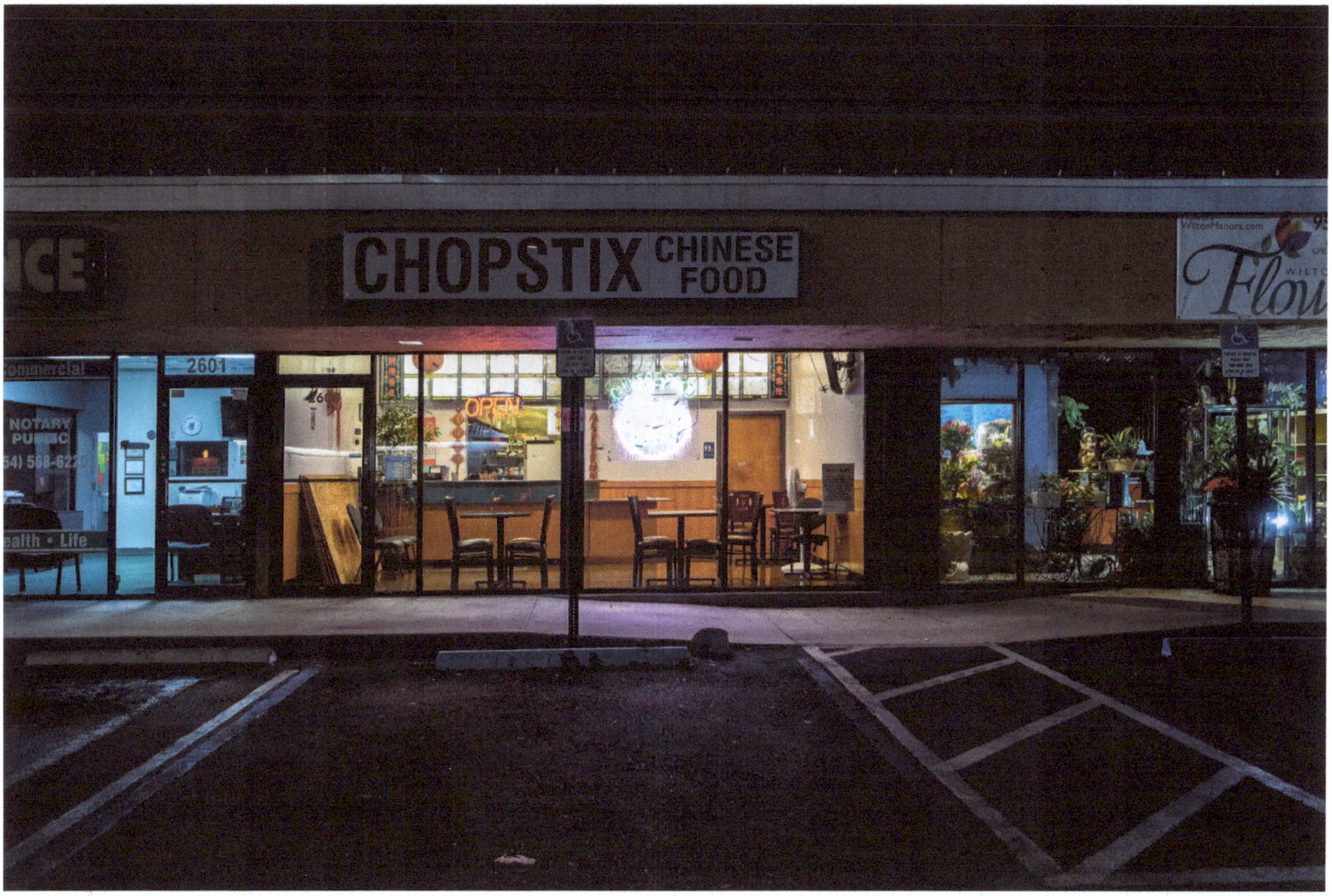

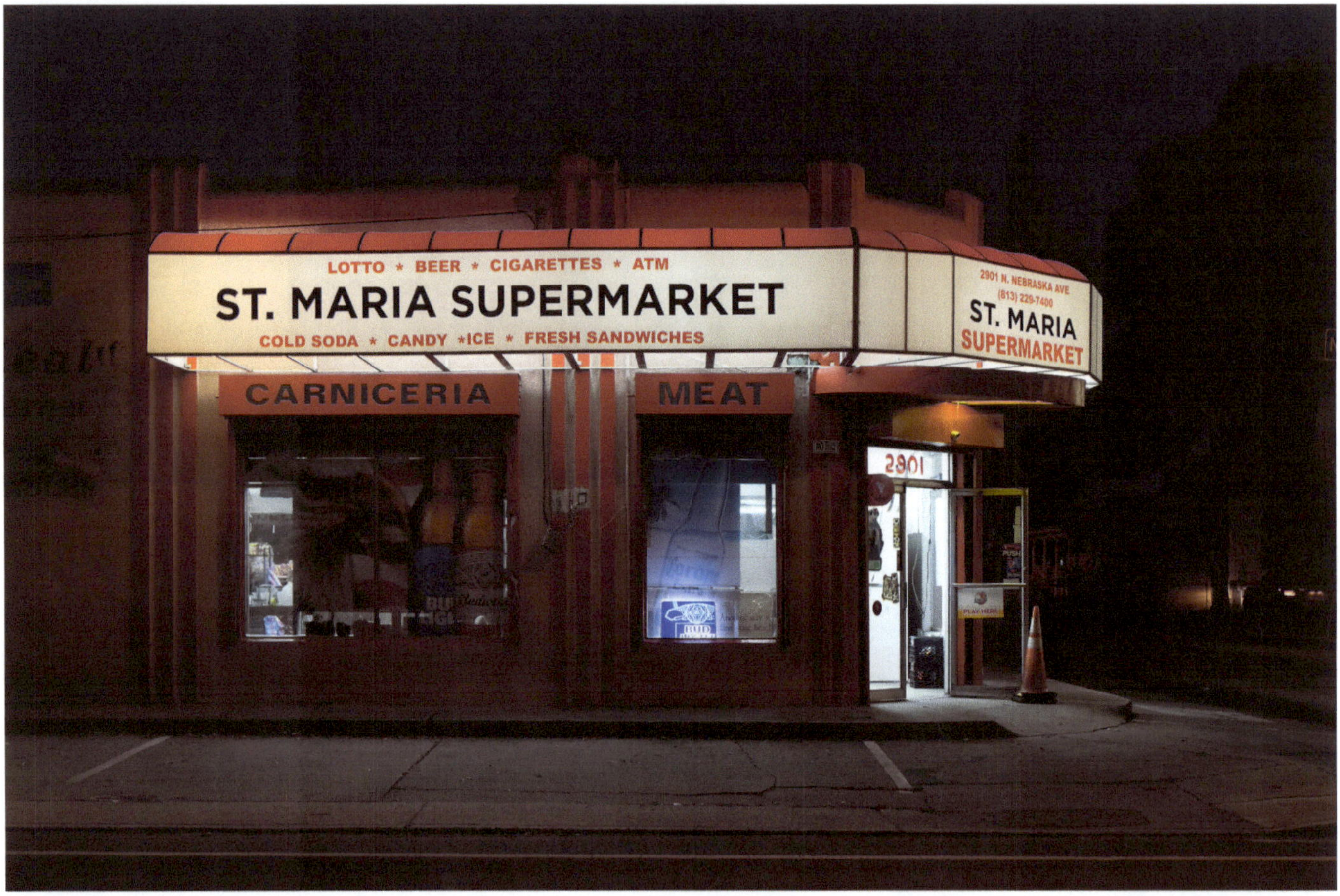
LOTTO * BEER * CIGARETTES * ATM
ST. MARIA SUPERMARKET
COLD SODA * CANDY *ICE * FRESH SANDWICHES
CARNICERIA
MEAT
ST. MARIA
SUPERMARKET
2901

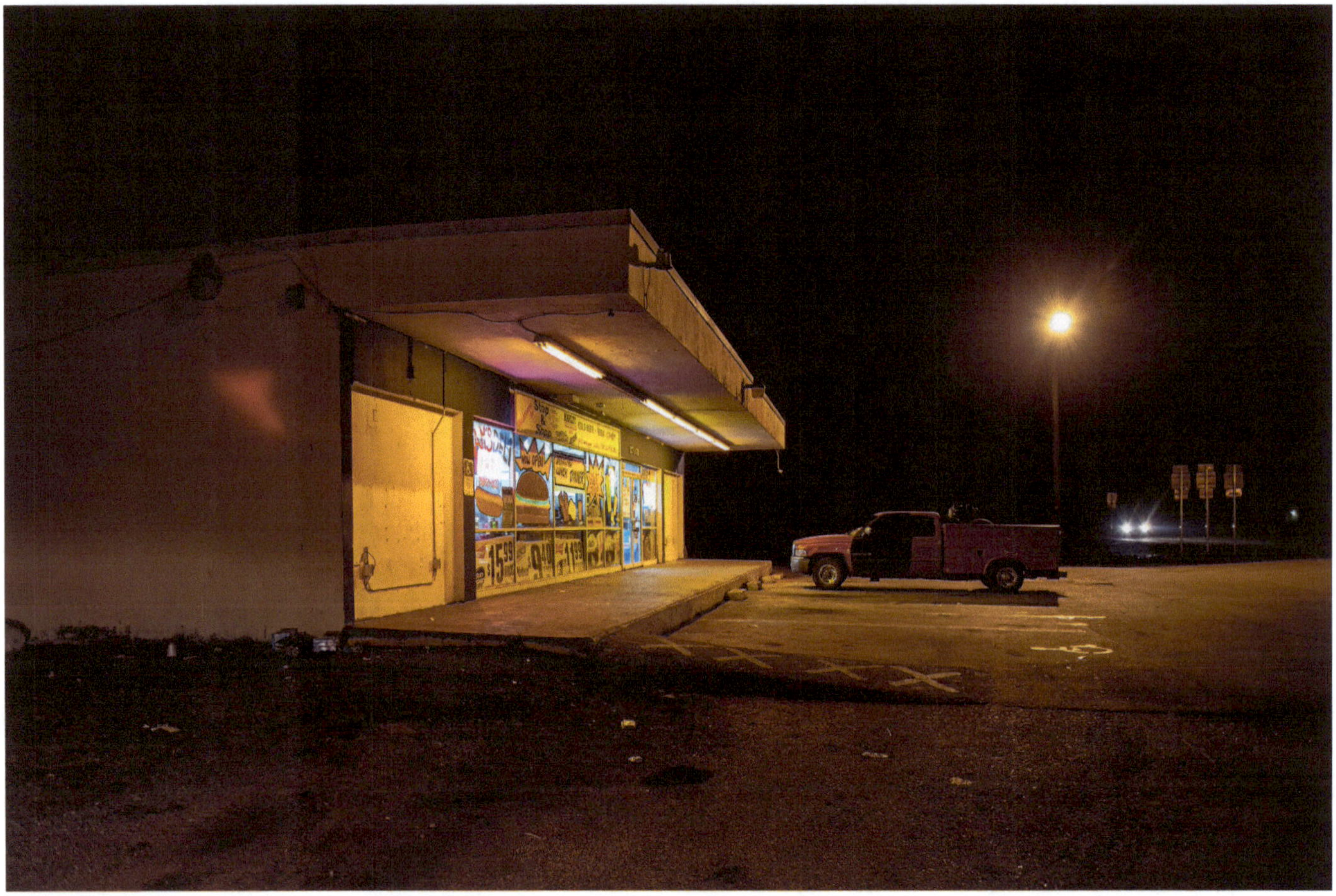

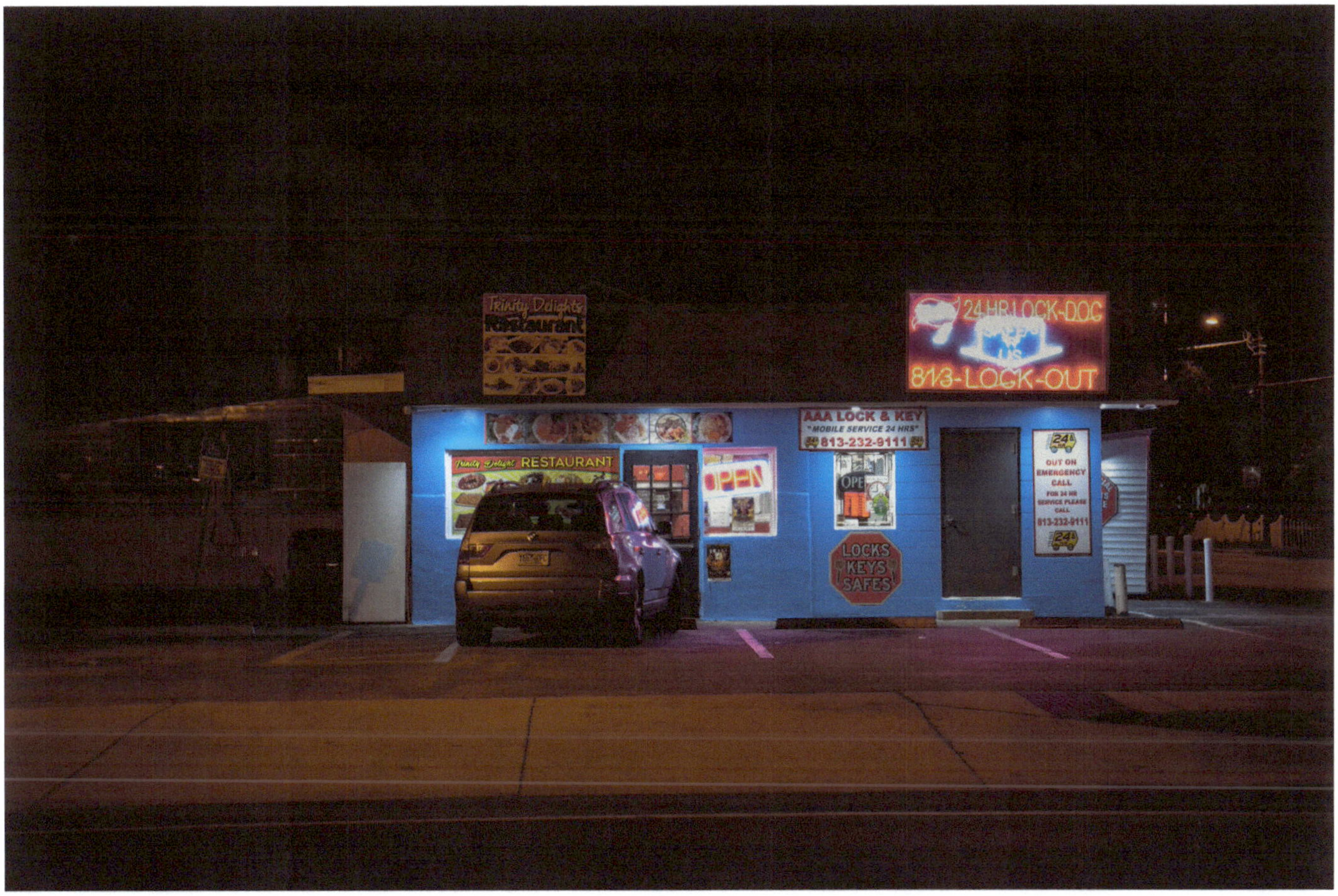
Trinity Delights Restaurant
24 HR LOCK-DOC
813-LOCK-OUT
AAA LOCK & KEY
"MOBILE SERVICE 24 HRS"
813-232-9111
Trinity Delights RESTAURANT
OPEN
24
OUT ON EMERGENCY CALL
LOCKS KEYS SAFES

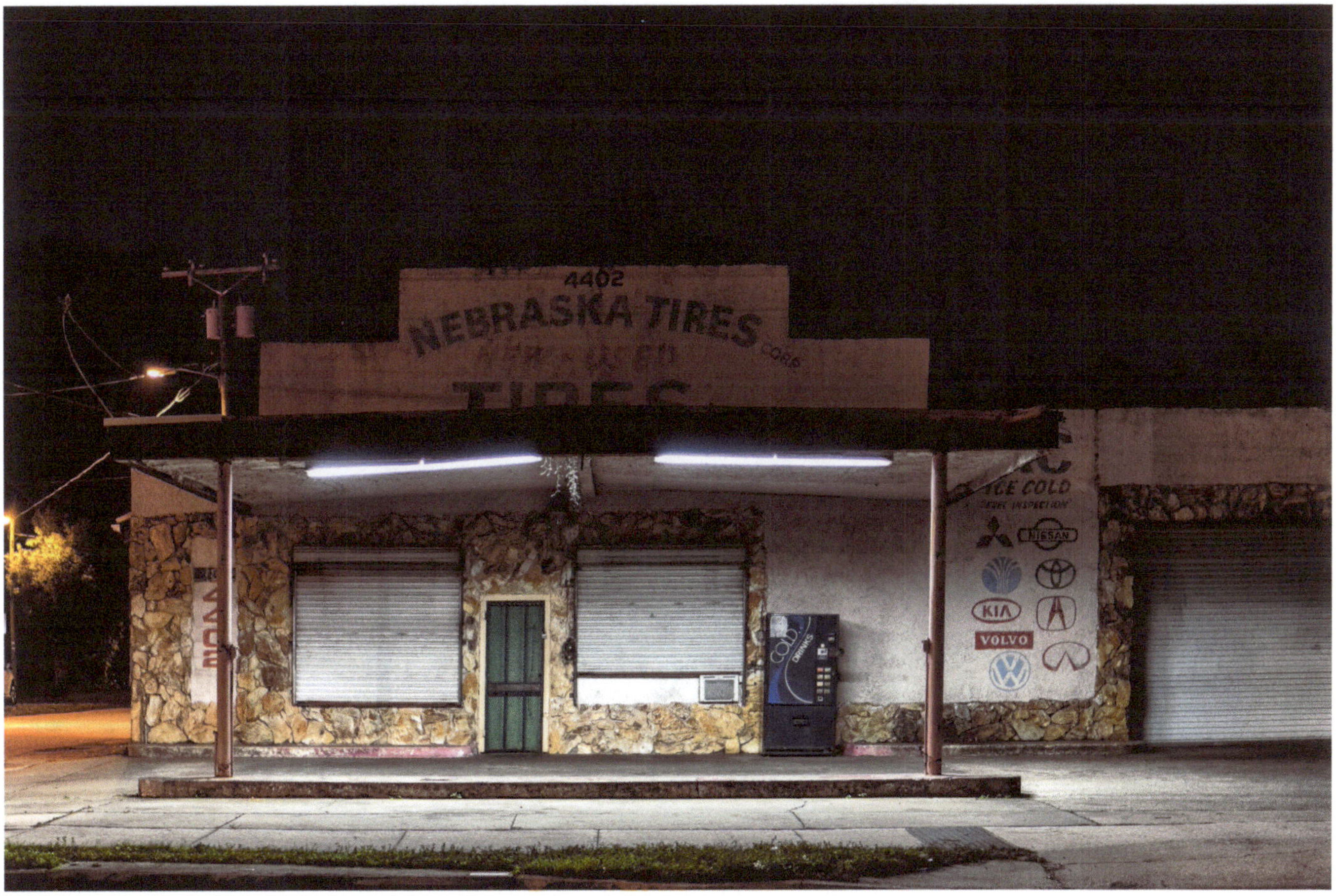
4402
NEBRASKA TIRES CORP
ICE COLD
NISSAN
KIA
VOLVO

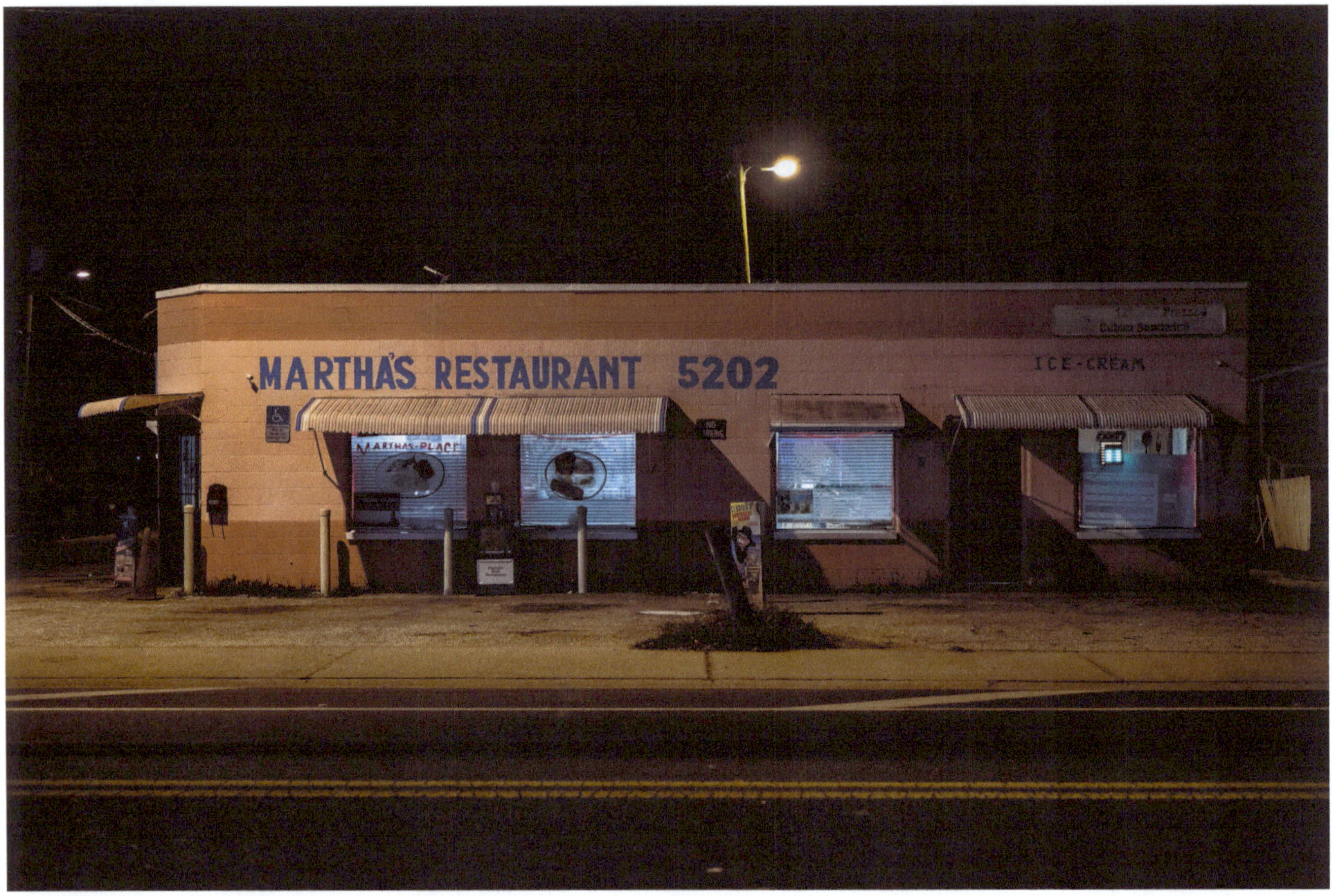

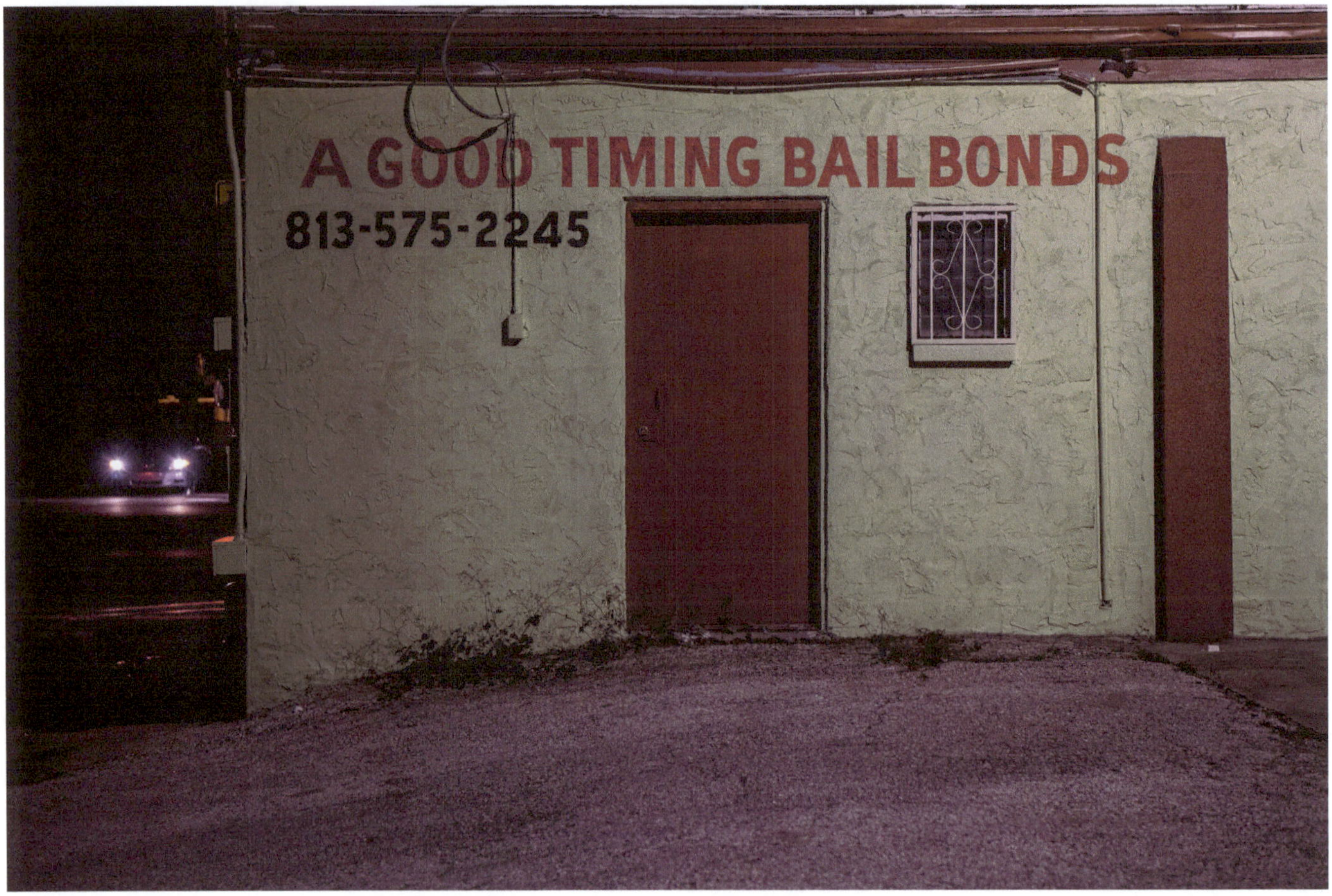

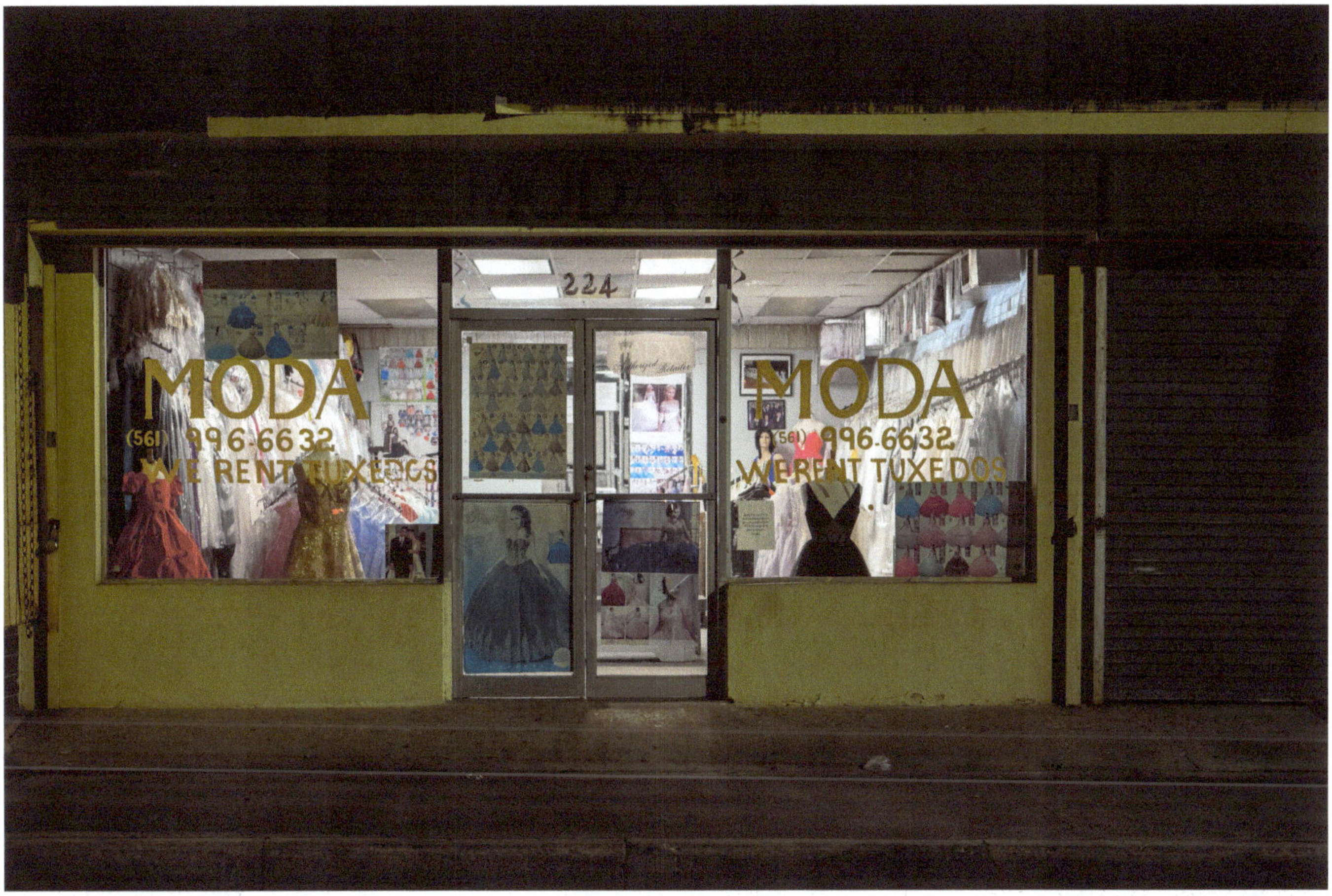
224
MODA
(561) 996-6632
WE RENT TUXEDOS
MODA
(561) 996-6632
WE RENT TUXEDOS

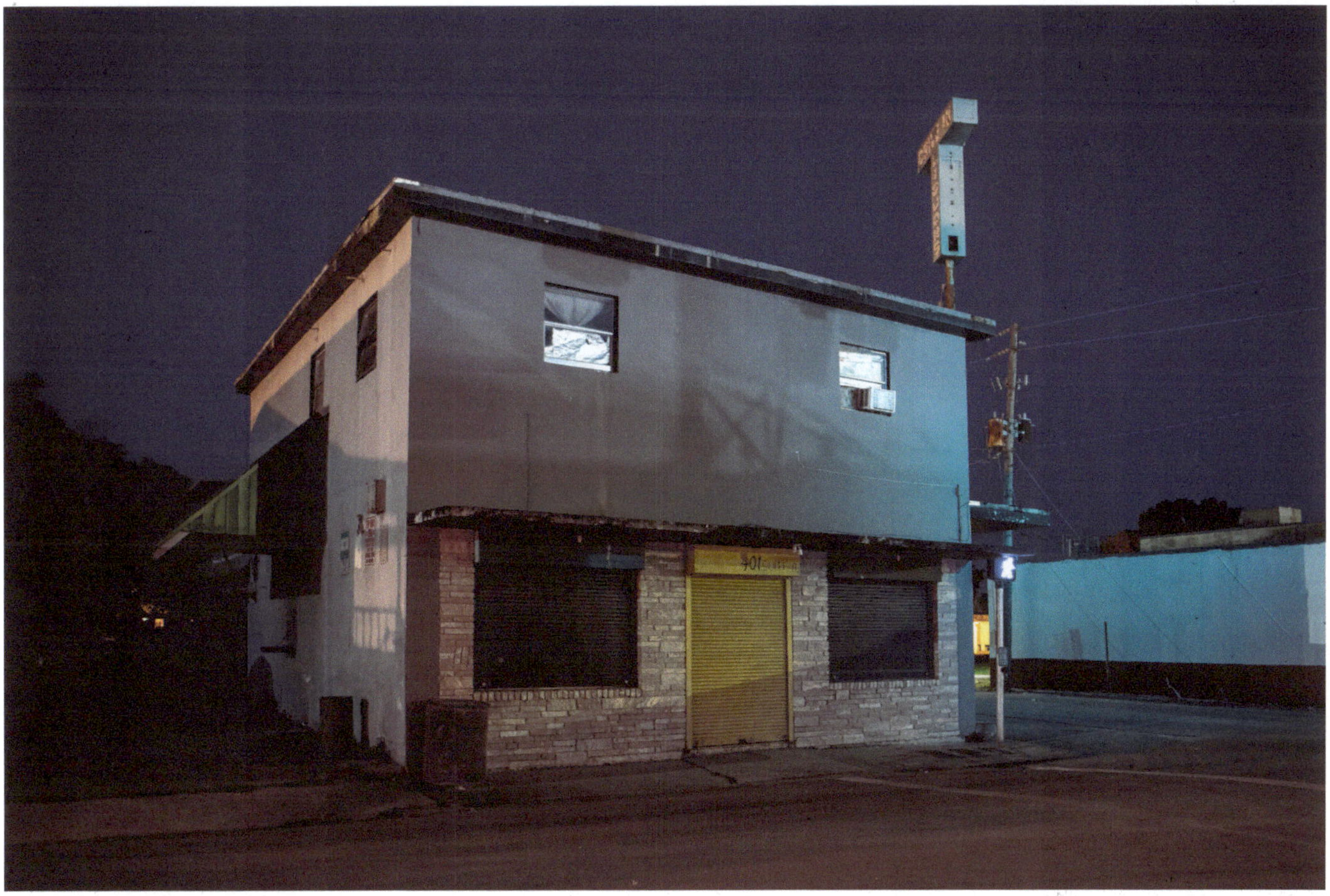

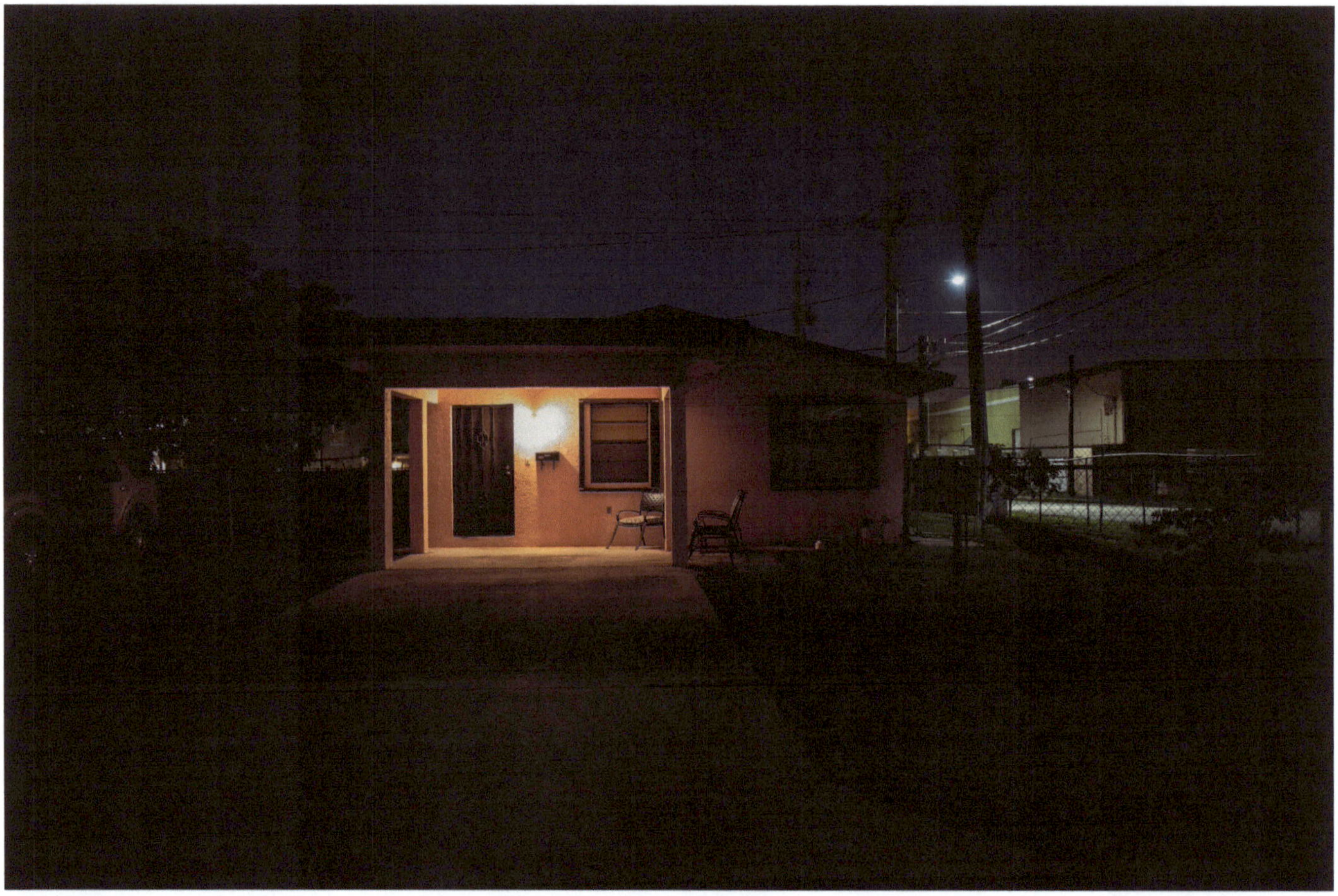

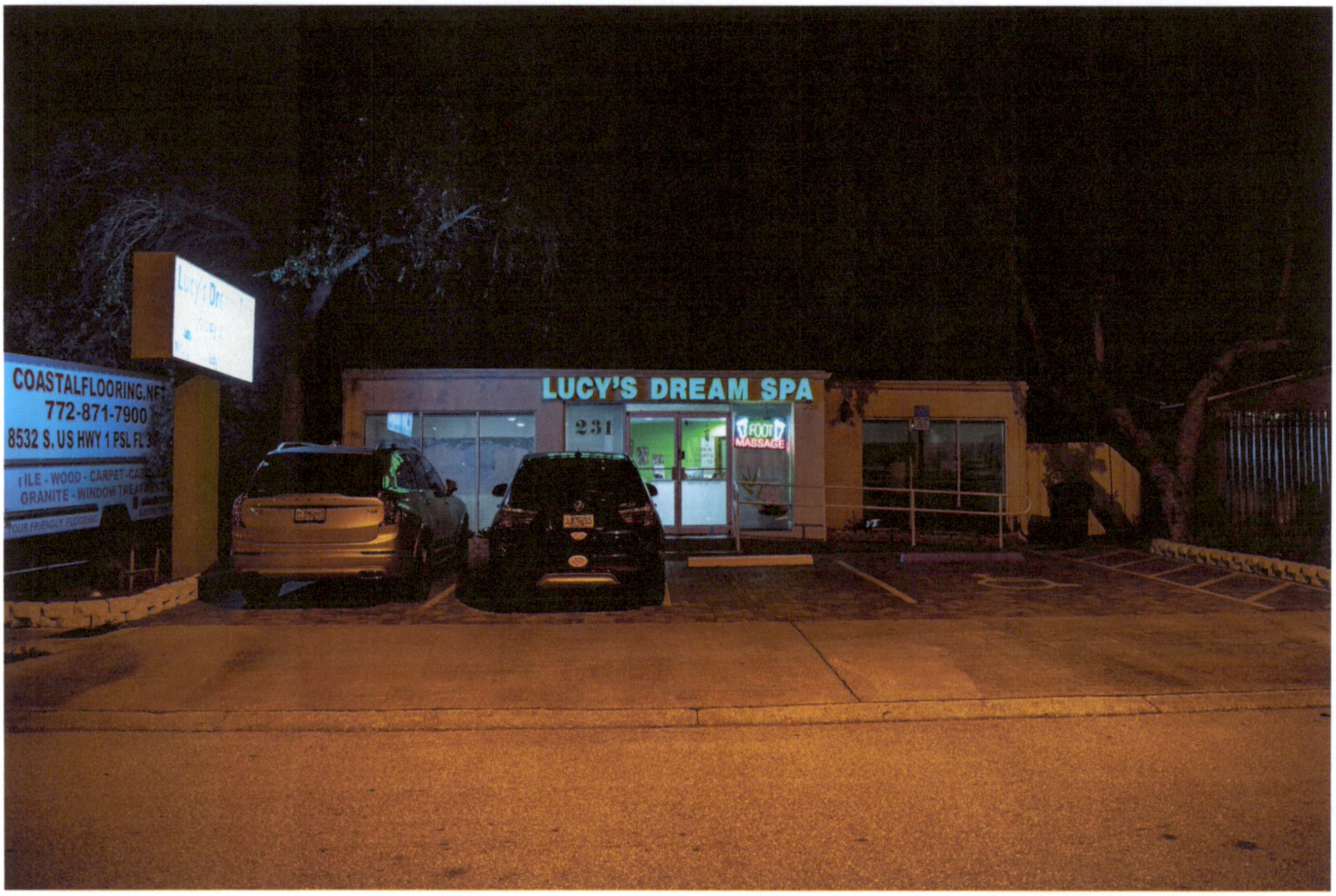

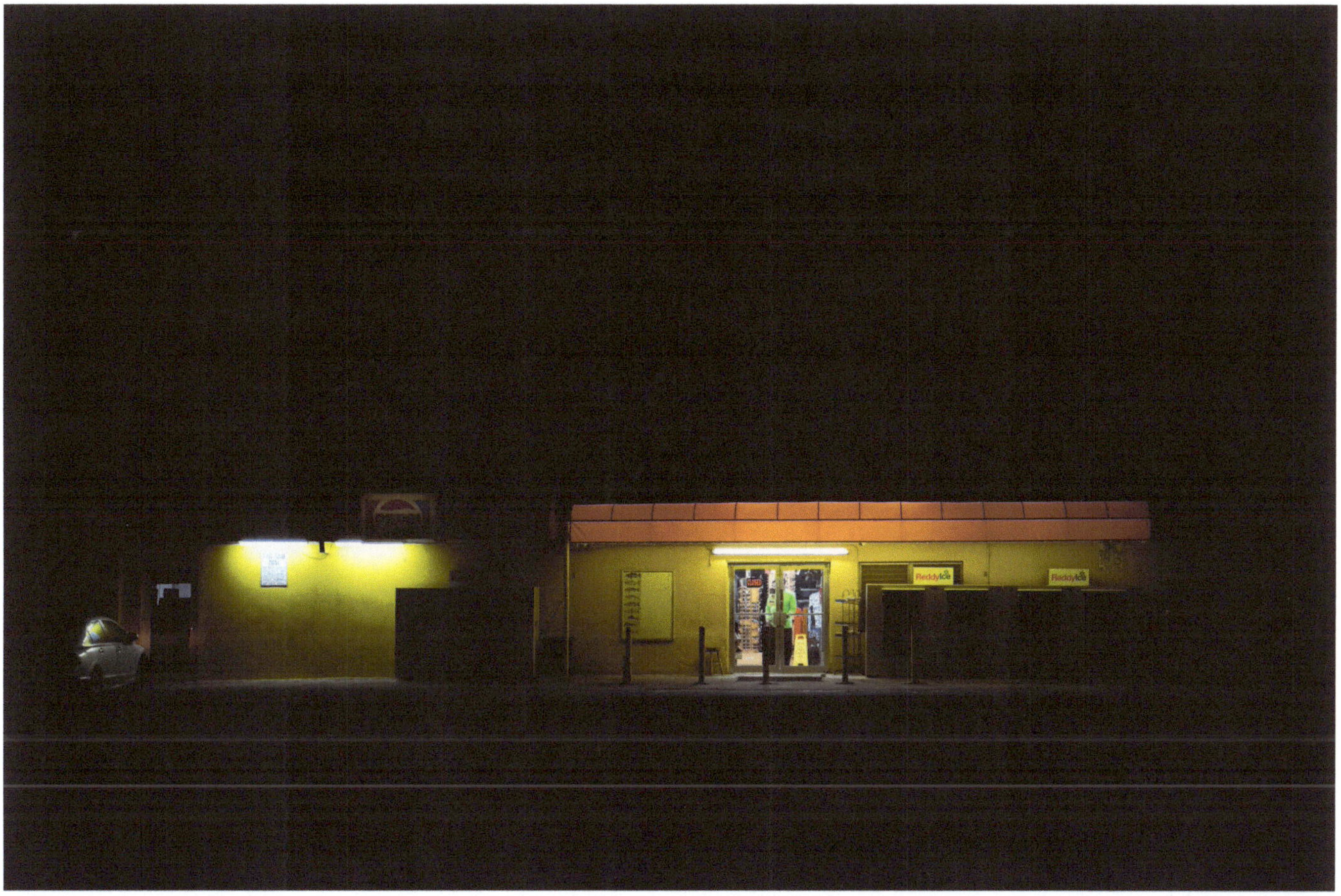
ReddyIce
ReddyIce

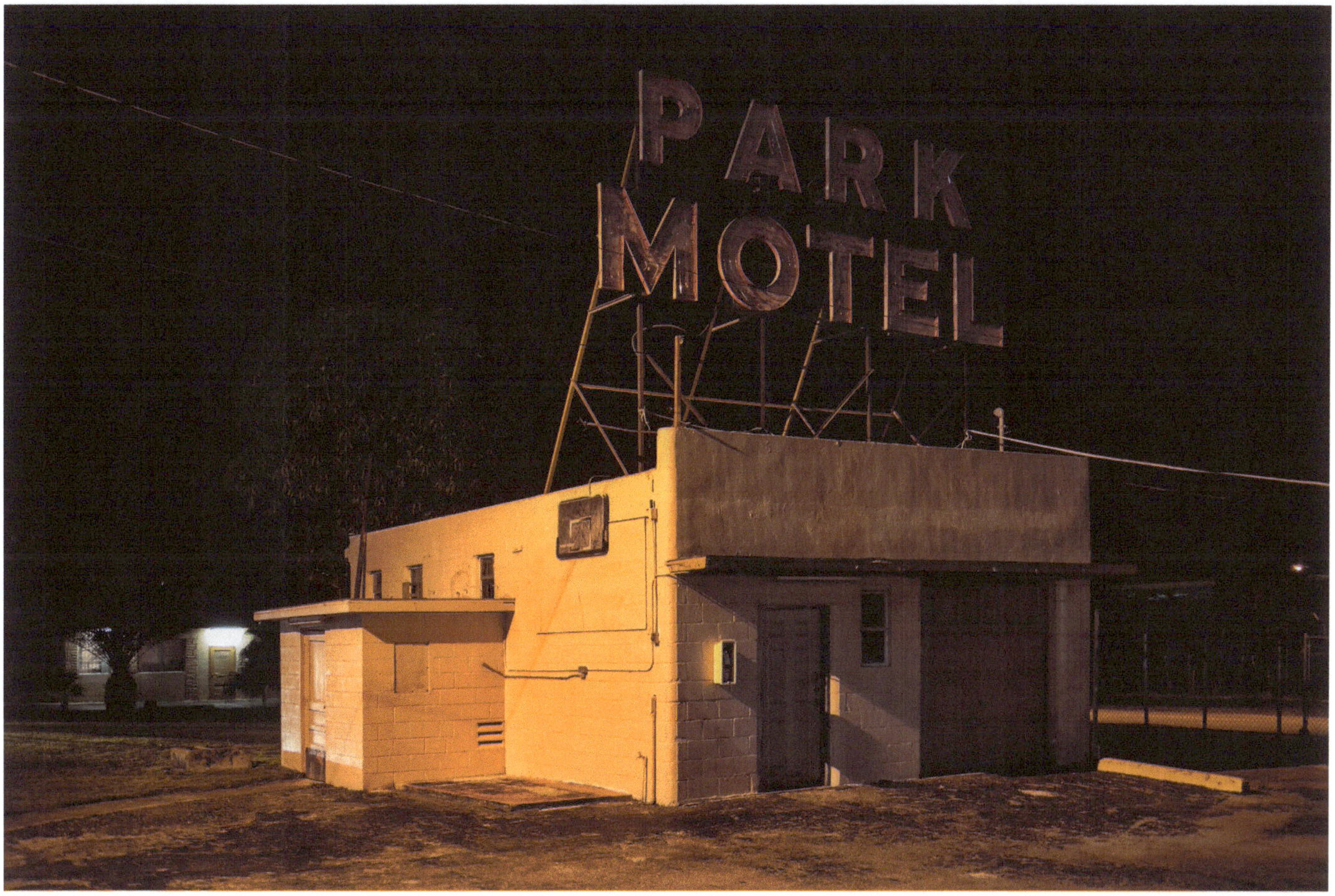
PARK
MOTEL

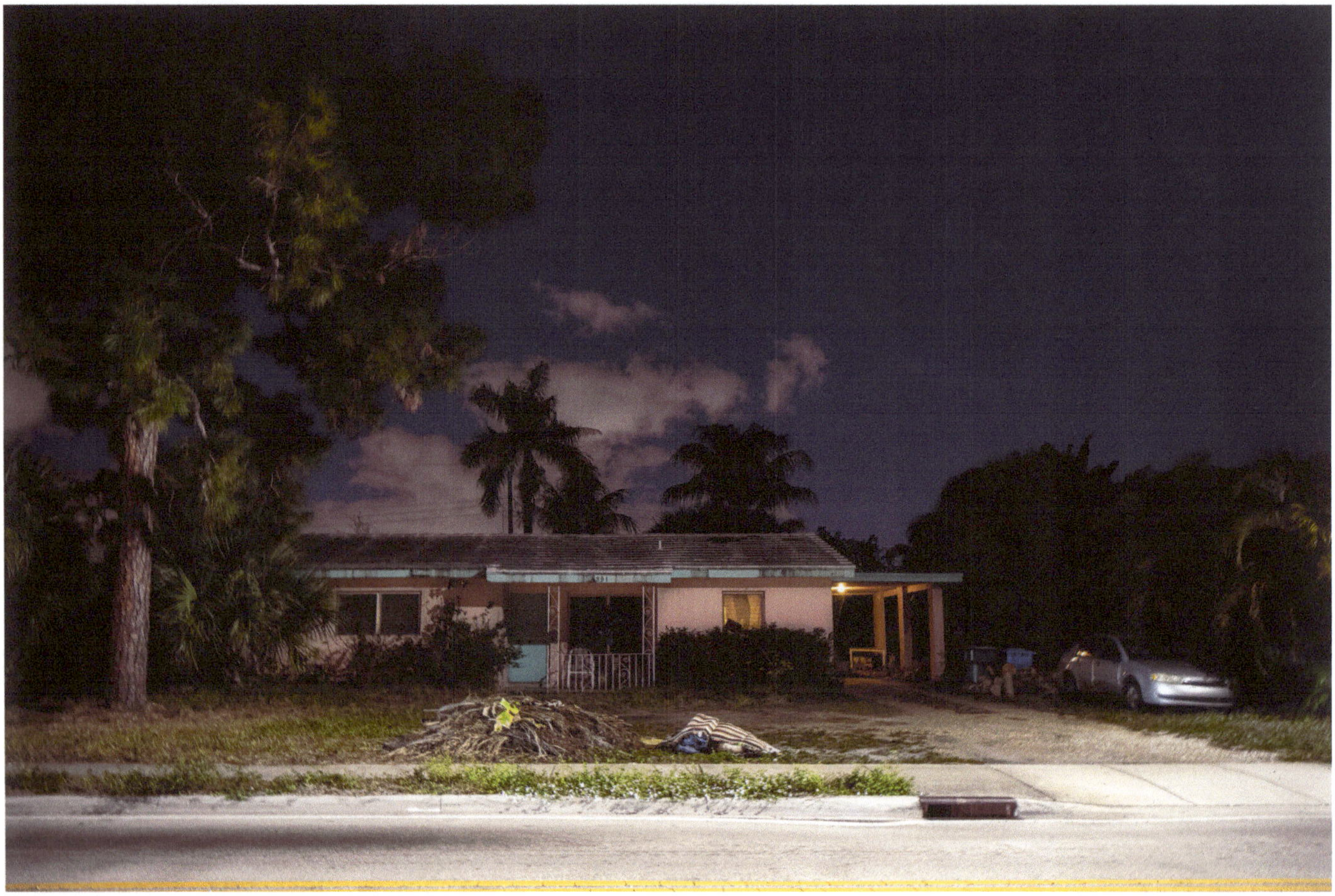

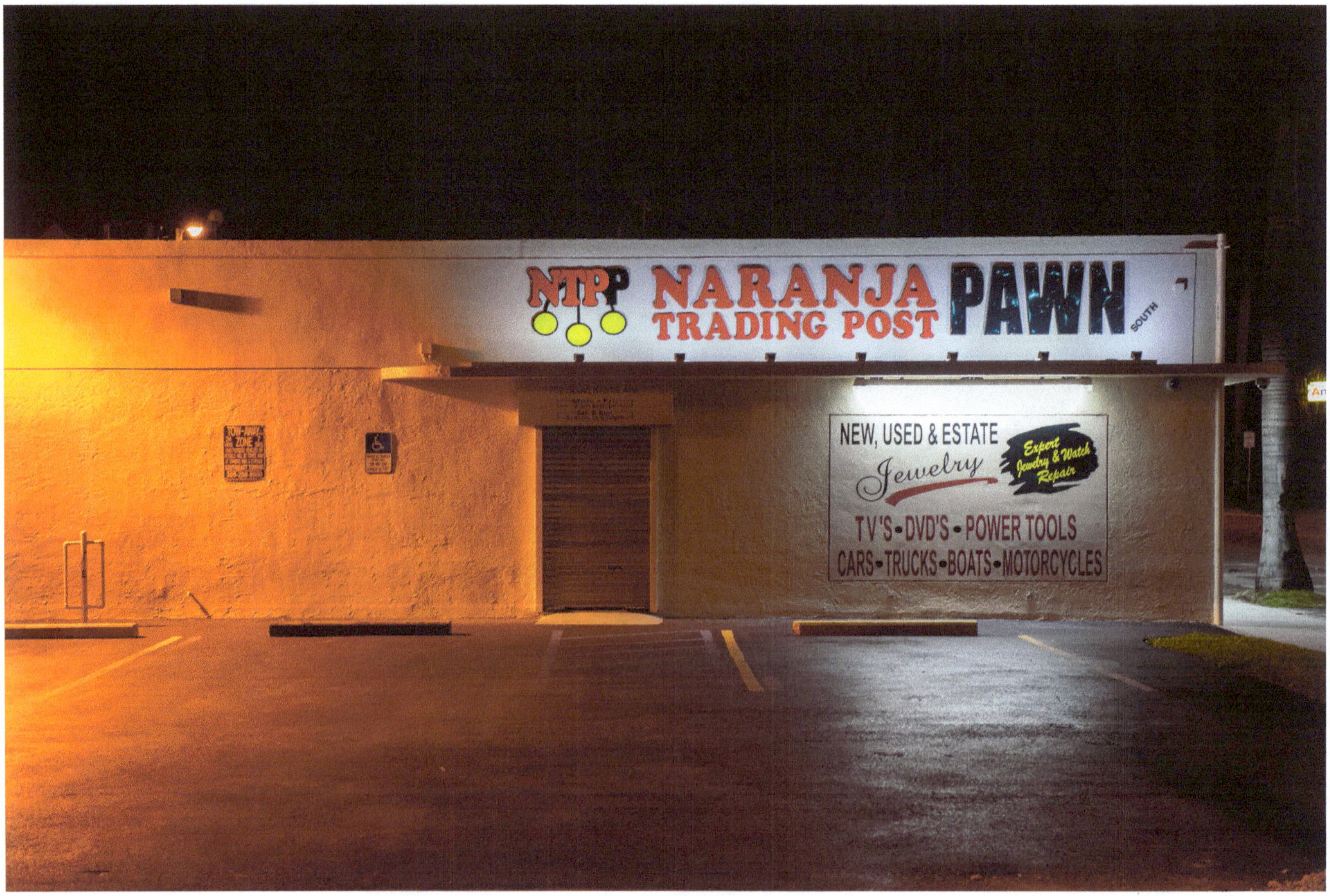

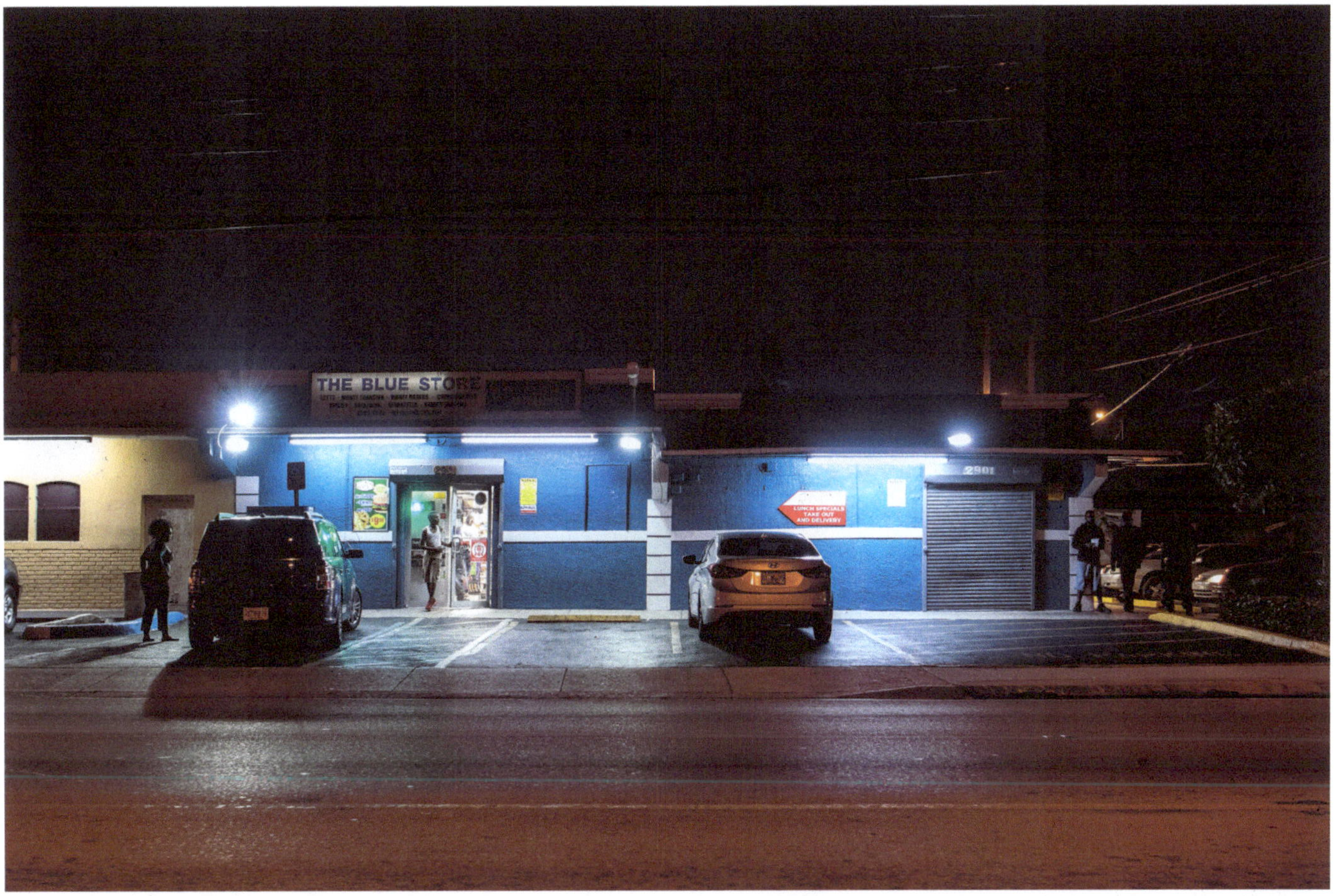

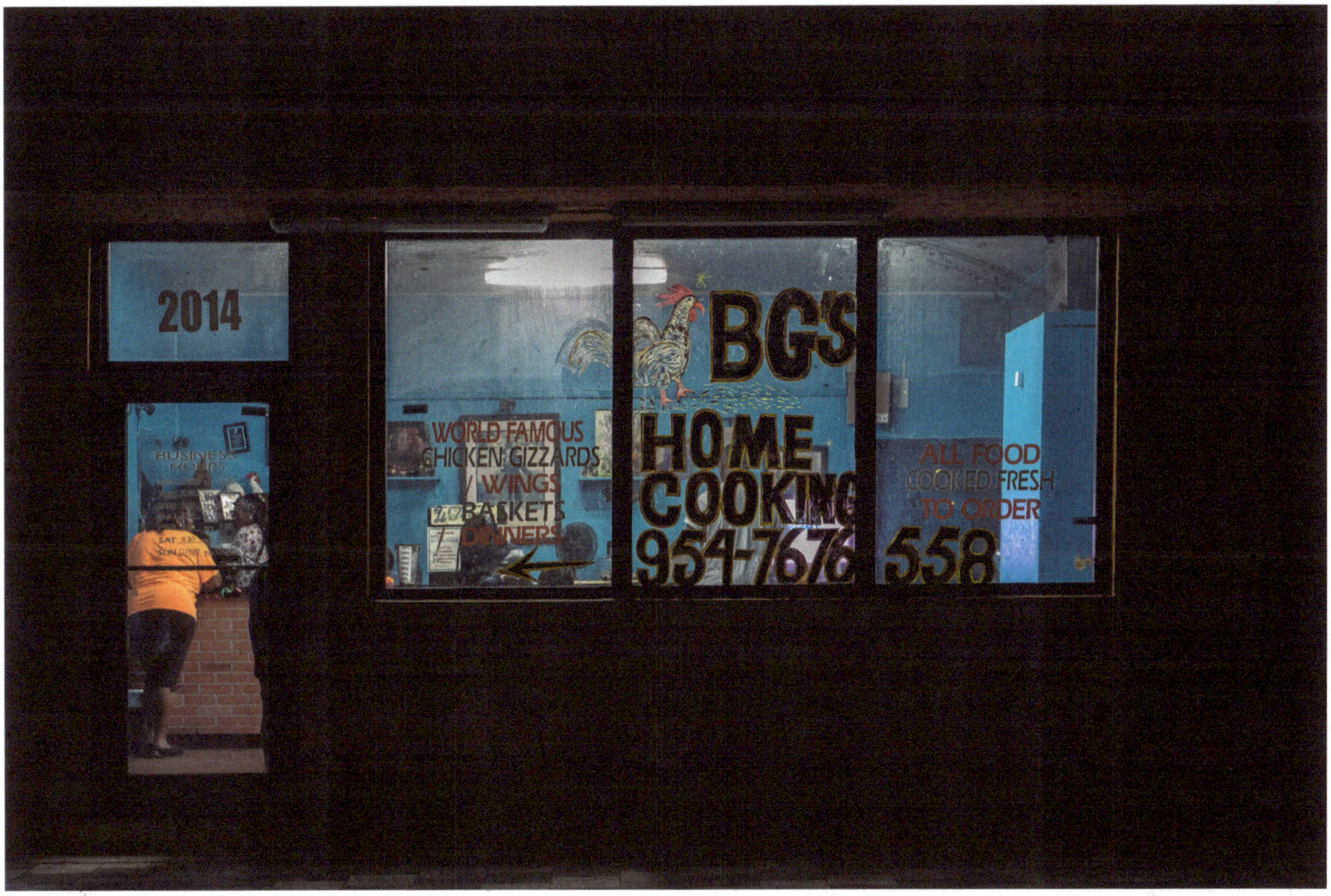

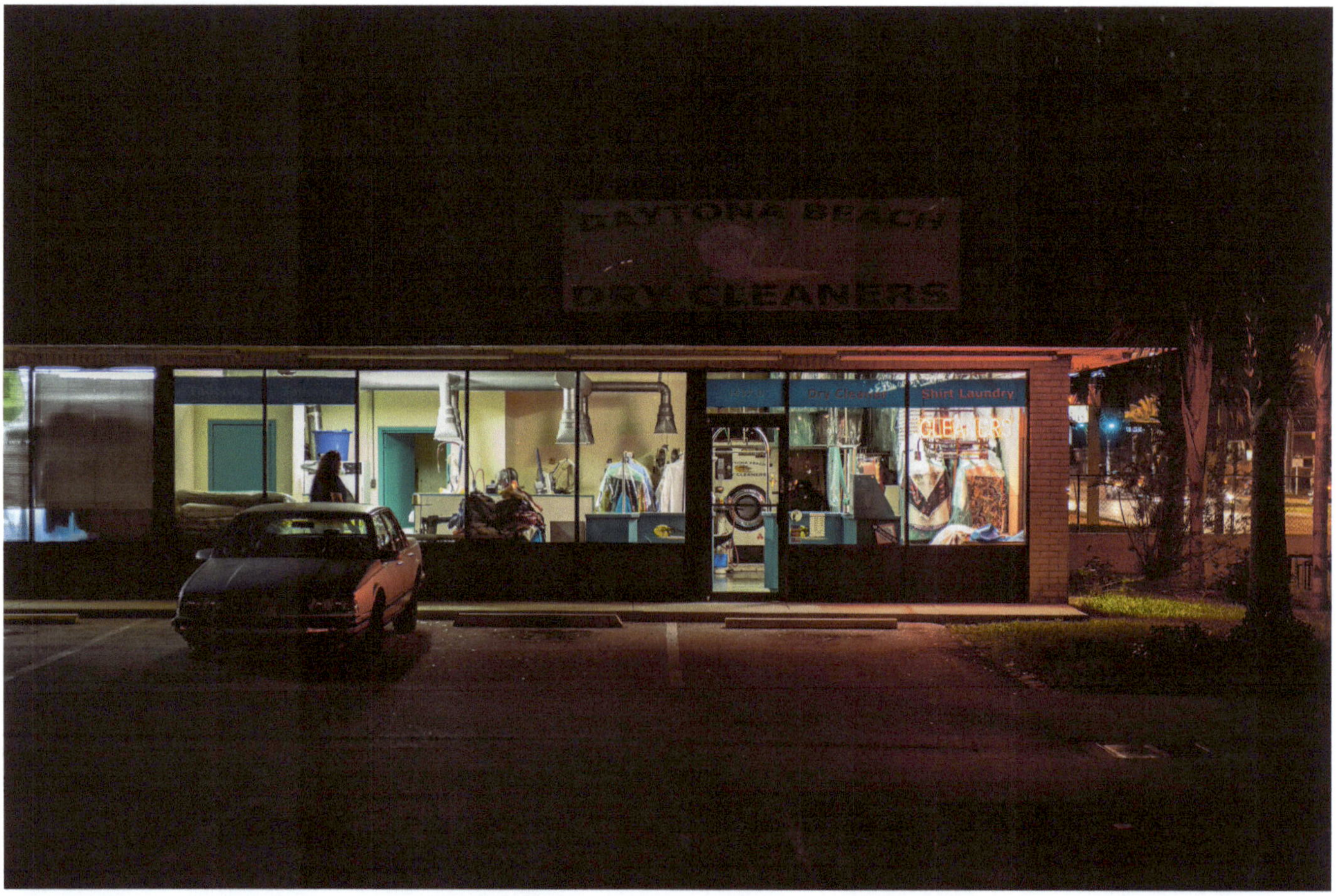

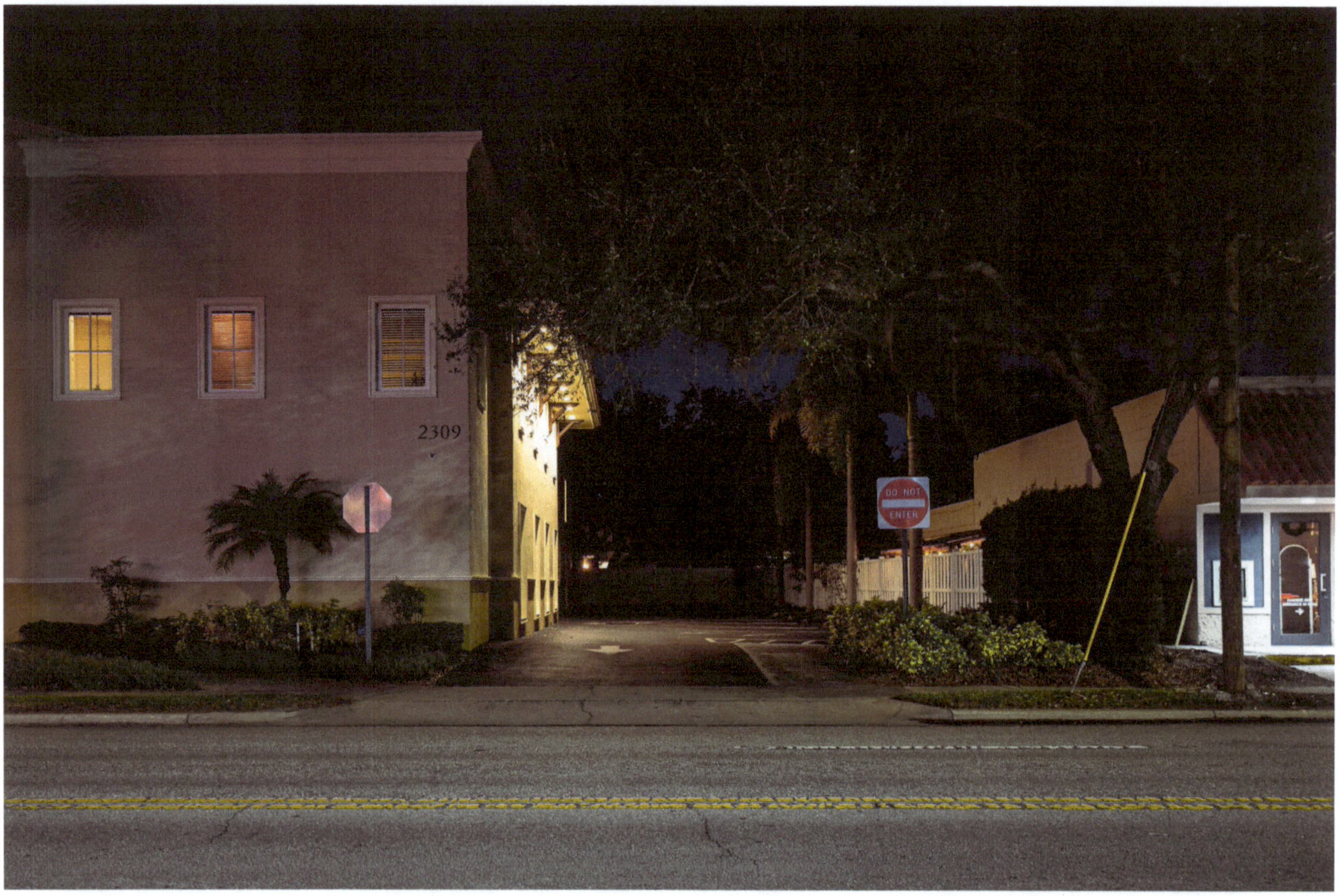

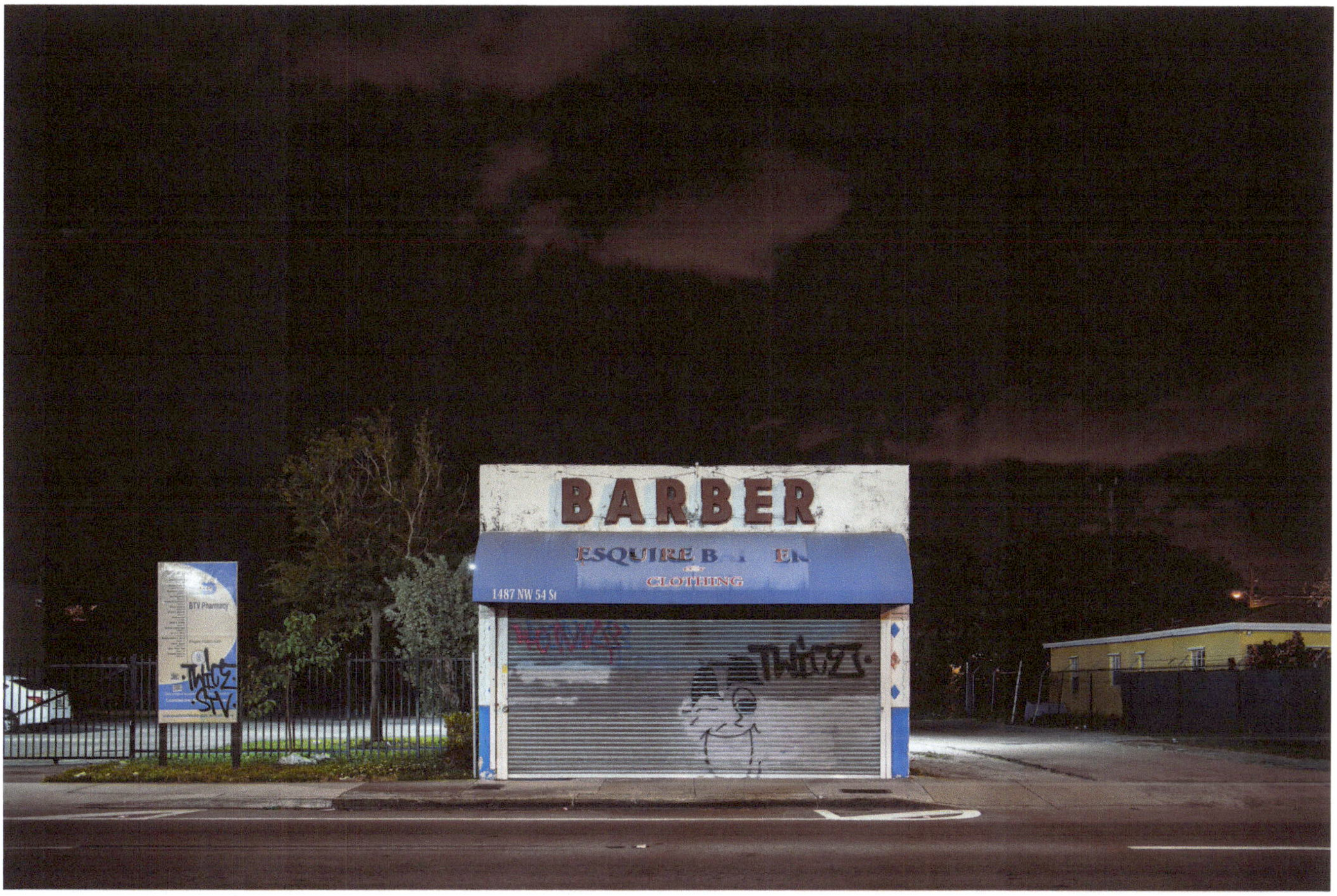
BARBER
CLOTHING
1487 NW 54 St

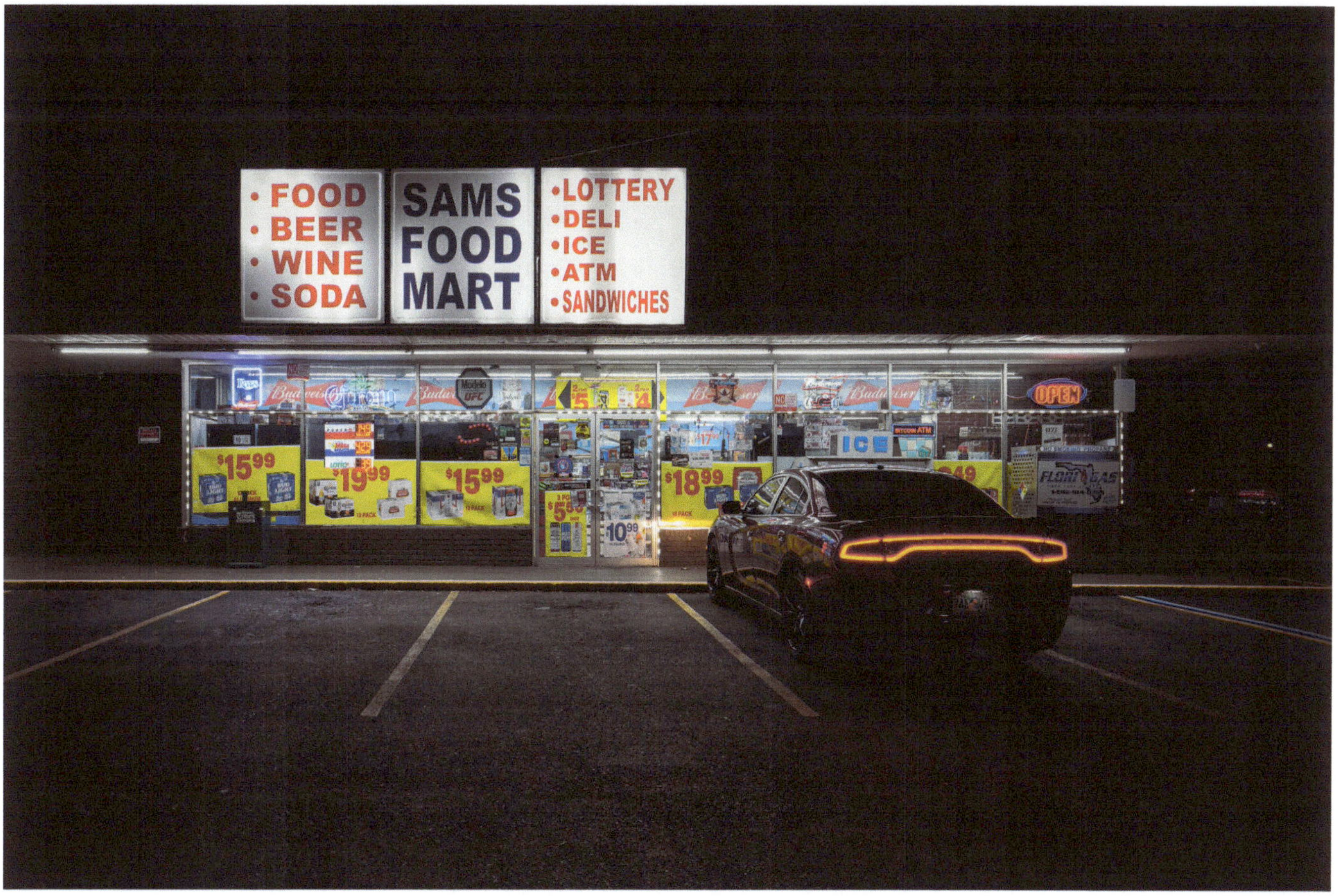
• FOOD
• BEER
• WINE
• SODA
SAMS
FOOD
MART
•LOTTERY
•DELI
•ICE
•ATM
•SANDWICHES
OPEN
ICE

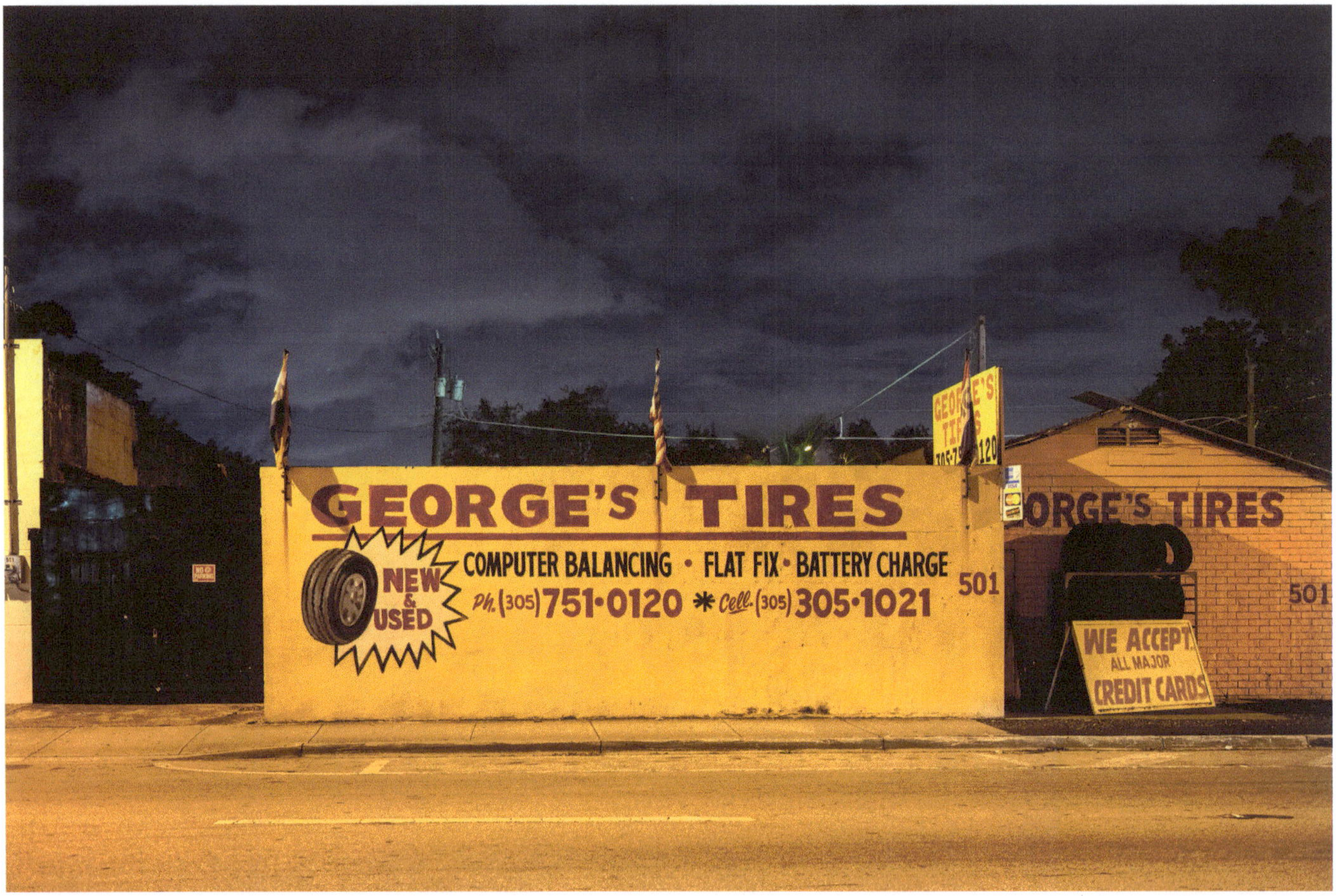
GEORGE'S TIRES
NEW & USED
COMPUTER BALANCING • FLAT FIX • BATTERY CHARGE
Ph. (305) 751•0120 * Cell. (305) 305•1021
501
WE ACCEPT ALL MAJOR CREDIT CARDS
501

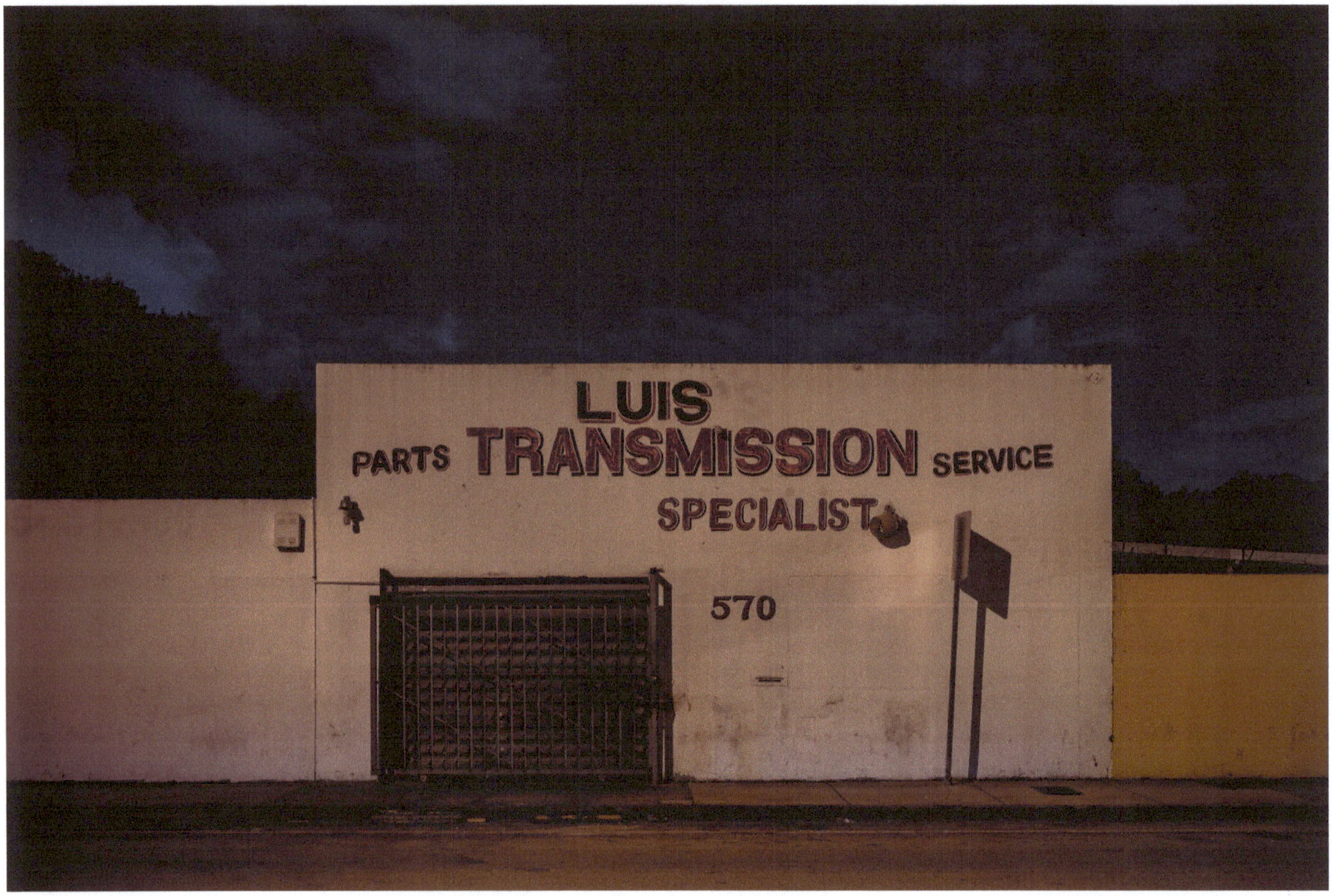
LUIS
PARTS TRANSMISSION SERVICE
SPECIALIST
570

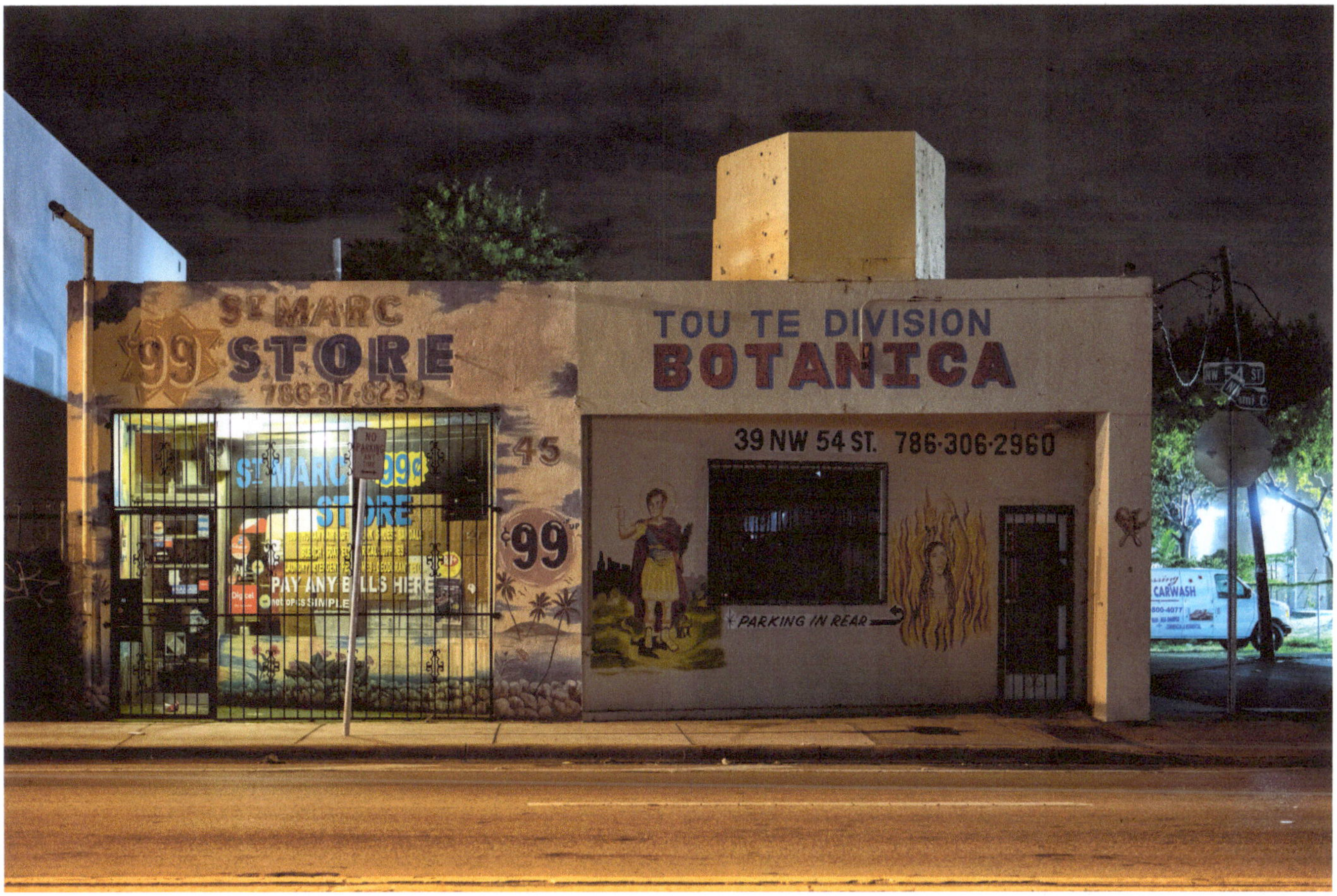

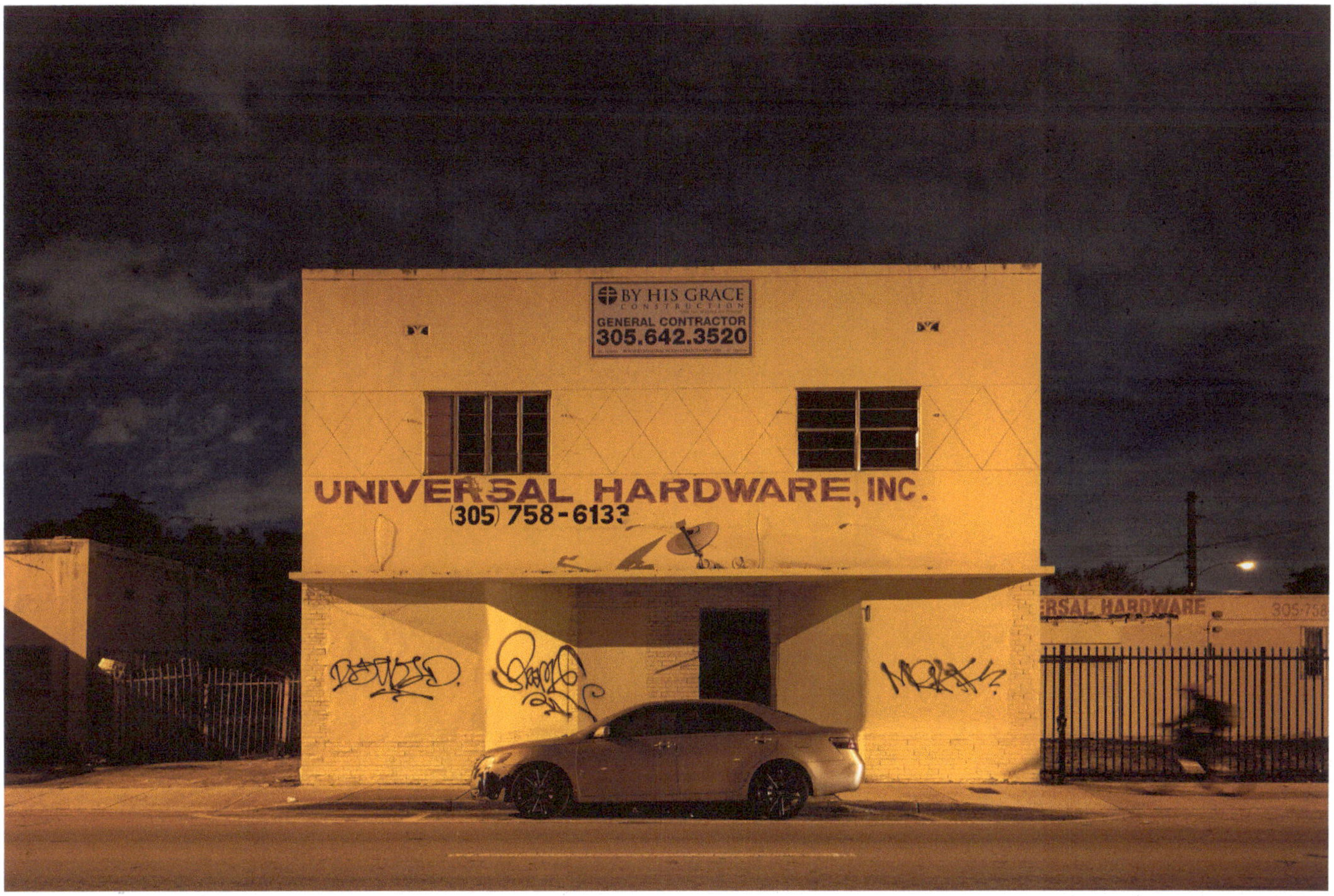

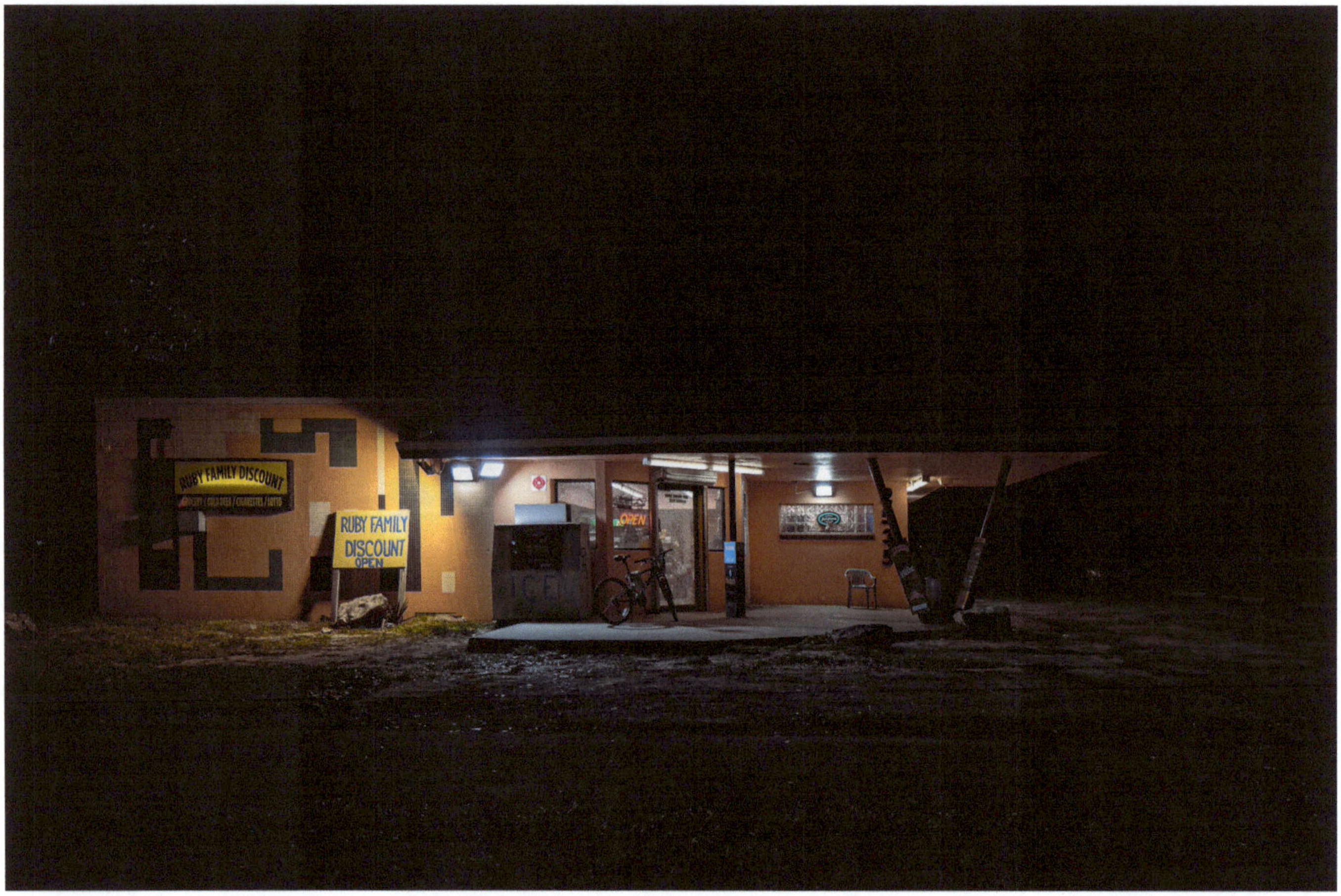
RUBY FAMILY DISCOUNT
RUBY FAMILY
DISCOUNT

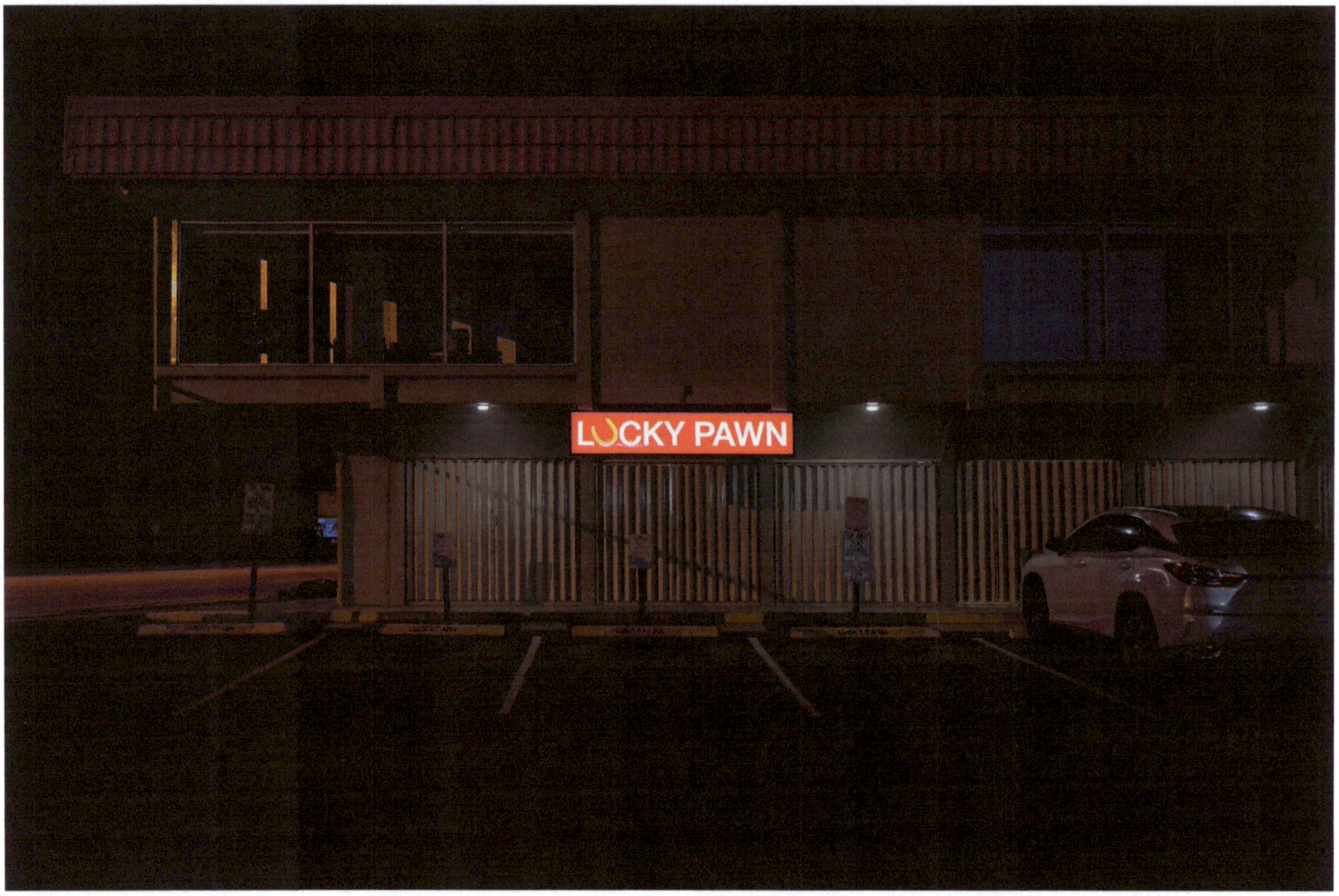
LUCKY PAWN

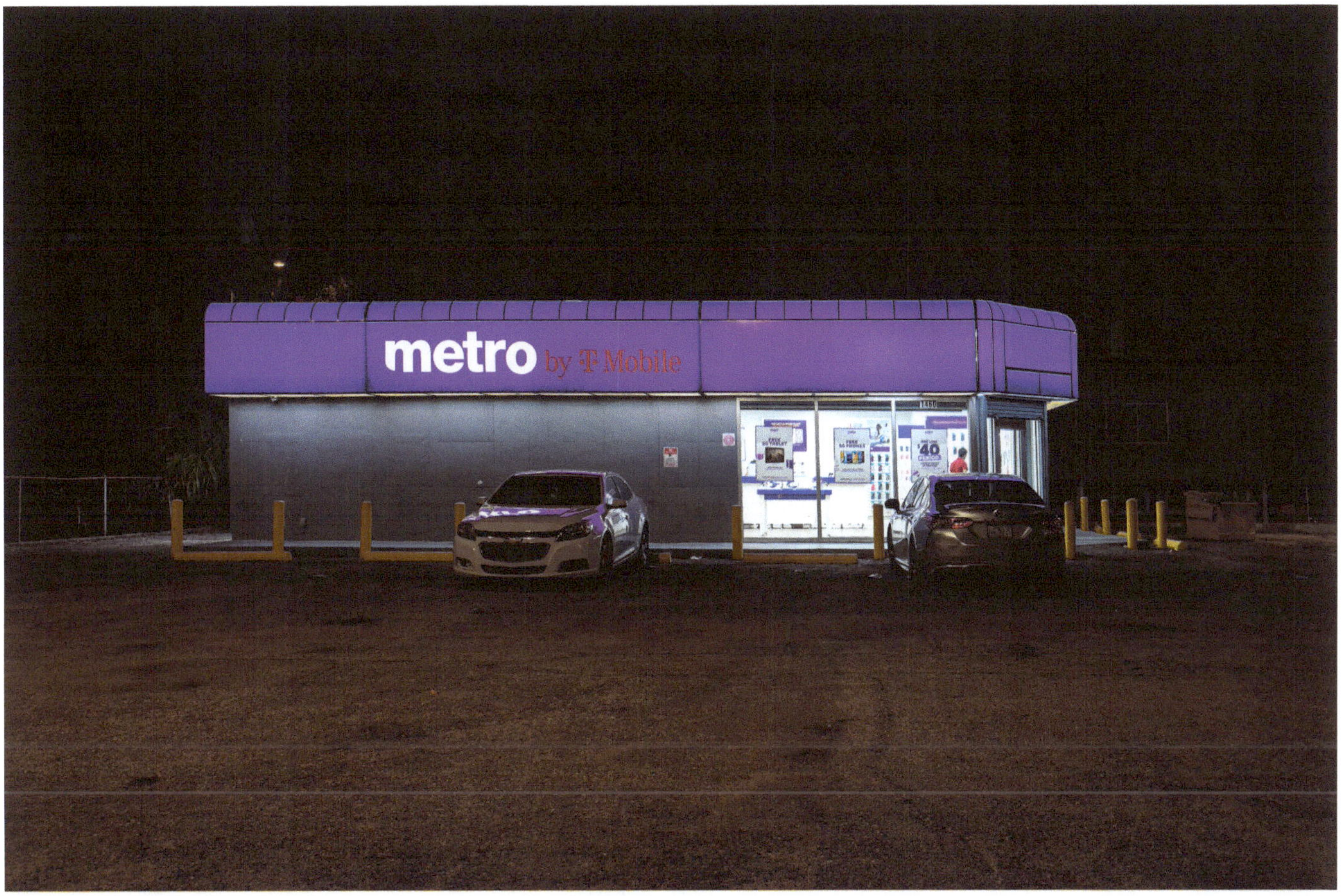
metro by T Mobile

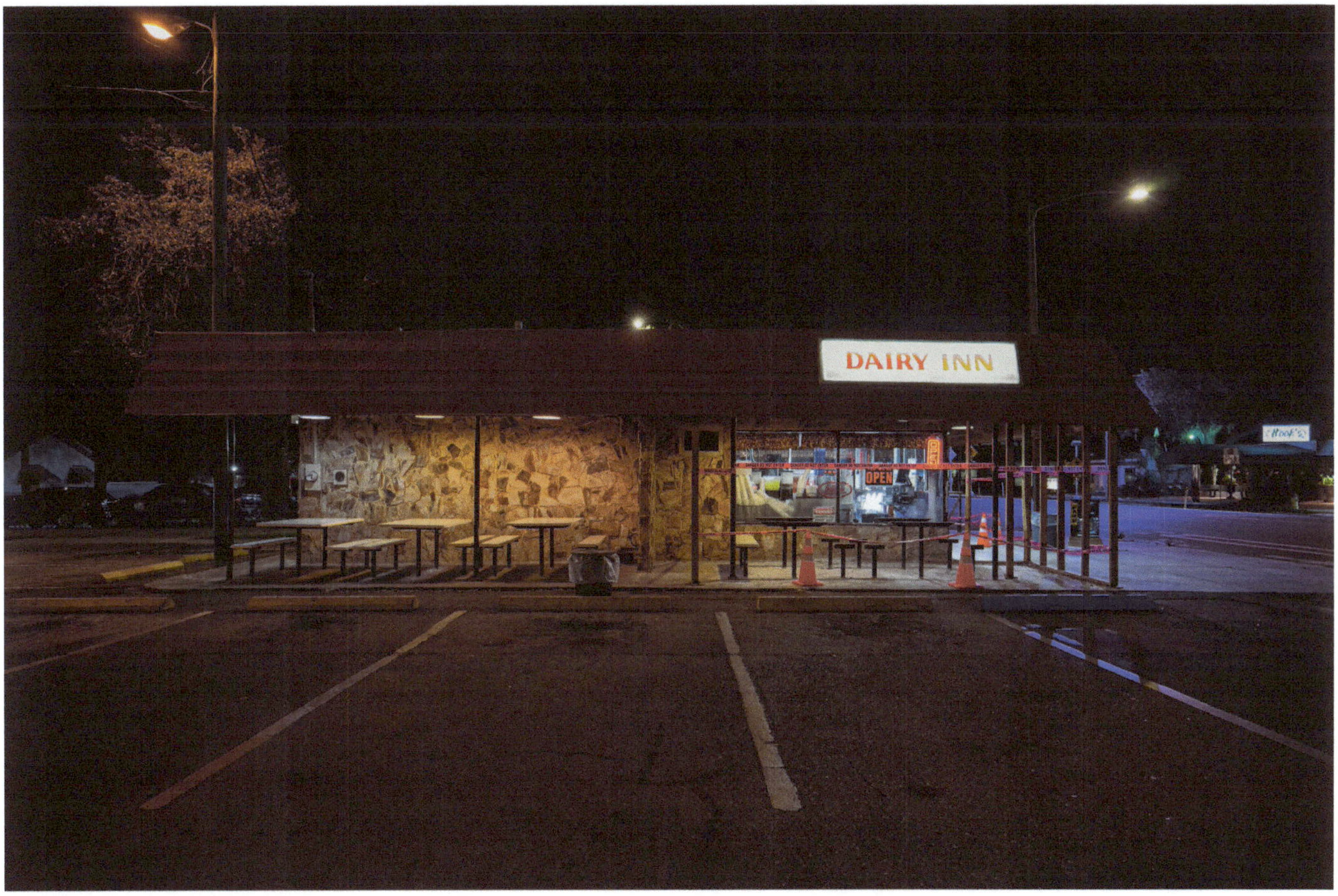
DAIRY INN
OPEN

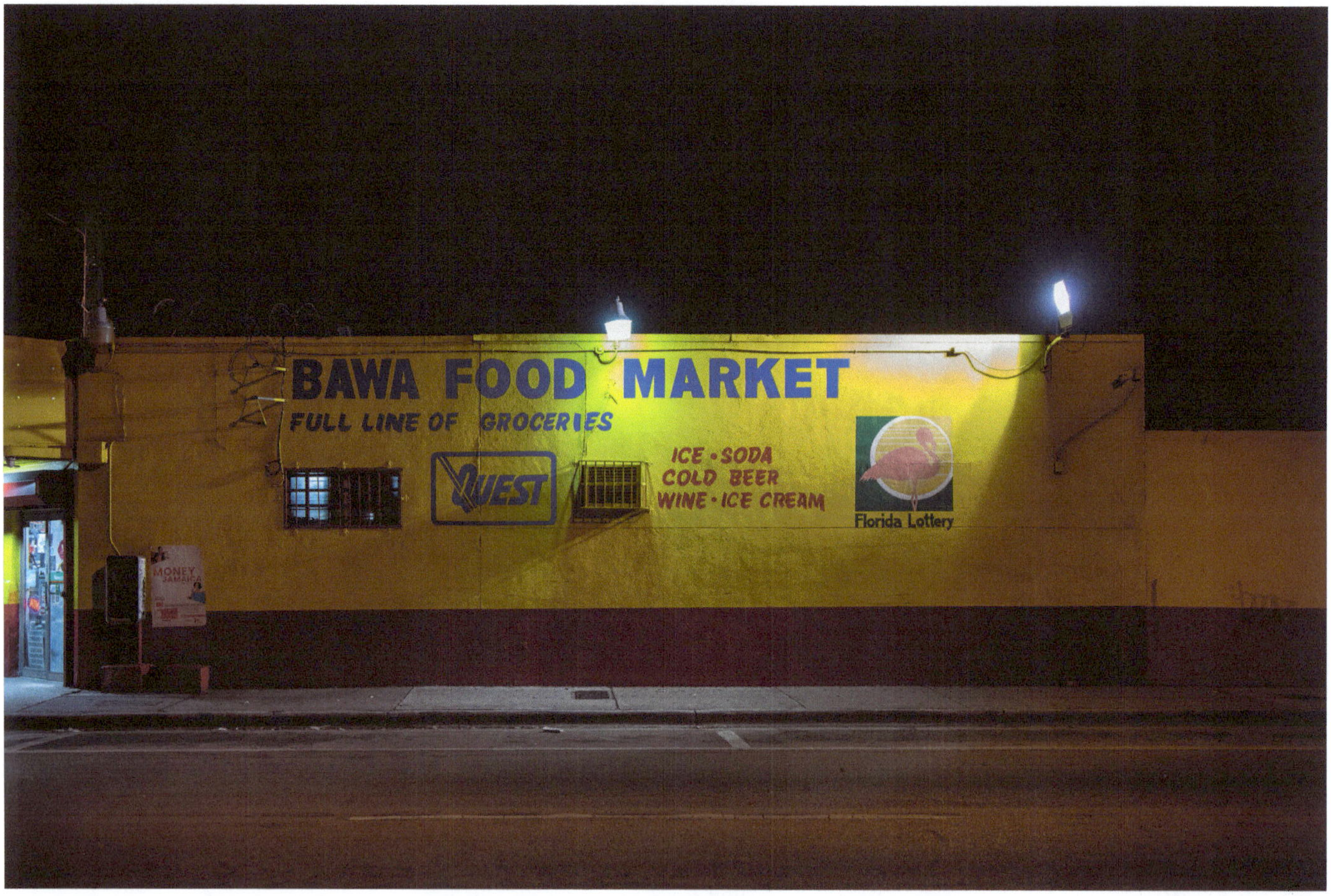

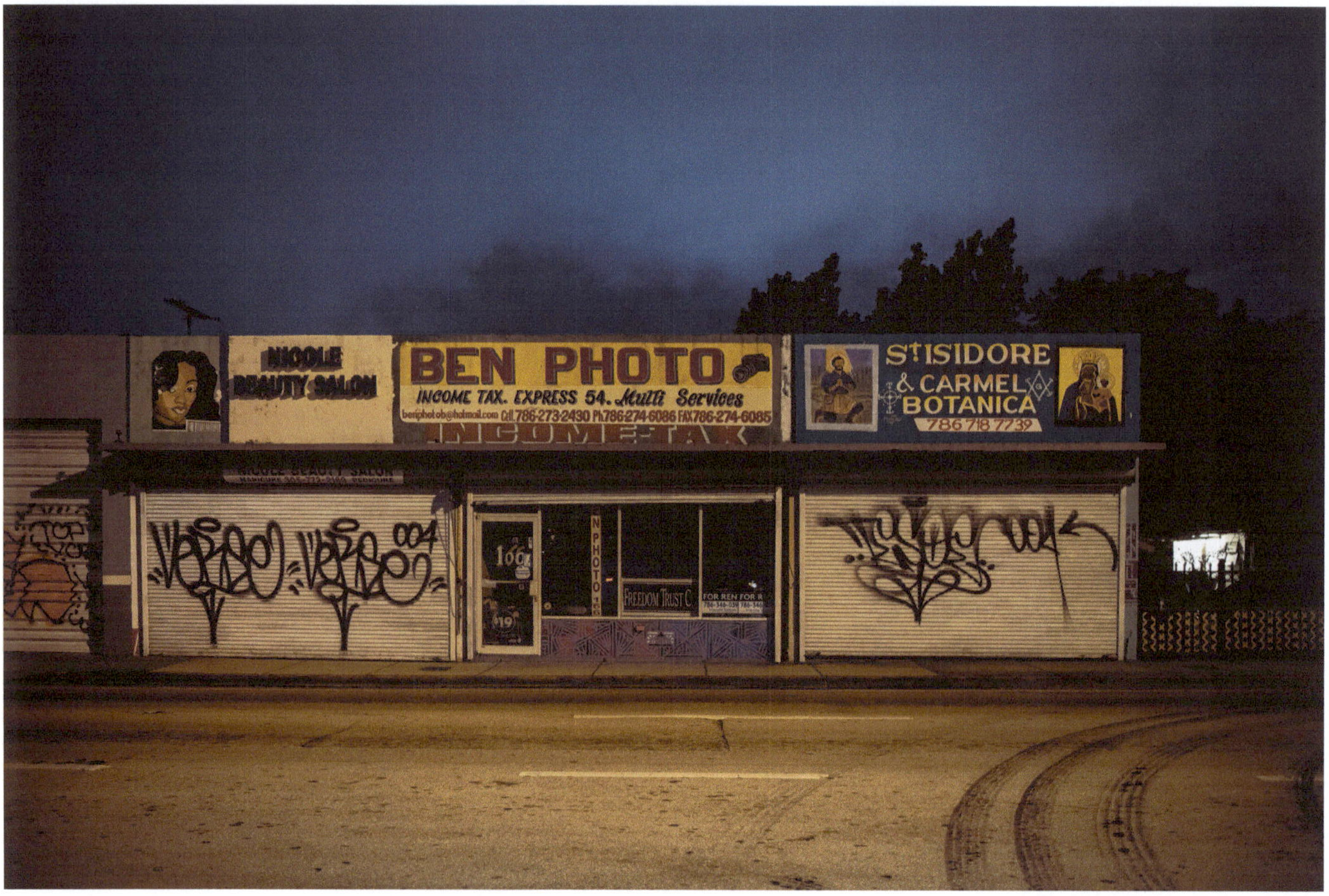

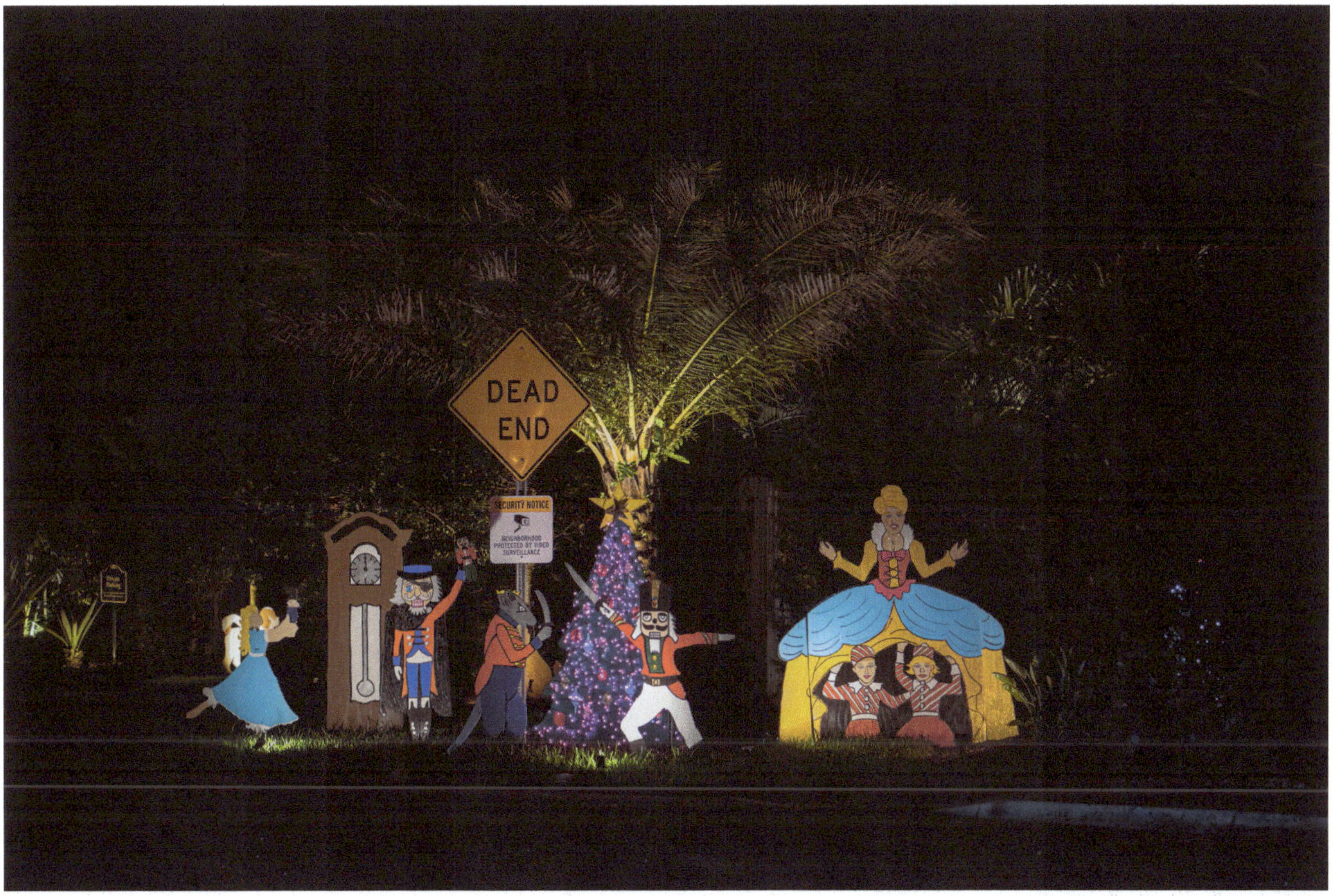
DEAD END
SECURITY NOTICE
NEIGHBORHOOD PROTECTED BY VIDEO SURVEILLANCE

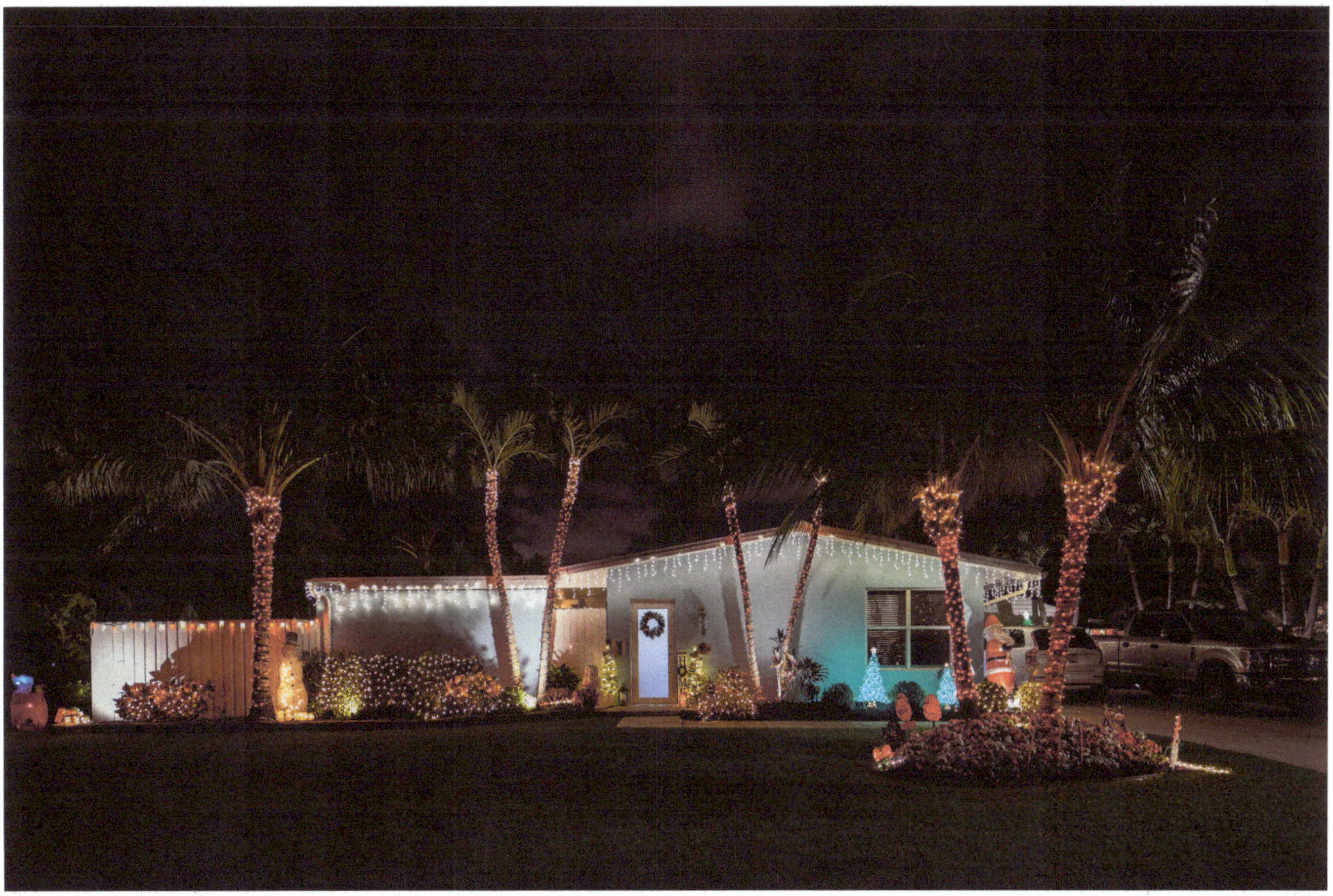

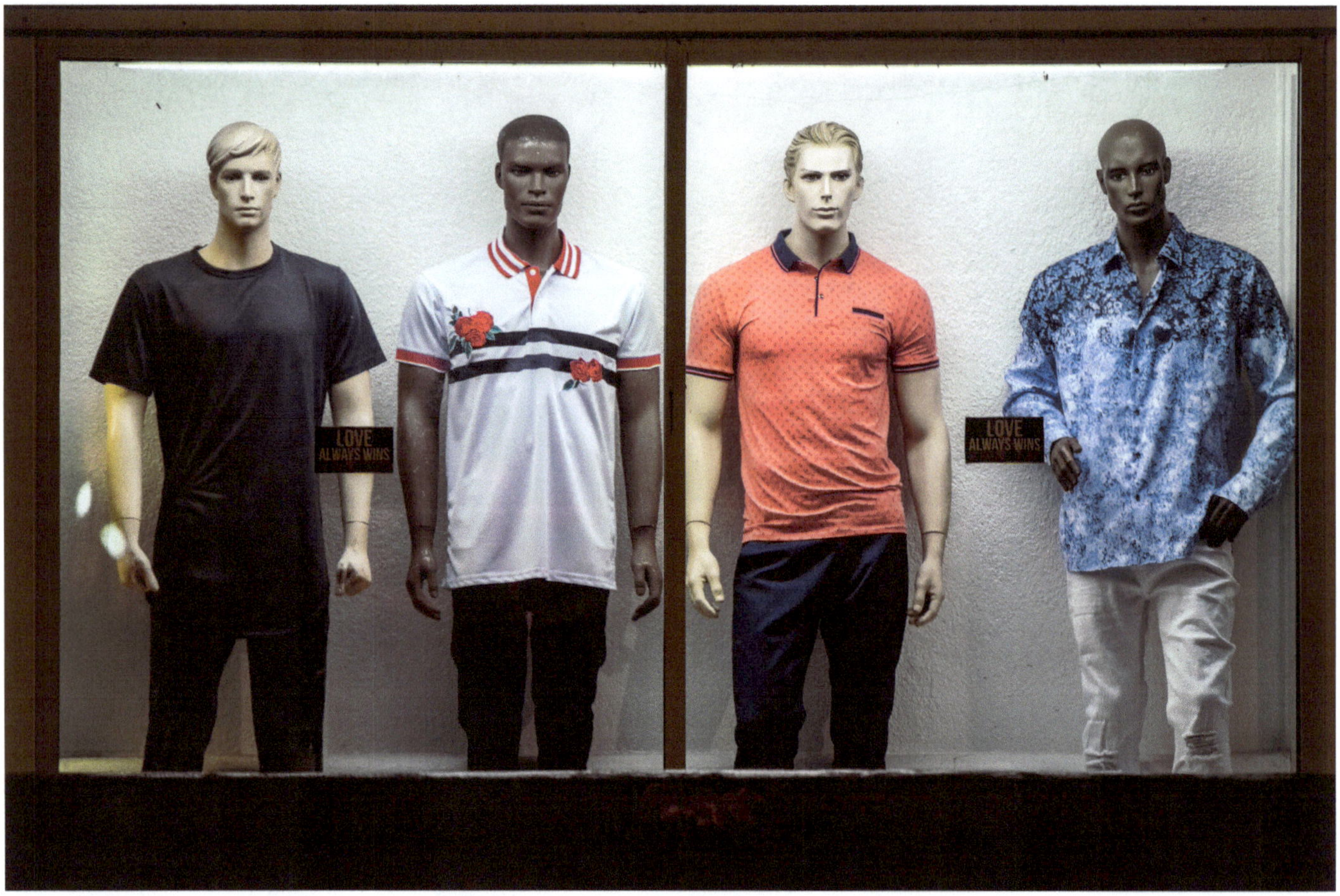
LOVE
ALWAYS WINS
LOVE
ALWAYS WINS

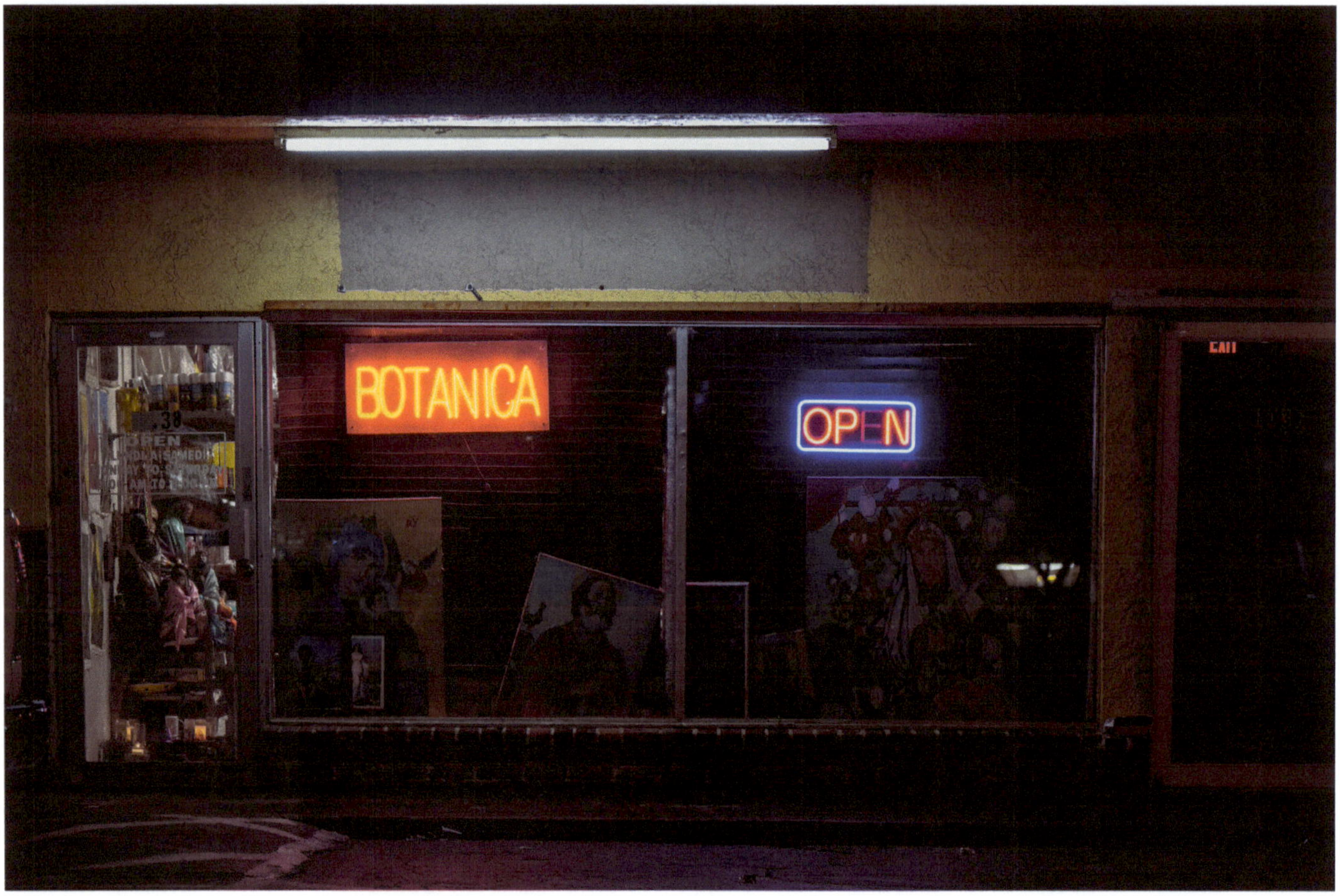
BOTANICA
OPEN

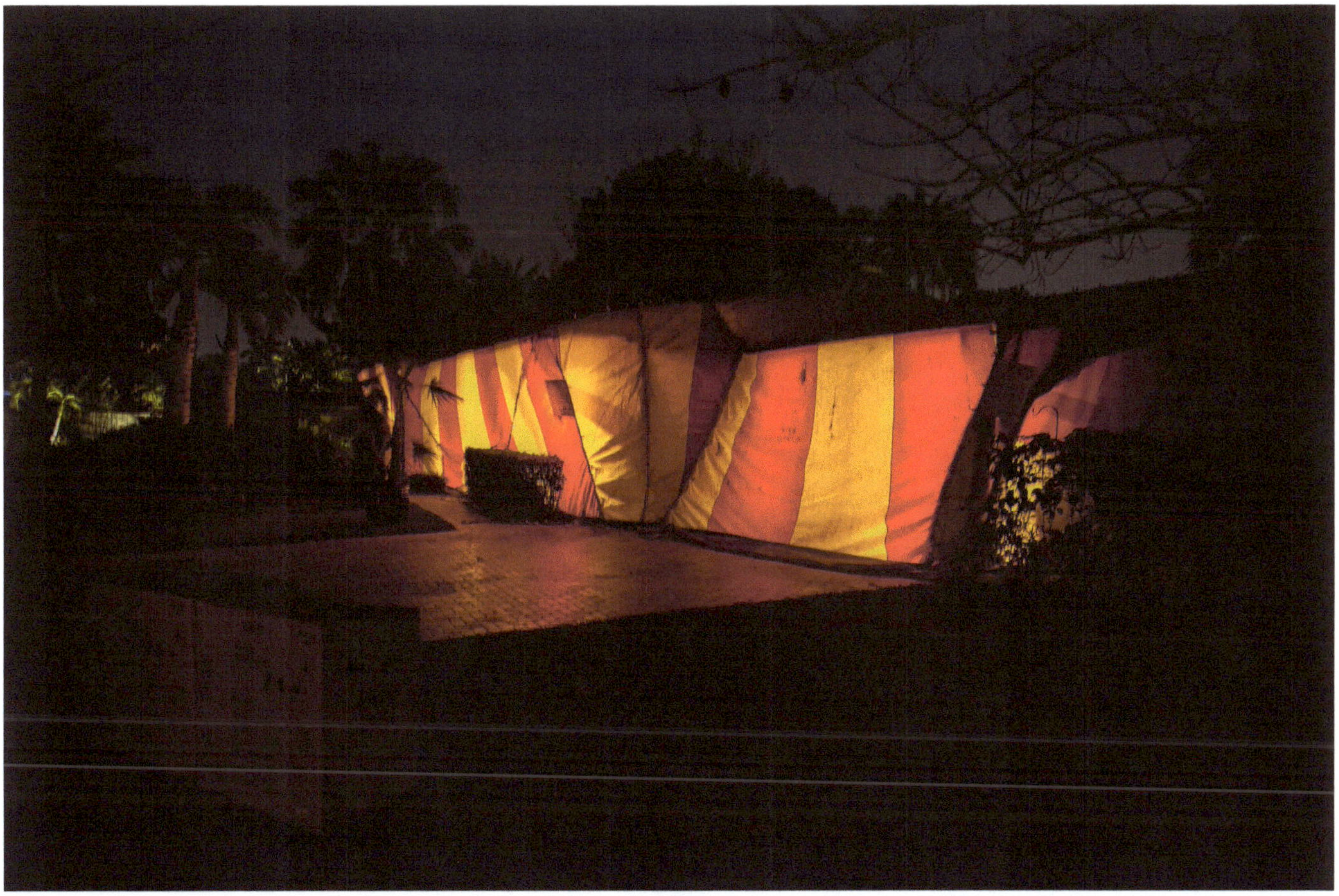

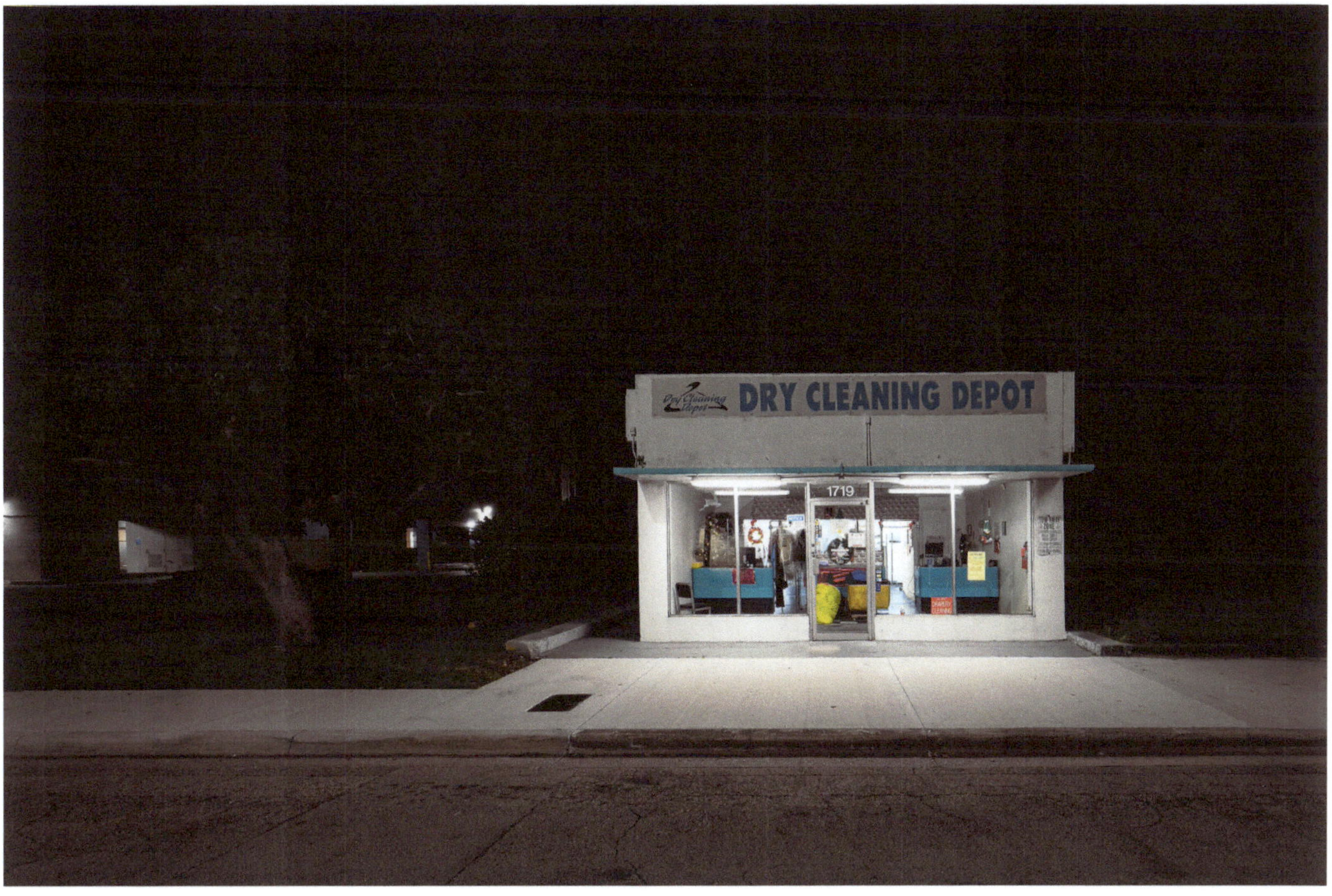

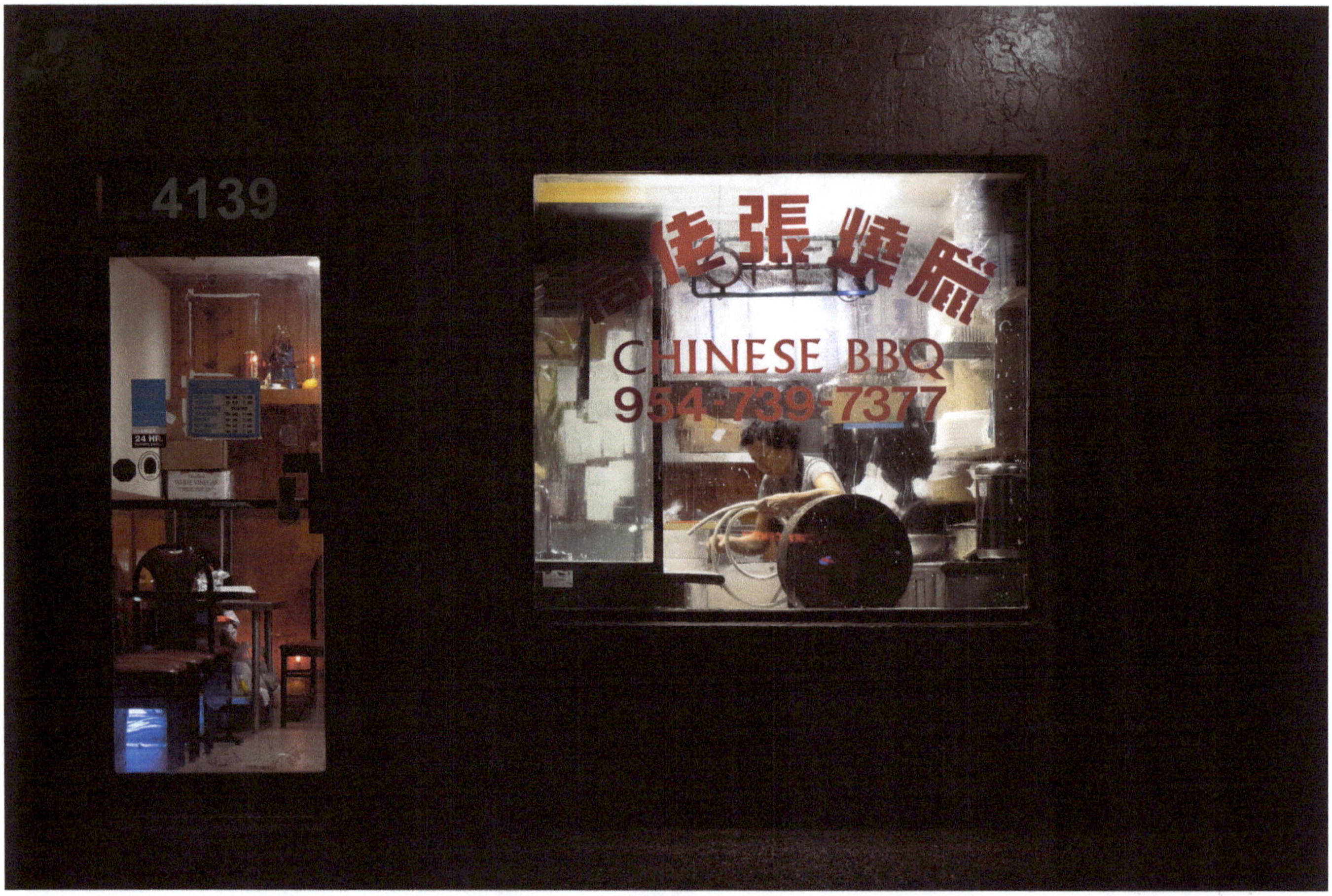

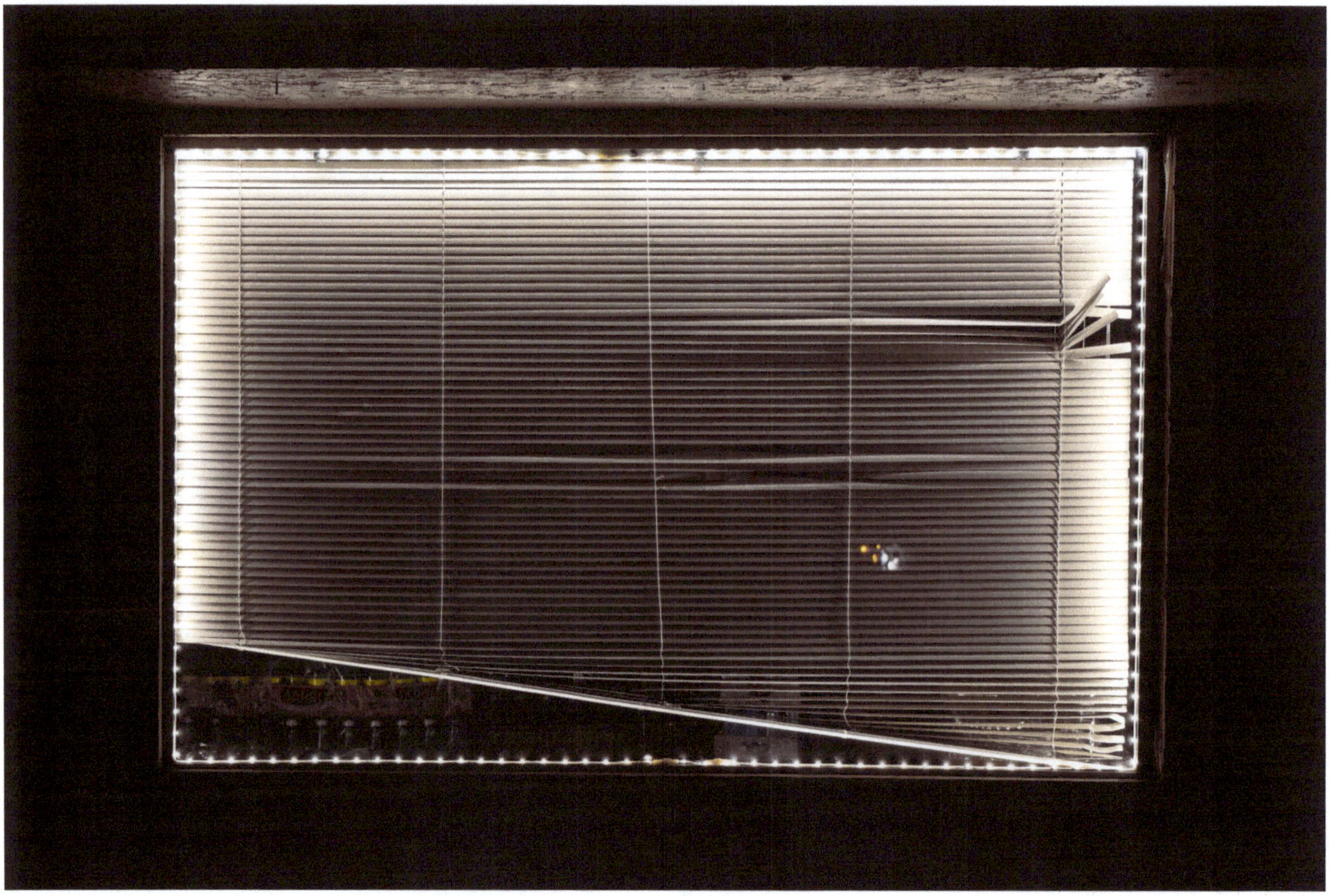

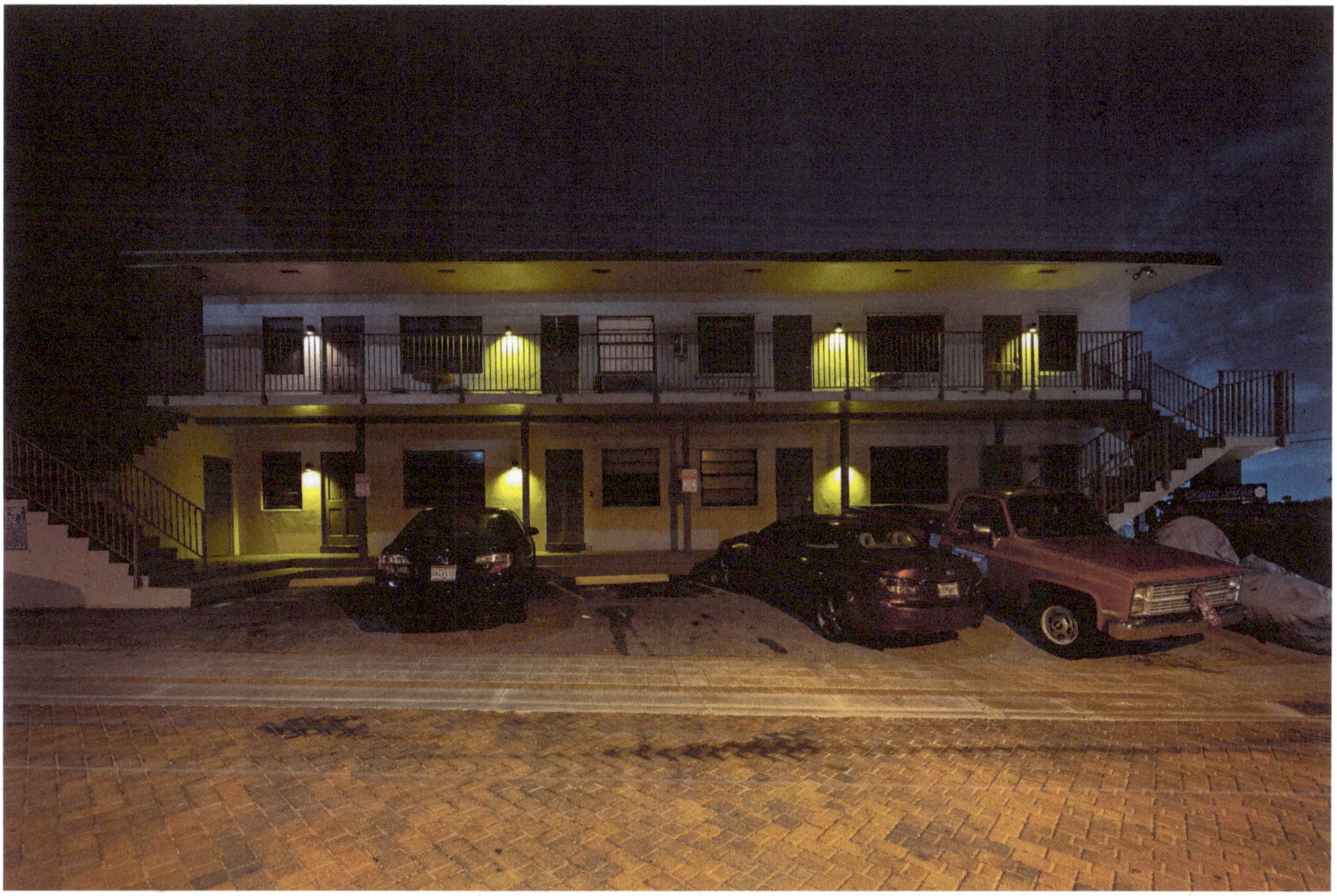

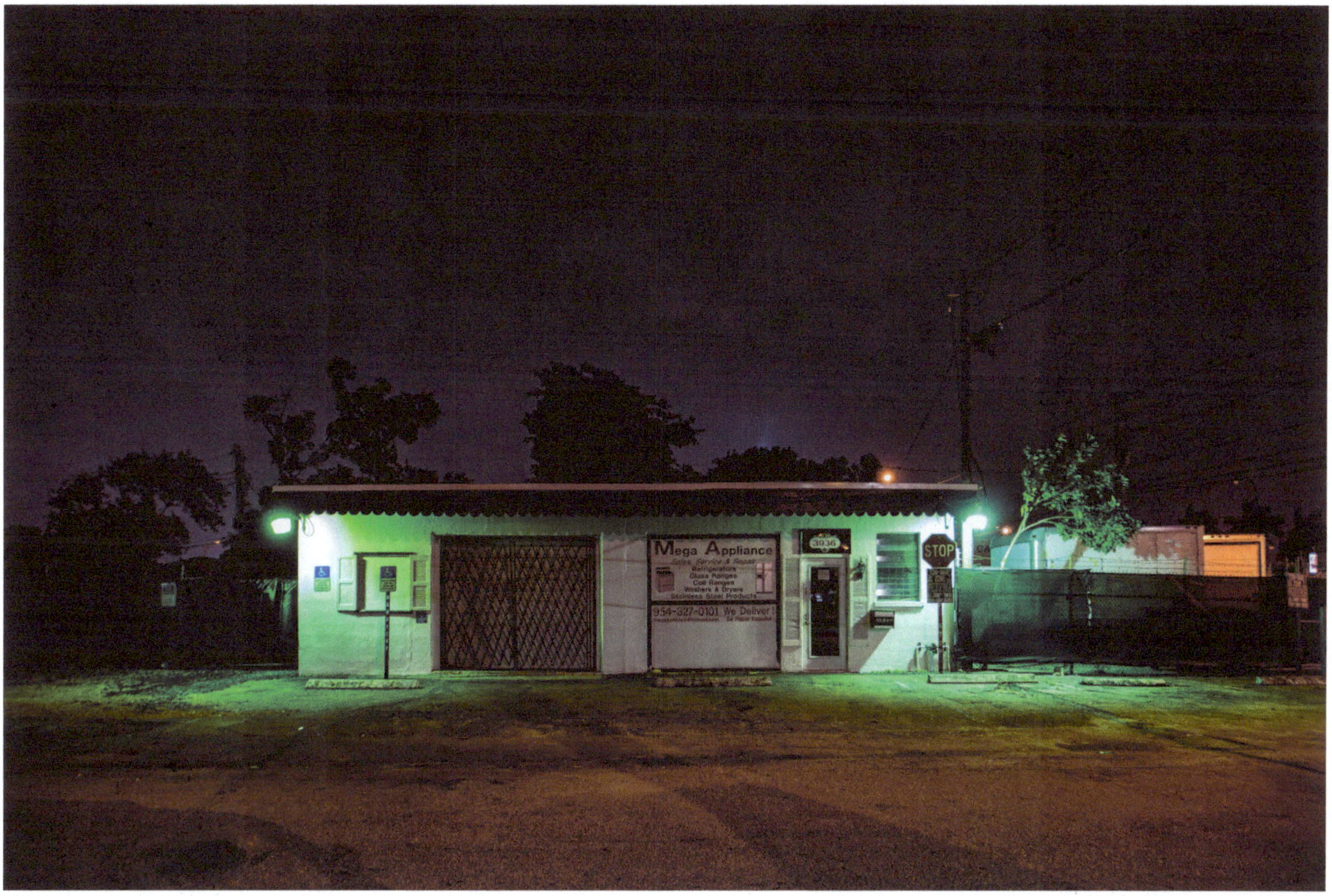
Mega Appliance
Sales, Service & Repair
Refrigerators
Glass Ranges
Coil Ranges
Washers & Dryers
Stainless Steel Products
954-327-0101 We Deliver!
3936
STOP

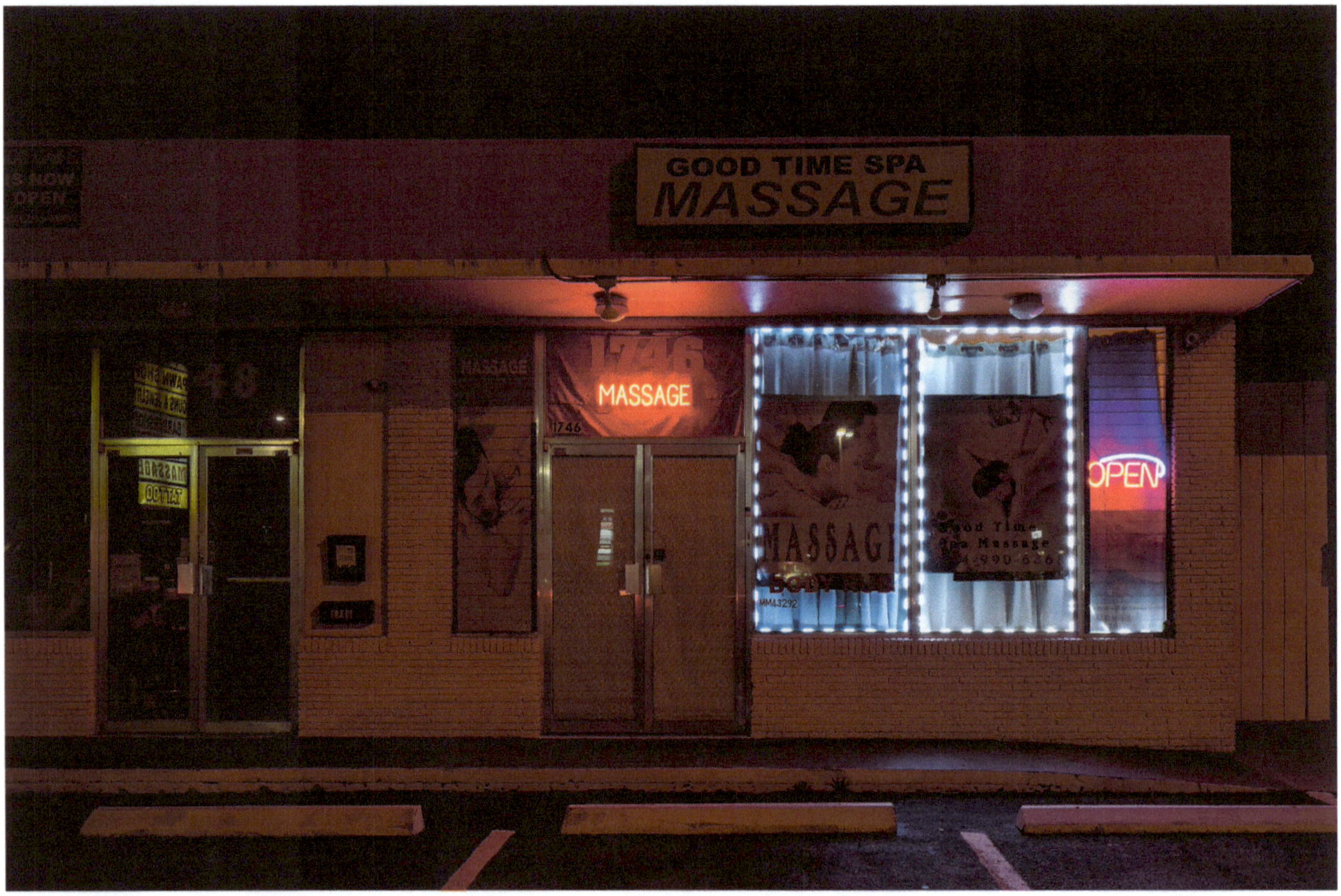

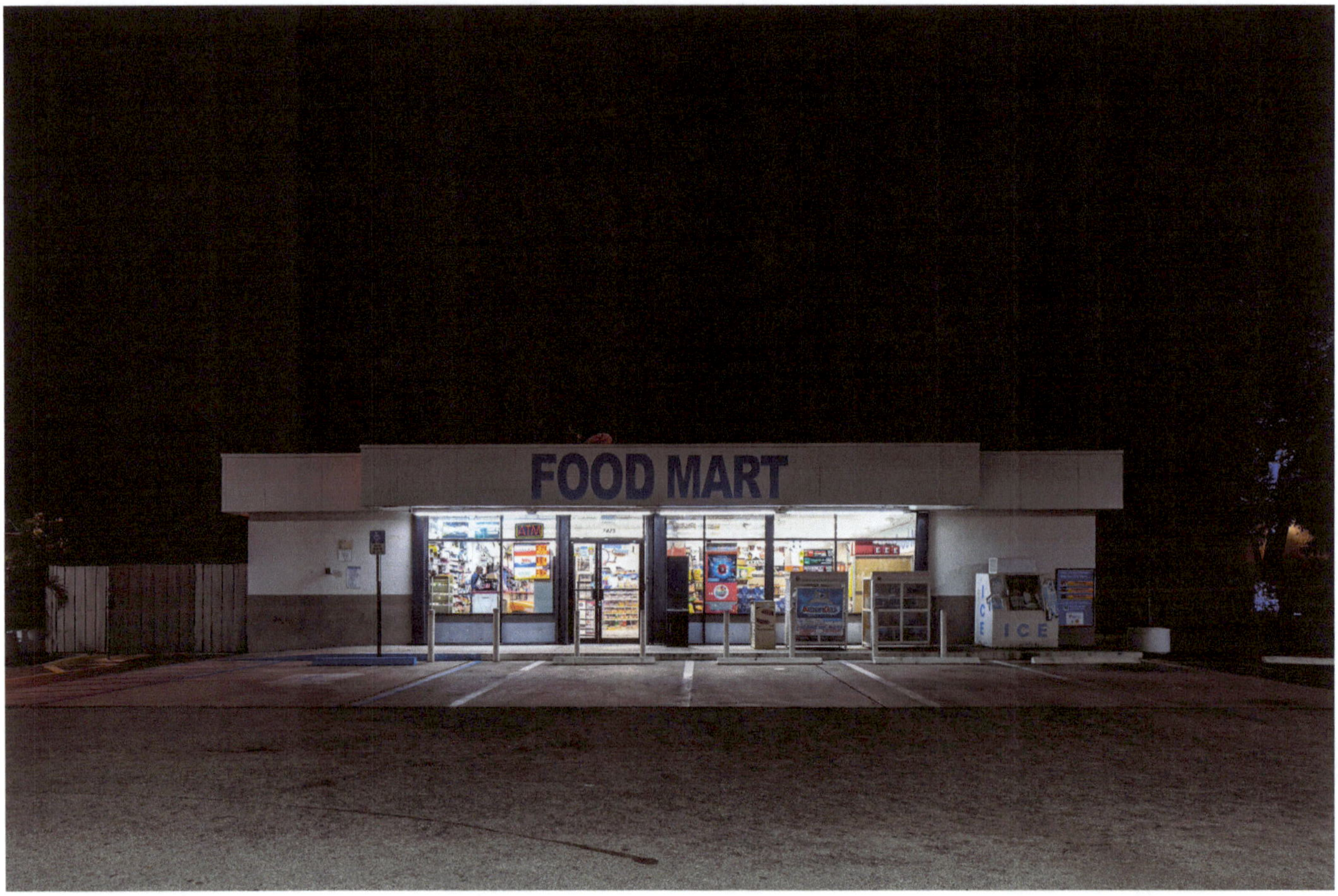

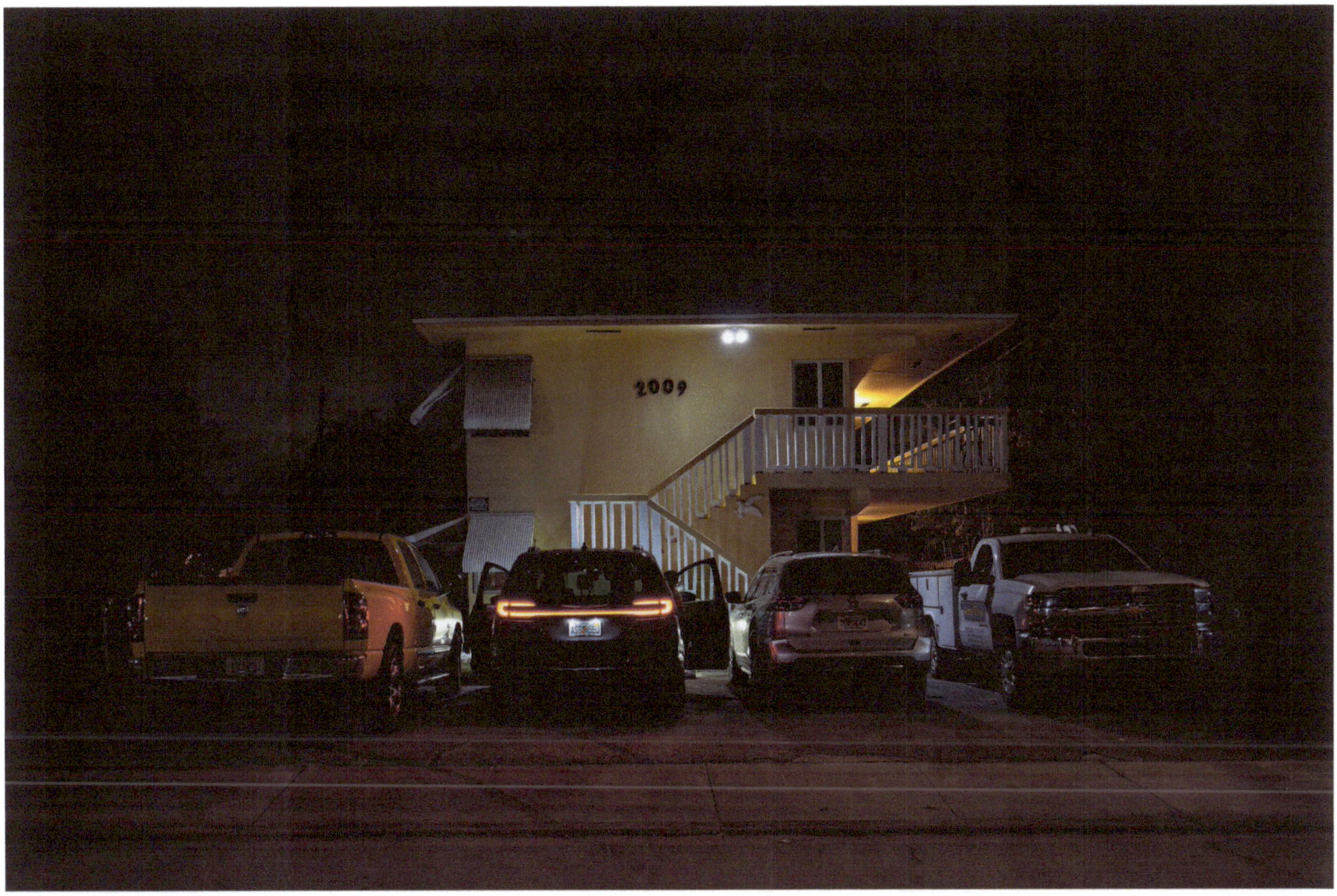

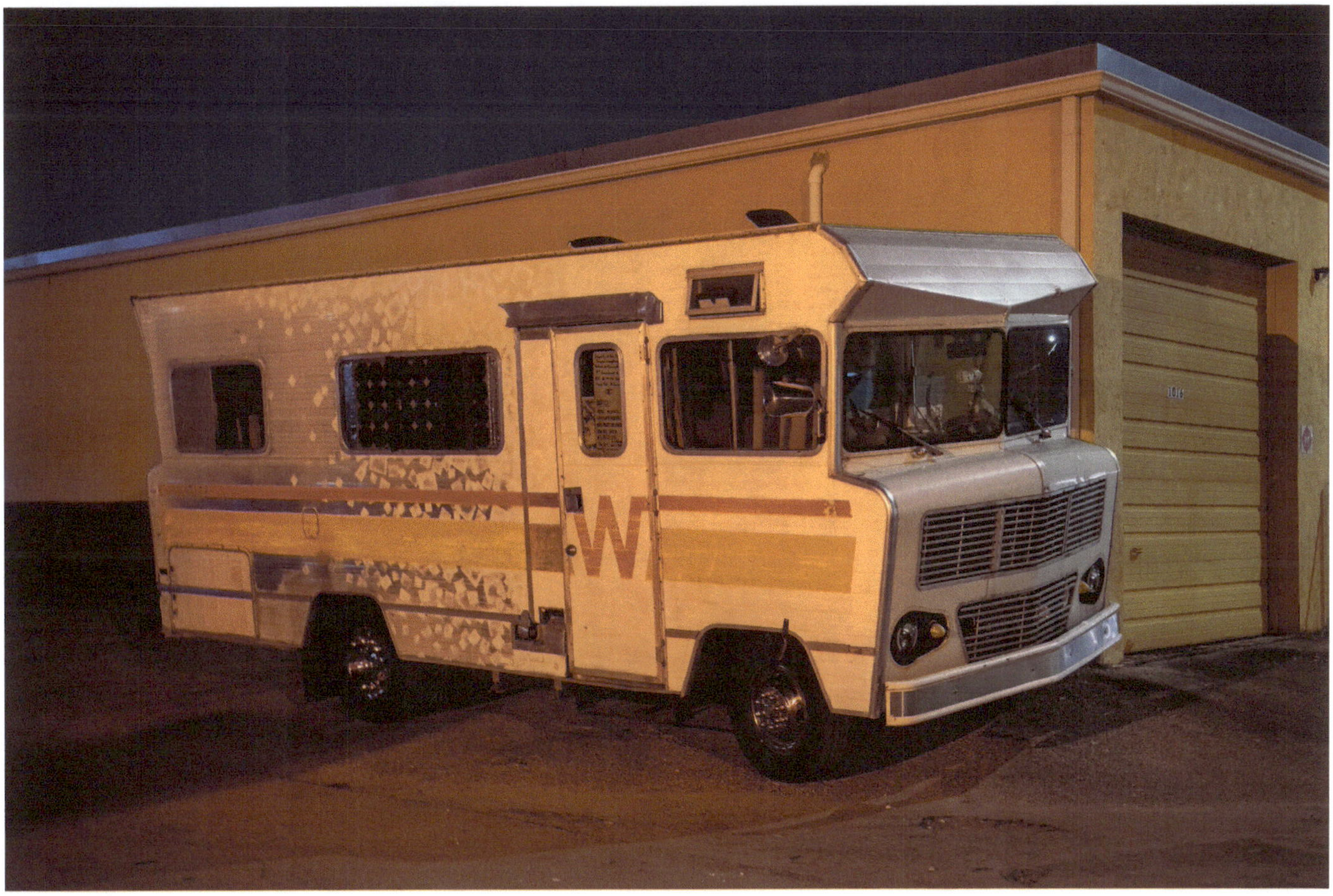

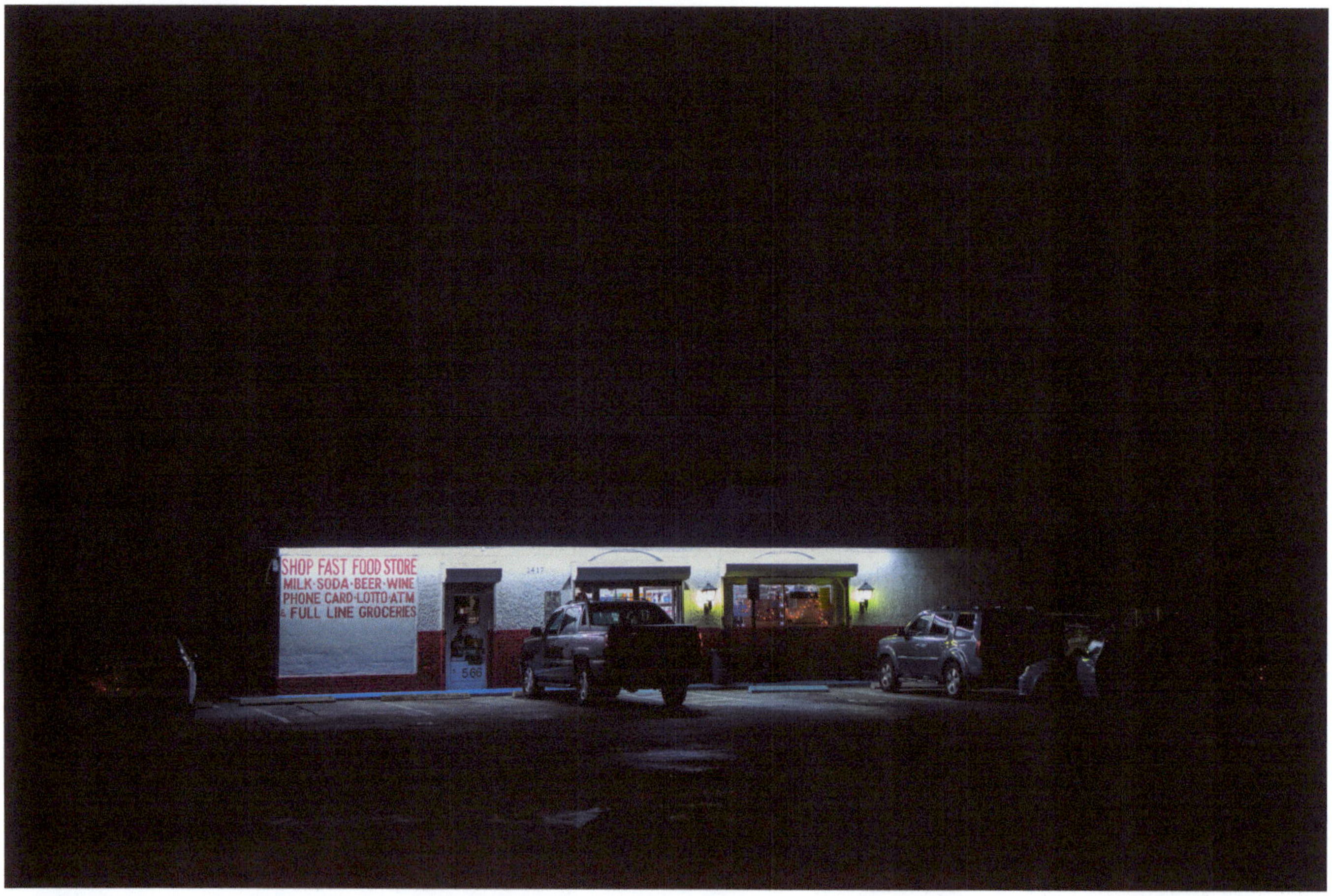
SHOP FAST FOOD STORE
MILK·SODA·BEER·WINE
PHONE CARD·LOTTO·ATM
& FULL LINE GROCERIES
566

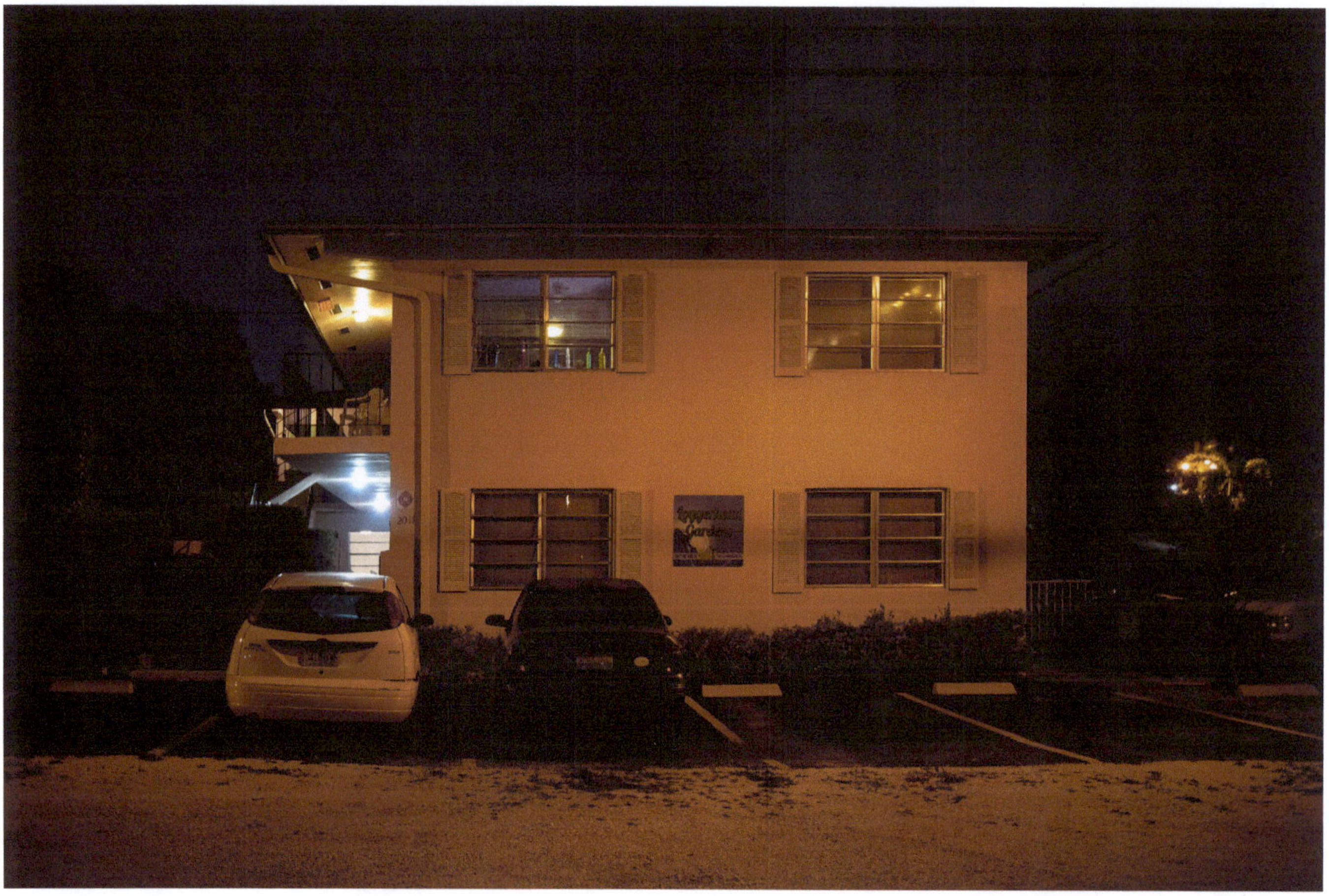

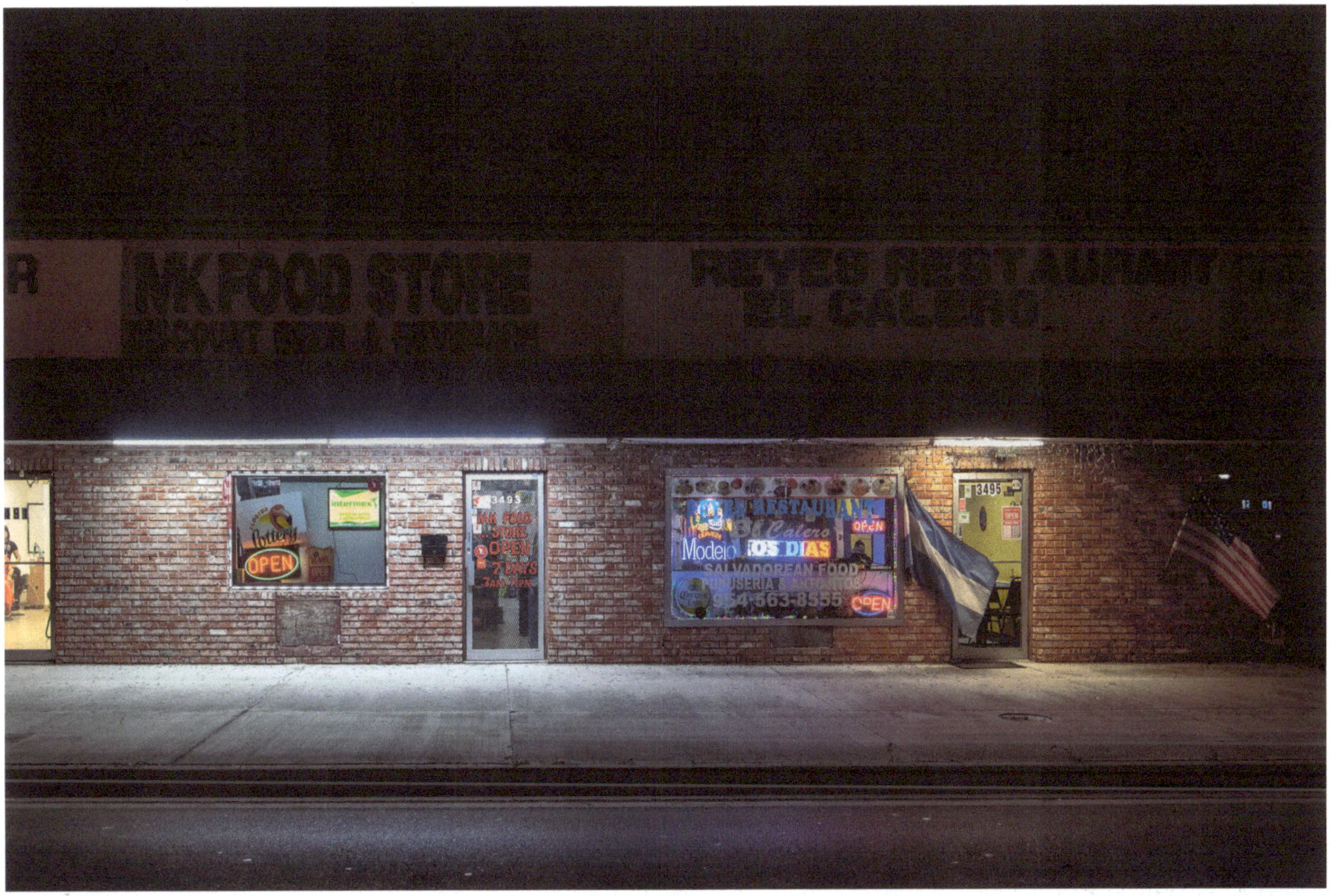
MK FOOD STORE
3493
OPEN
OPEN
7 DAYS
Modelo
SALVADOREAN FOOD
954-563-8555
OPEN
3495

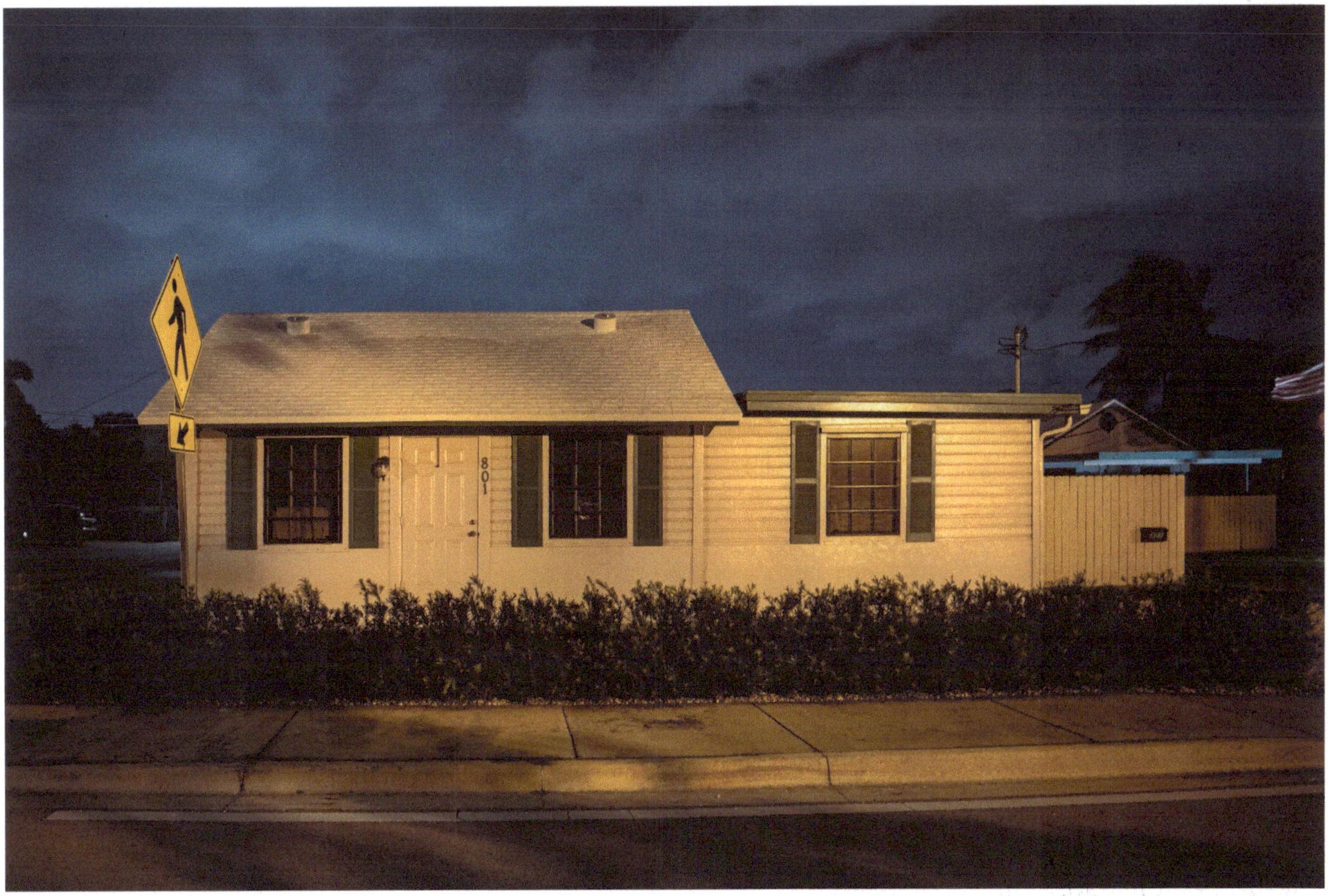
801

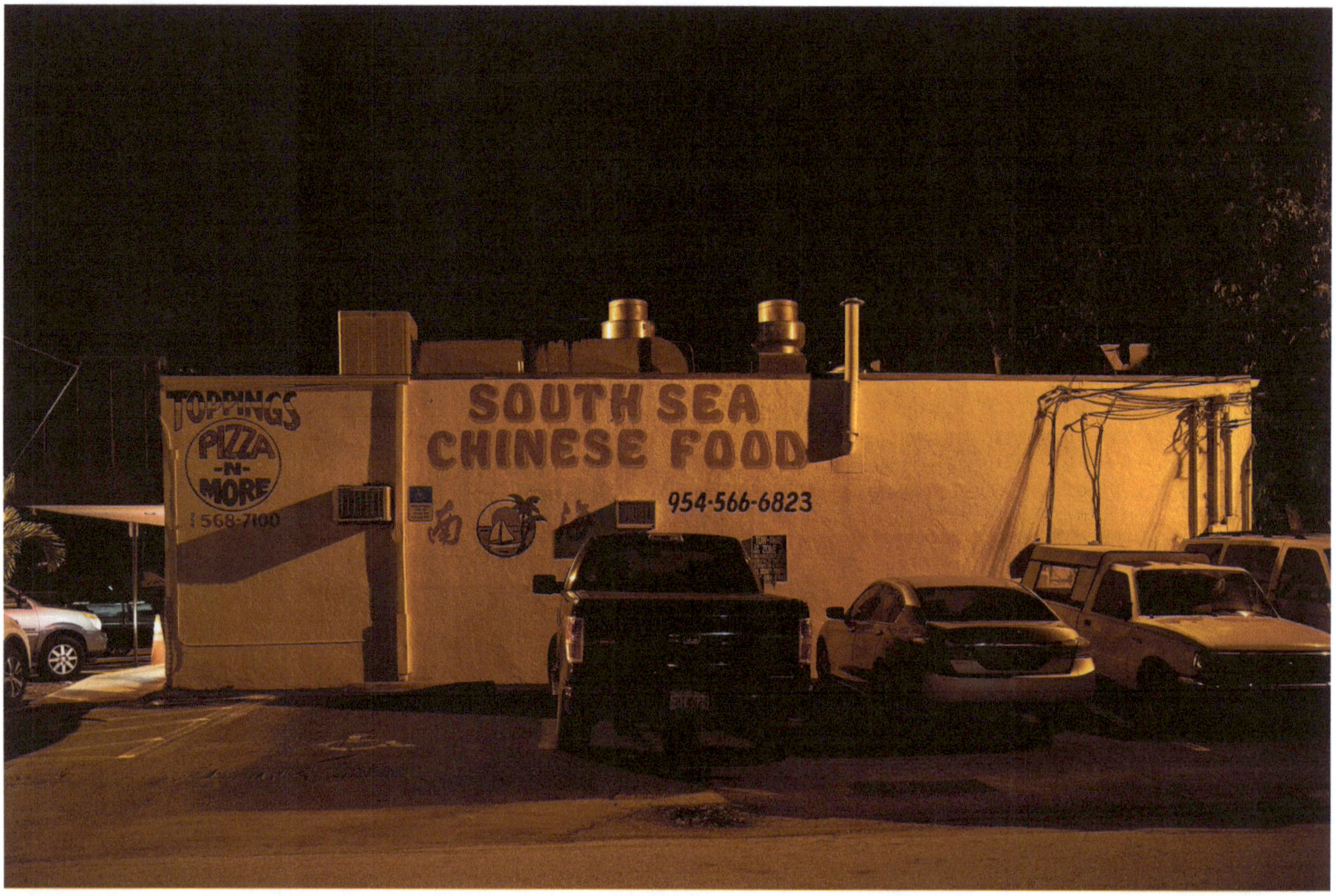

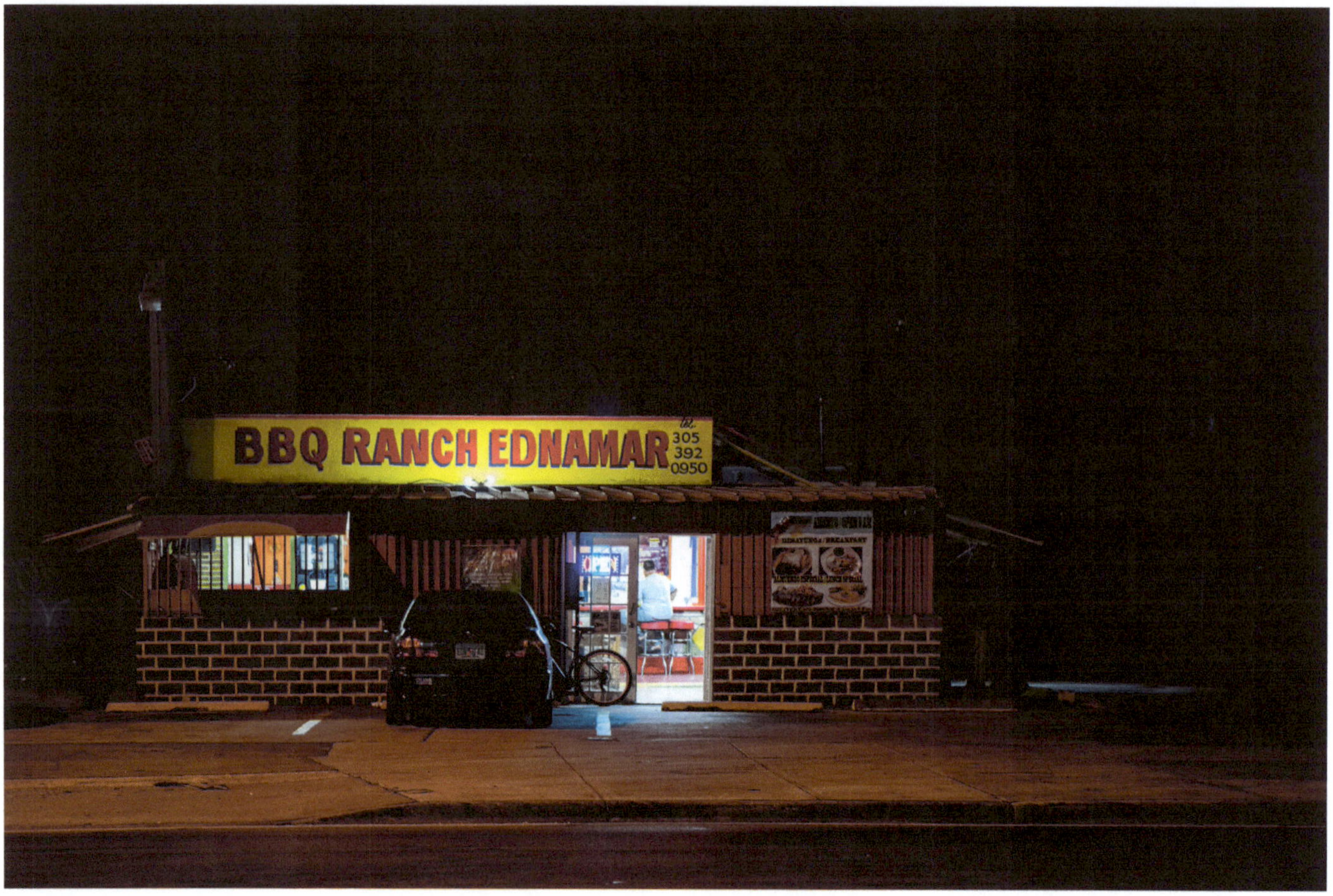

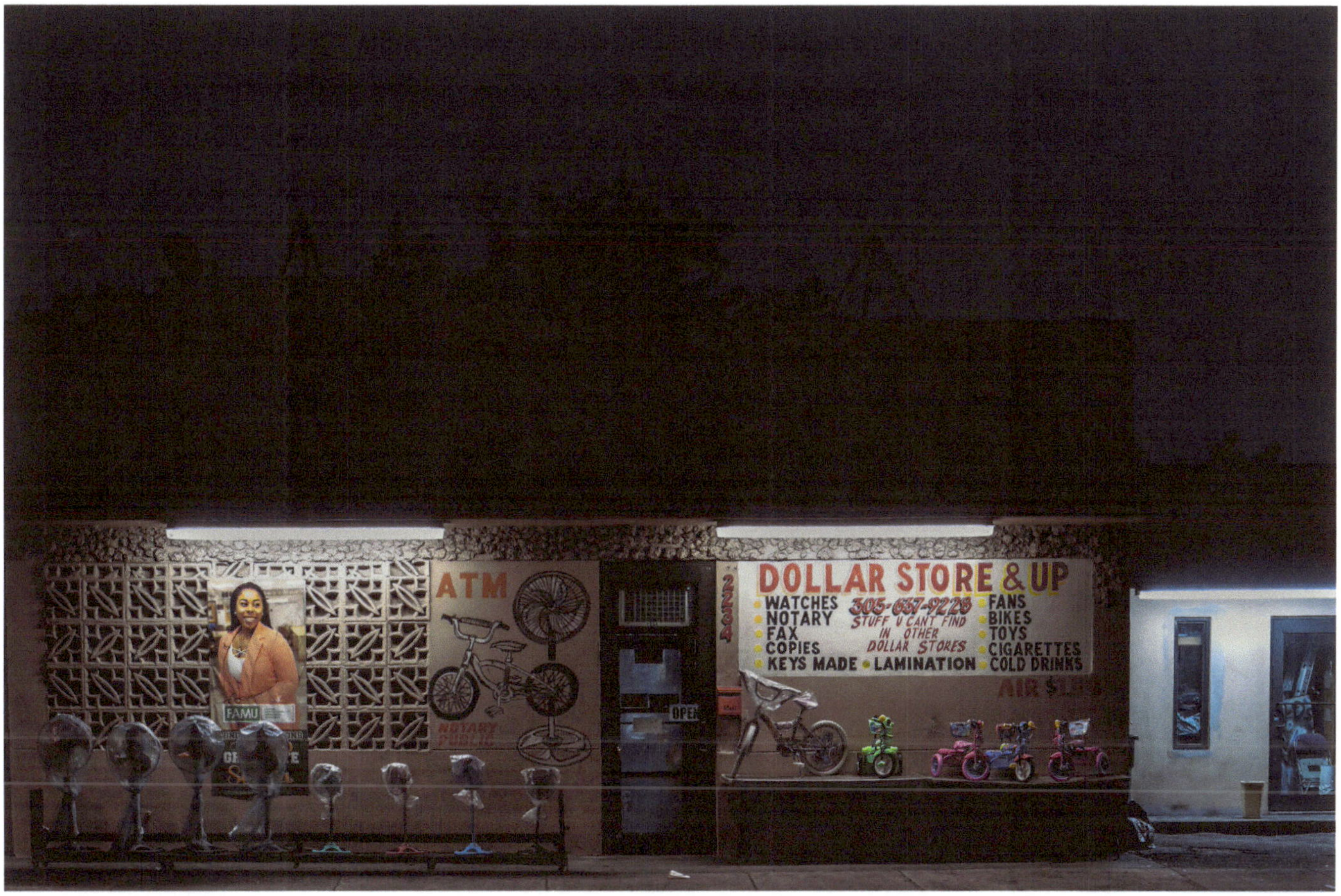

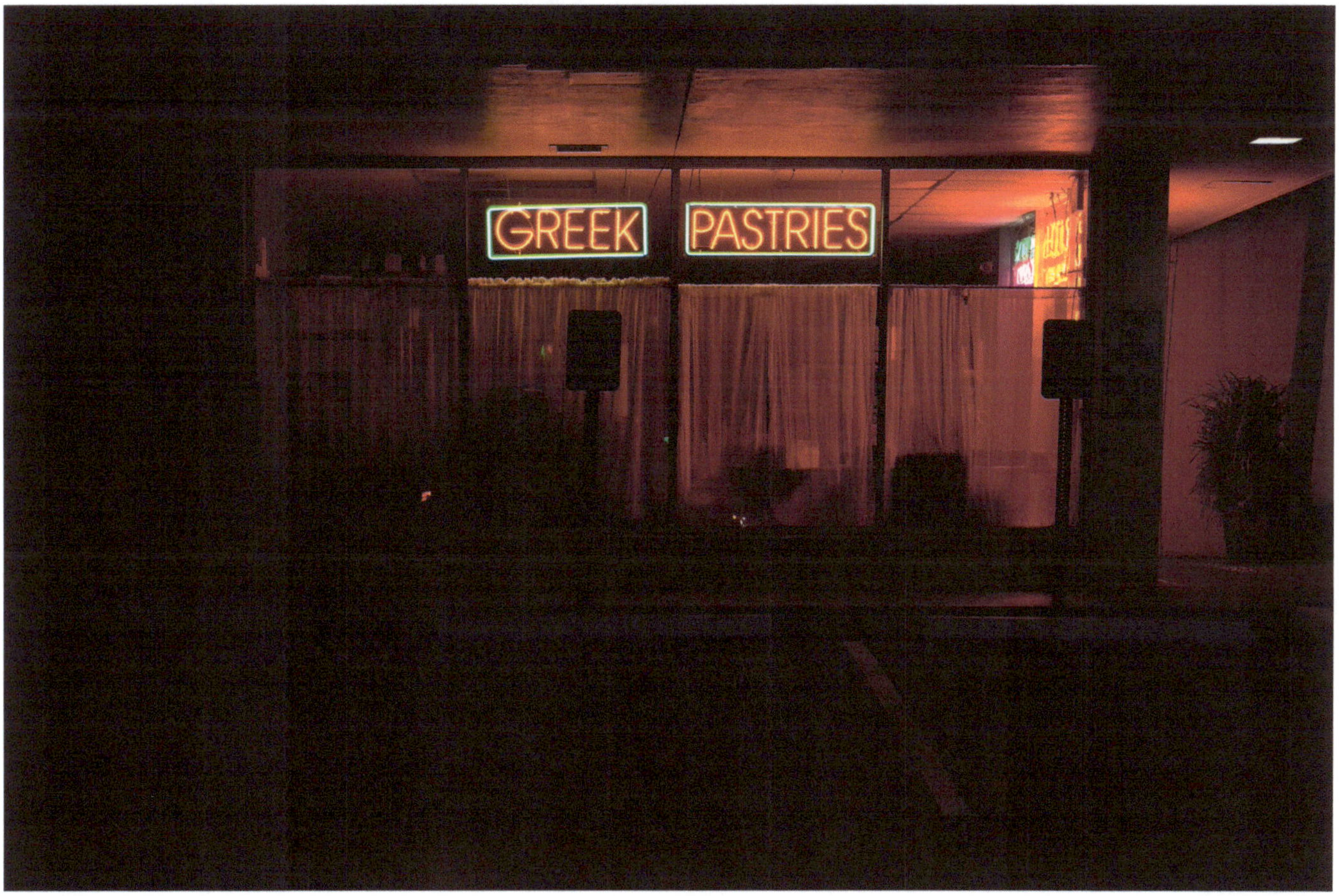

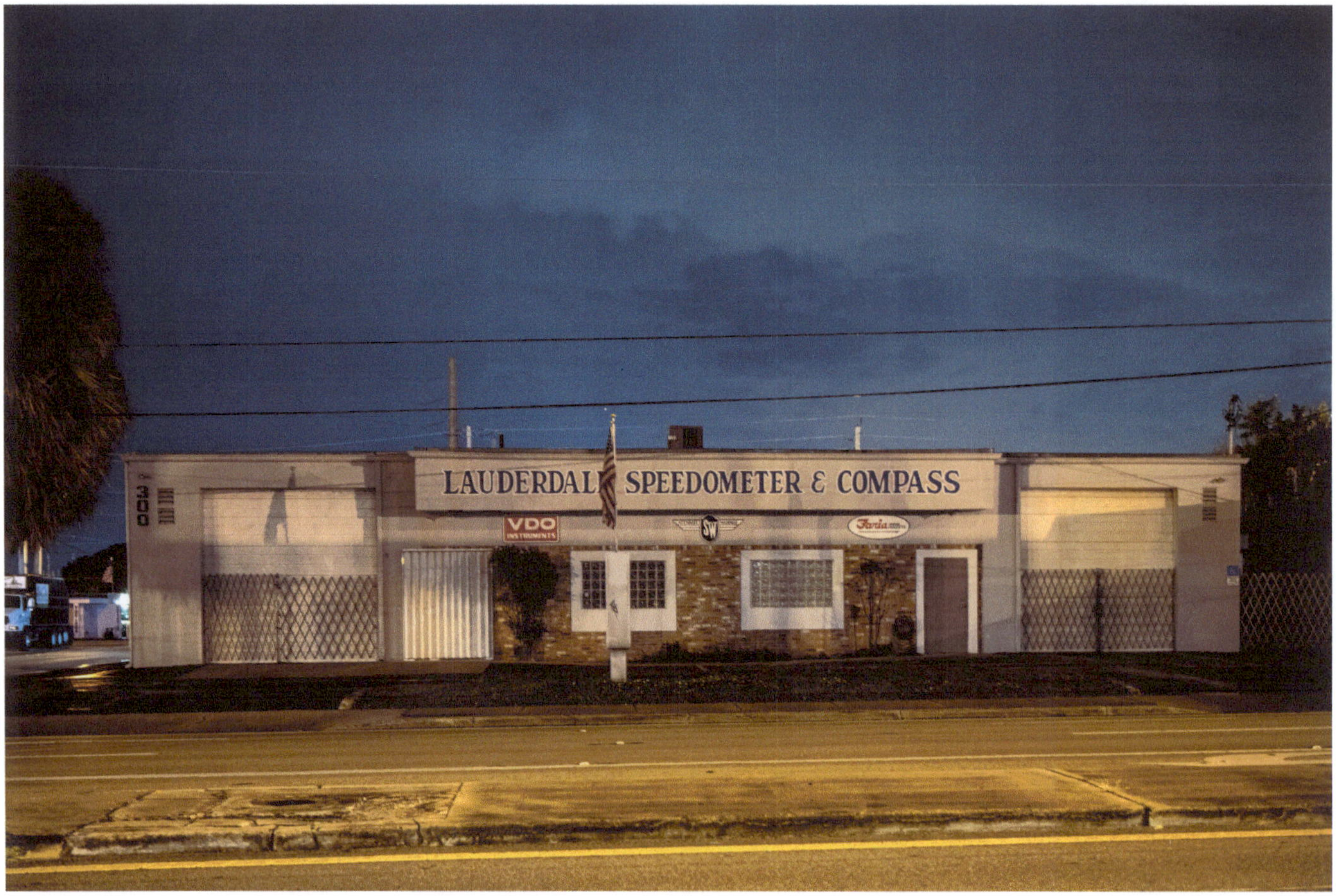

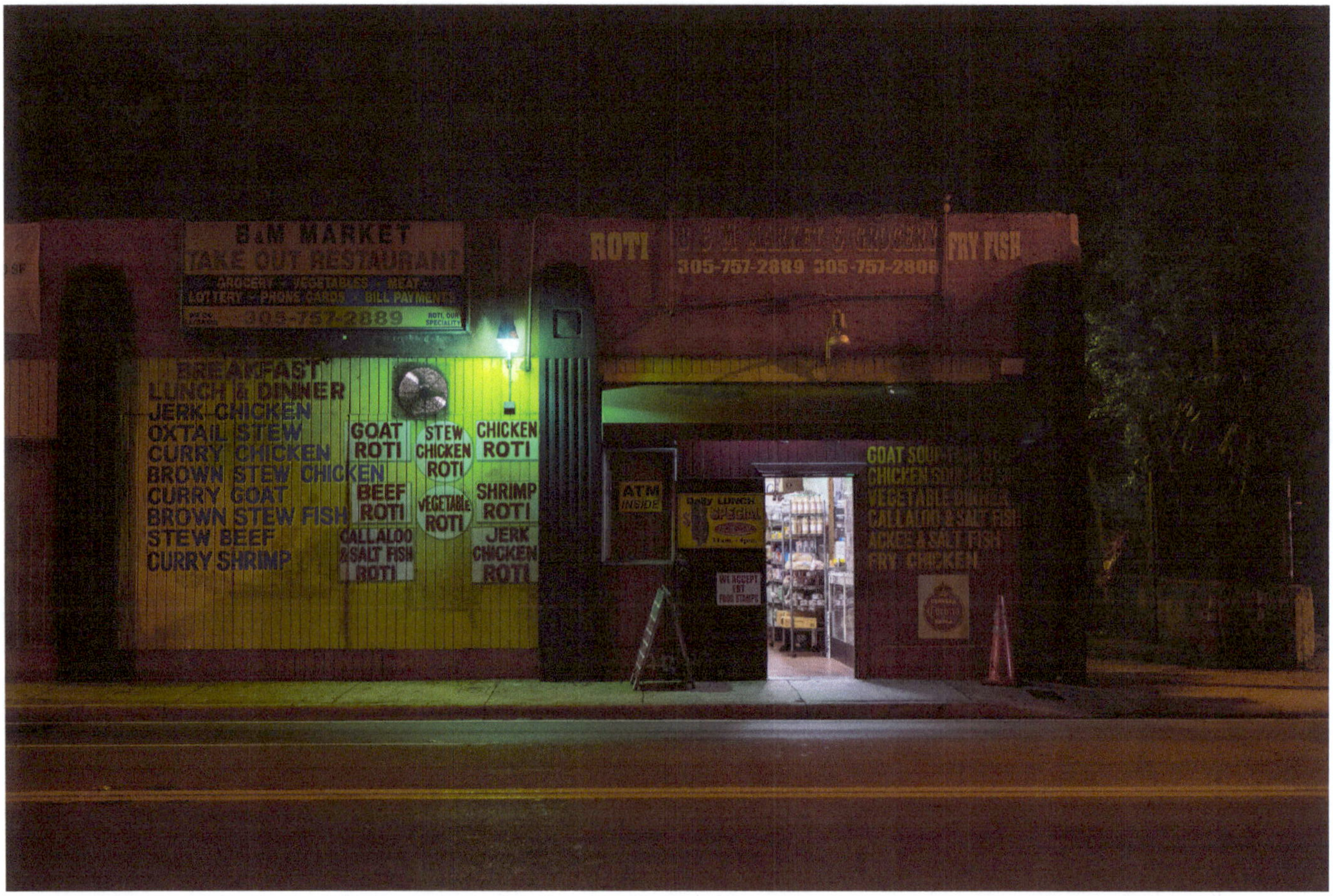

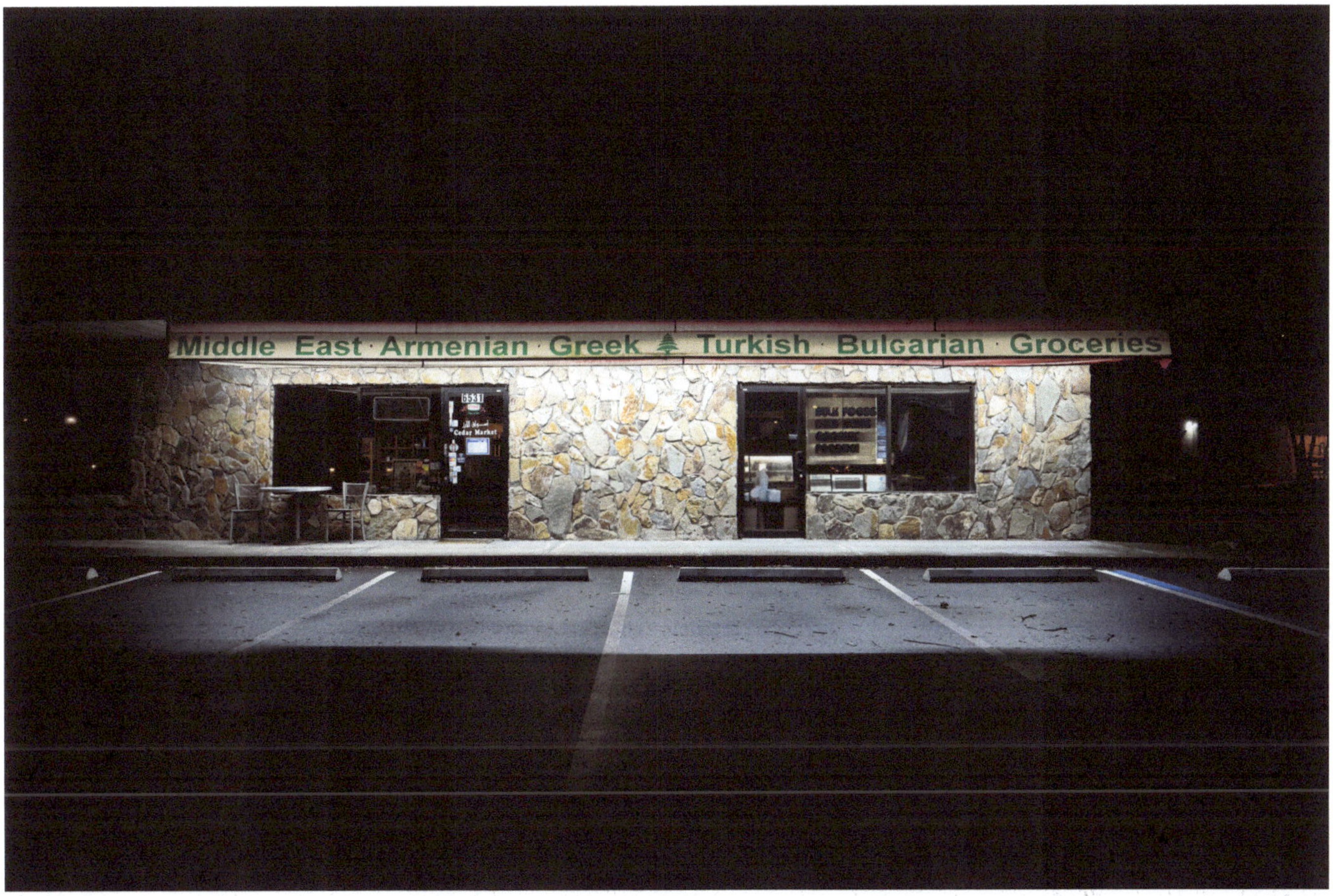
Middle East · Armenian · Greek Turkish · Bulgarian · Groceries

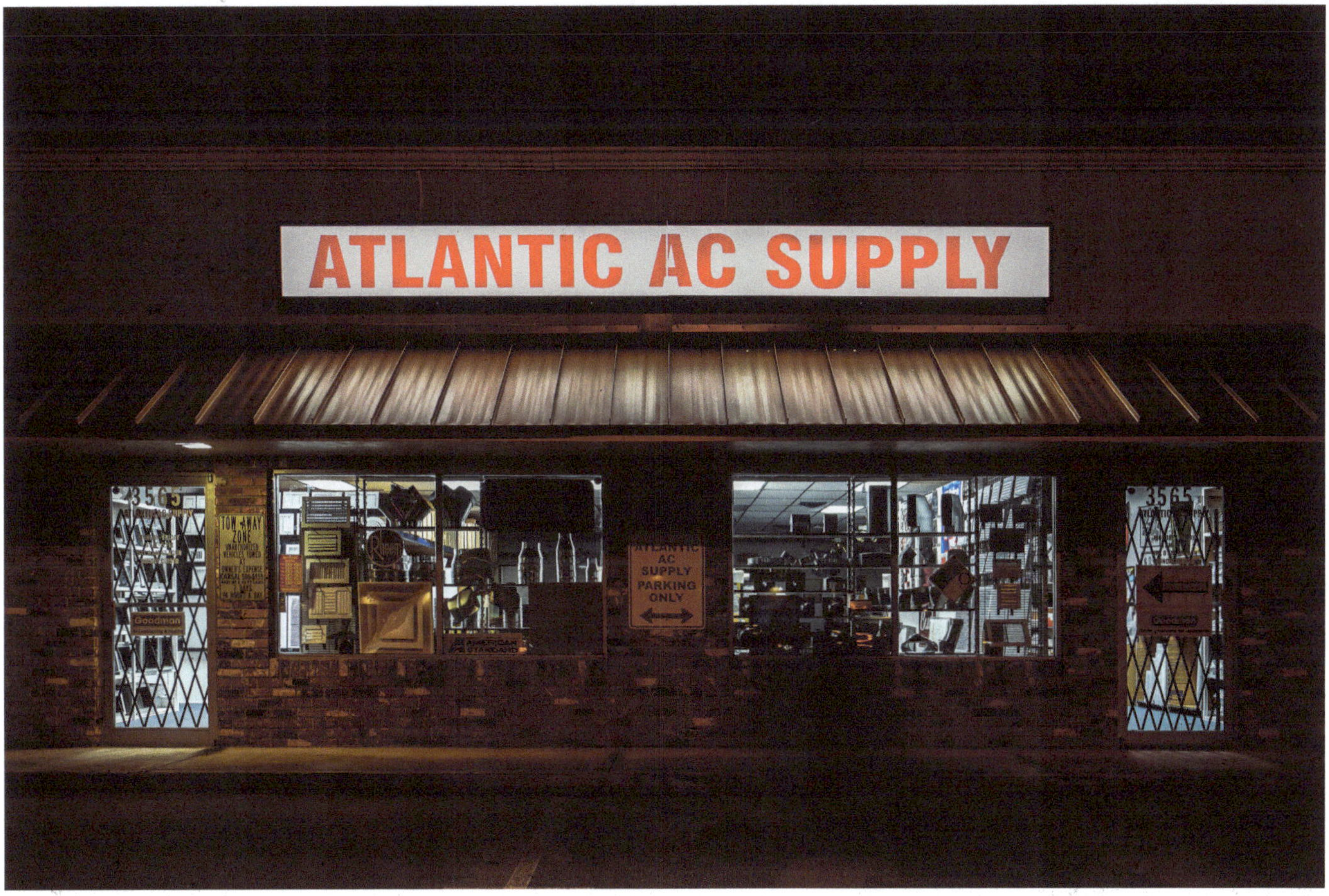
ATLANTIC AC SUPPLY
ATLANTIC AC SUPPLY PARKING ONLY

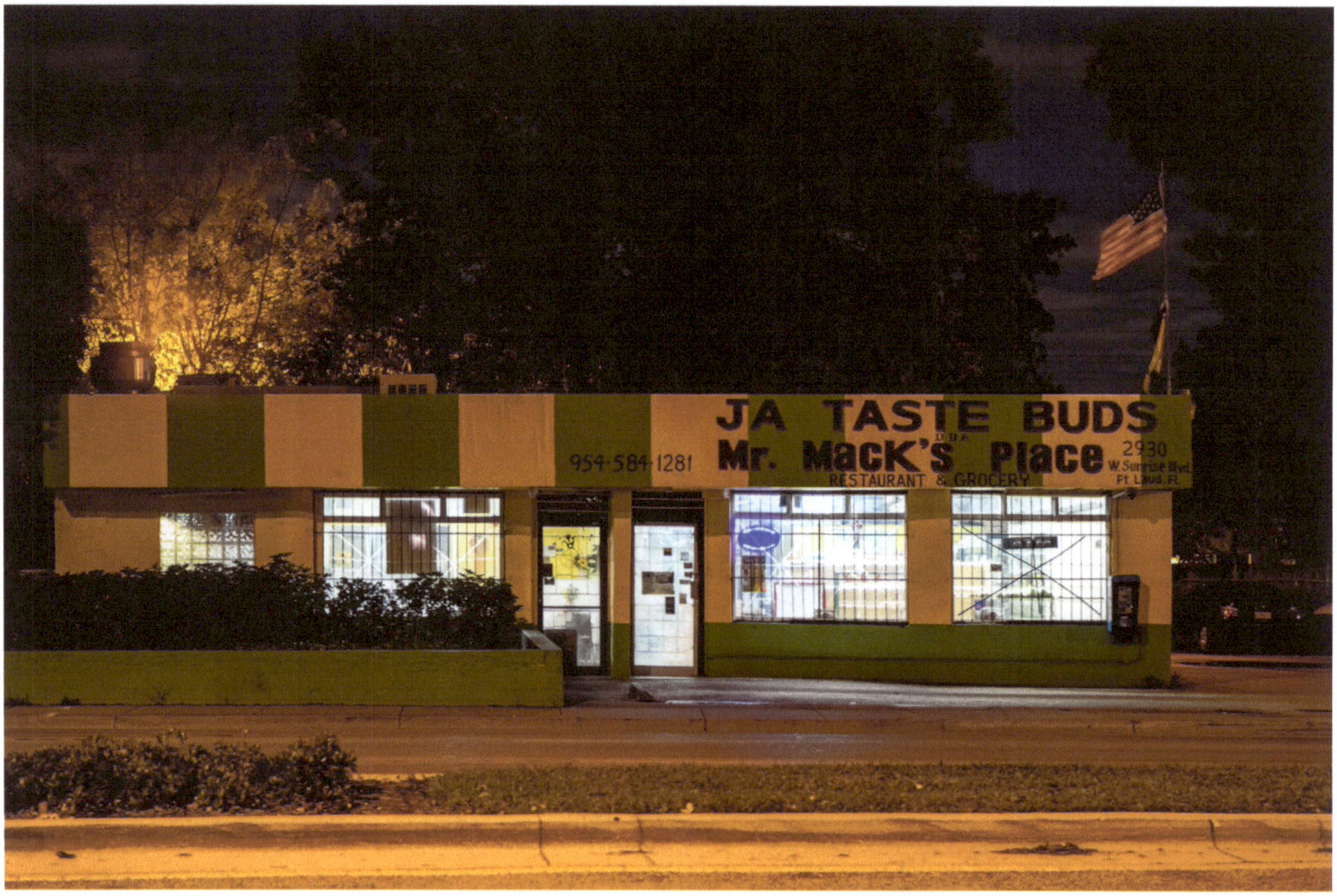
JA TASTE BUDS
DBA
Mr. Mack's Place
RESTAURANT & GROCERY
954-584-1281
2930
Ft. Laud. FL

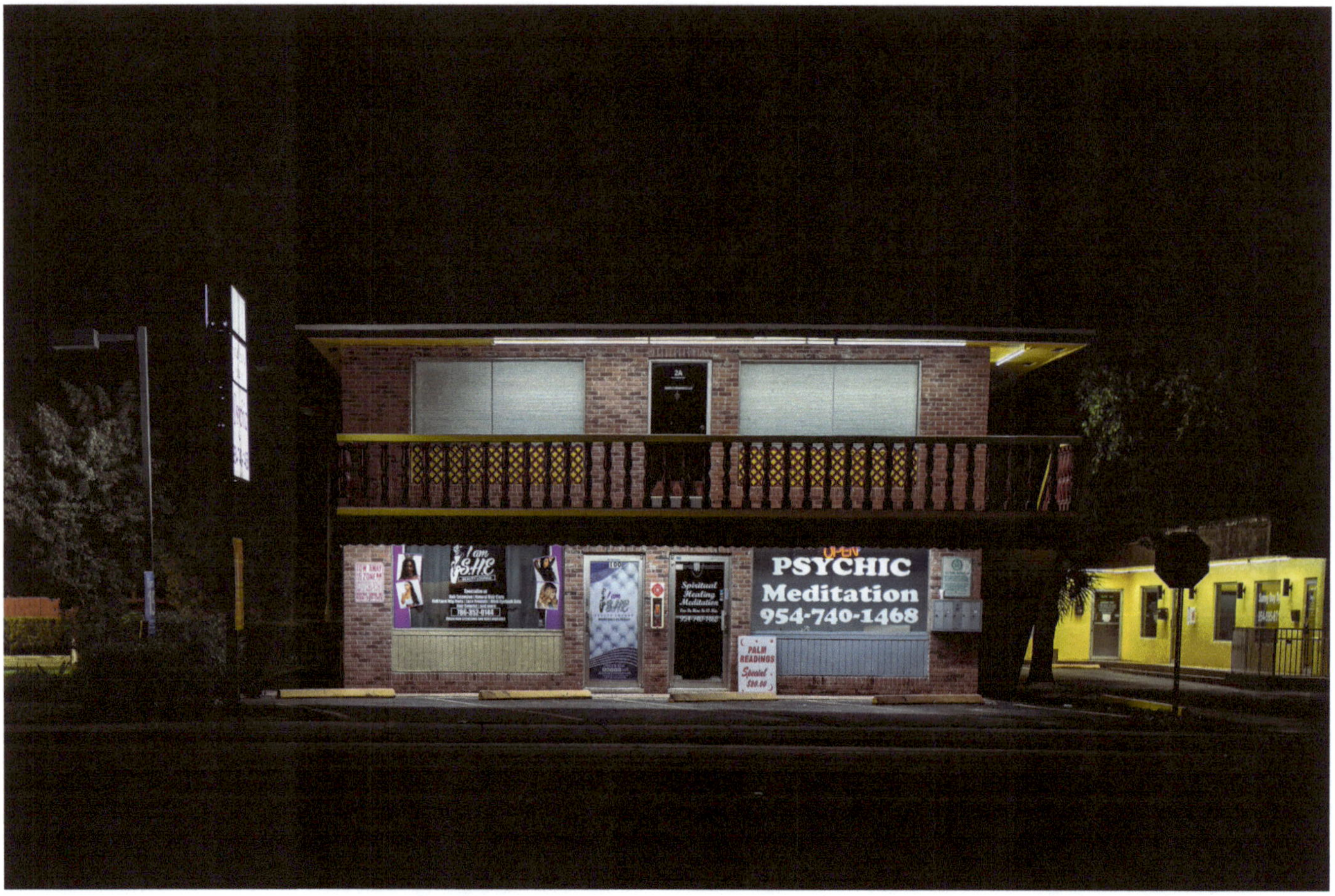
OPEN
PSYCHIC
Meditation
954-740-1468
I am S.H.E
786-352-0144
Spiritual
Healing
Meditation
PALM
READINGS
Special

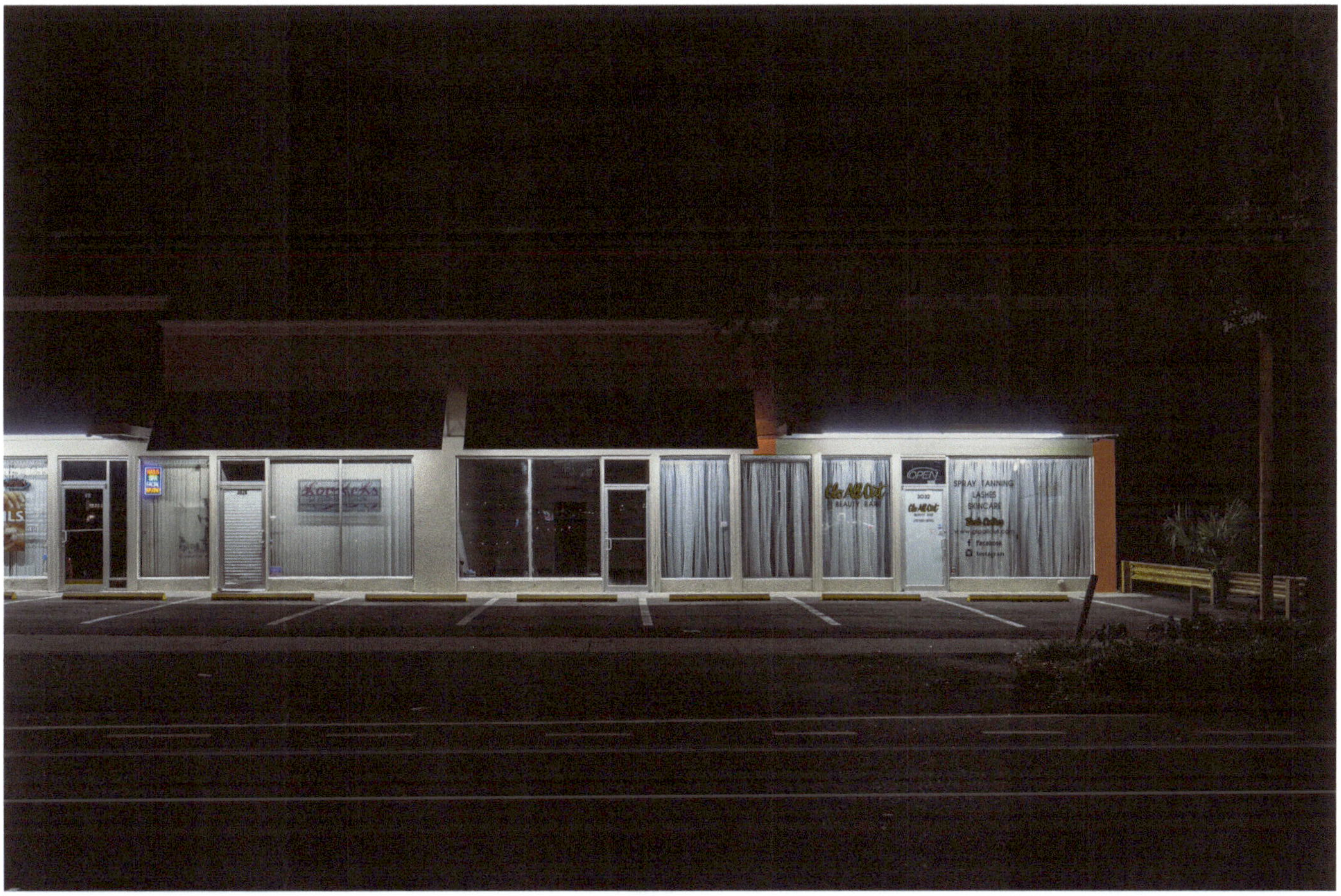
OPEN
SPRAY TANNING
LASHES
SKINCARE
BEAUTY BAR
3032

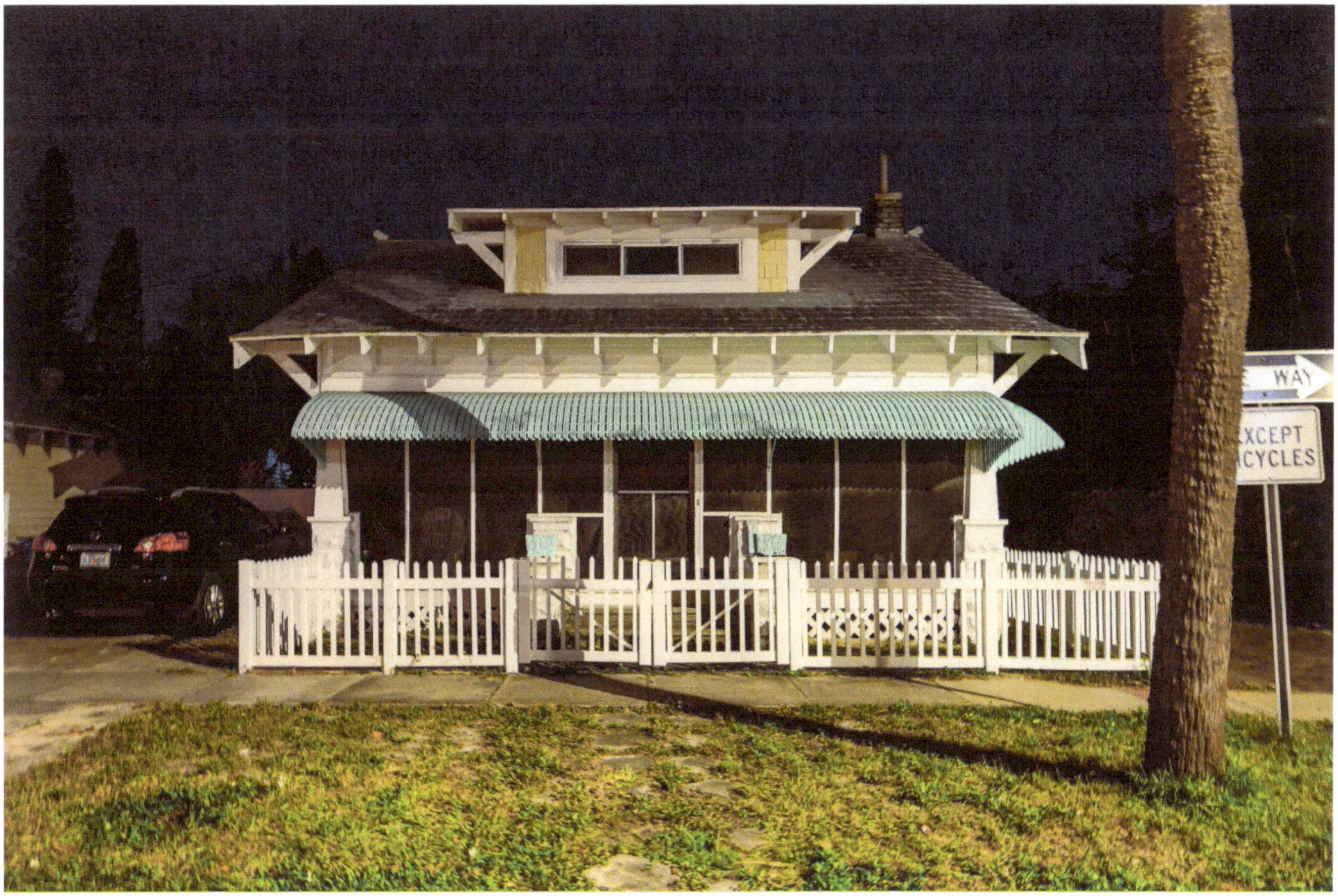
WAY
XCEPT
CYCLES

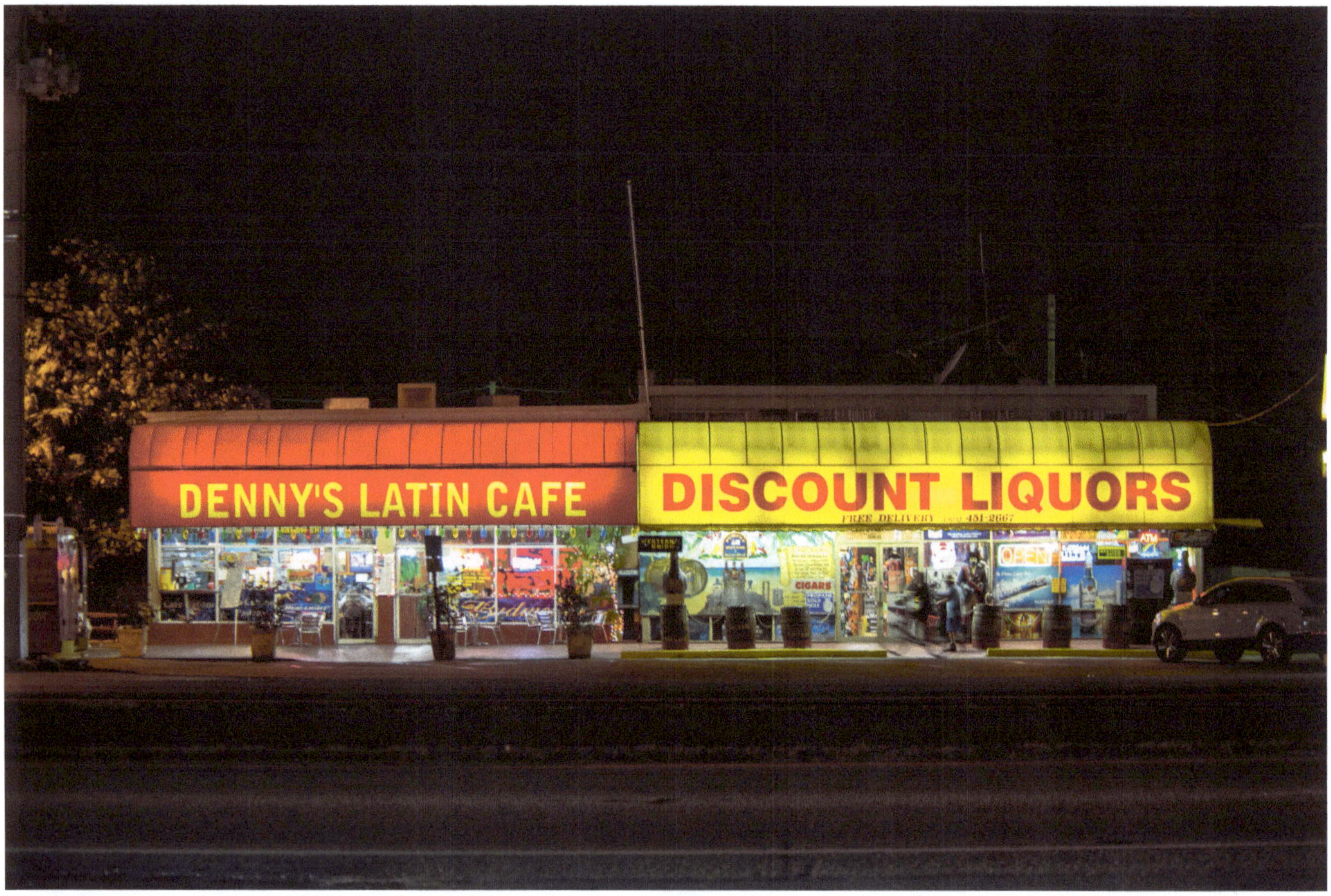
DENNY'S LATIN CAFE
DISCOUNT LIQUORS
CIGARS

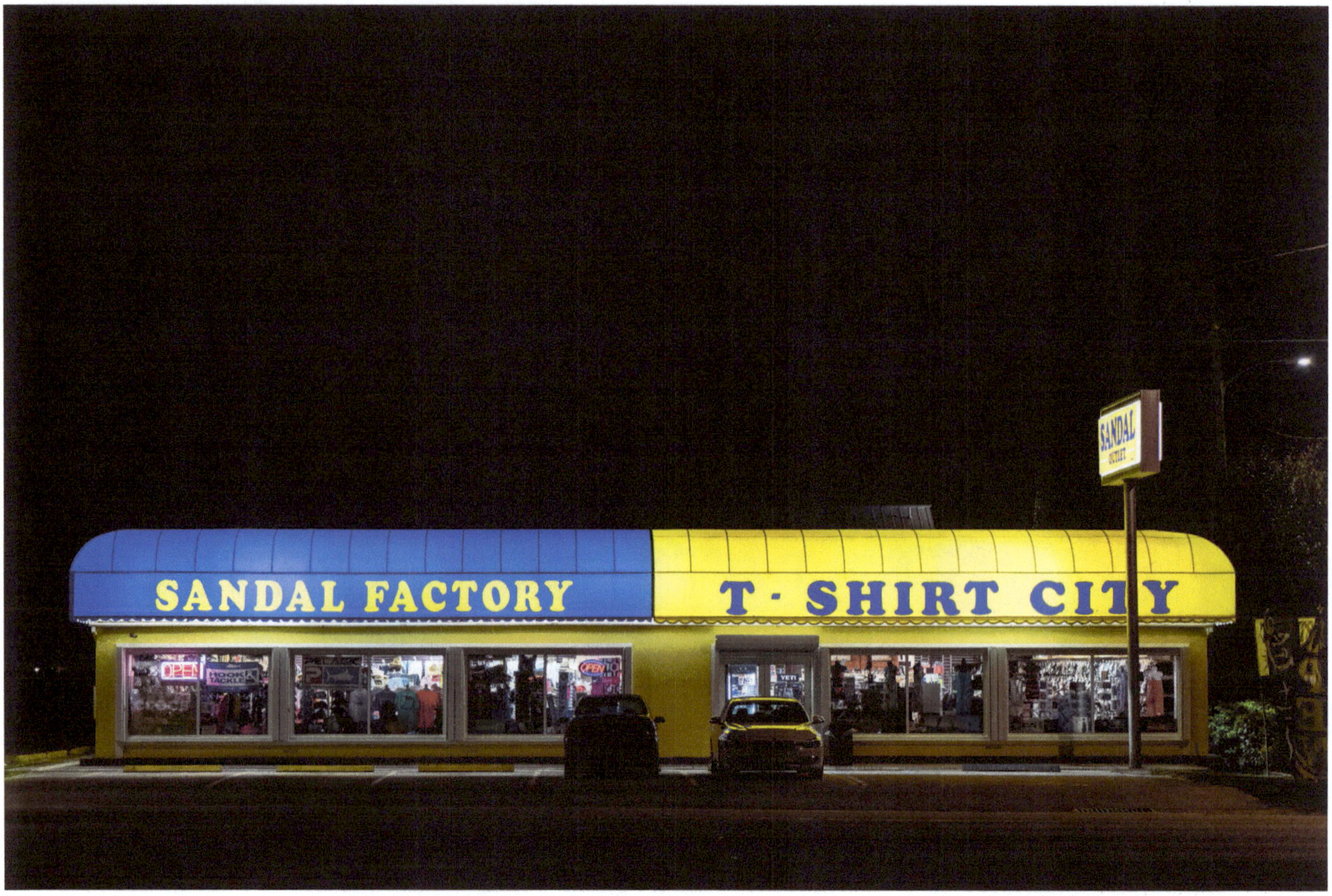
SANDAL FACTORY
T - SHIRT CITY
SANDAL

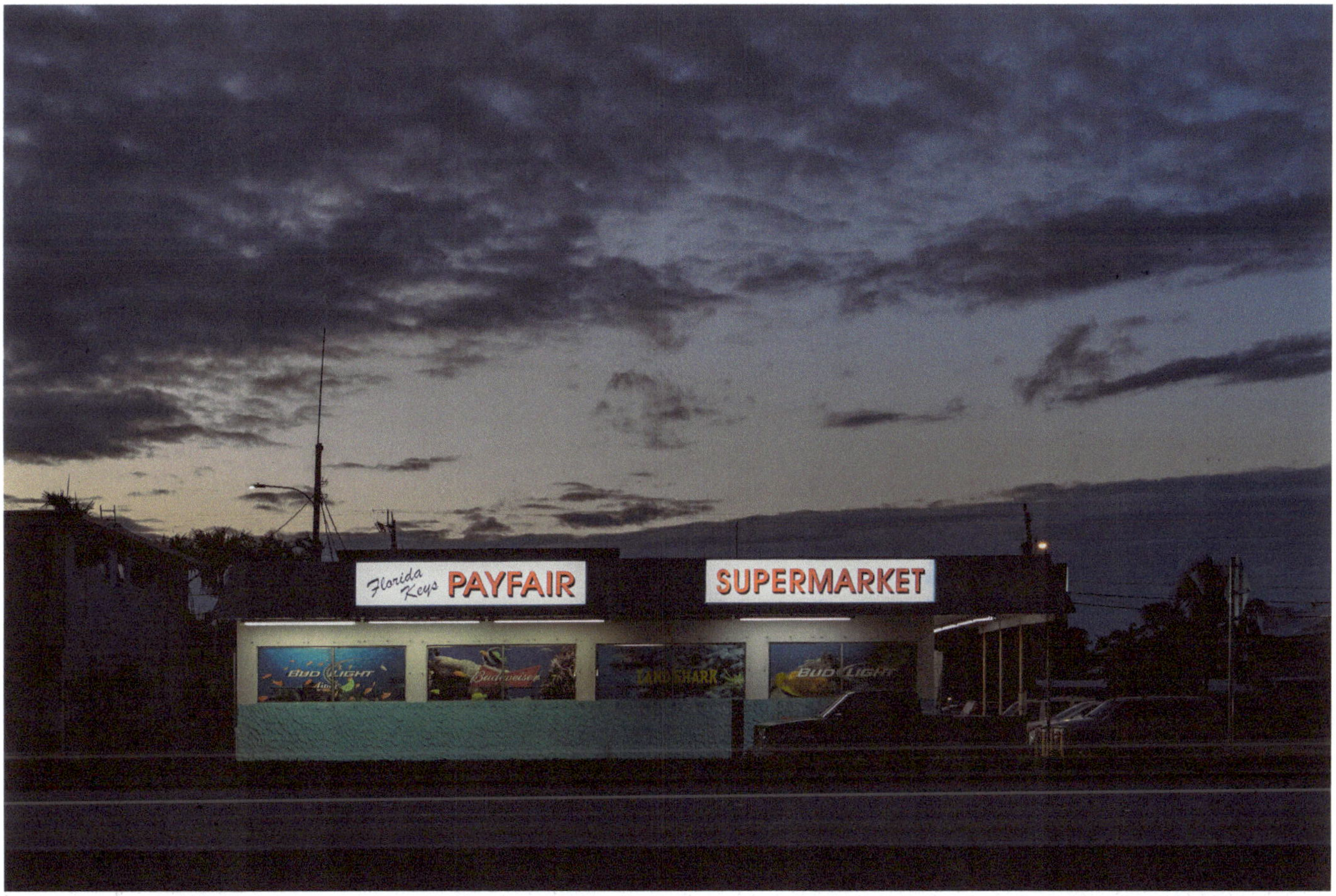
Florida Keys PAYFAIR
SUPERMARKET
BUD LIGHT
Budweiser
CARD SHARK
BUD LIGHT

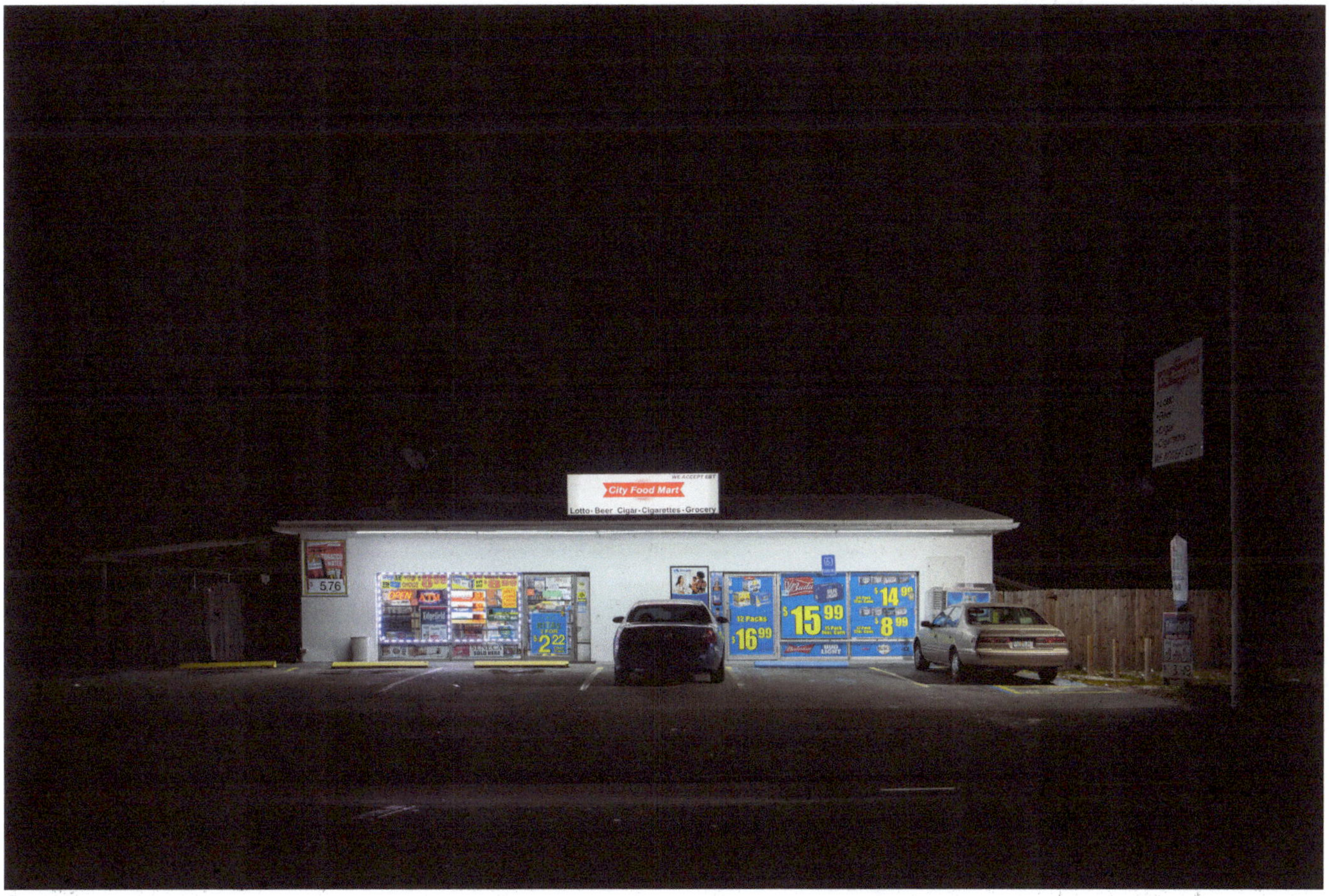
City Food Mart
Lotto · Beer · Cigar · Cigarettes · Grocery

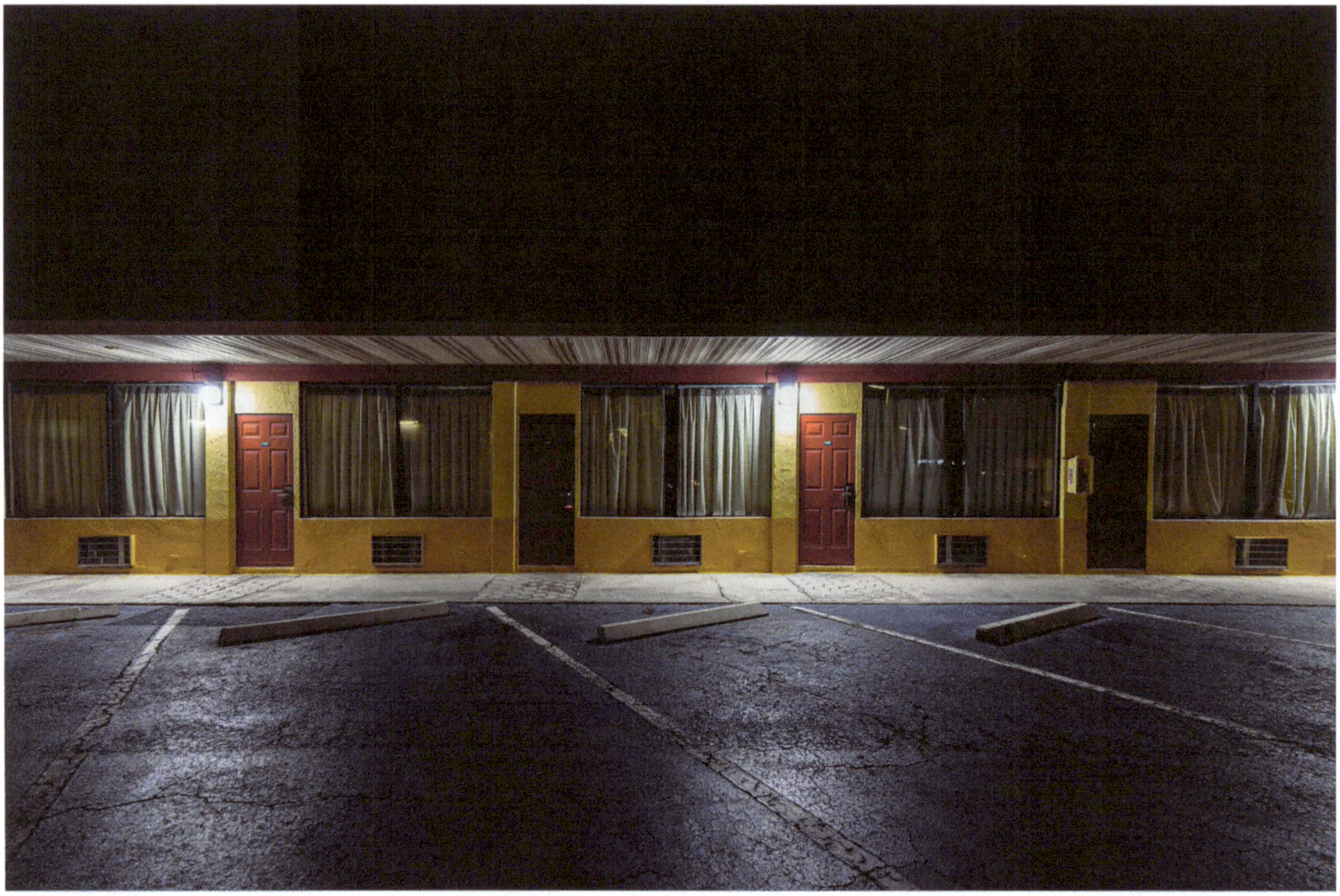

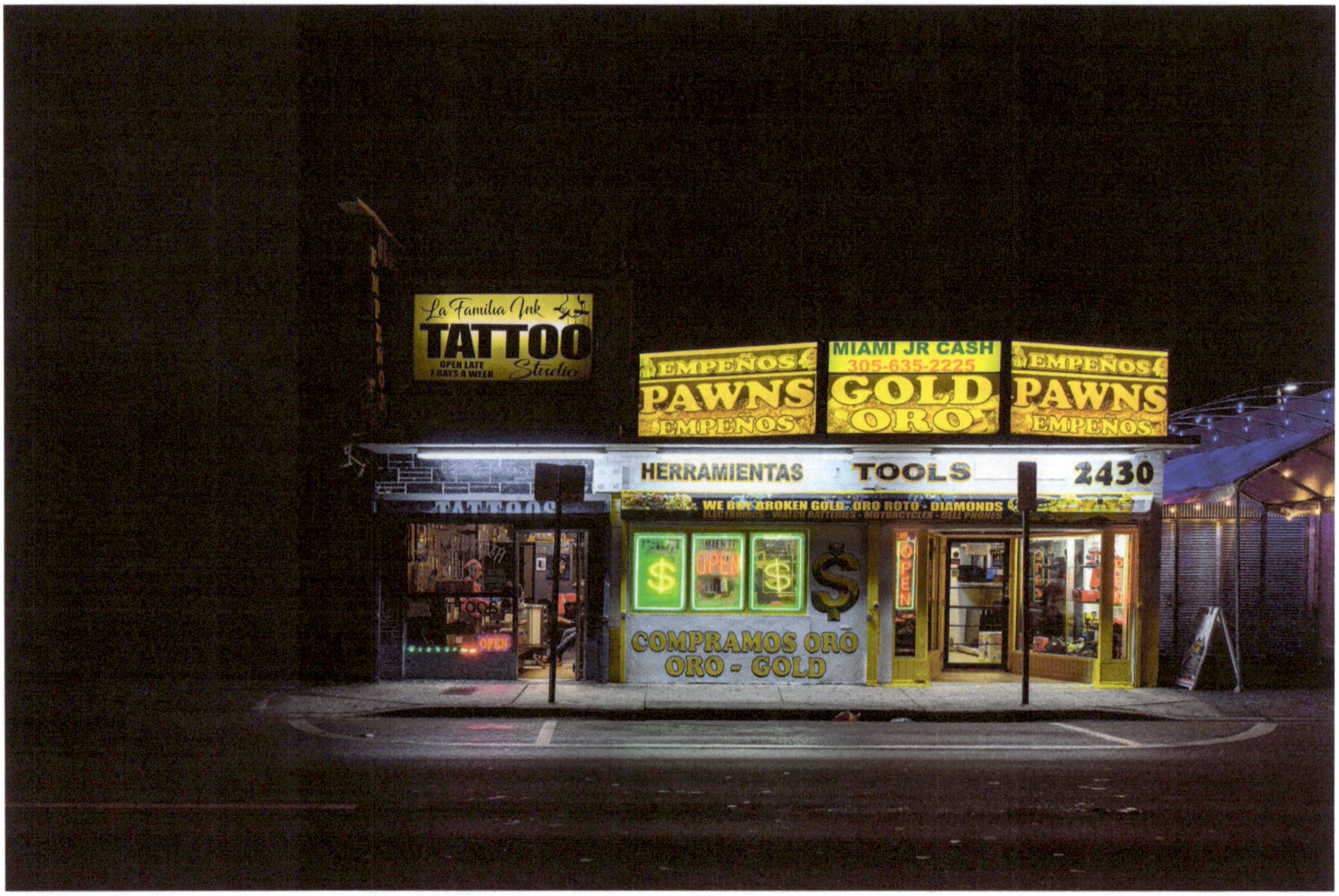

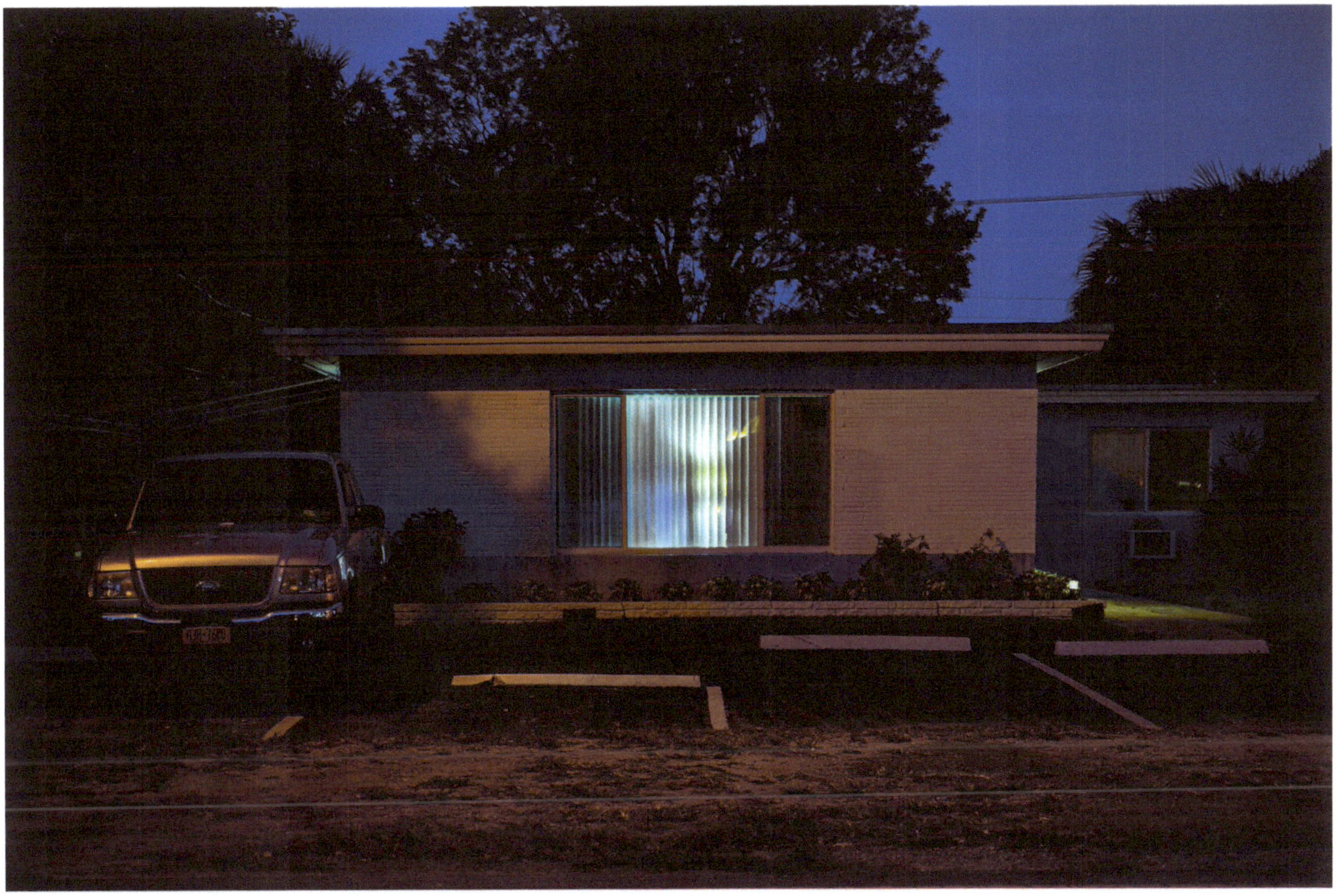

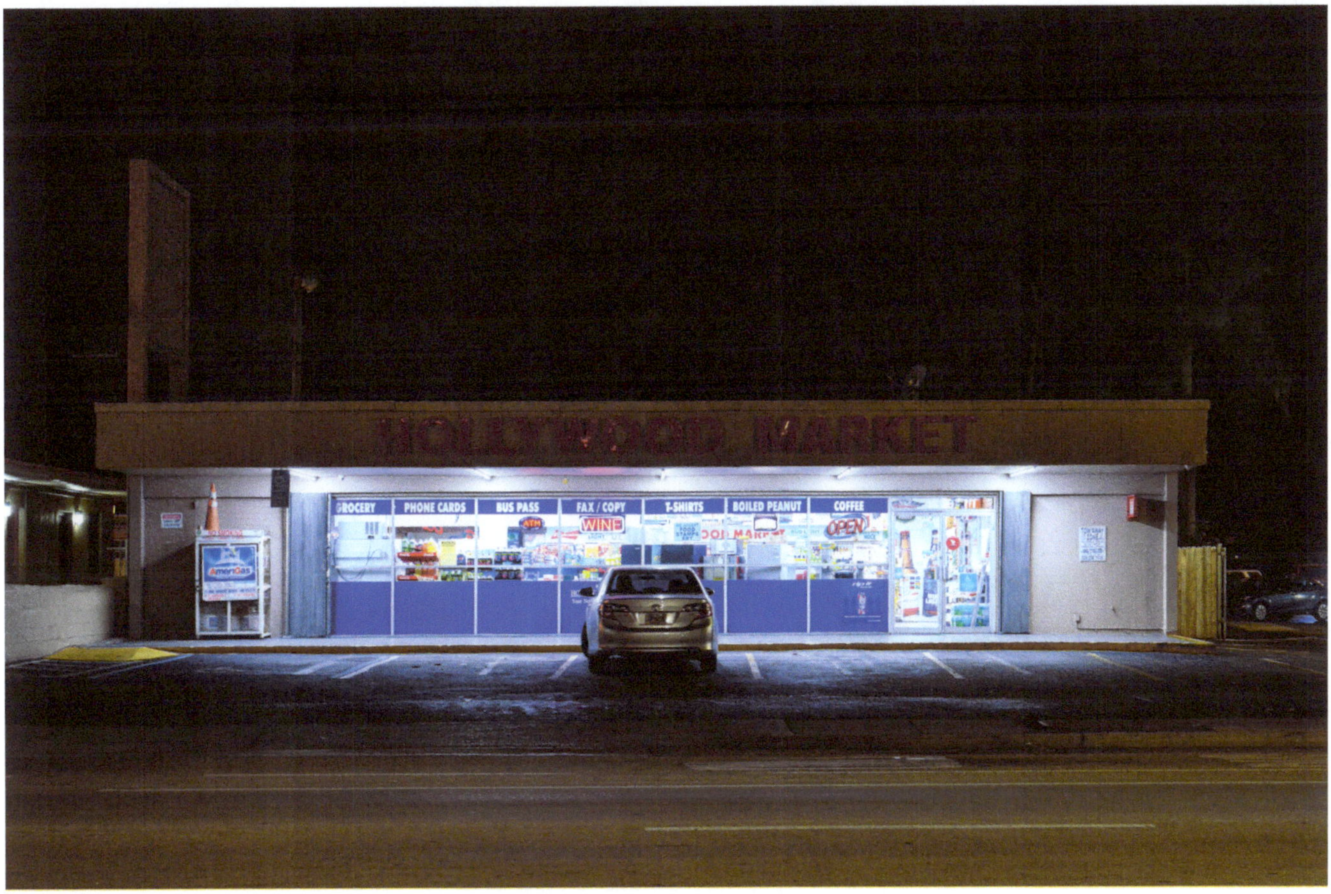
HOLLYWOOD MARKET
GROCERY
PHONE CARDS
BUS PASS
FAX / COPY
T-SHIRTS
BOILED PEANUT
COFFEE
ATM
WINE
OPEN

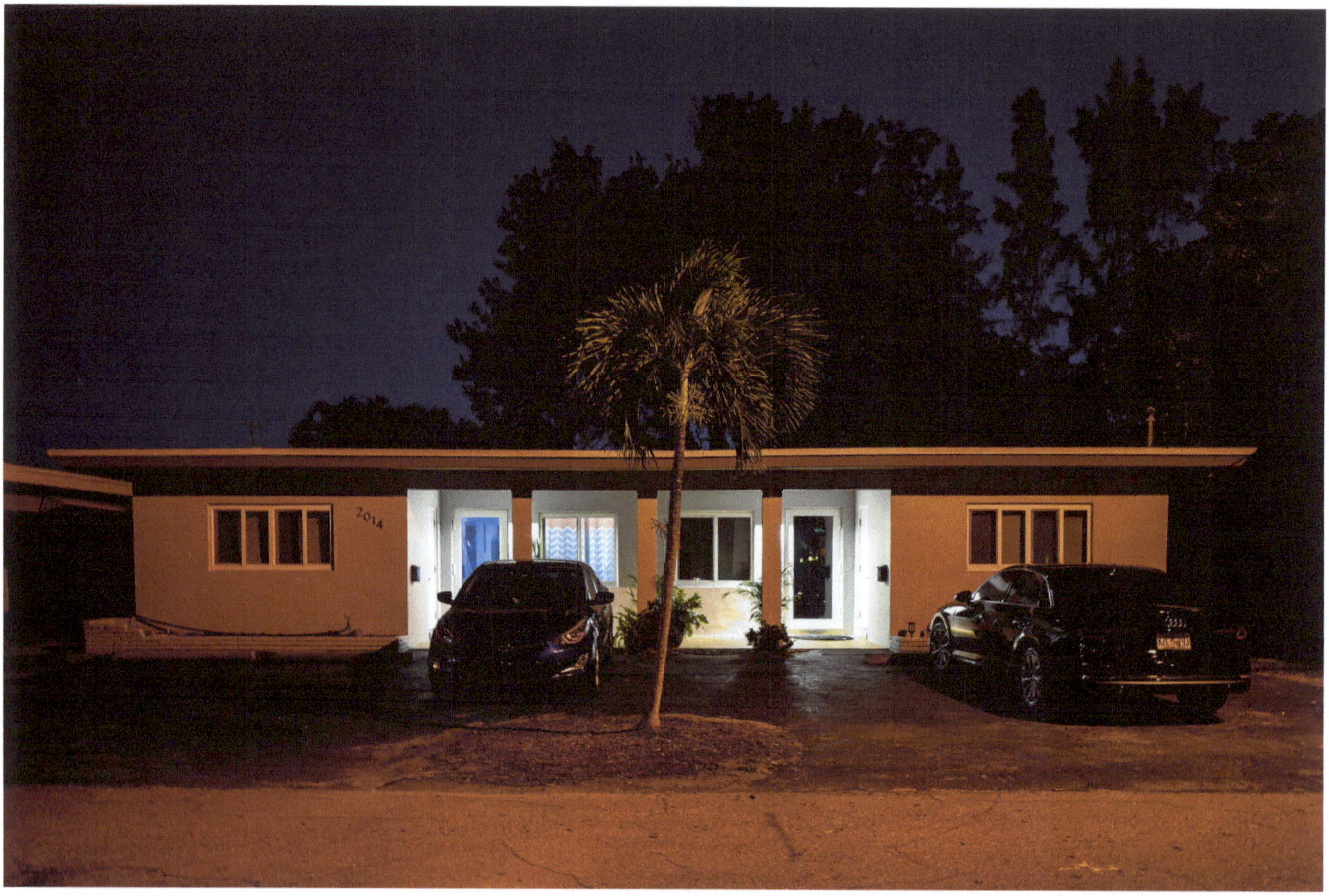
2014

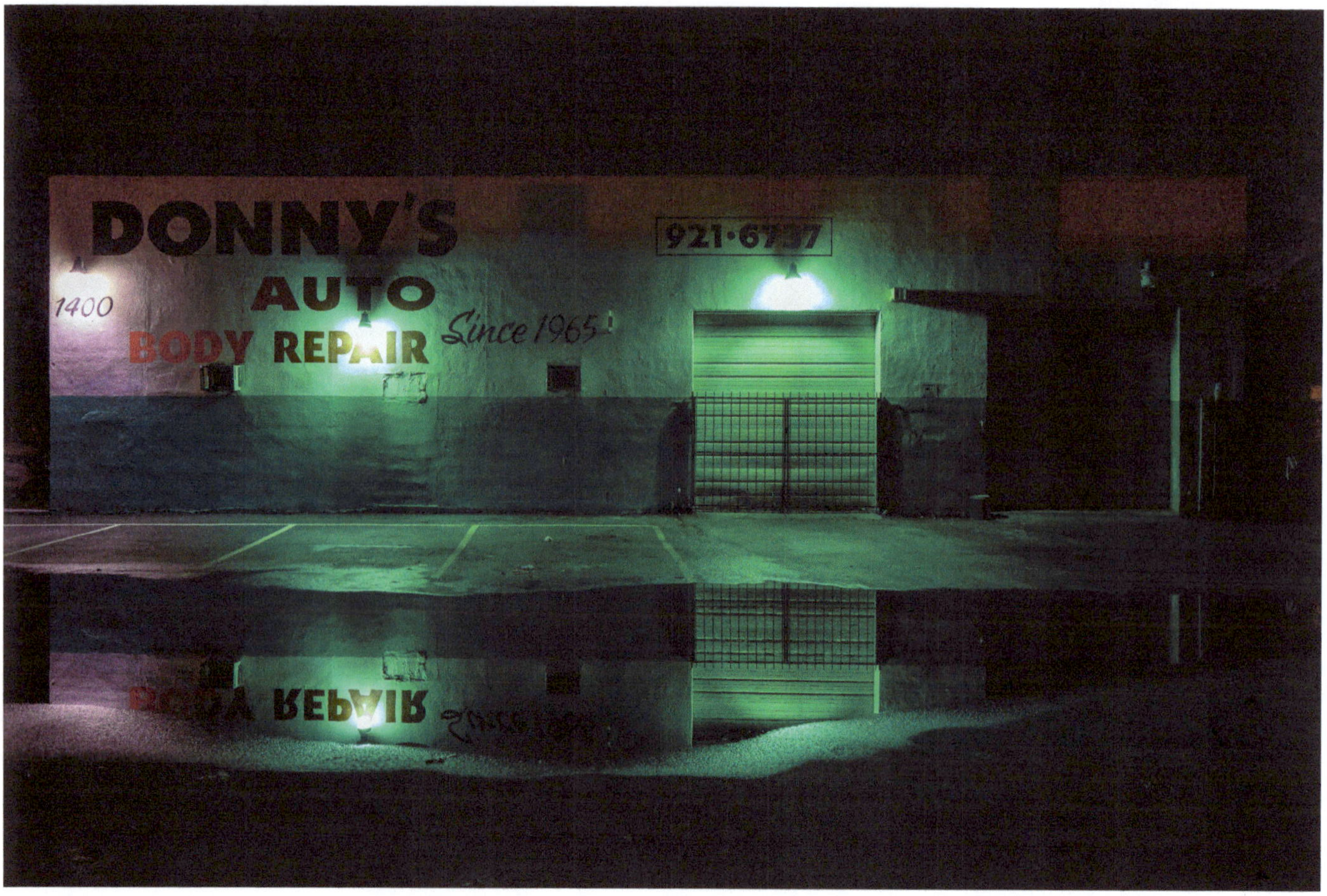
DONNY'S
AUTO
BODY REPAIR
Since 1965
1400

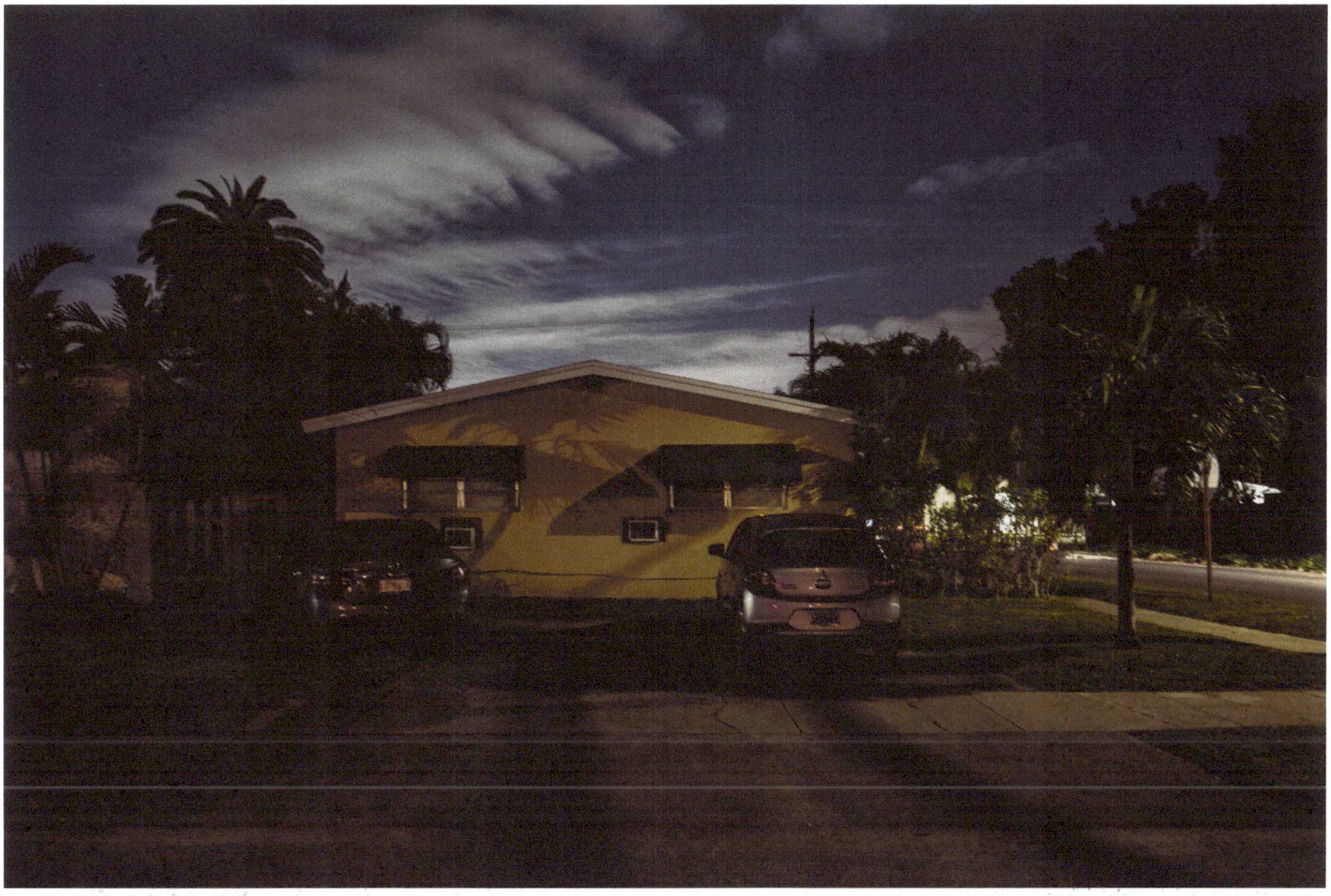

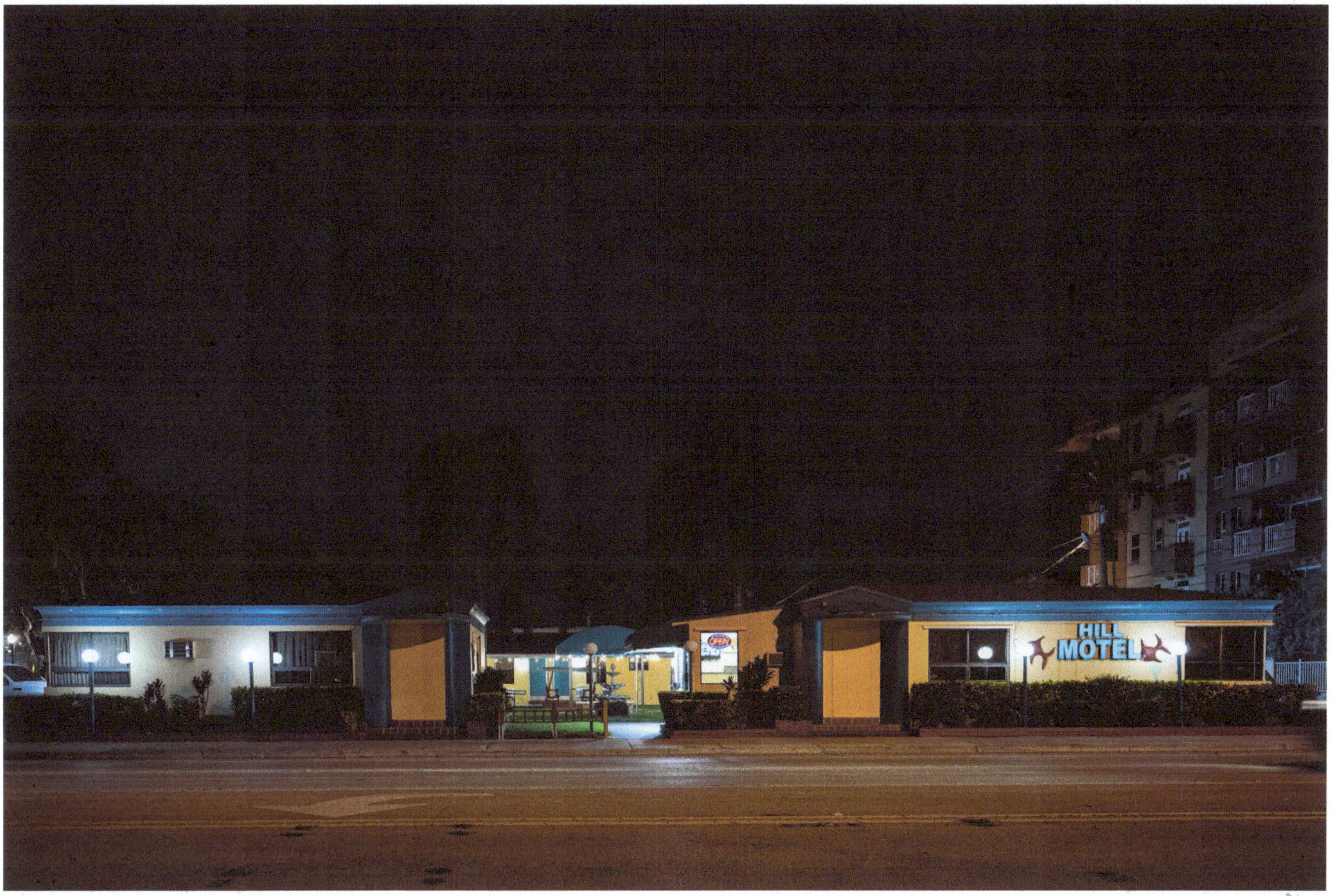

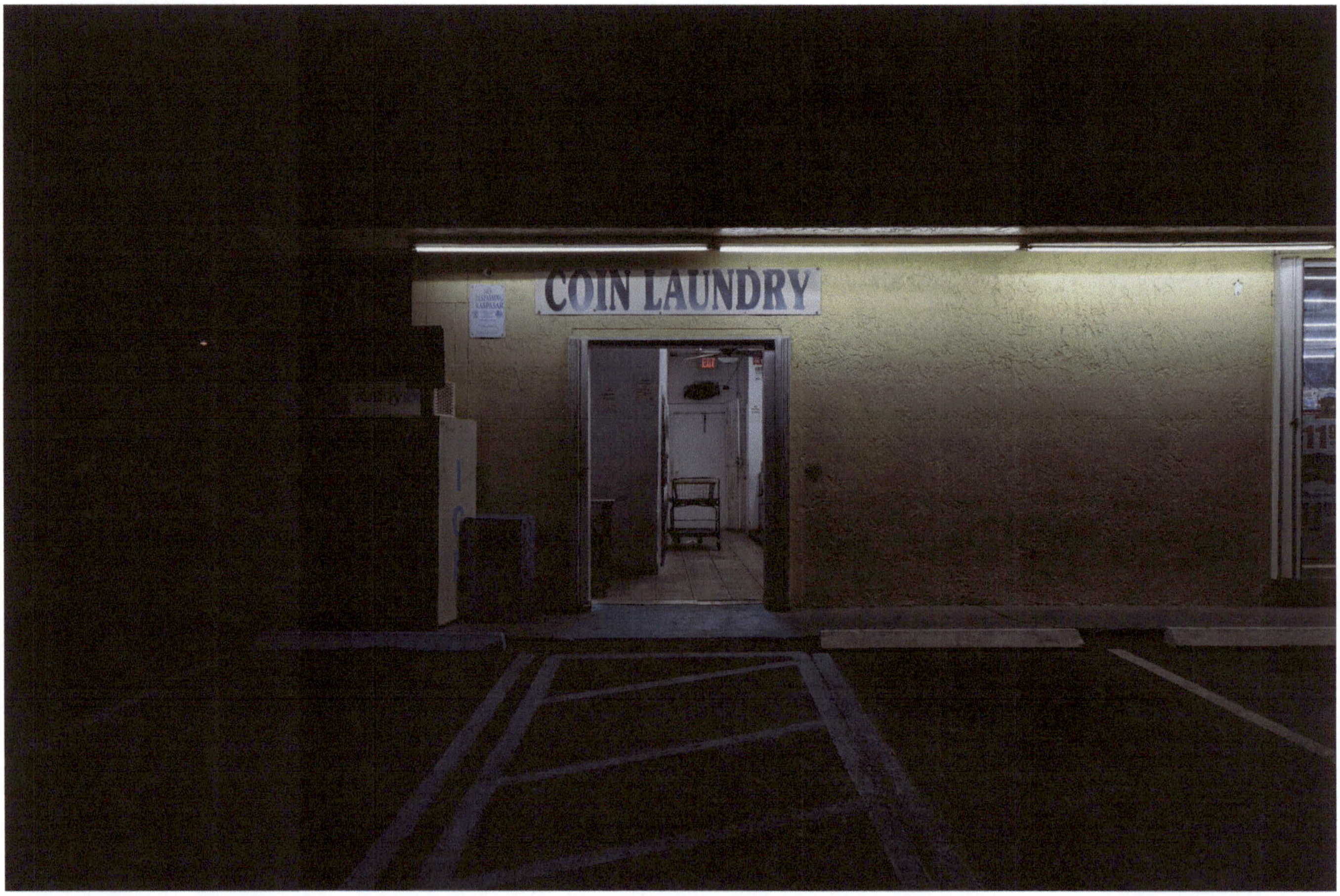

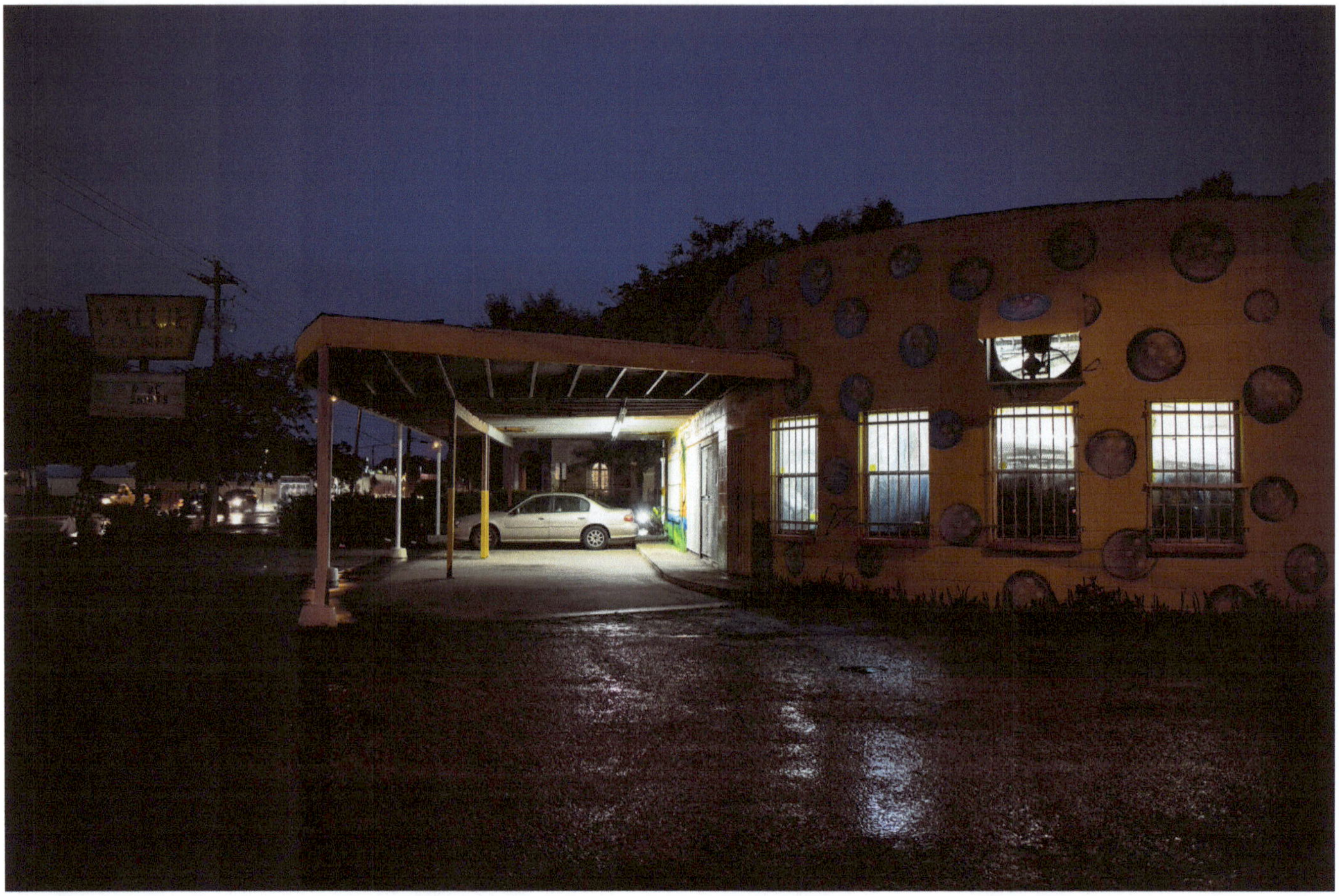

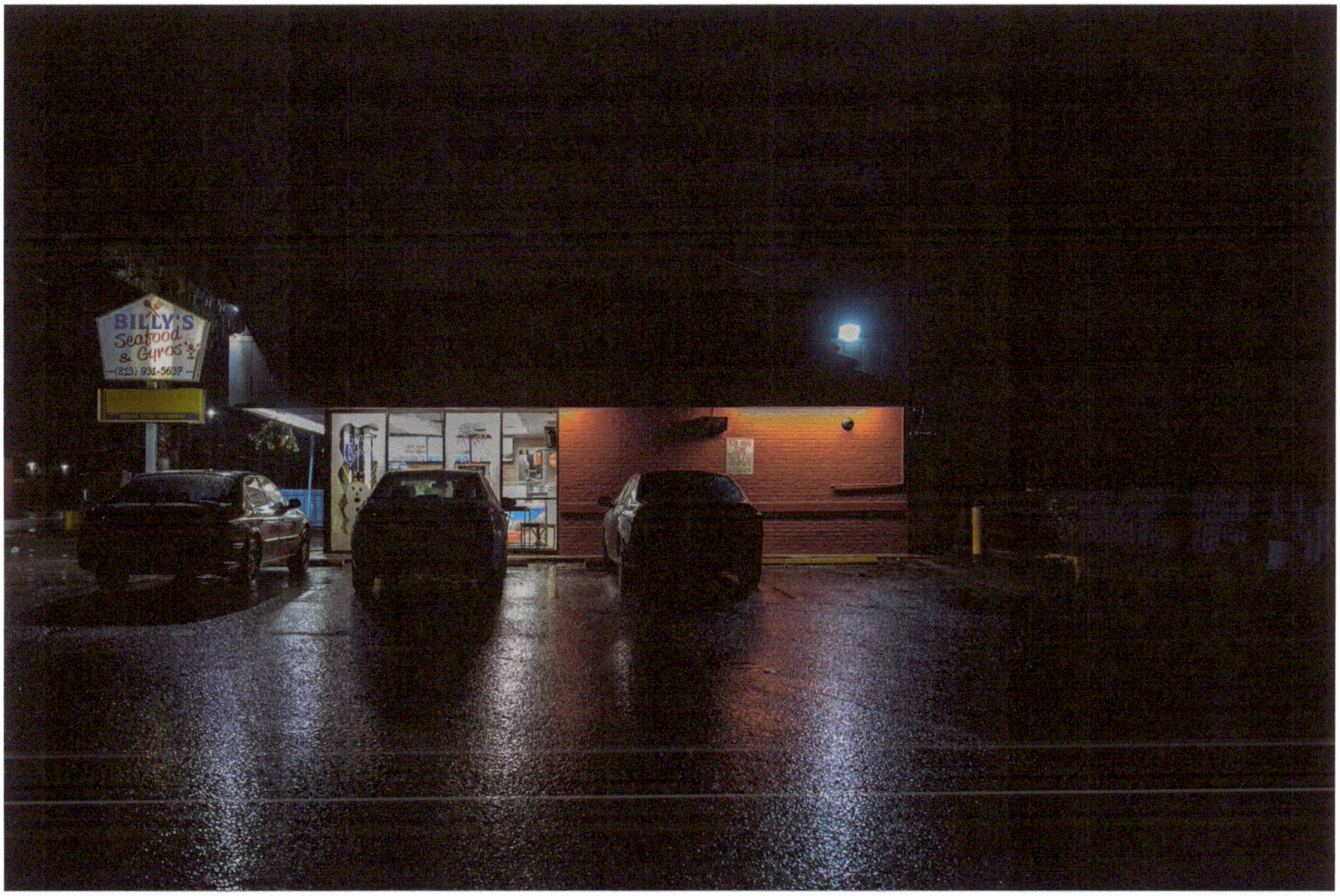
BILLY'S
Seafood
& Gyros

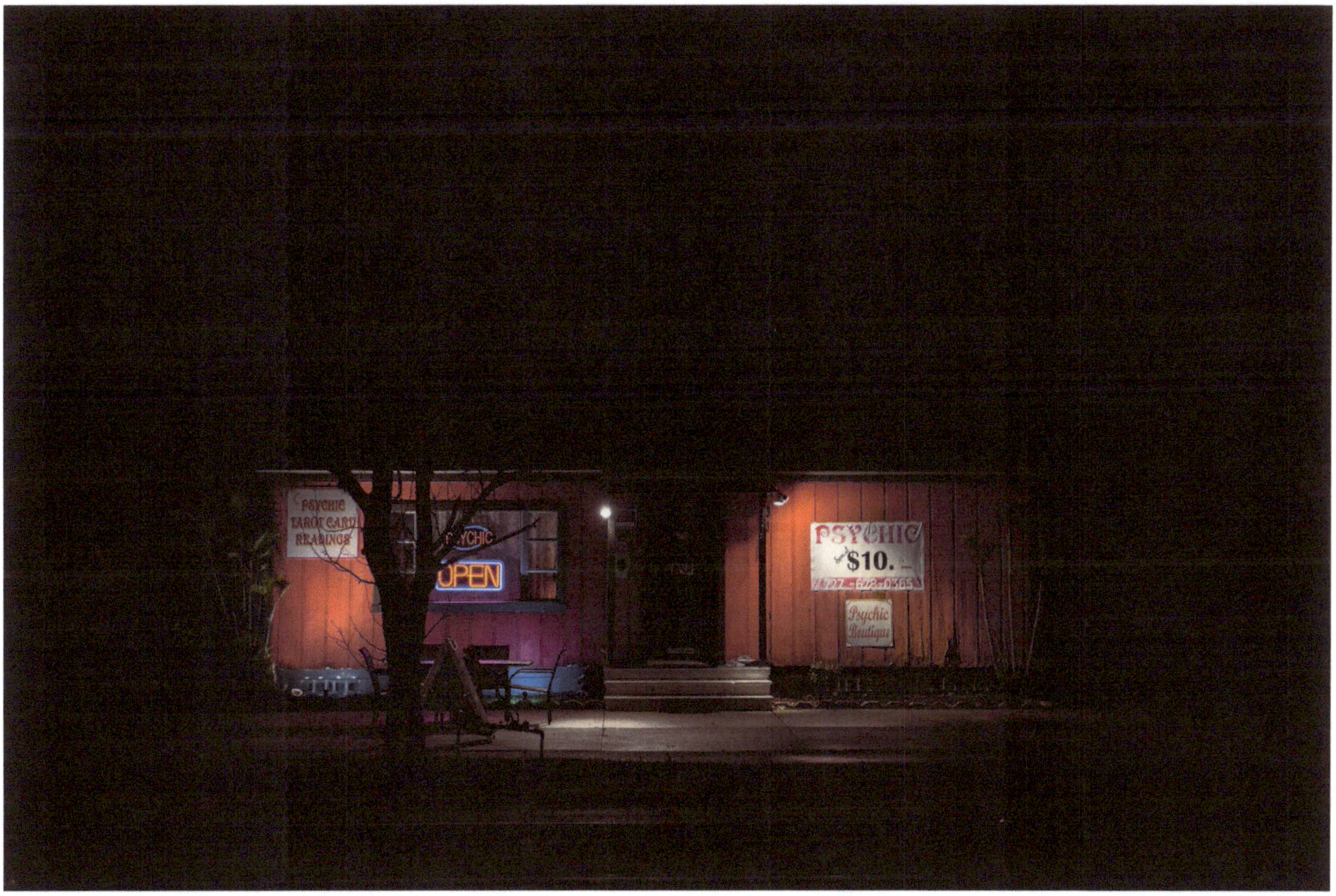
PSYCHIC
TAROT CARD
READINGS
OPEN
PSYCHIC
$10.
Psychic
Boutique

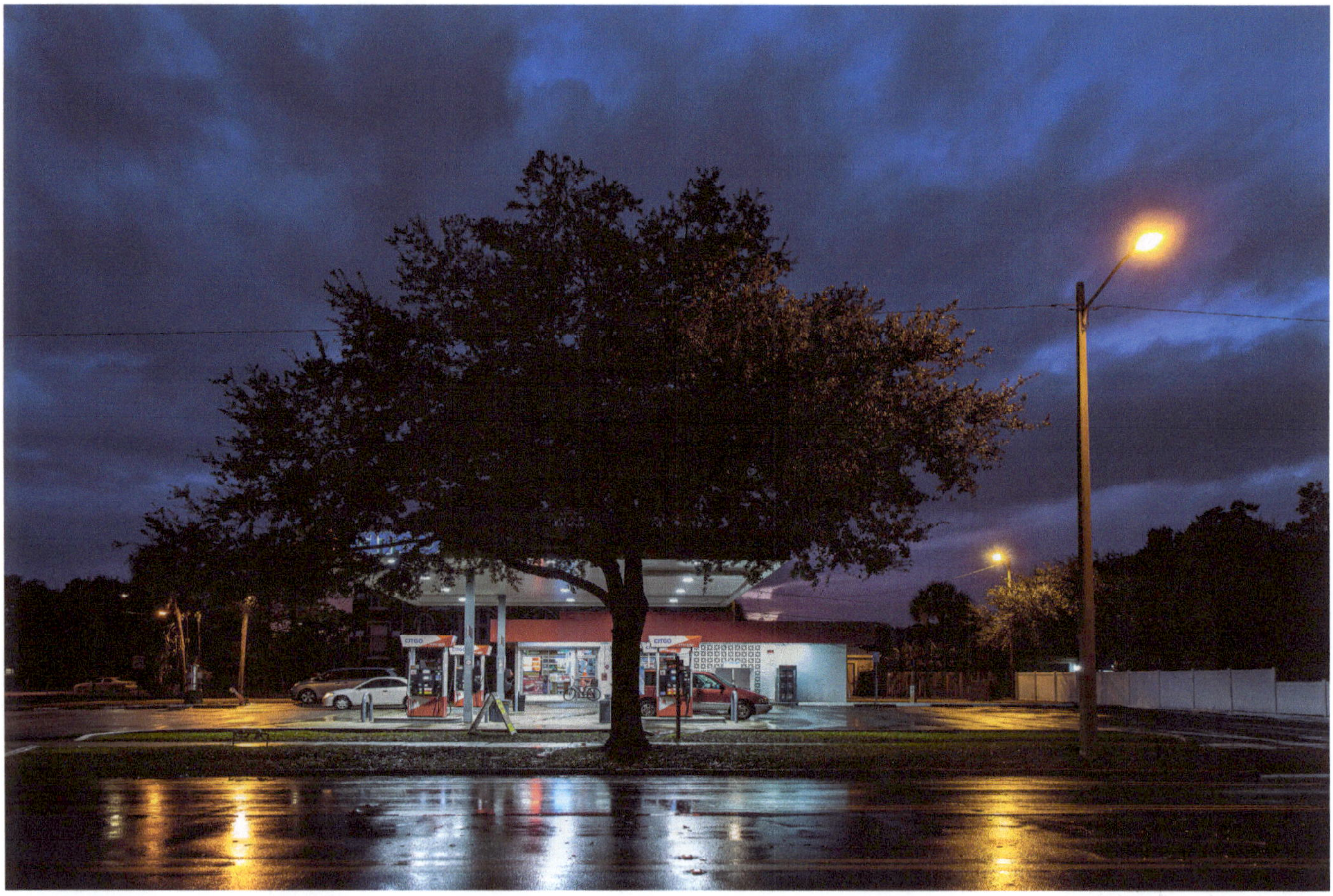

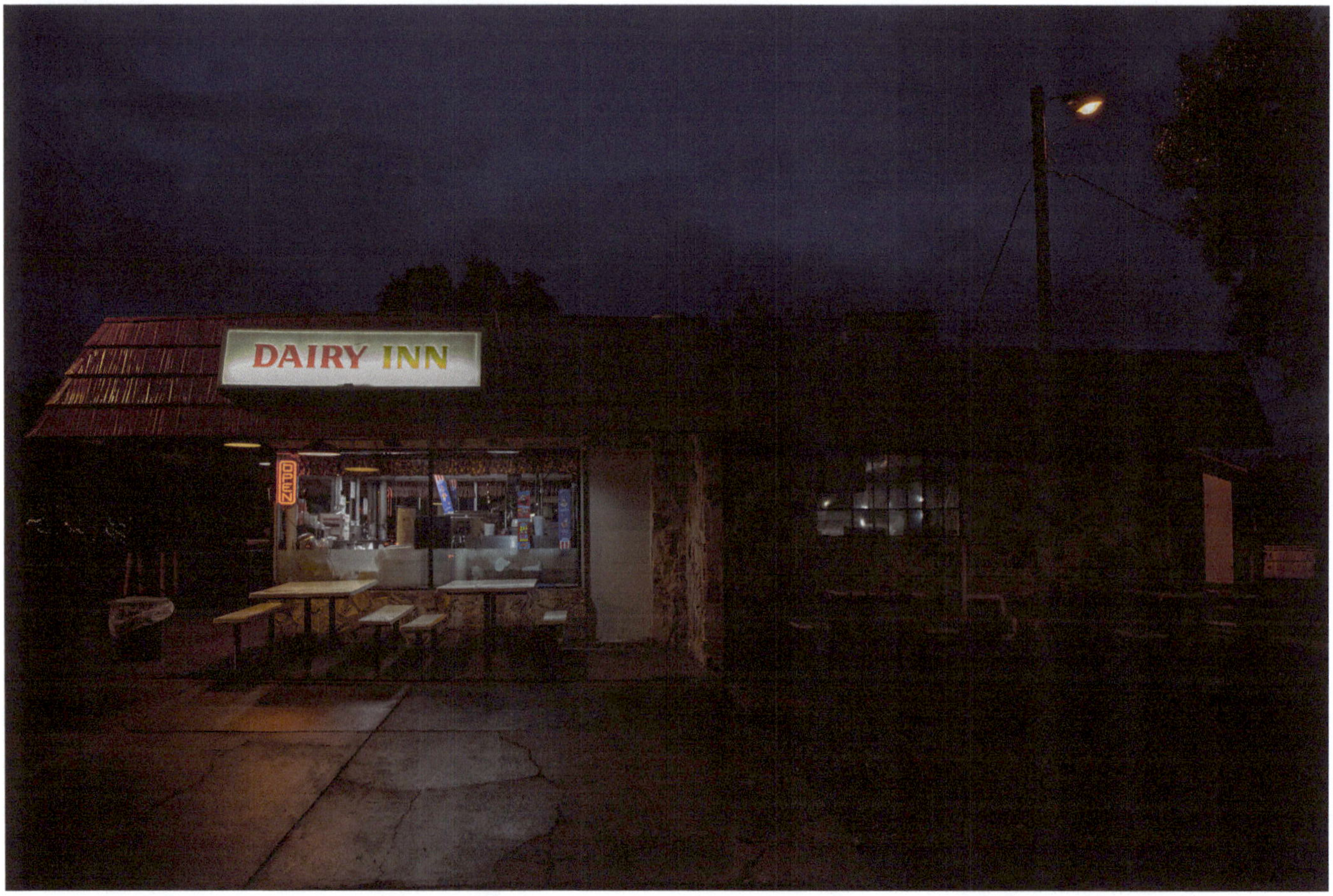

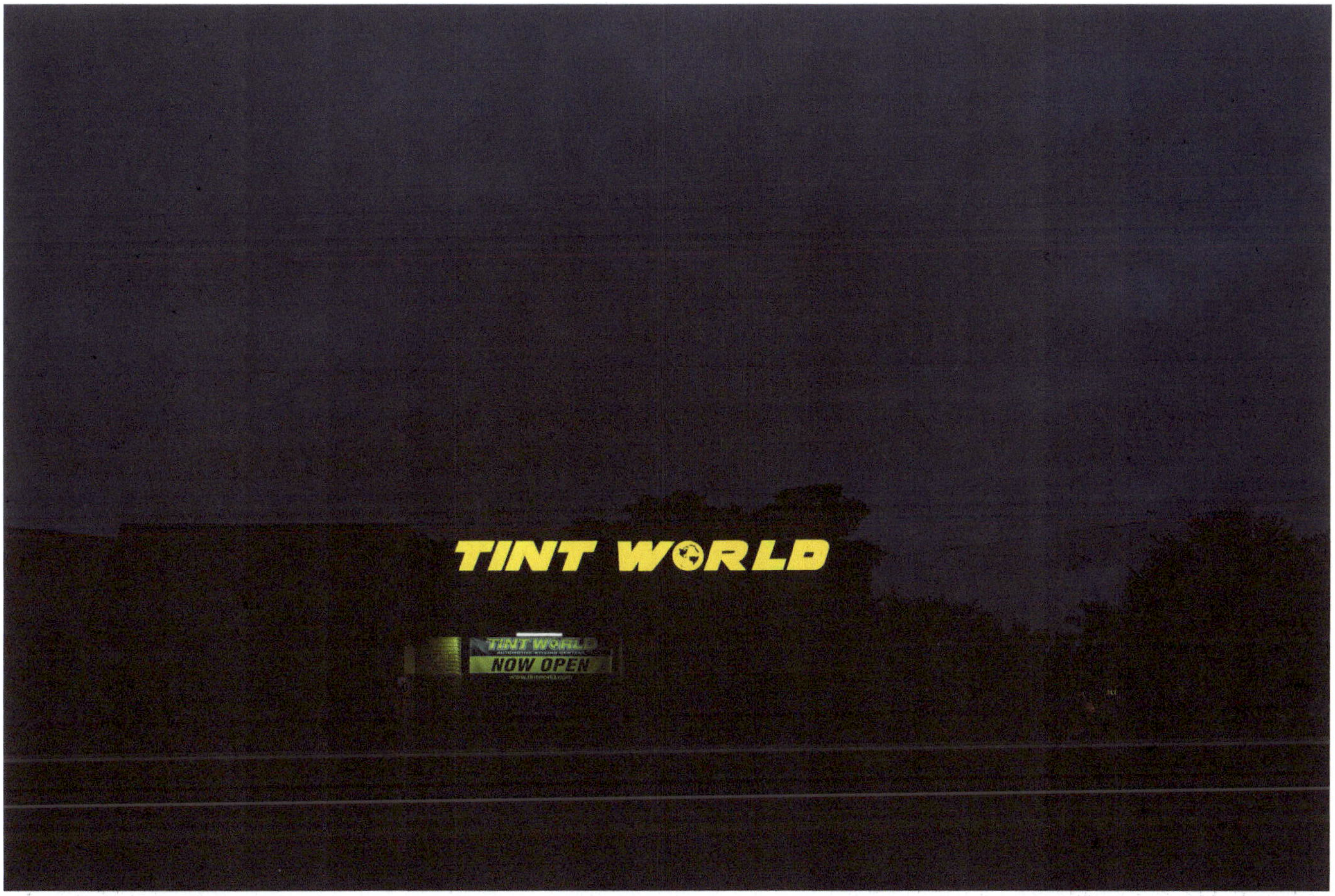
TINT WORLD
NOW OPEN

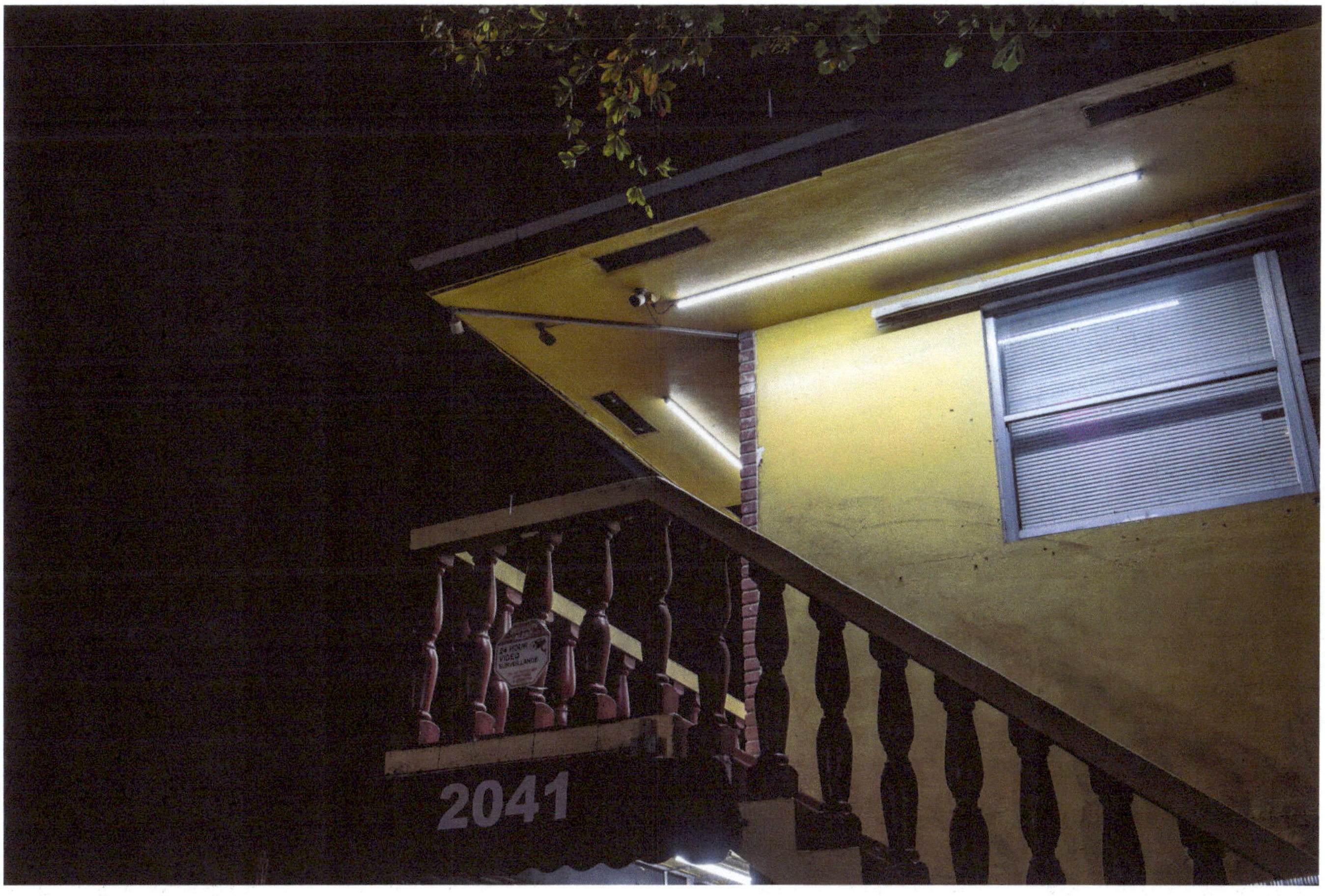
2041

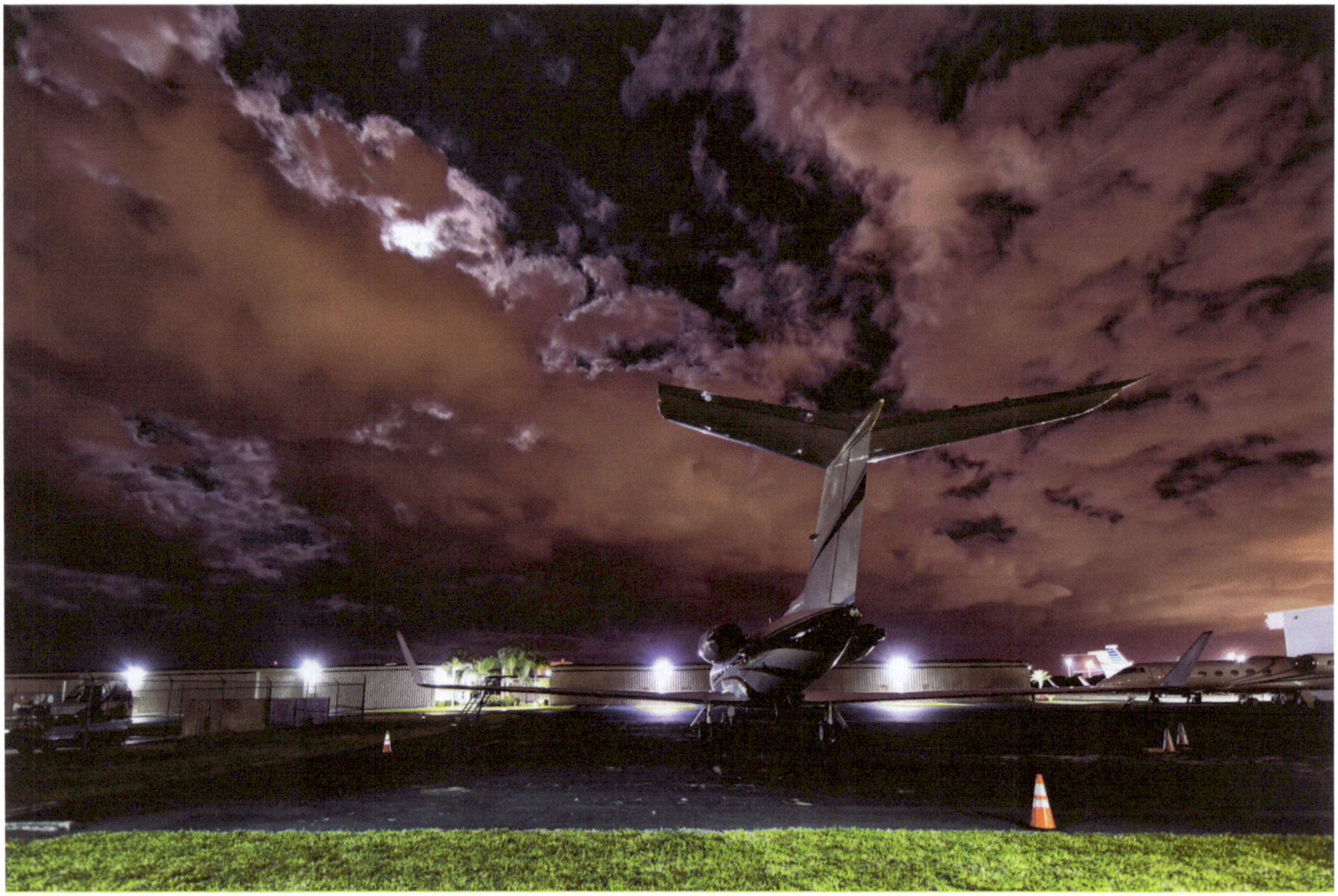

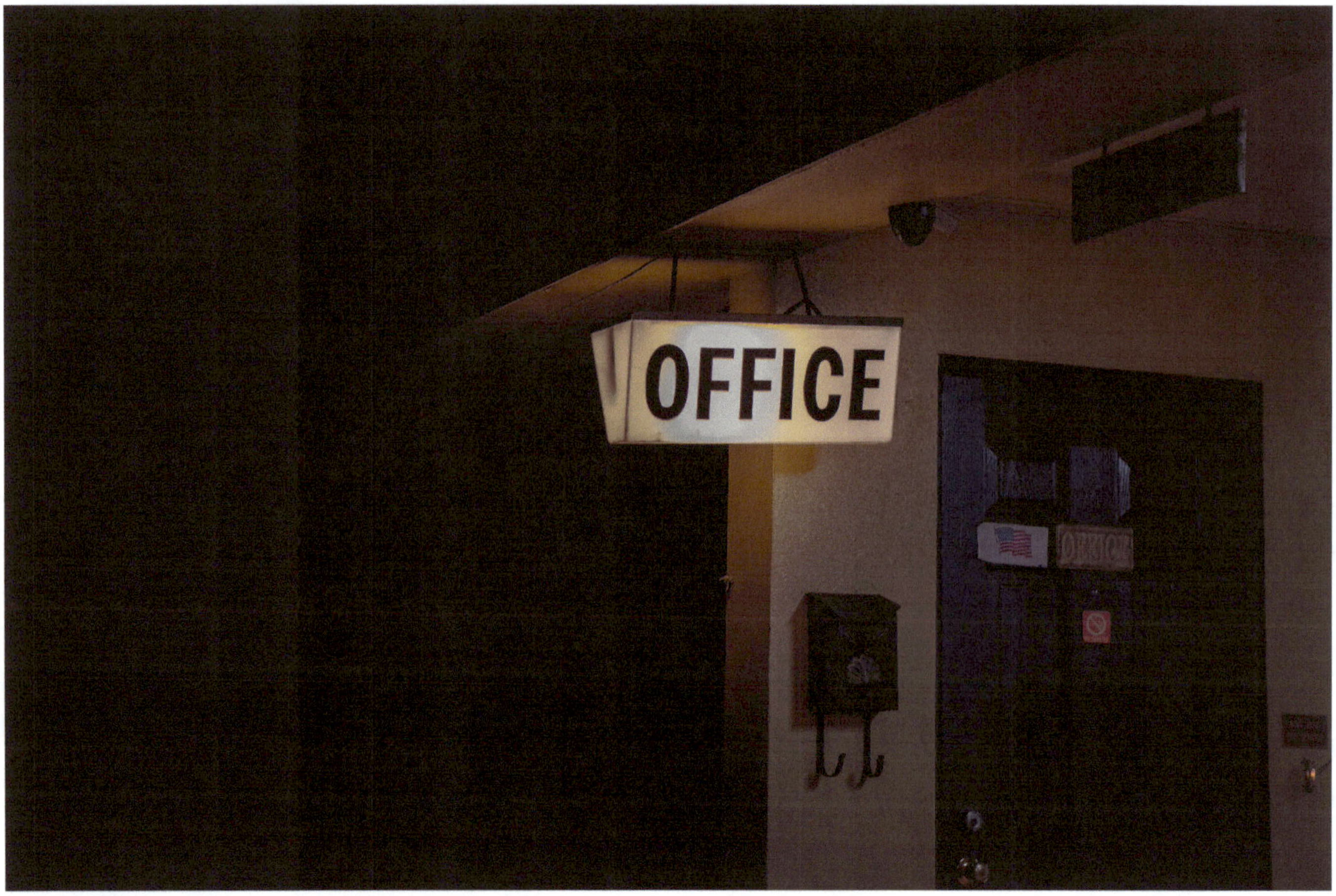

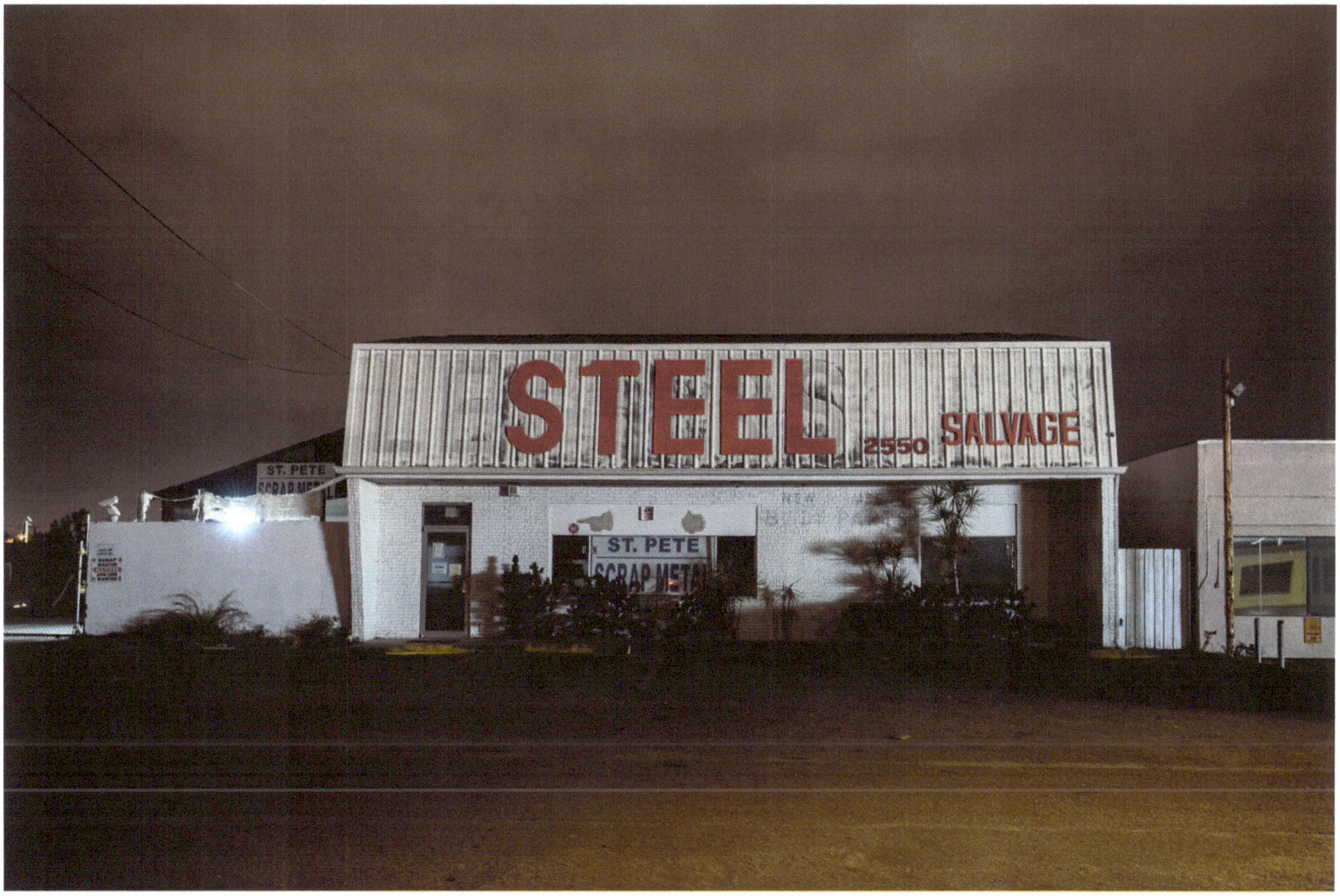
STEEL
2550 SALVAGE
ST. PETE
ST. PETE

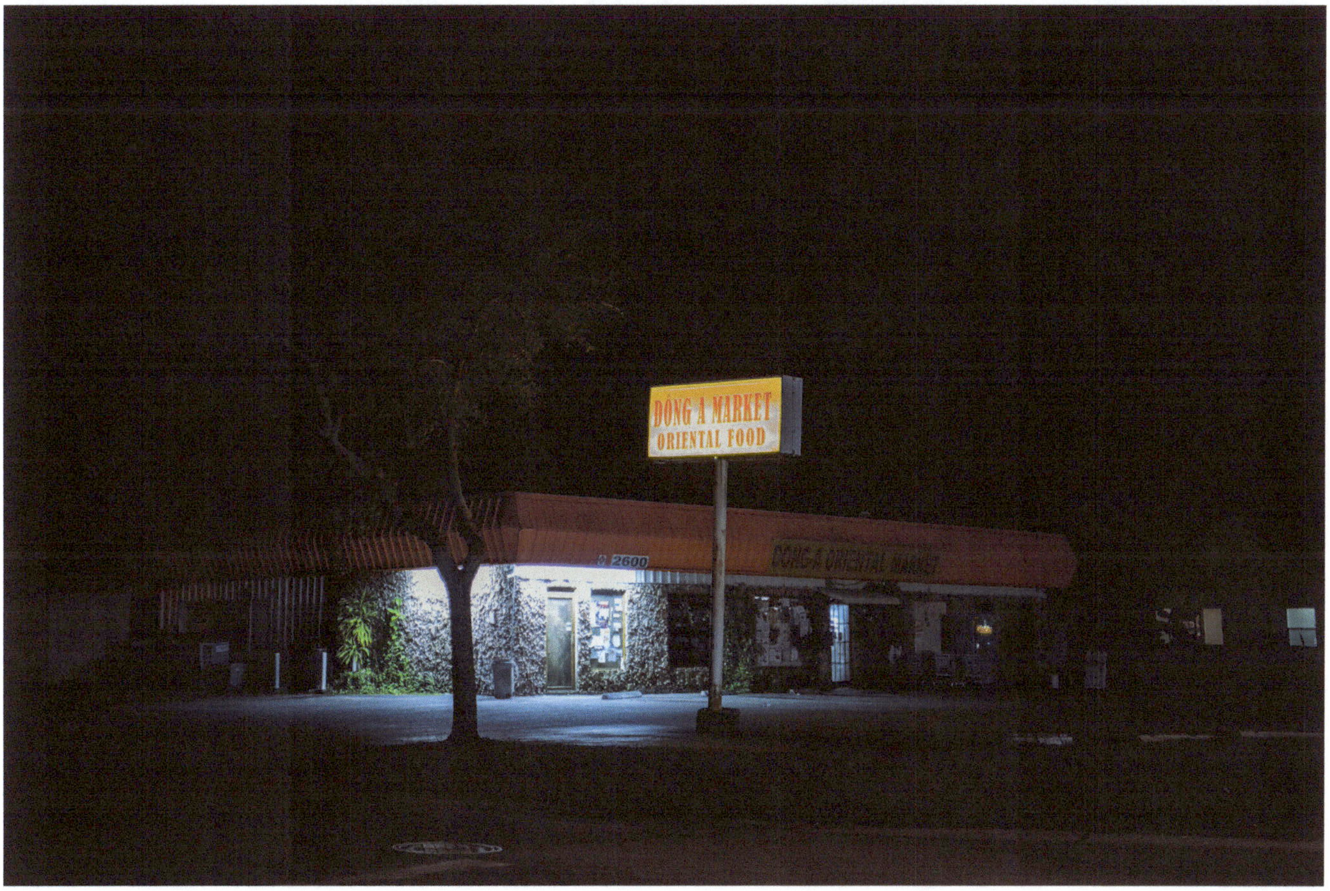
DONG A MARKET
ORIENTAL FOOD
2600

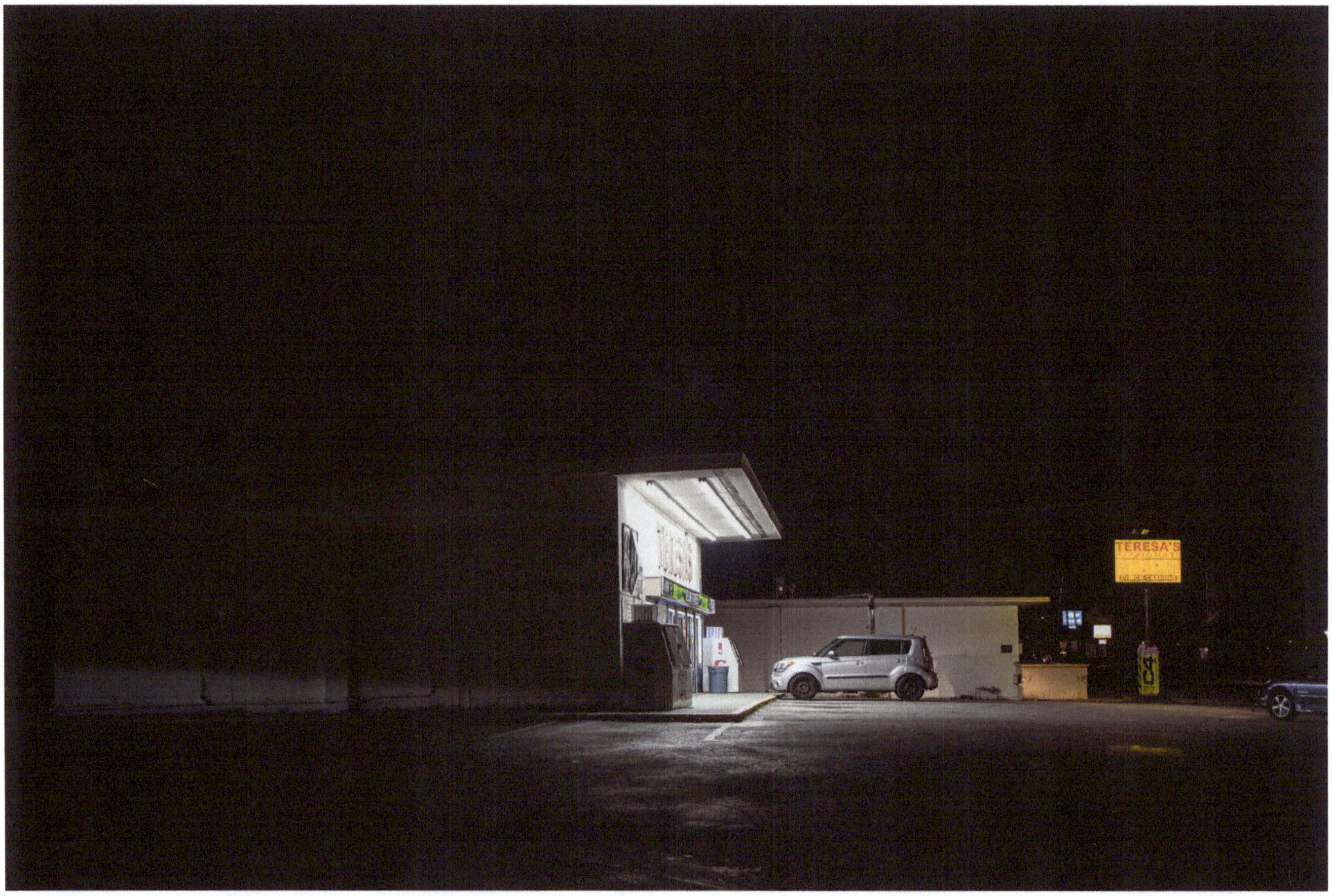
TERESA'S

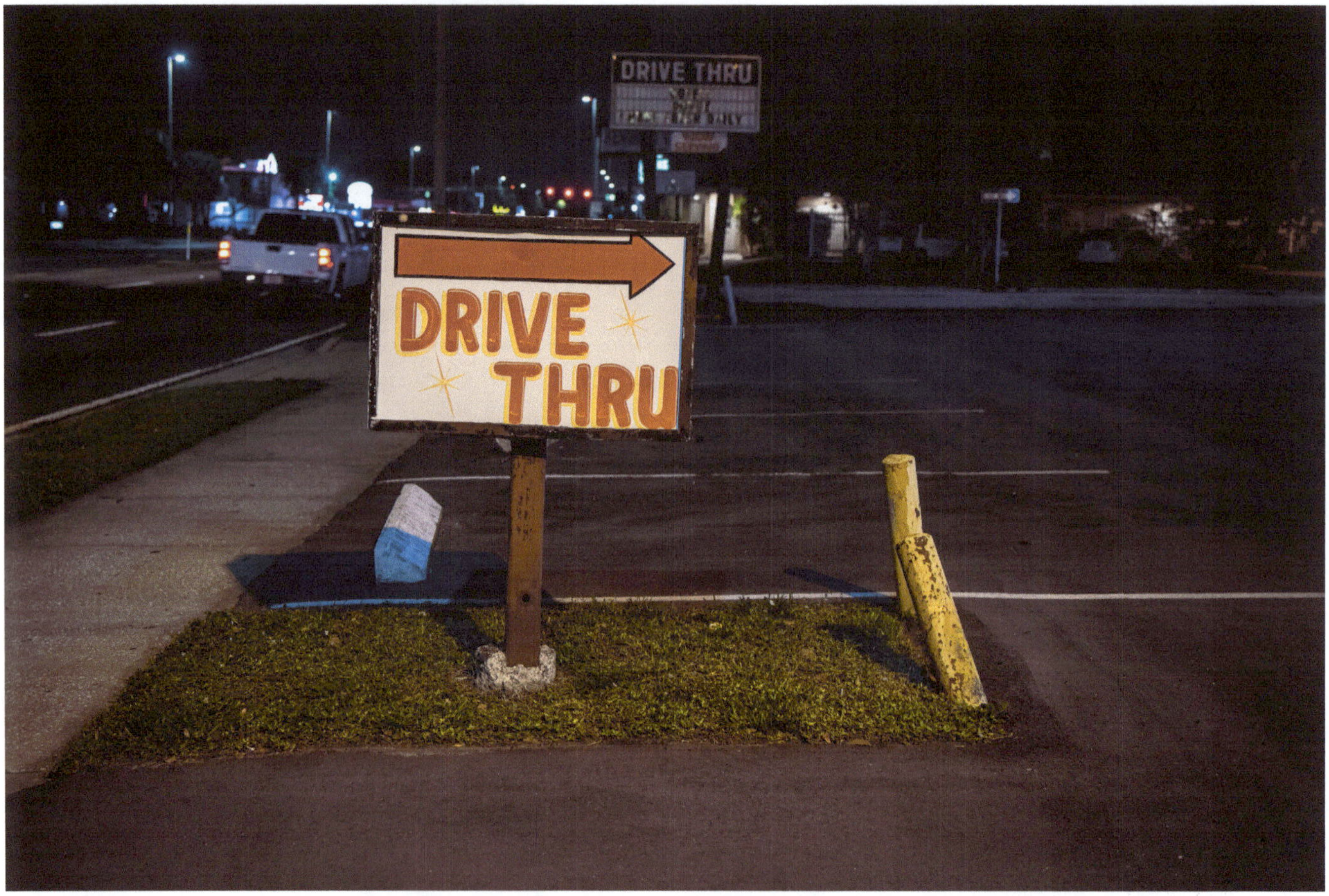
DRIVE THRU
DRIVE THRU

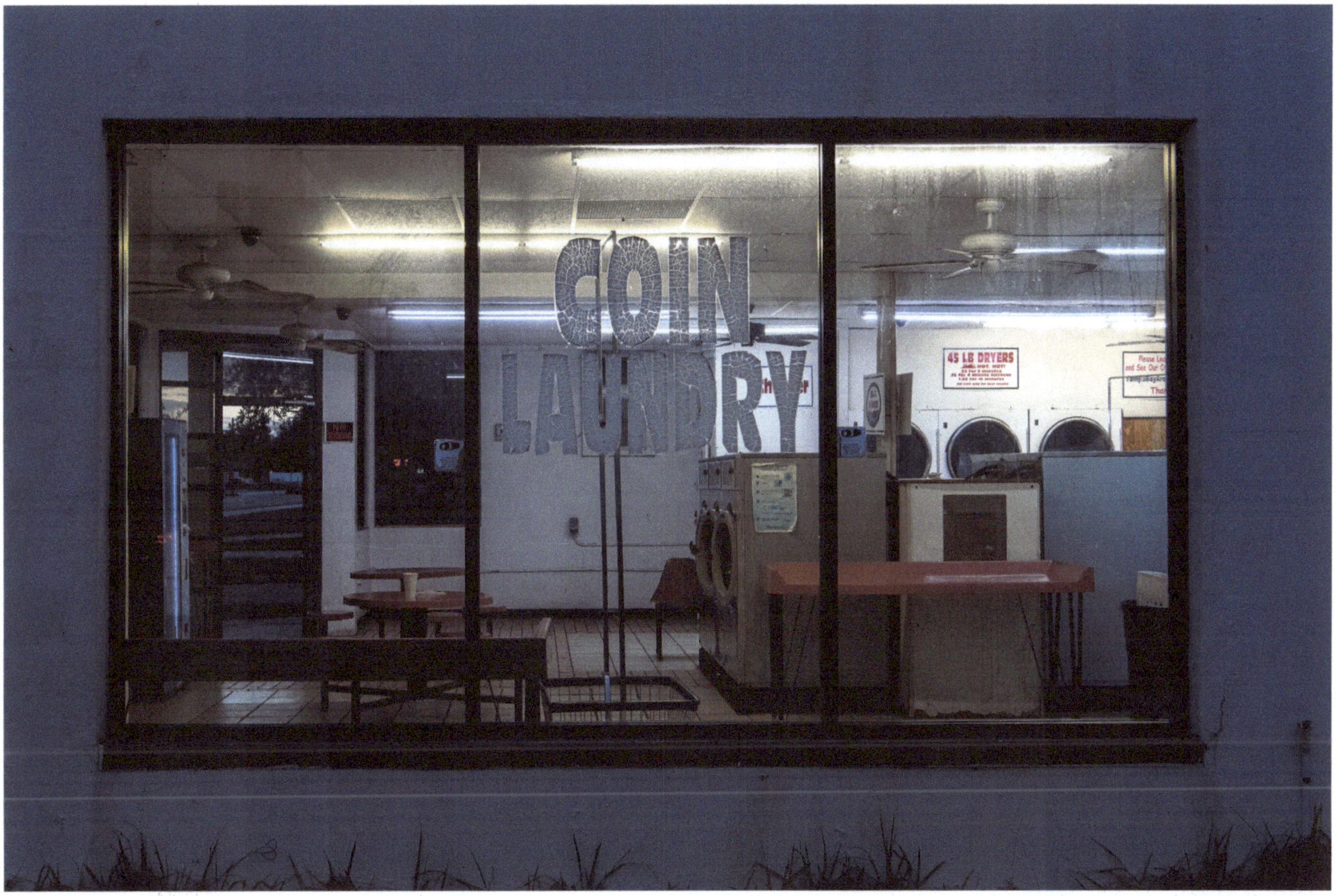
COIN
LAUNDRY
45 LB DRYERS

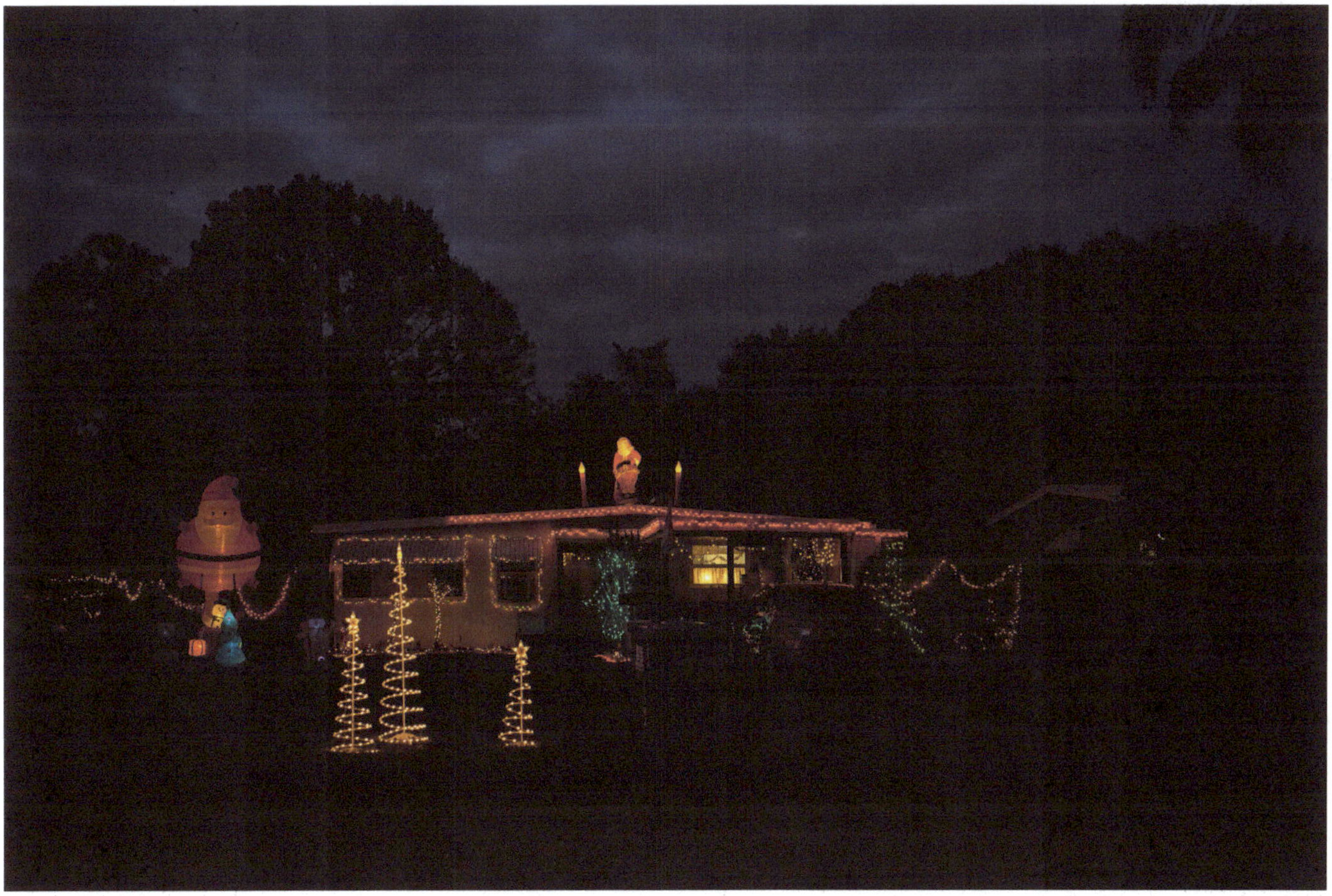

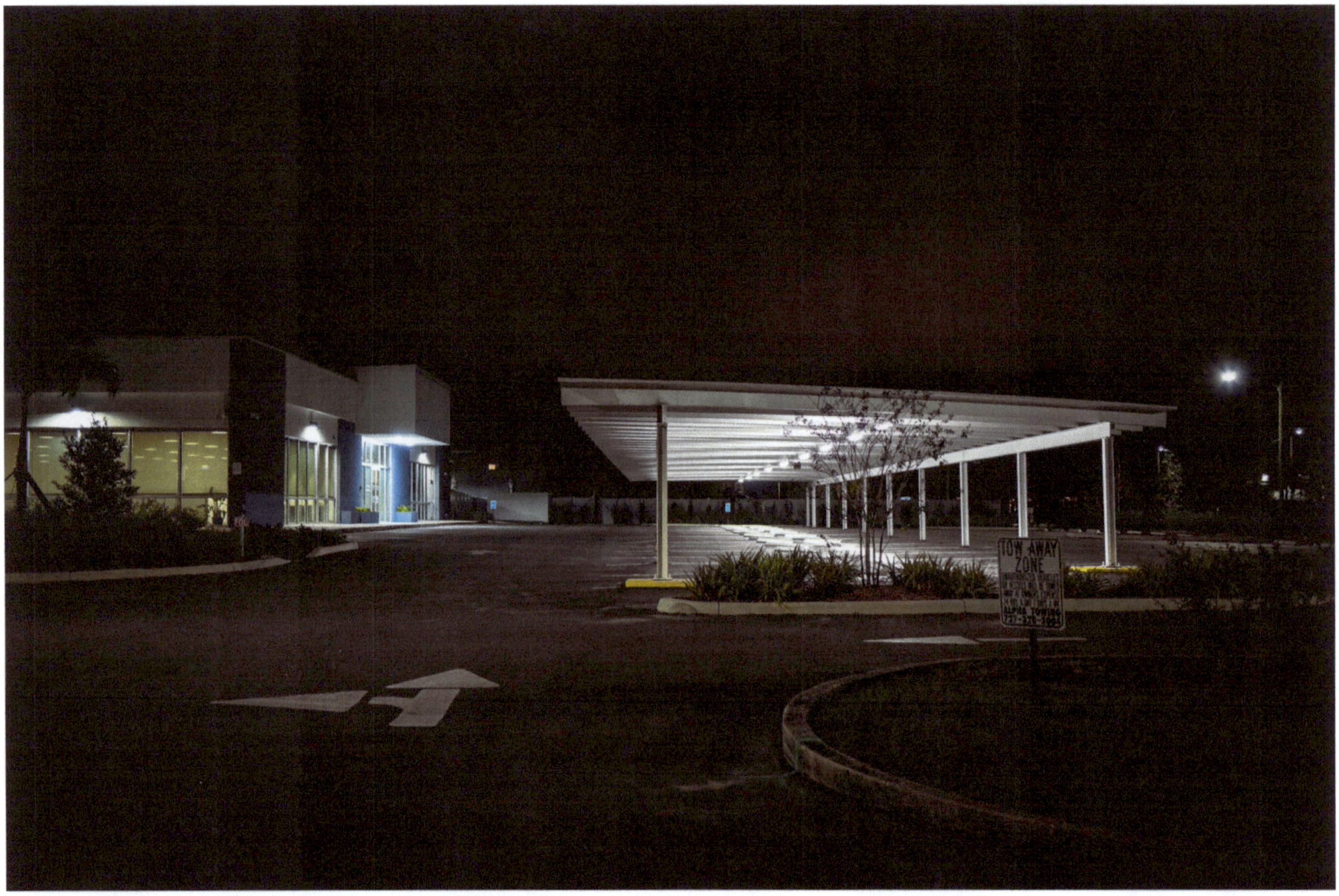

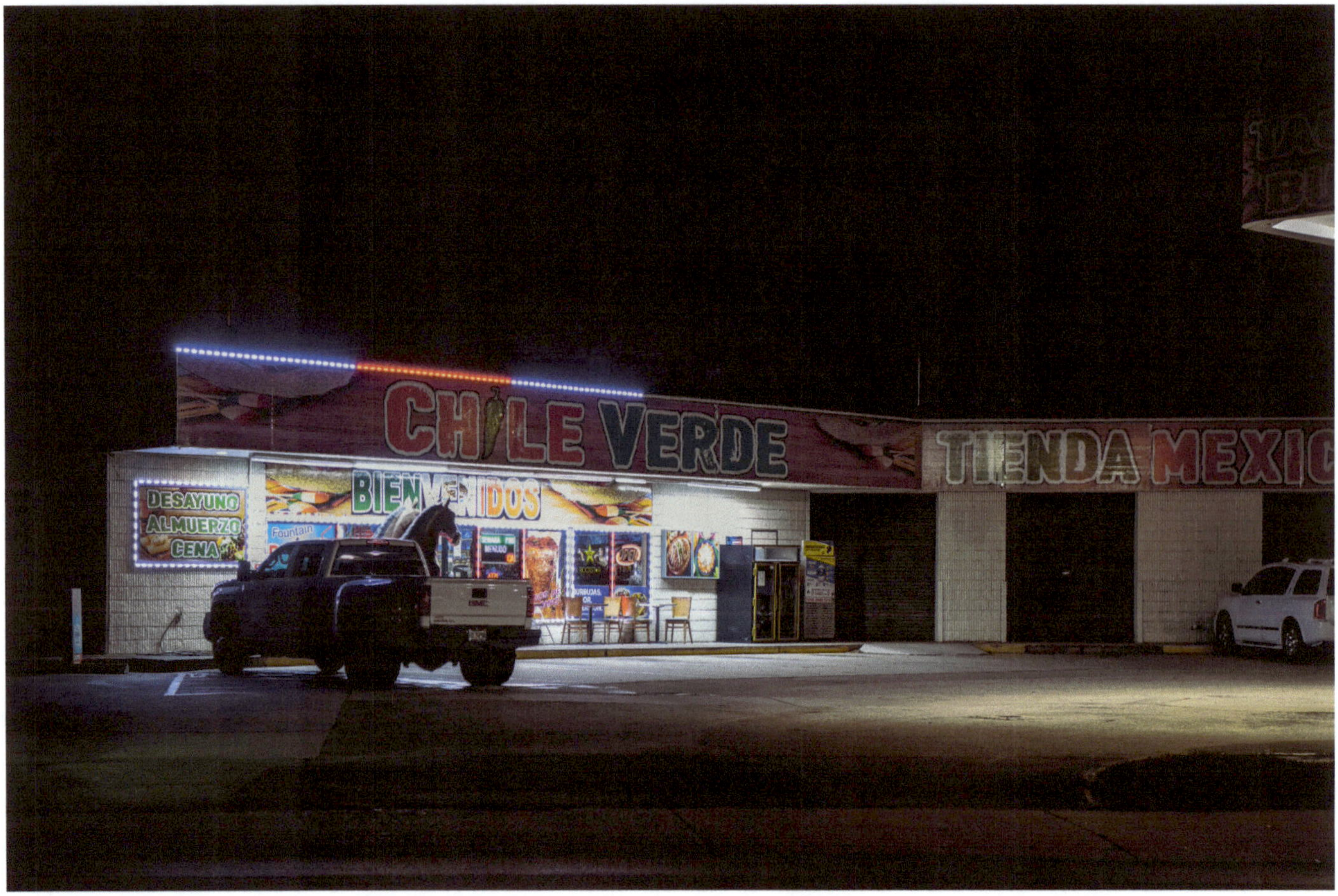

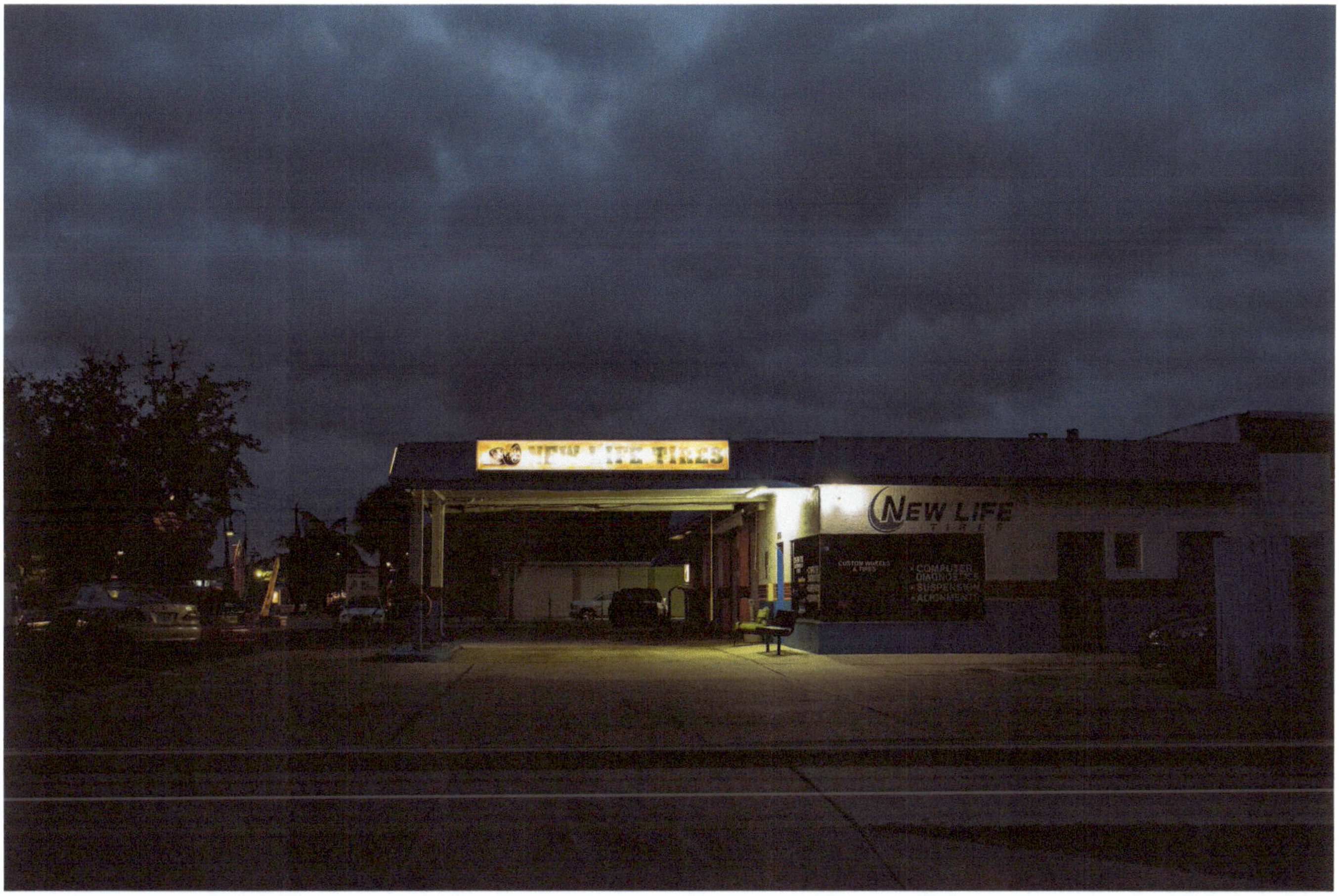

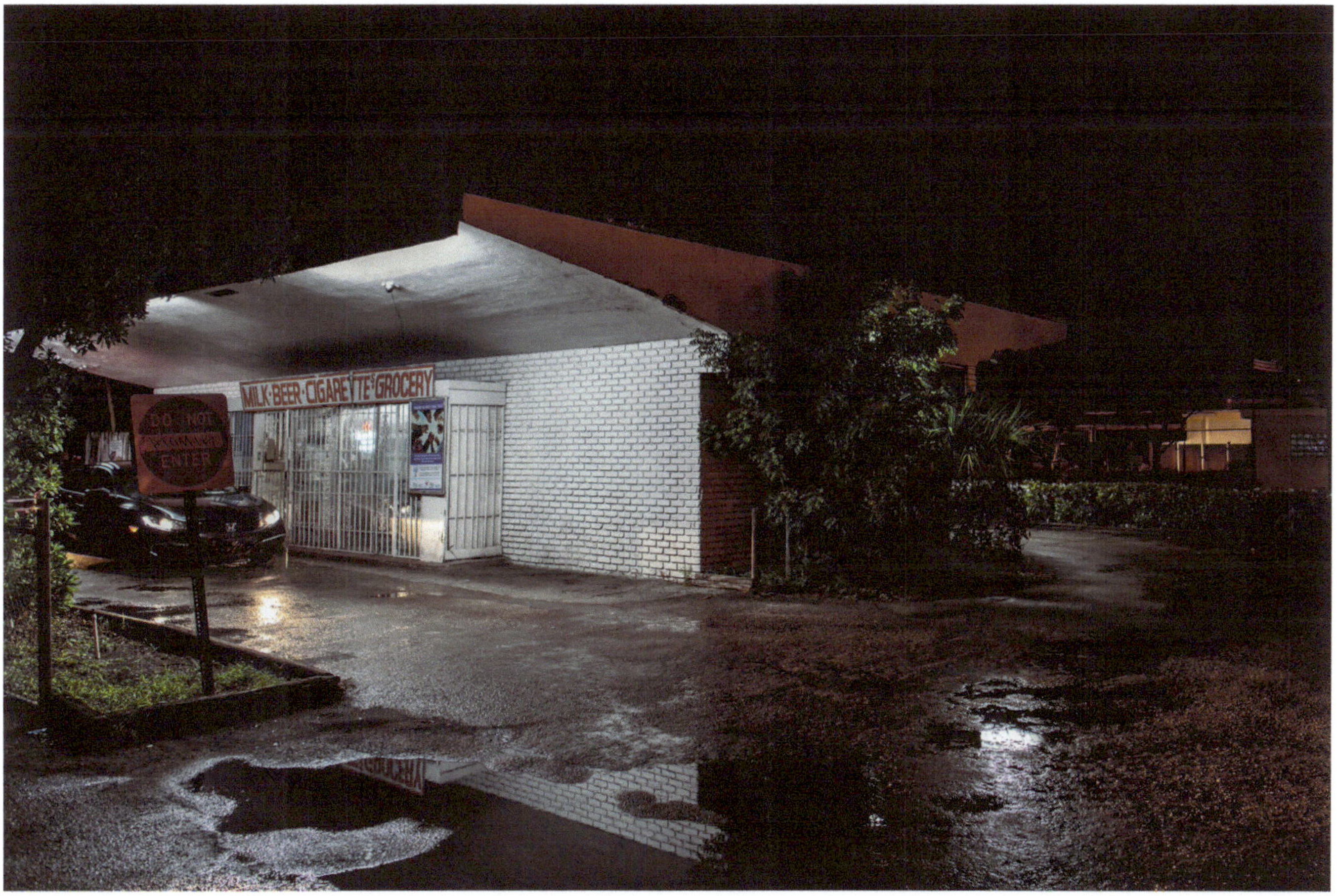

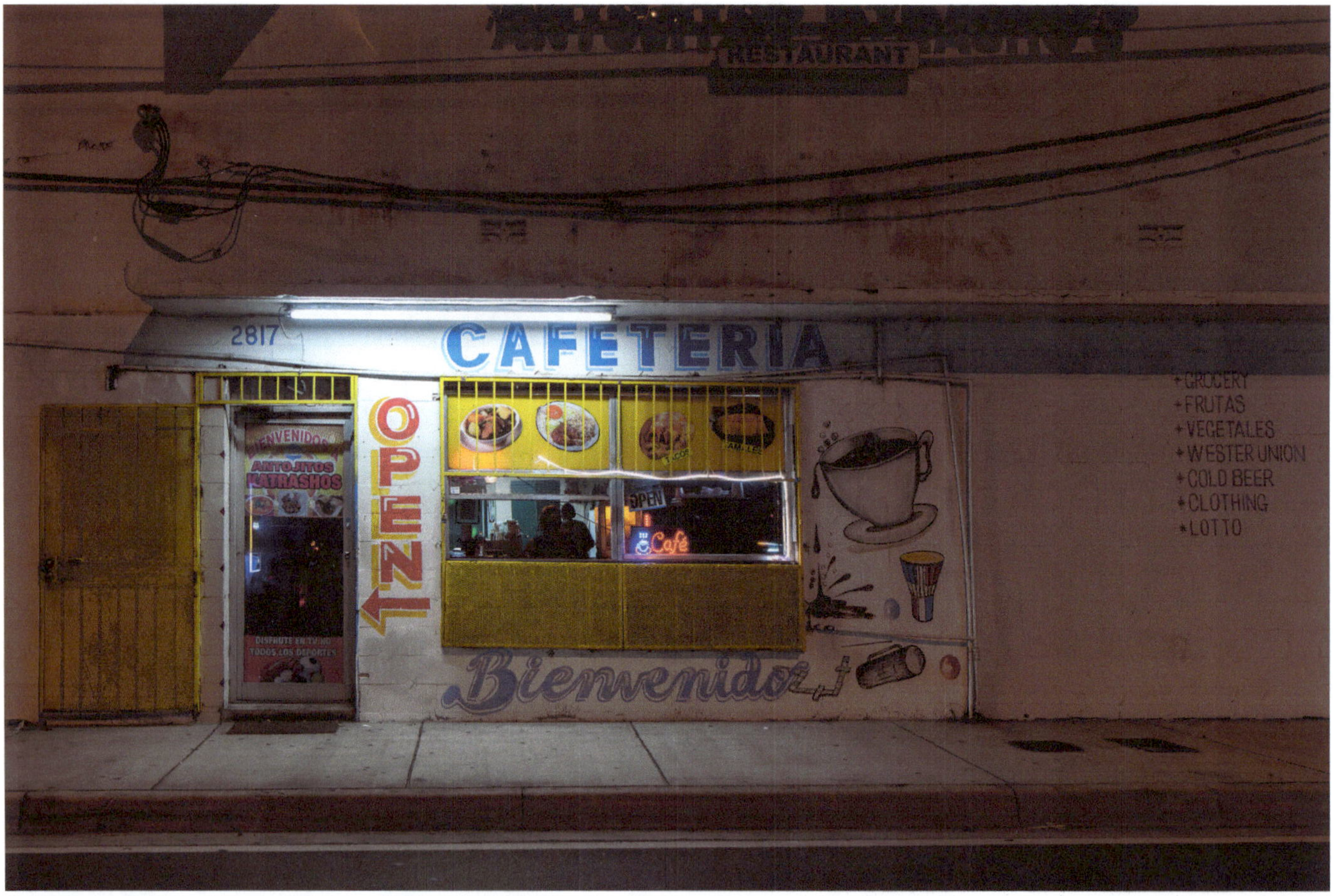
RESTAURANT
2817
CAFETERIA
OPEN
BIENVENIDOS
ANTOJITOS
CATRASHOS
DISFRUTE EN TV DE TODOS LOS DEPORTES
OPEN
Café
+GROCERY
+FRUTAS
+VEGETALES
+WESTER UNION
+COLD BEER
+CLOTHING
+LOTTO
Bienvenidos

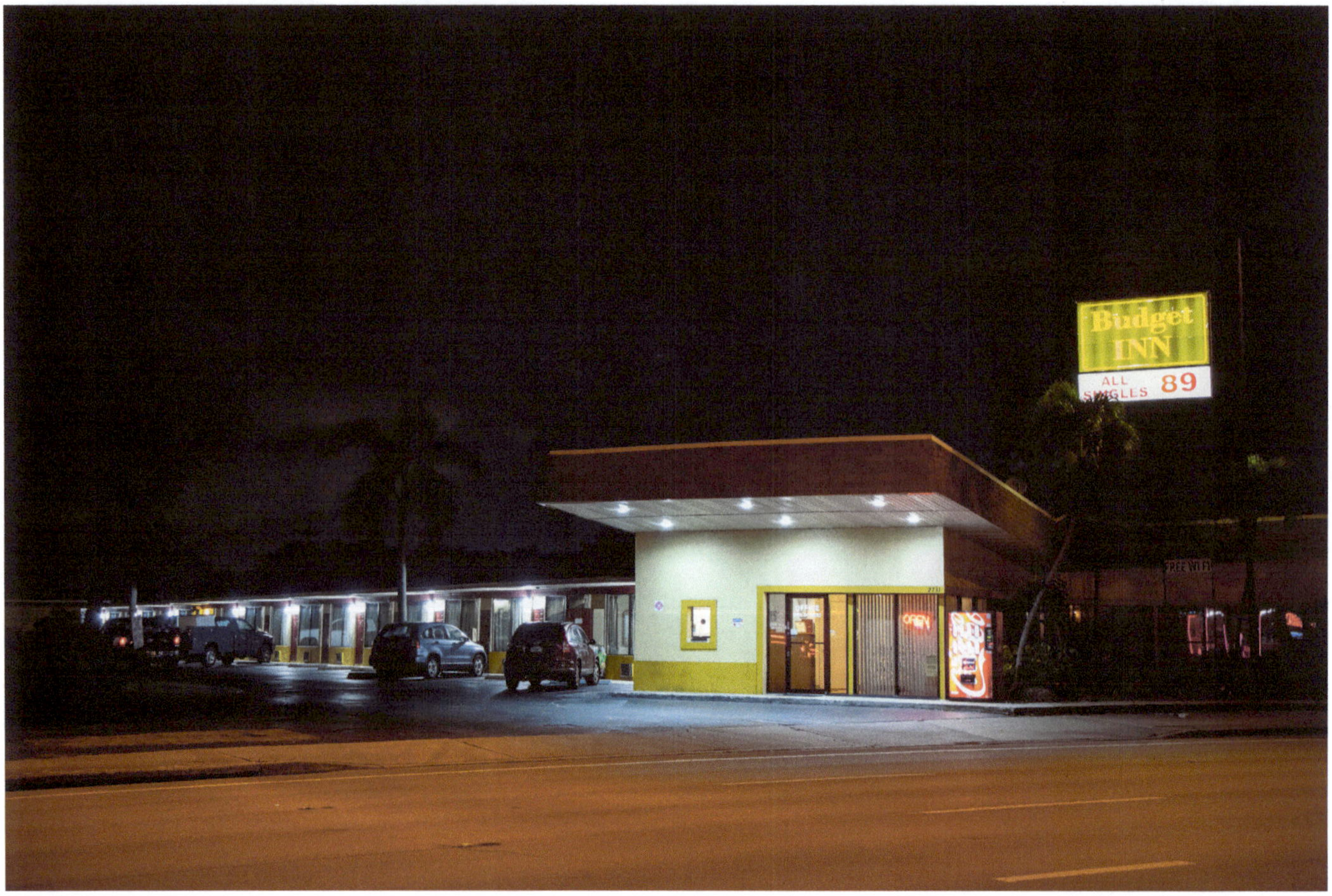
Budget INN
ALL SINGLES 89

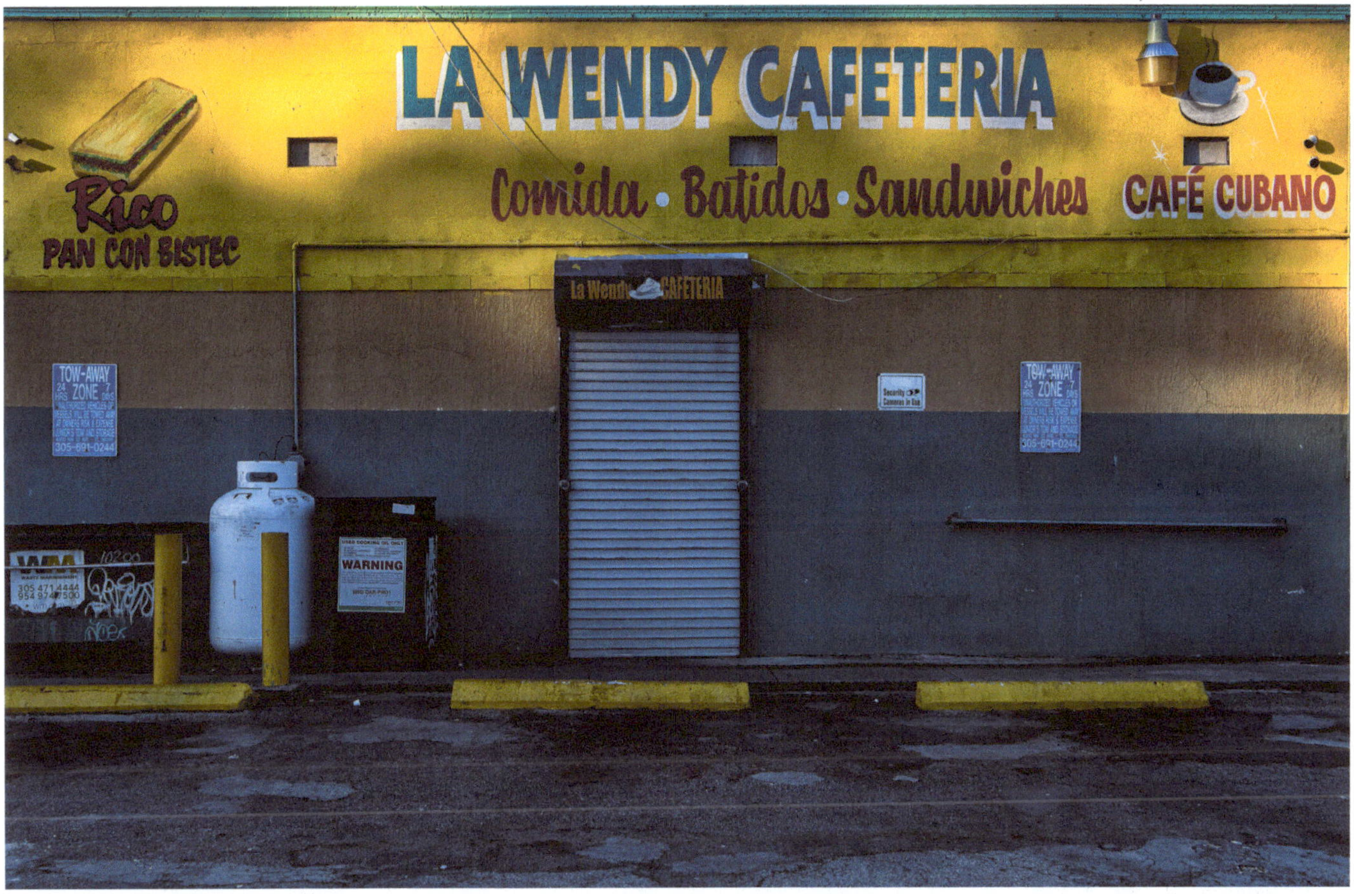

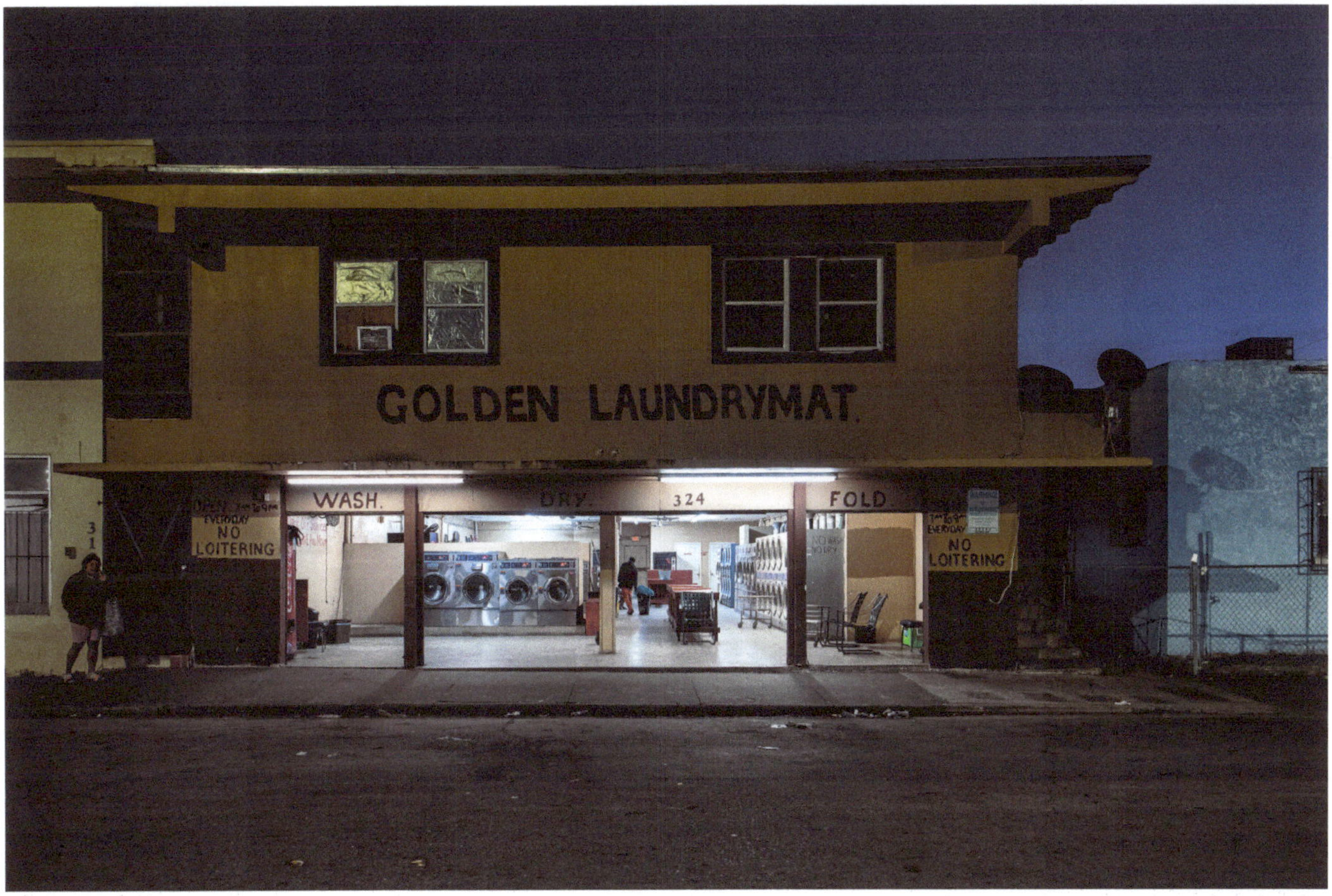

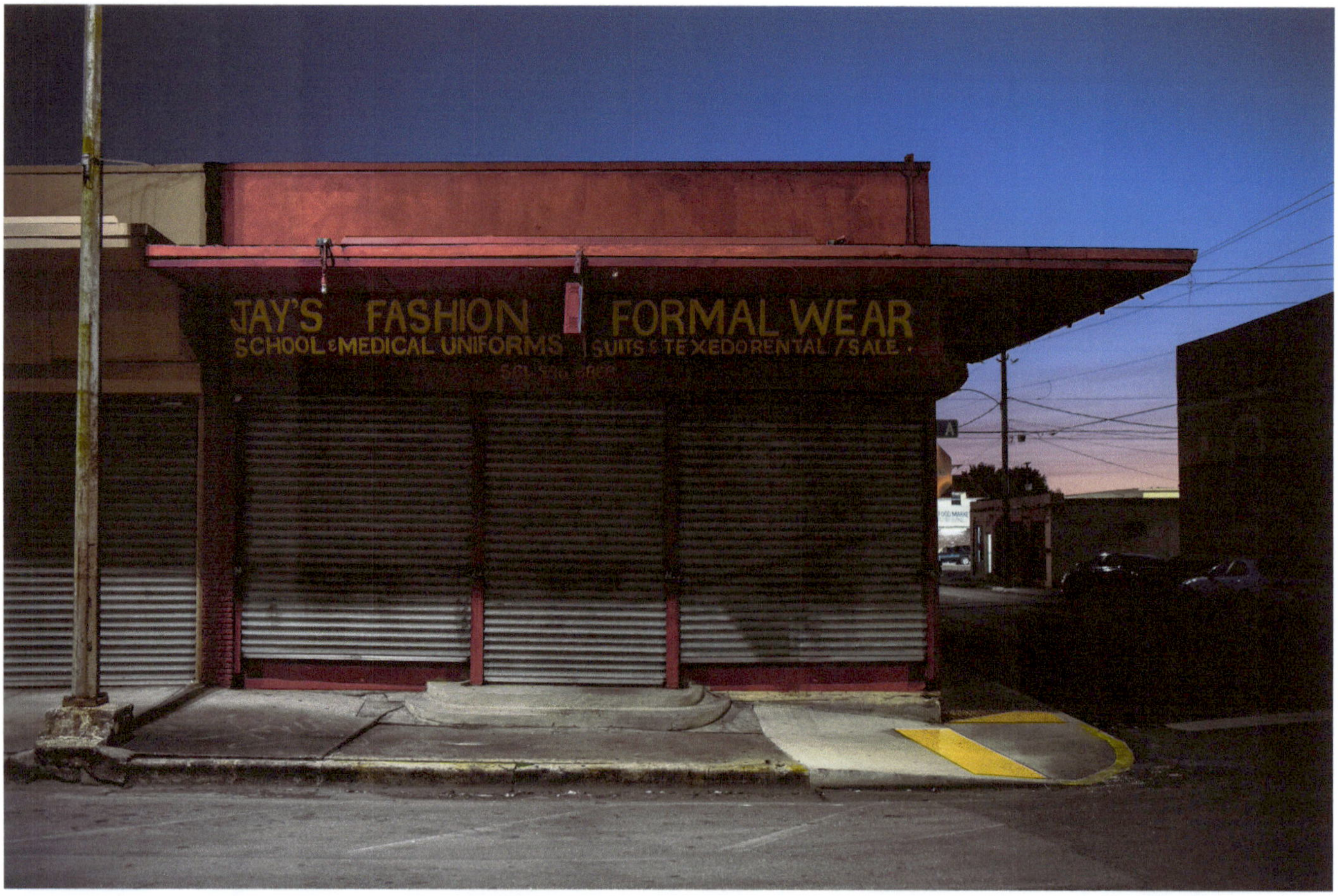

JAY'S FASHION
FORMAL WEAR
SCHOOL & MEDICAL UNIFORMS
SUITS & TEXEDO RENTAL / SALE

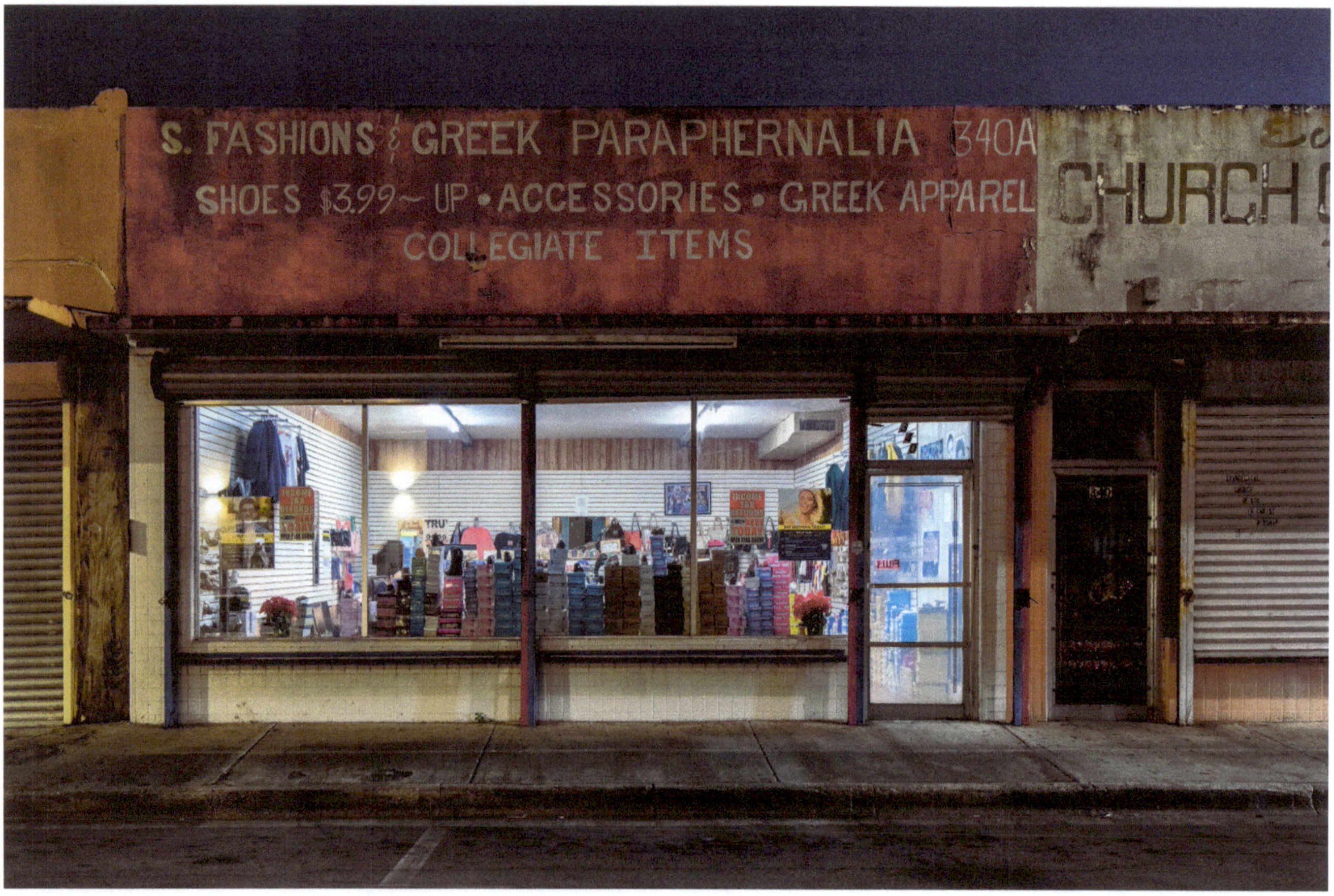

S. FASHIONS & GREEK PARAPHERNALIA 340A
SHOES $3.99~UP • ACCESSORIES • GREEK APPAREL
COLLEGIATE ITEMS
CHURCH

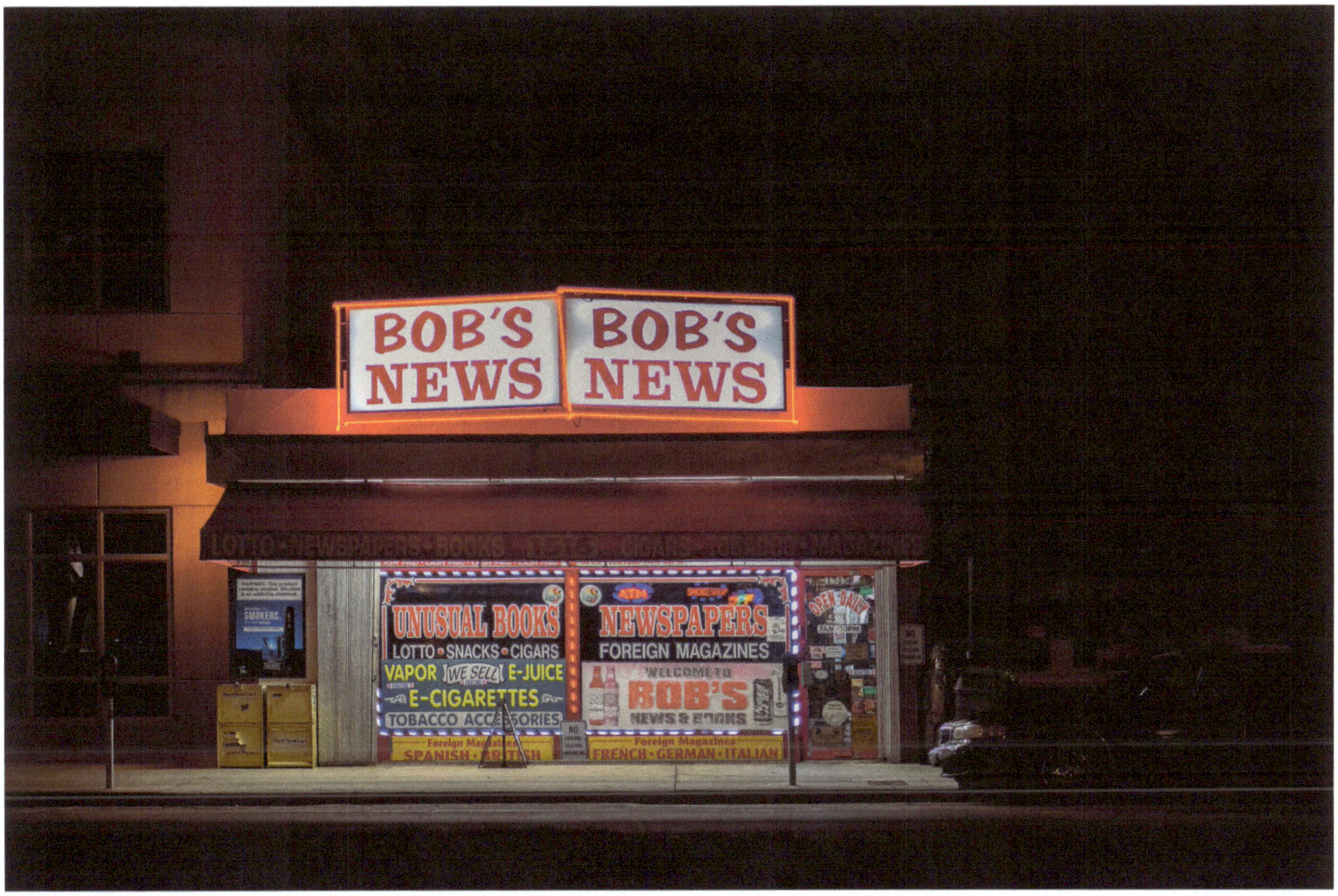

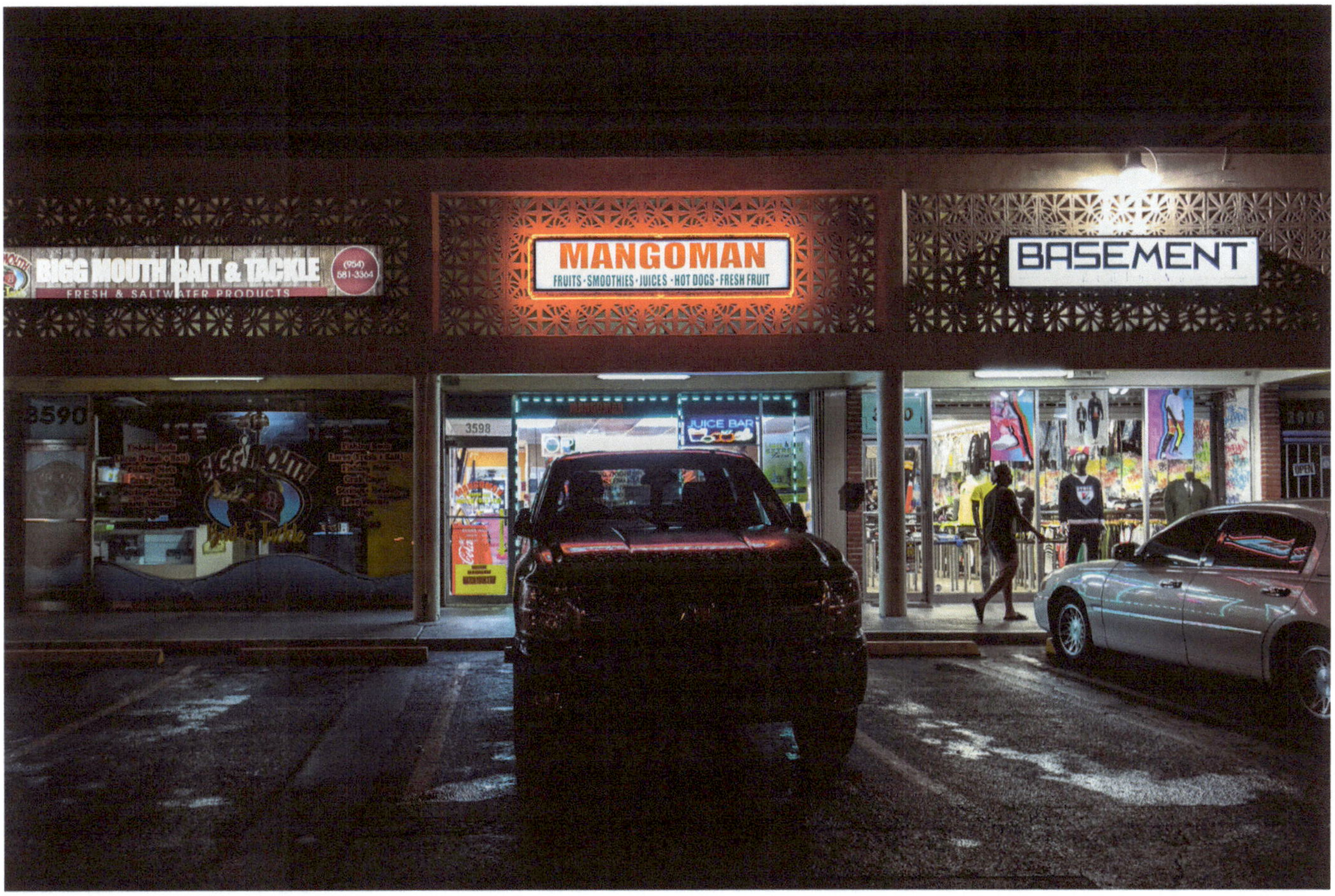

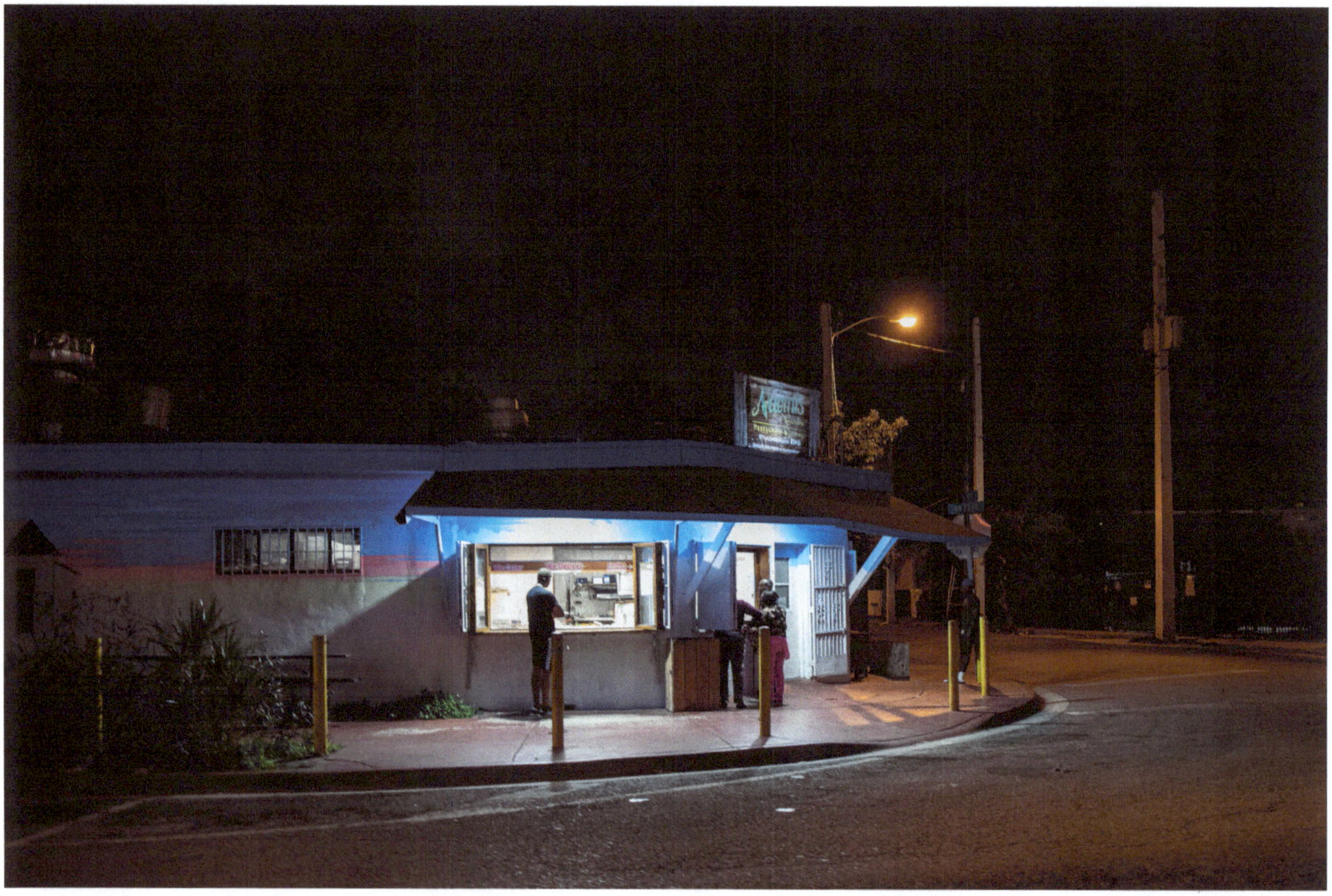

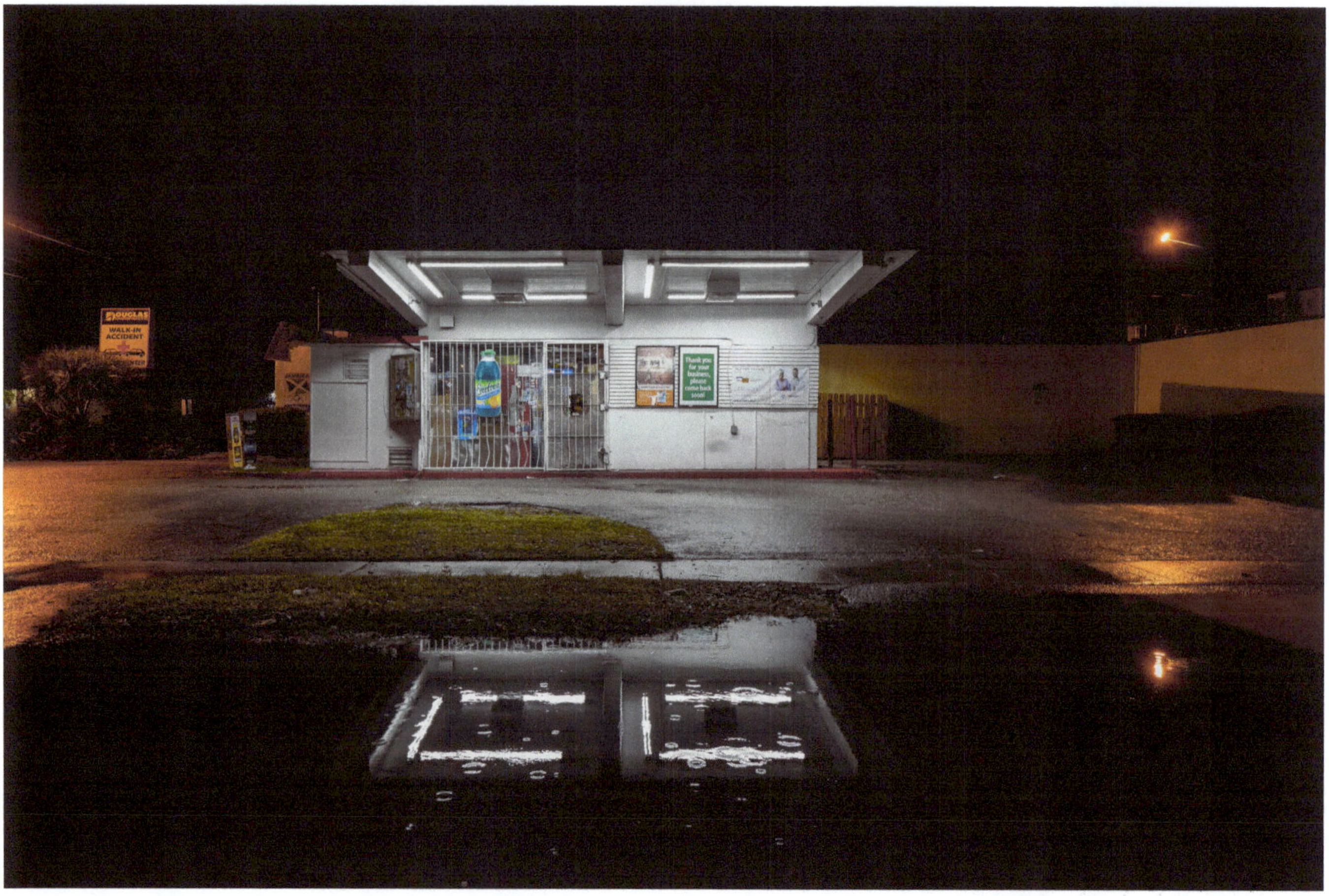

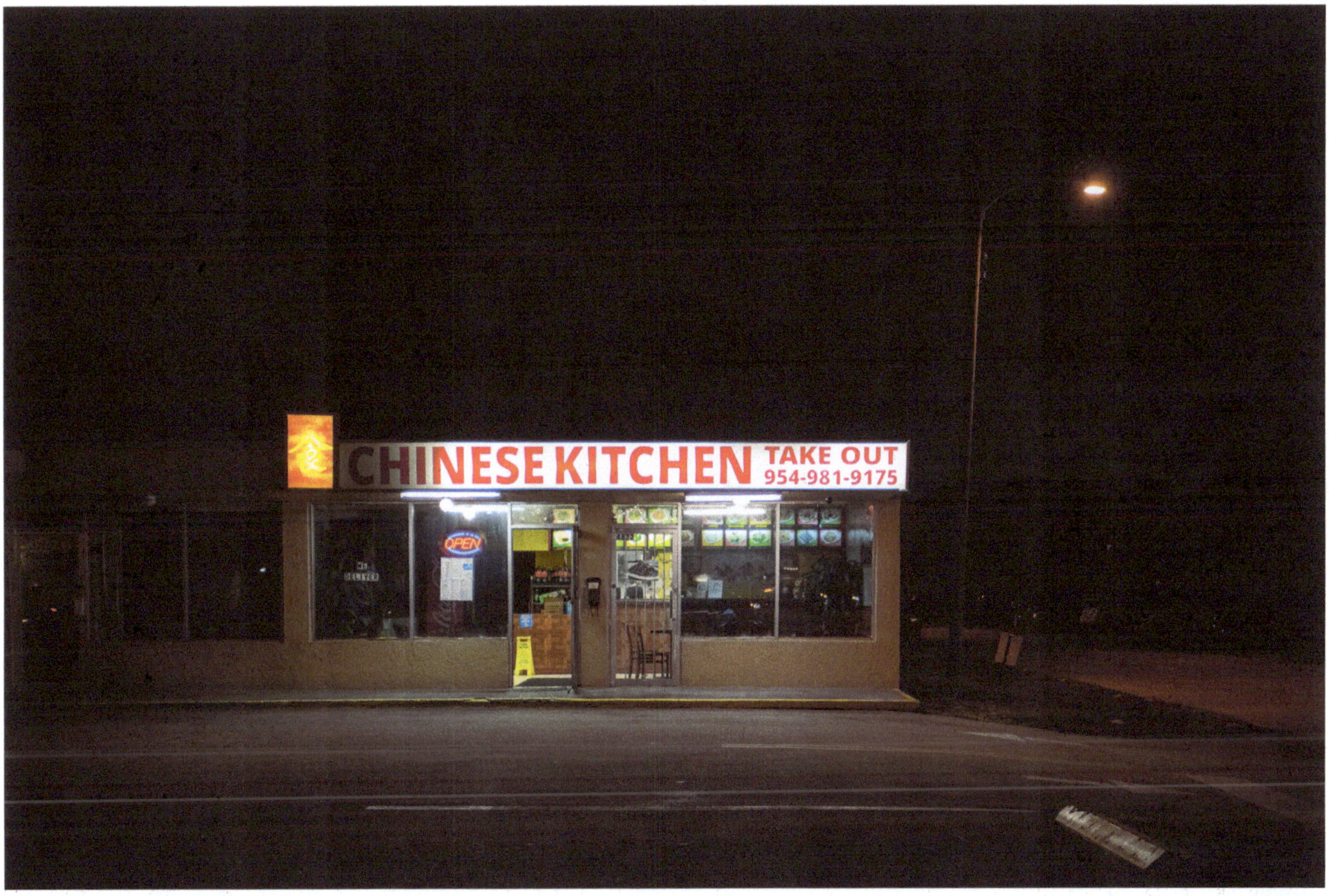

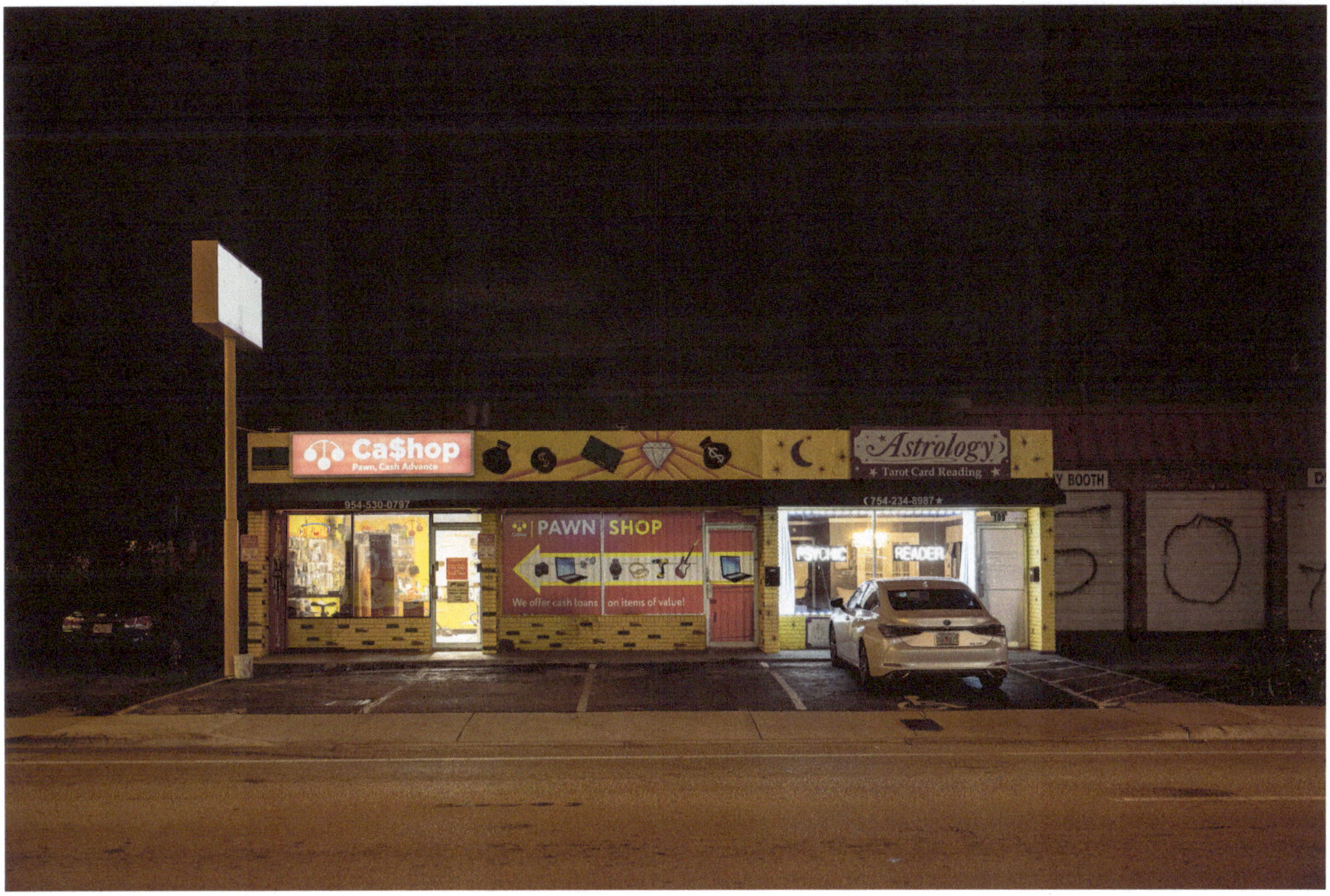

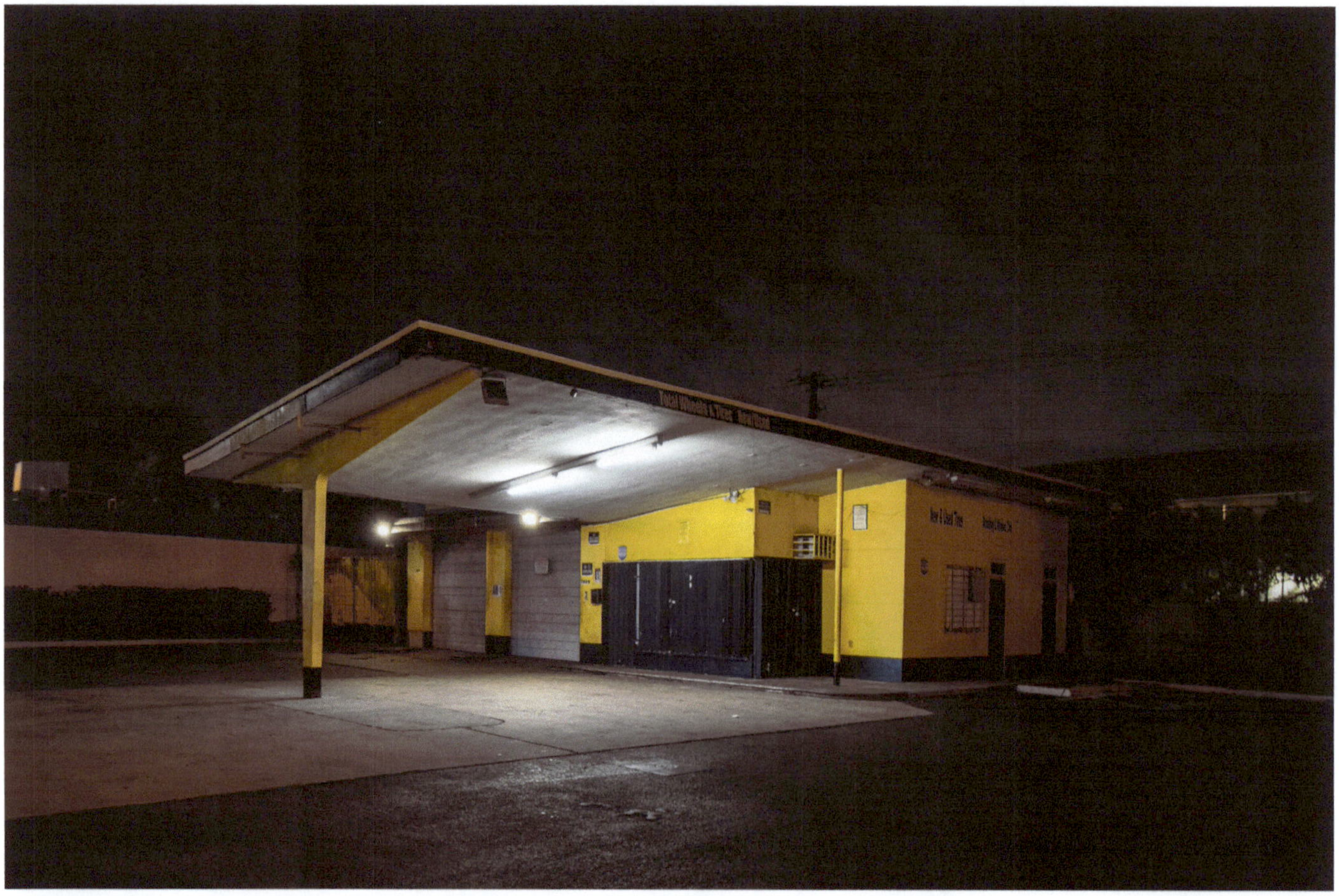

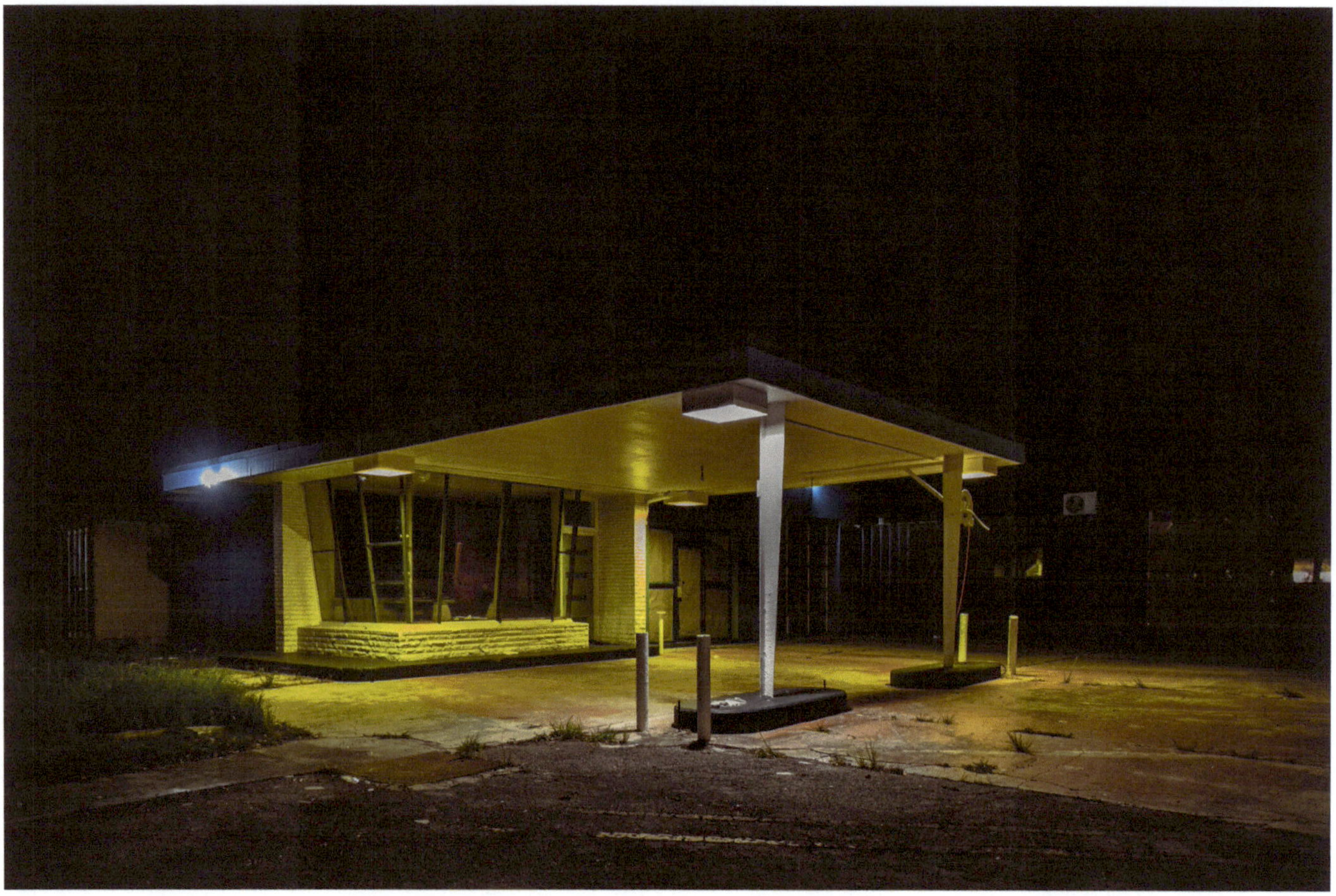

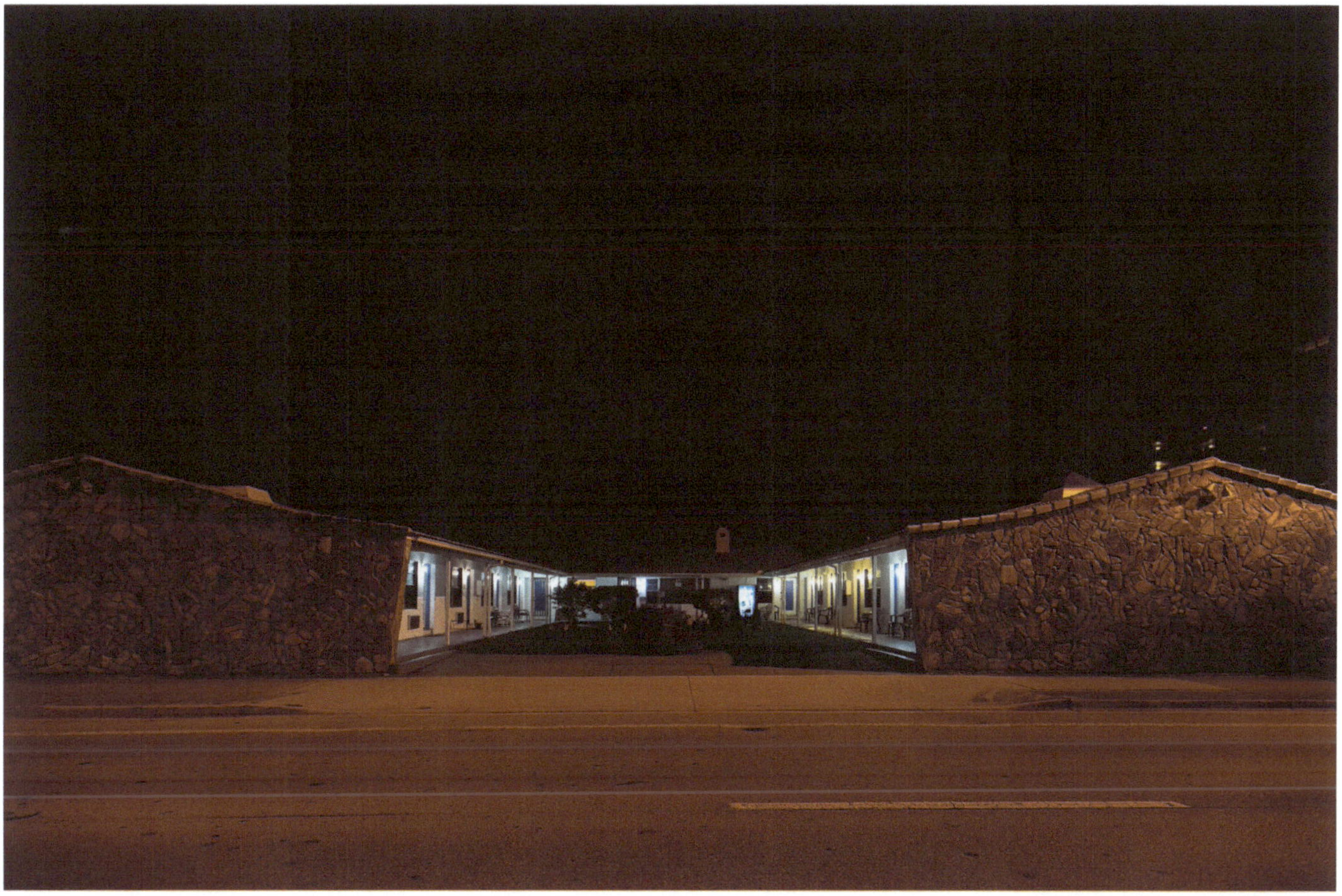

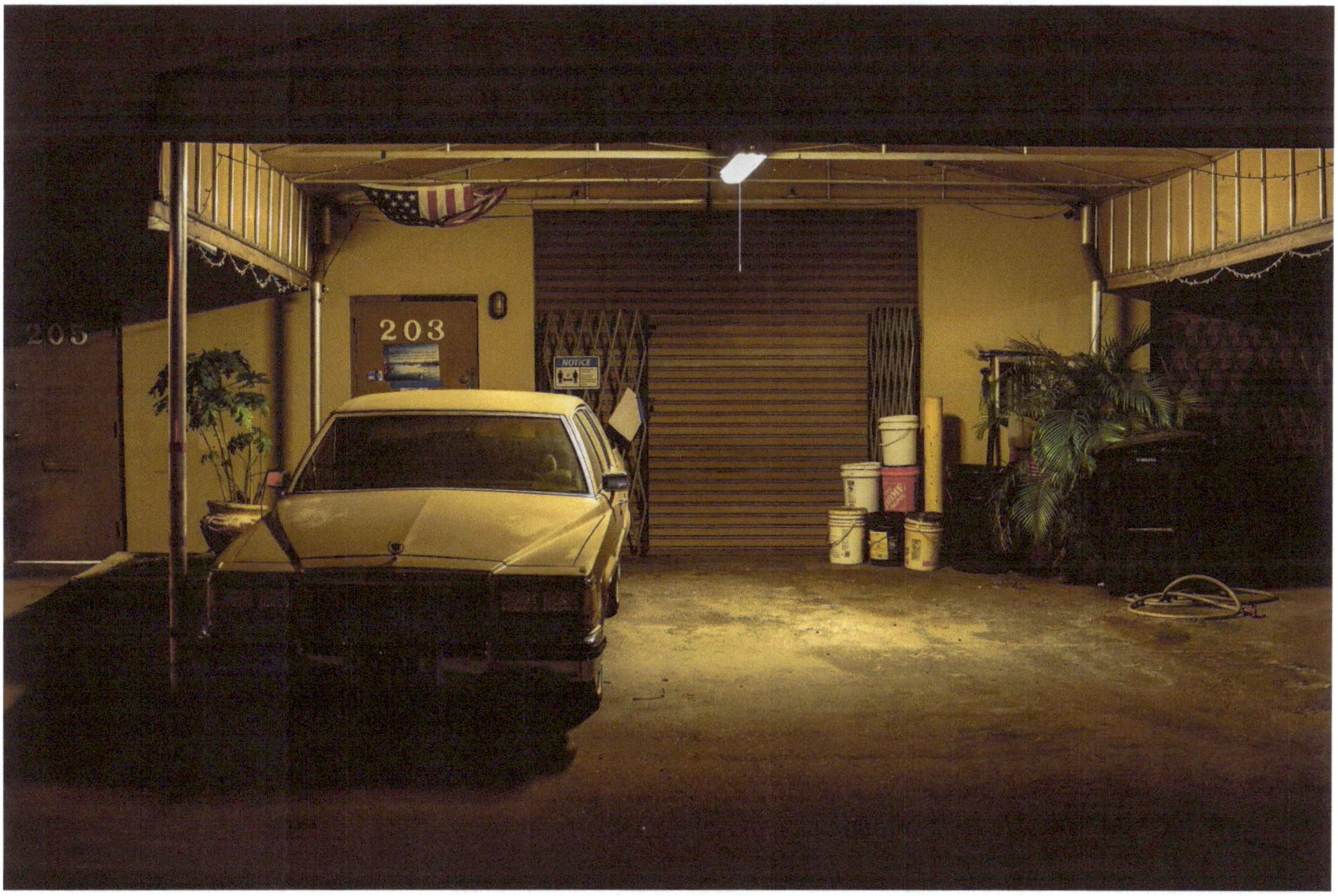

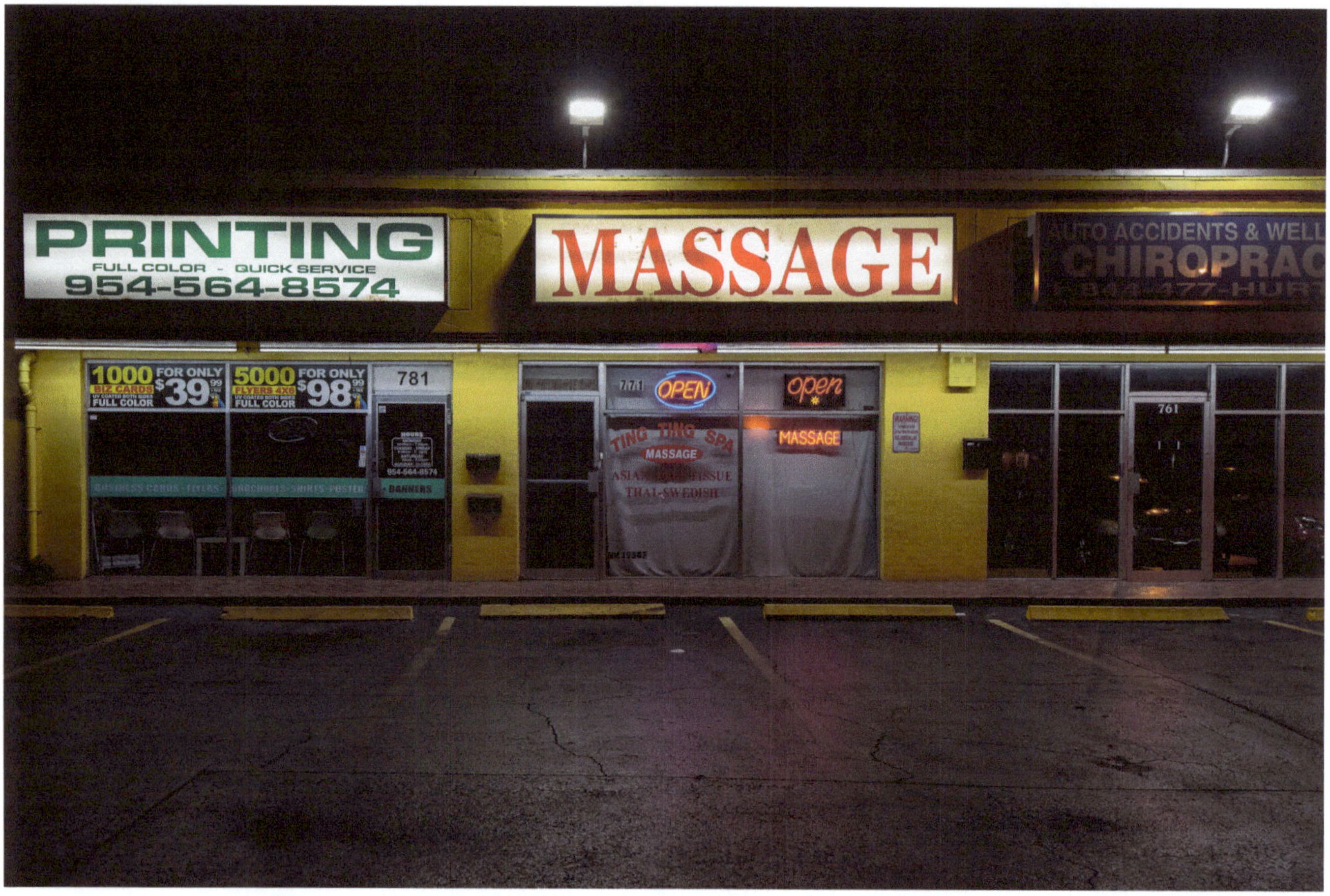
PRINTING
FULL COLOR - QUICK SERVICE
954-564-8574
MASSAGE
AUTO ACCIDENTS & WELL
CHIROPRAC
1000 FOR ONLY
BIZ CARDS
$39.99
FULL COLOR
5000 FOR ONLY
FLYERS 4X6
$98.99
FULL COLOR
781
OPEN
open
TING TING SPA
MASSAGE
MASSAGE
761

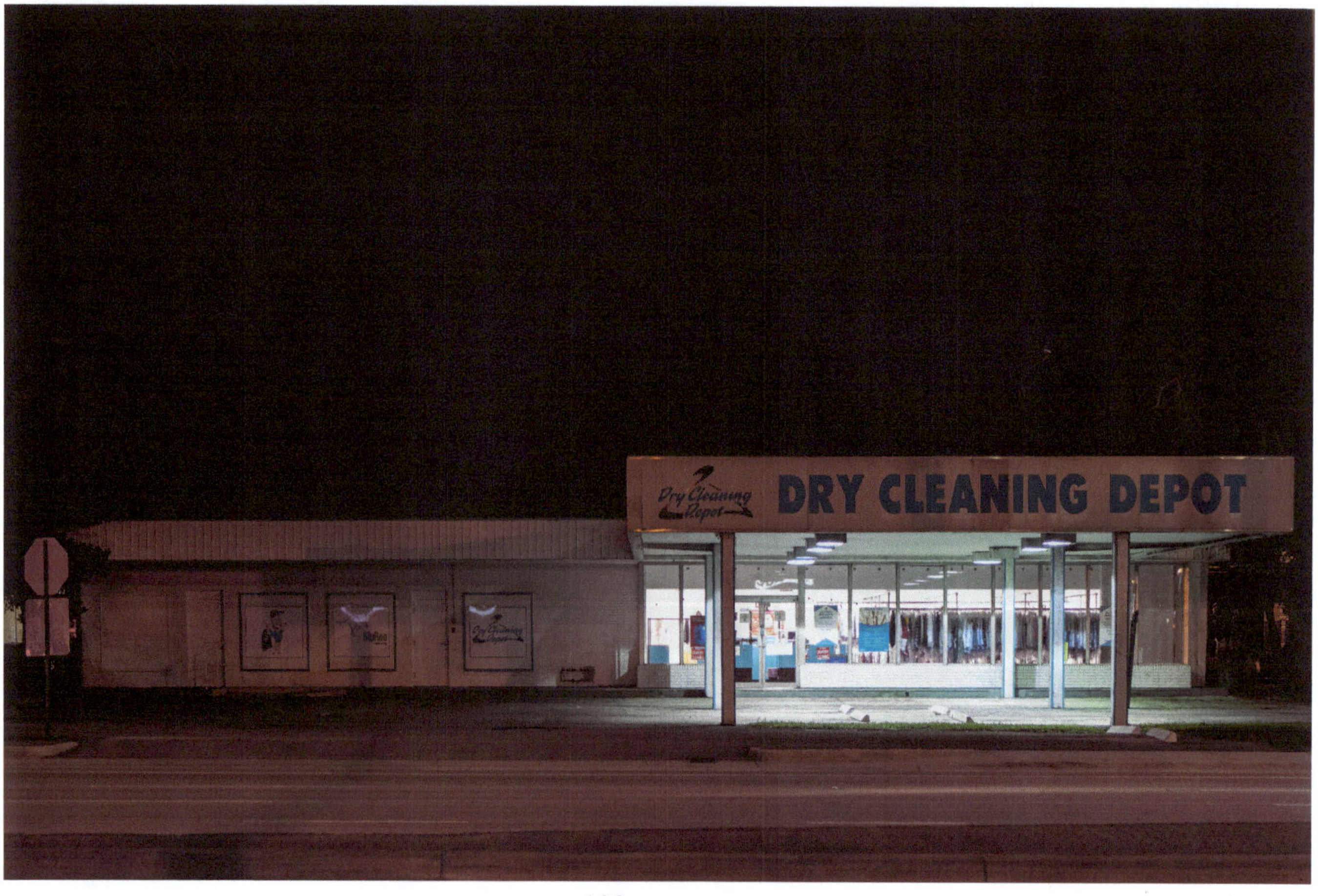
Dry Cleaning Depot
DRY CLEANING DEPOT

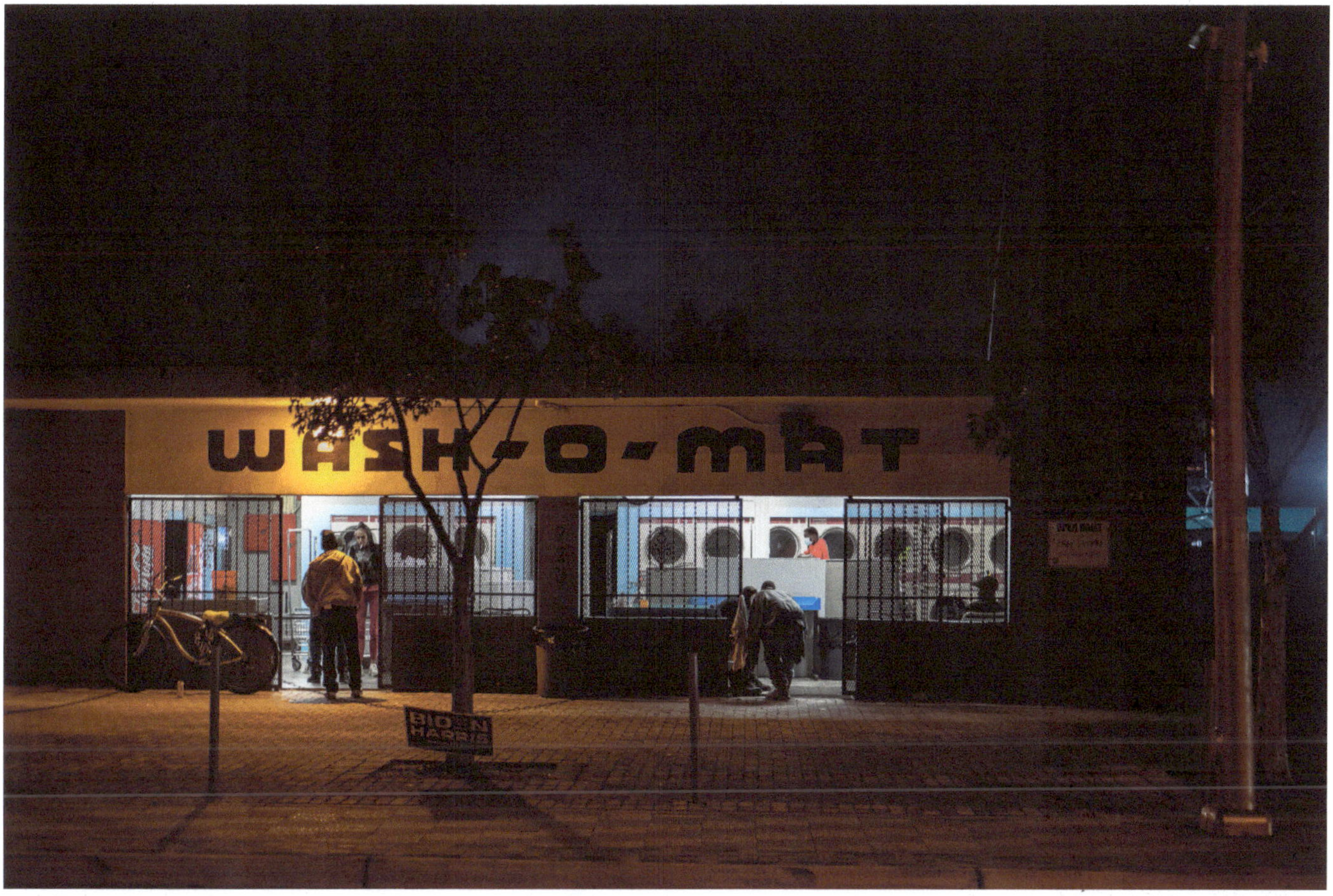

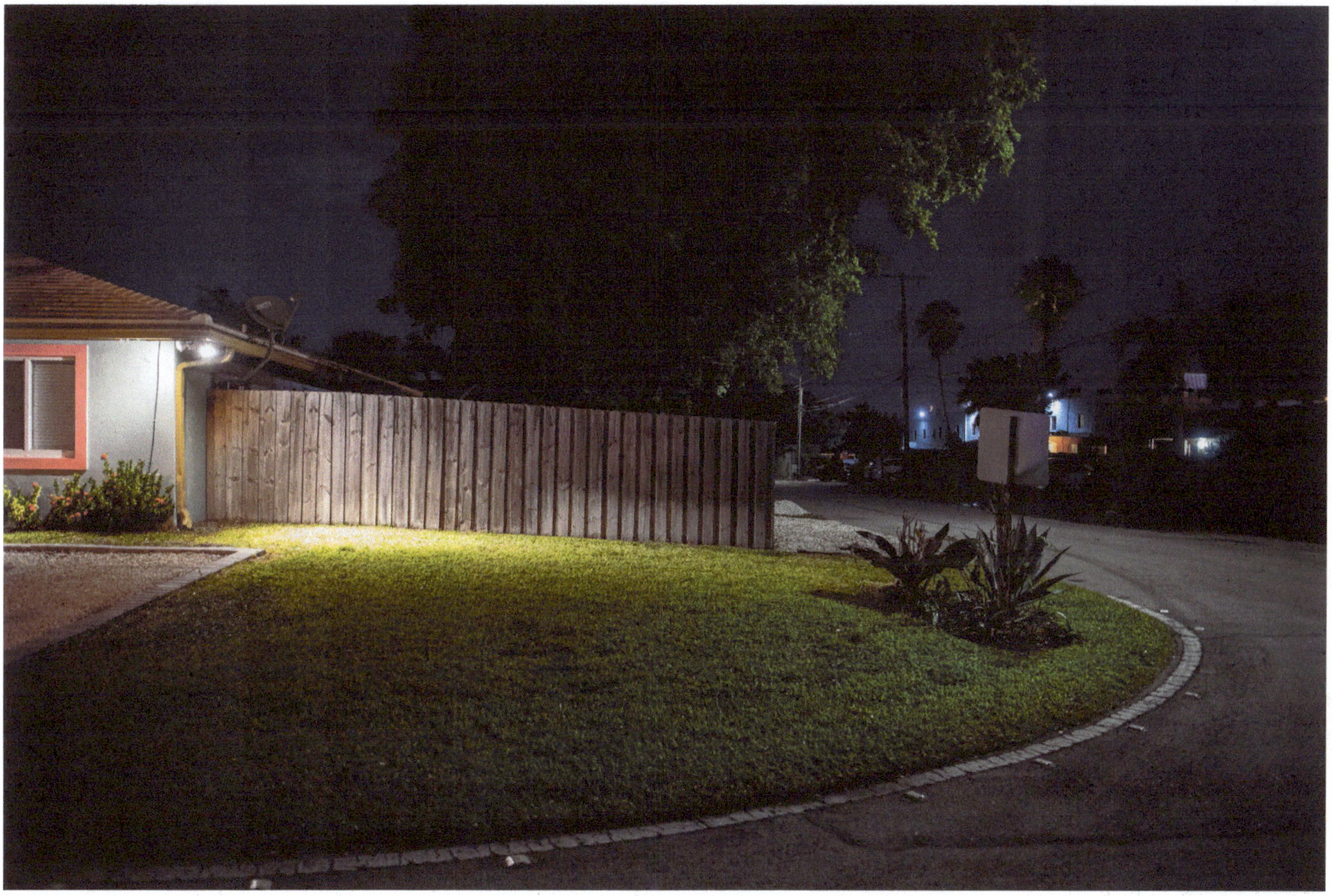

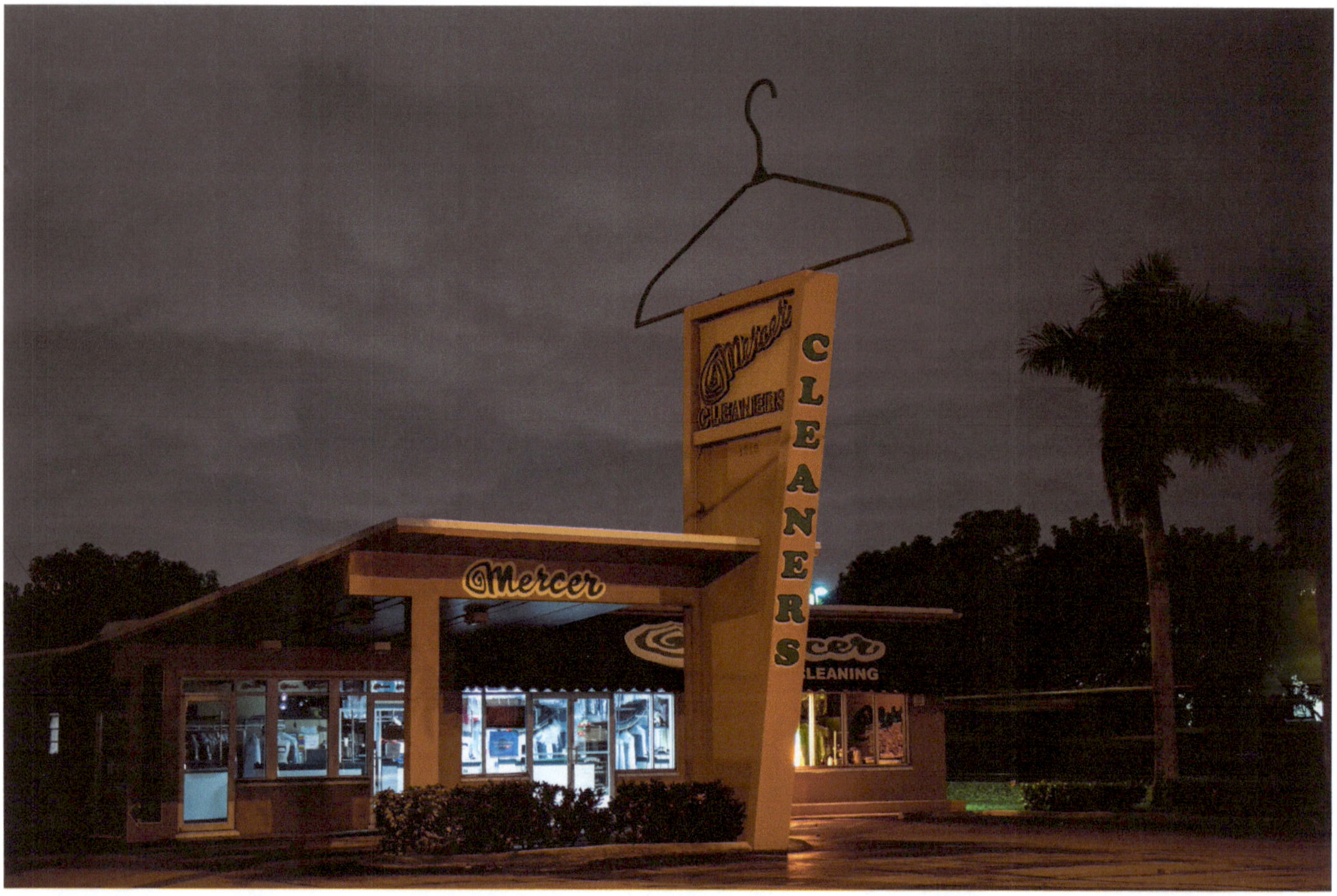
Mercer
CLEANERS
CLEANERS
Mercer
CLEANING

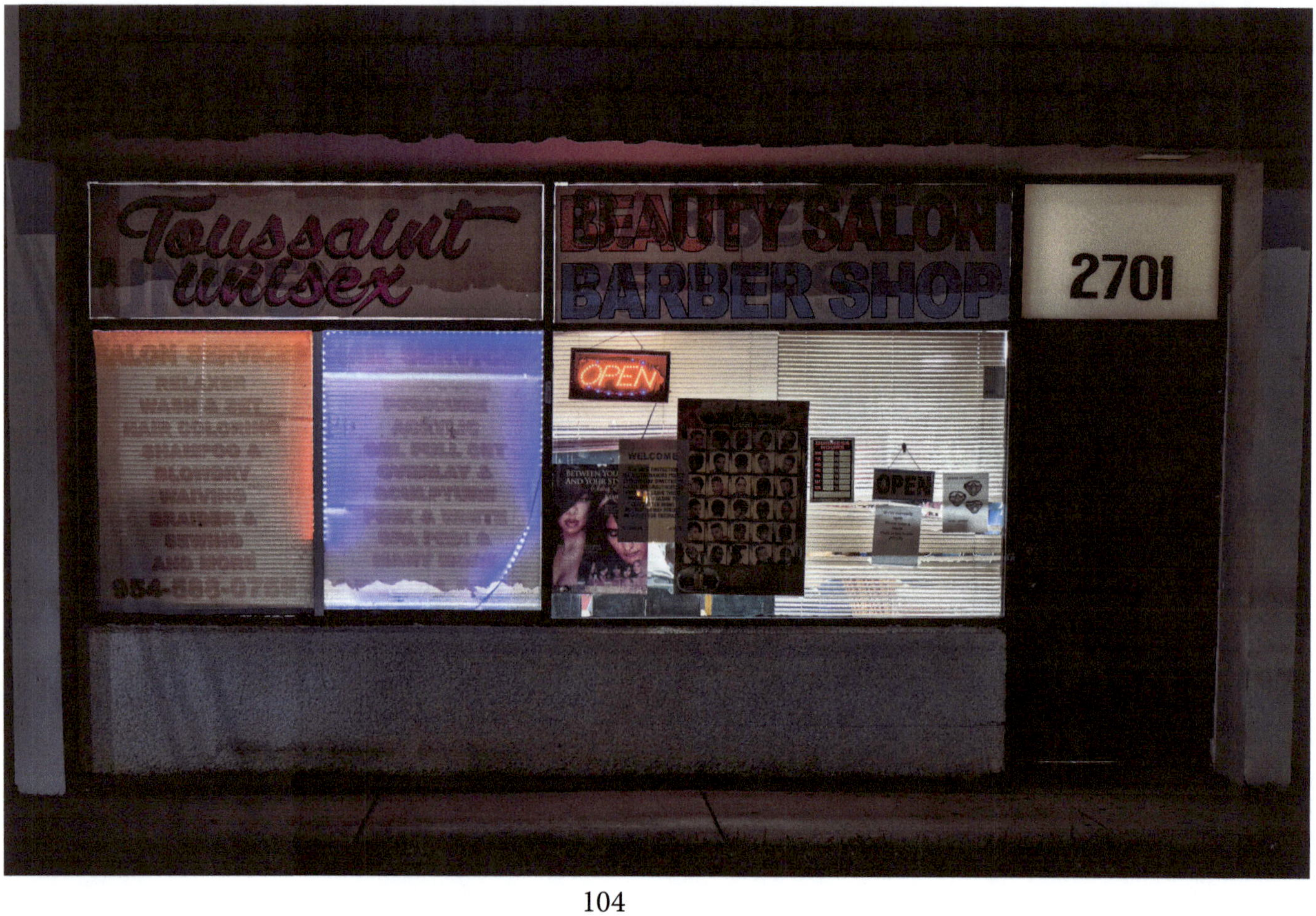
Toussaint
unisex
BEAUTY SALON
BARBER SHOP
2701
OPEN
OPEN

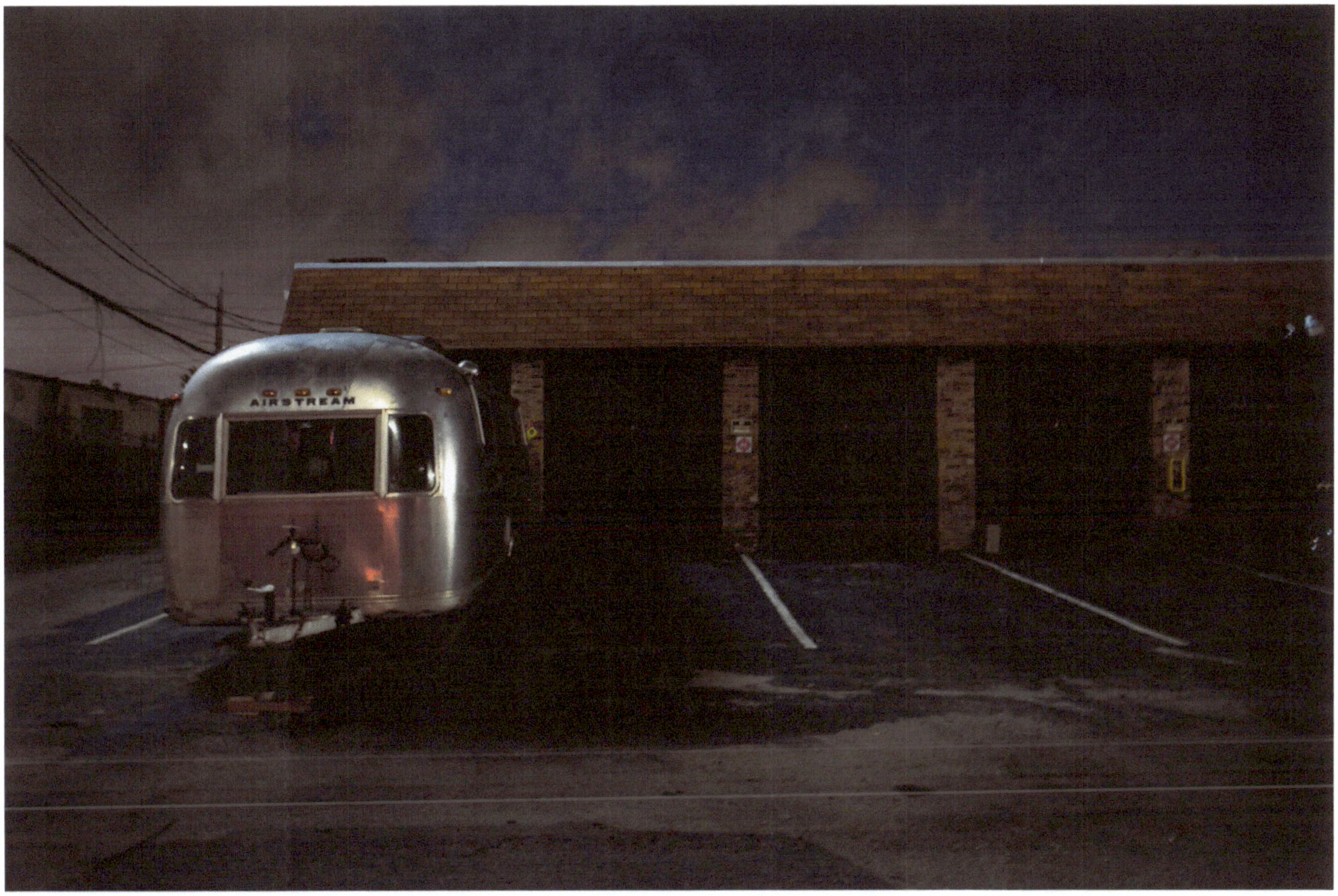
AIRSTREAM

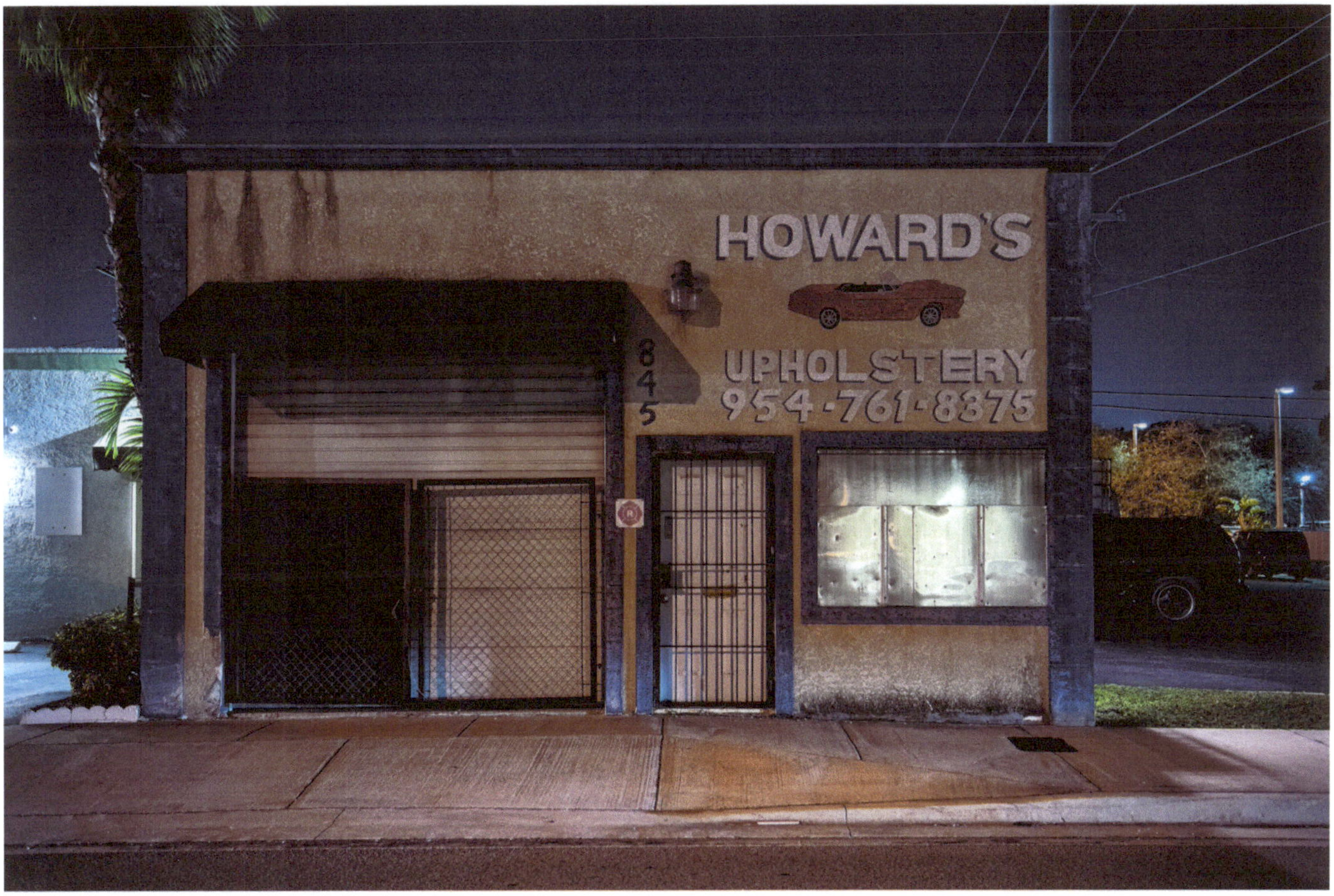
HOWARD'S
UPHOLSTERY
954-761-8375
845

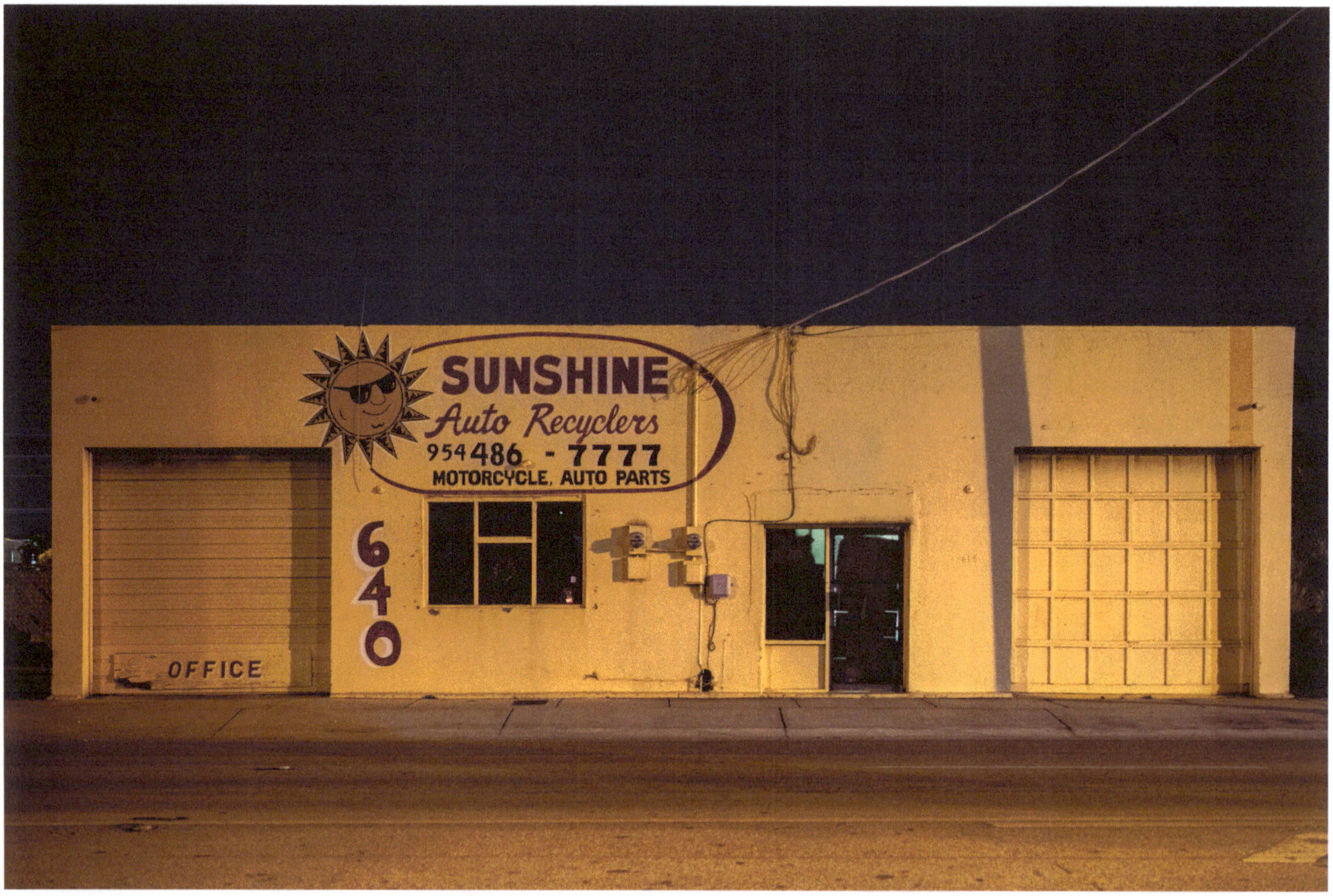
SUNSHINE
Auto Recyclers
954 486 - 7777
MOTORCYCLE, AUTO PARTS
640
OFFICE

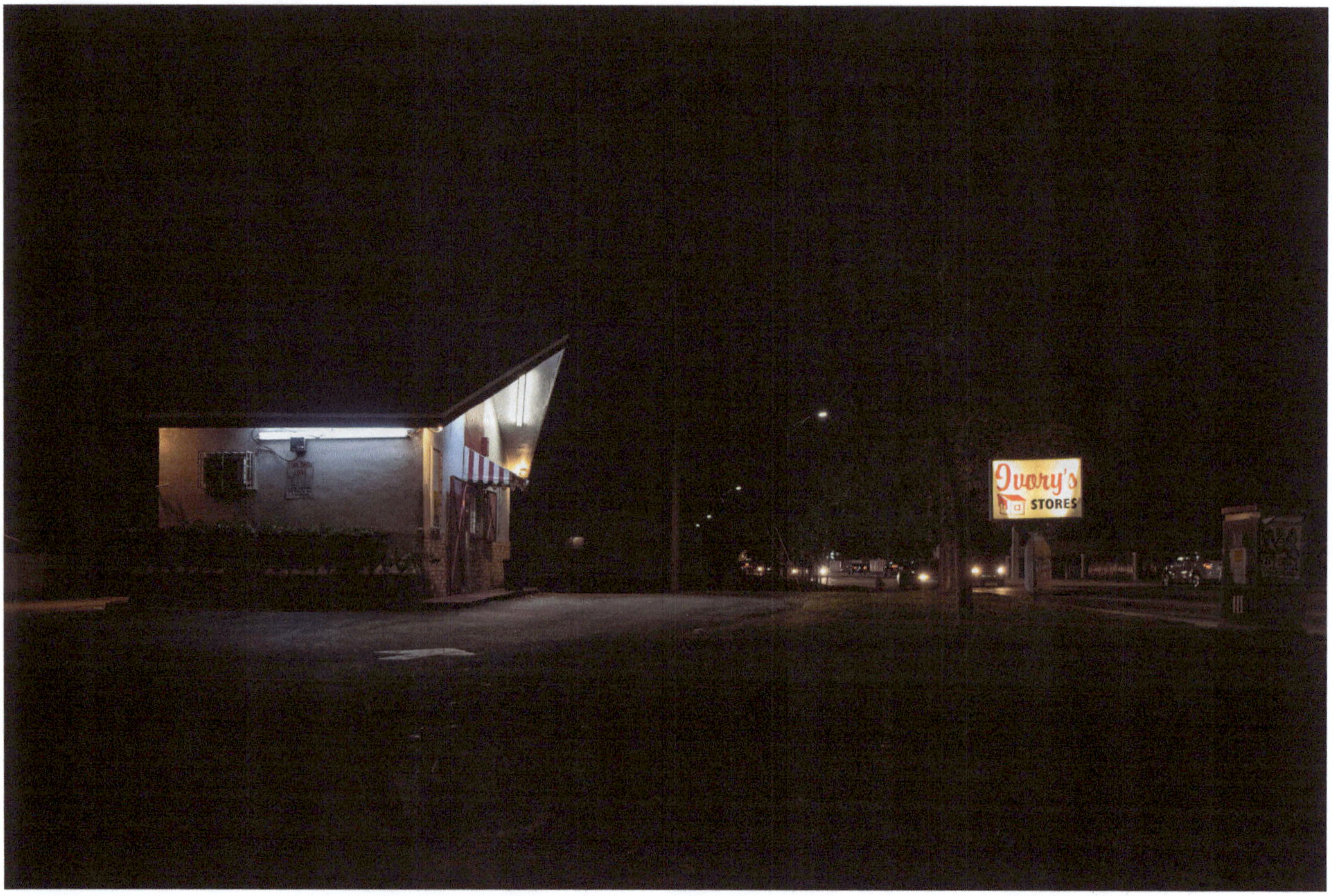
Ivory's
STORES

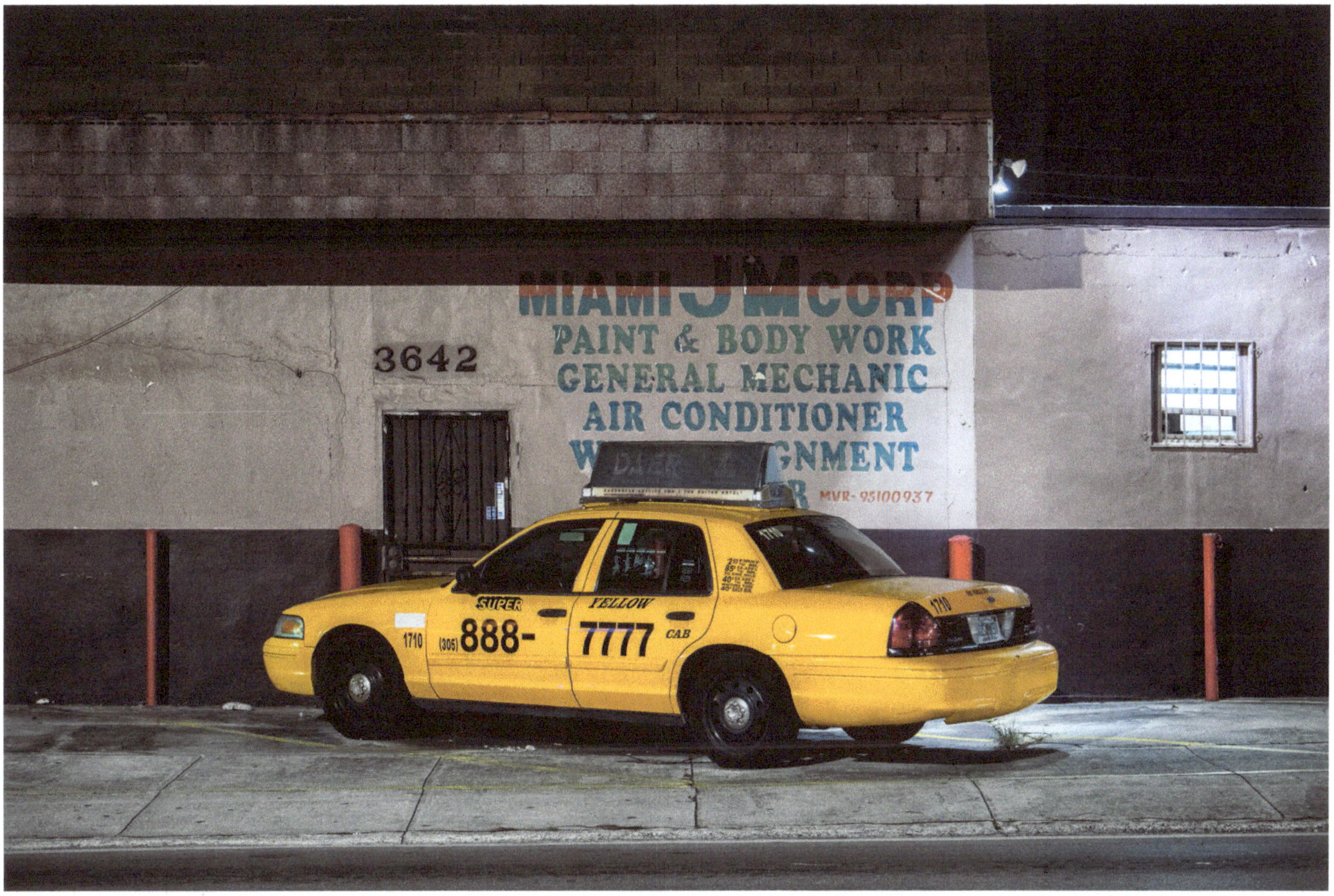
MIAMI JM CORP
PAINT & BODY WORK
GENERAL MECHANIC
AIR CONDITIONER
3642
MVR-95100937
SUPER
YELLOW
(305) 888-
7777
CAB
1710

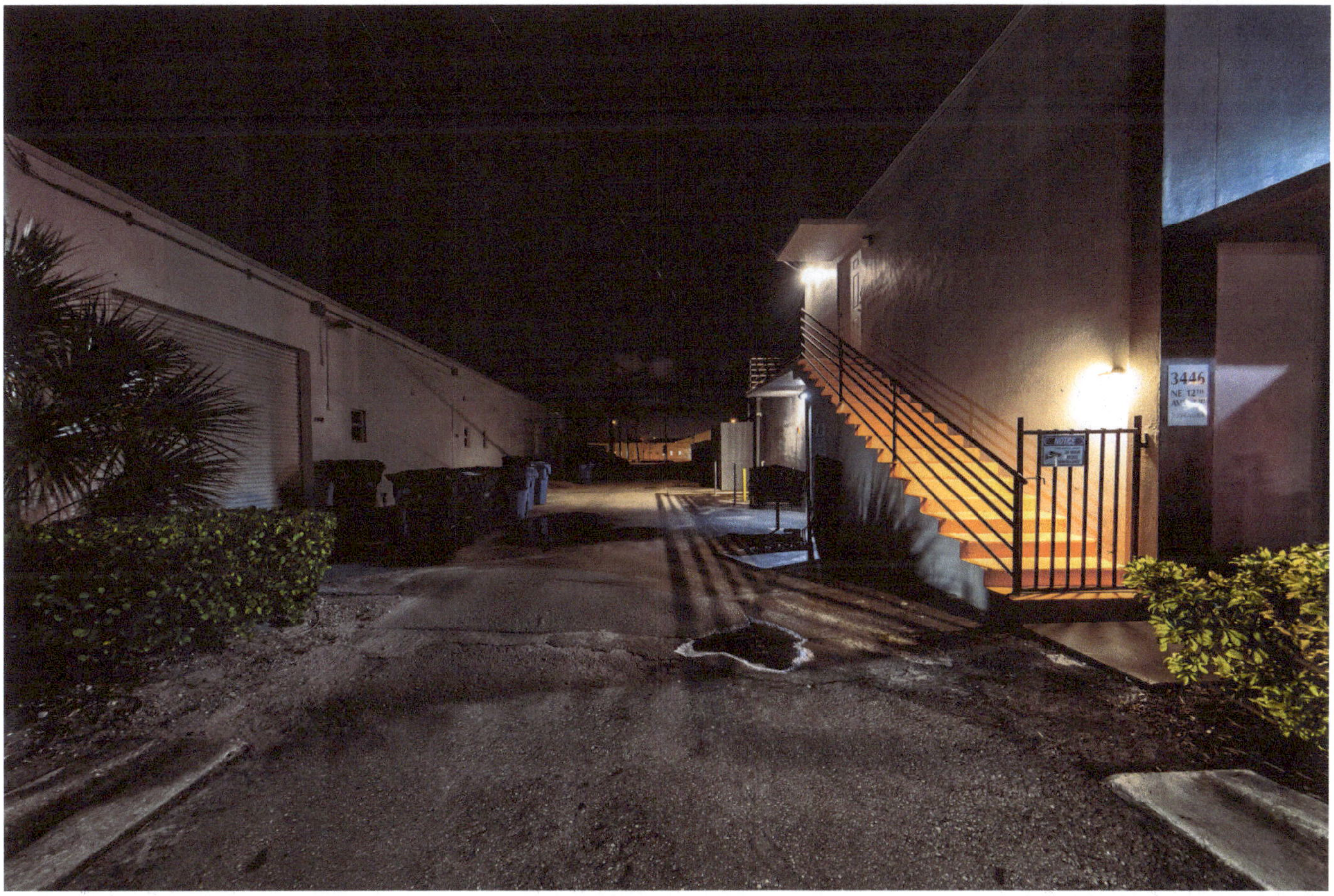
3446

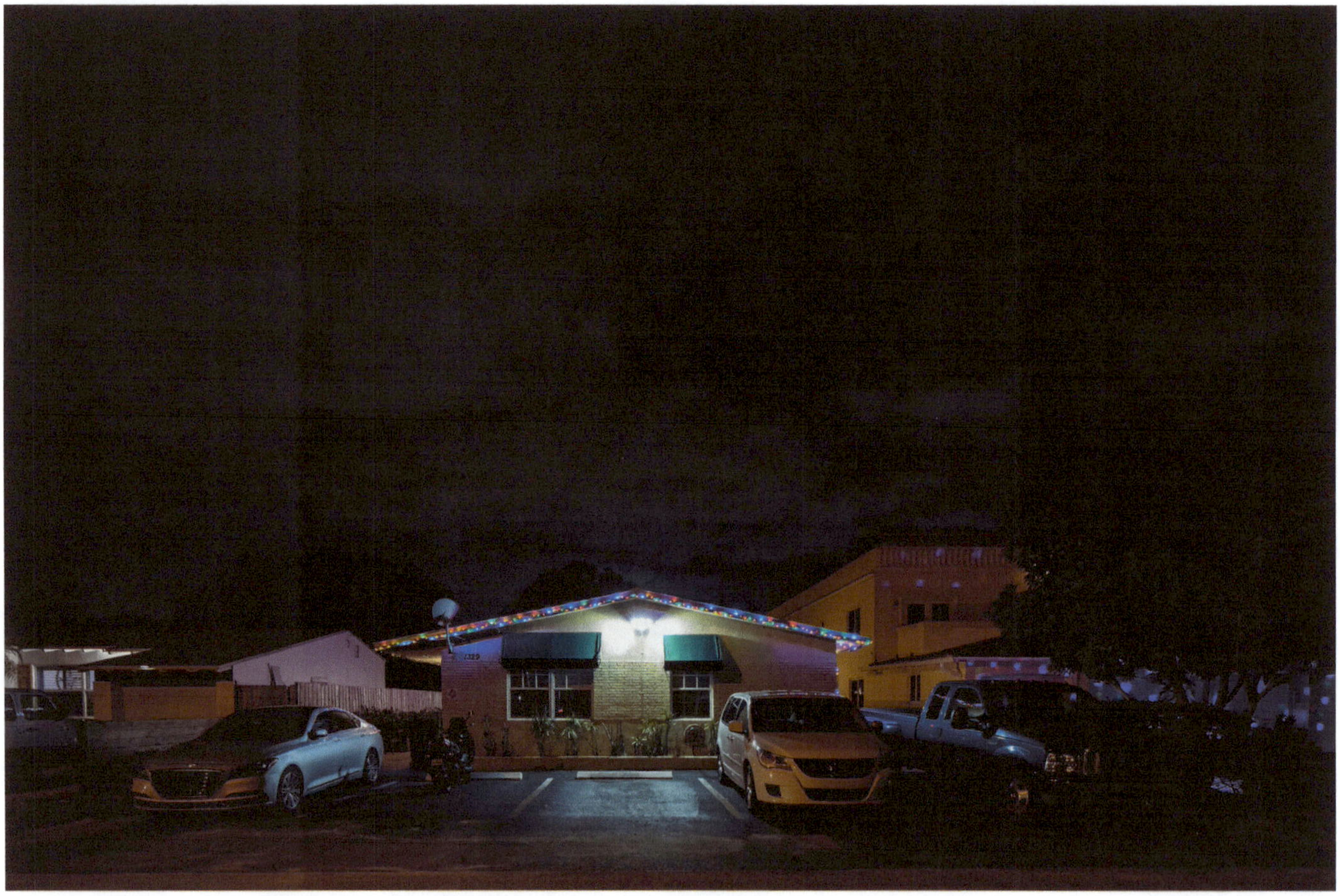

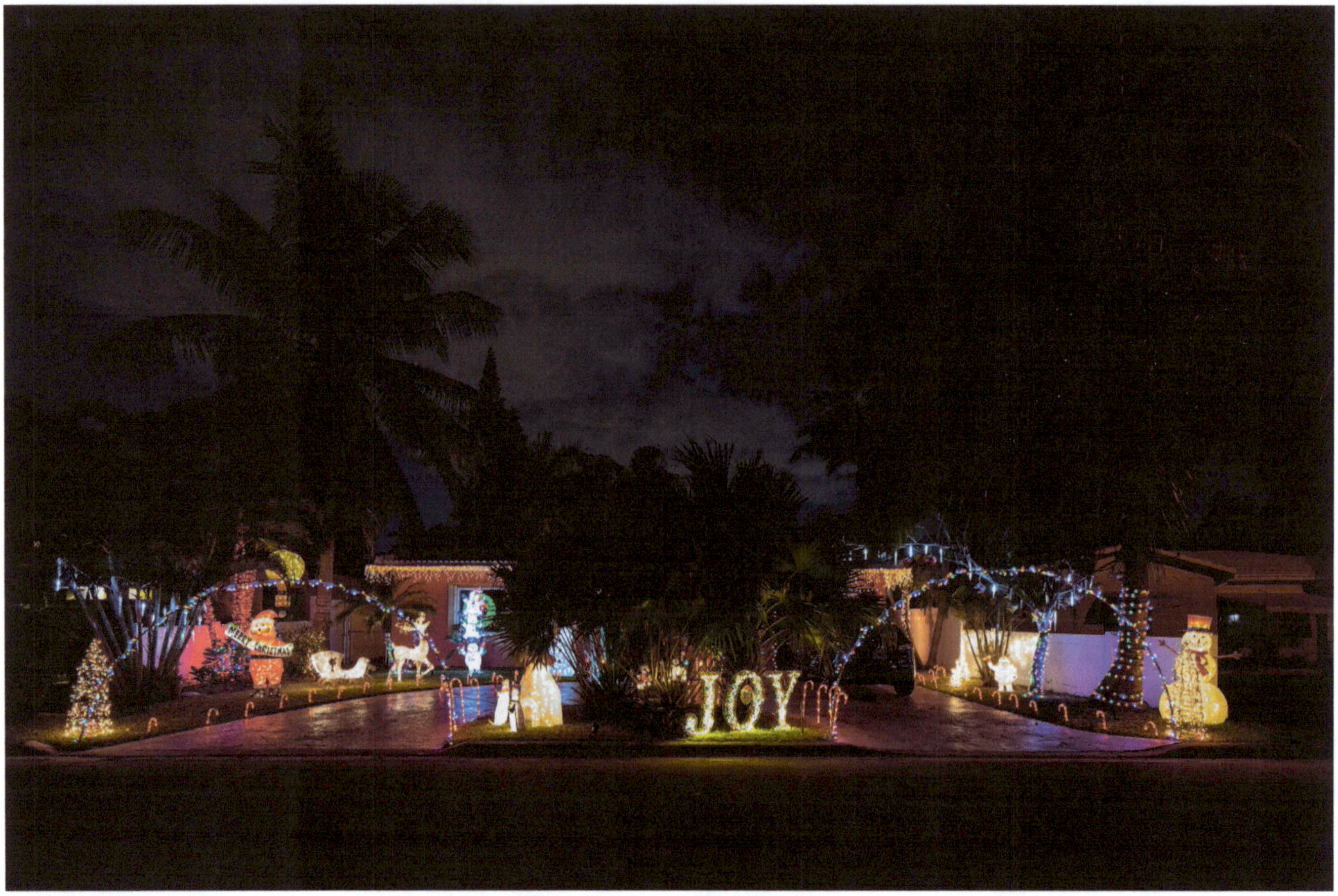

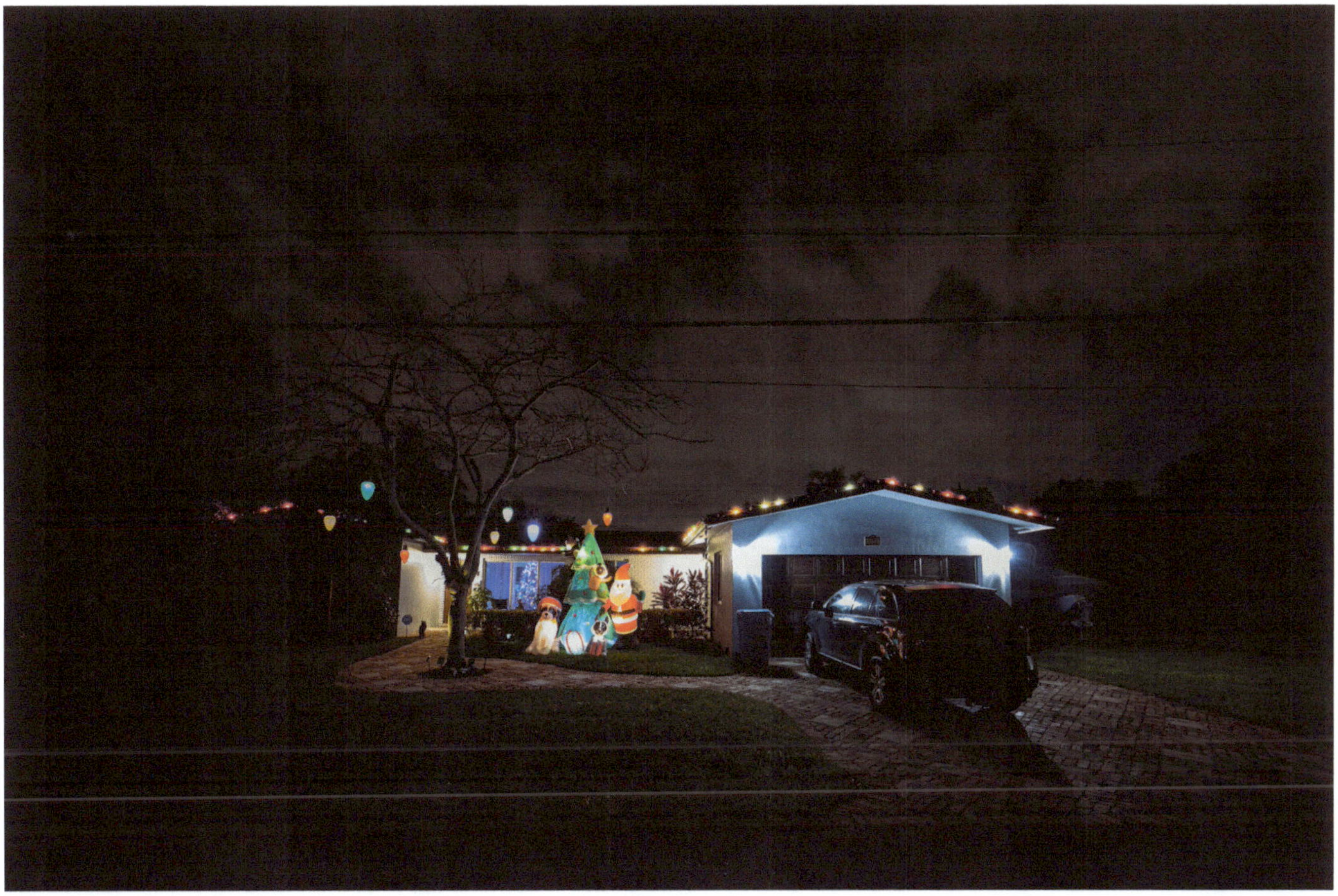

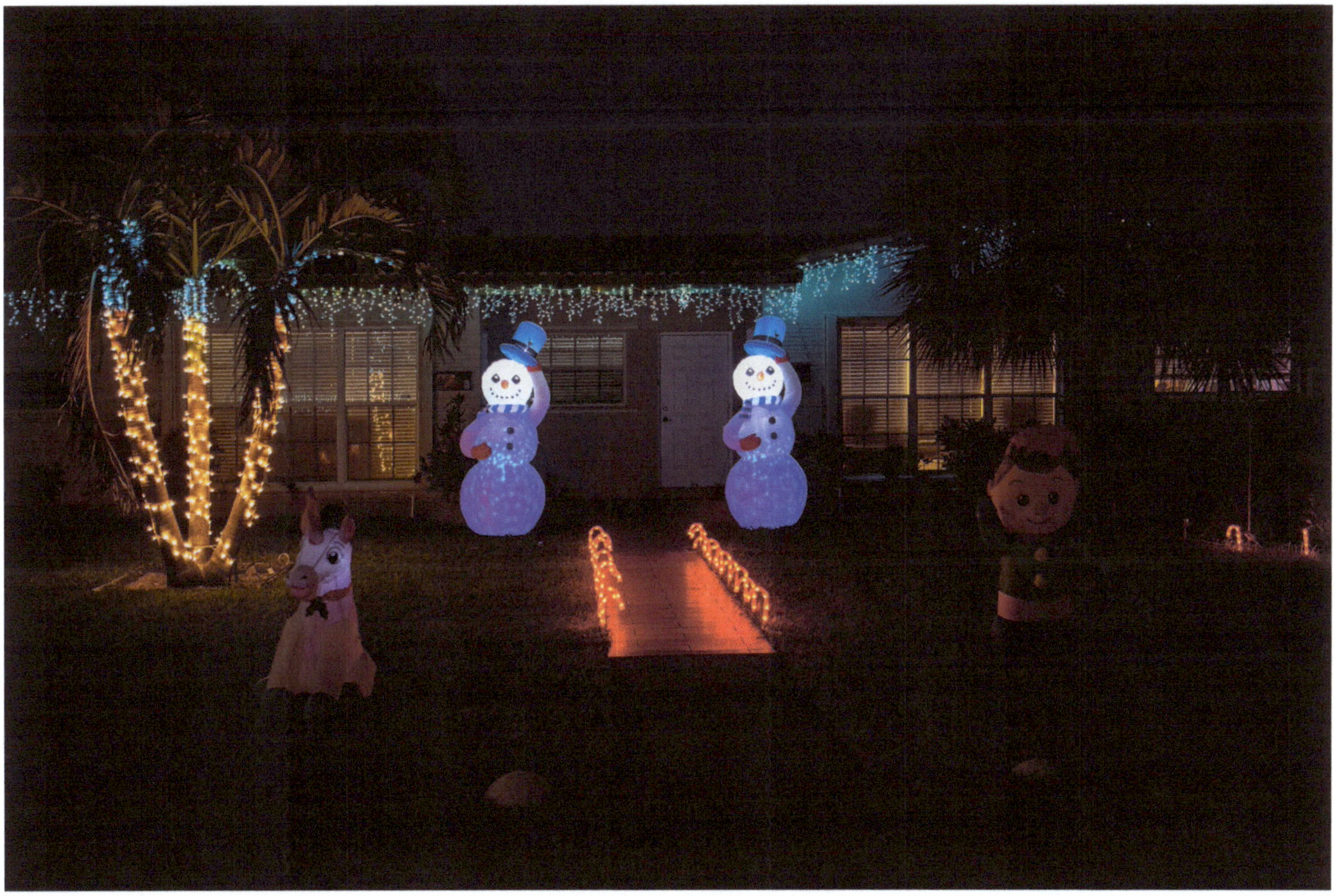

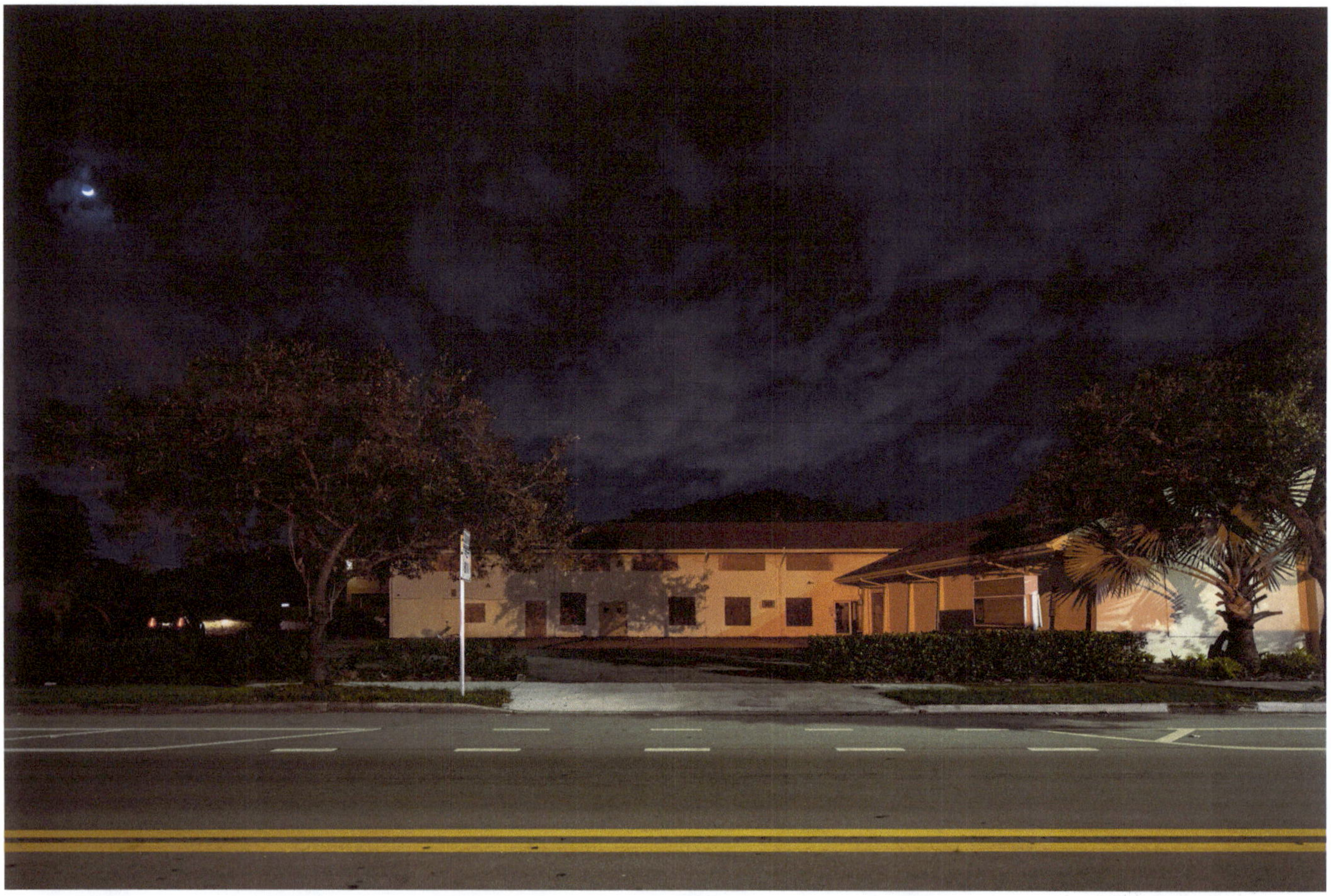

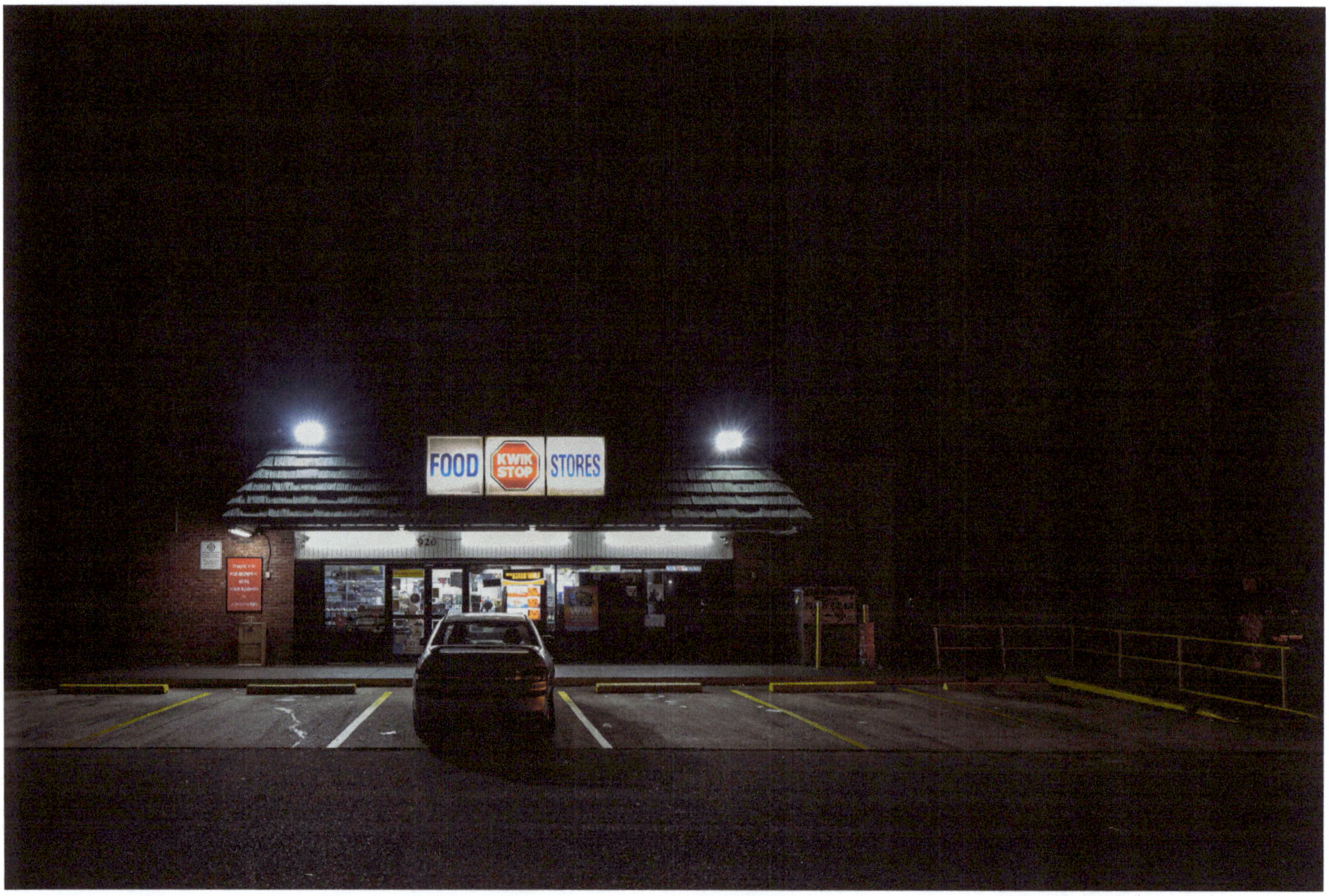

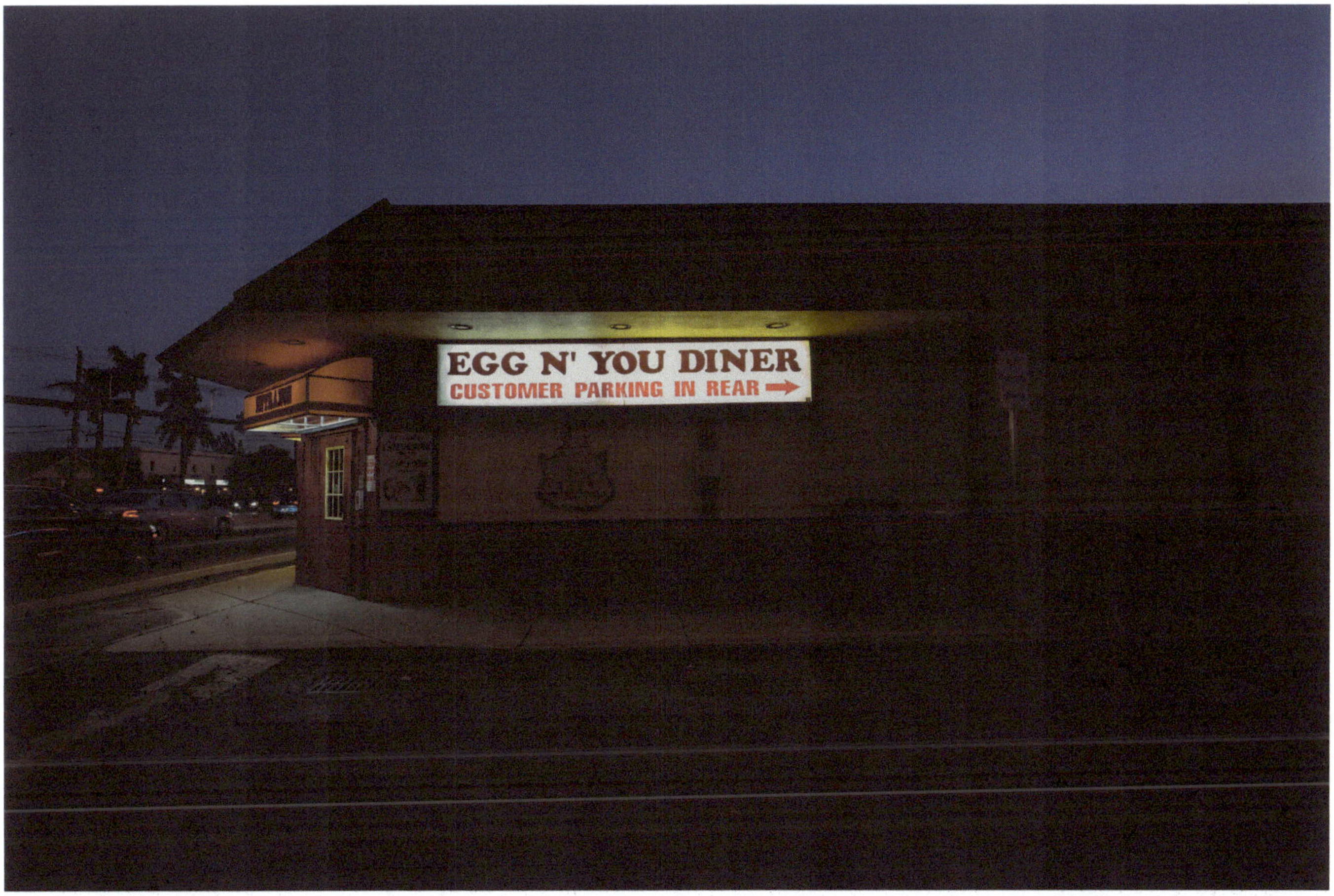

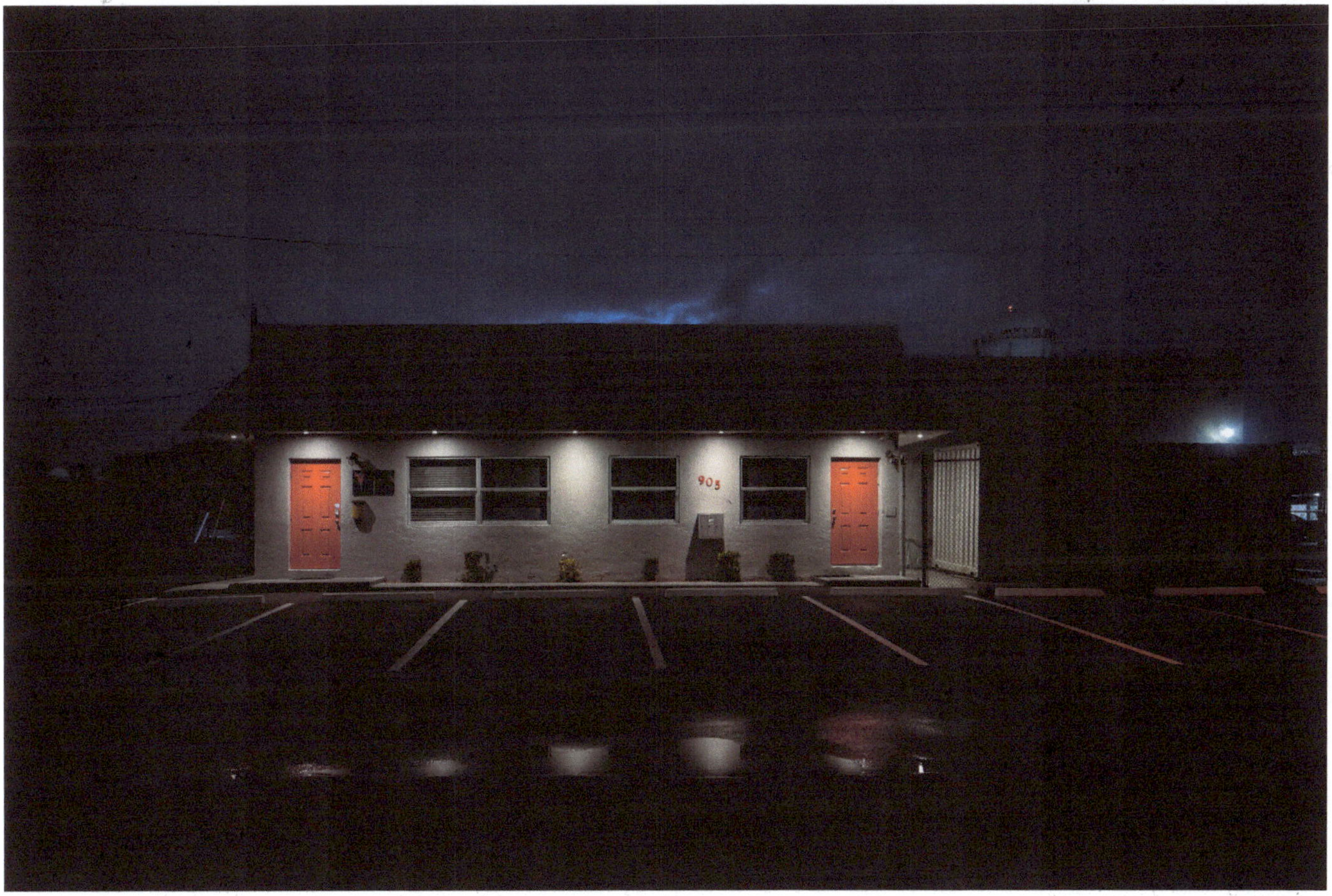

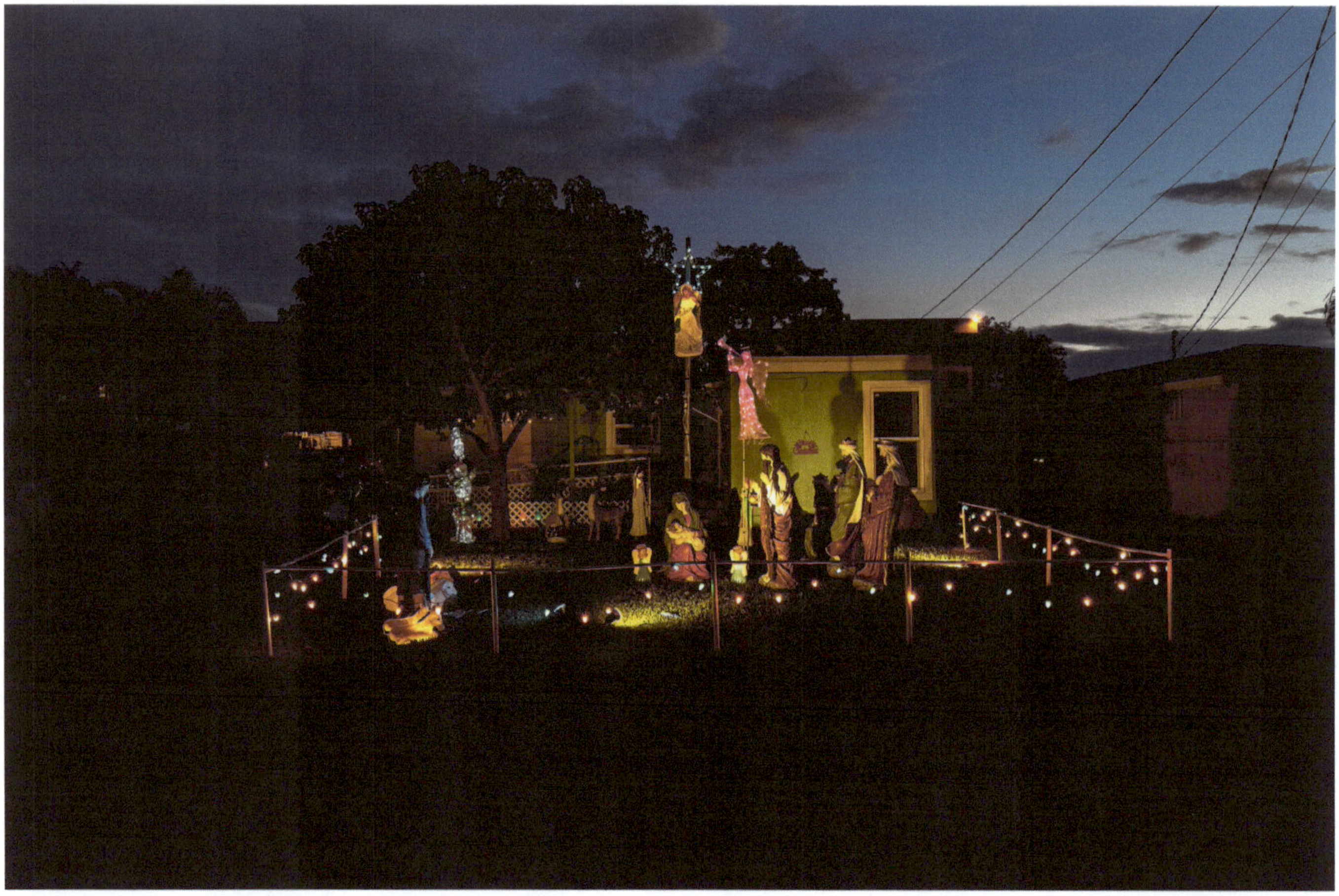

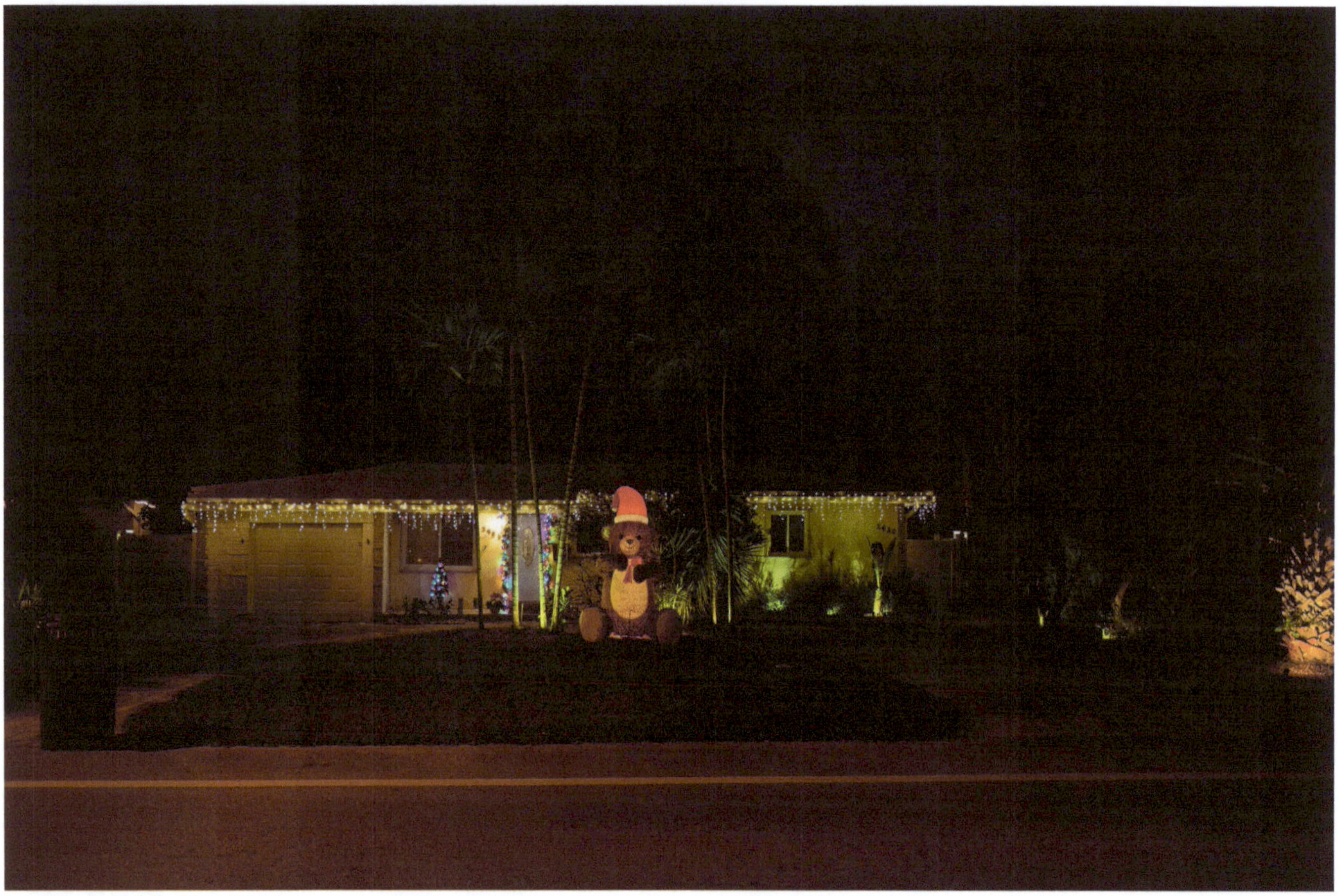

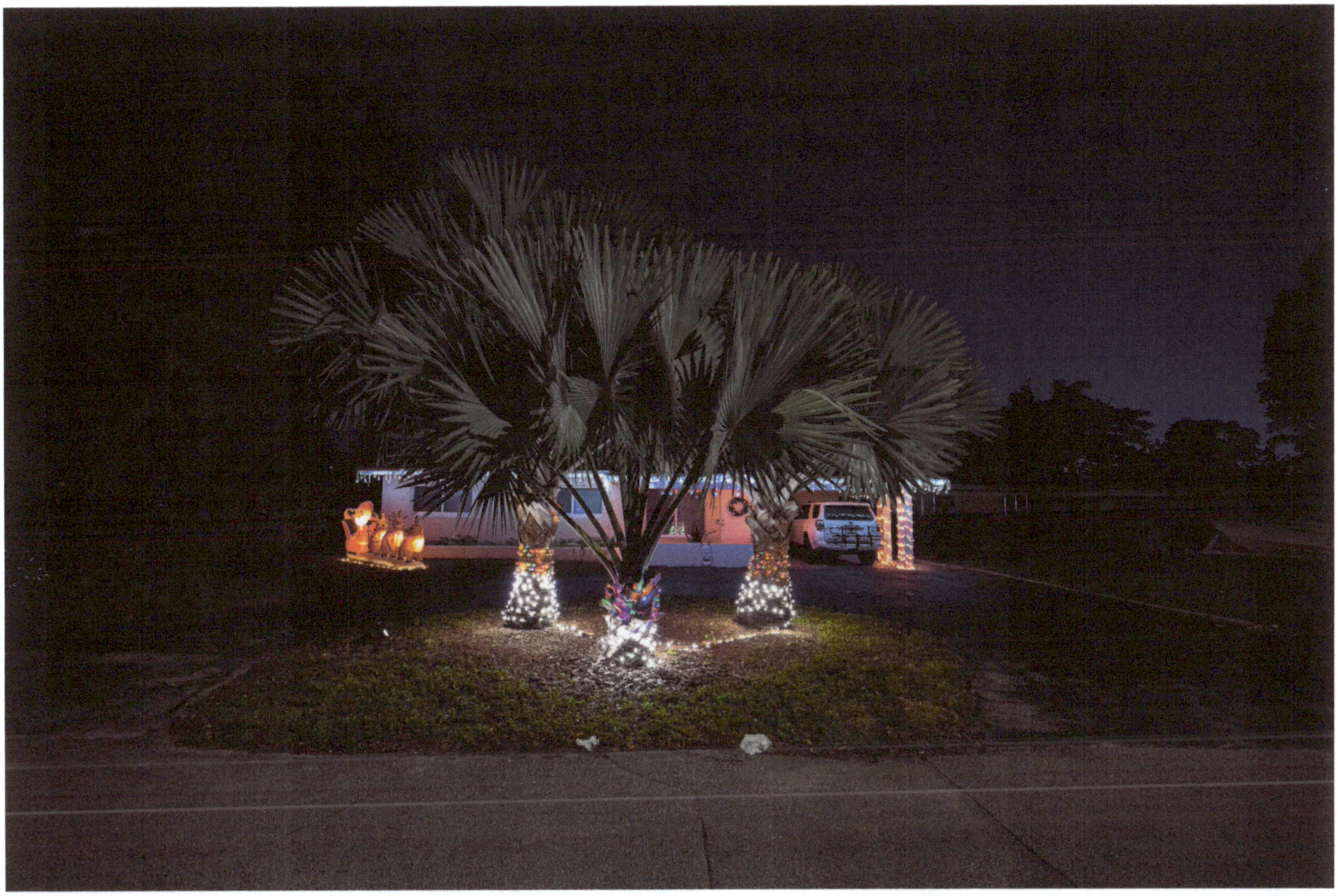

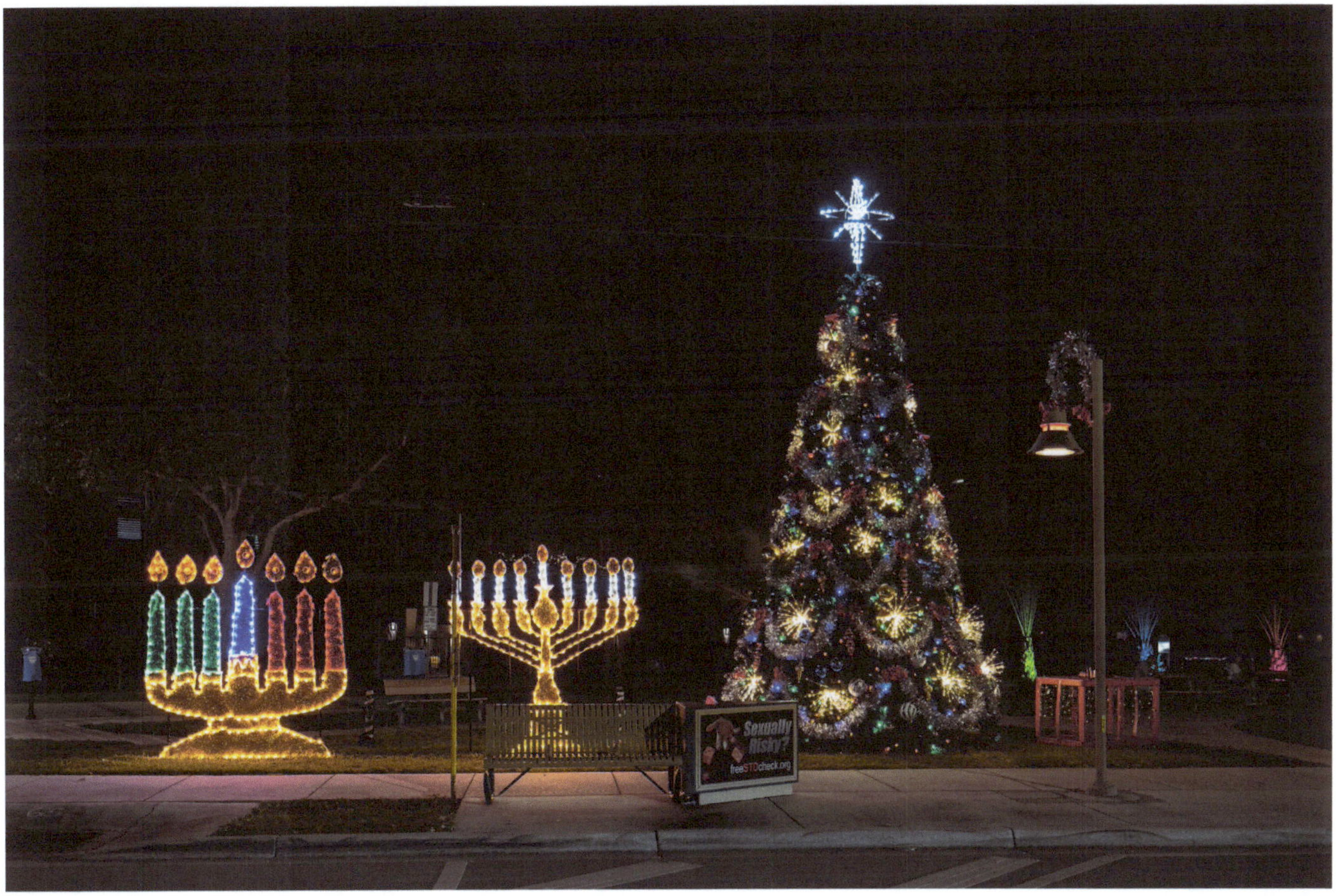
Sexually Risky?
freeSTDcheck.org

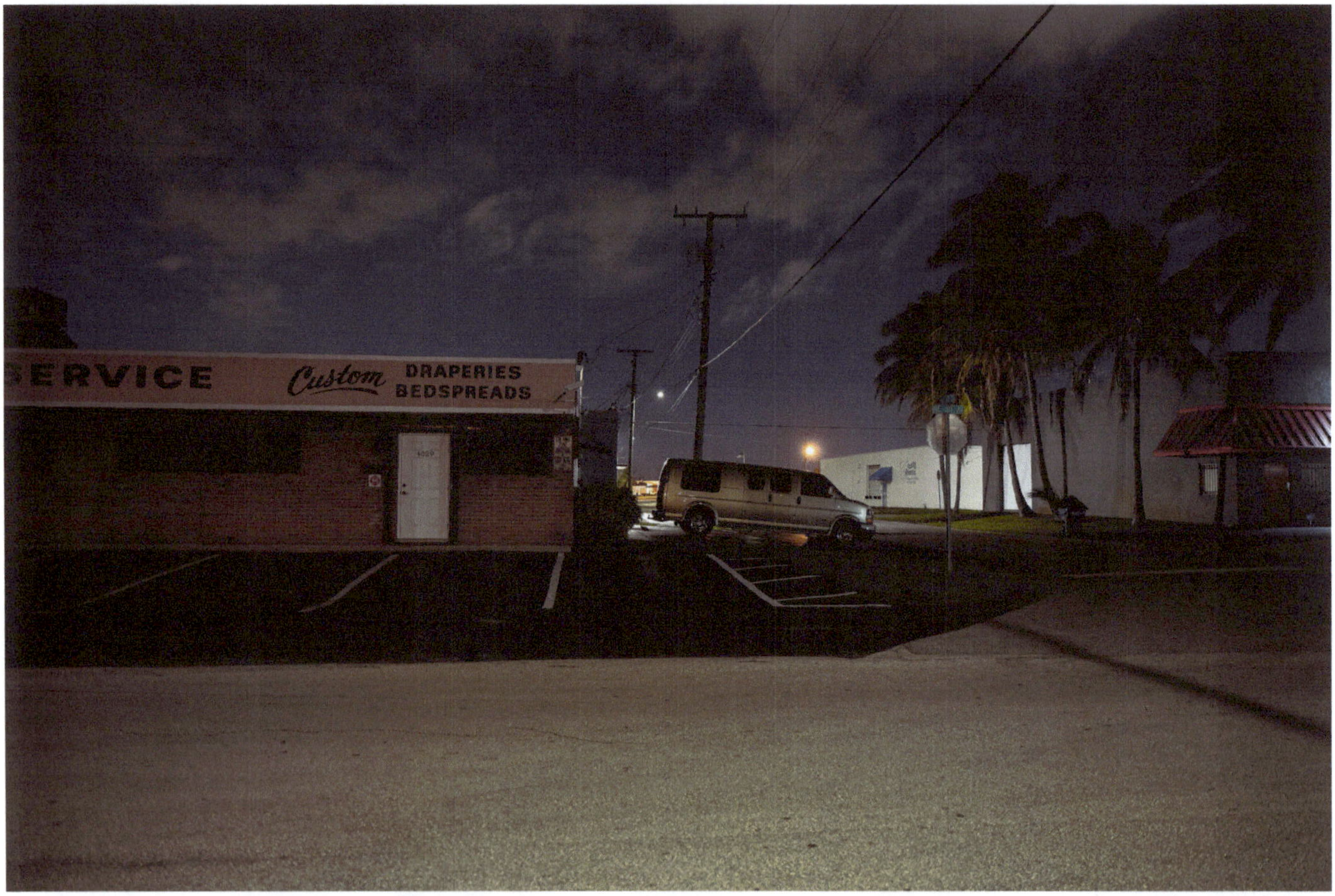
ERVICE
Custom
DRAPERIES
BEDSPREADS

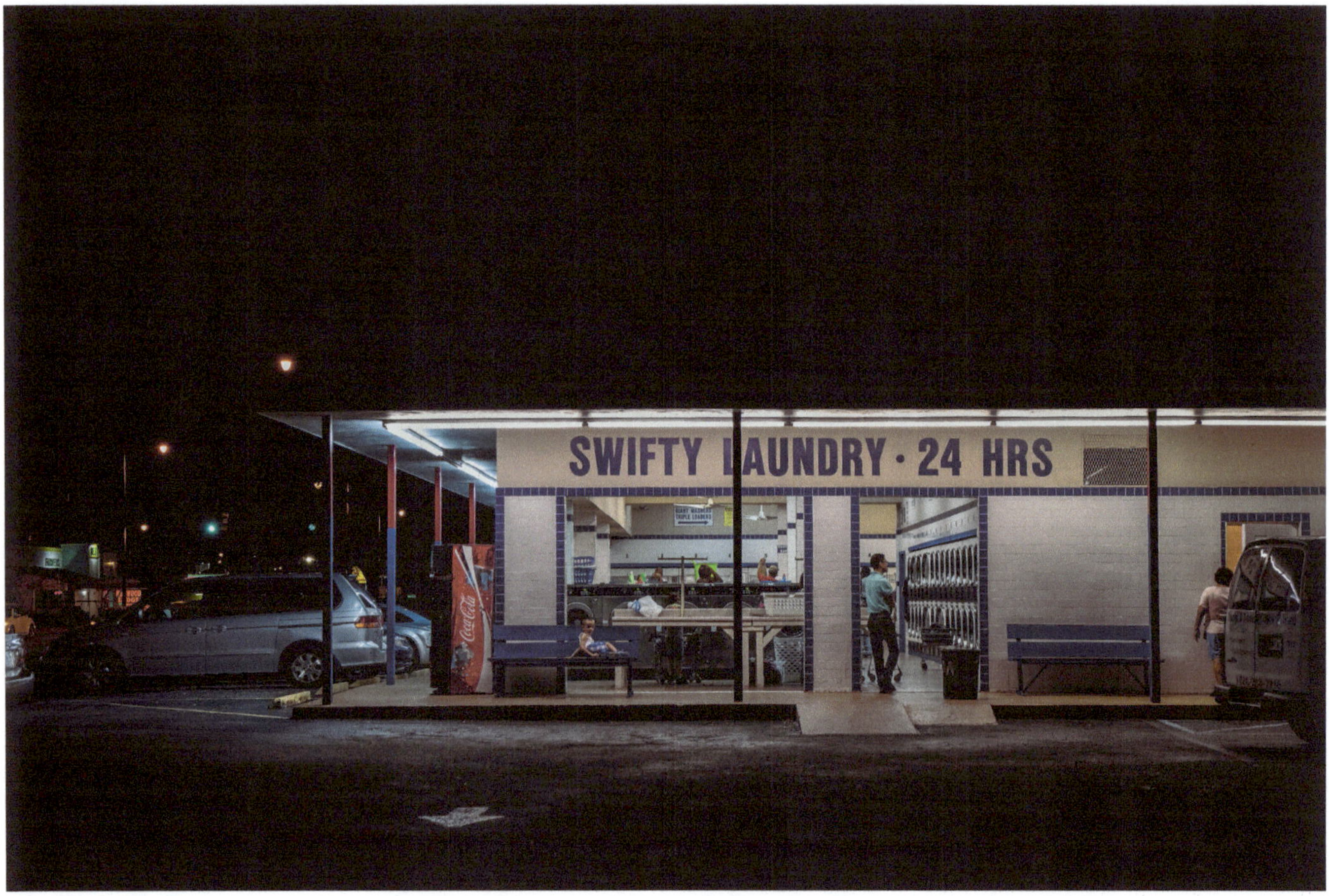
SWIFTY LAUNDRY · 24 HRS
Coca-Cola

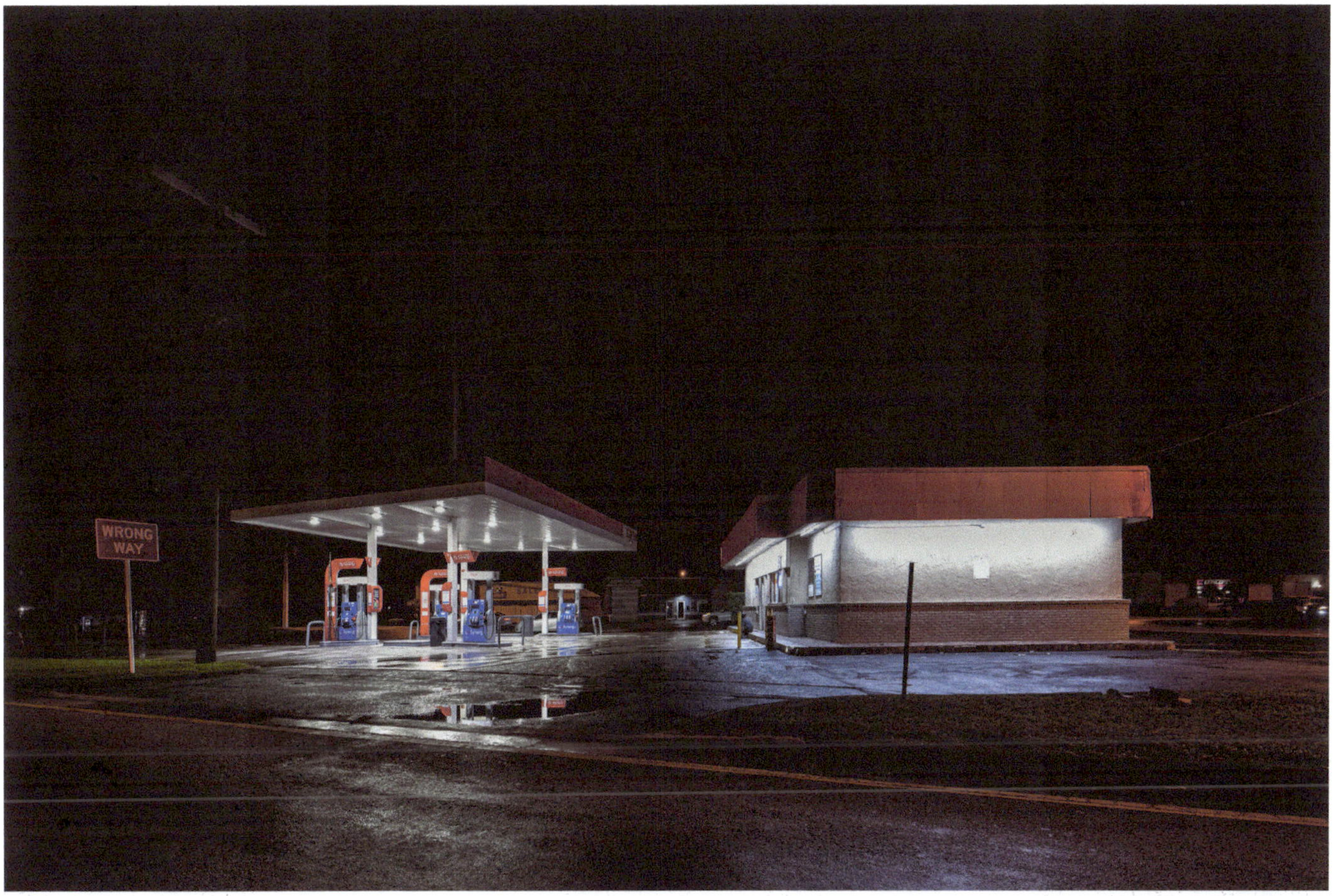

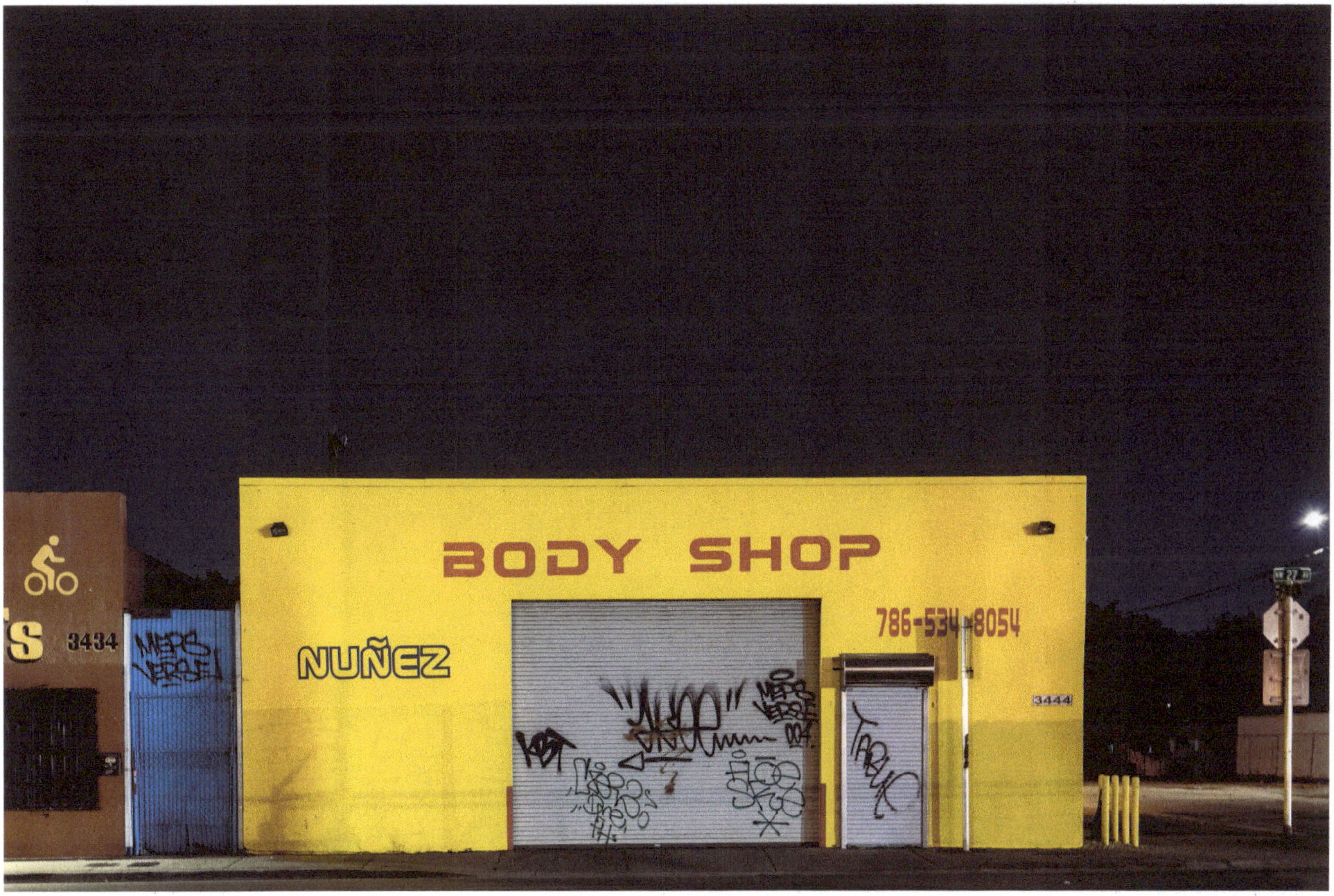

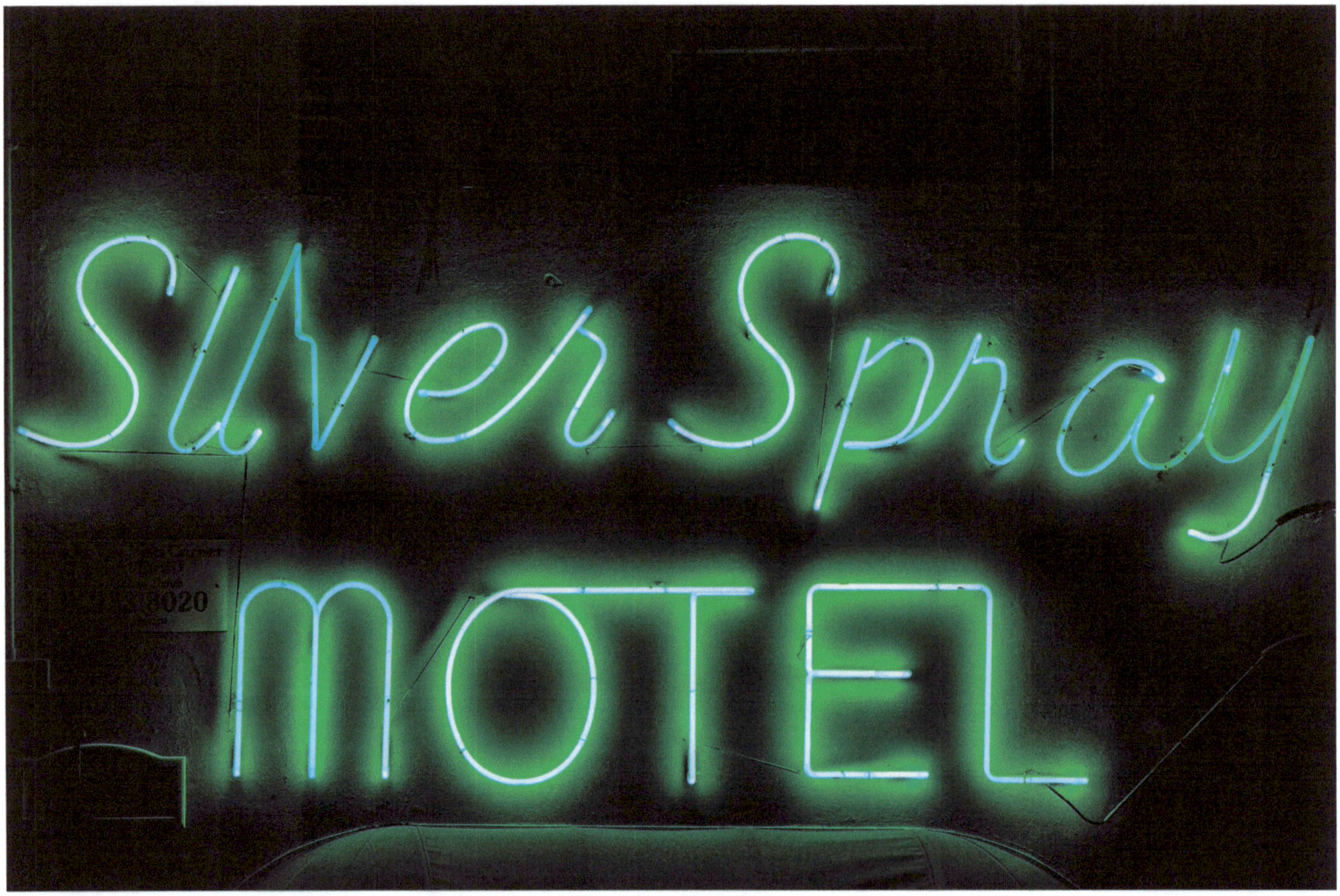

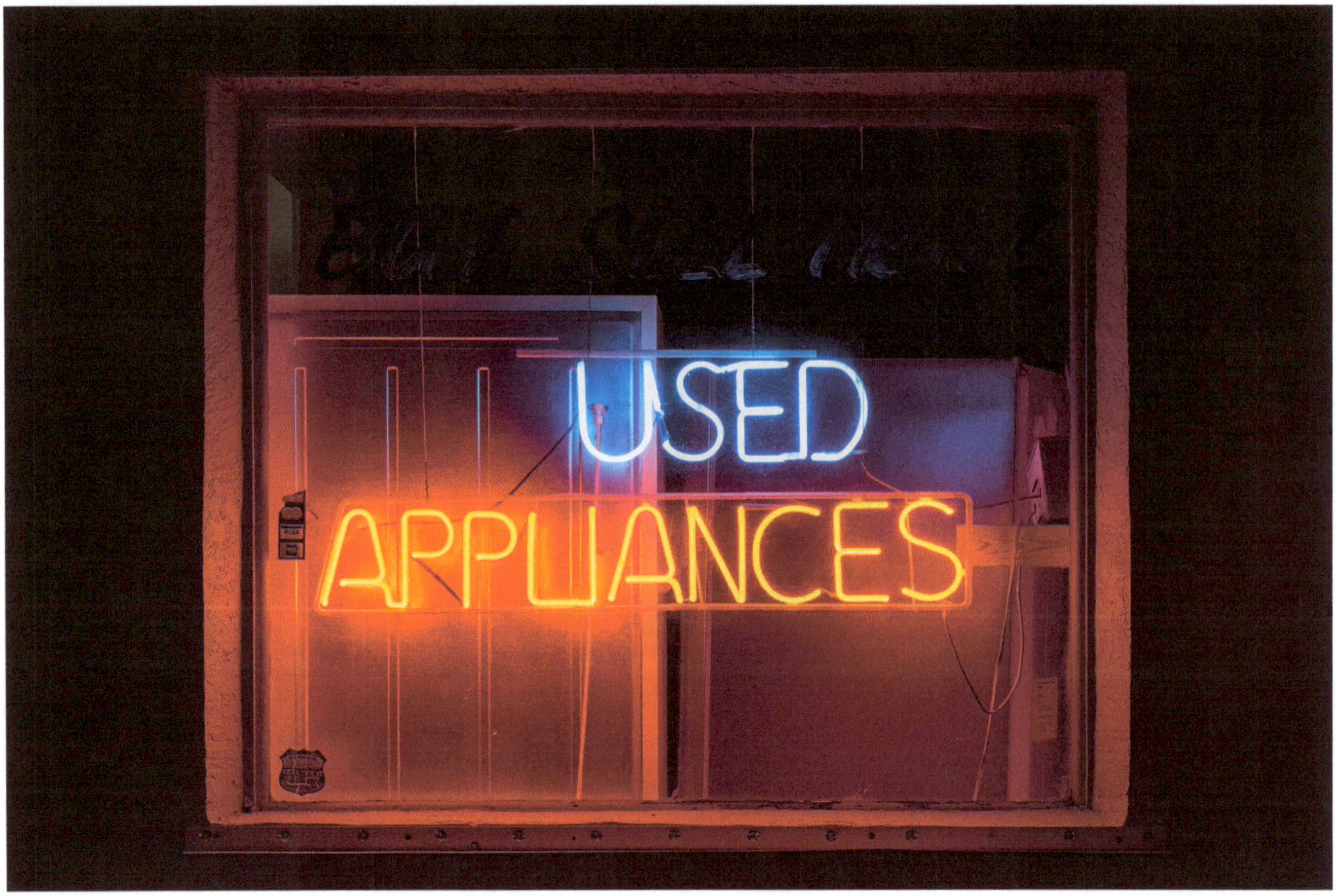

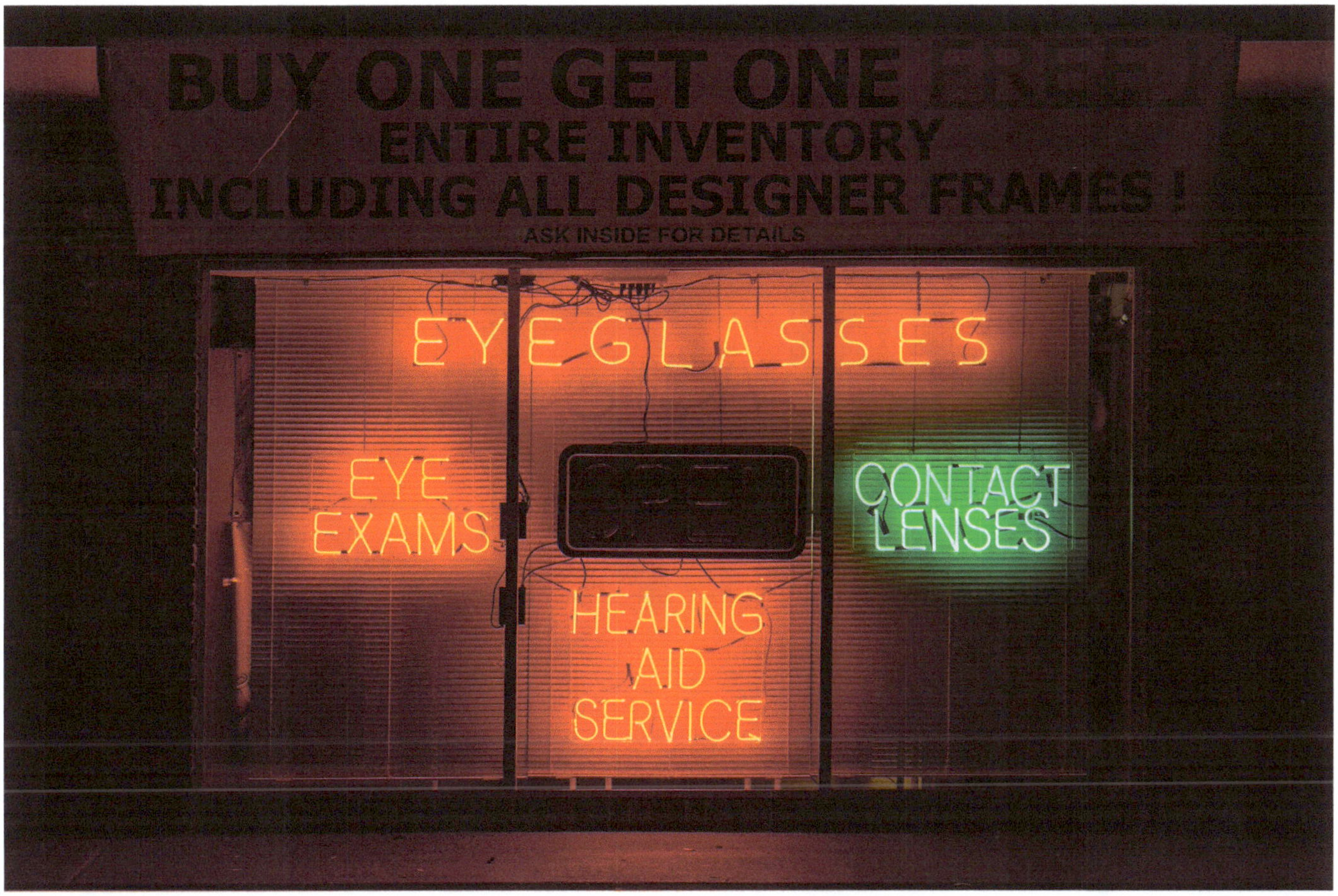

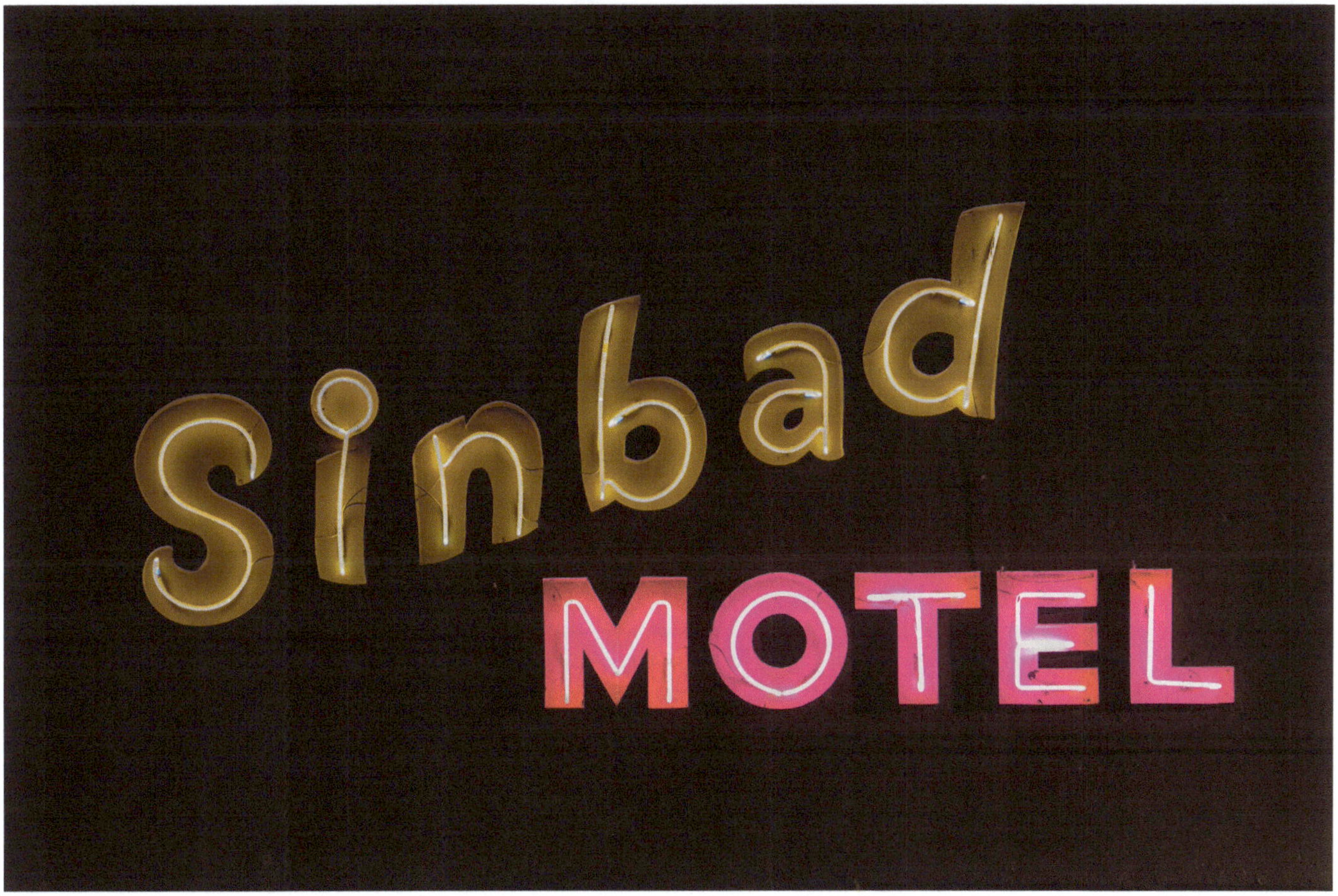

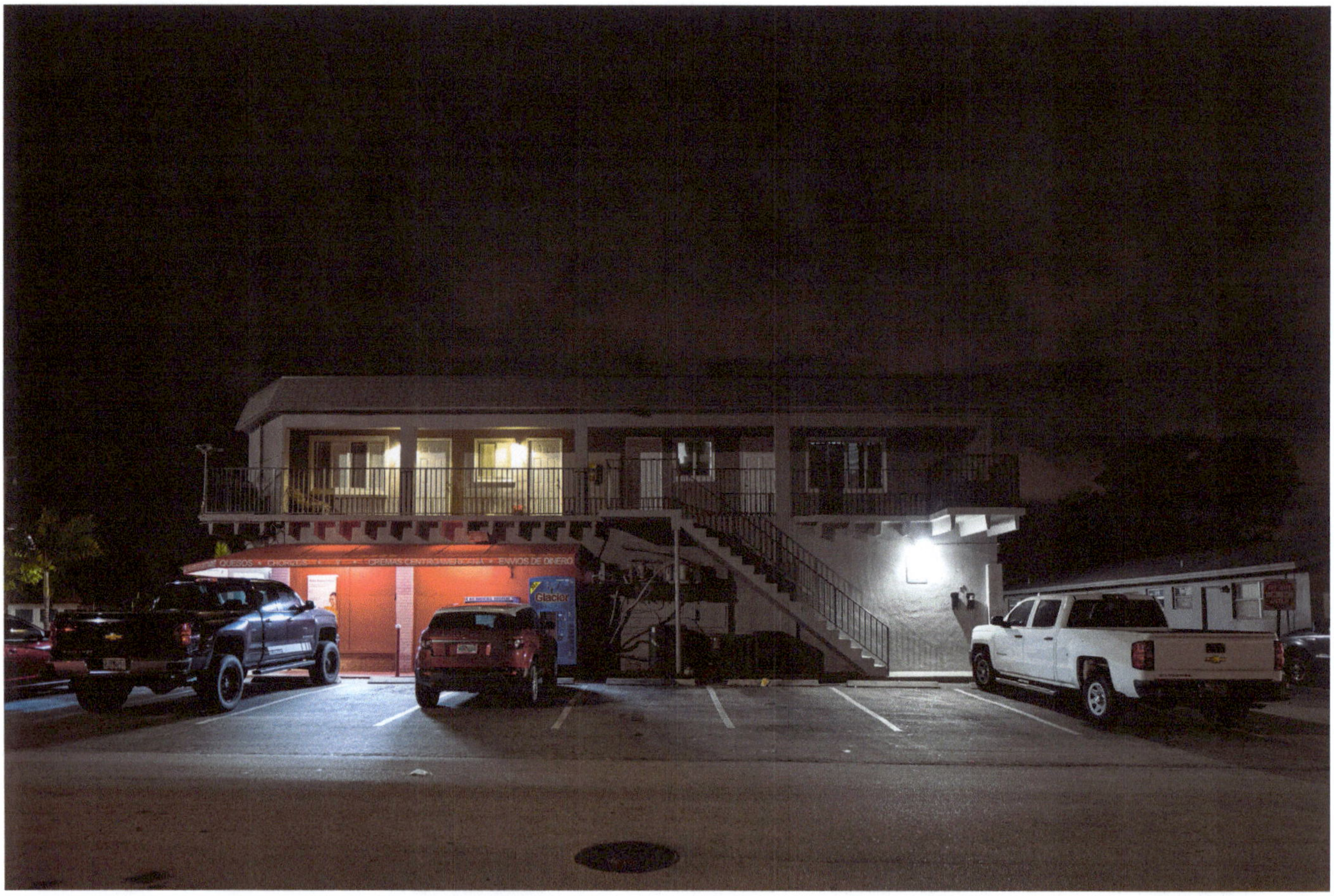
QUESOS
CHORIZOS
CREMAS CENTROAMERICANA
ENVIOS DE DINERO
Glacier

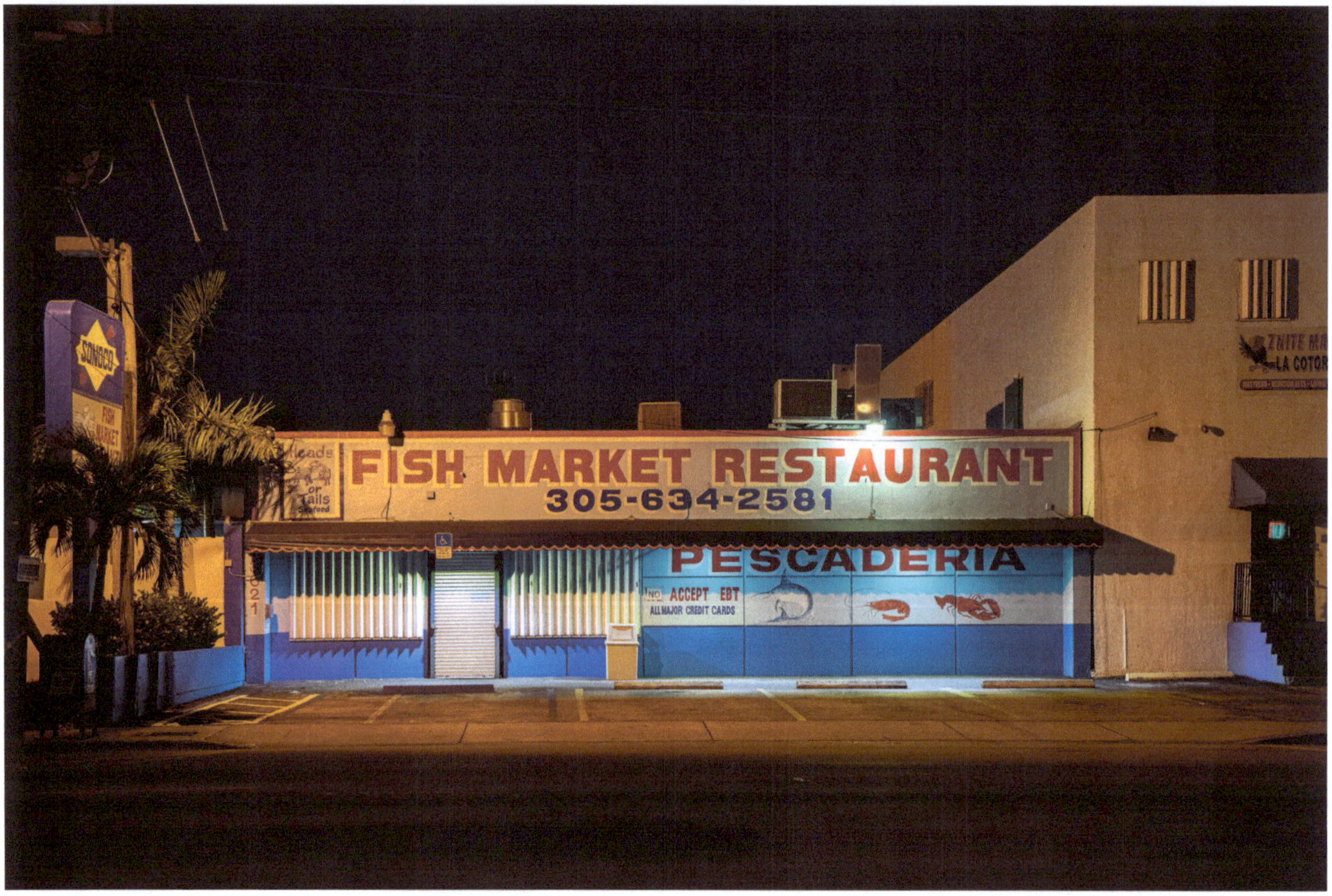
SUNOCO
FISH MARKET
FISH MARKET RESTAURANT
305-634-2581
PESCADERIA
NO ACCEPT EBT
ALLMAJOR CREDIT CARDS

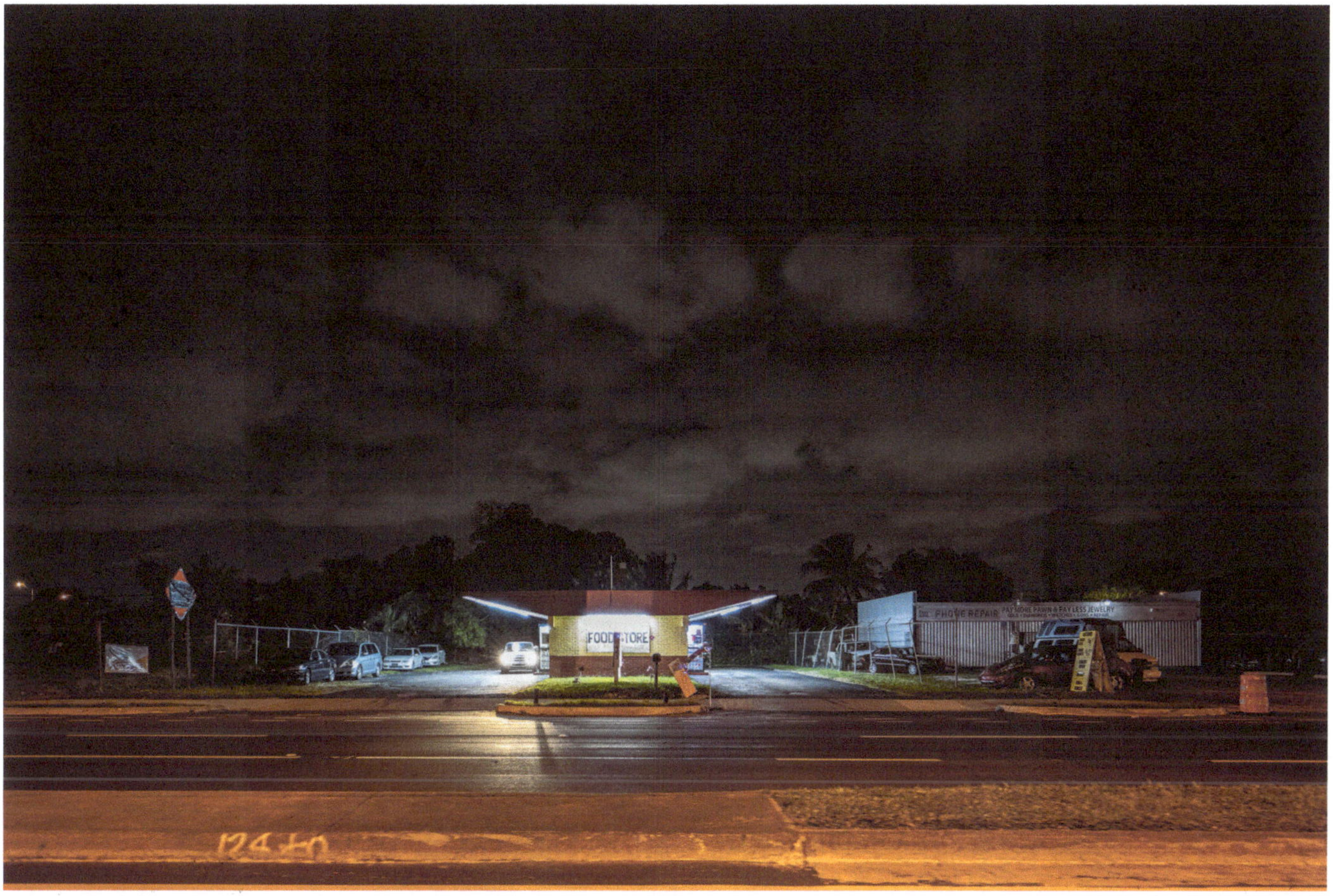
FOOD STORE
PHONE REPAIR

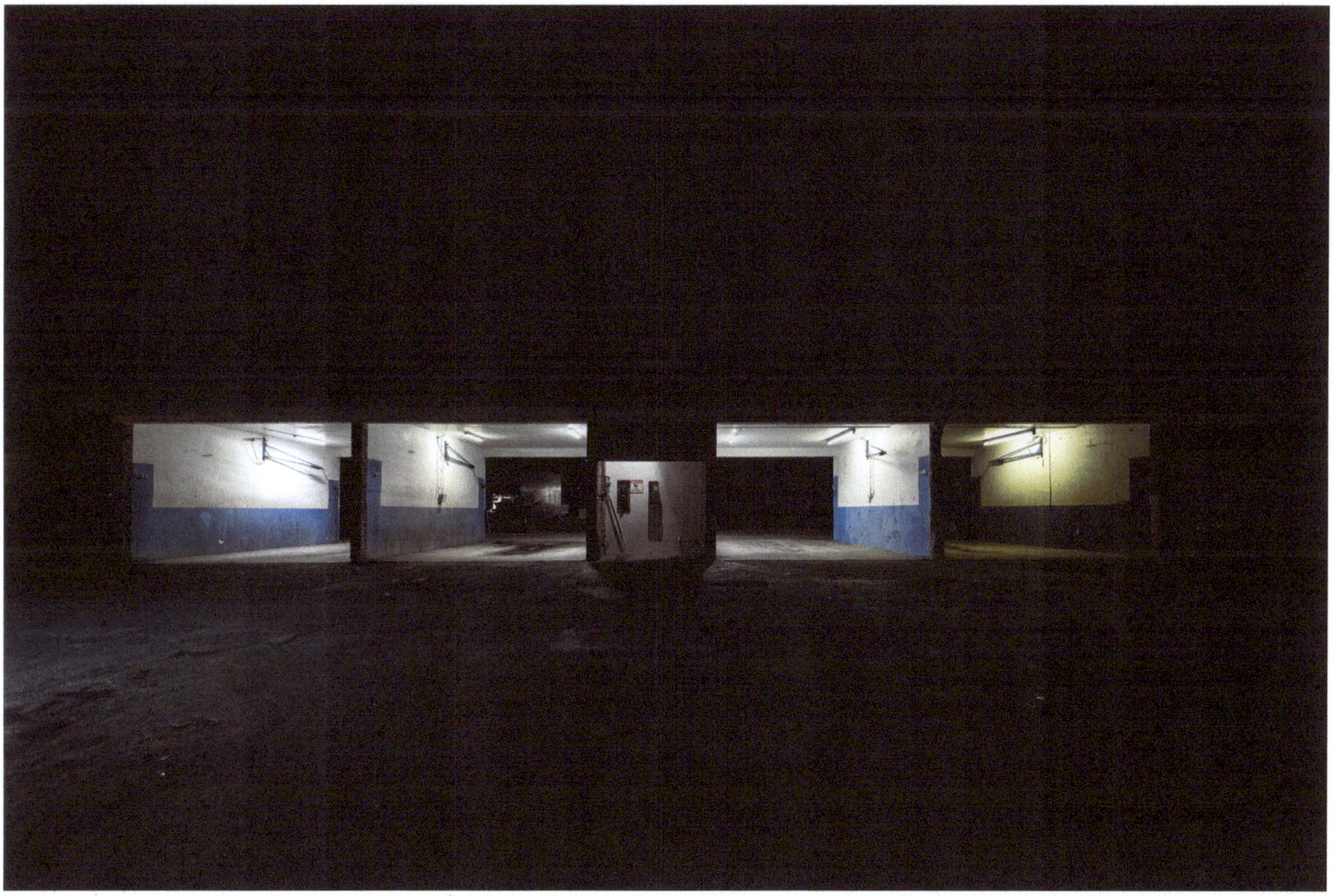

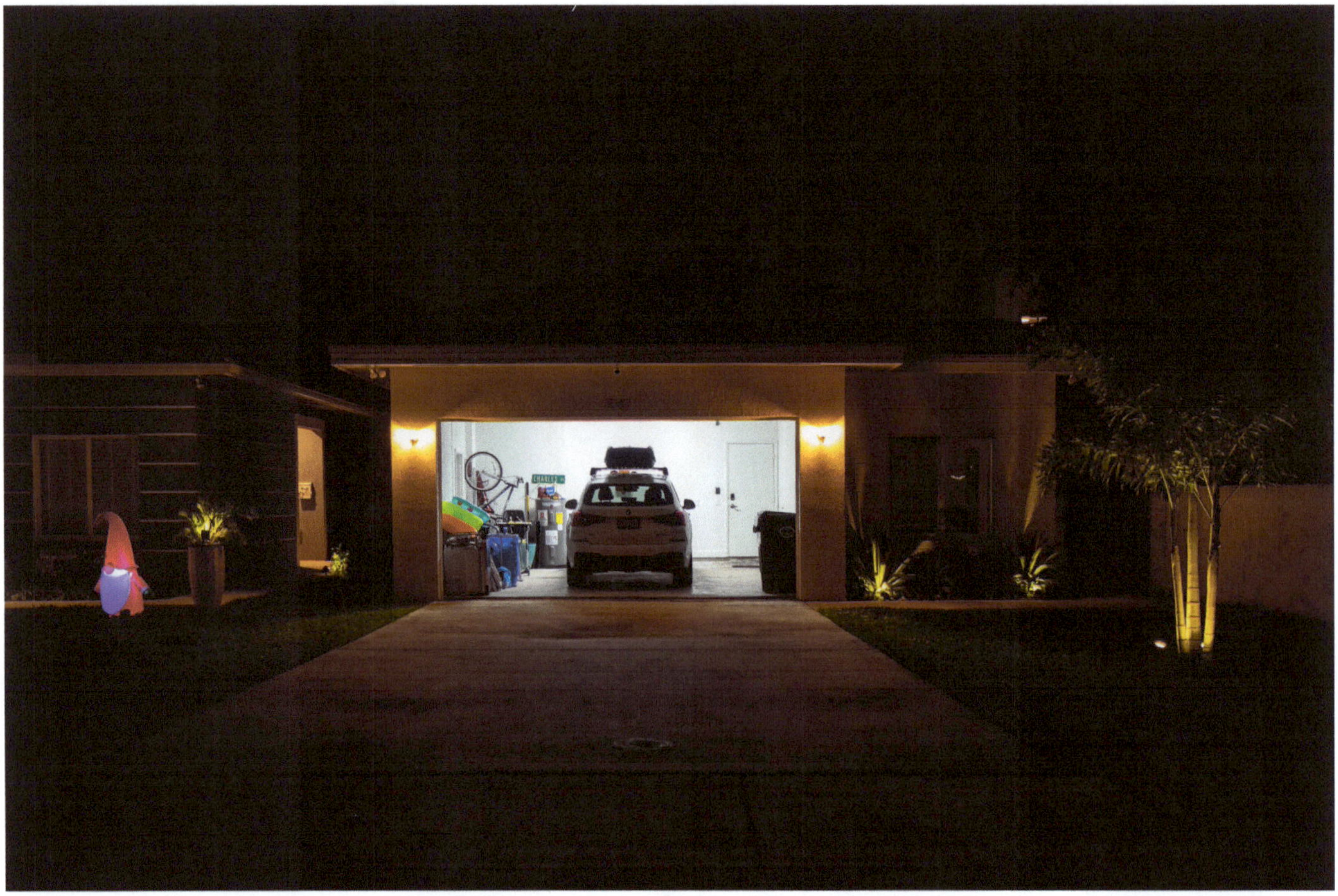

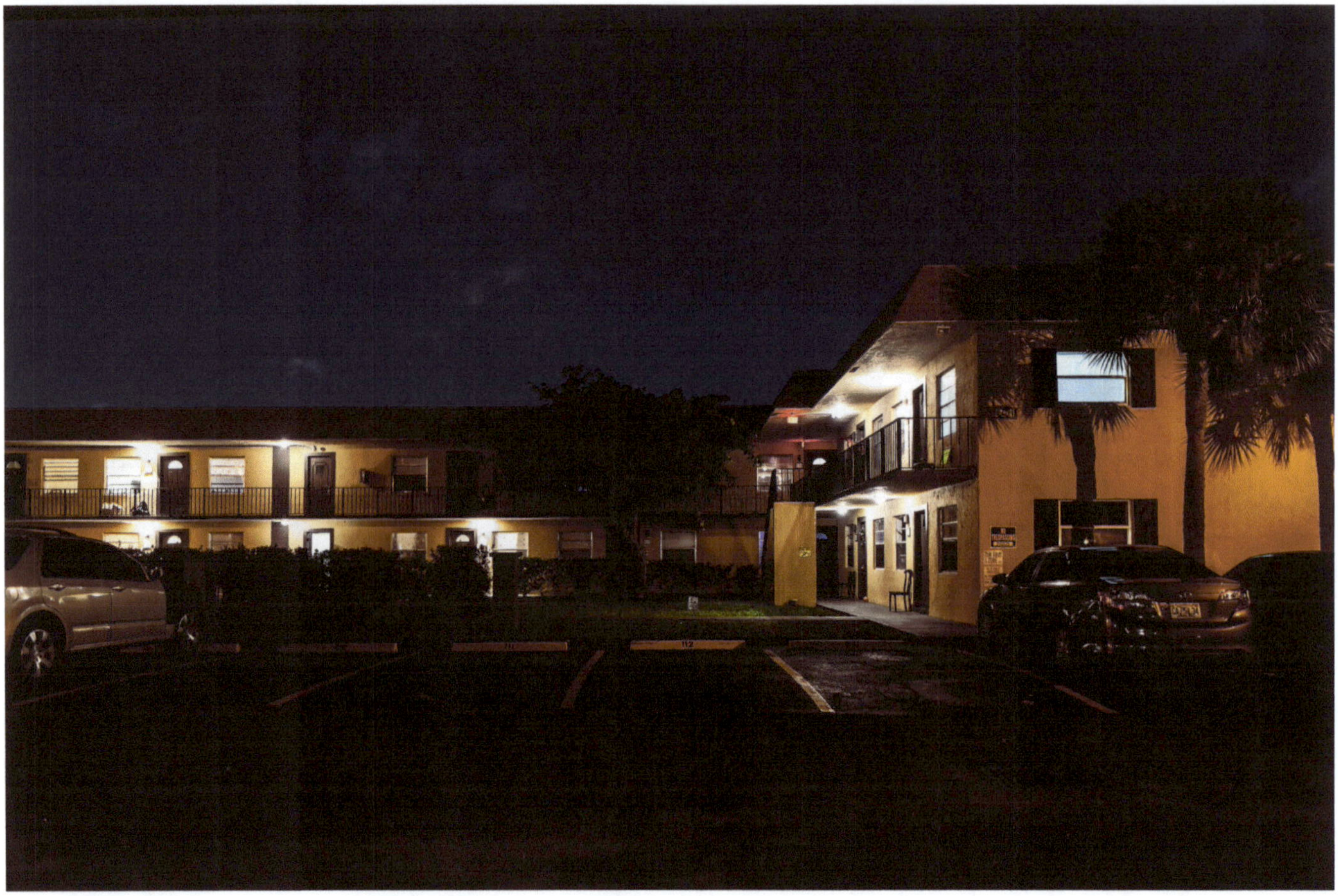

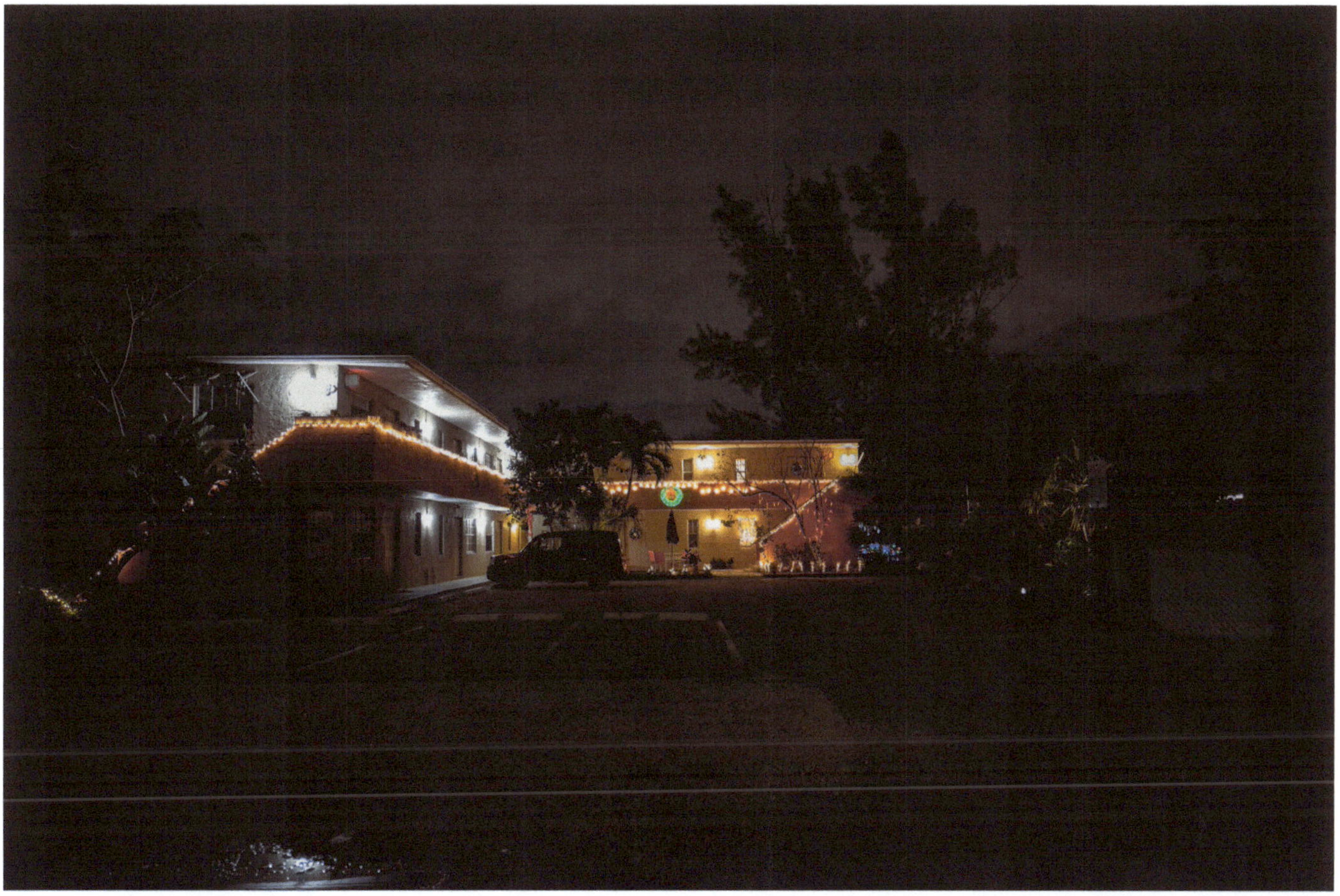

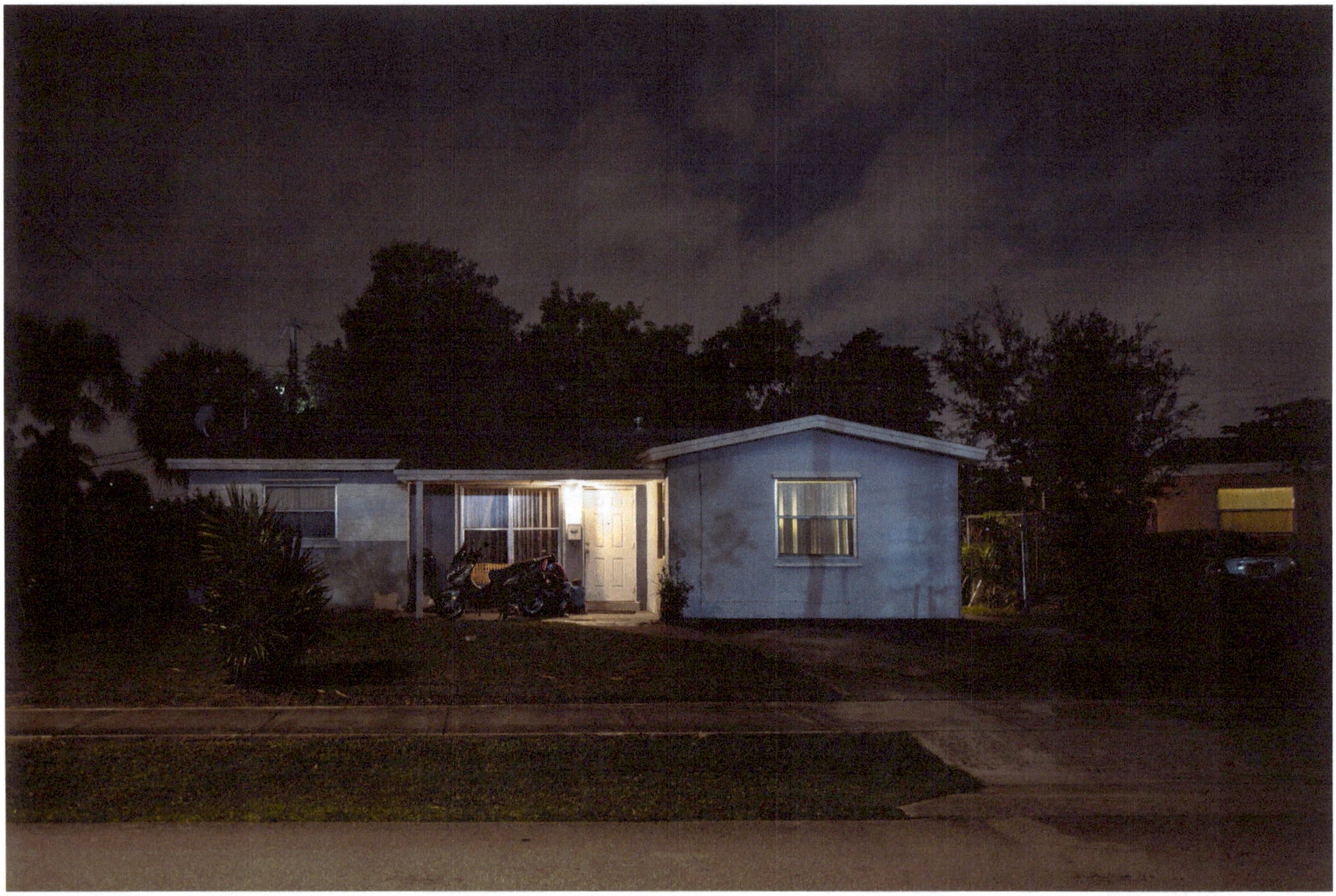

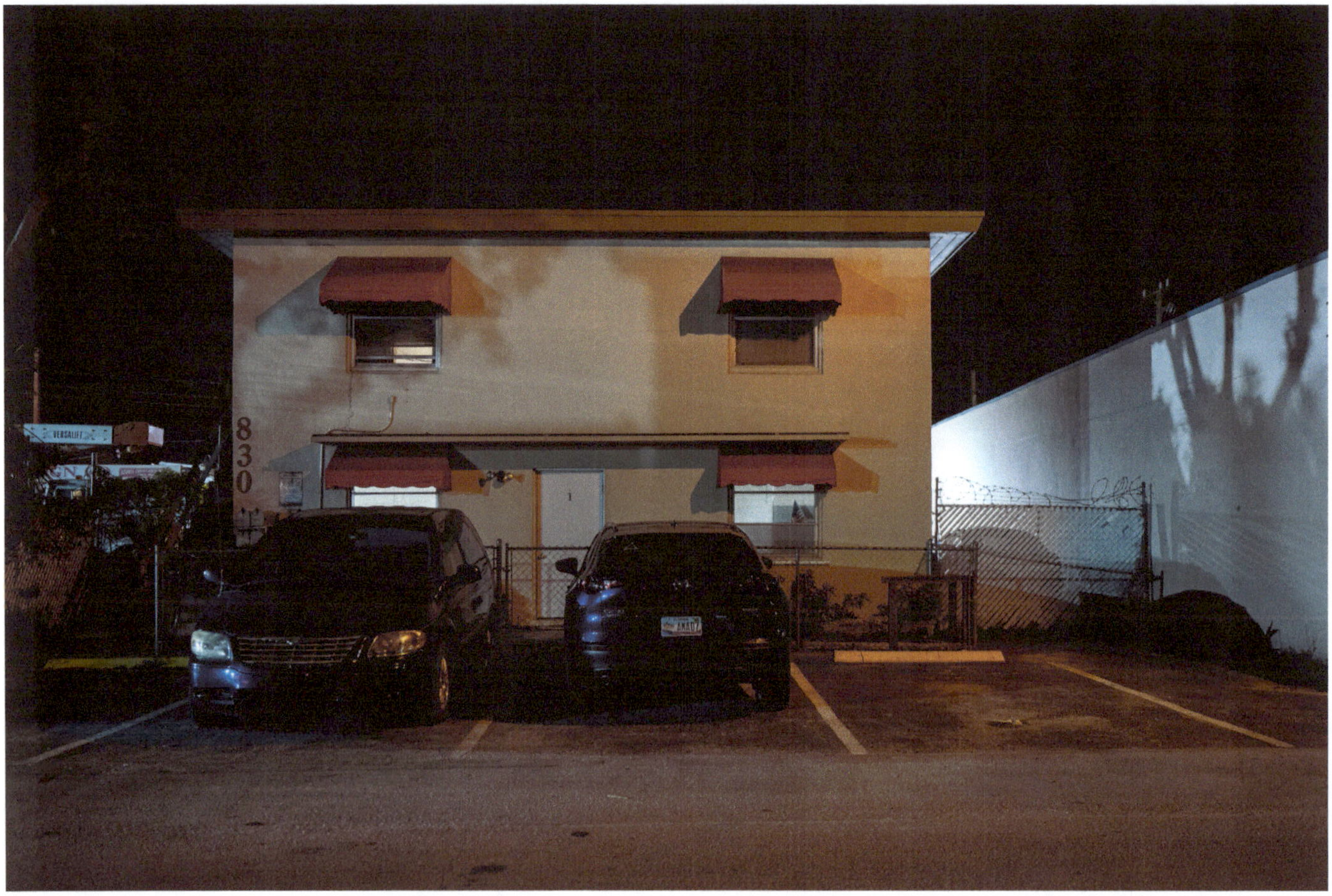

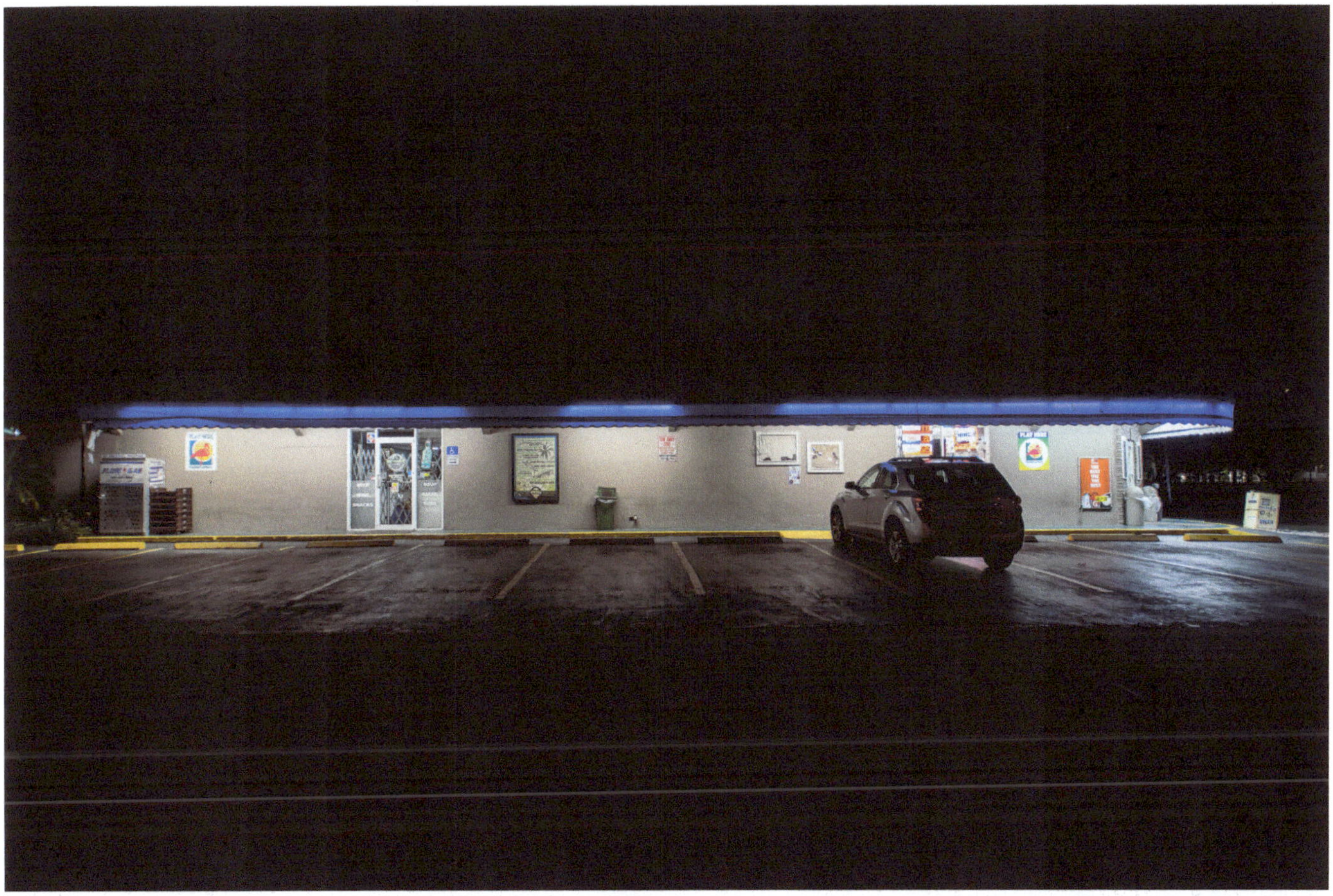

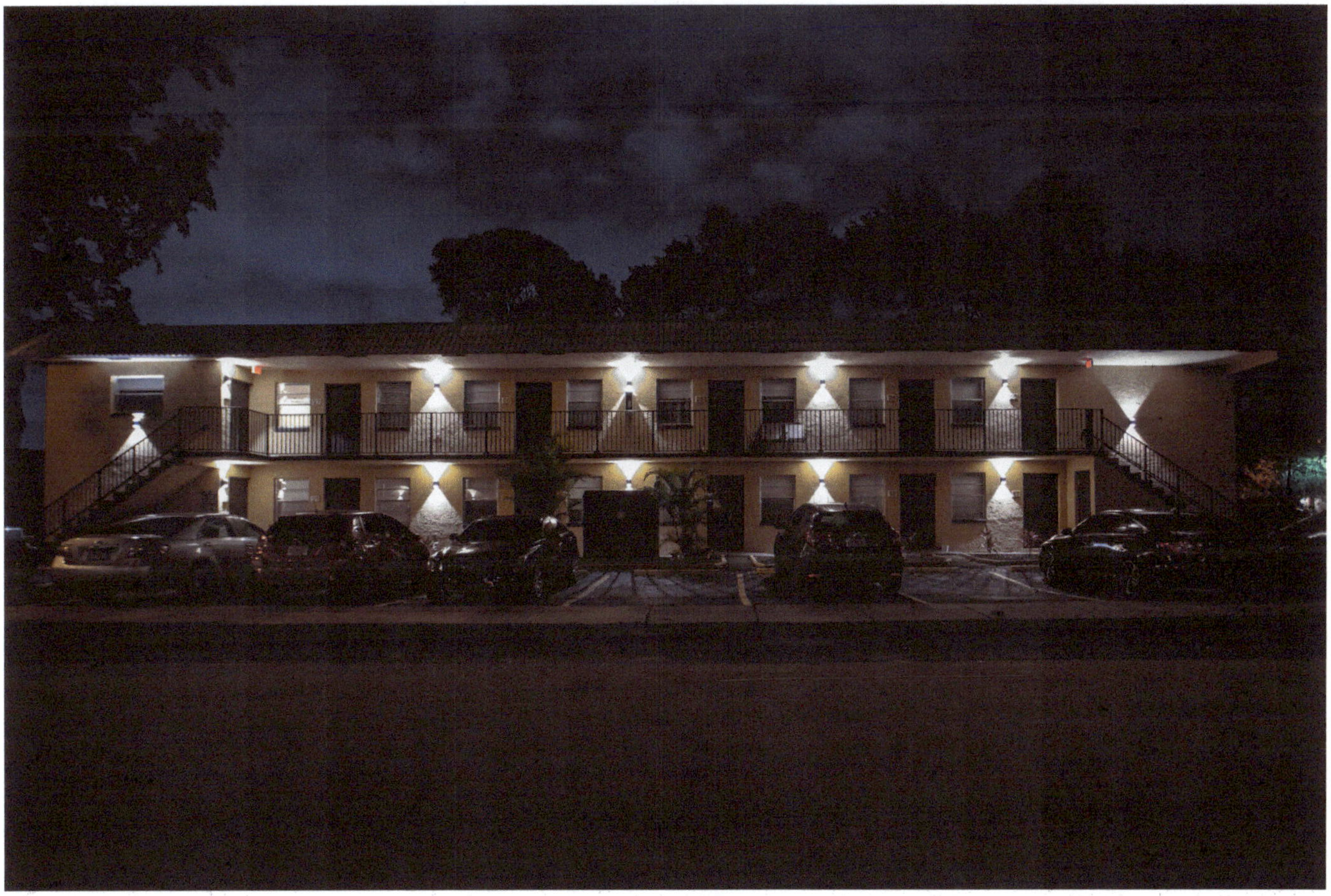

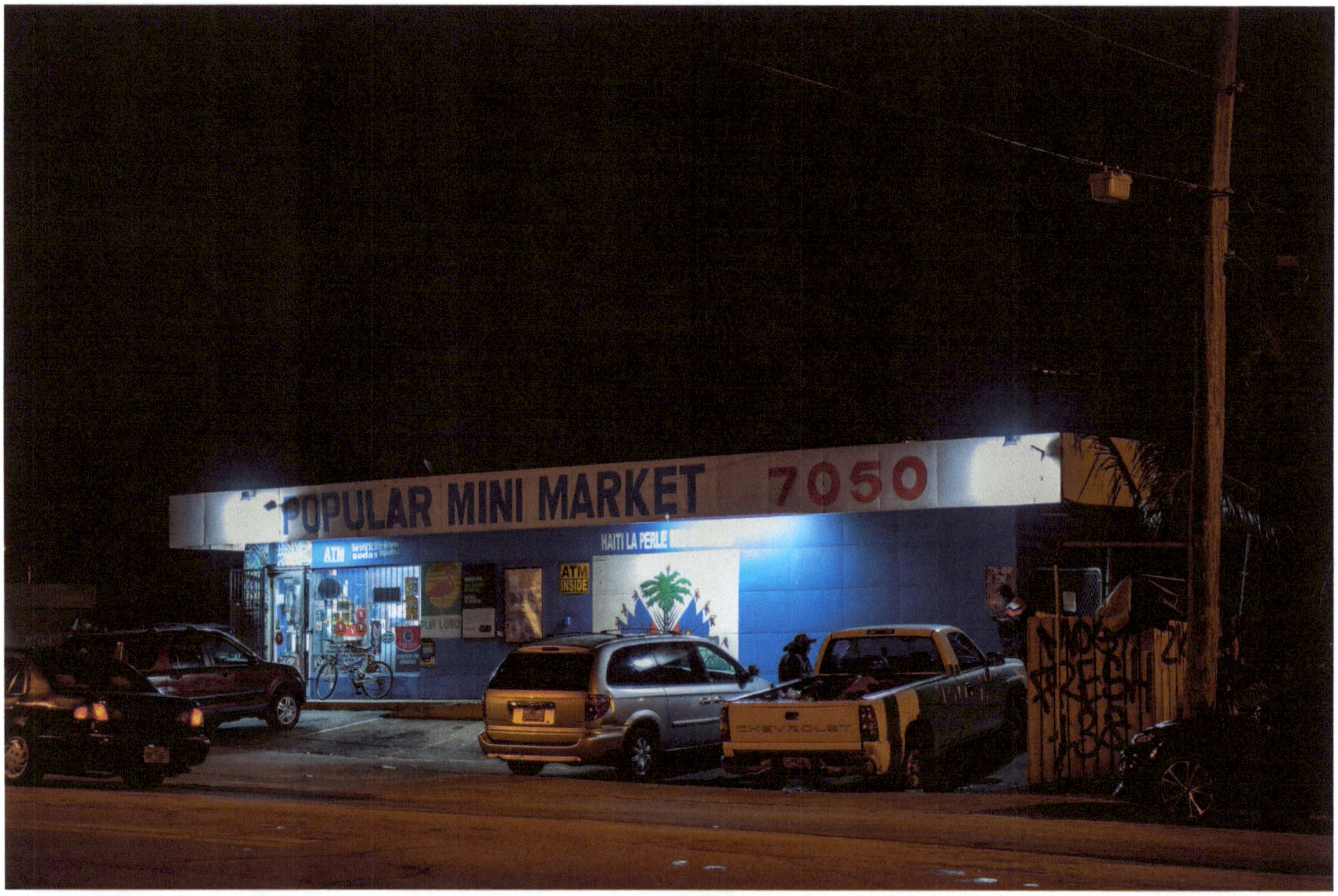
POPULAR MINI MARKET
7050
HAITI LA PERLE
ATM
ATM INSIDE
CHEVROLET

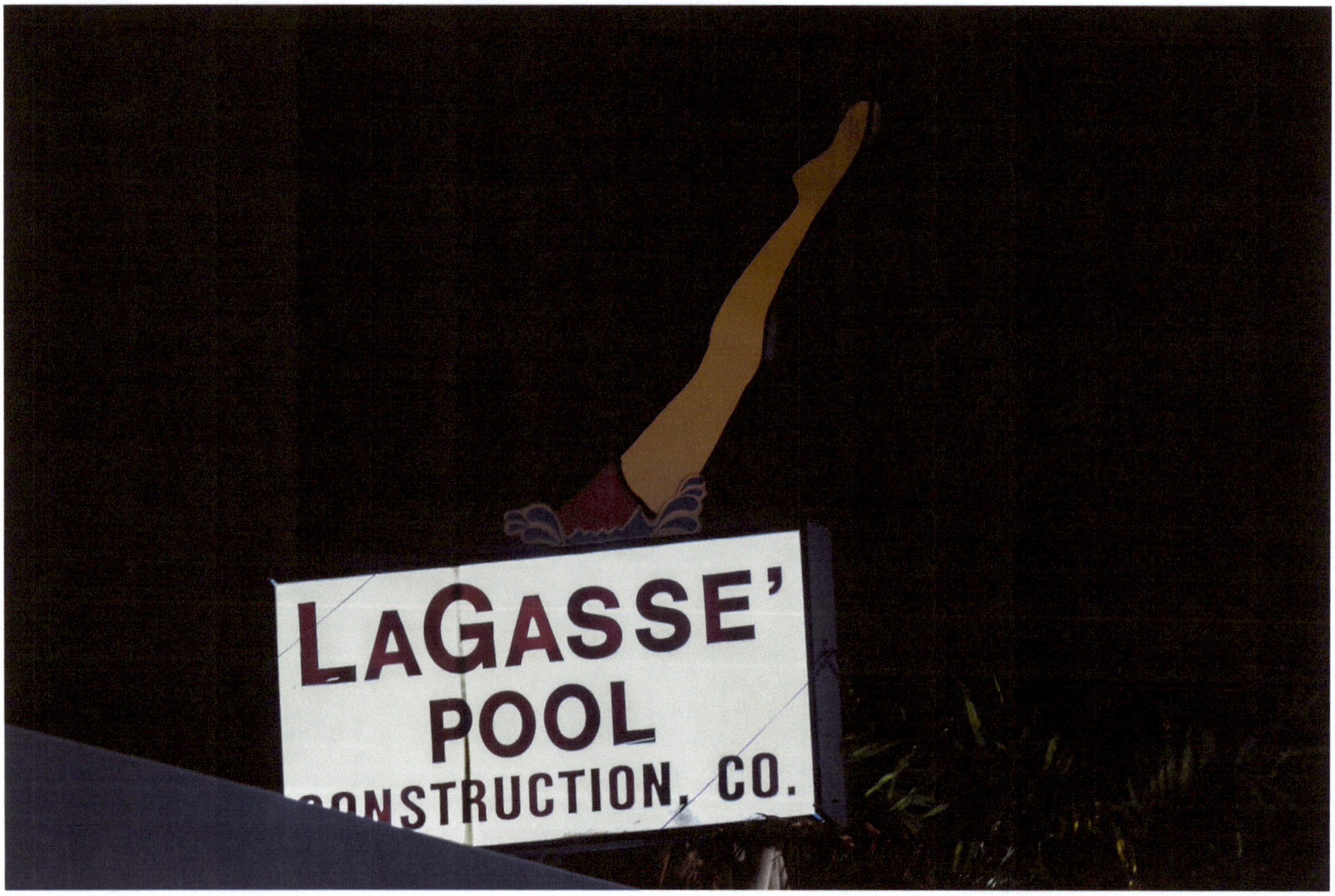
LaGASSE'
POOL
CONSTRUCTION, CO.

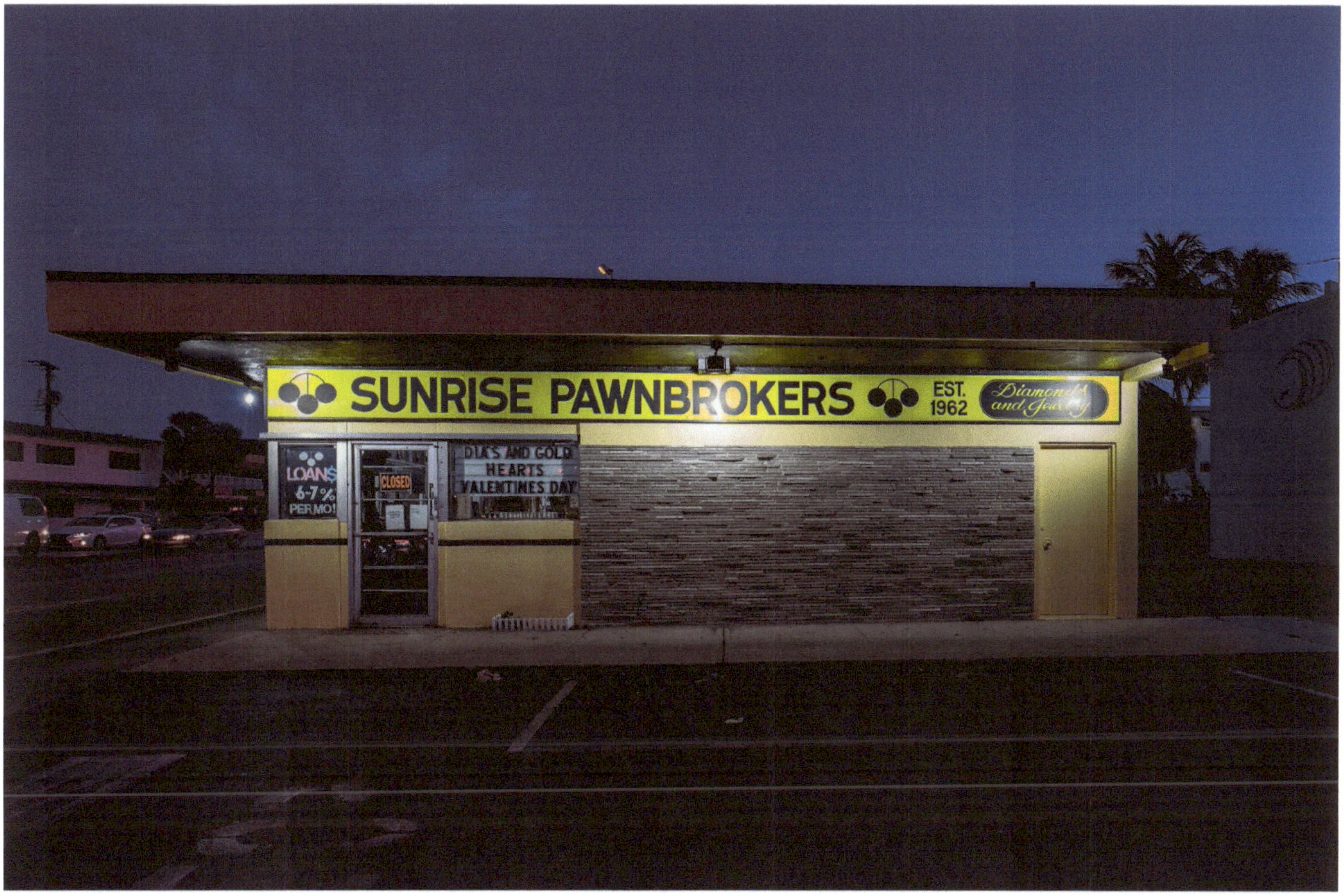

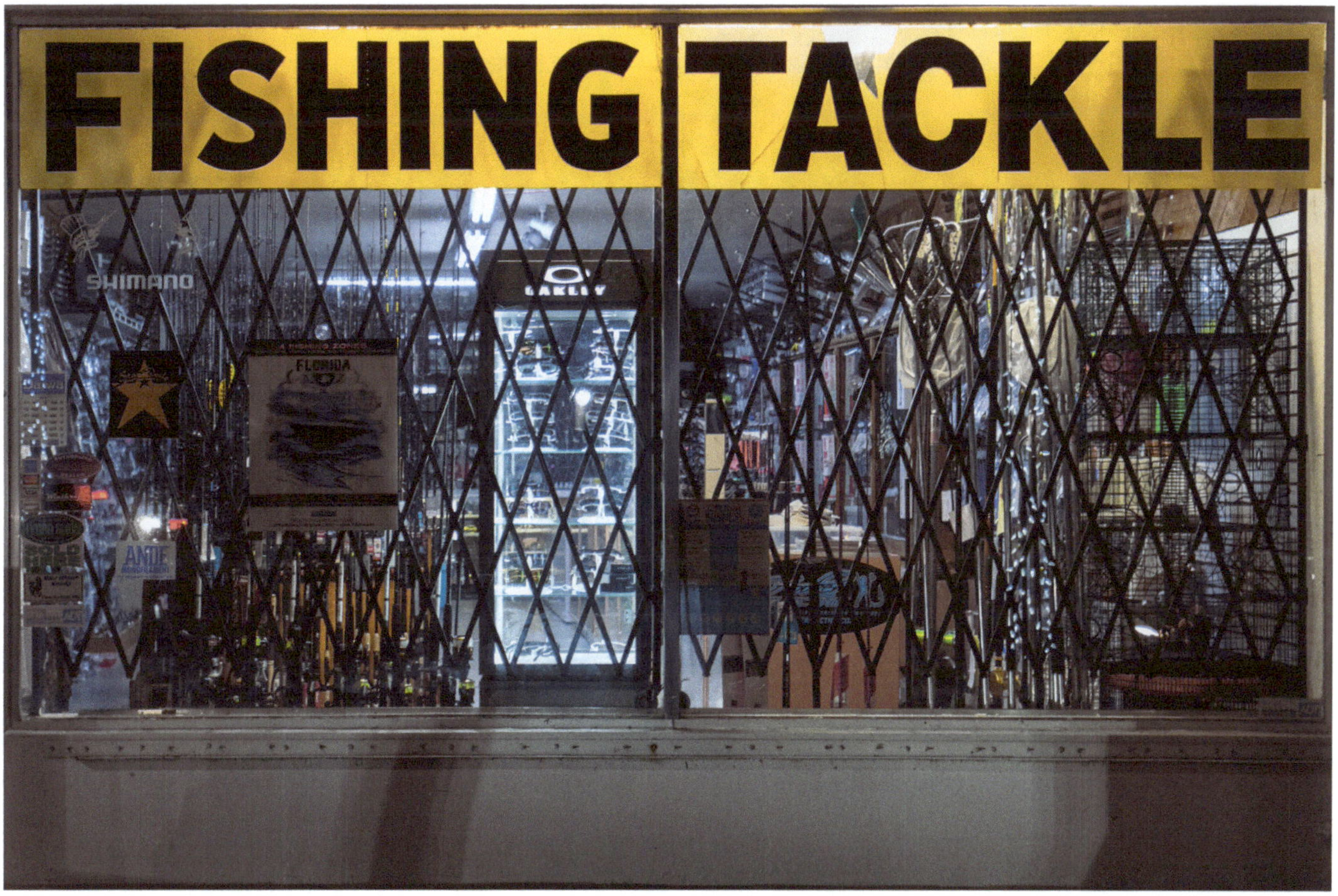

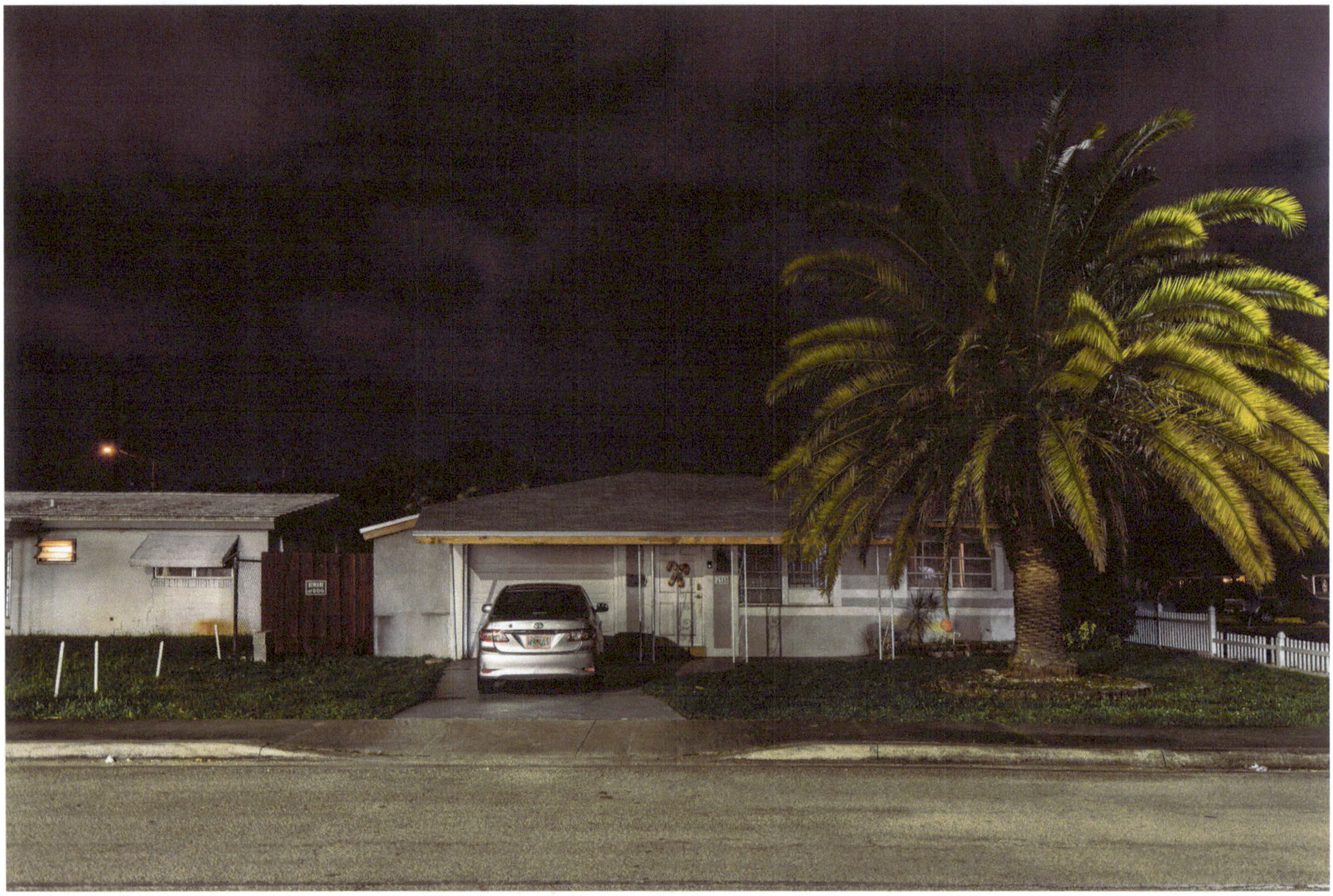

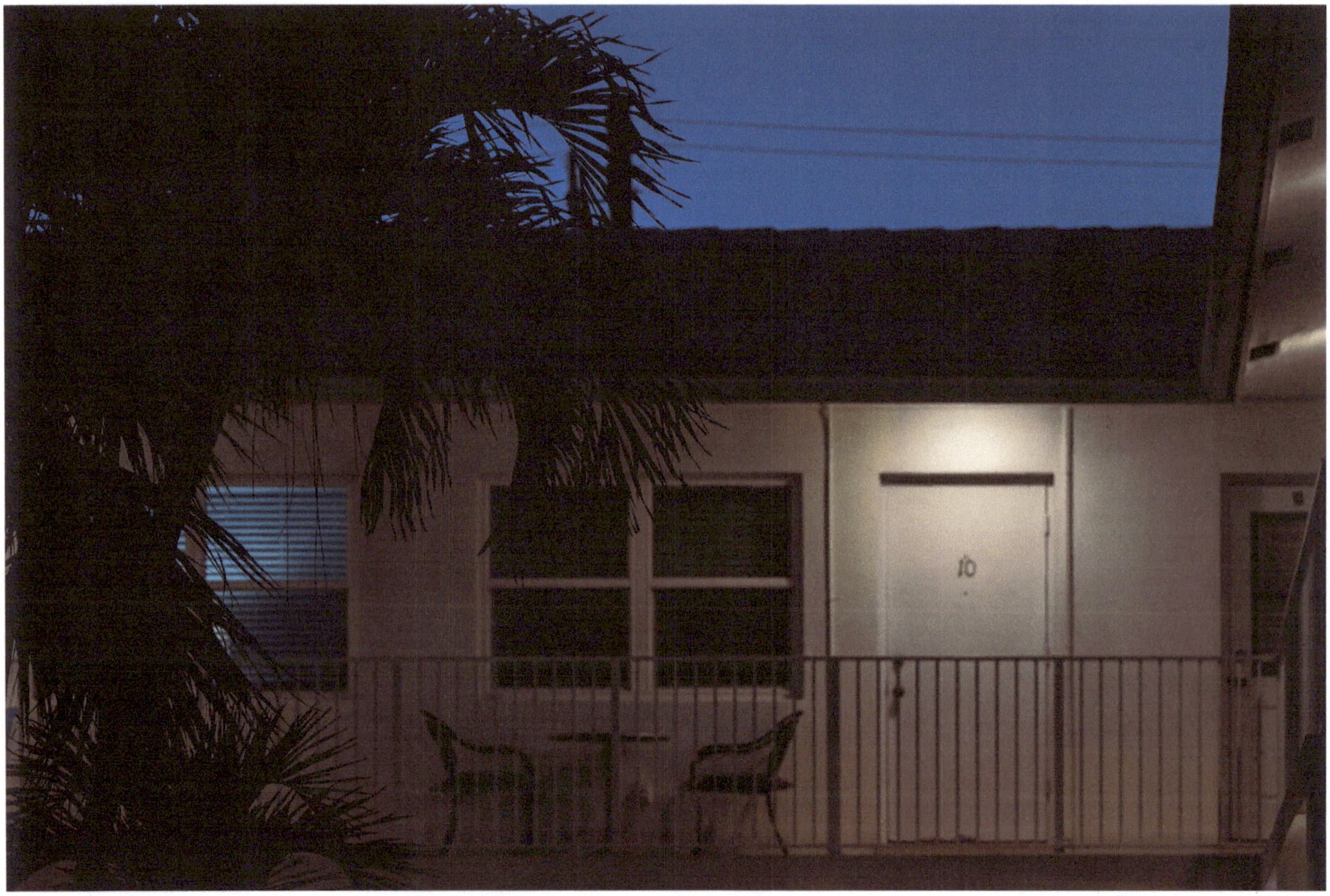

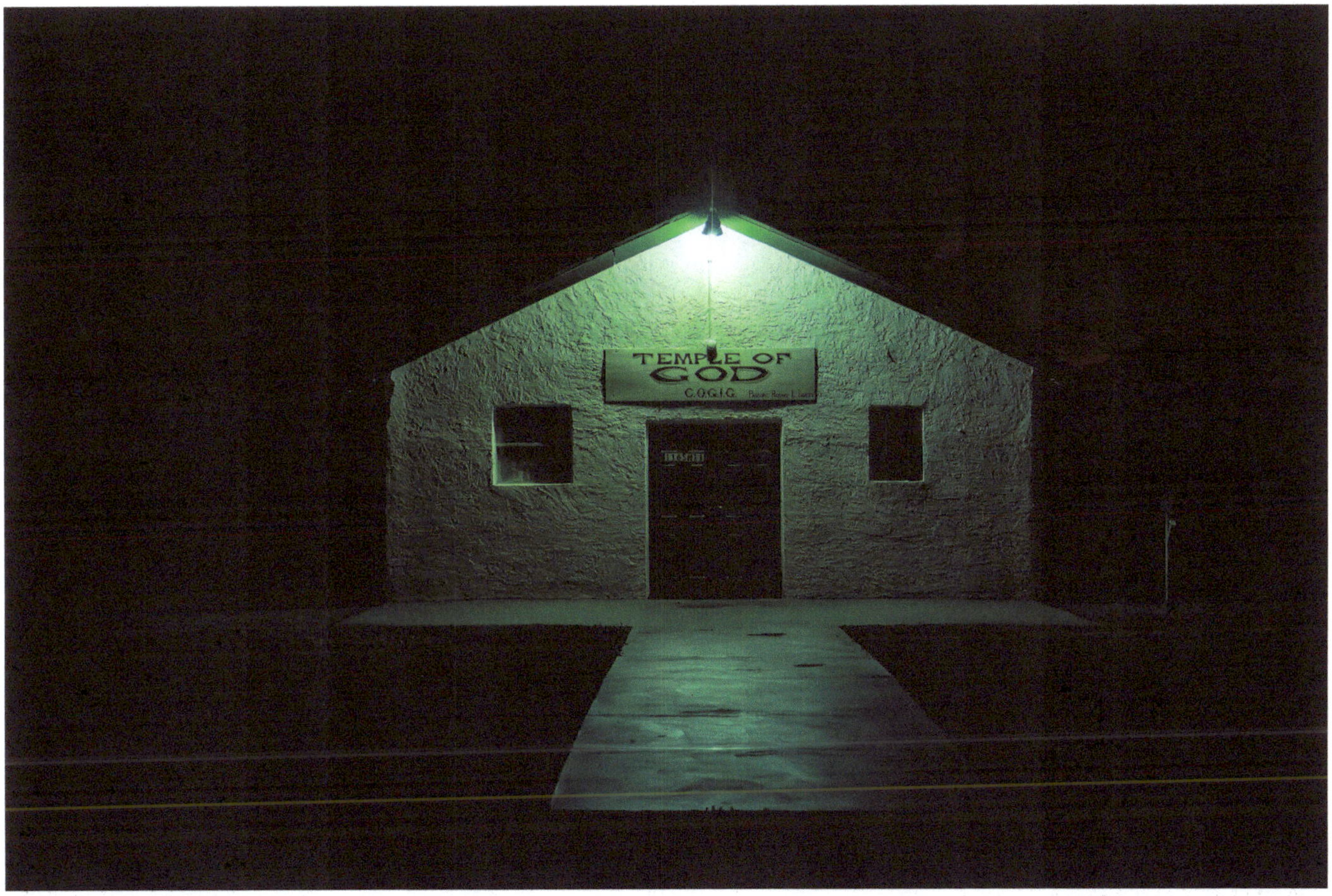

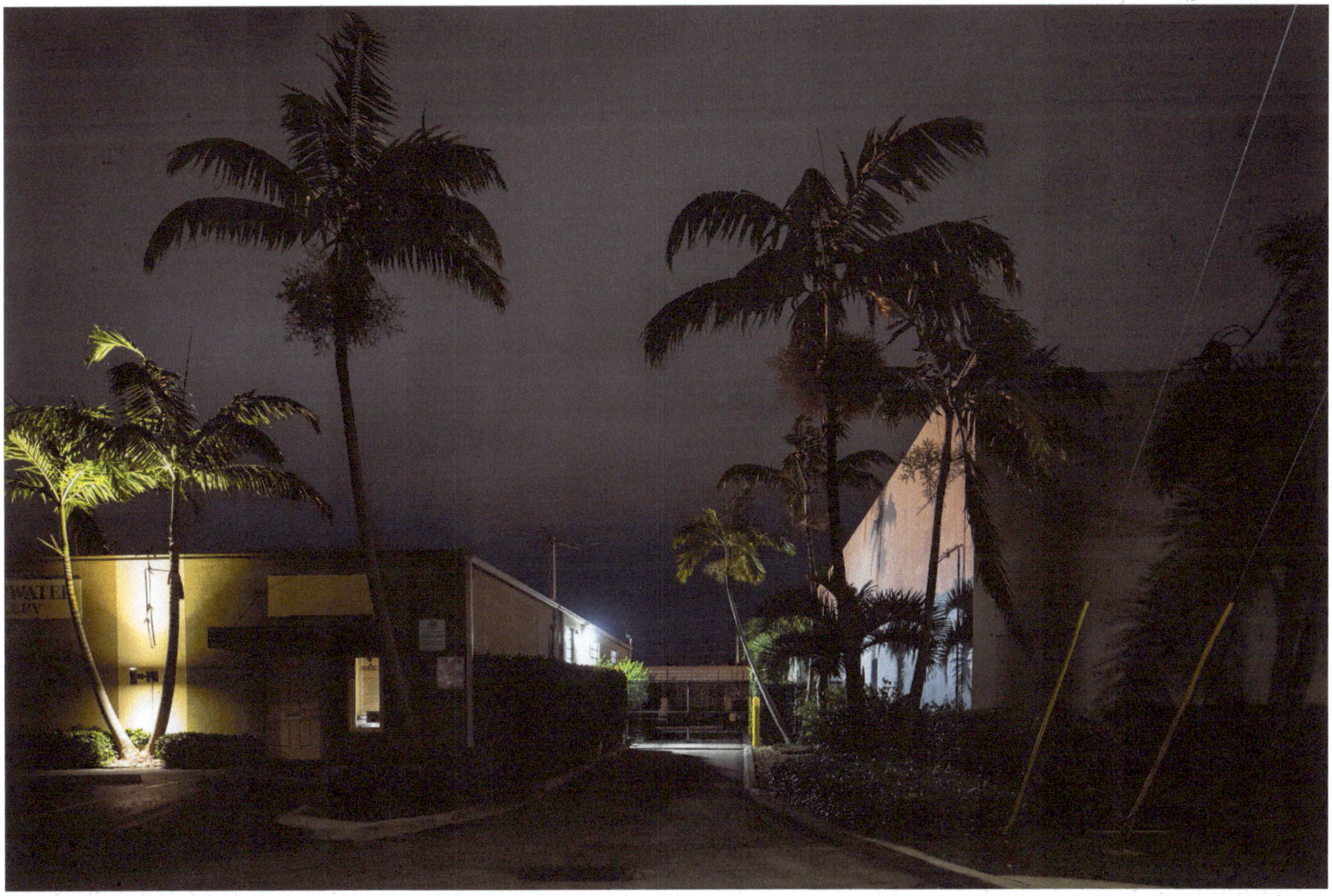

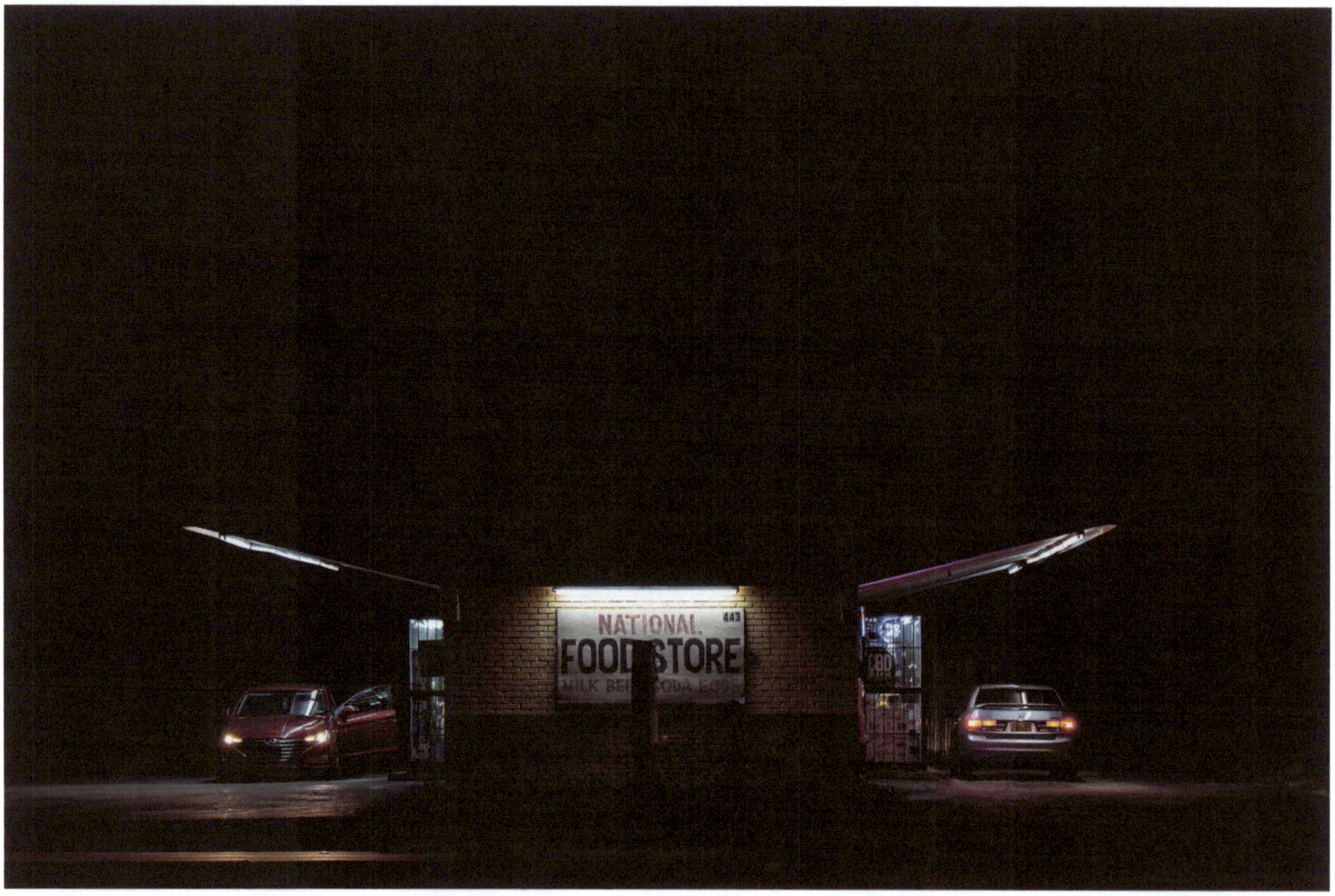
NATIONAL
443
FOOD STORE

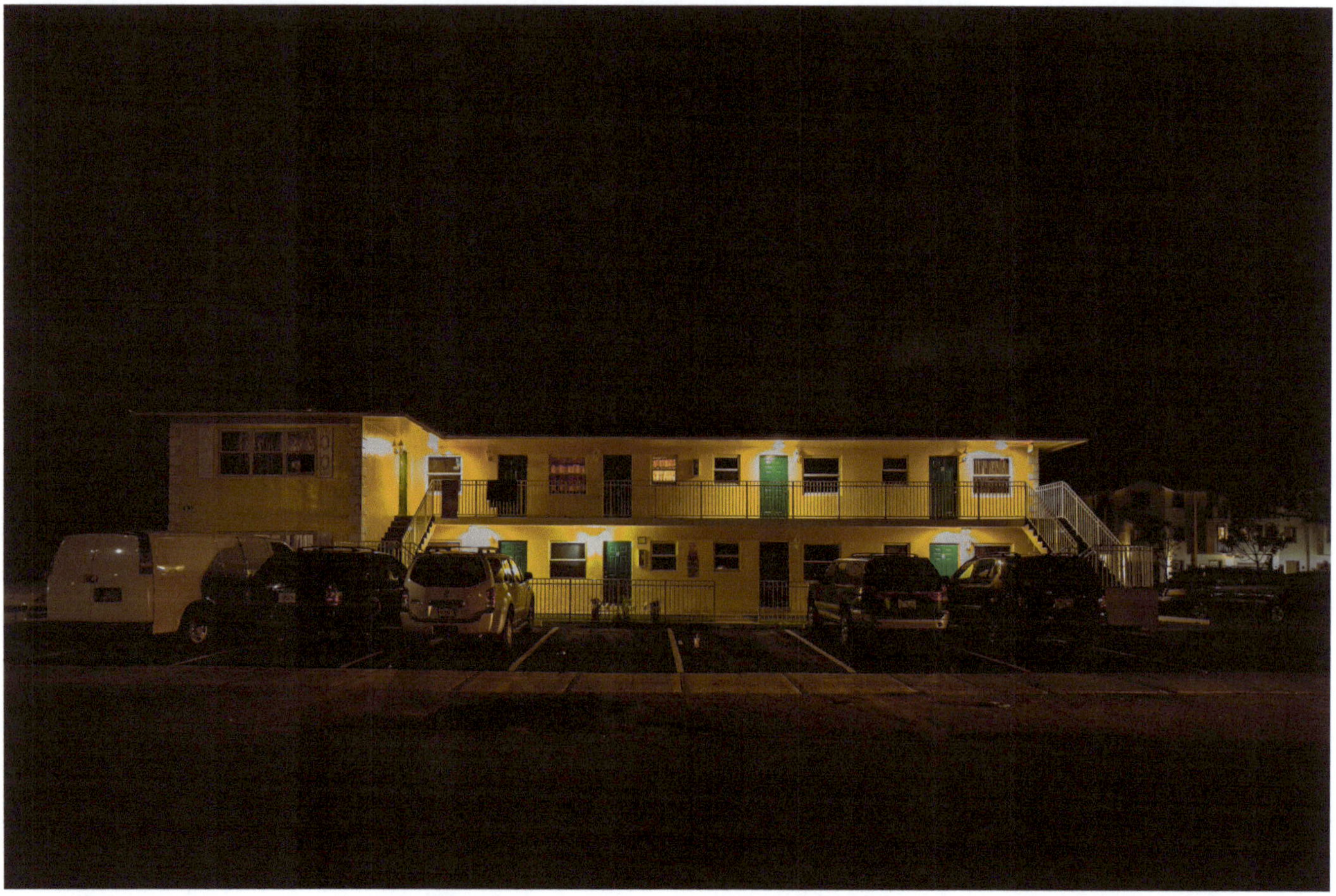

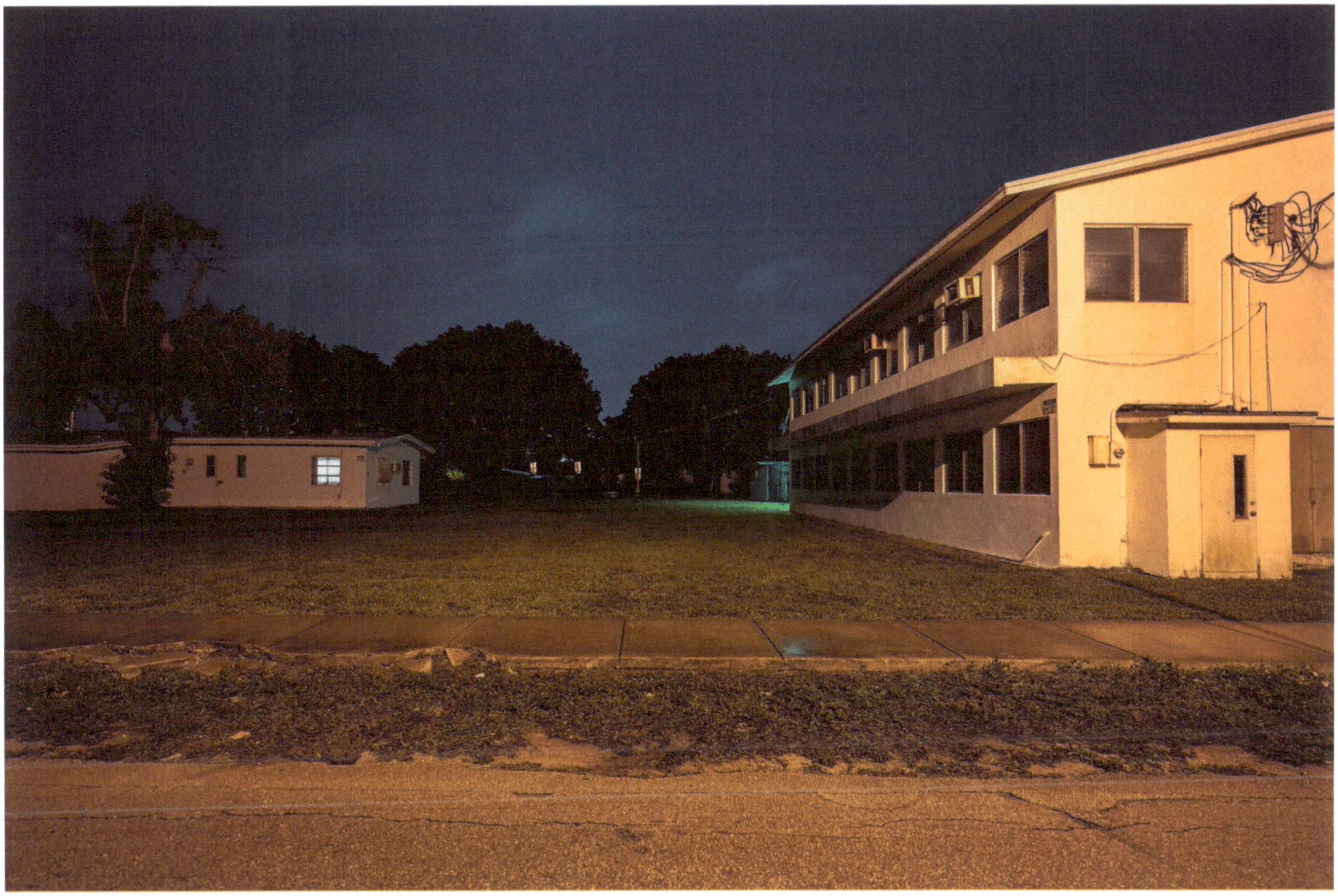

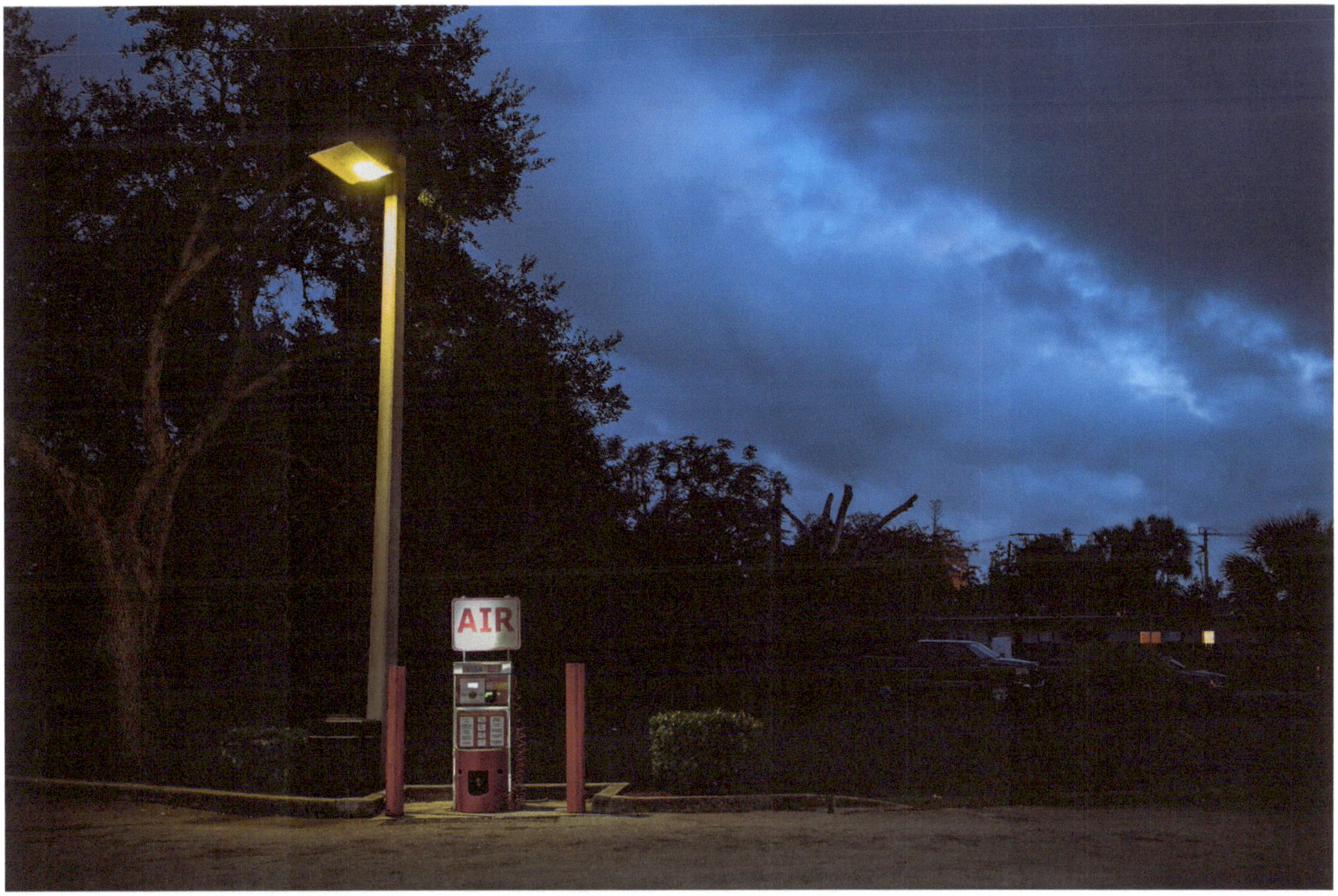

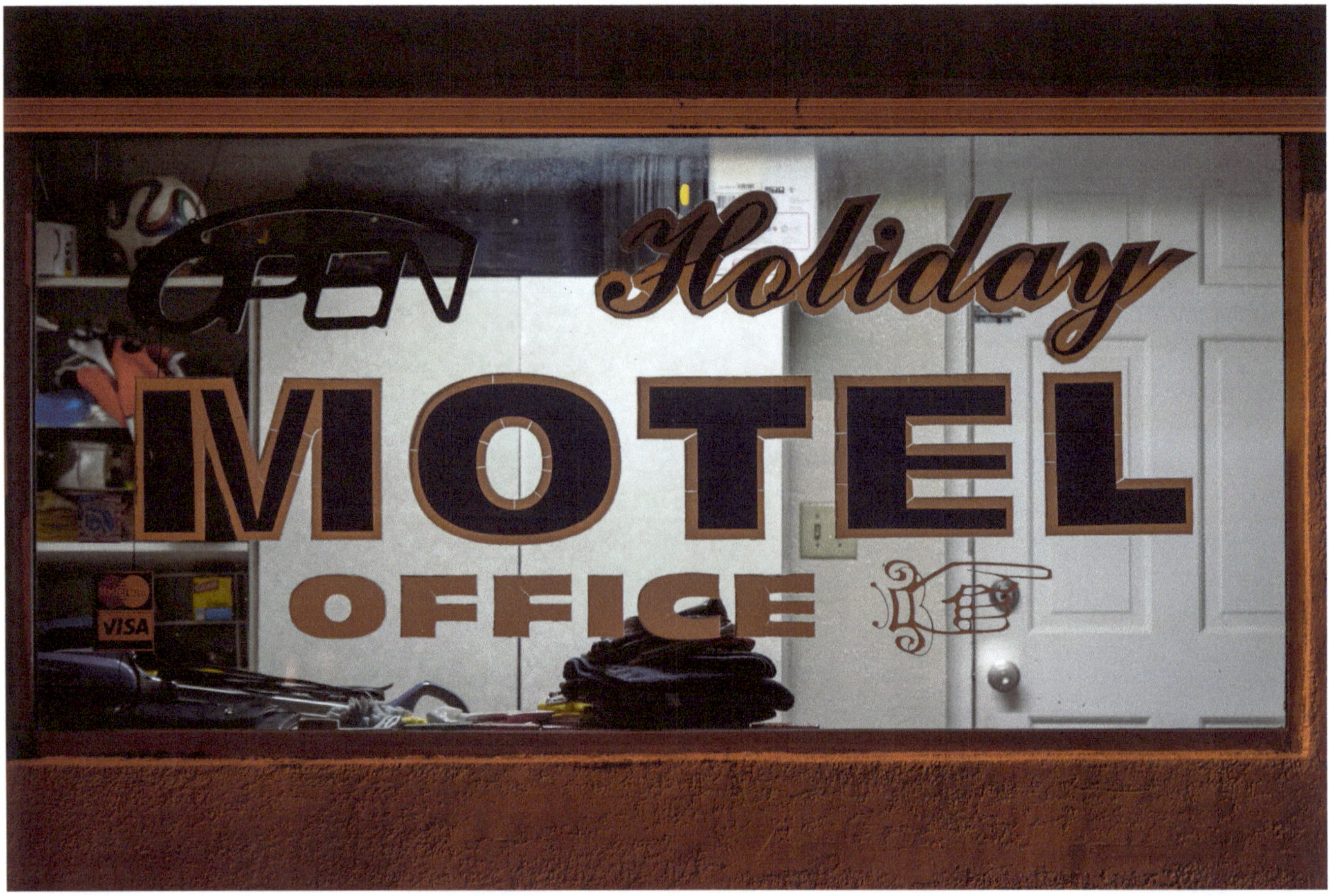
OPEN
Holiday
MOTEL
OFFICE
VISA

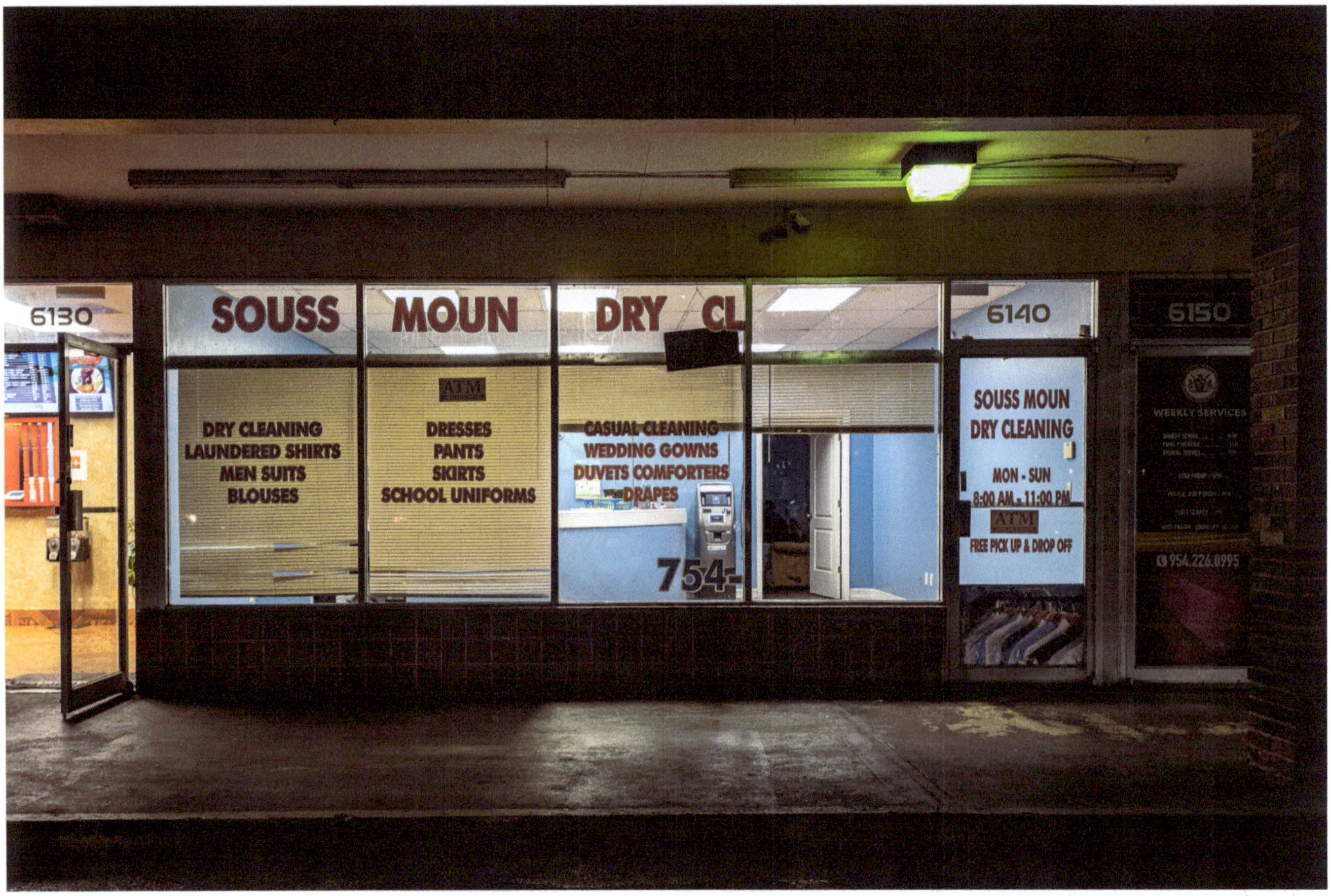
6130
SOUSS
MOUN
DRY CL
6140
6150
DRY CLEANING
LAUNDERED SHIRTS
MEN SUITS
BLOUSES
ATM
DRESSES
PANTS
SKIRTS
SCHOOL UNIFORMS
CASUAL CLEANING
WEDDING GOWNS
DUVETS COMFORTERS
DRAPES
754-
SOUSS MOUN
DRY CLEANING
MON - SUN
8:00 AM - 11:00 PM
ATM
FREE PICK UP & DROP OFF
WEEKLY SERVICES
954.226.0995

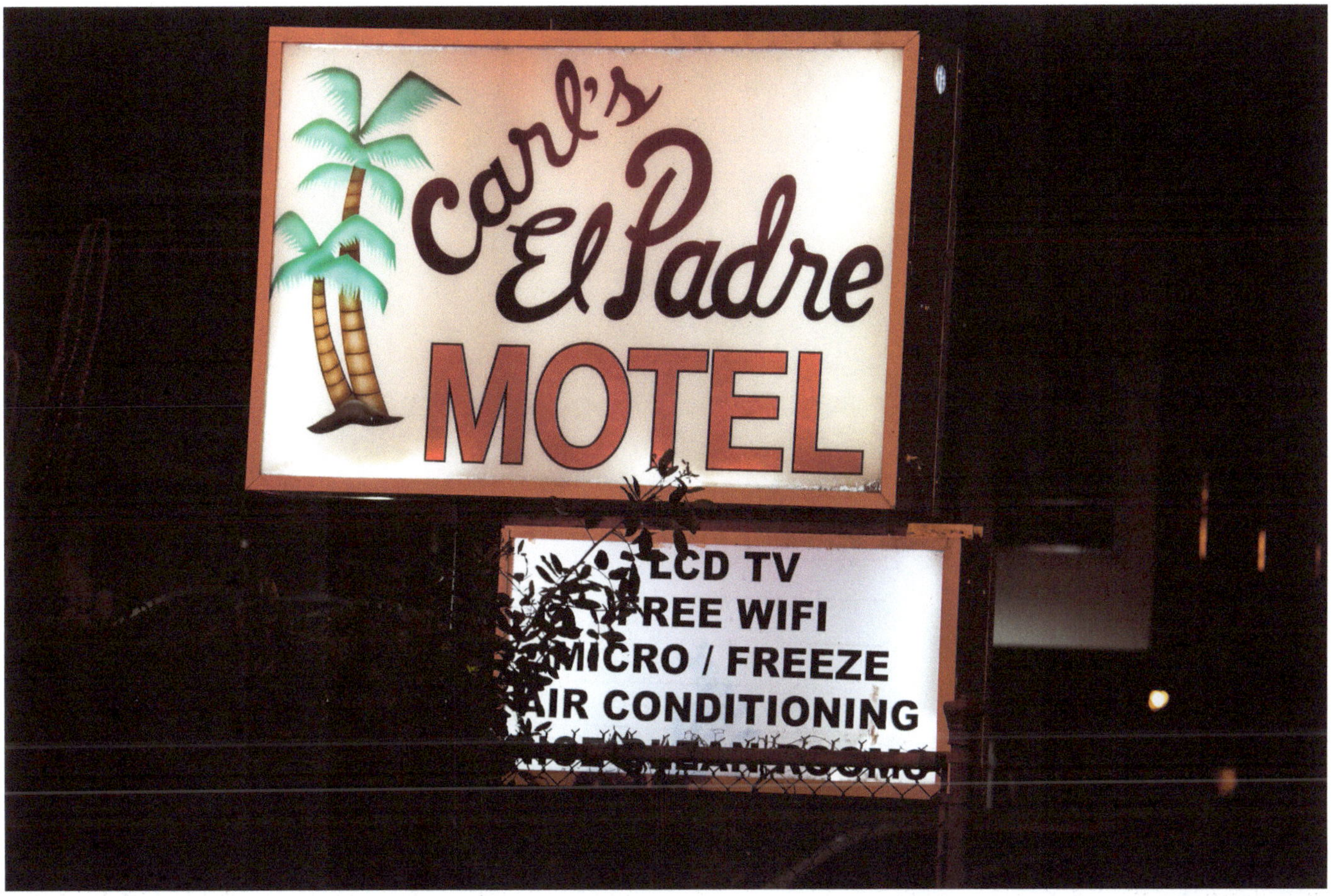
Carl's
El Padre
MOTEL
LCD TV
REE WIFI
MICRO / FREEZE
AIR CONDITIONING

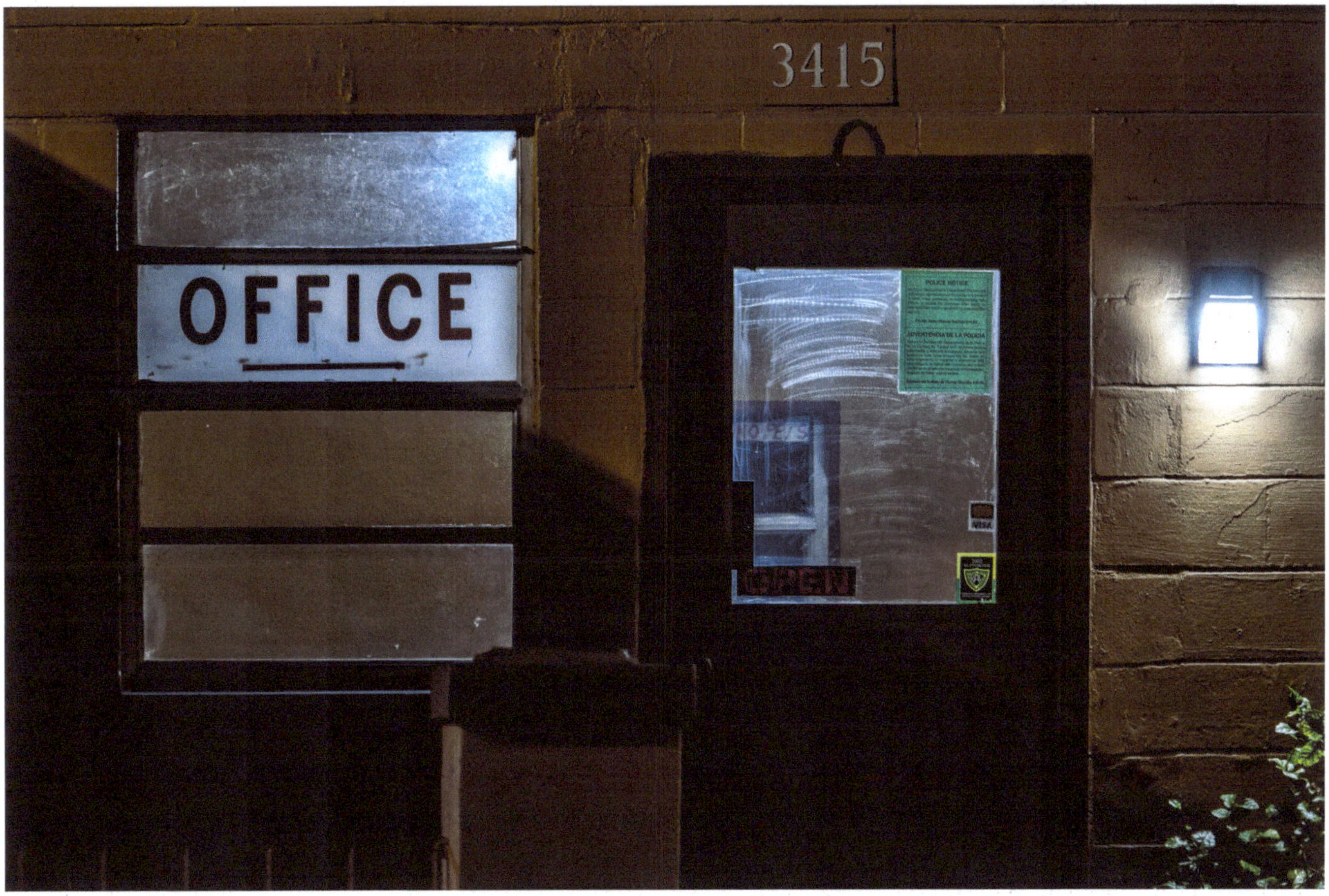
3415
OFFICE

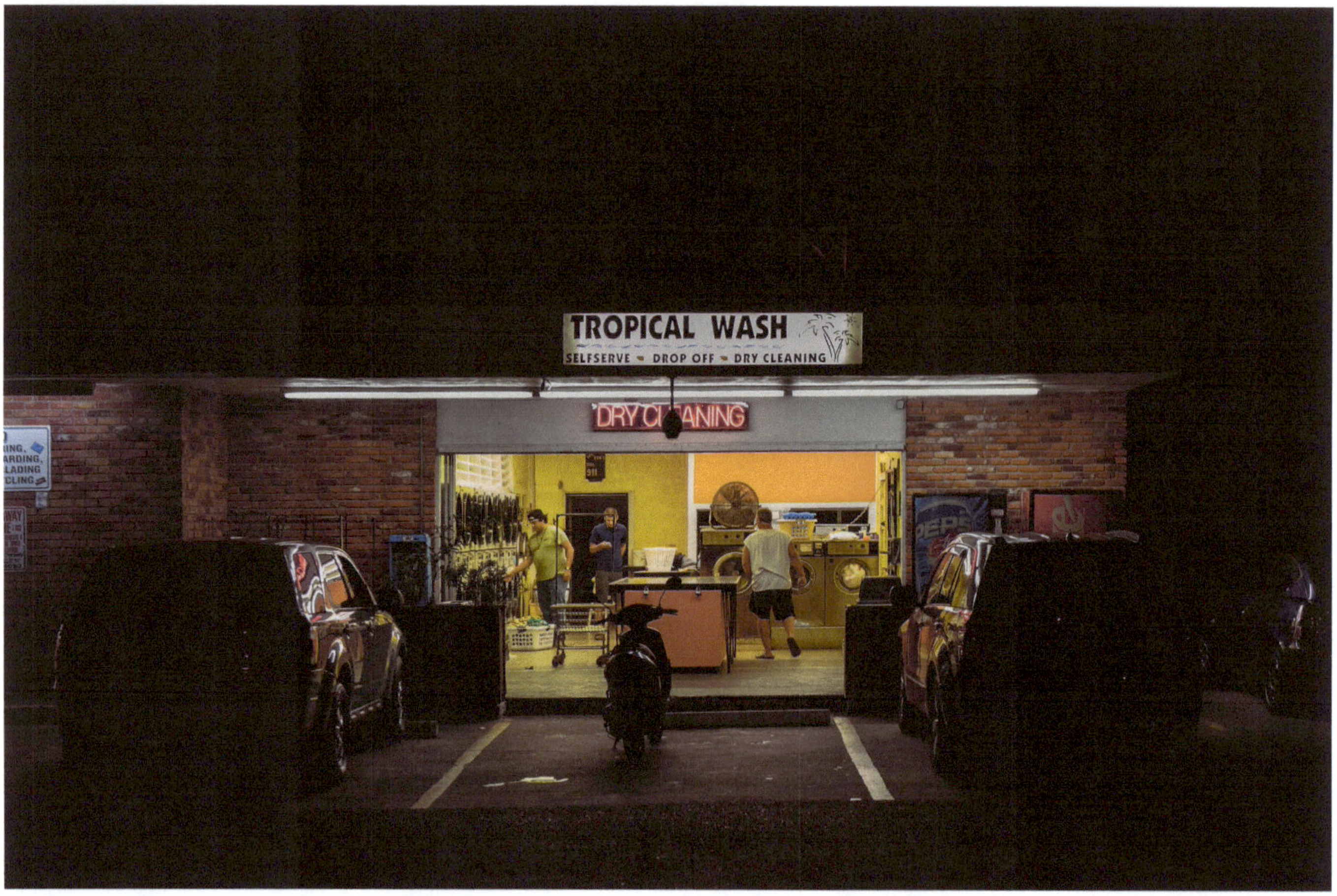

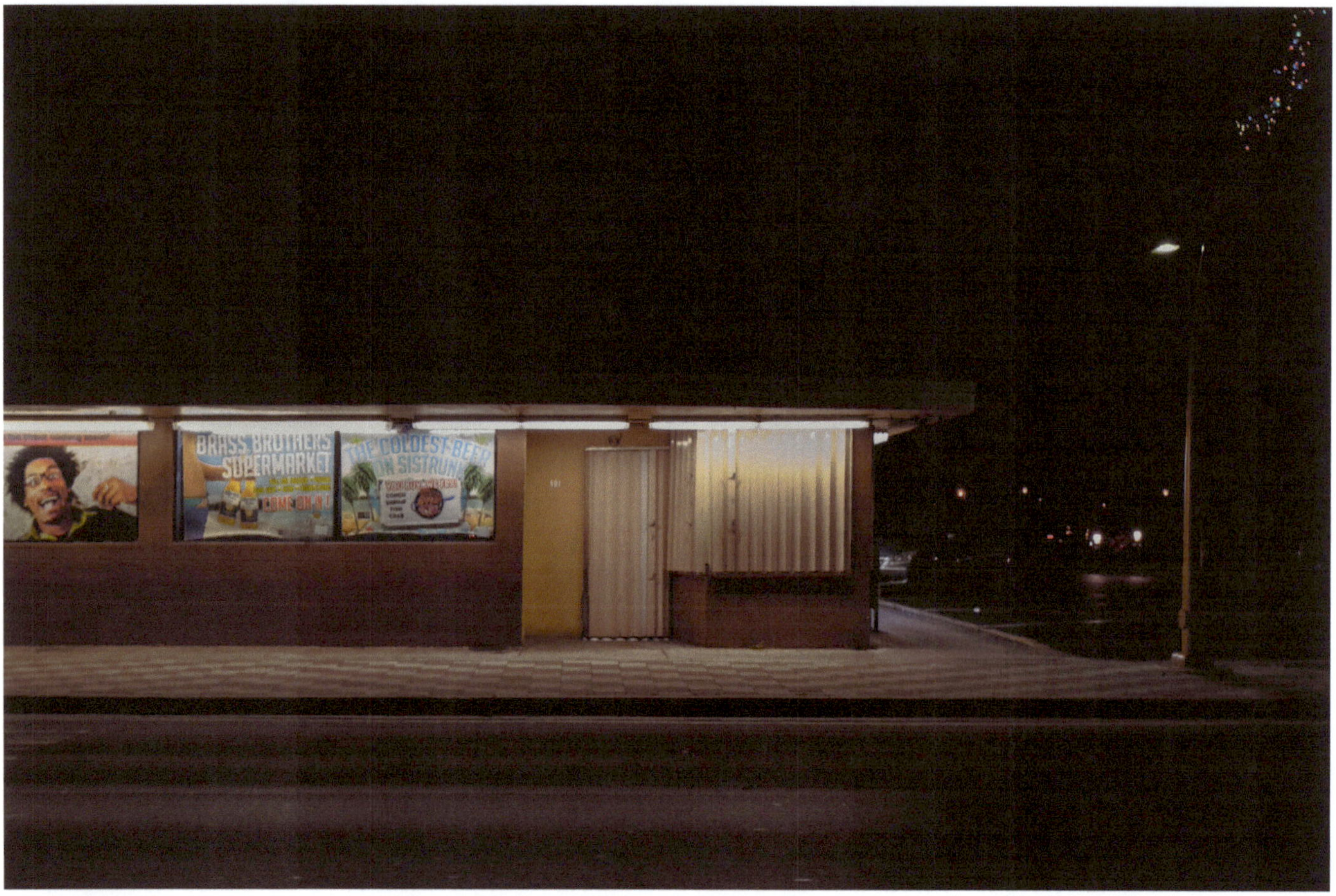

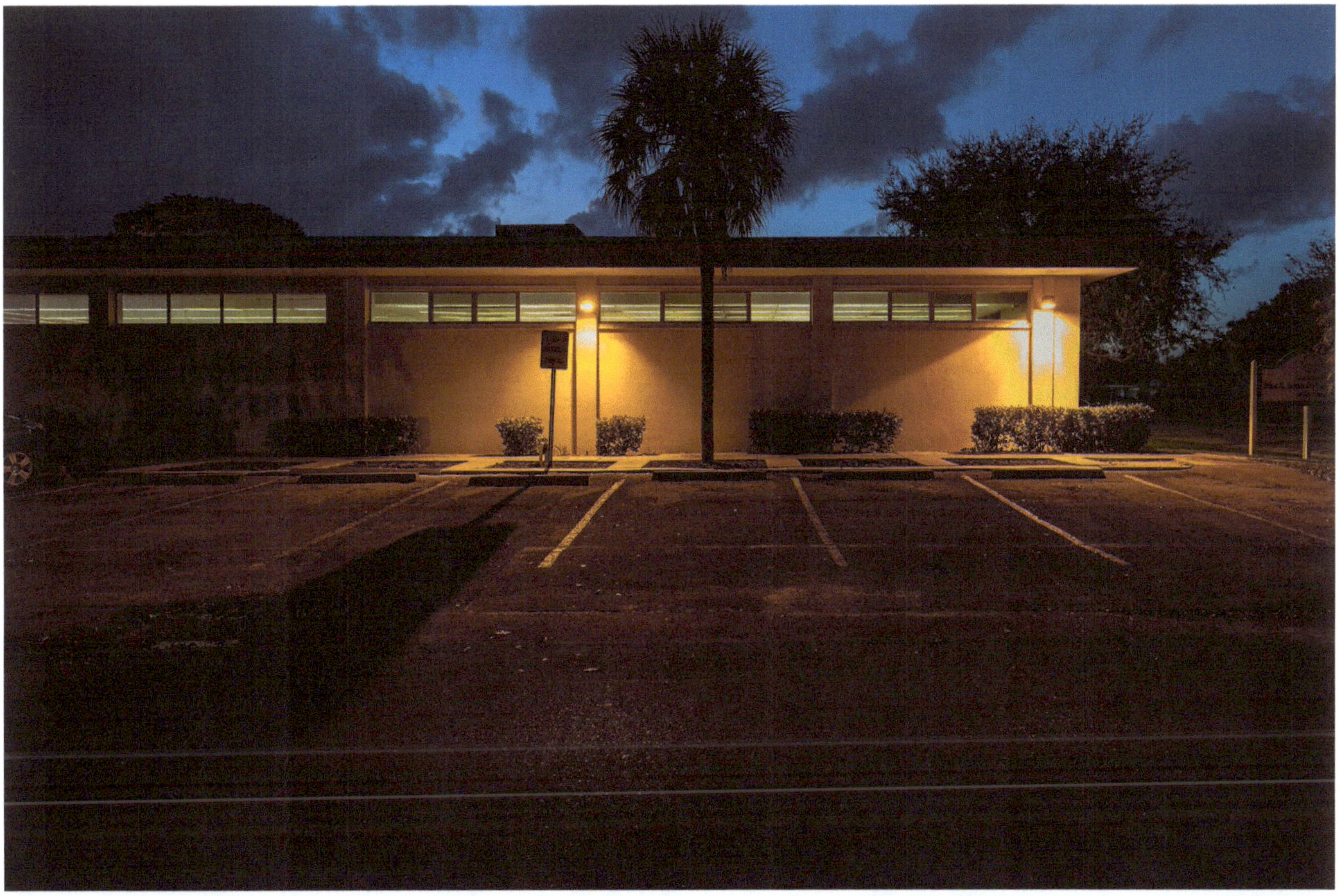

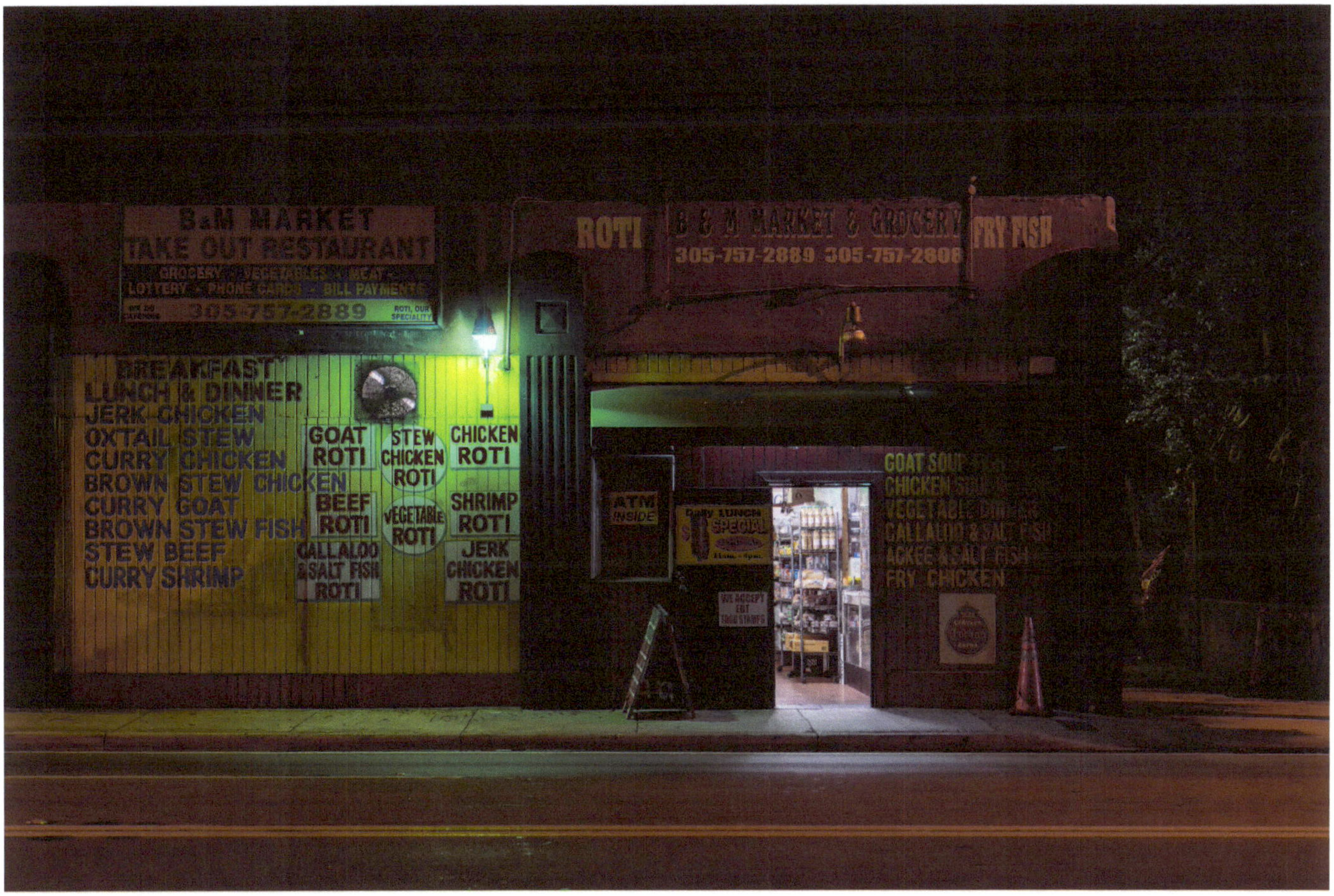
B&M MARKET
TAKE OUT RESTAURANT
LOTTERY
305-757-2889
ROTI
B & M MARKET & GROCERY
FRY FISH
305-757-2889 305-757-2808
BREAKFAST
LUNCH & DINNER
JERK CHICKEN
OXTAIL STEW
CURRY CHICKEN
BROWN STEW CHICKEN
CURRY GOAT
BROWN STEW FISH
STEW BEEF
CURRY SHRIMP
GOAT ROTI
STEW CHICKEN ROTI
CHICKEN ROTI
BEEF ROTI
VEGETABLE ROTI
SHRIMP ROTI
CALLALOO & SALT FISH ROTI
JERK CHICKEN ROTI
ATM INSIDE
SPECIAL
FRY CHICKEN

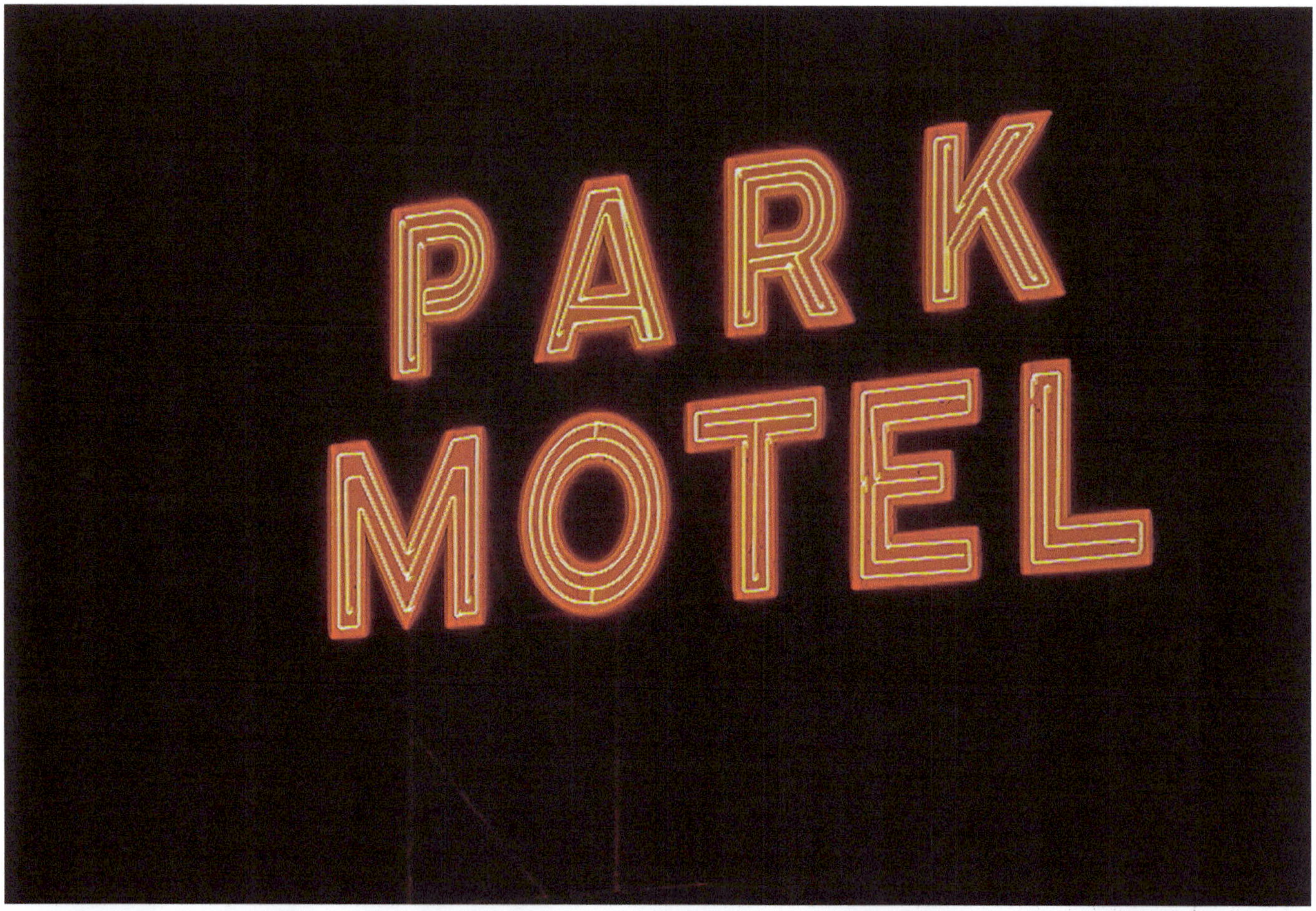

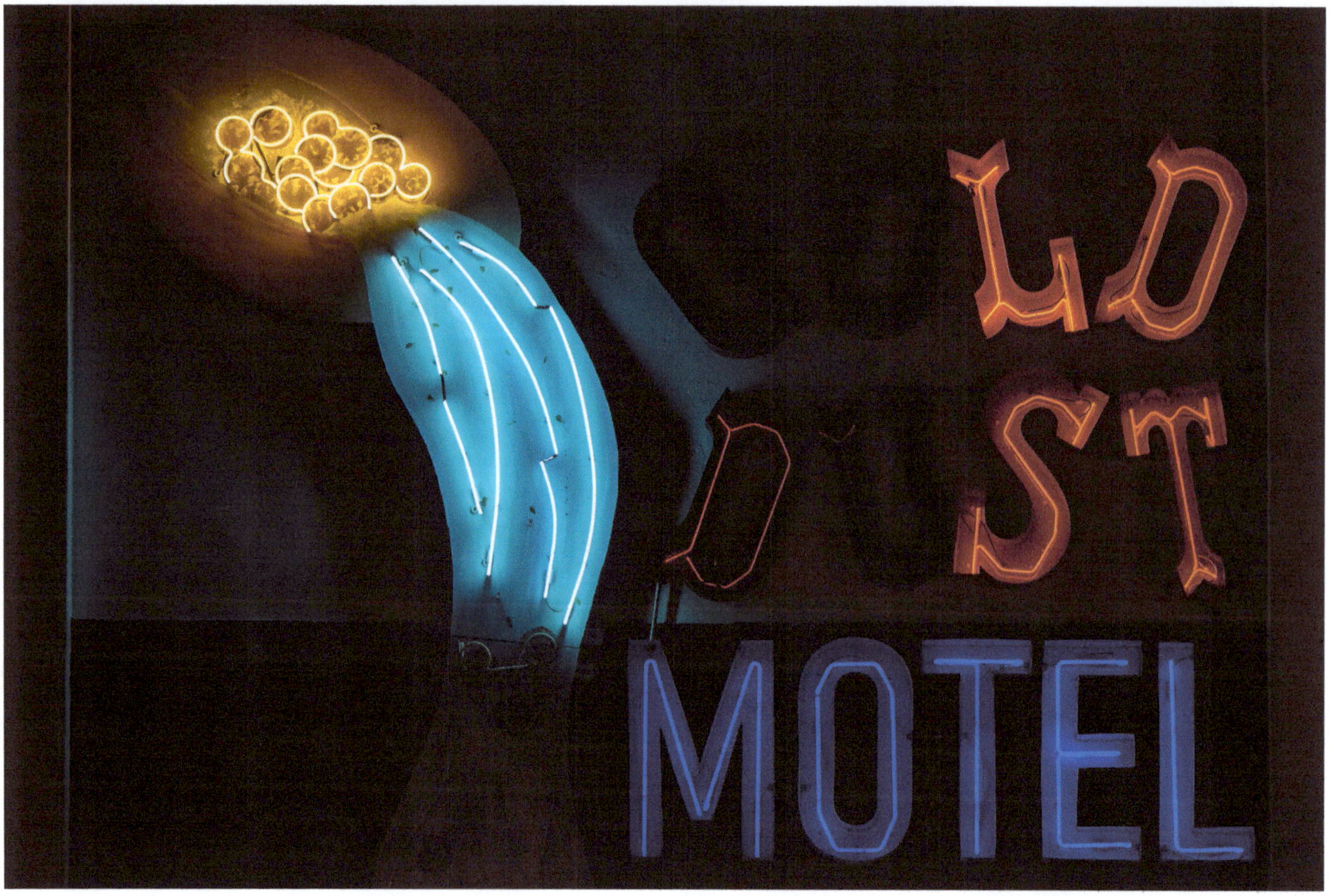

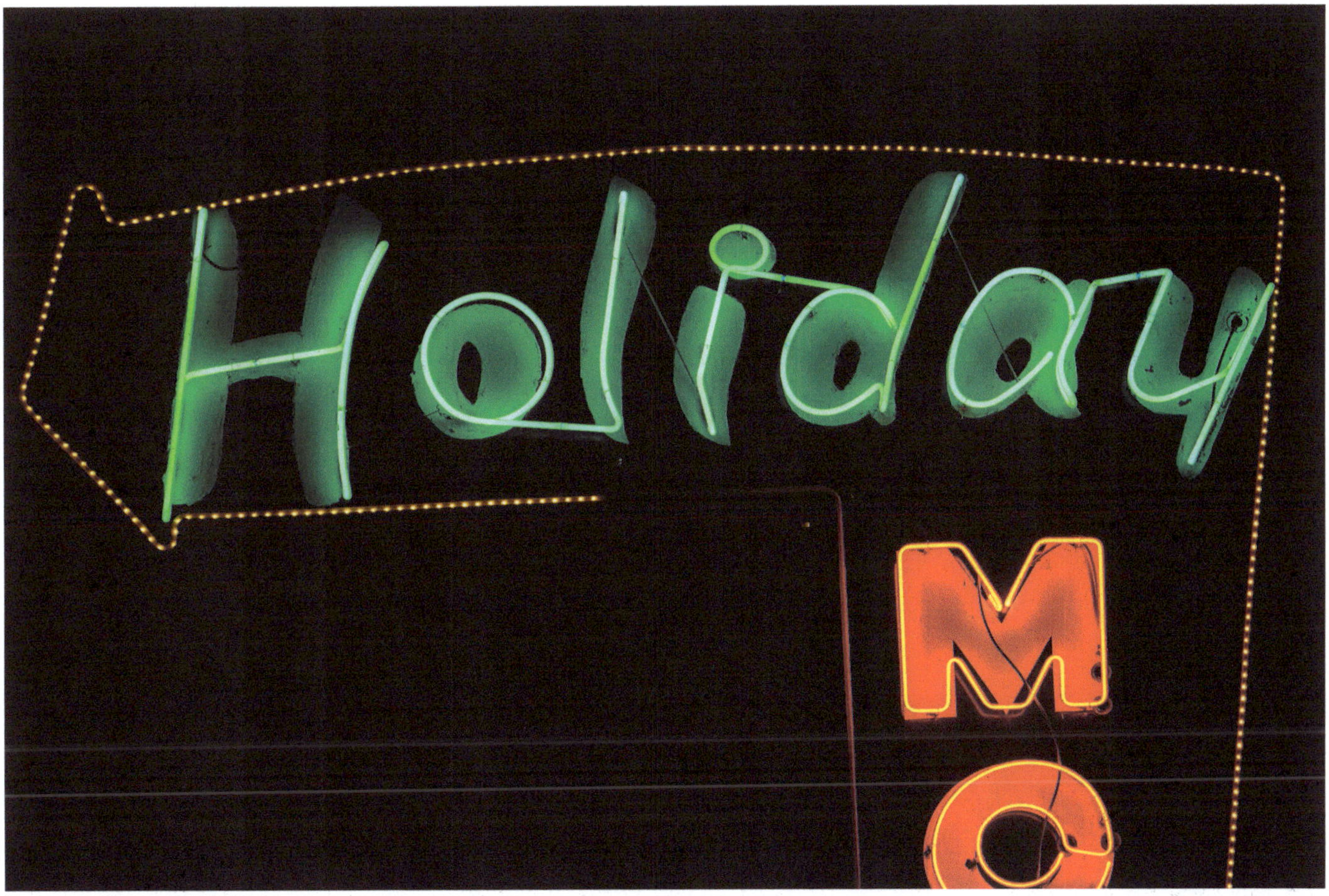

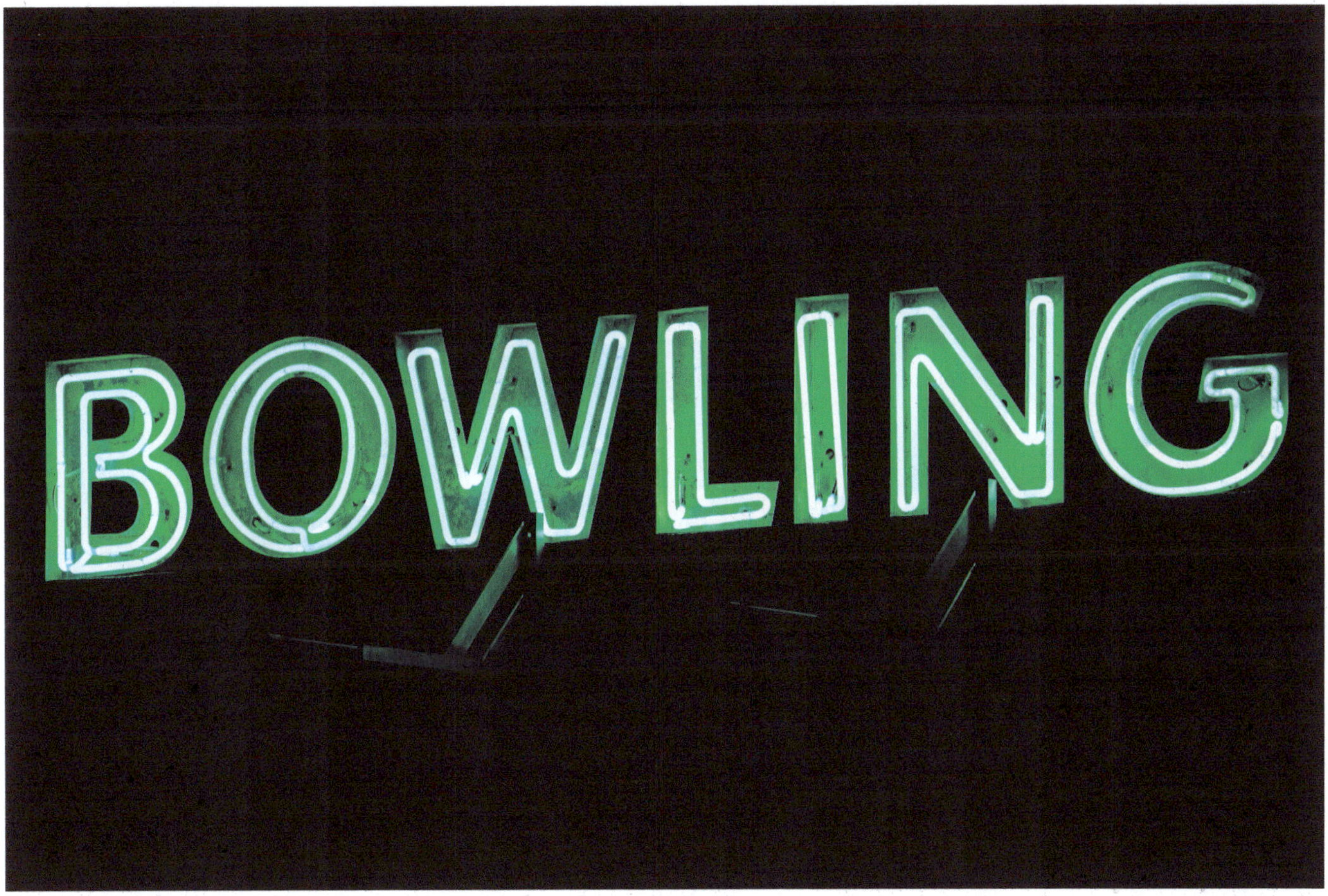

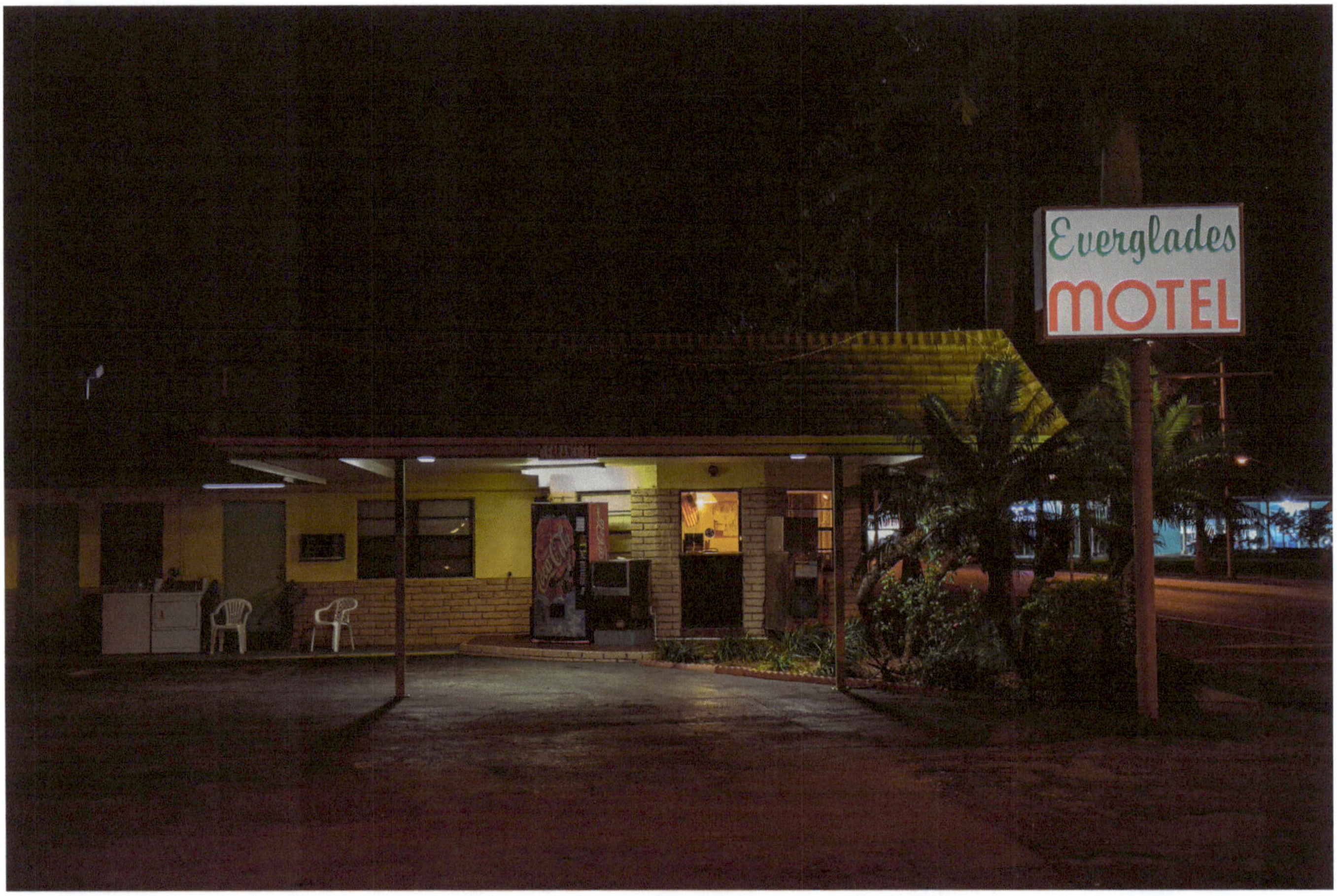
Everglades
MOTEL

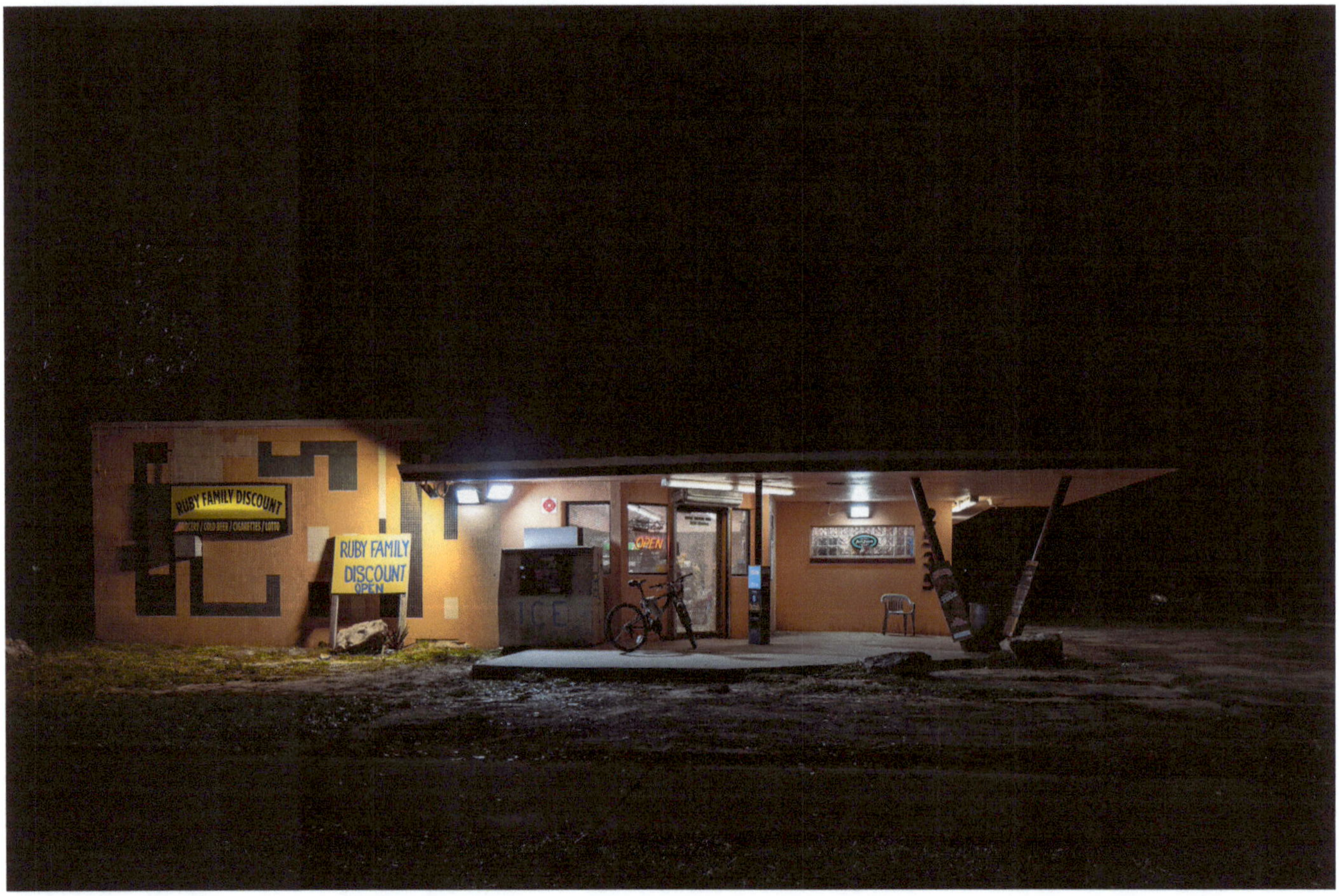
RUBY FAMILY DISCOUNT
RUBY FAMILY
DISCOUNT
OPEN

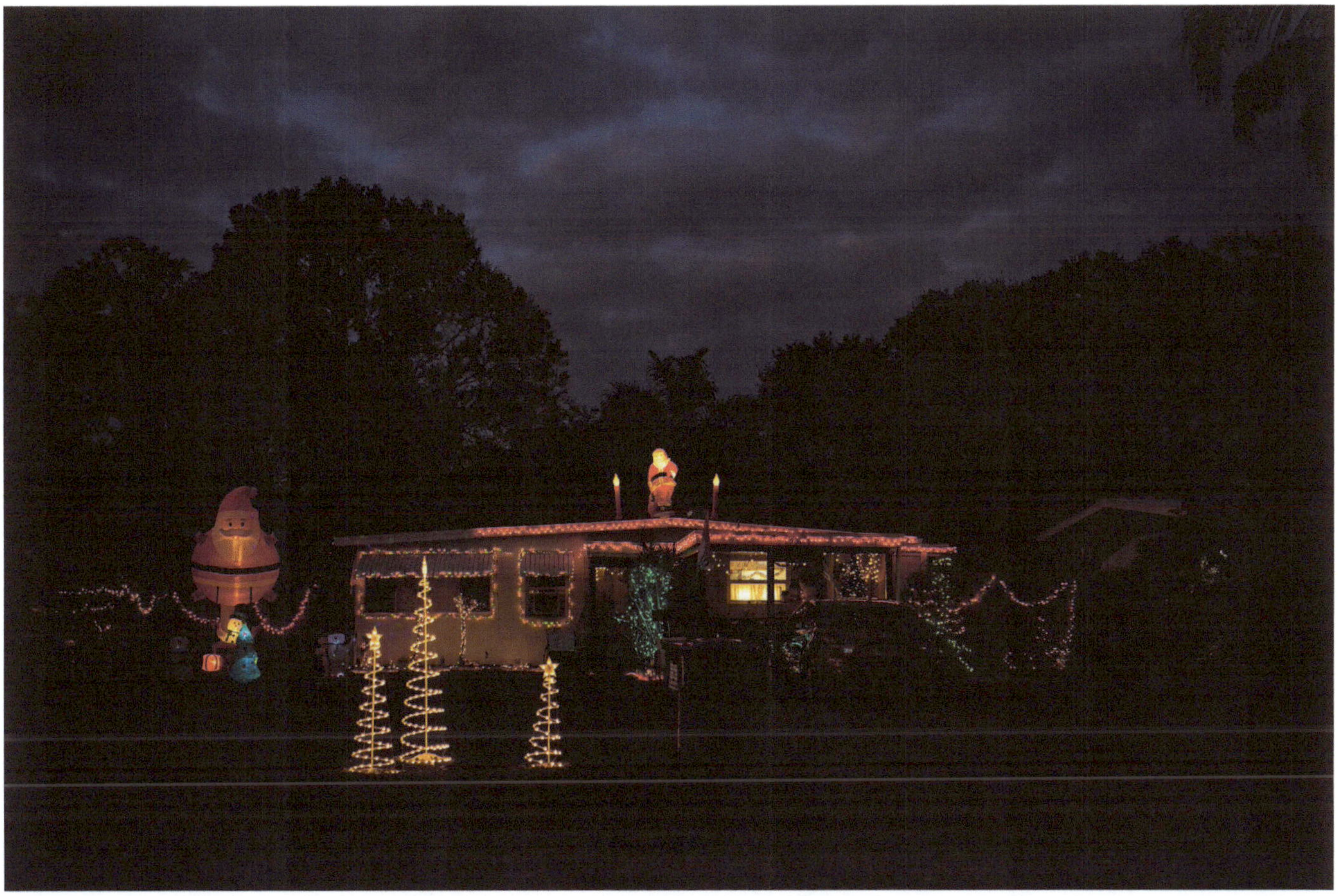

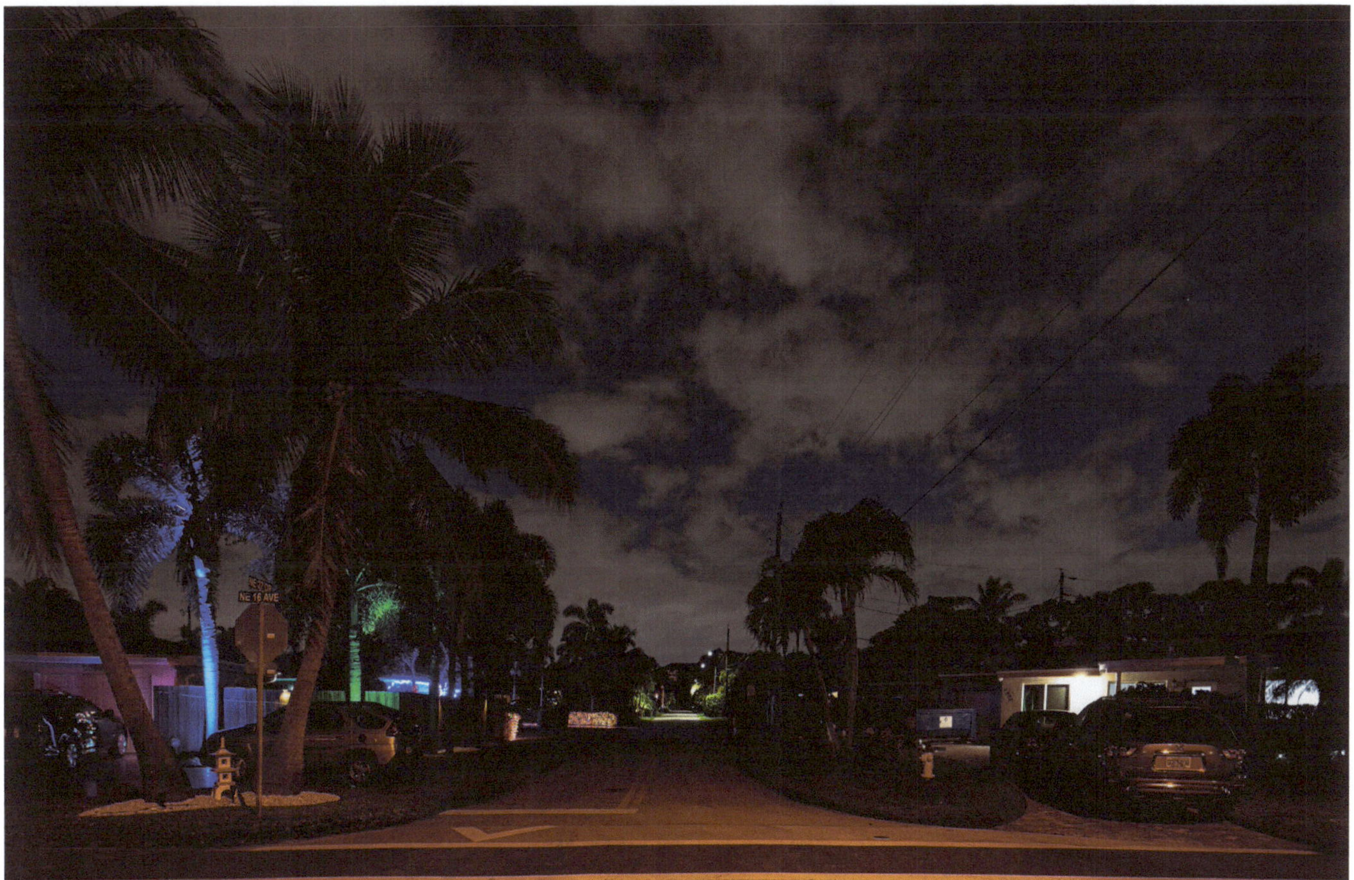

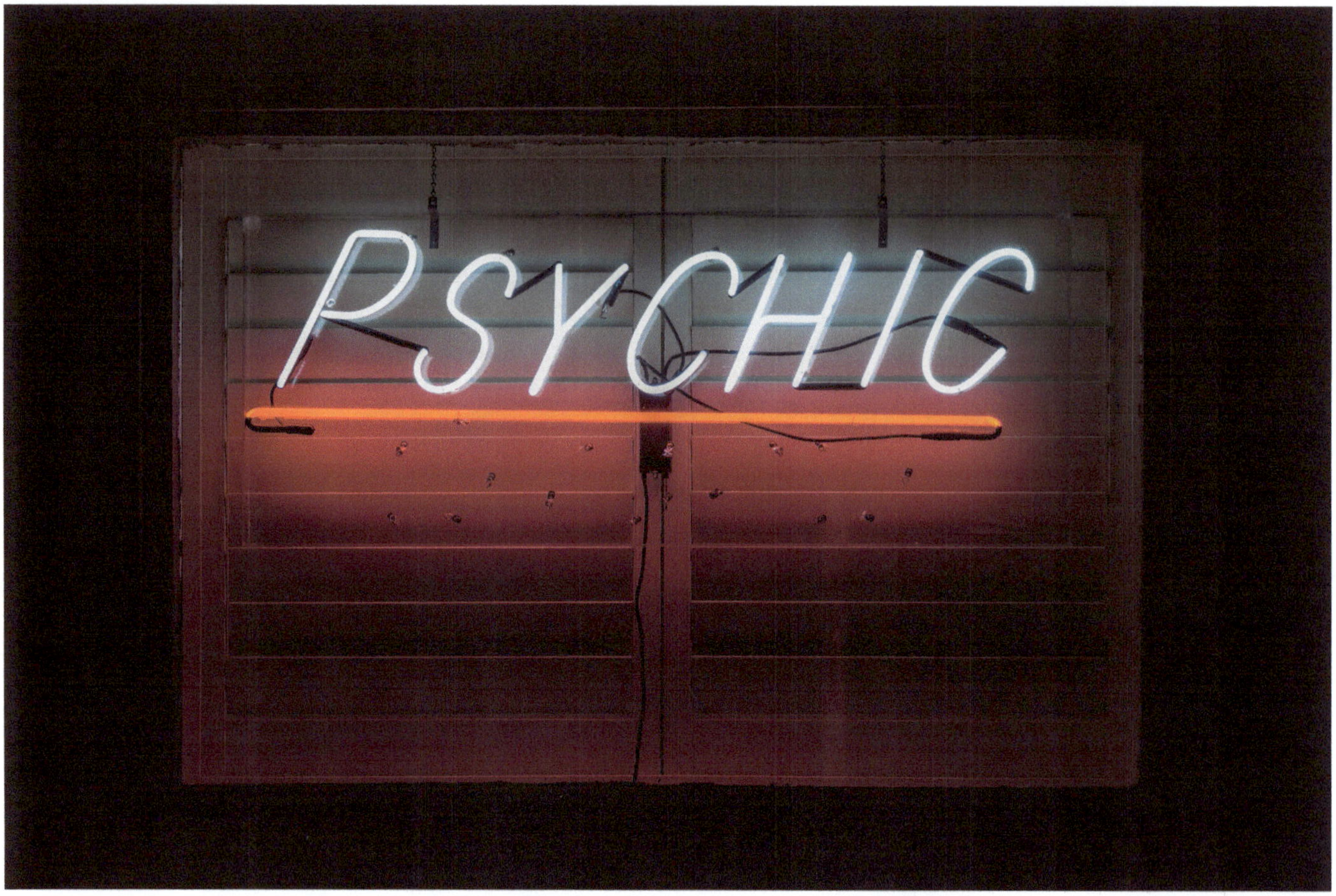
PSYCHIC

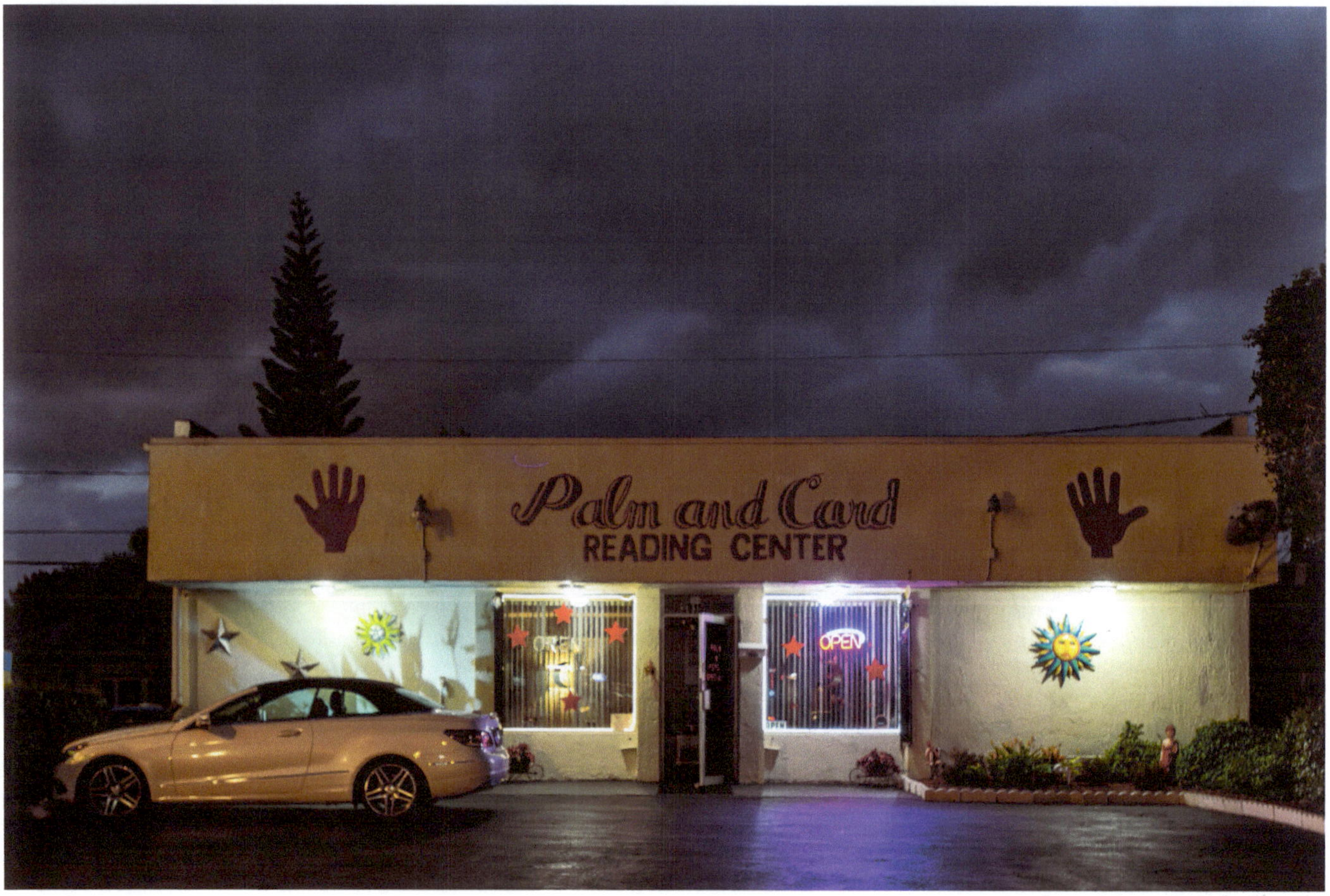
Palm and Card
READING CENTER
OPEN

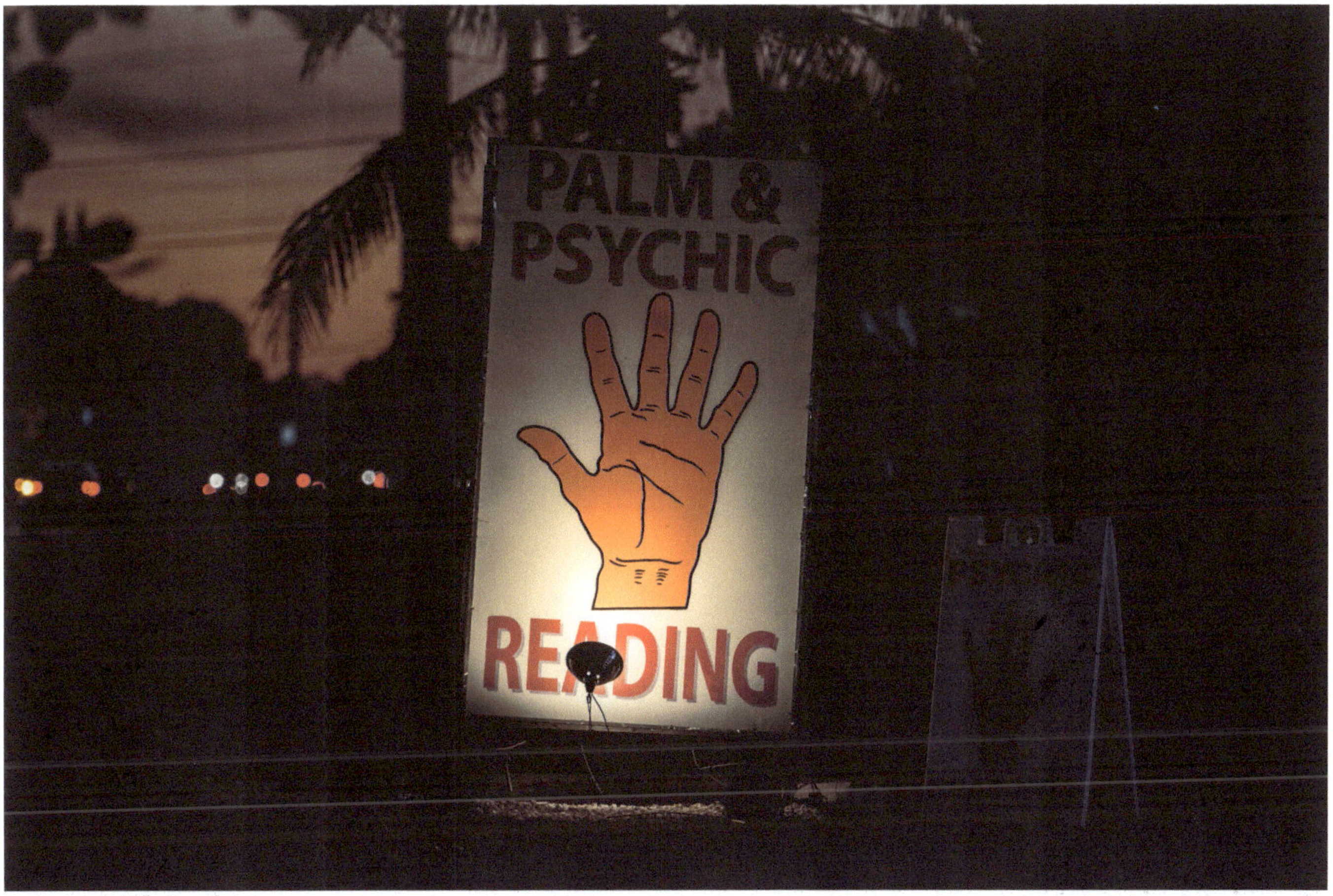
PALM &
PSYCHIC
READING

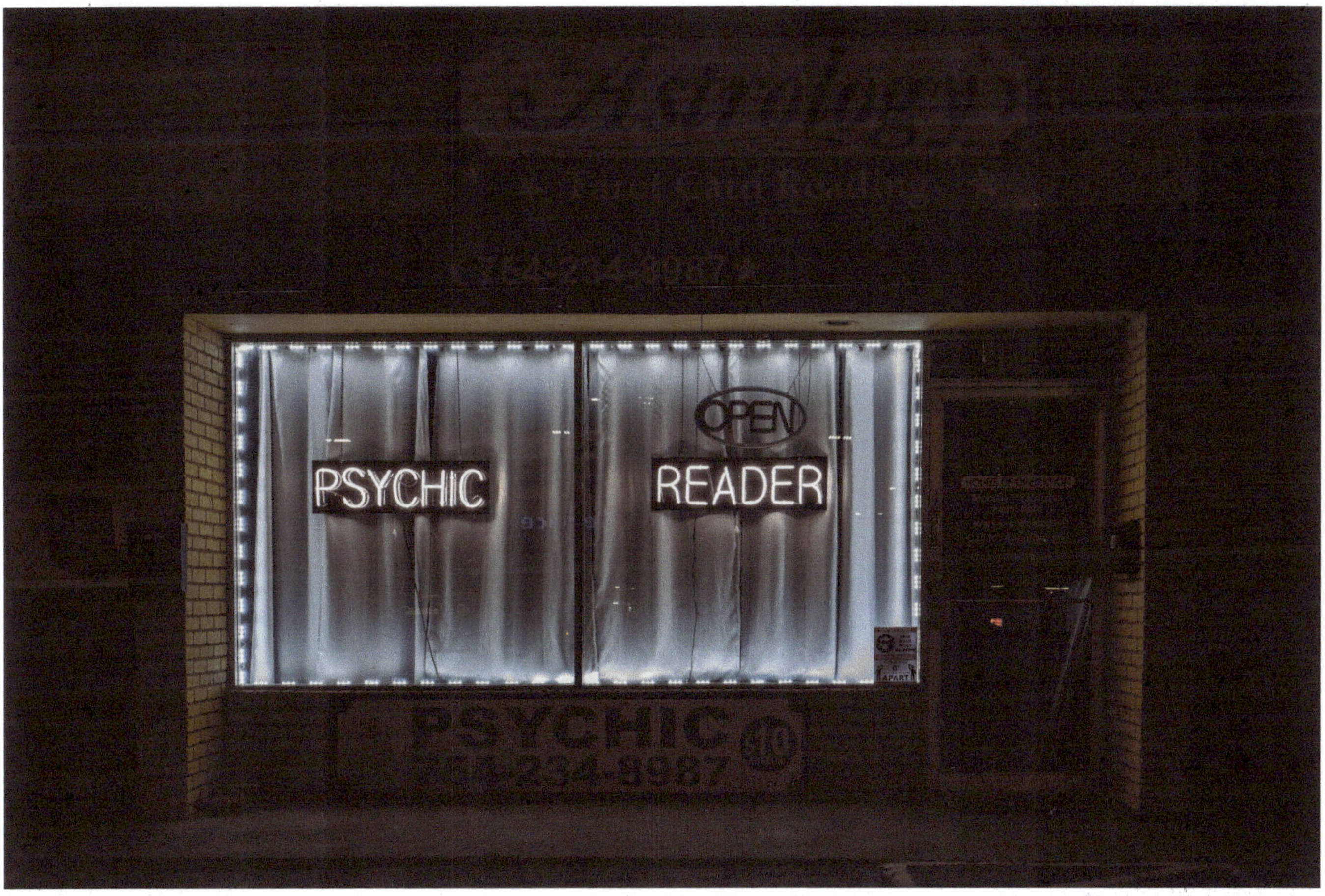
OPEN
PSYCHIC
READER
PSYCHIC

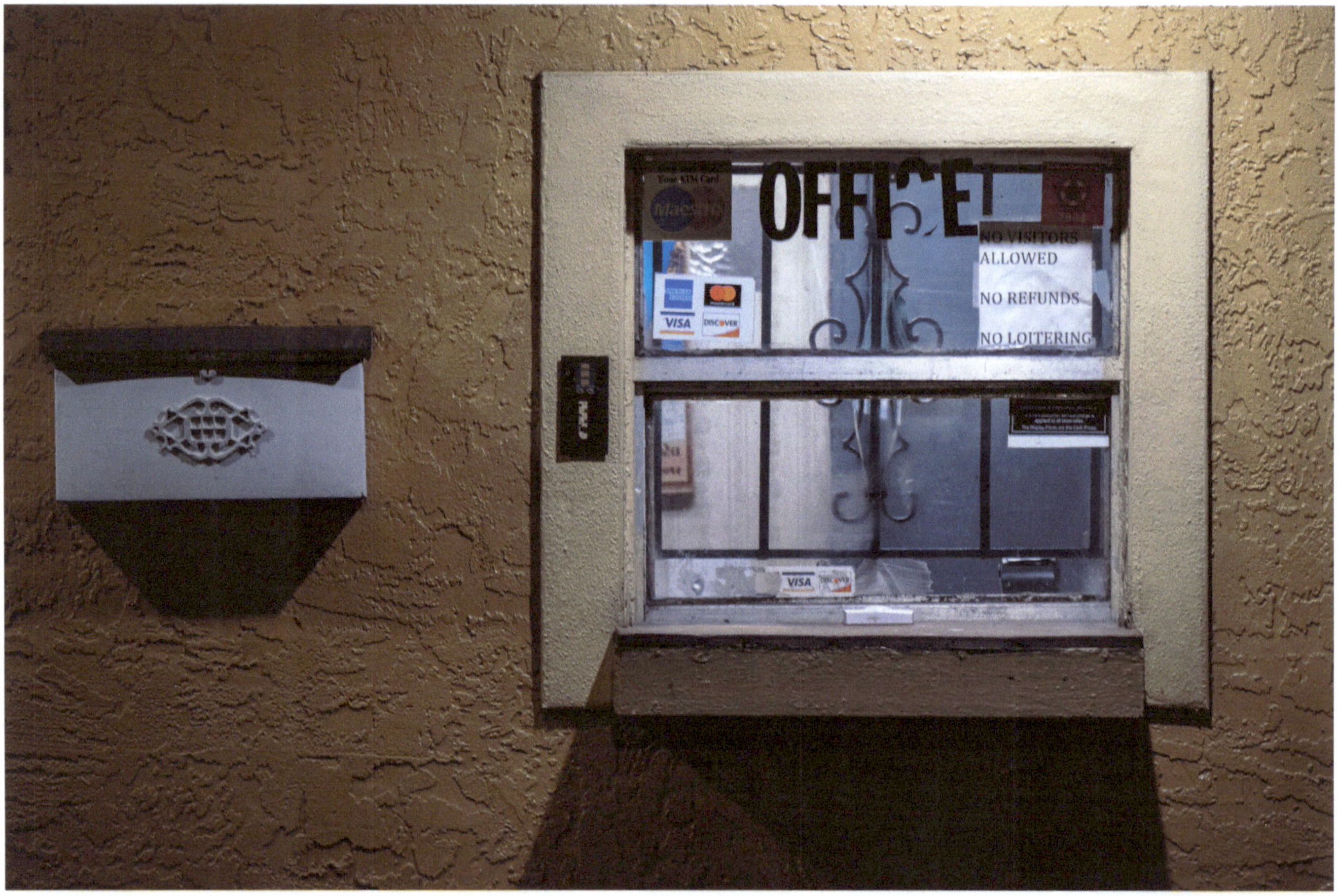
NO VISITORS
ALLOWED
NO REFUNDS
NO LOITERING
VISA
DISCOVER

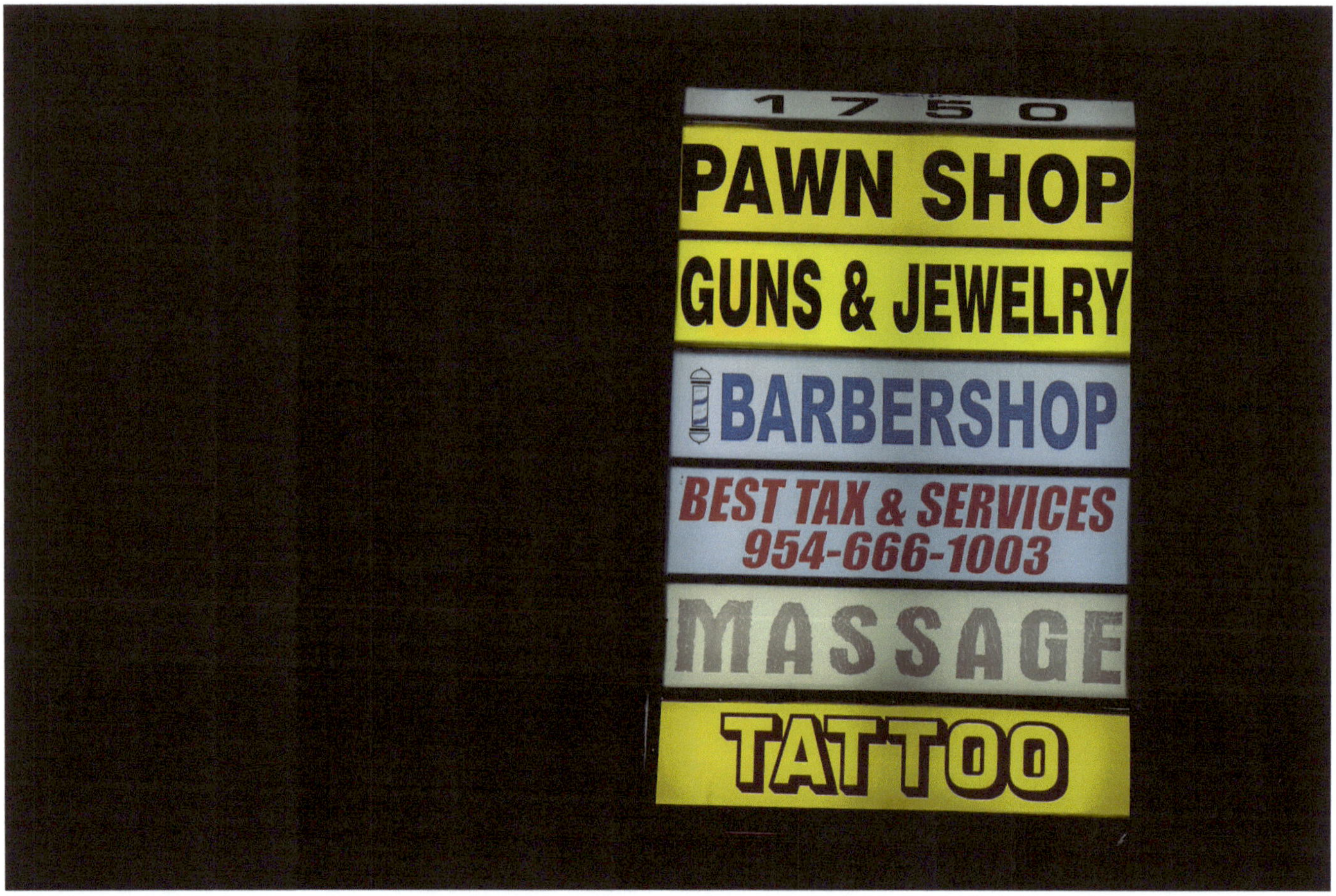
1750
PAWN SHOP
GUNS & JEWELRY
BARBERSHOP
BEST TAX & SERVICES
954-666-1003
MASSAGE
TATTOO

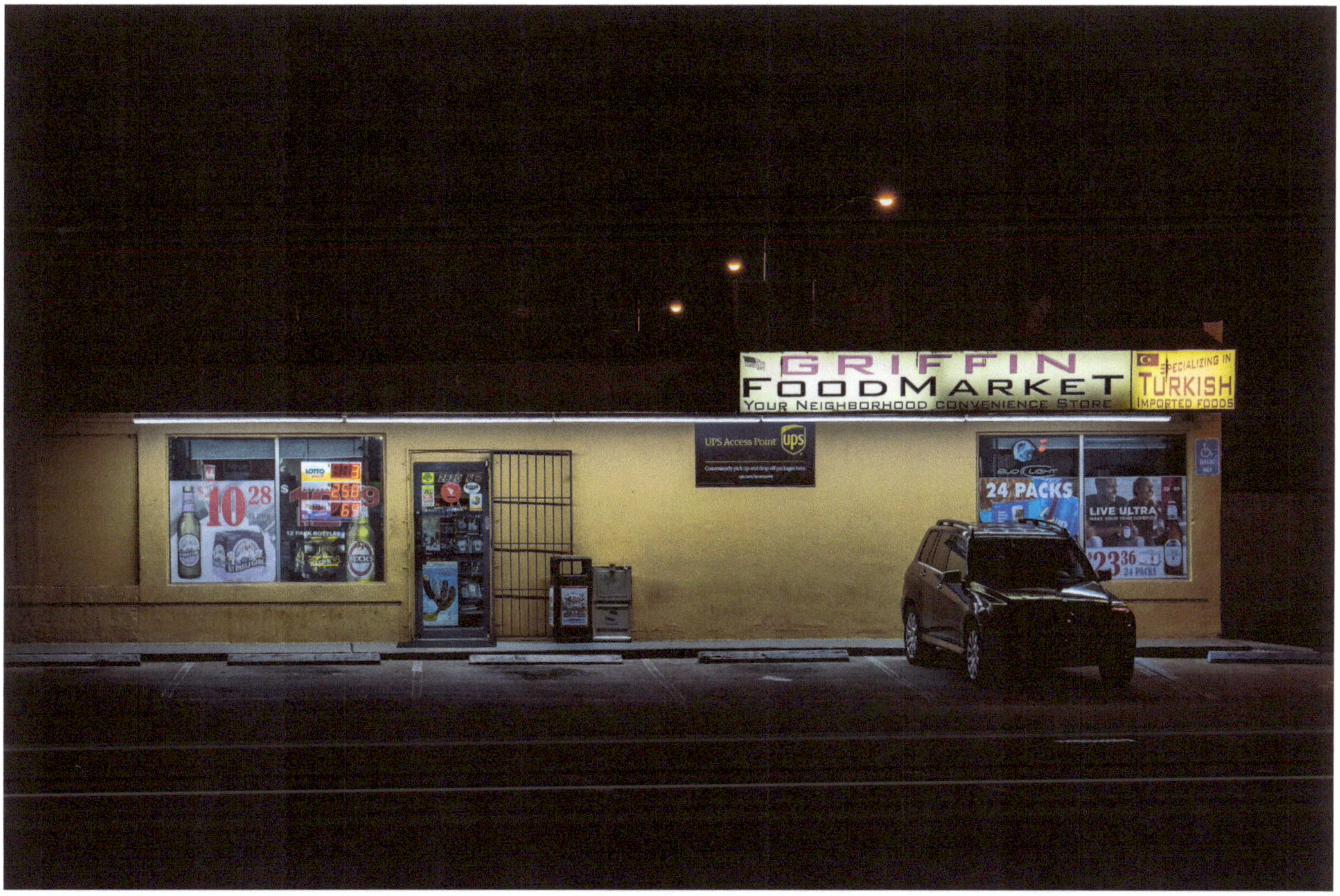

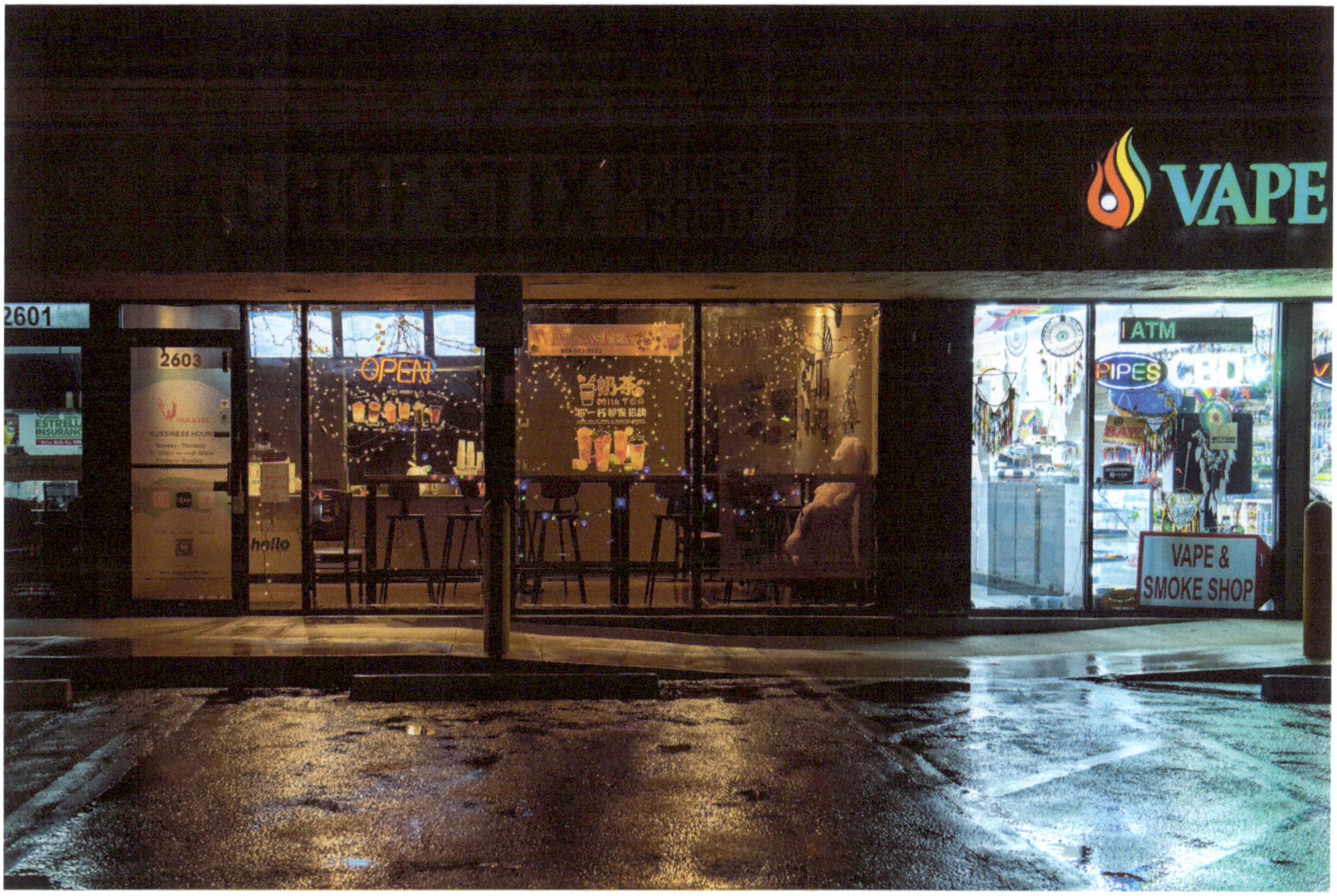

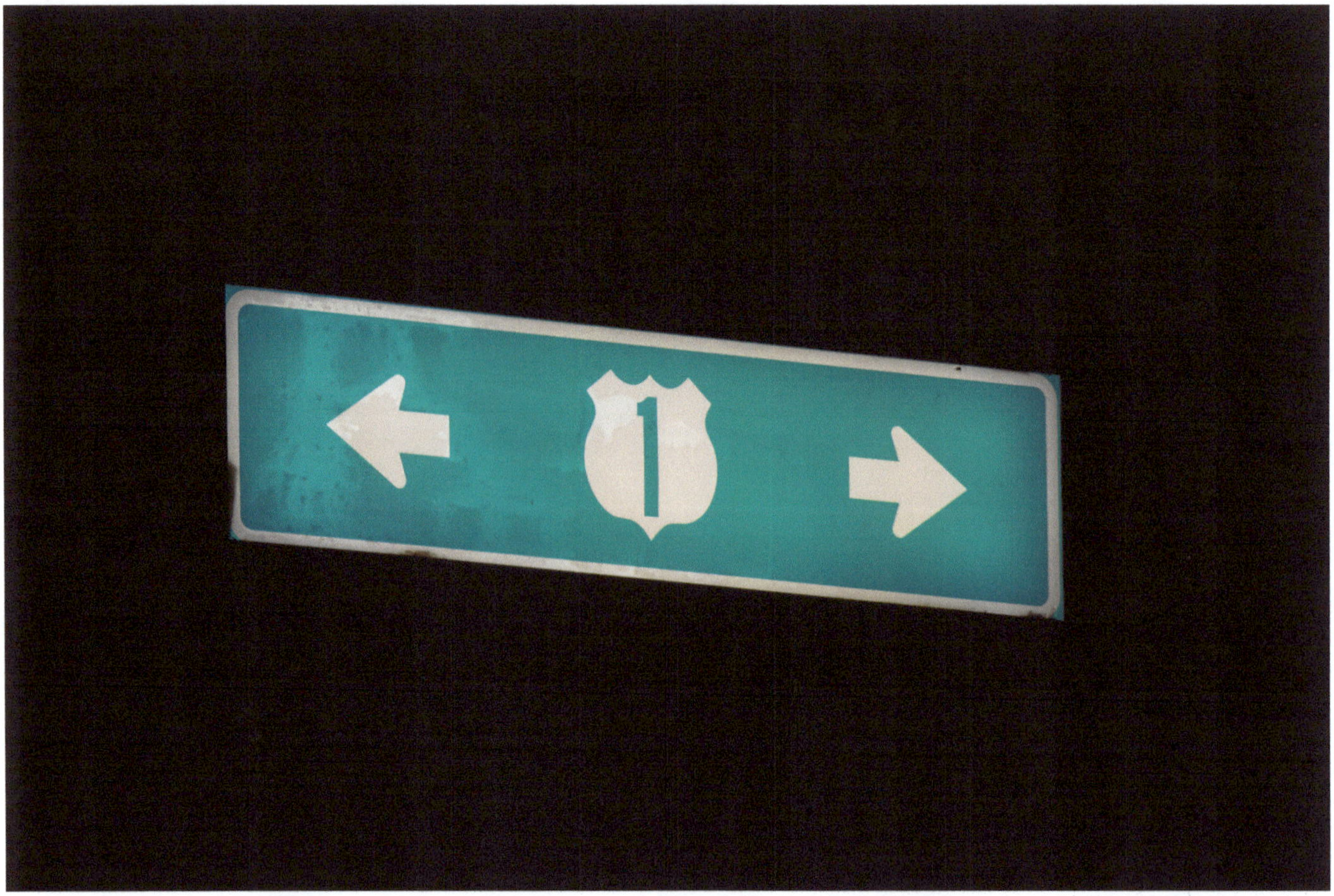

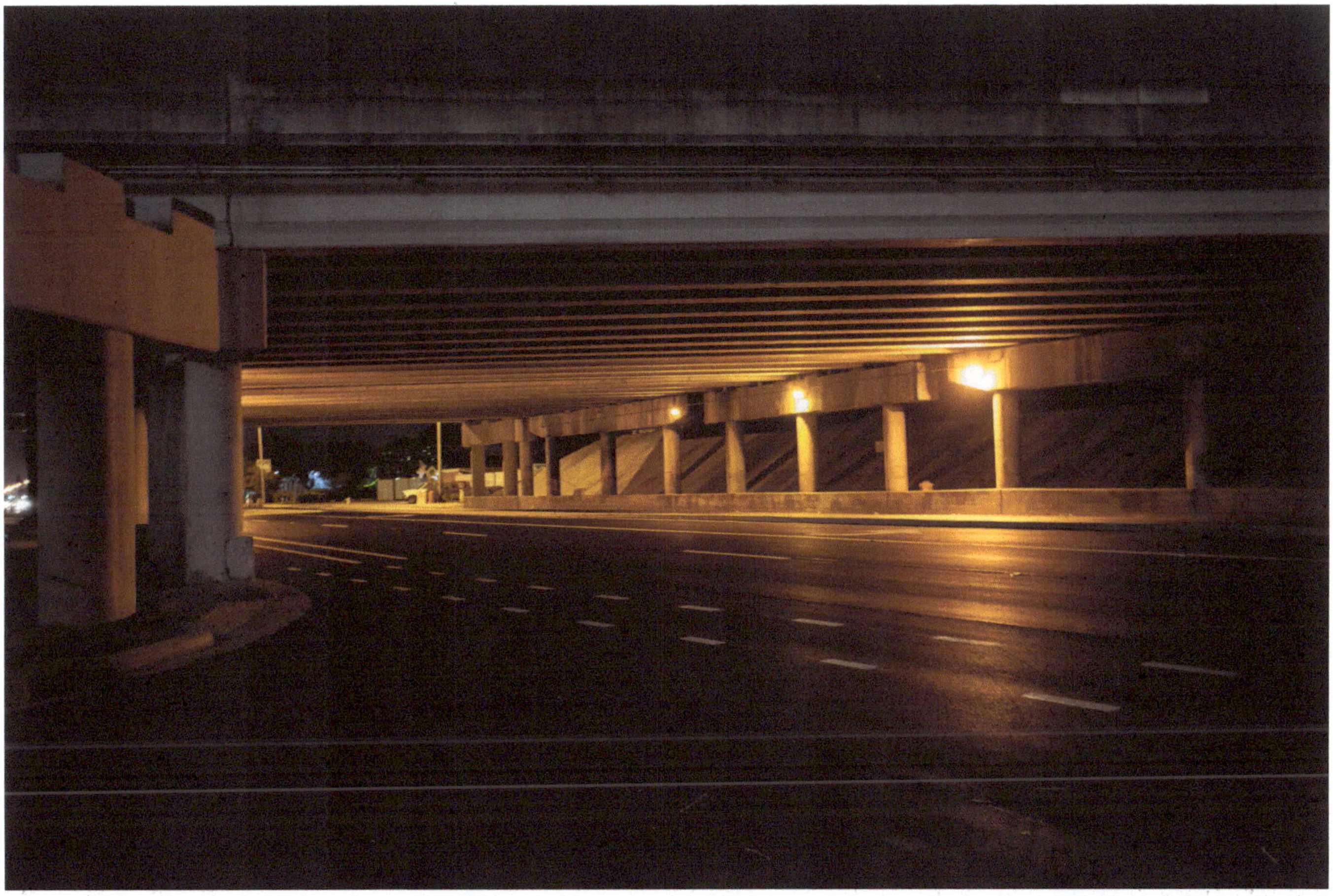

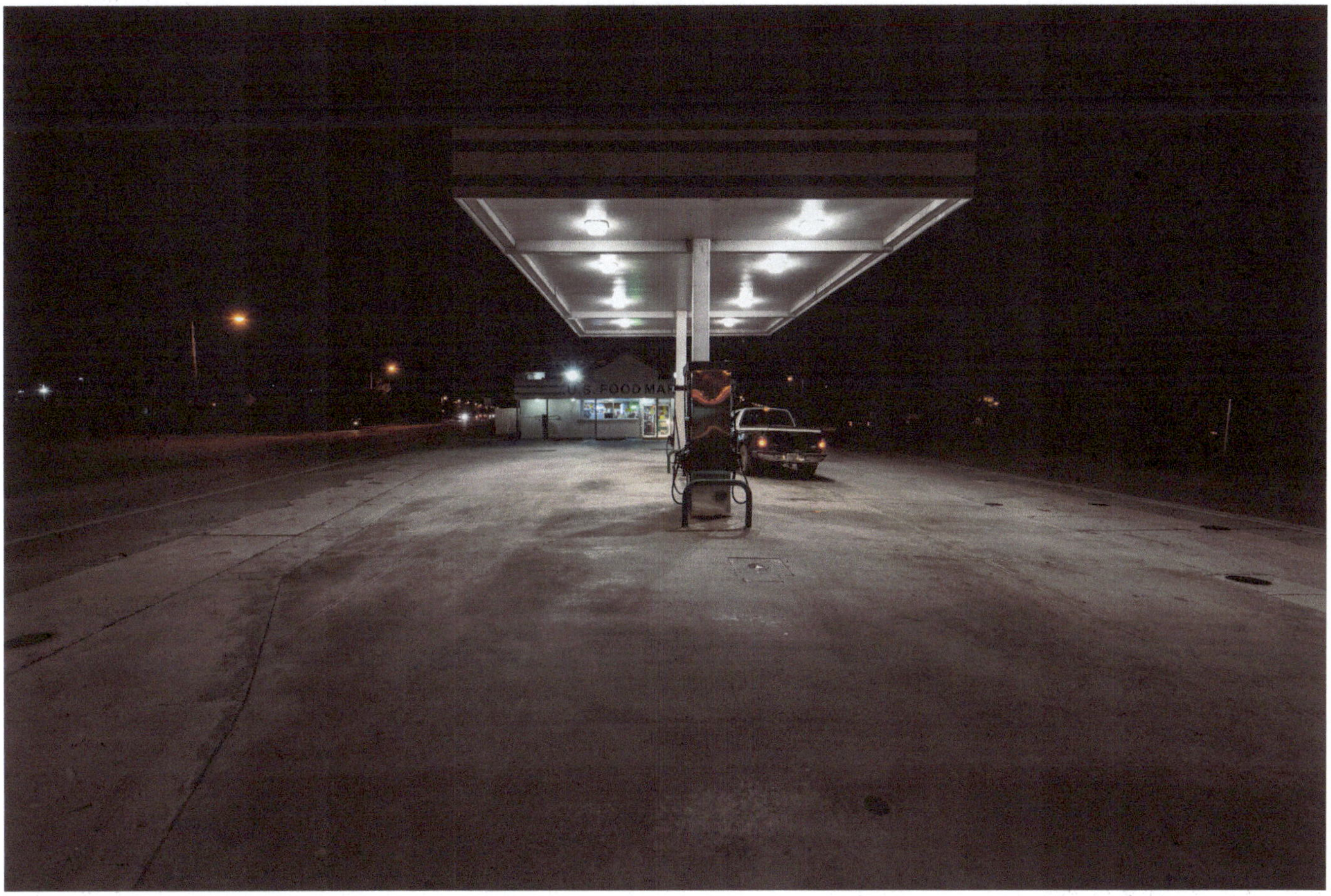

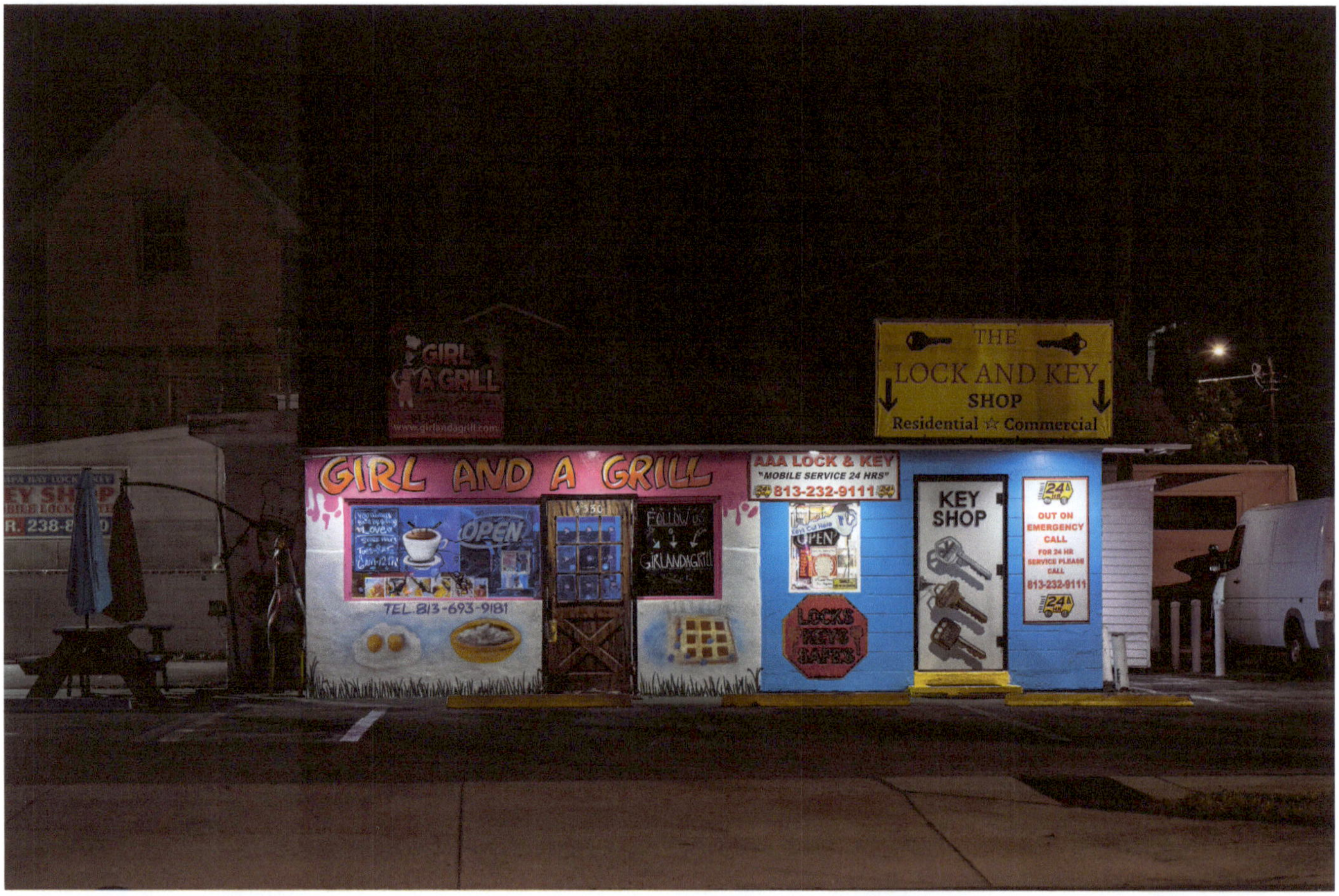
THE
LOCK AND KEY
SHOP
Residential ☆ Commercial
GIRL AND A GRILL
AAA LOCK & KEY
"MOBILE SERVICE 24 HRS"
813-232-9111
OPEN
TEL. 813-693-9181
KEY
SHOP
OUT ON
EMERGENCY
CALL
LOCKS
KEYS
SAFES

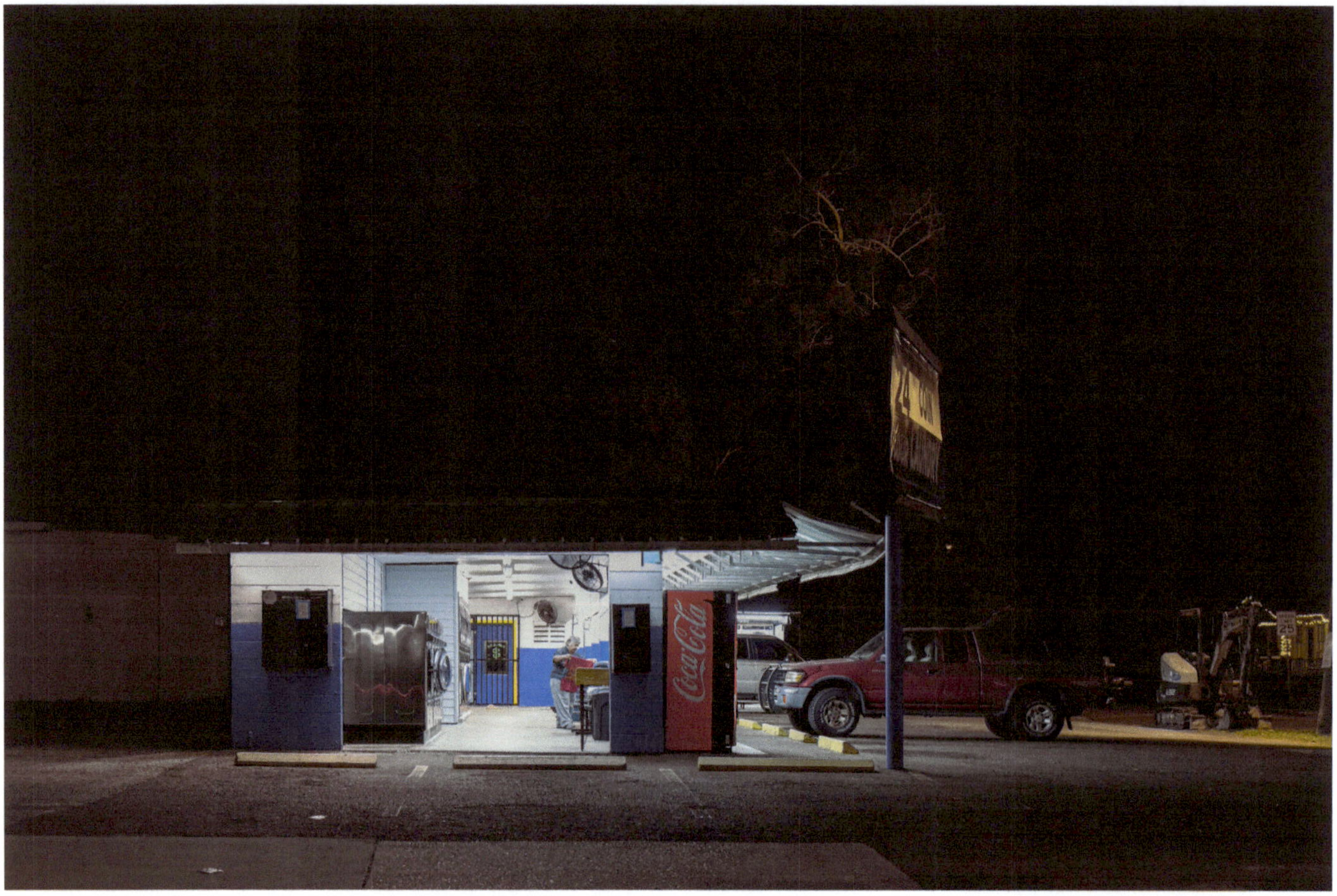
Coca-Cola

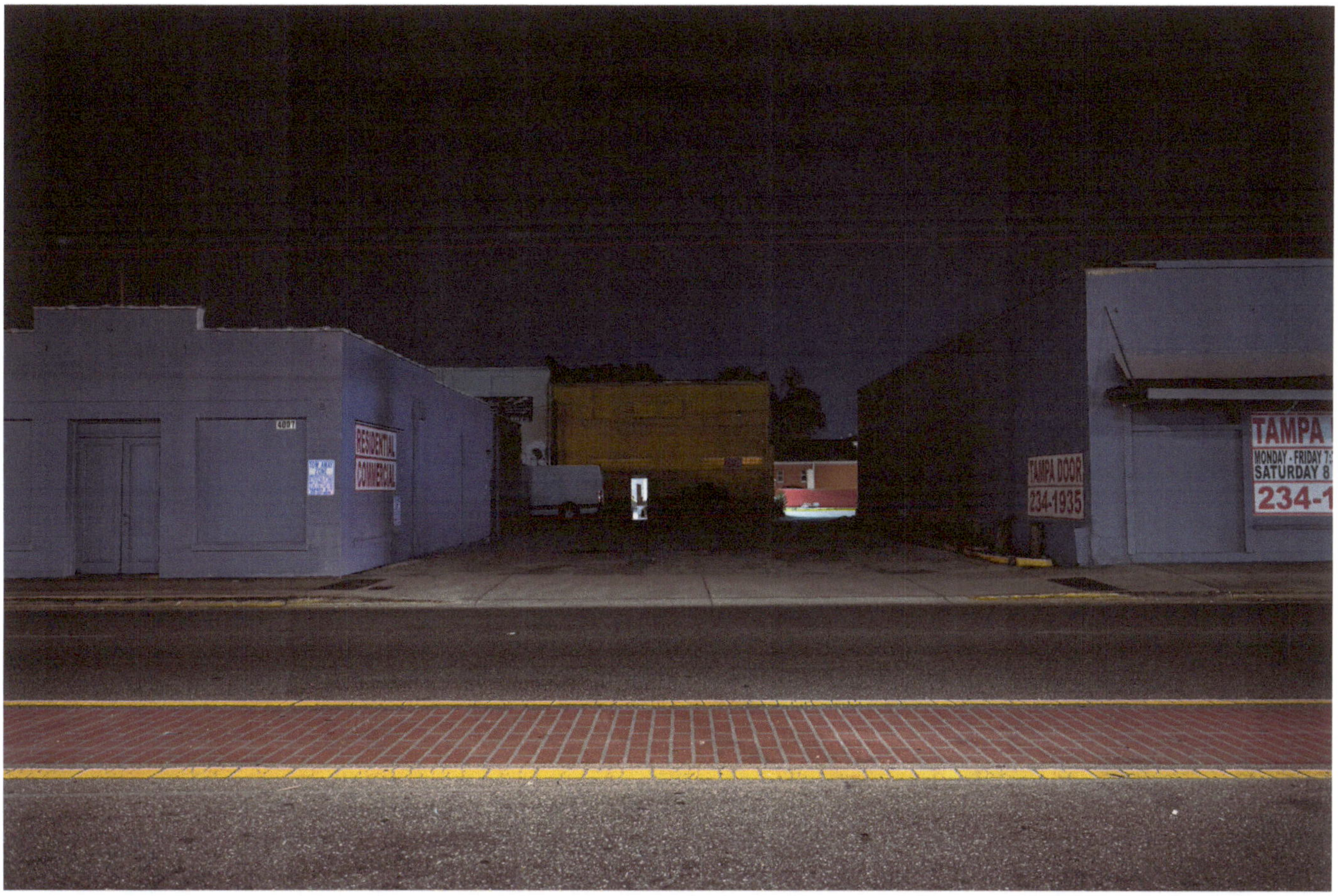
RESIDENTIAL
COMMERCIAL
TAMPA DOOR
234-1935
TAMPA

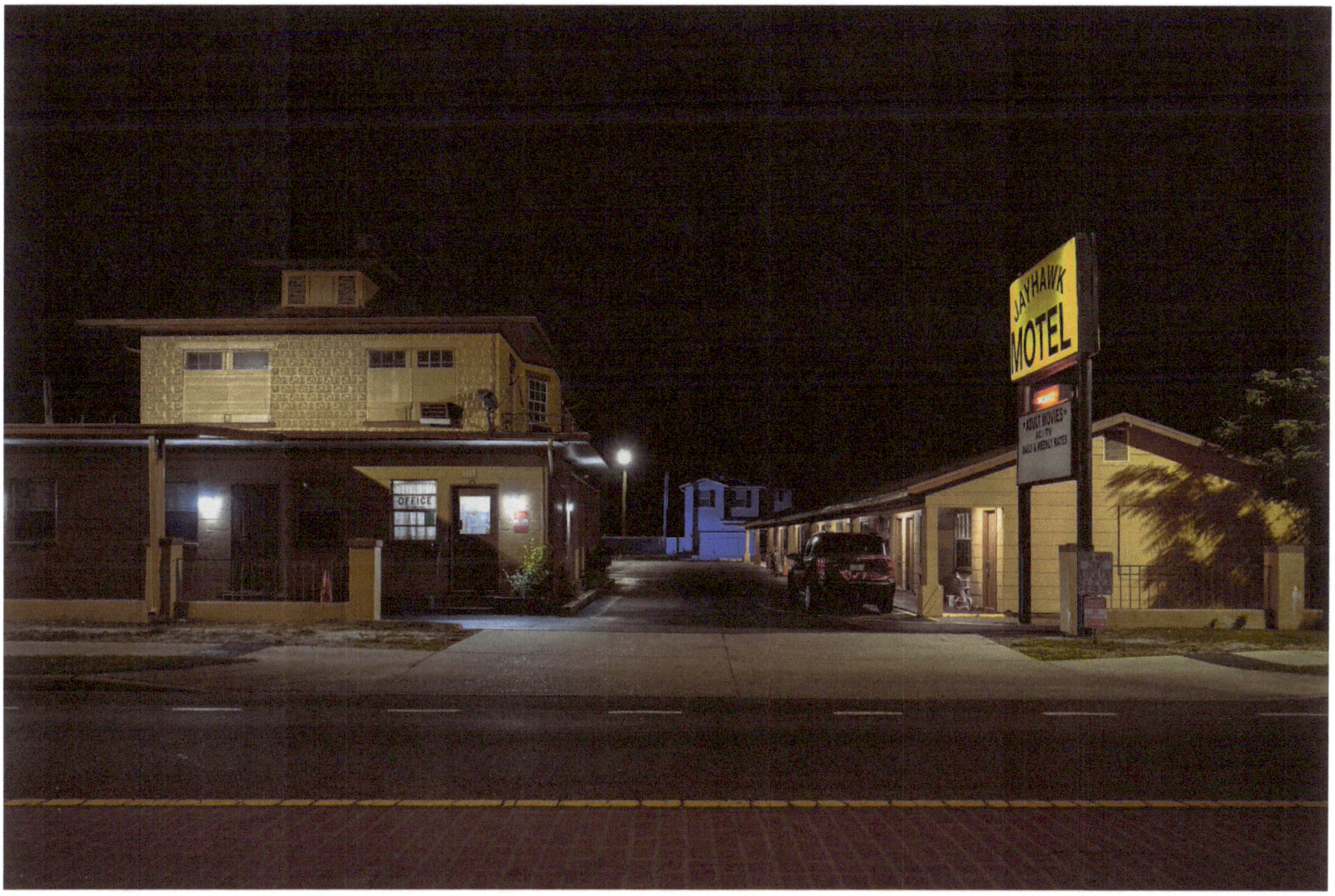
JAYHAWK
MOTEL
OFFICE
ADULT MOVIES

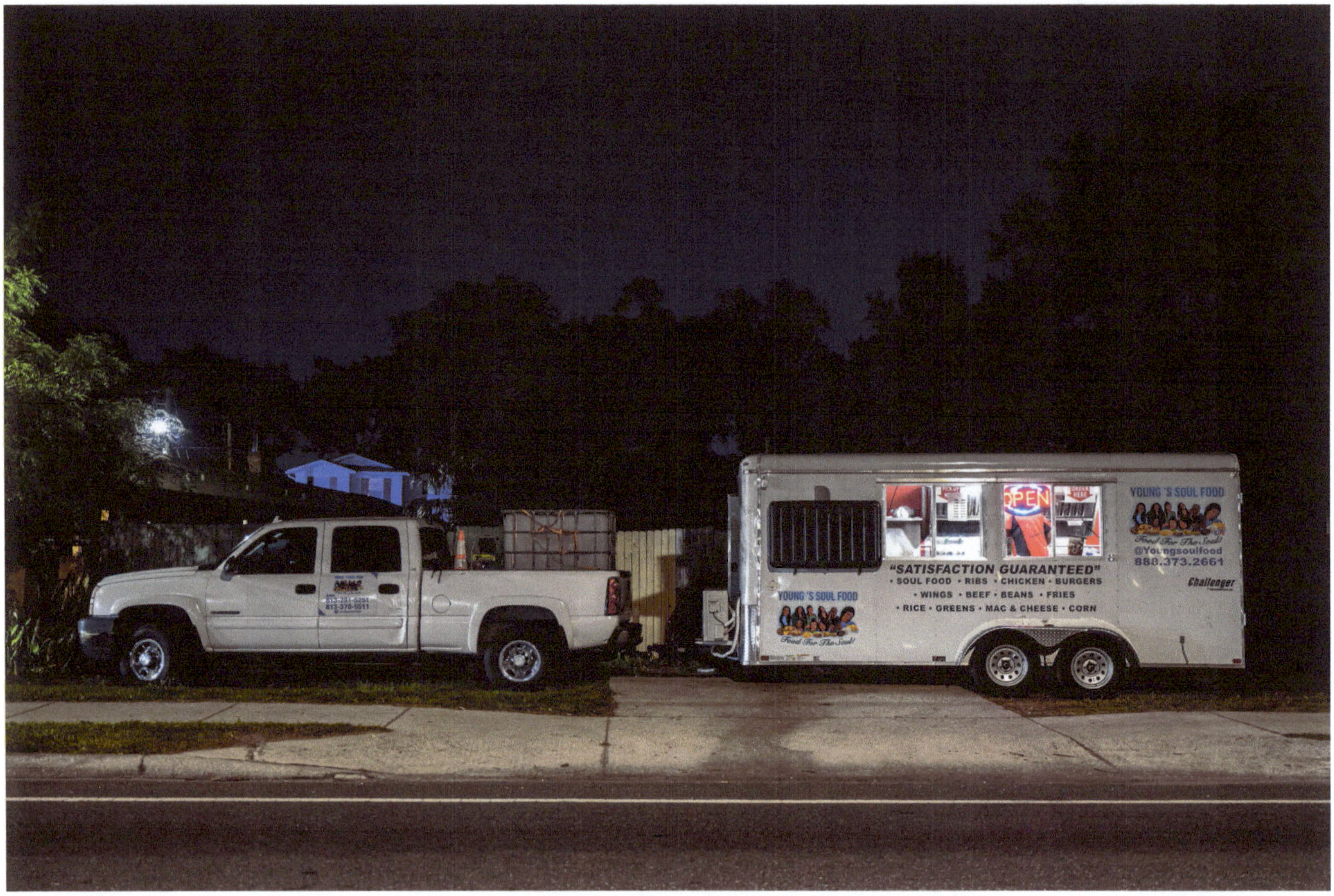
YOUNG 'S SOUL FOOD
OPEN
@Youngsoulfood
888.373.2661
"SATISFACTION GUARANTEED"
• SOUL FOOD • RIBS • CHICKEN • BURGERS
• WINGS • BEEF • BEANS • FRIES
• RICE • GREENS • MAC & CHEESE • CORN
Challenger

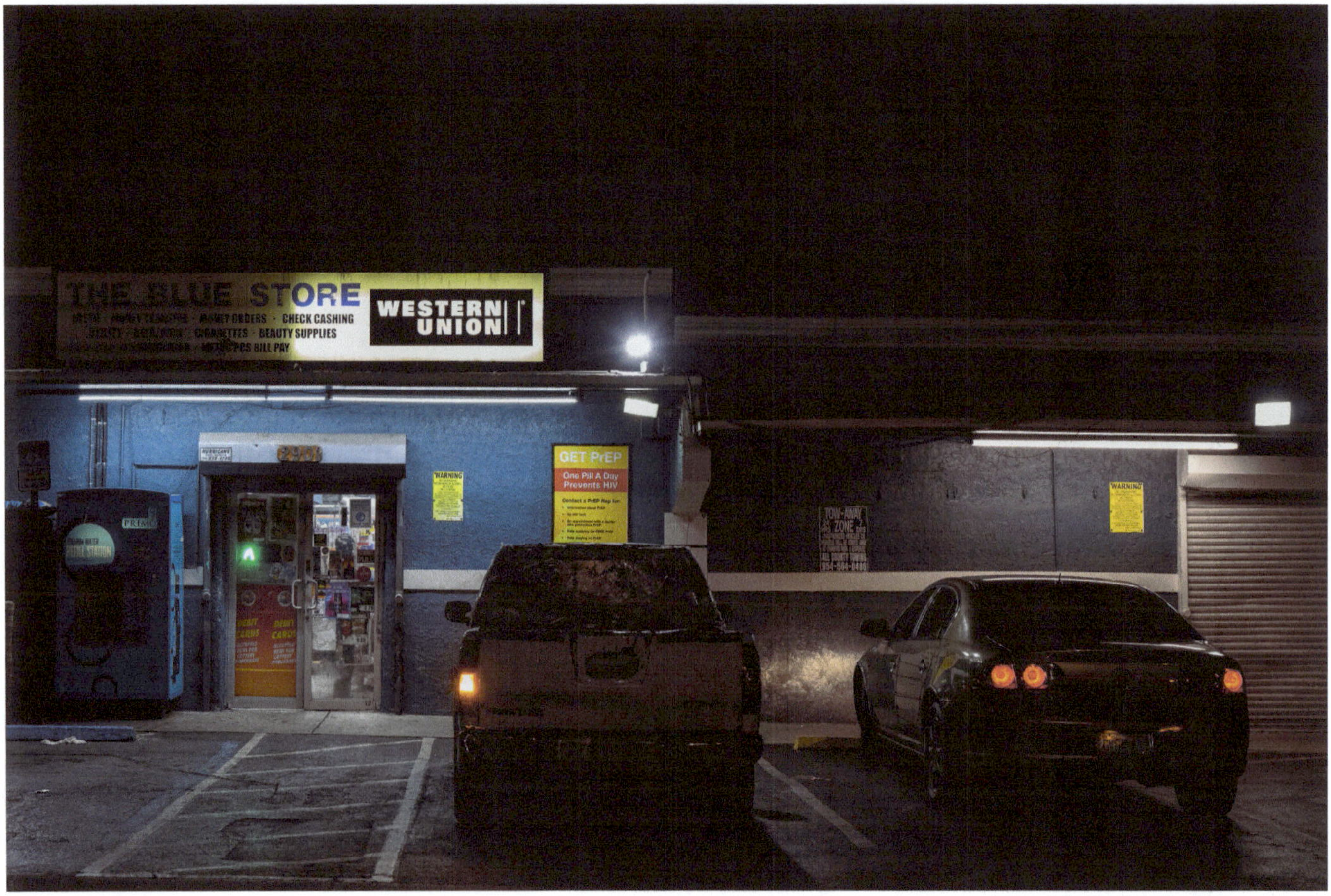
THE BLUE STORE
CHECK CASHING
BEAUTY SUPPLIES
WESTERN UNION
GET PrEP
One Pill A Day Prevents HIV
WARNING

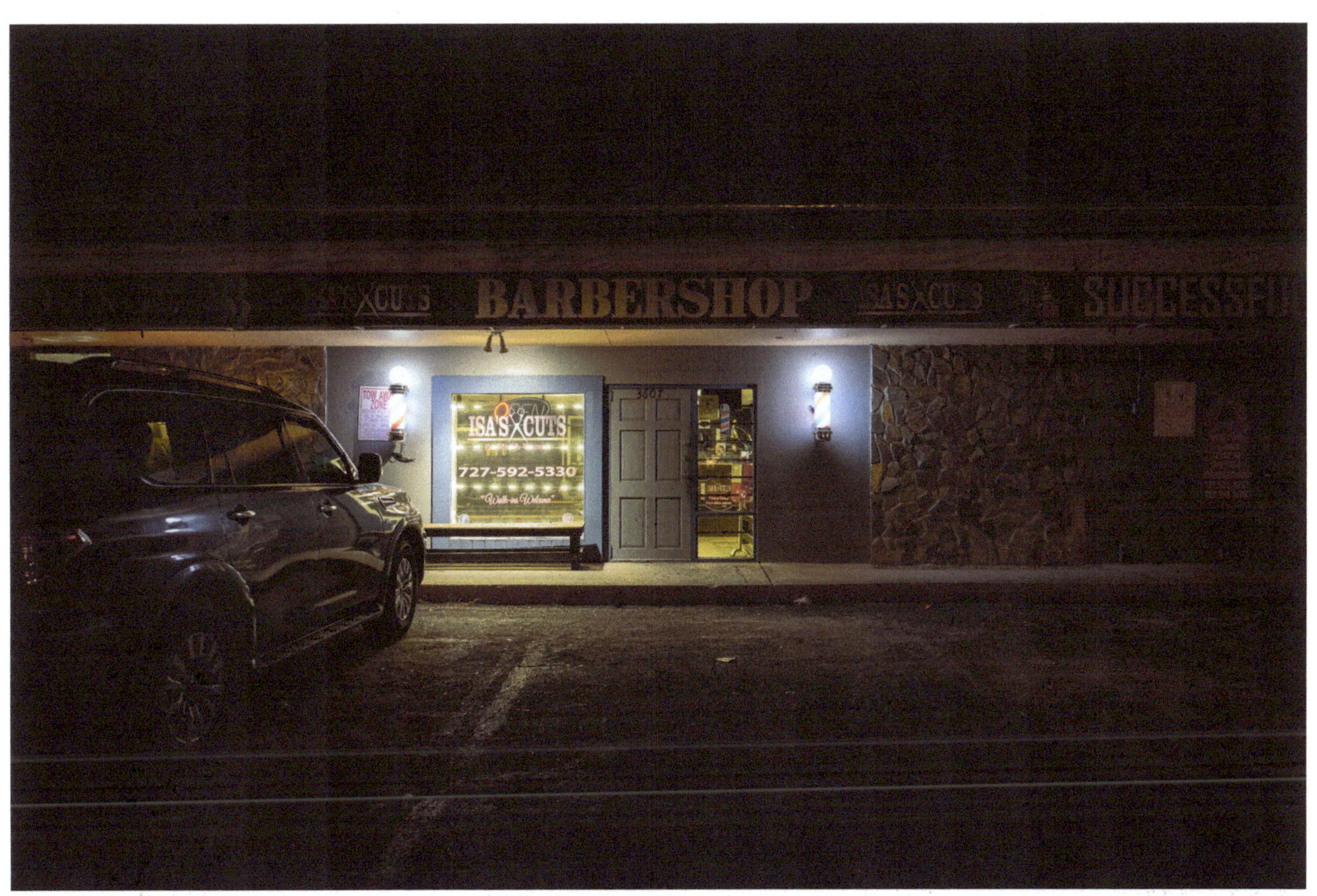
BARBERSHOP
ISA'S CUTS
727-592-5330

SUNKEN
GARDENS

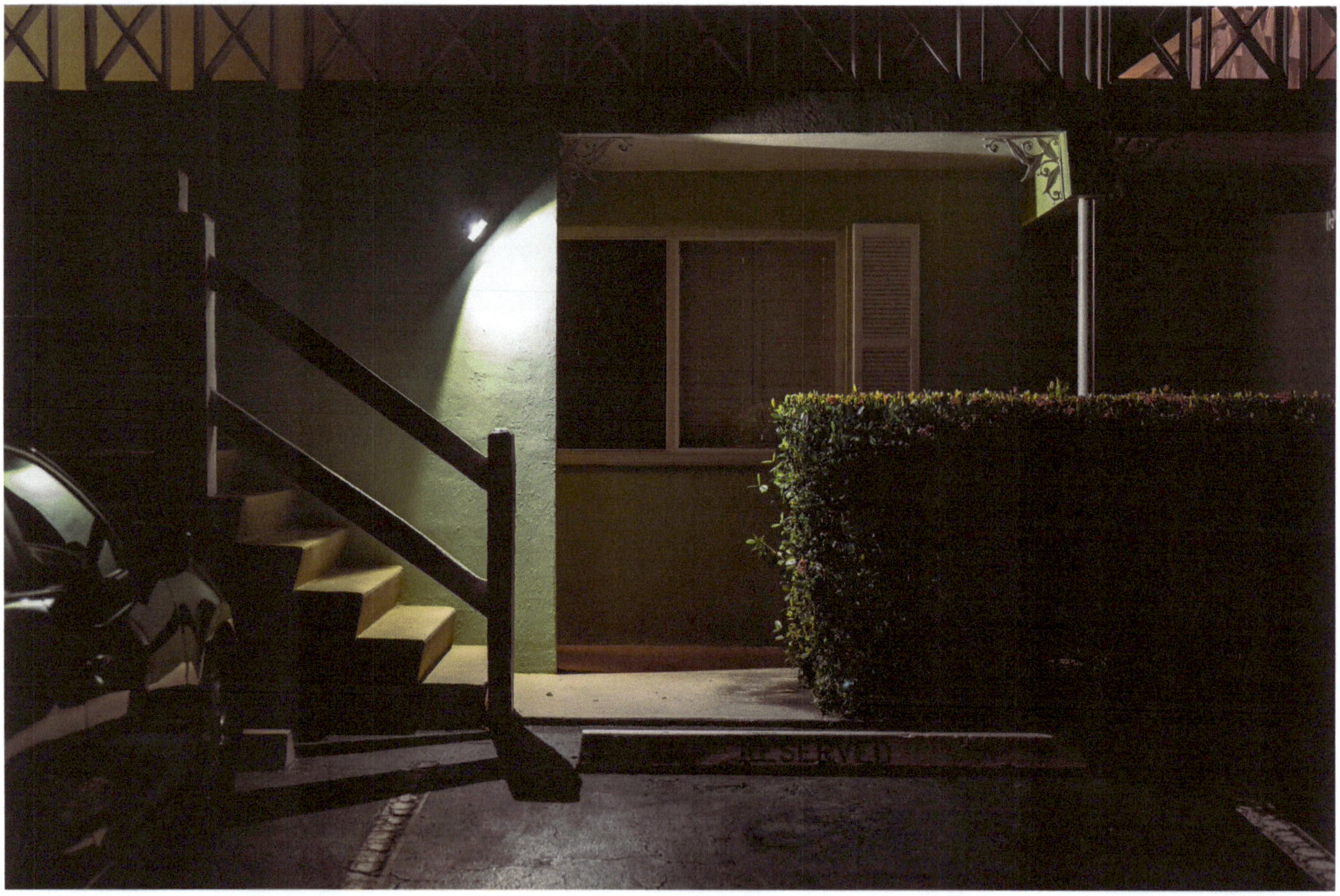

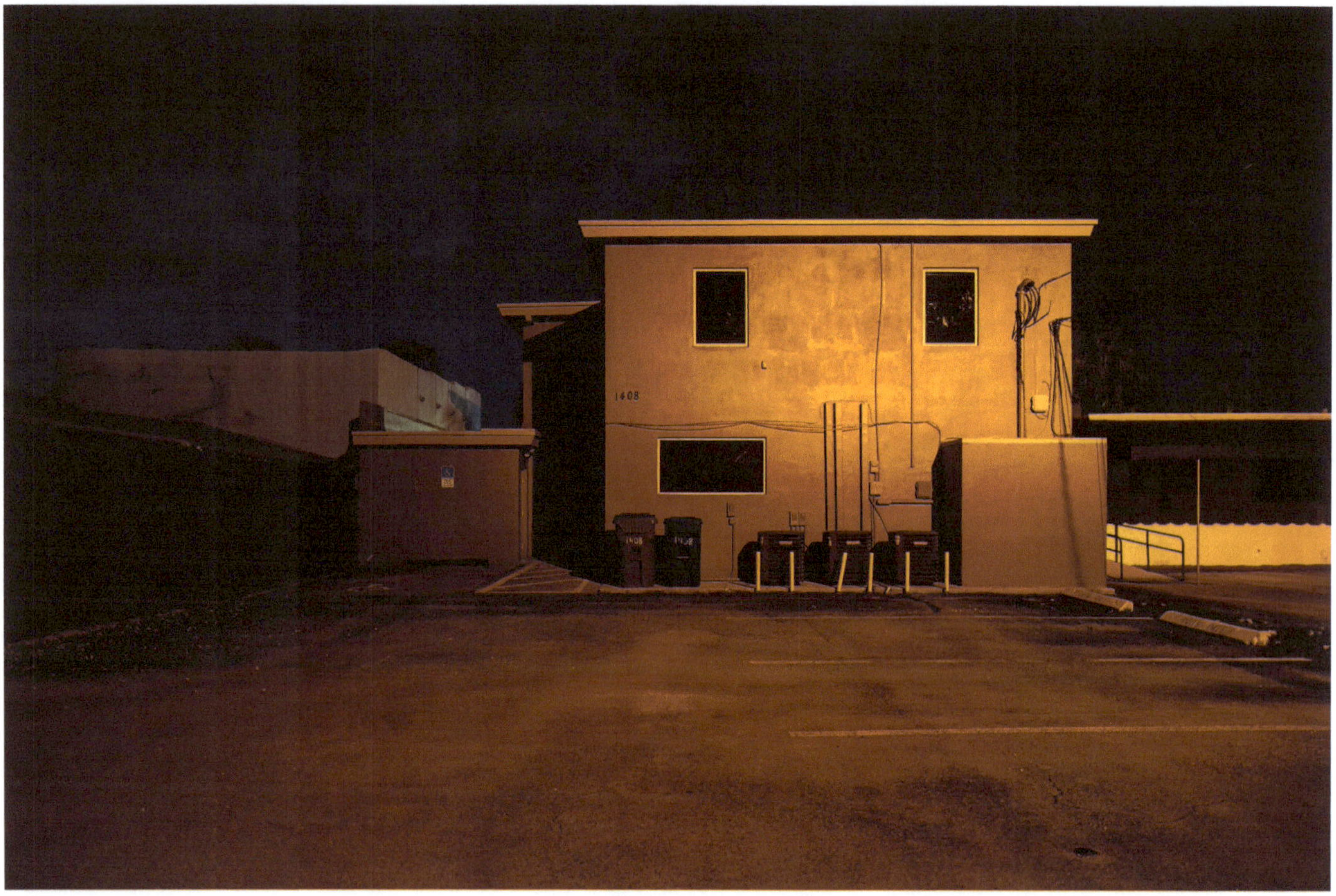

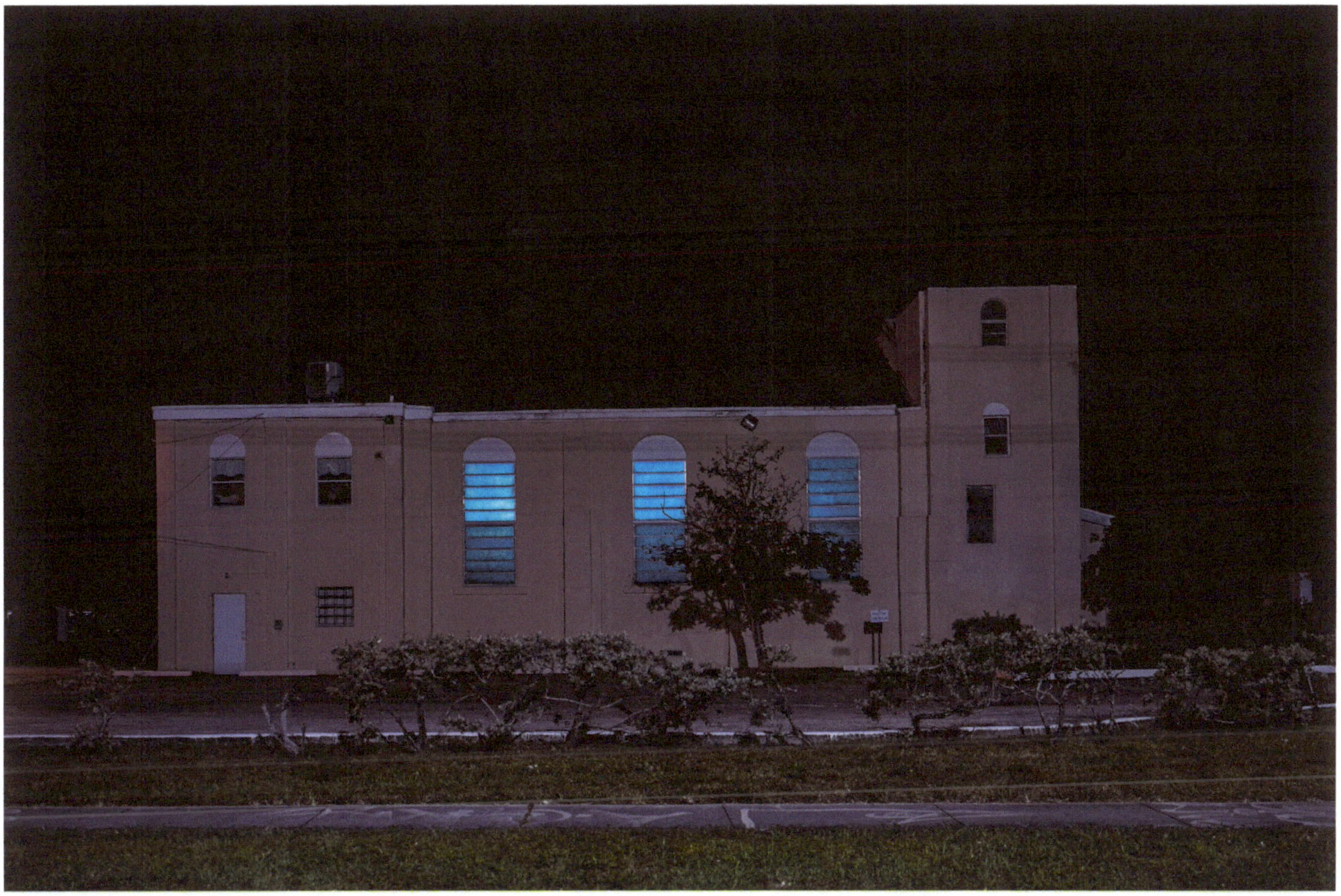

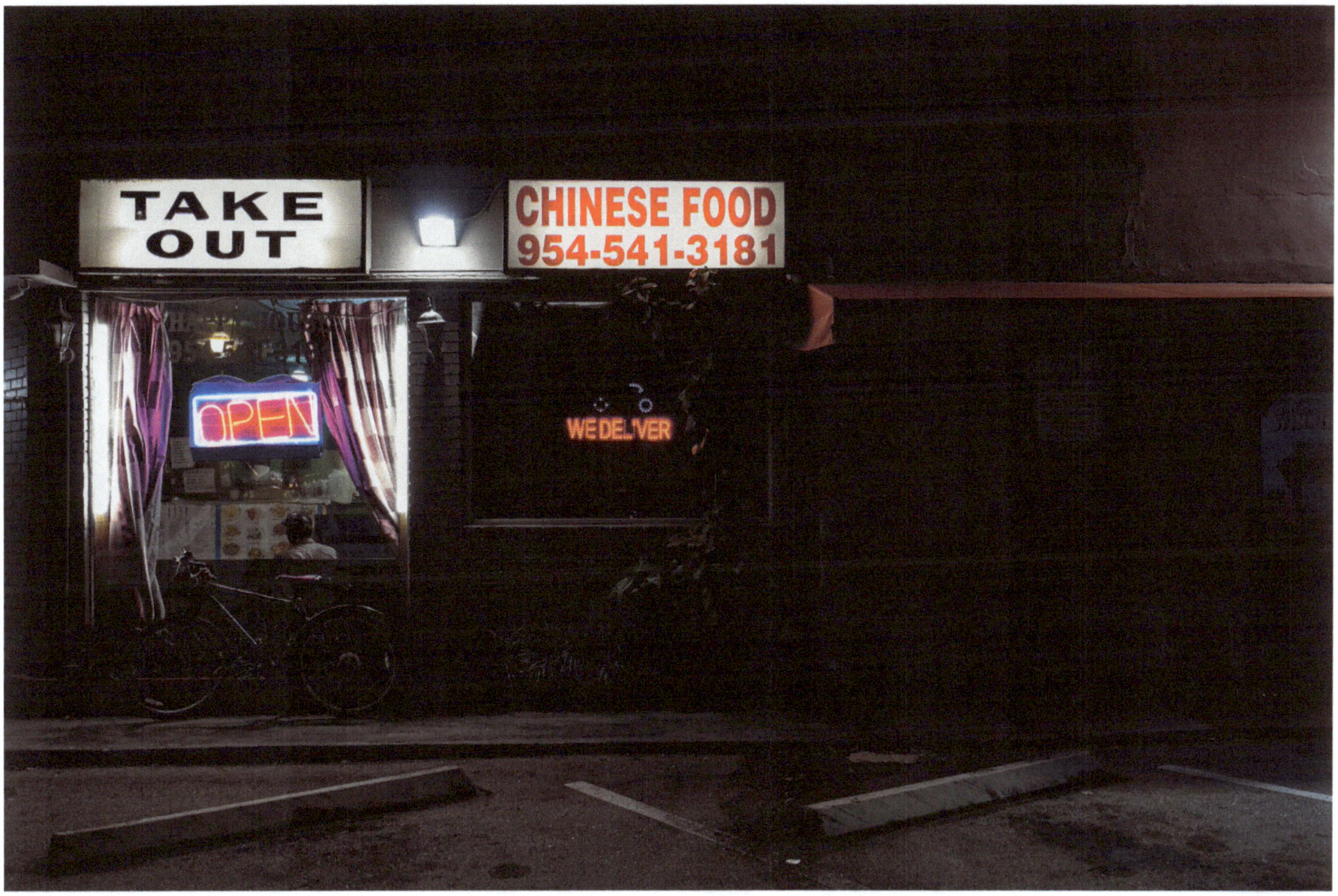

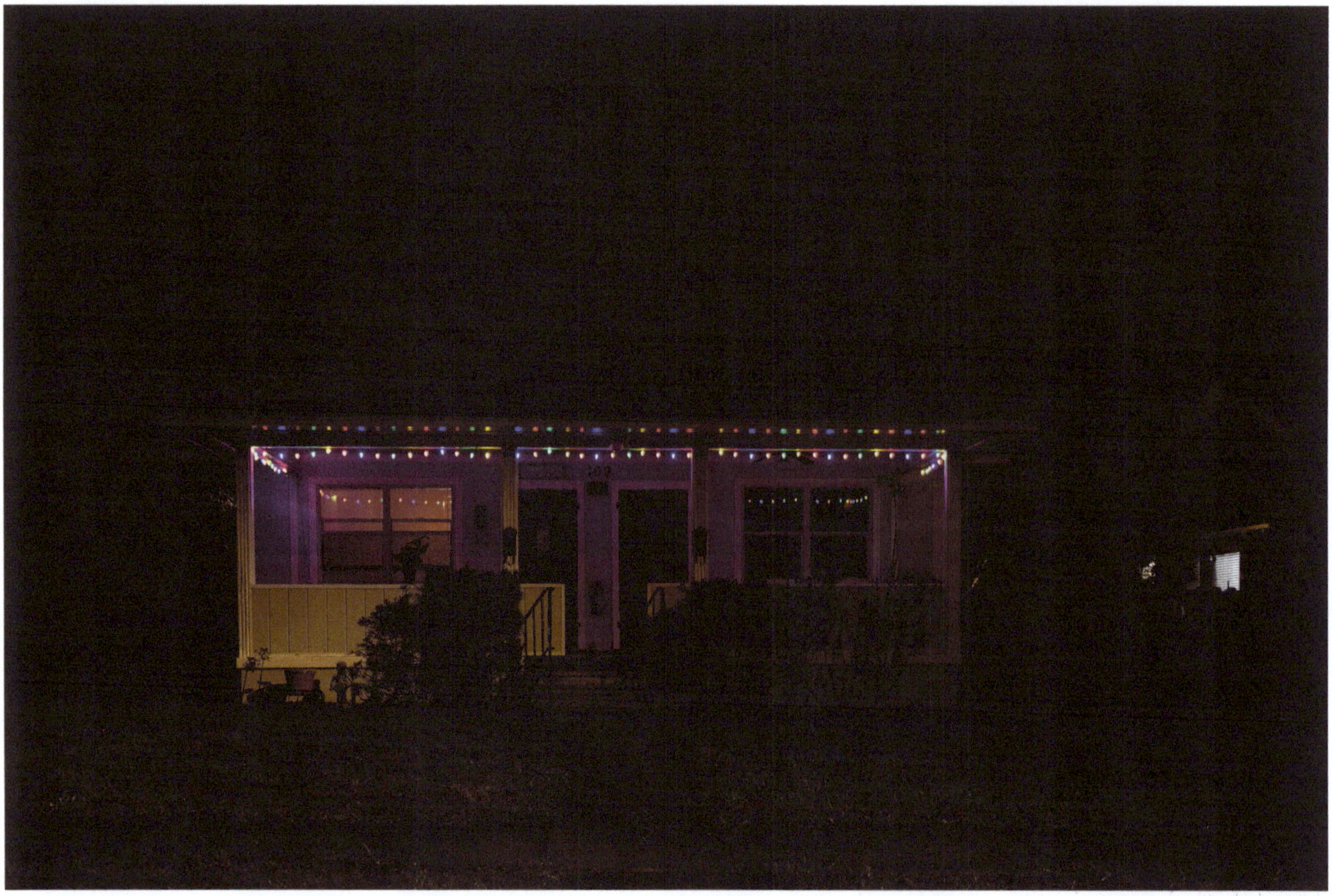

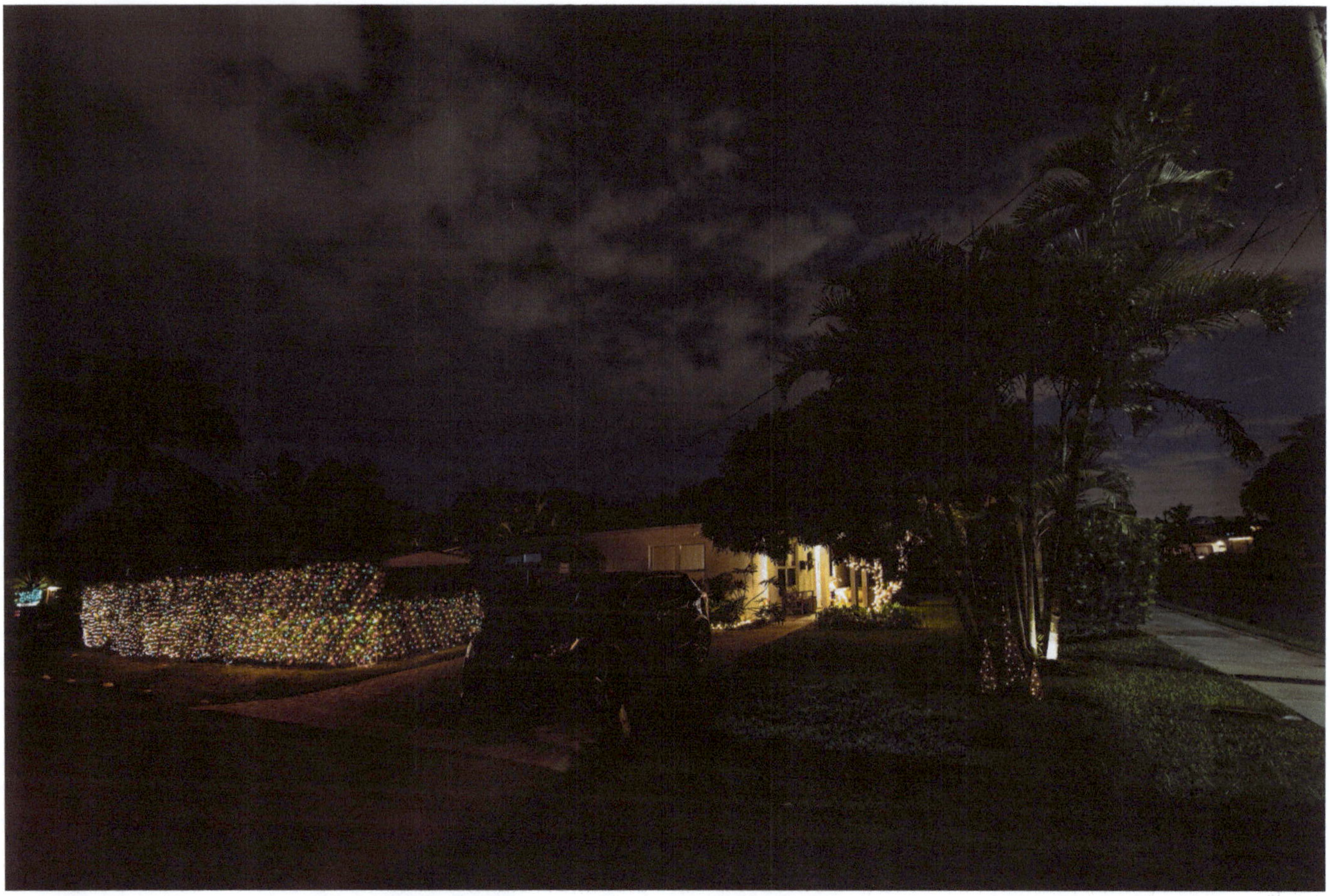

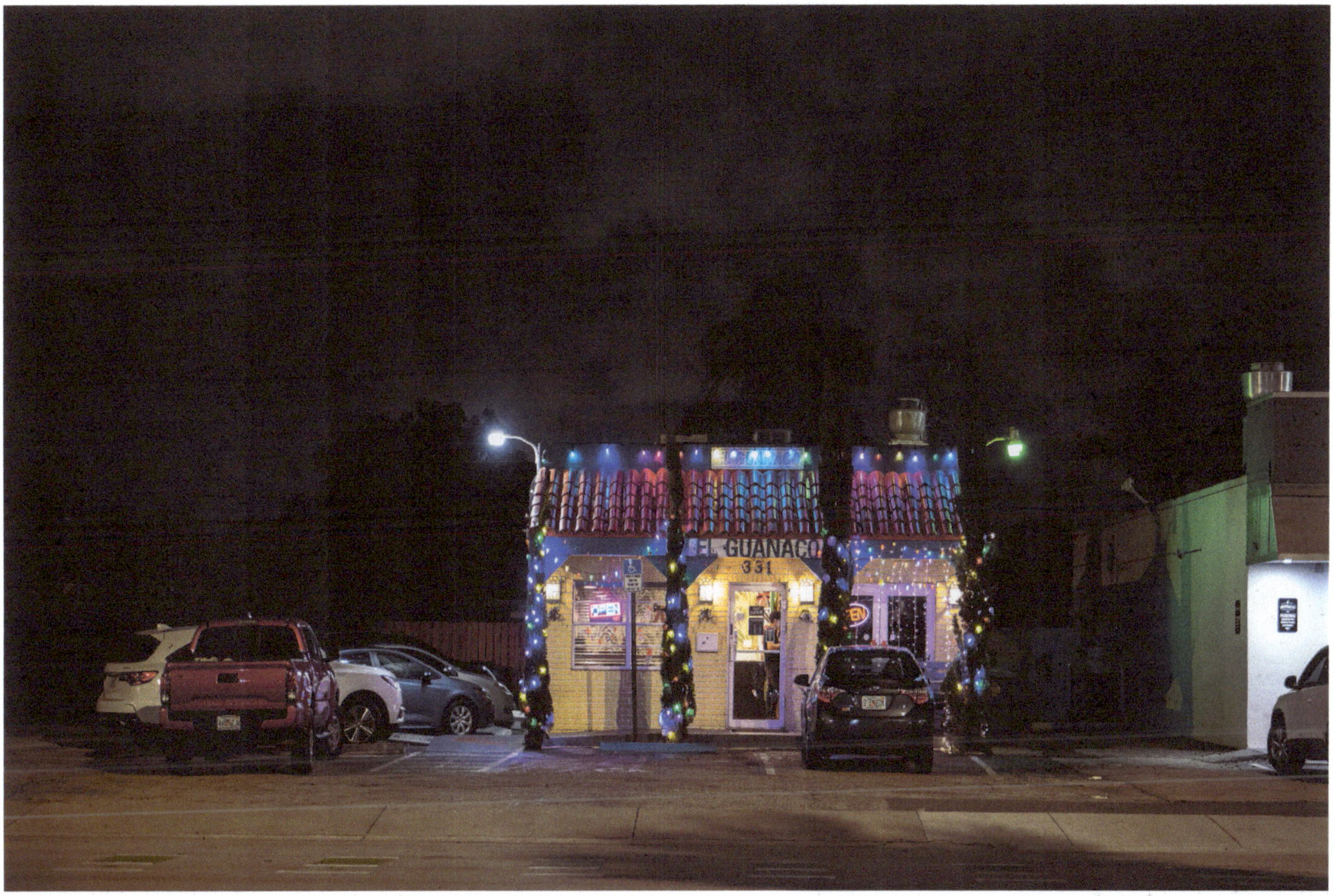

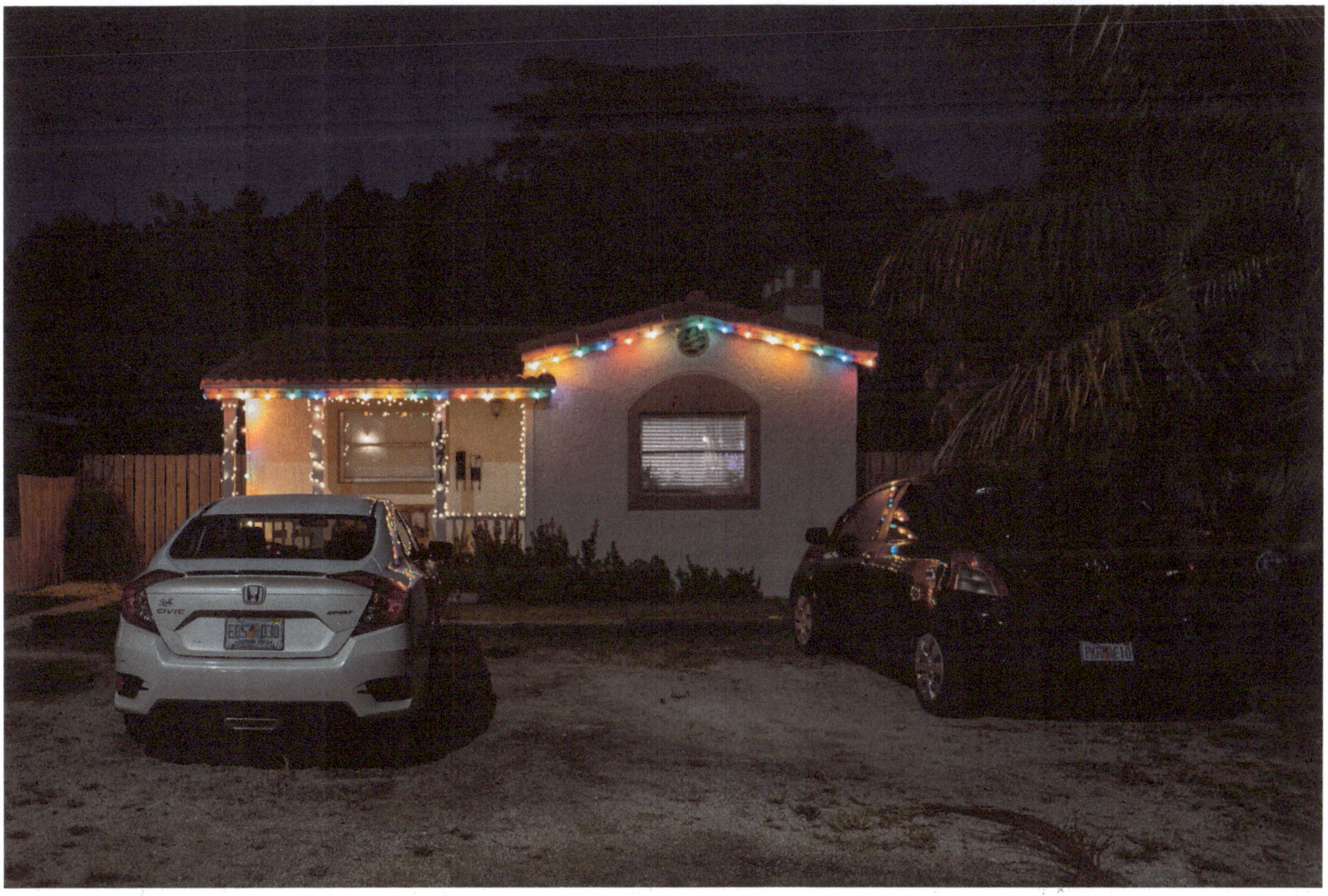

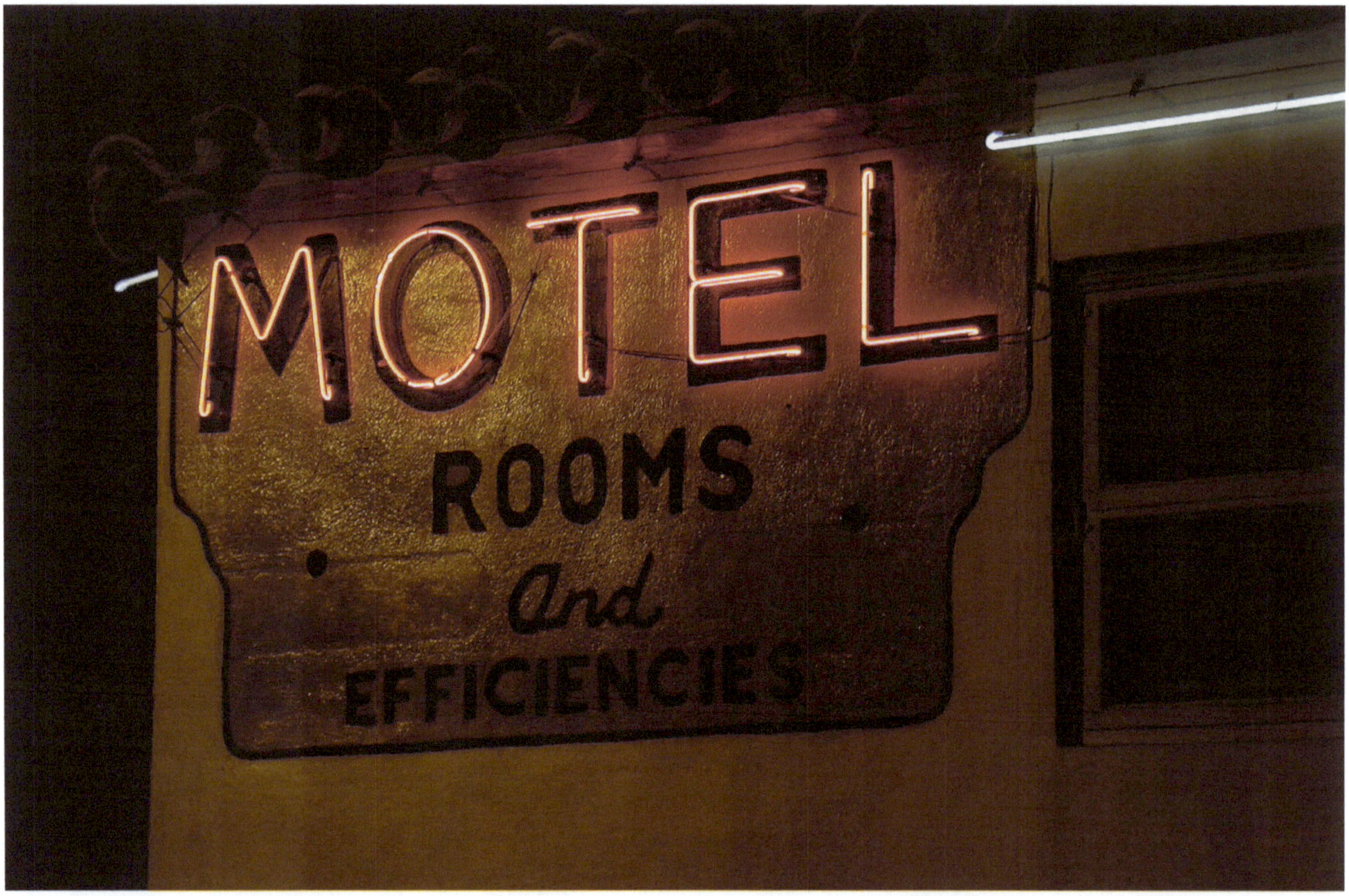
MOTEL
ROOMS
and
EFFICIENCIES

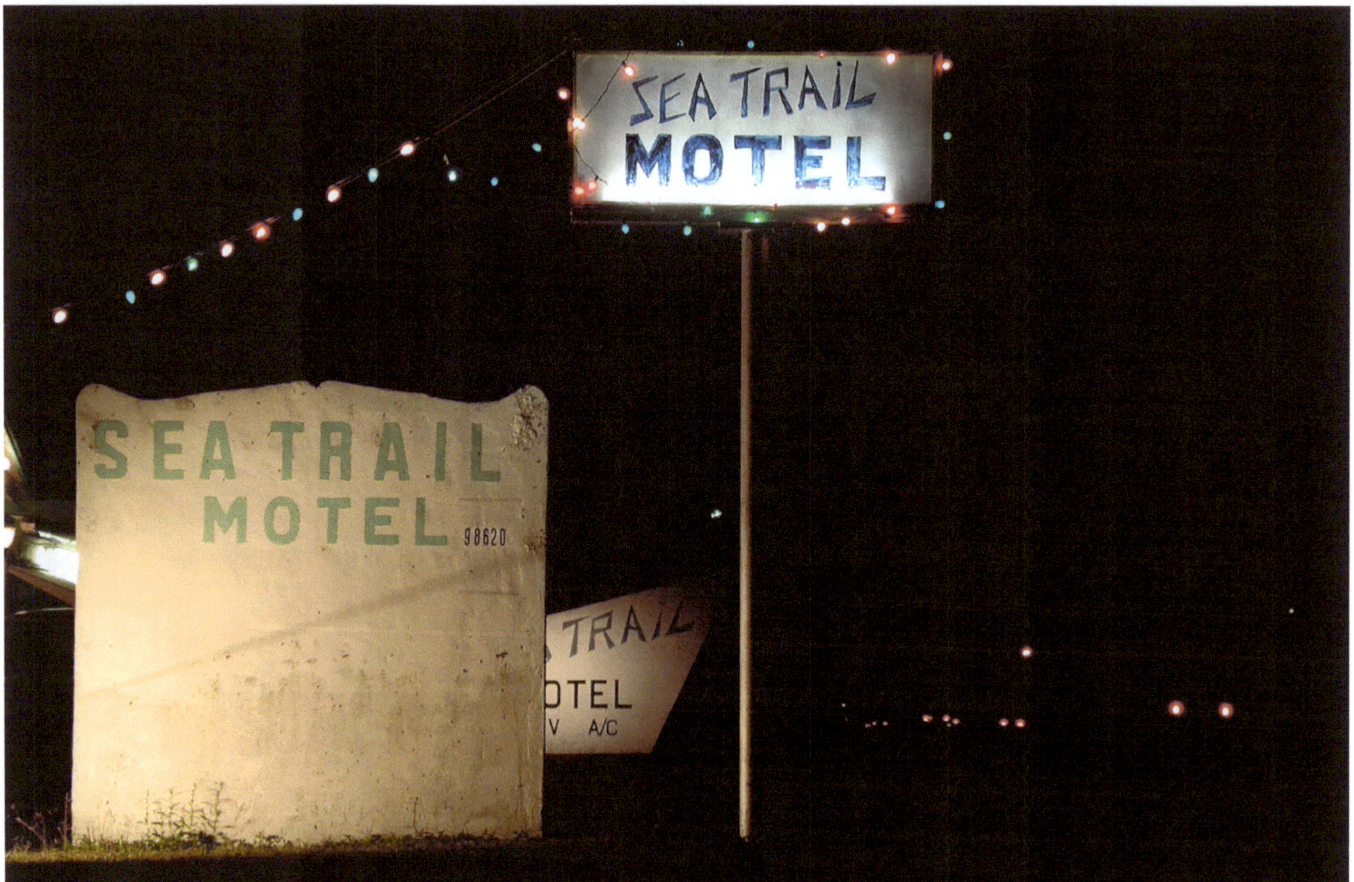
SEA TRAIL
MOTEL
SEA TRAIL
MOTEL
98620
TRAIL
OTEL
V A/C

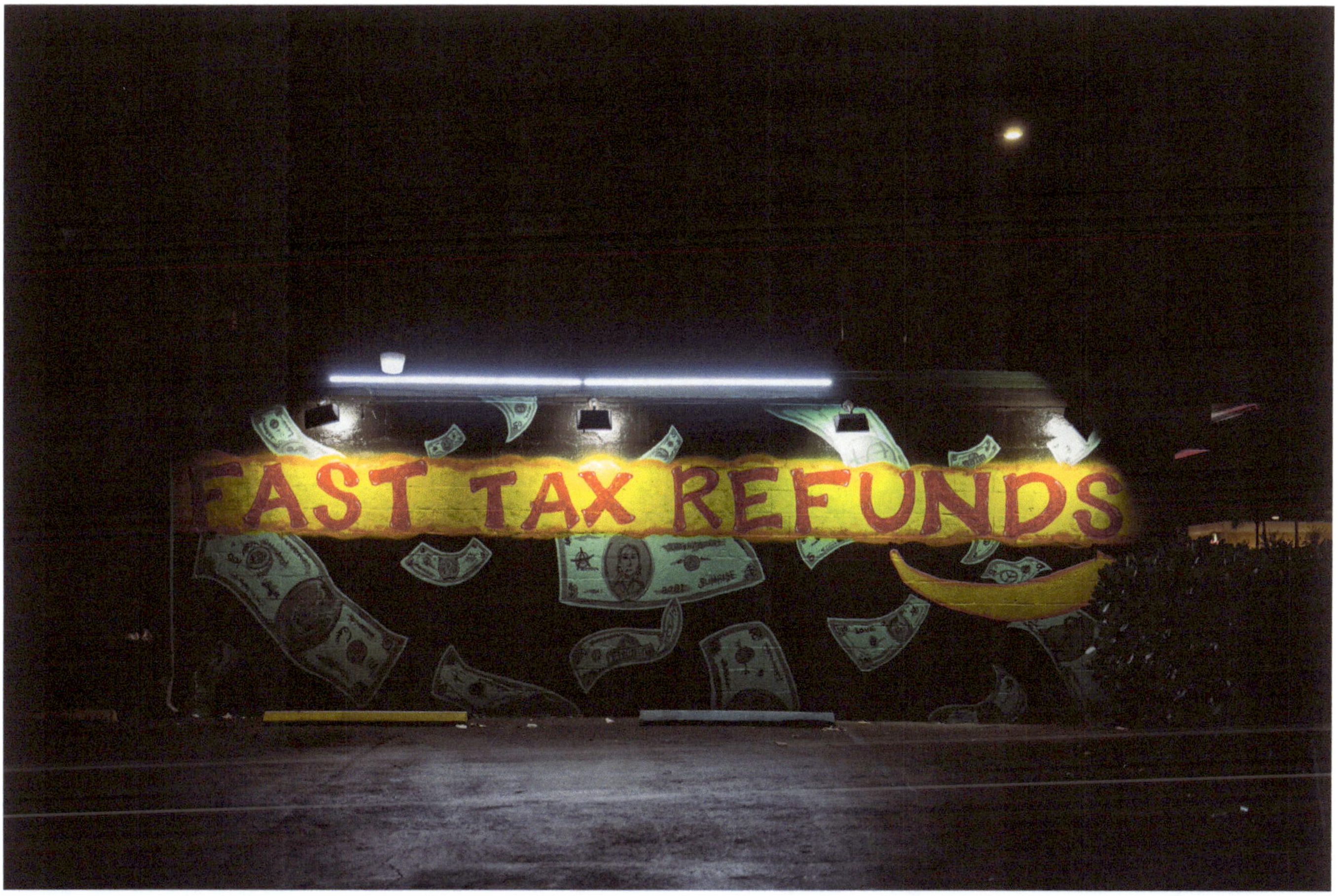
FAST TAX REFUNDS

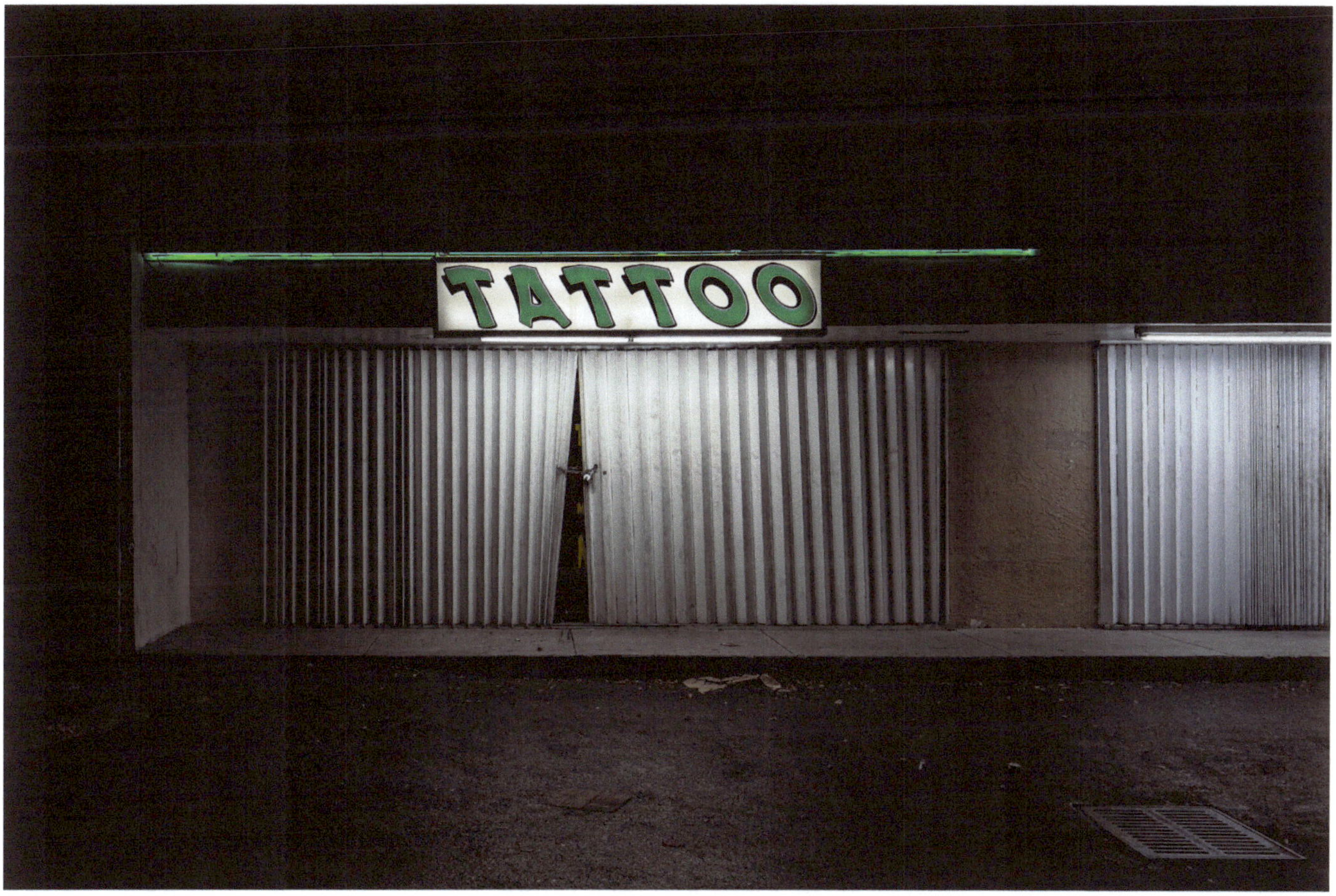
TATTOO

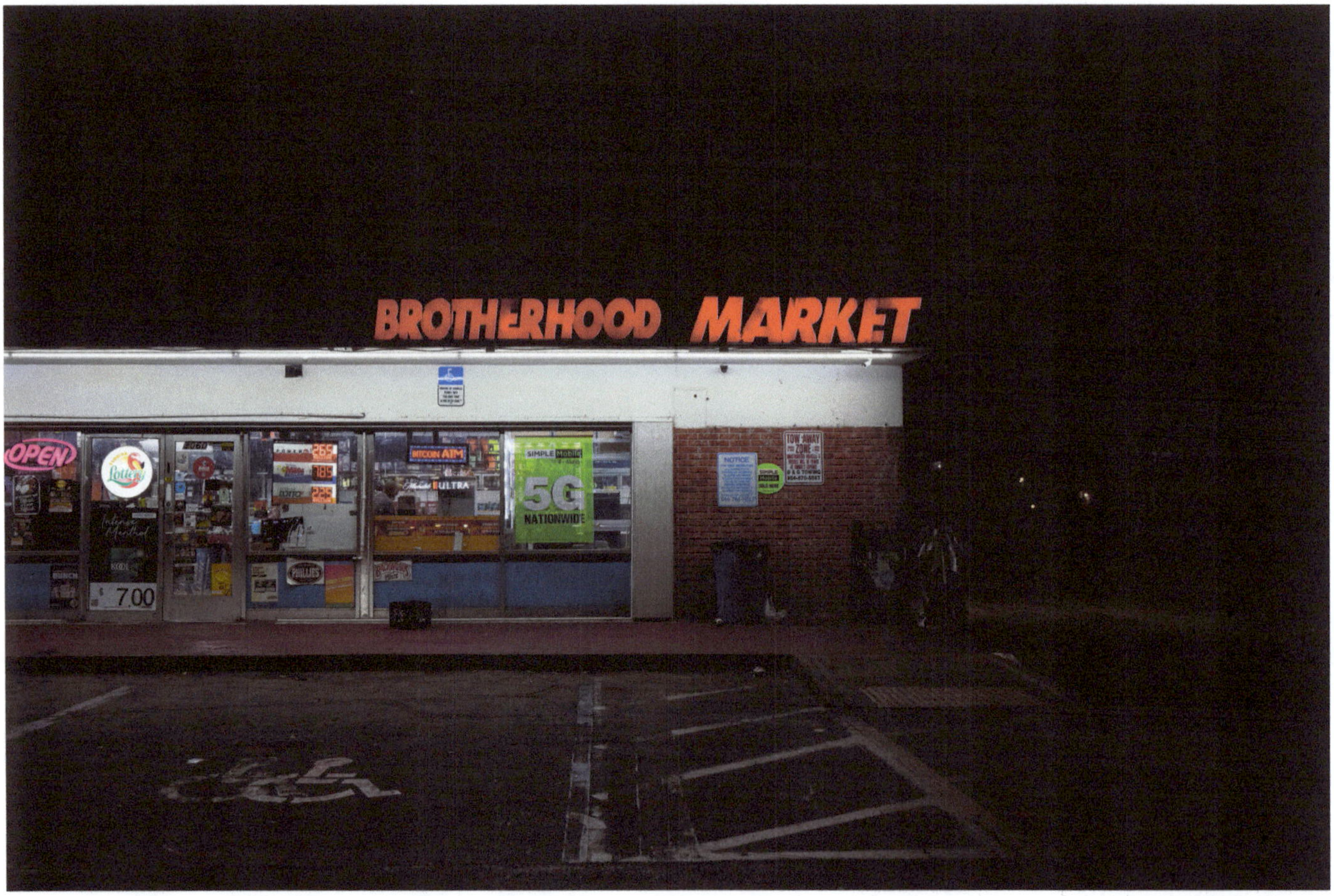
BROTHERHOOD MARKET
OPEN
BITCOIN ATM
5G
NATIONWIDE
7.00

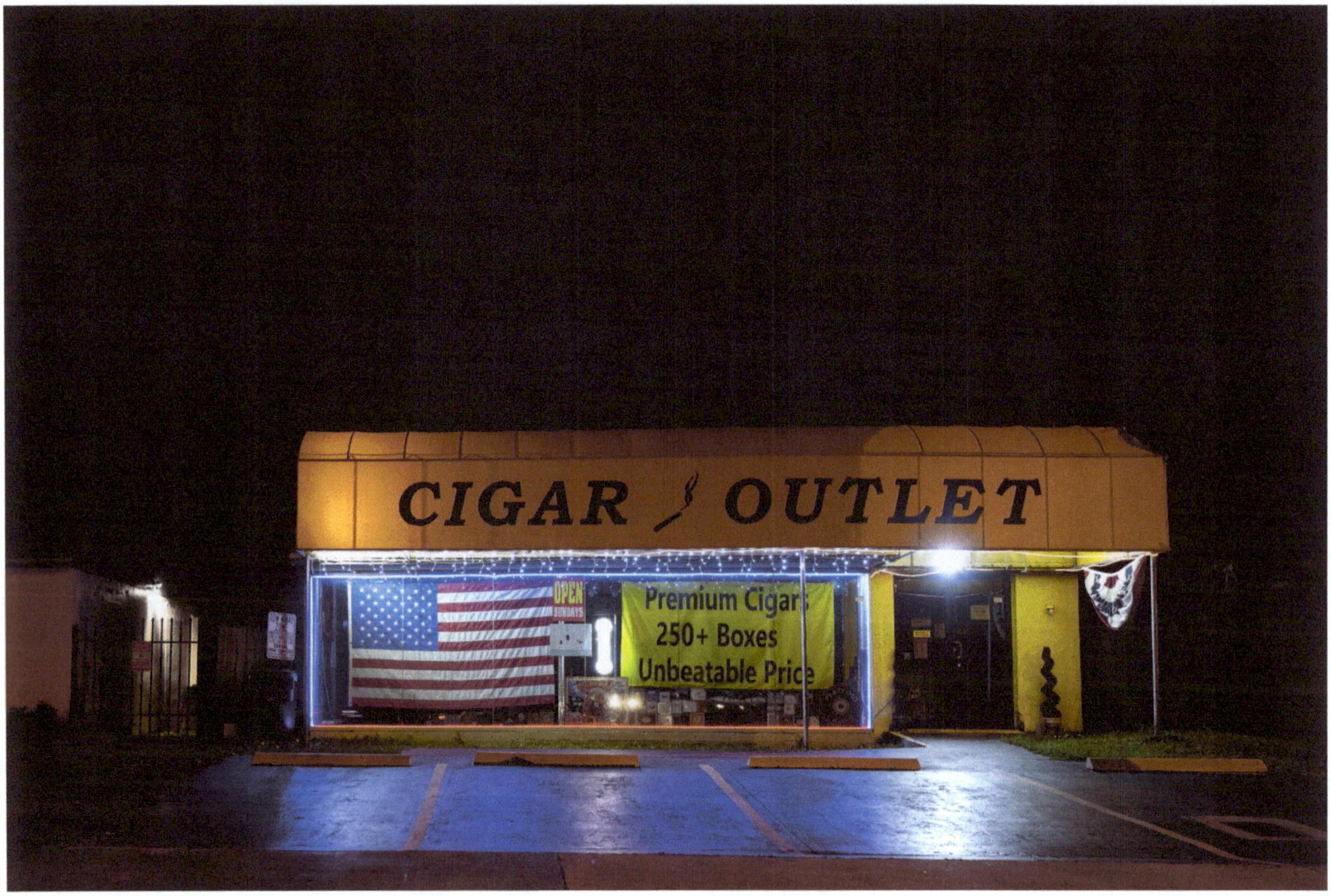
CIGAR OUTLET
OPEN
SUNDAYS
Premium Cigars
250+ Boxes
Unbeatable Price

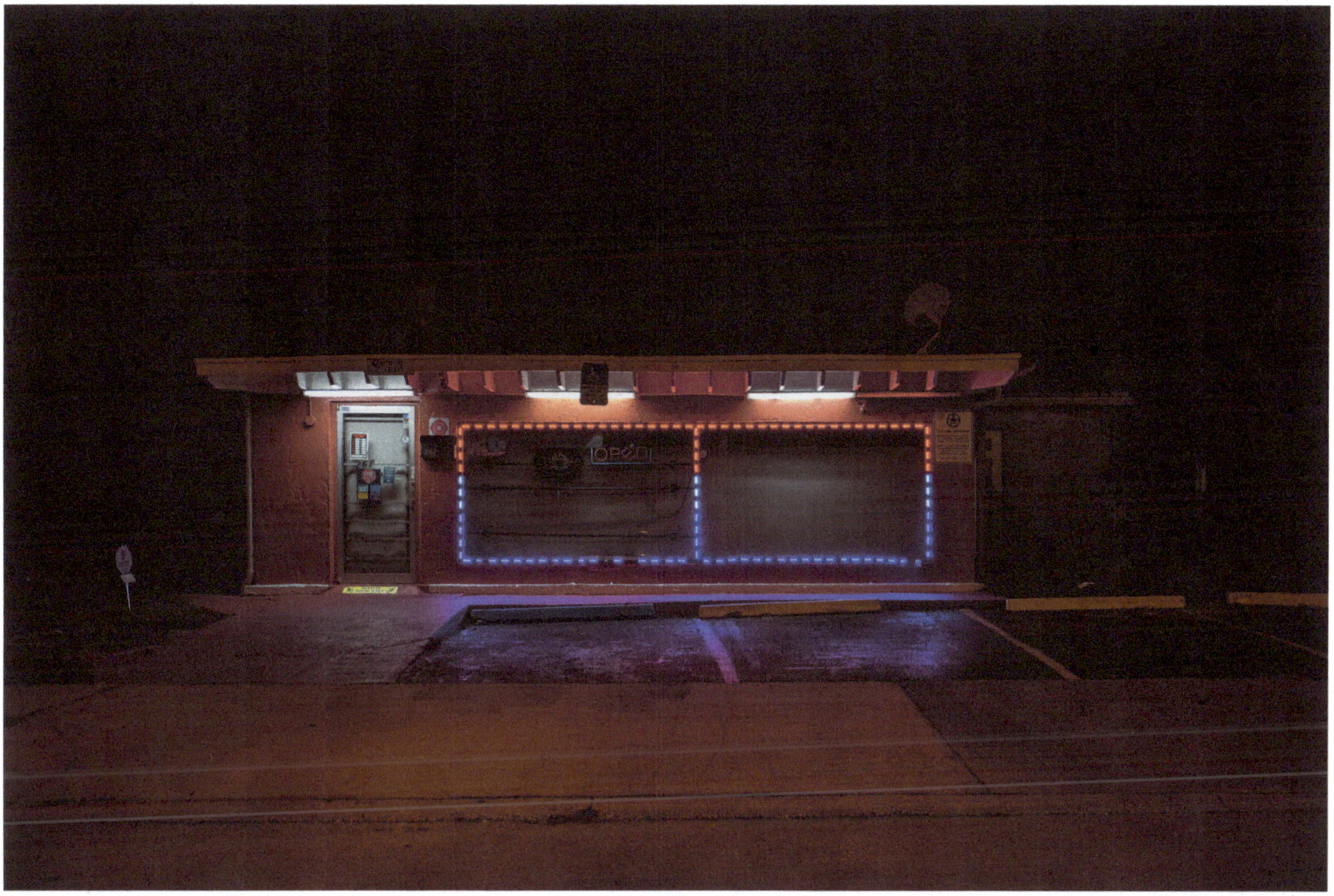

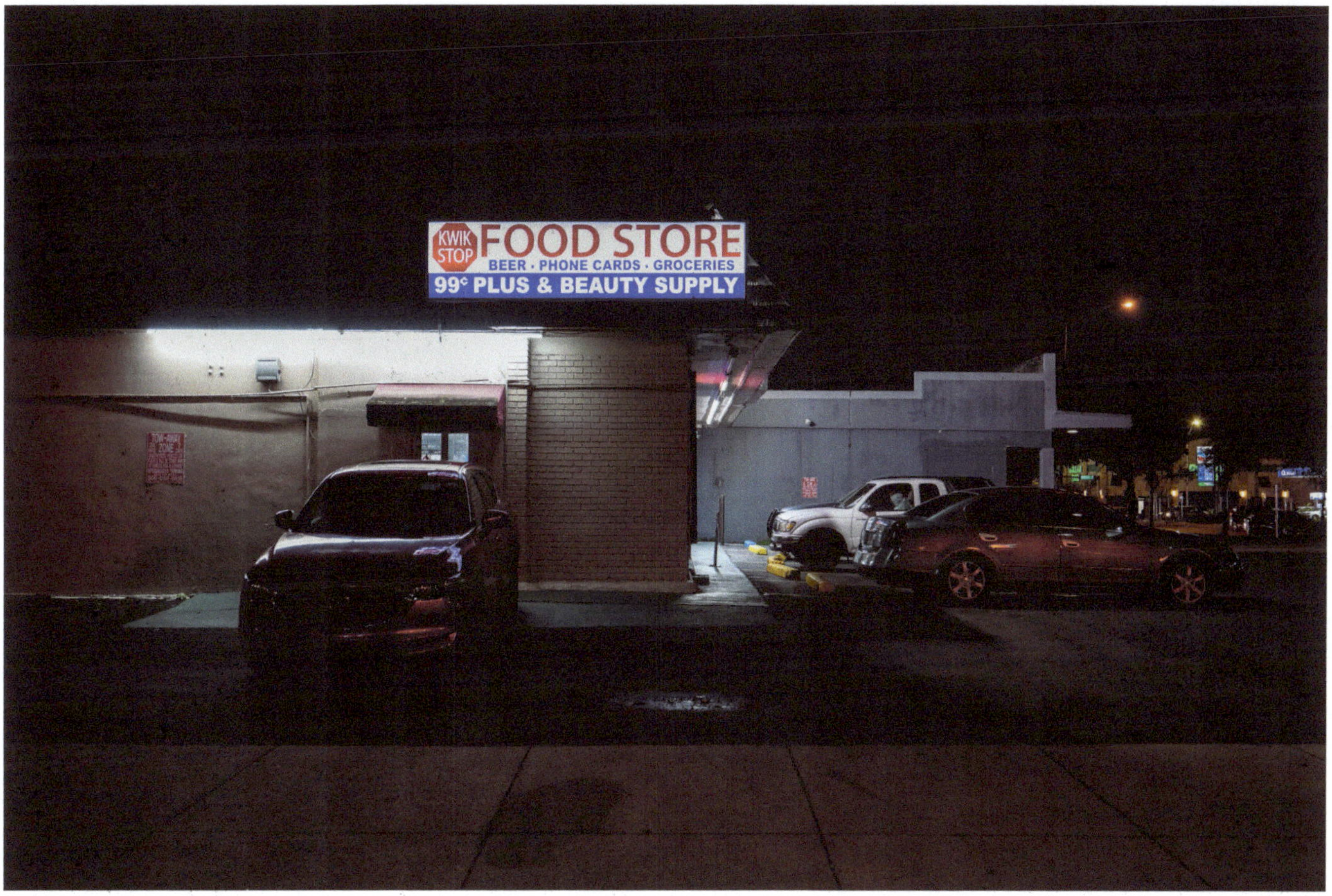
KWIK STOP
FOOD STORE
BEER · PHONE CARDS · GROCERIES
99¢ PLUS & BEAUTY SUPPLY

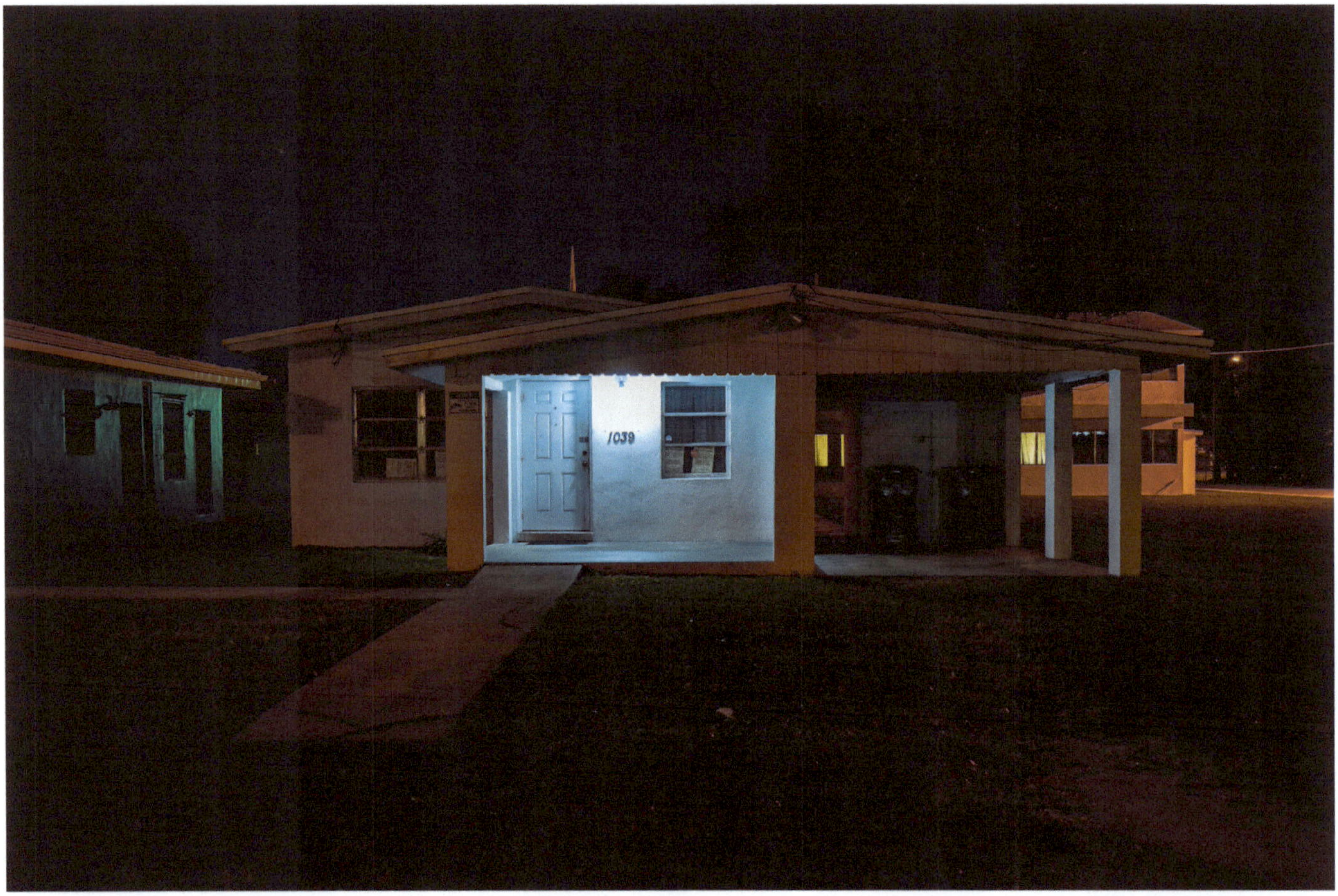

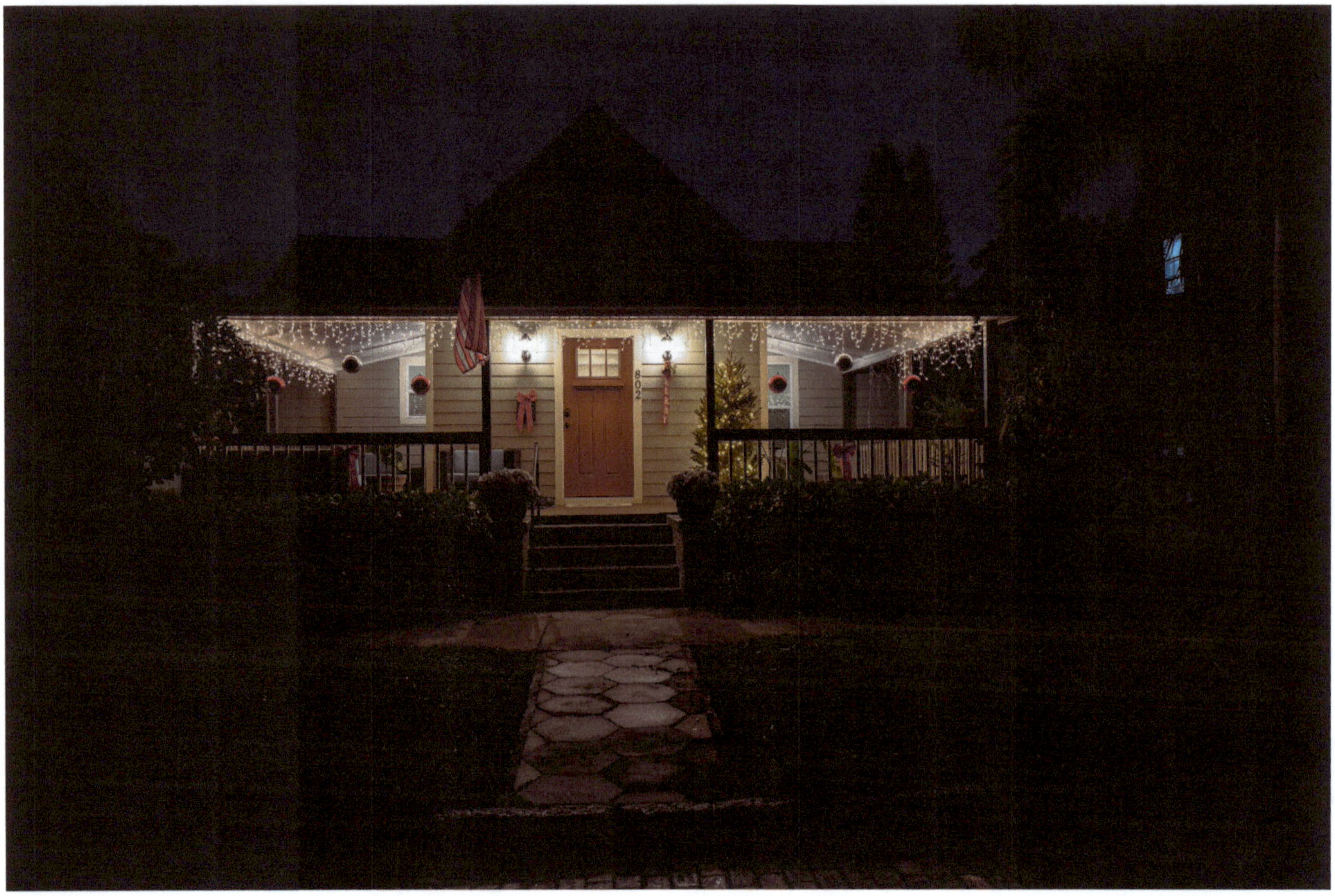

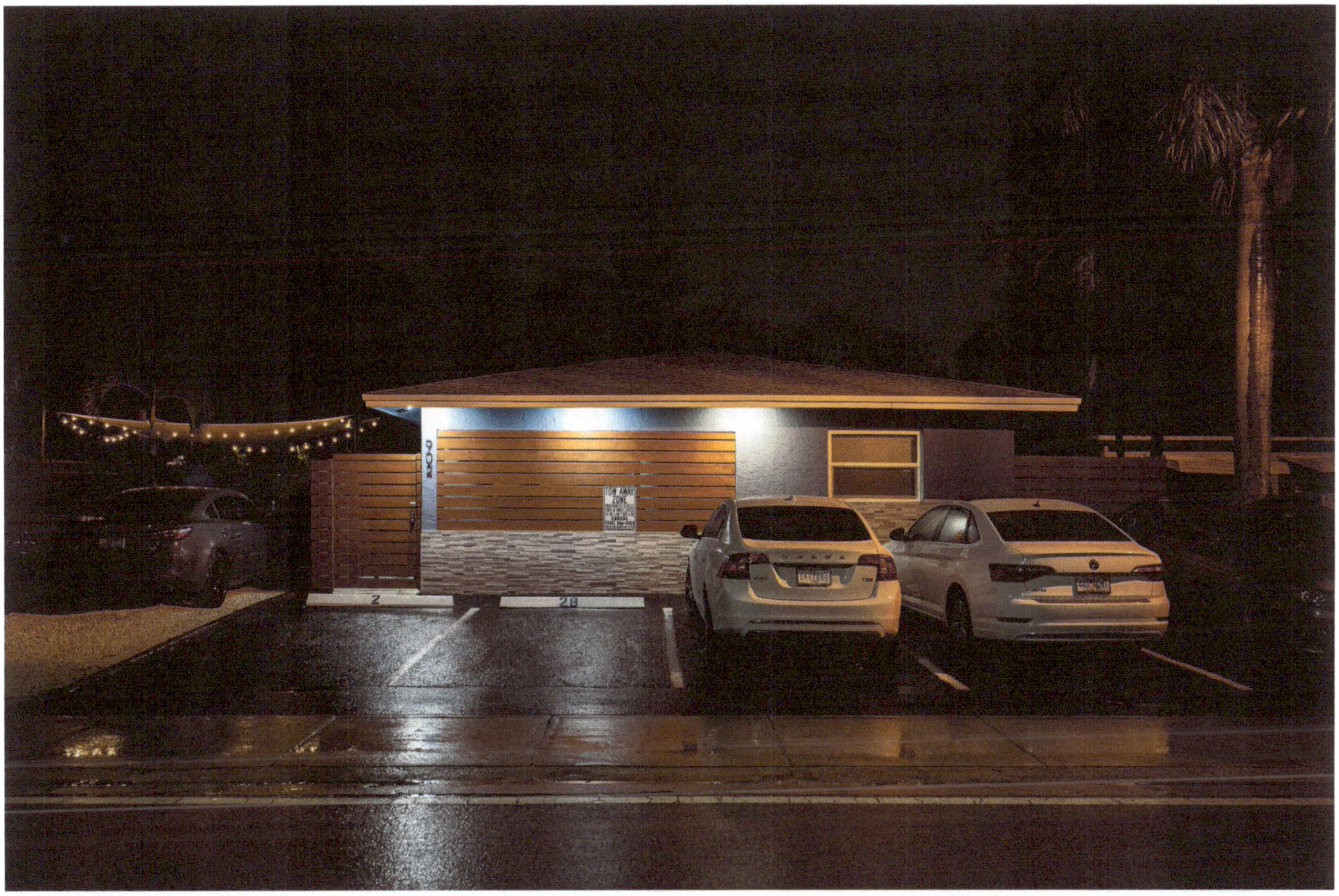

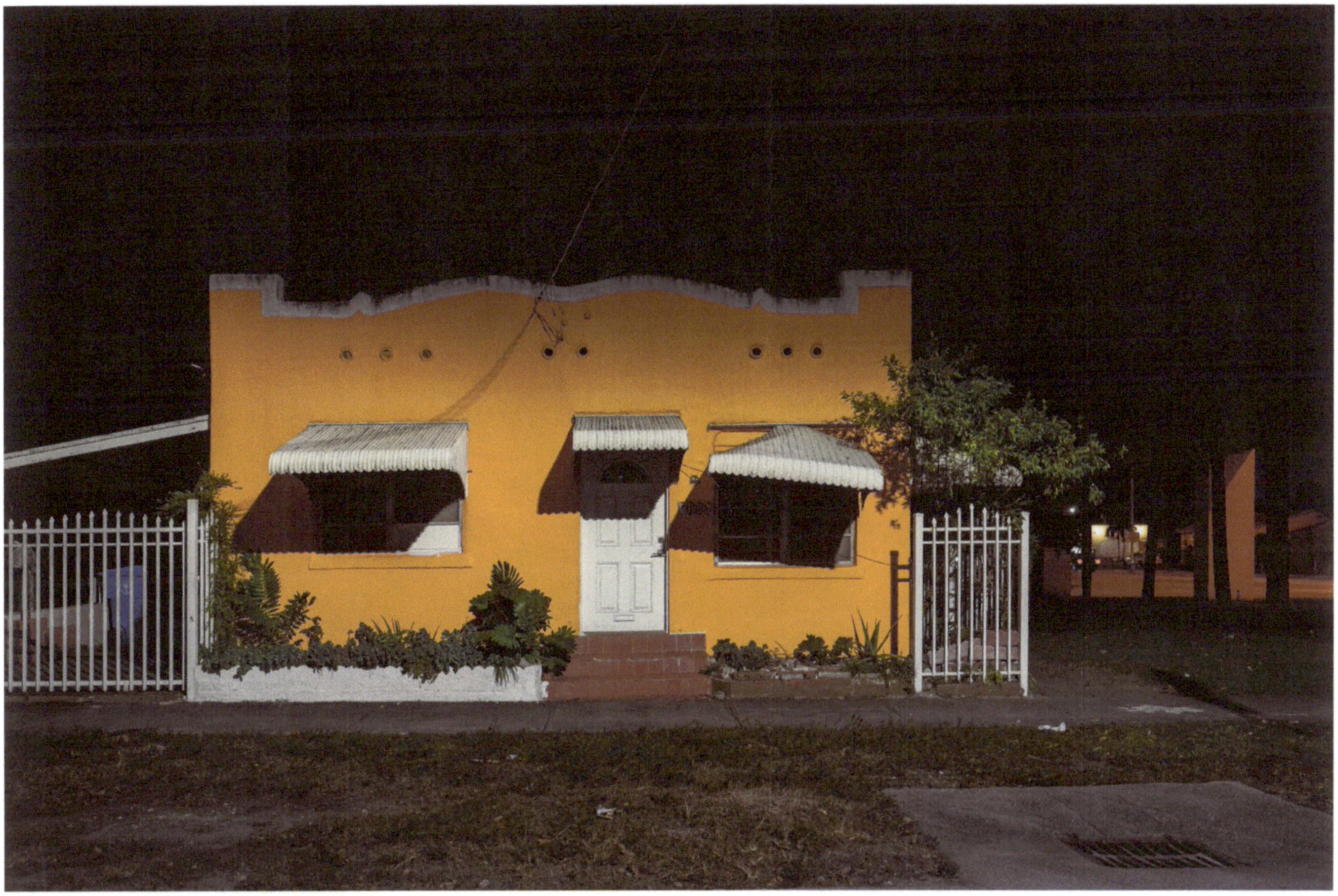

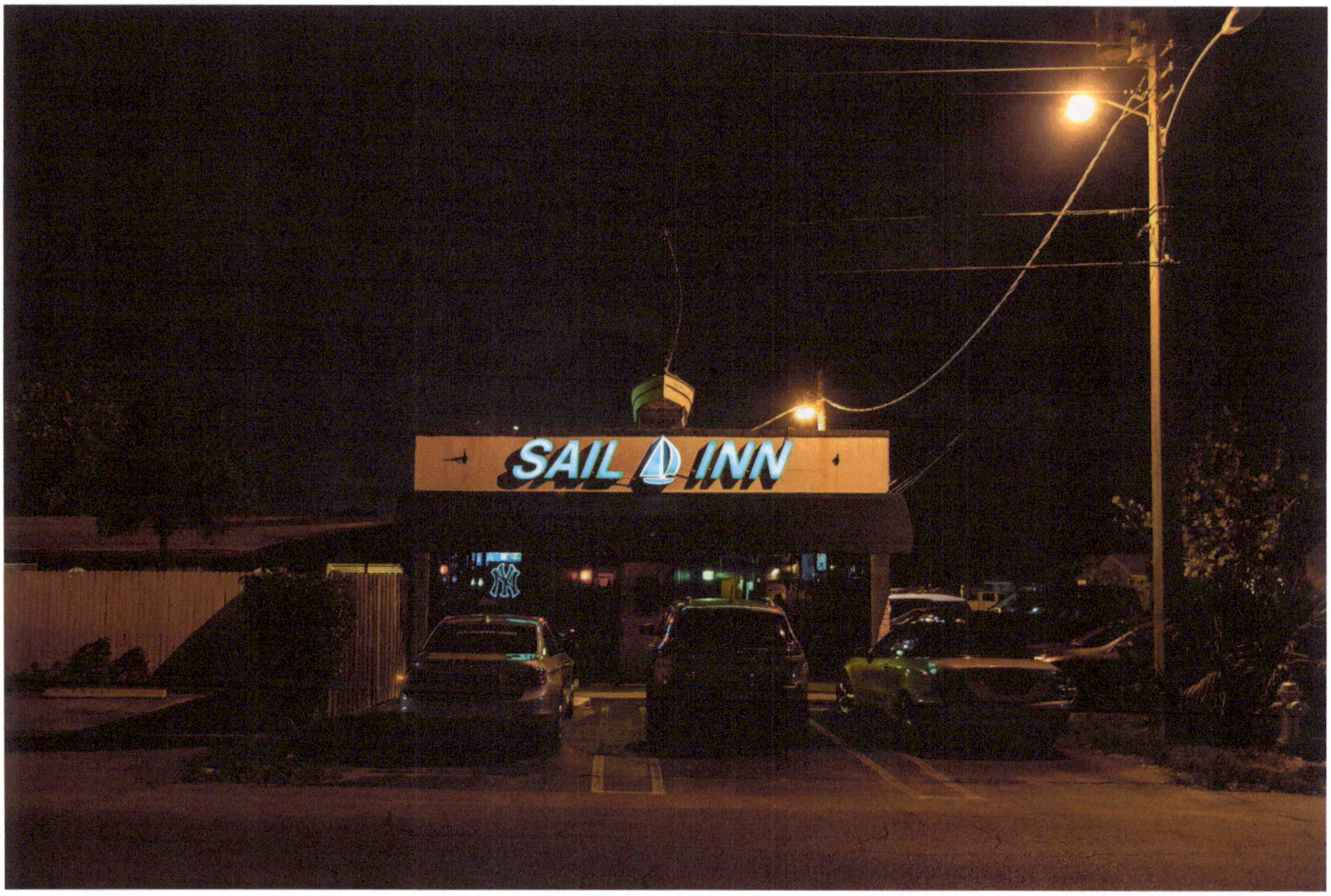
SAIL INN

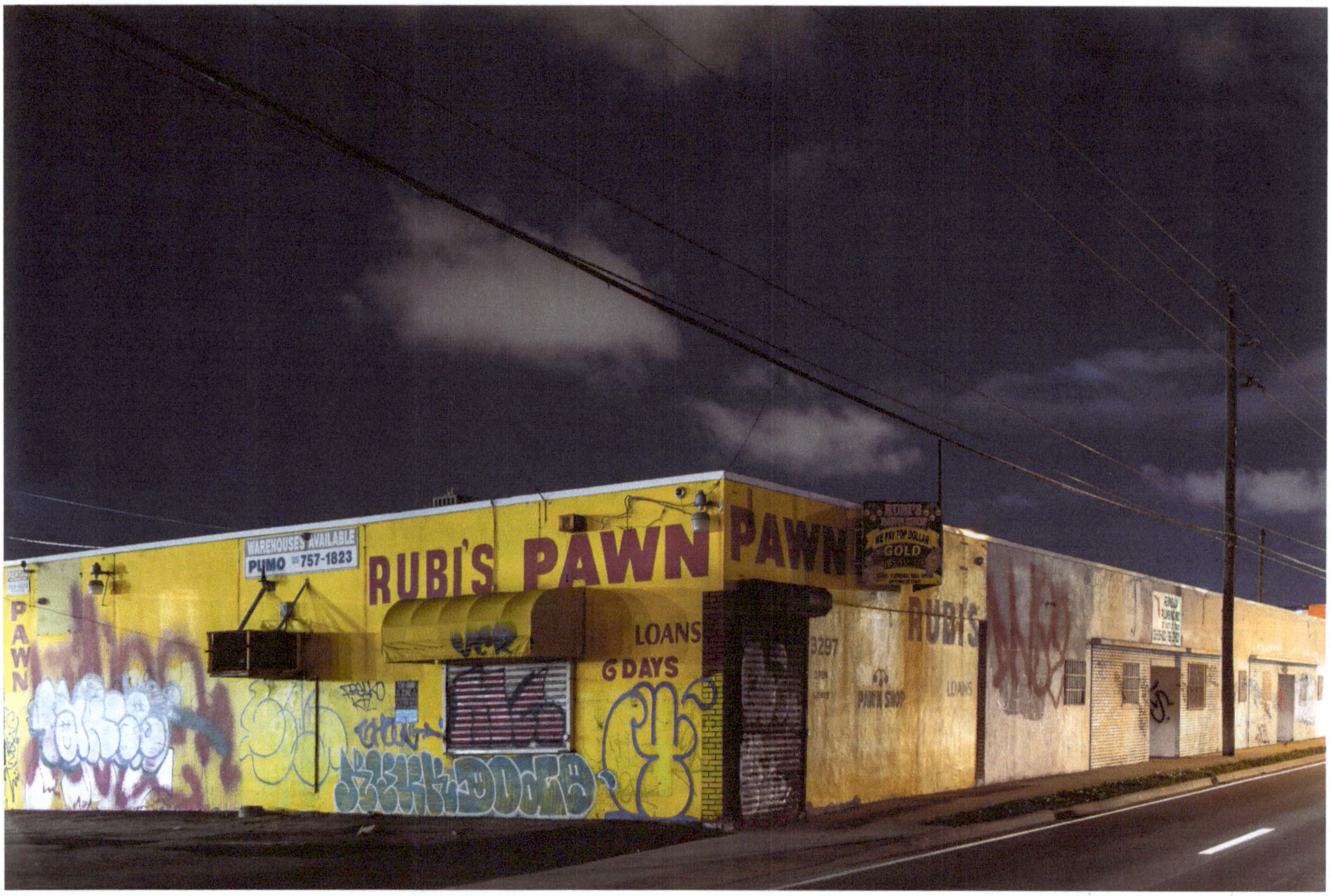
WAREHOUSES AVAILABLE
PUMO 757-1823
RUBI'S PAWN
PAWN
WE PAY TOP DOLLAR
GOLD
LOANS
6 DAYS
RUBI'S
PAWN SHOP

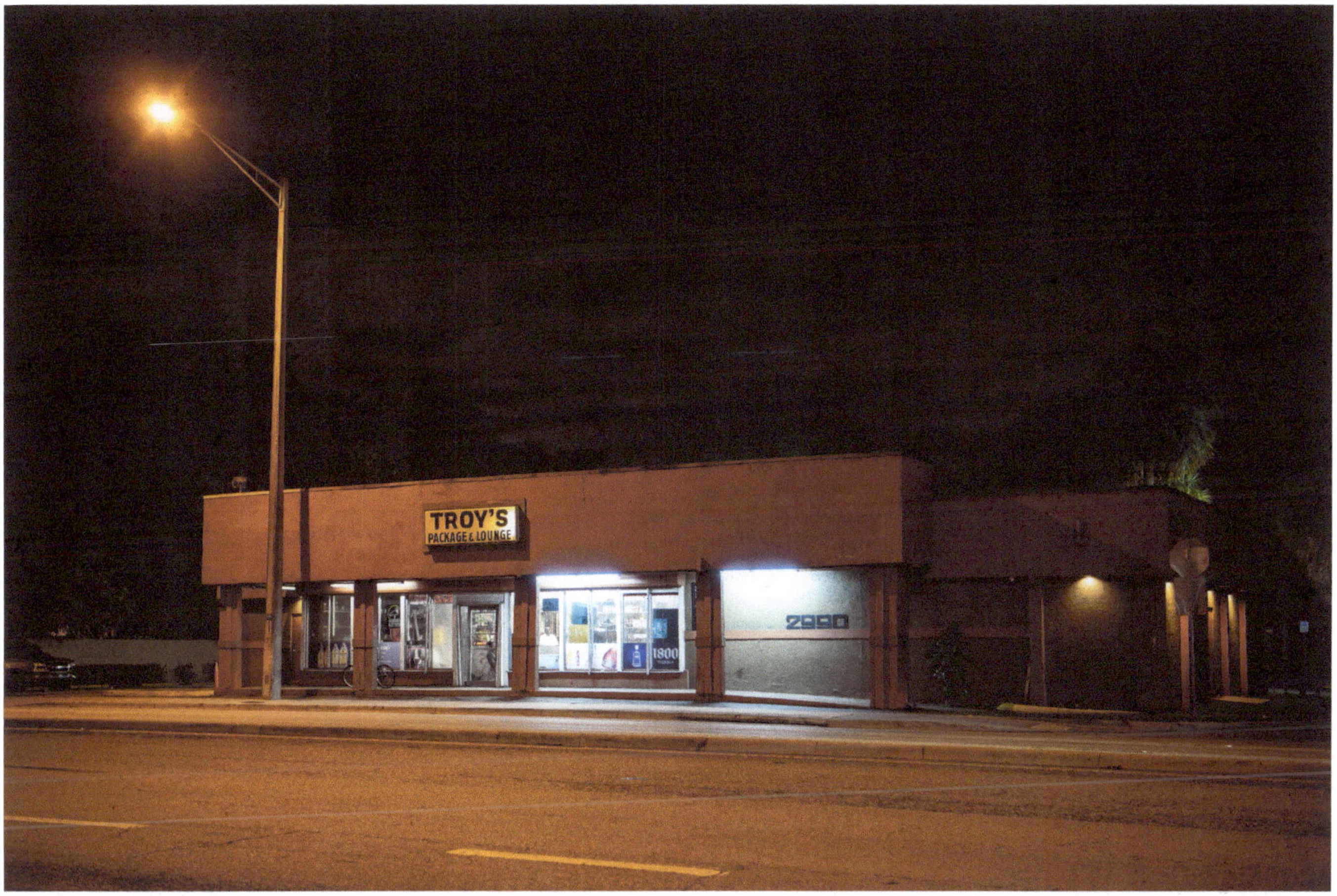
TROY'S
PACKAGE & LOUNGE
2990
1800

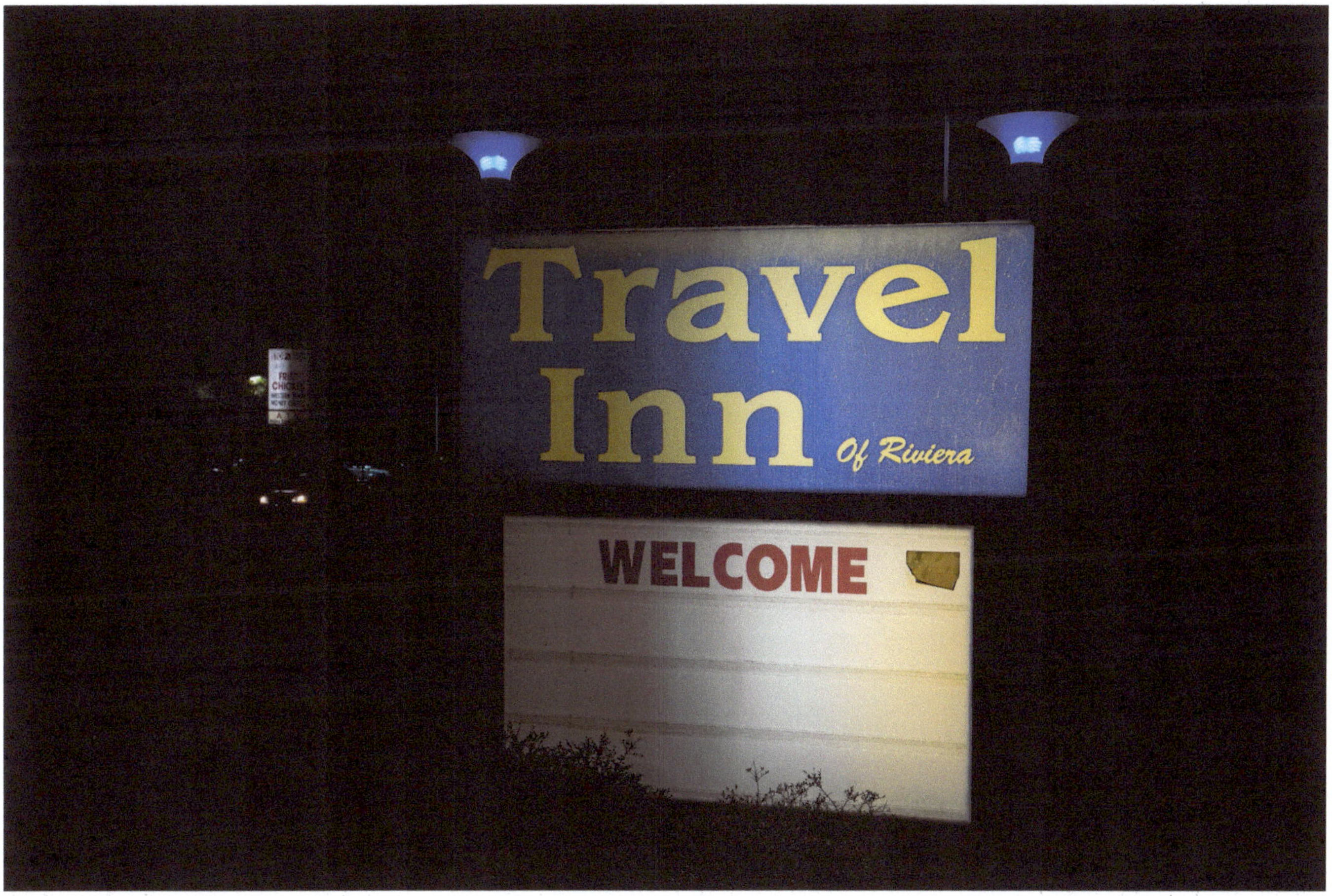
Travel
Inn
Of Riviera
WELCOME

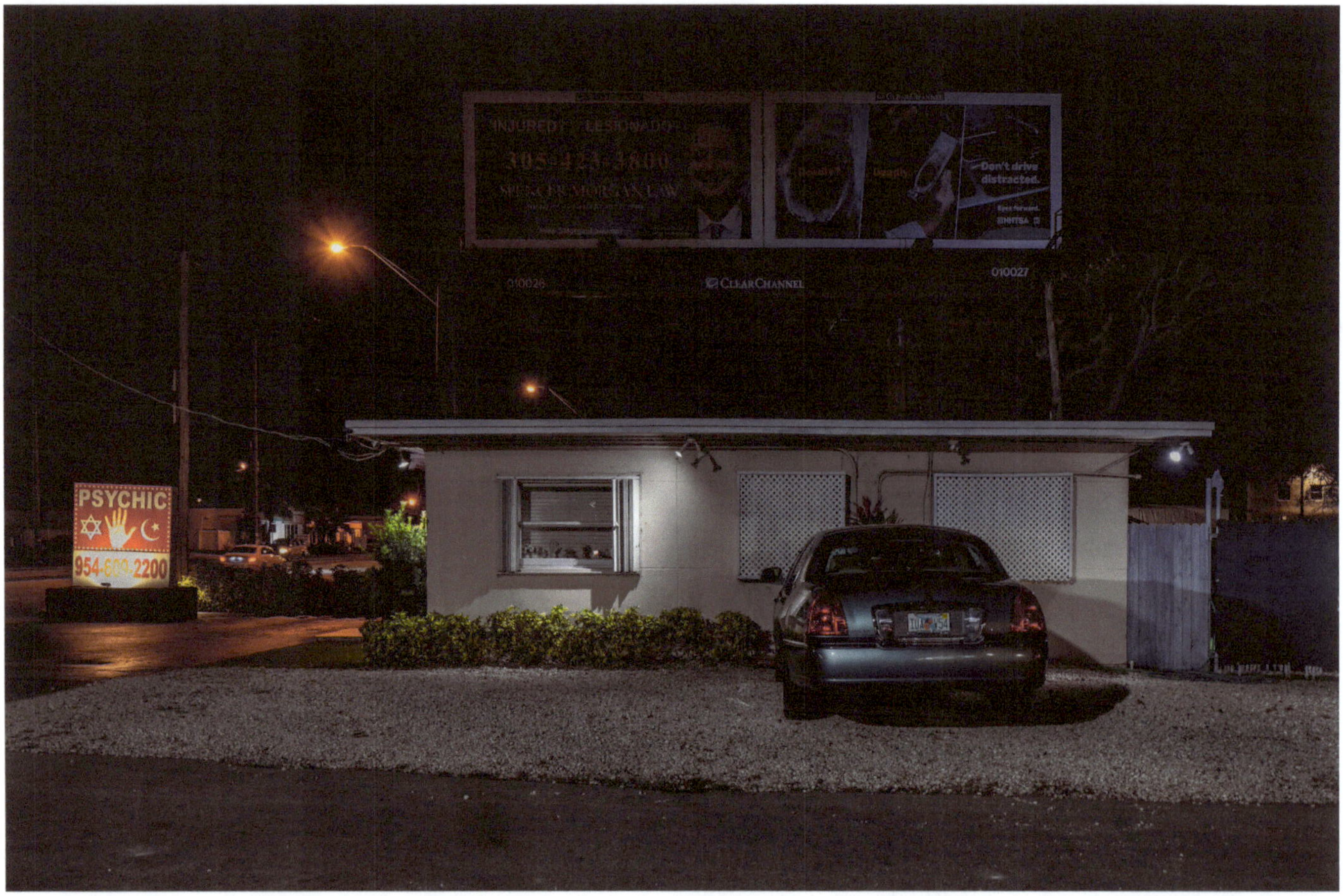

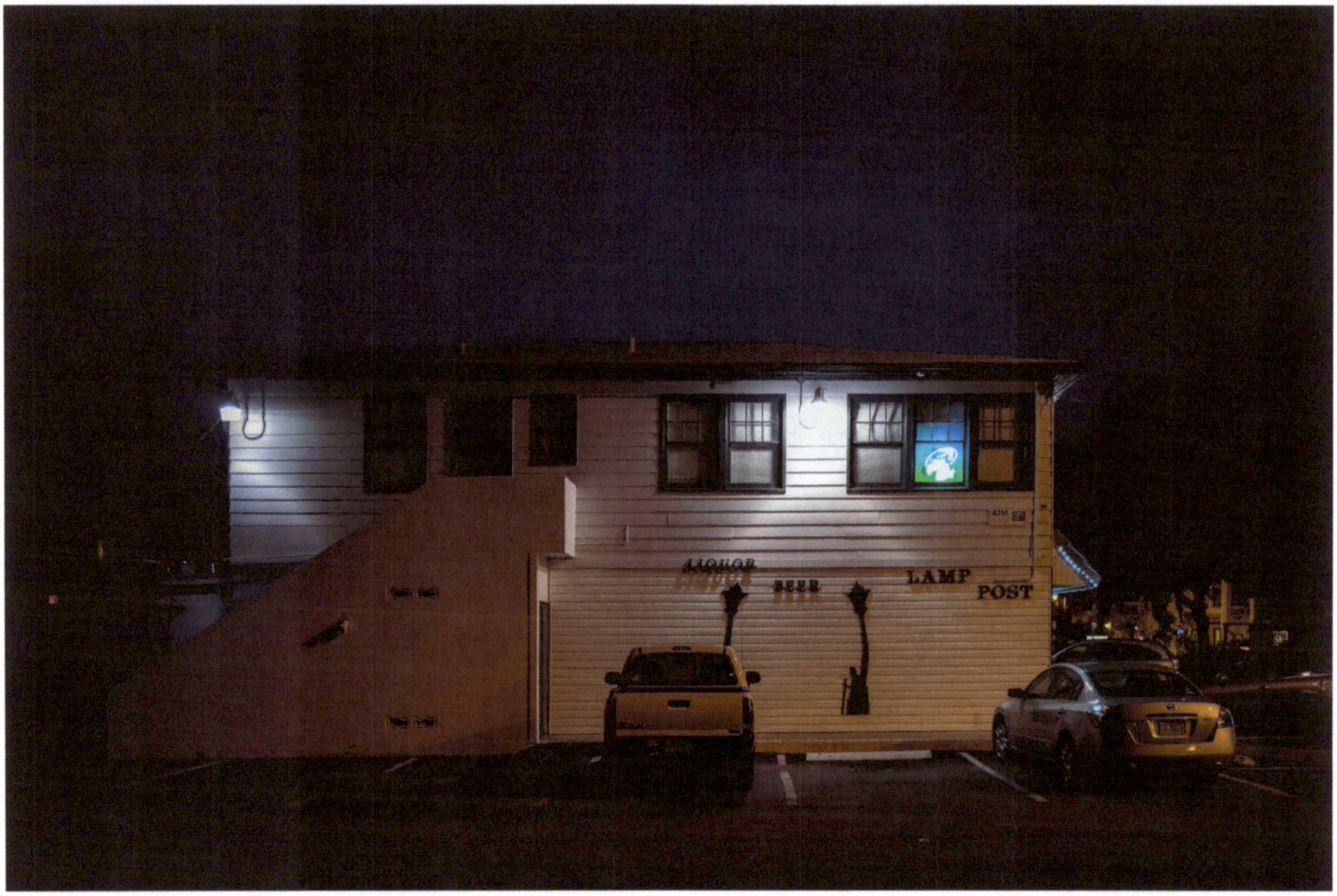

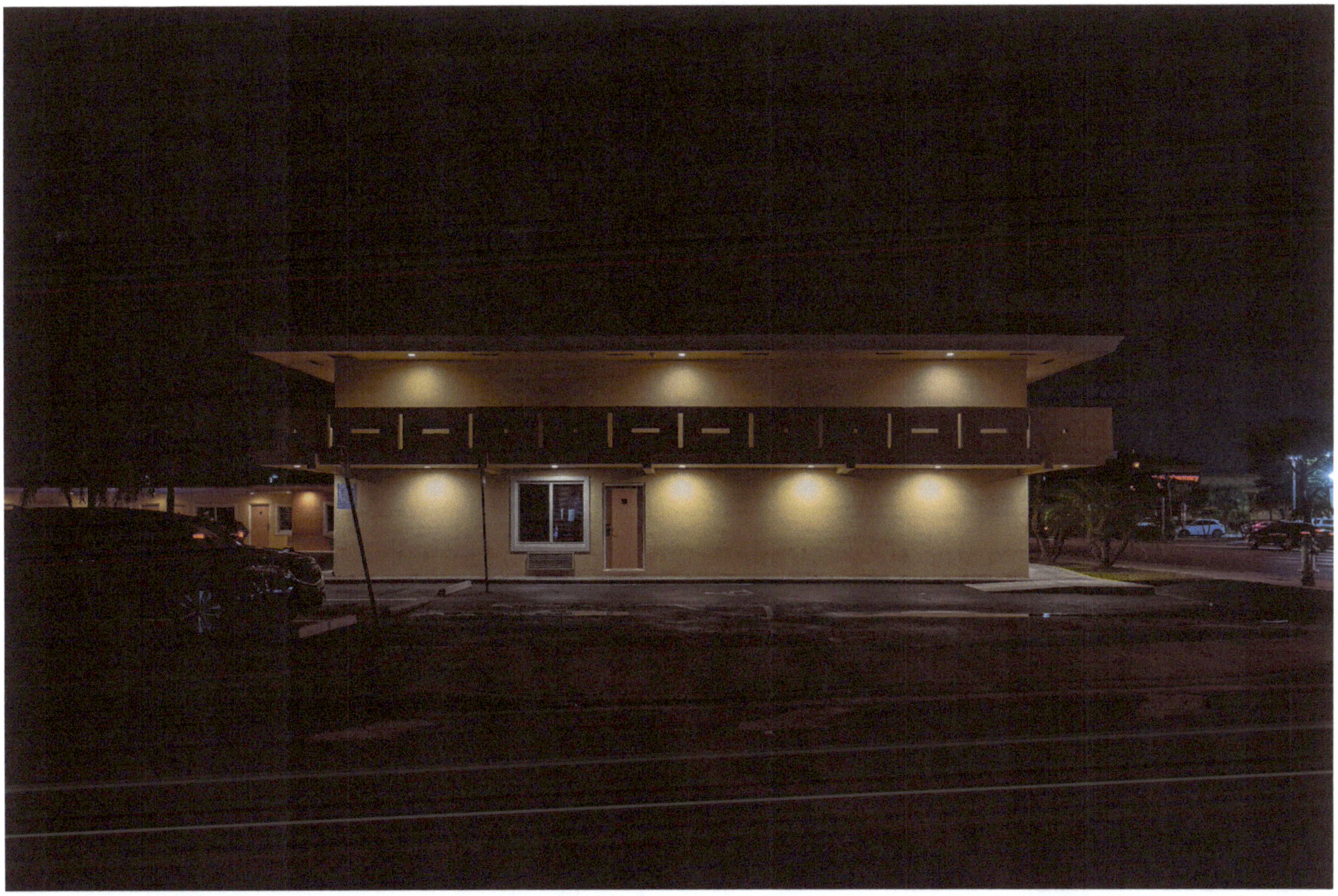

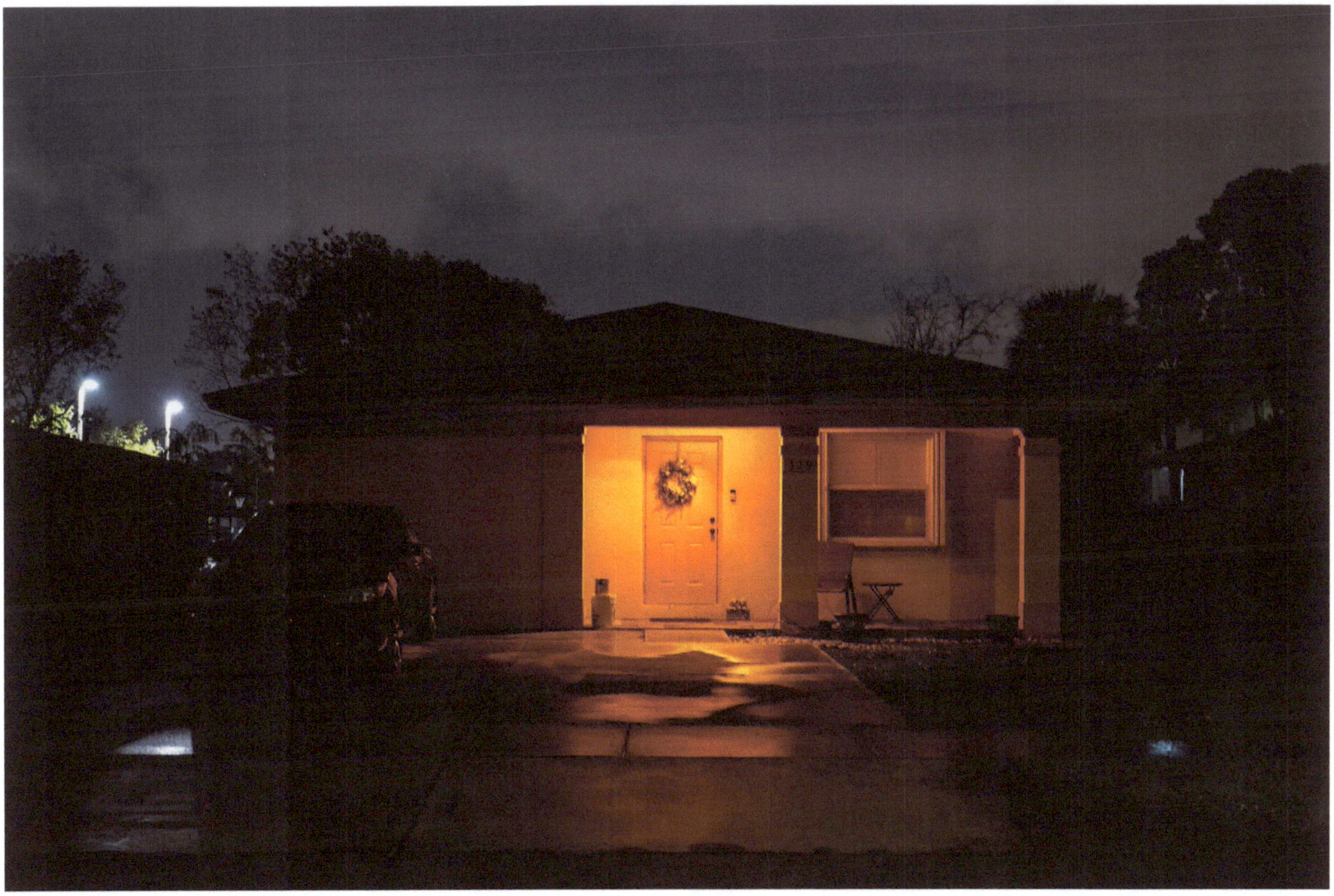

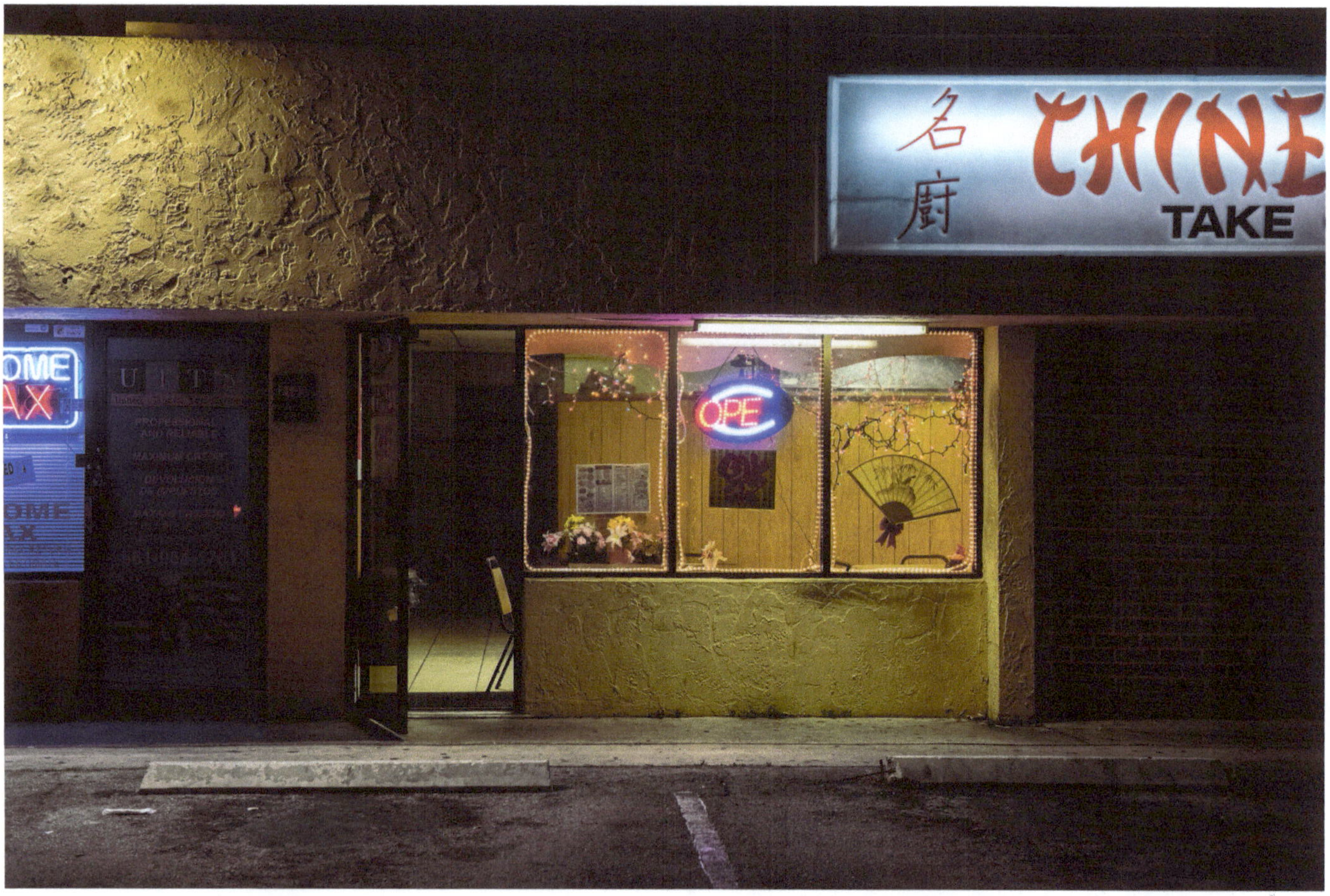
名
廚
CHINE
TAKE
OPE

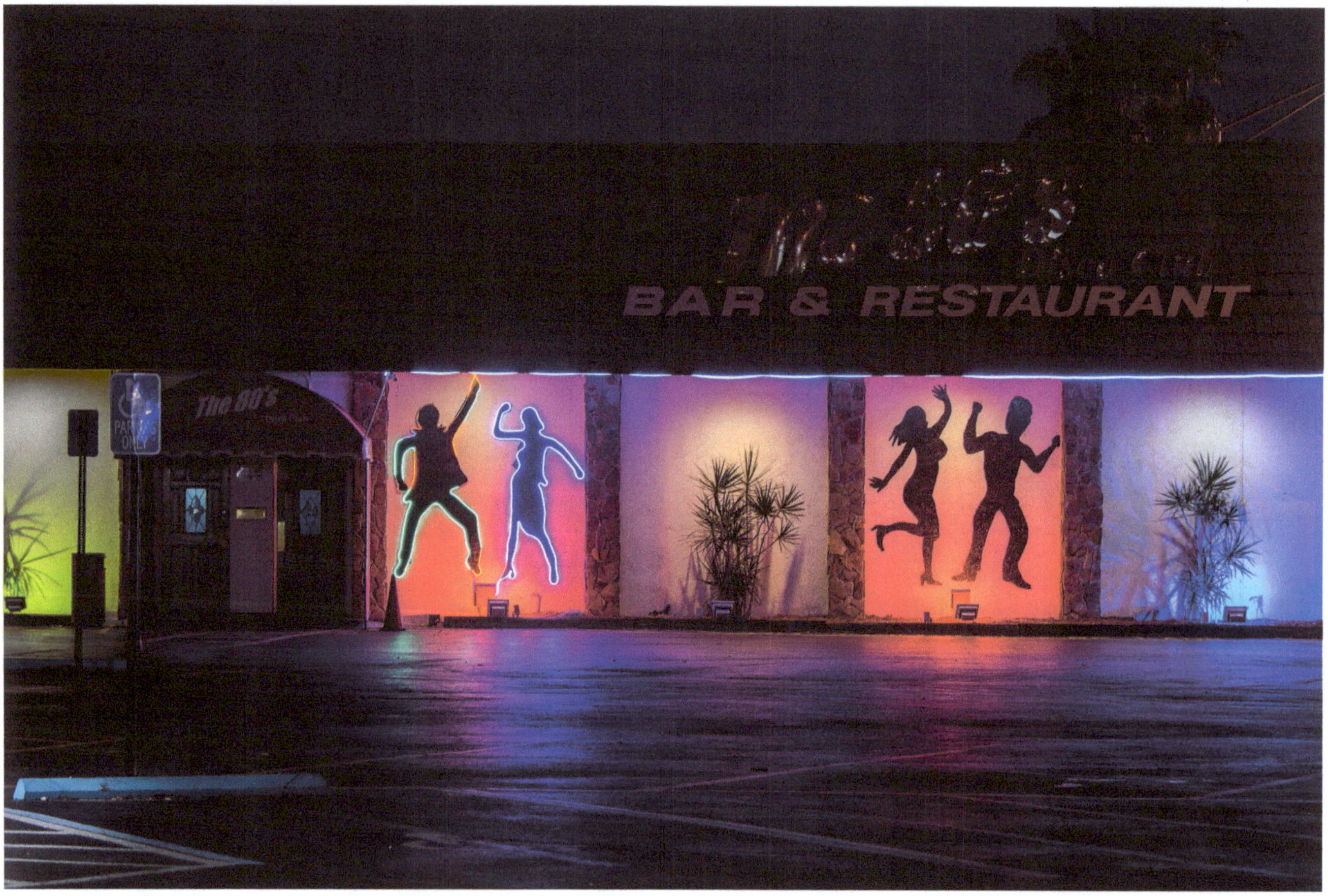
BAR & RESTAURANT
The 80's

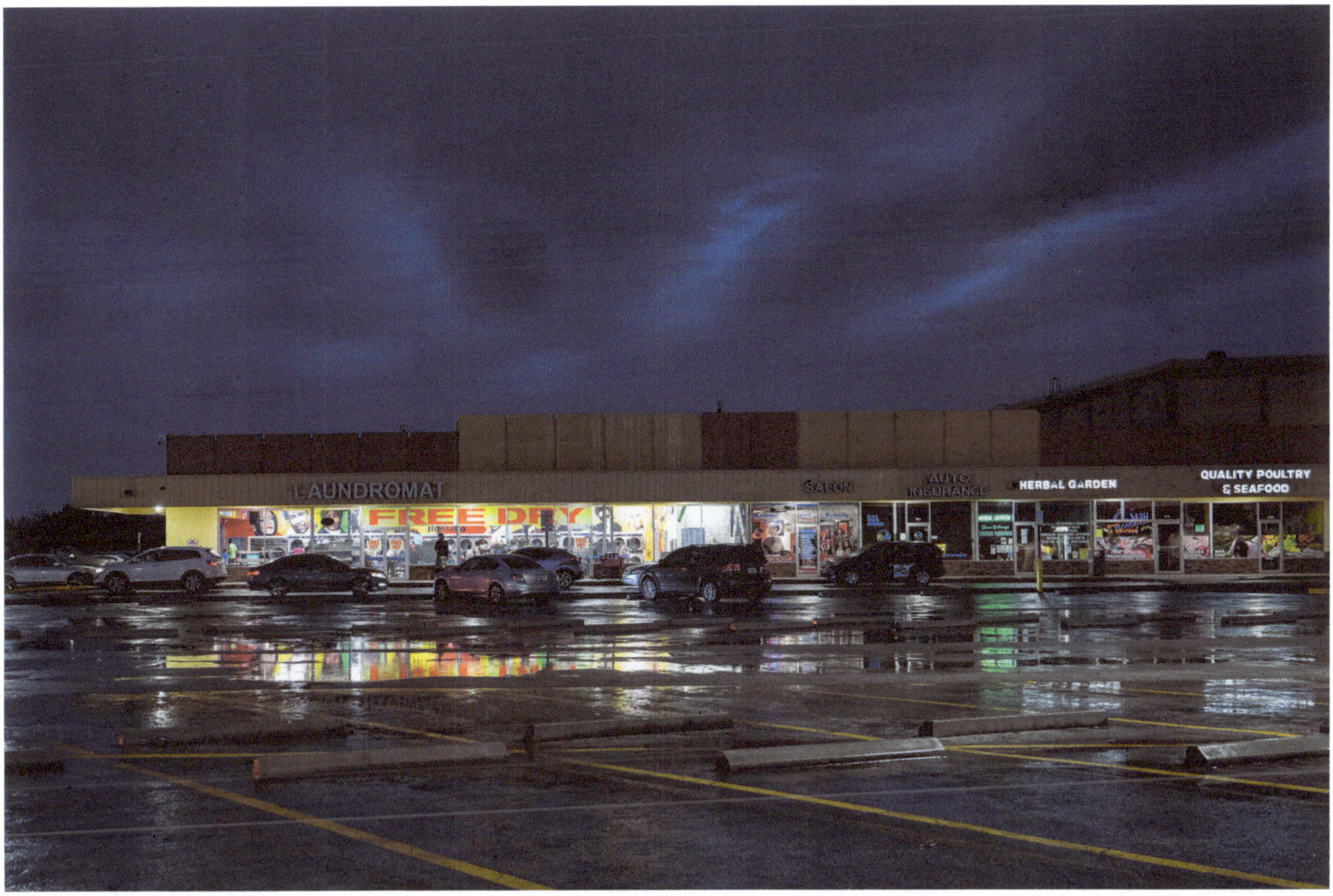
LAUNDROMAT
FREE DRY
SALON
AUTO
INSURANCE
HERBAL GARDEN
QUALITY POULTRY
& SEAFOOD

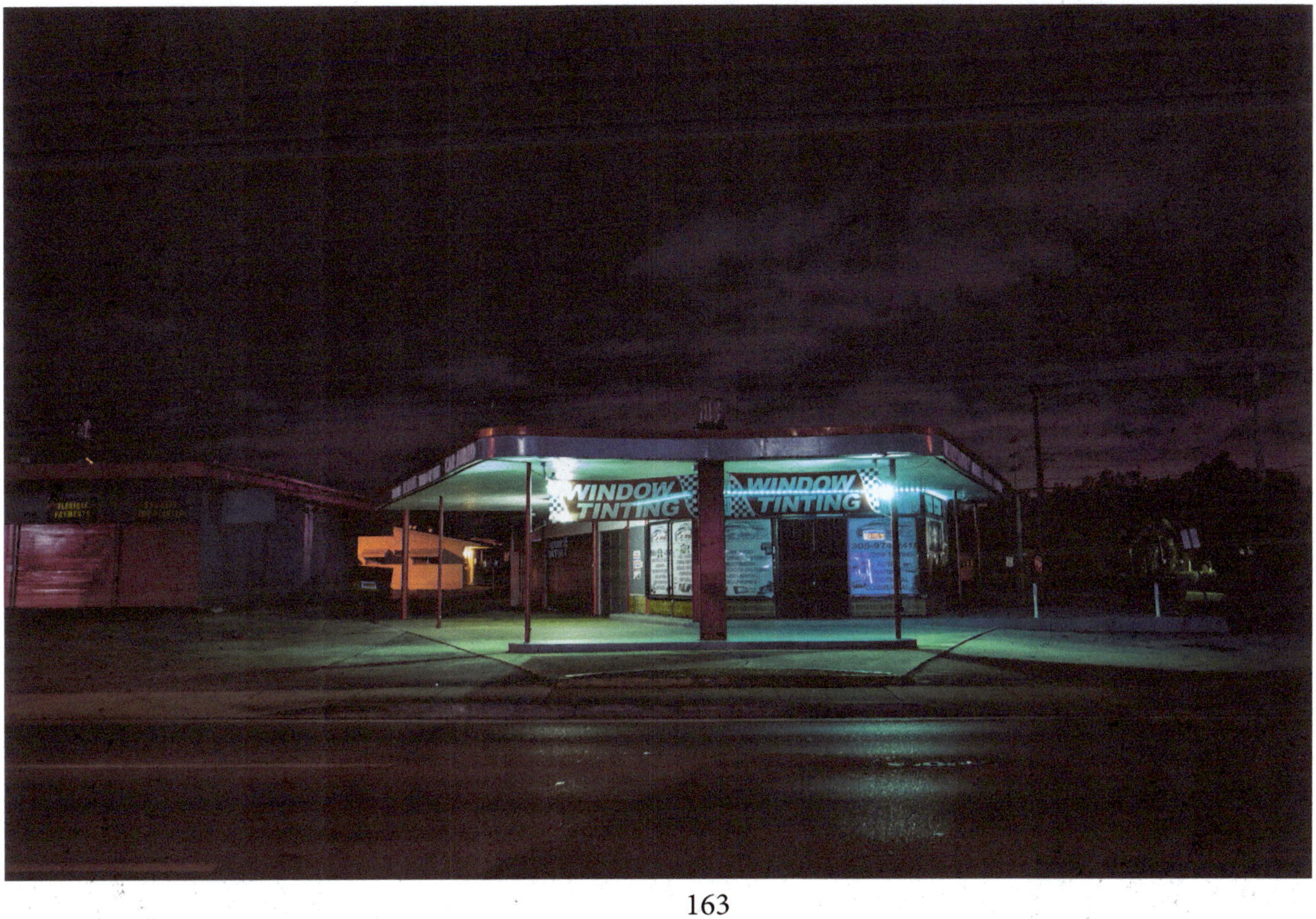
WINDOW
TINTING
WINDOW
TINTING

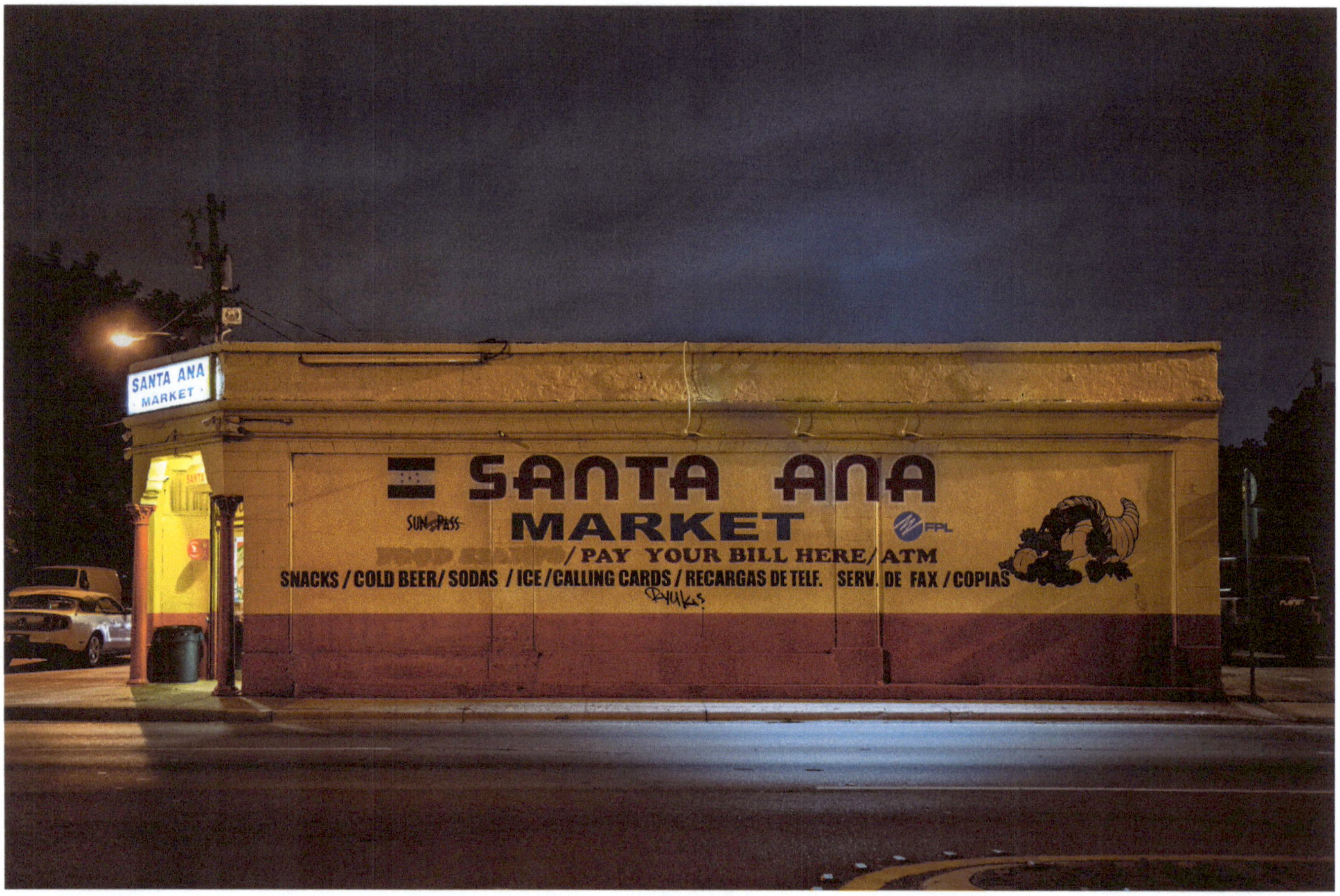
SANTA ANA
MARKET
SANTA ANA
MARKET
SUNPASS
FPL
/ PAY YOUR BILL HERE/ ATM
SNACKS / COLD BEER/ SODAS / ICE / CALLING CARDS / RECARGAS DE TELF. SERV. DE FAX / COPIAS

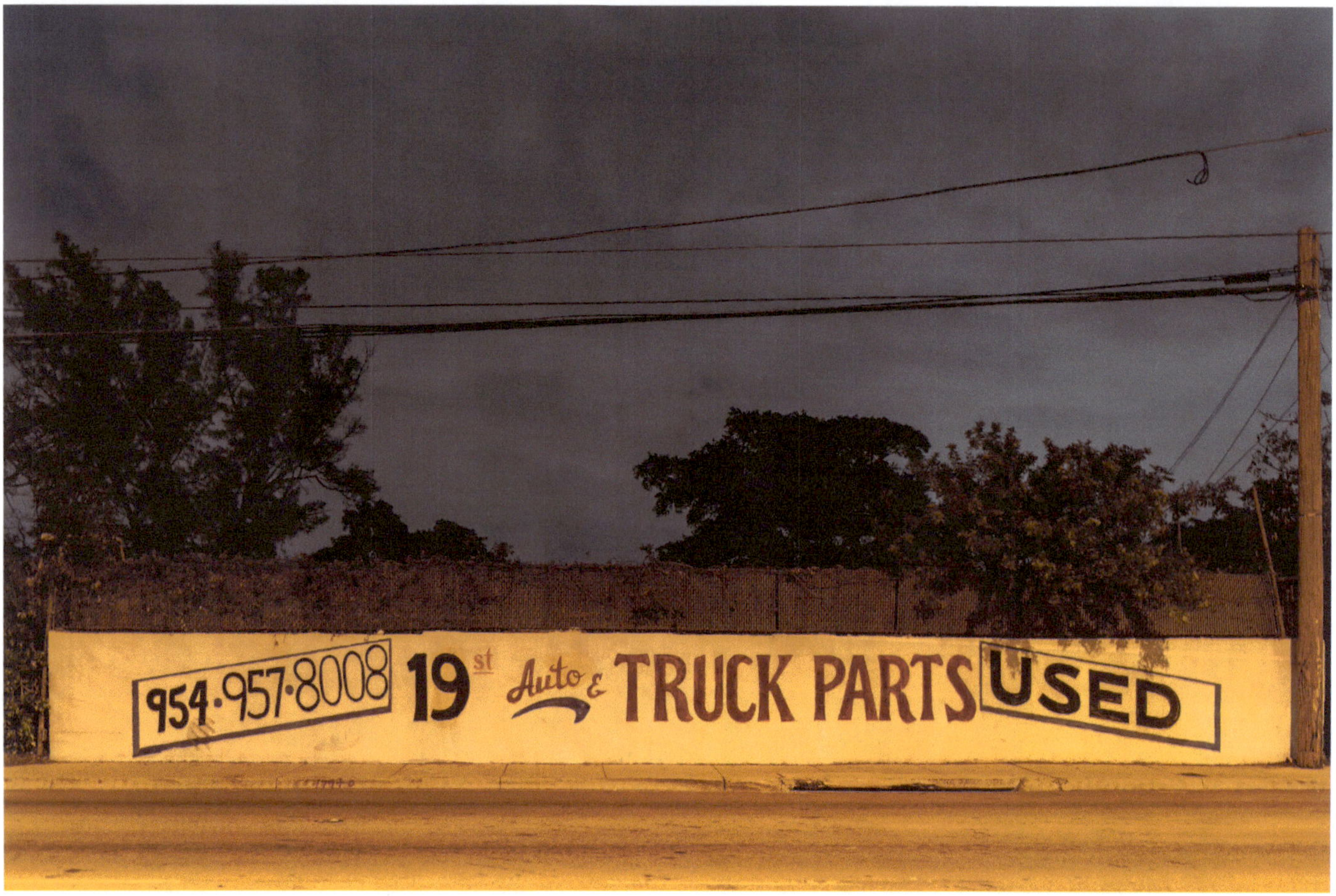
954·957·8008
19st
Auto & TRUCK PARTS
USED

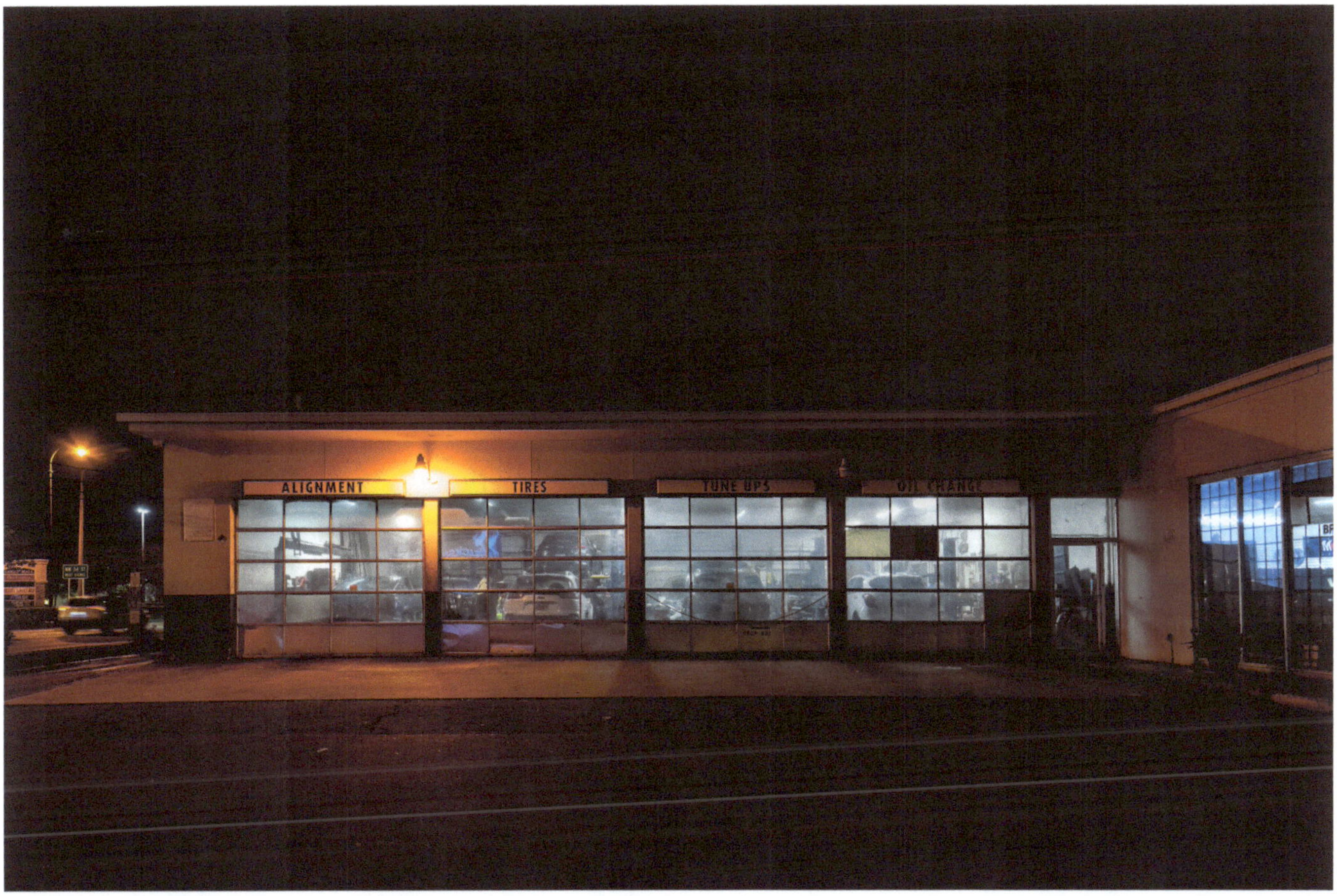
ALIGNMENT
TIRES
TUNE UPS
OIL CHANGE

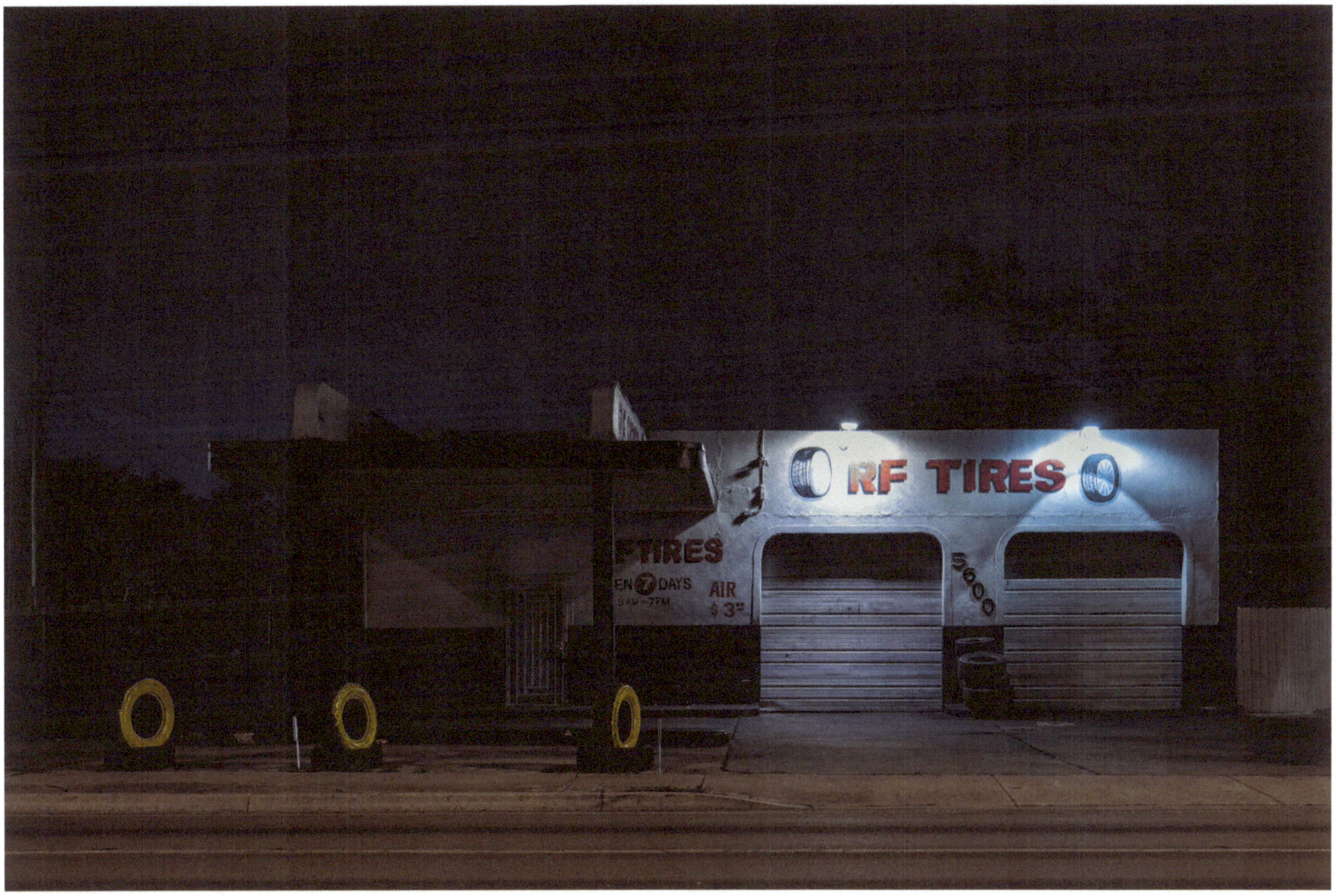
RF TIRES
TIRES
7 DAYS
AIR
5600

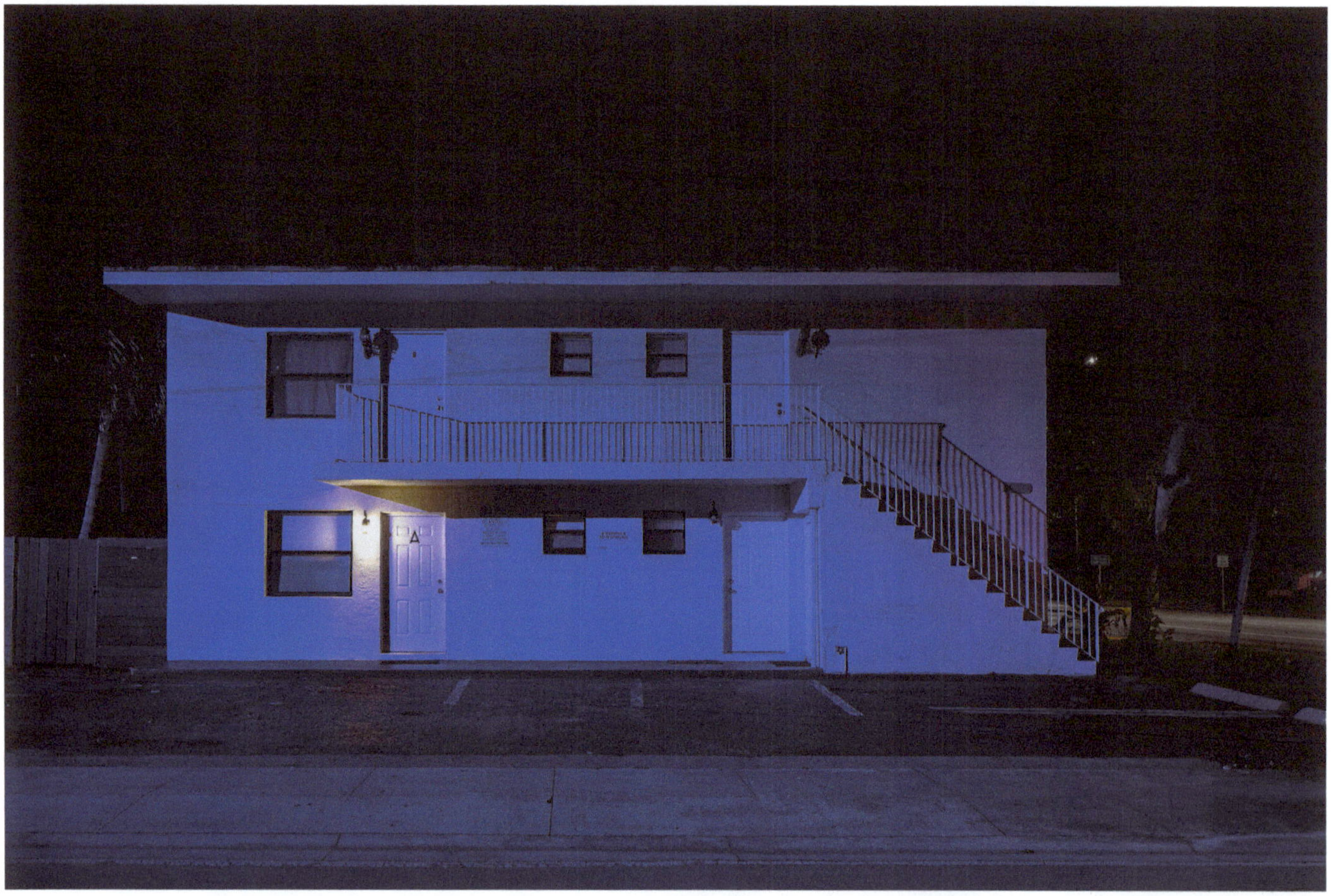

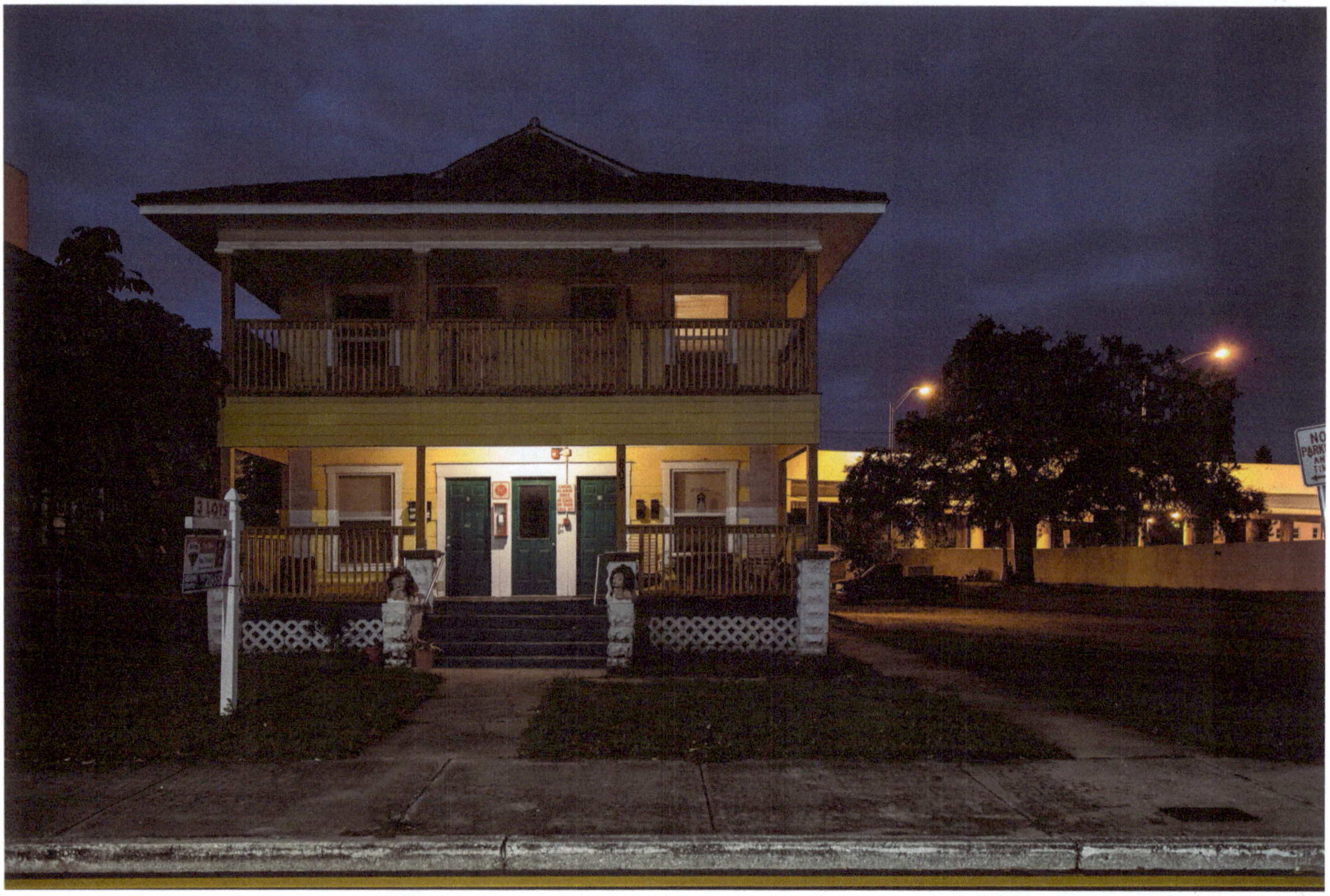

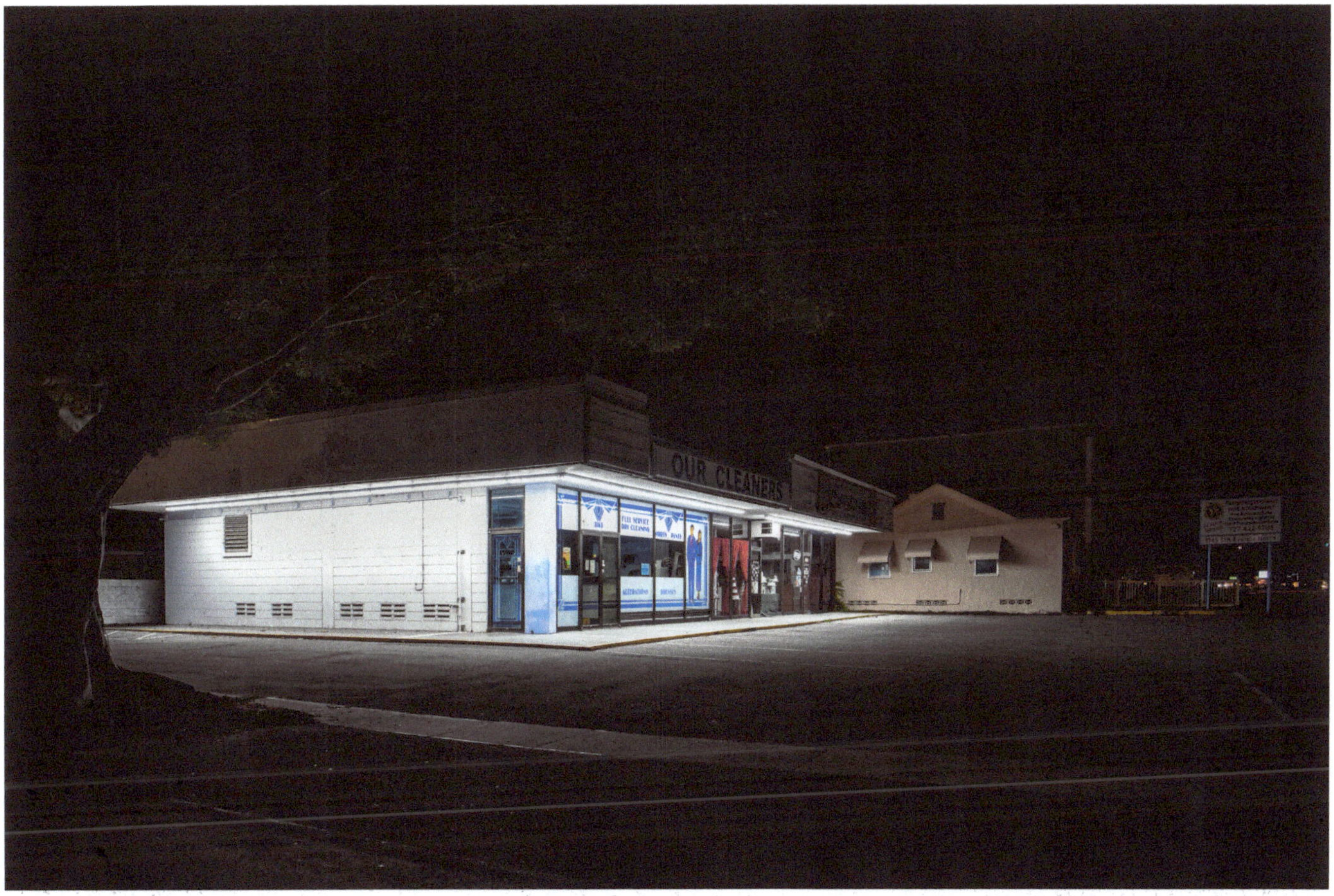
OUR CLEANERS

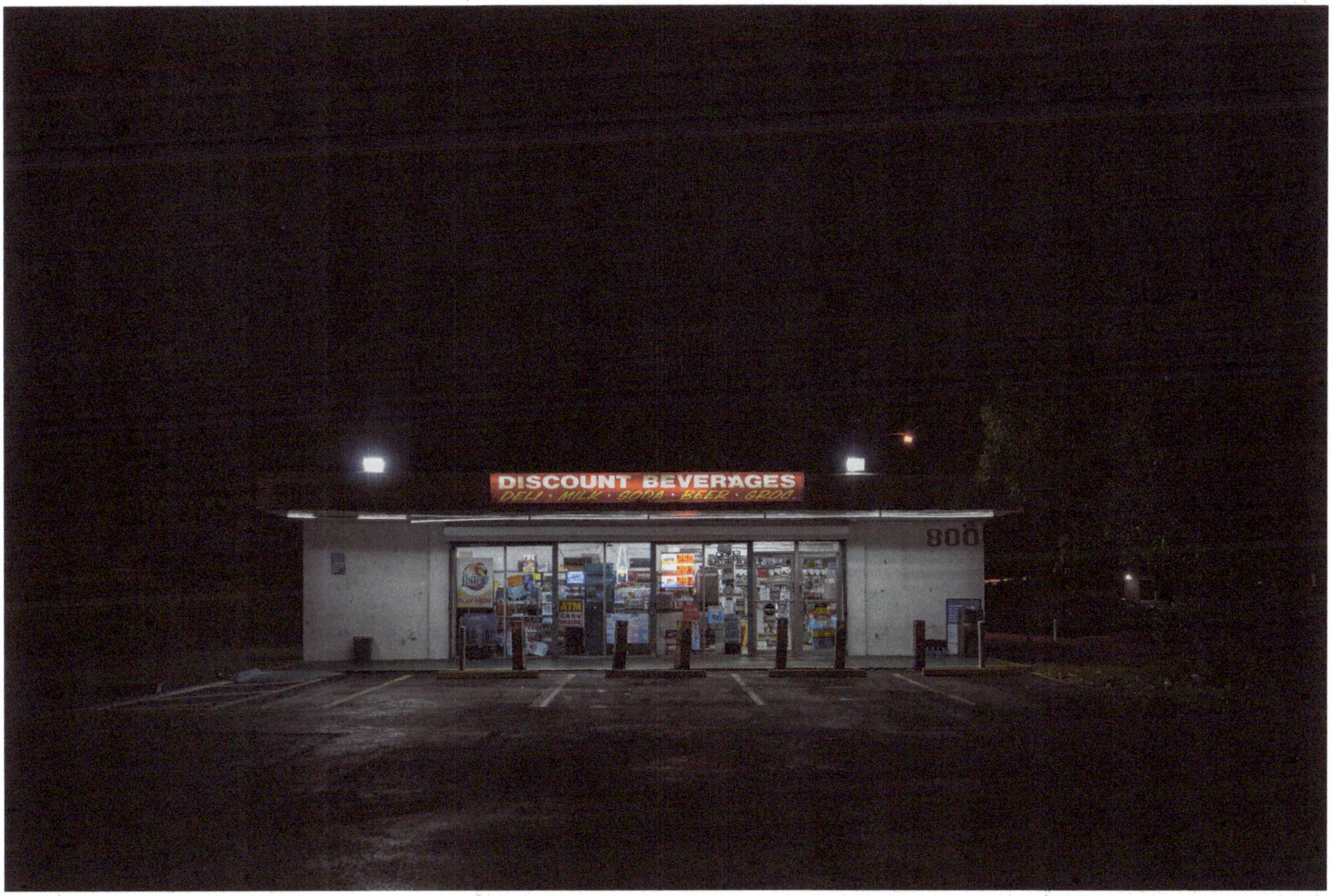
DISCOUNT BEVERAGES
DELI · MILK · SODA · BEER · GROC.
800

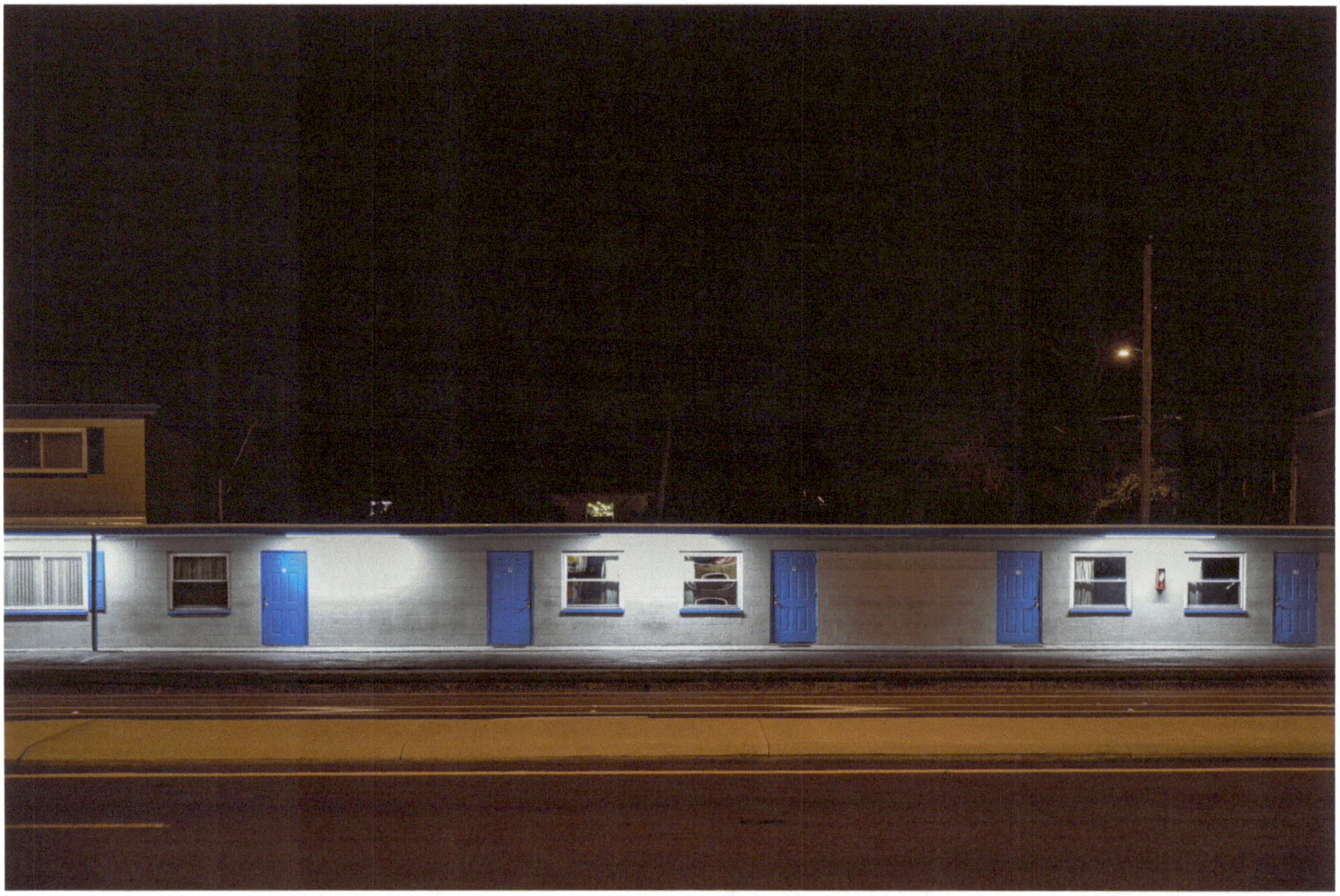

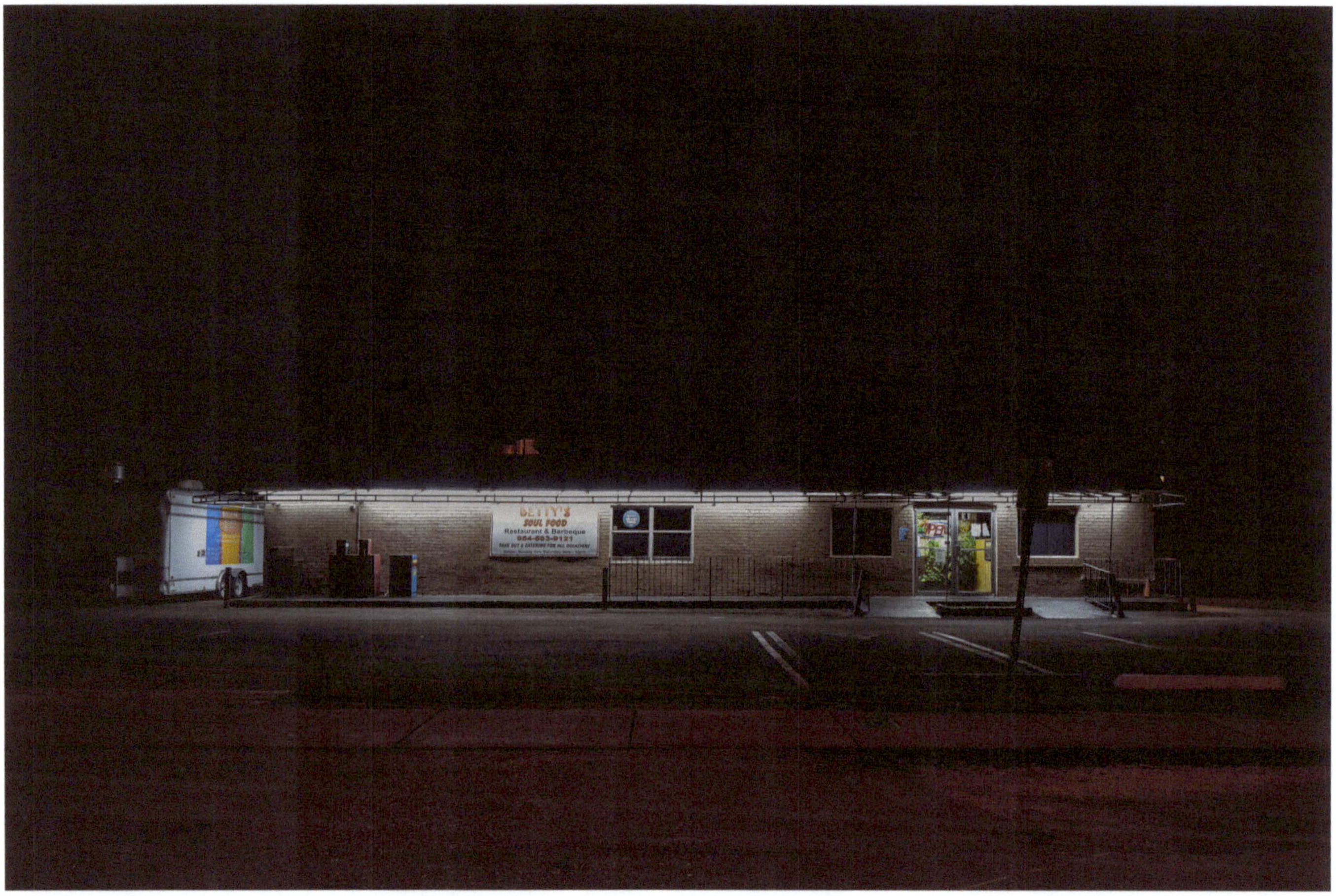
SOUL FOOD
Restaurant & Barbeque

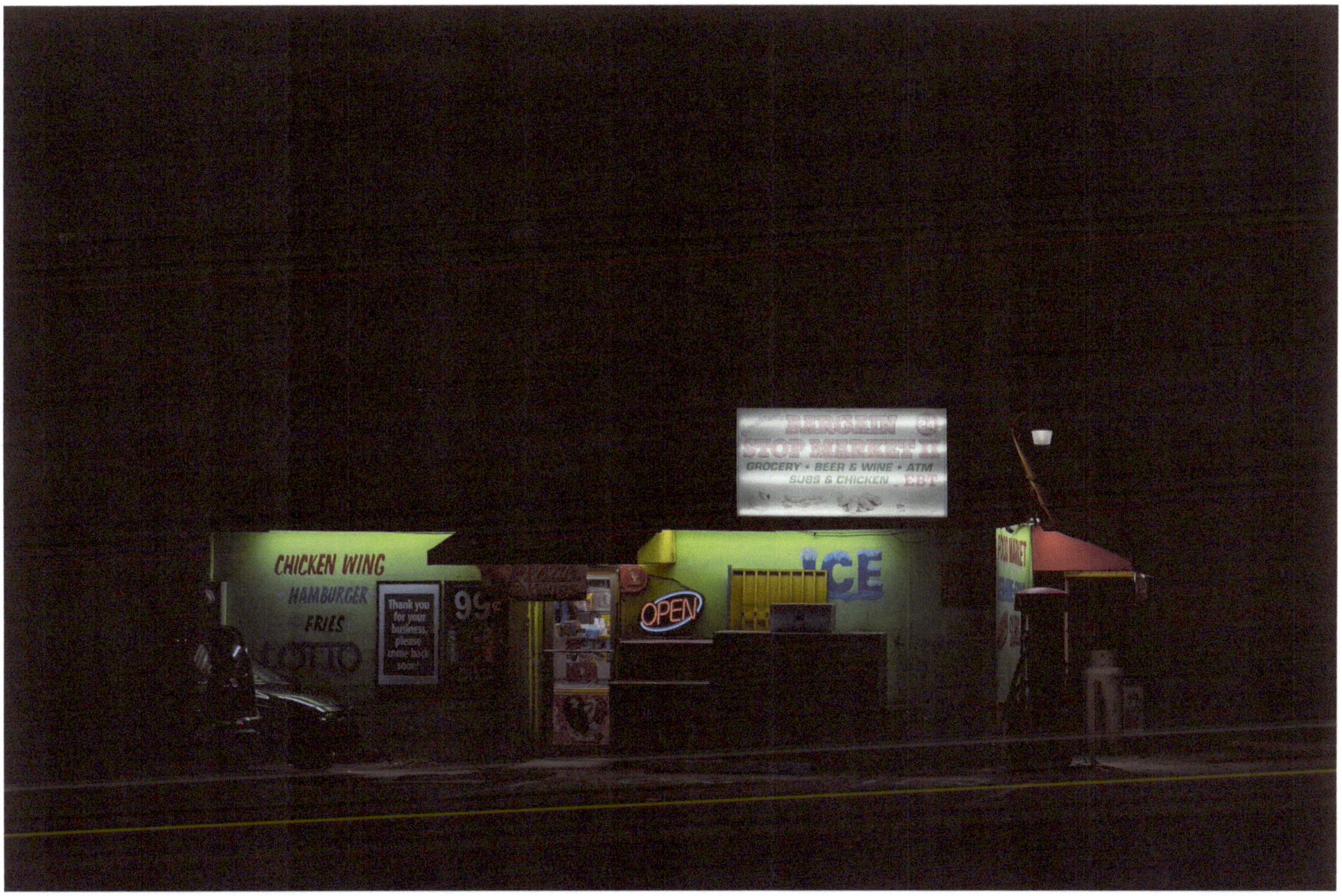

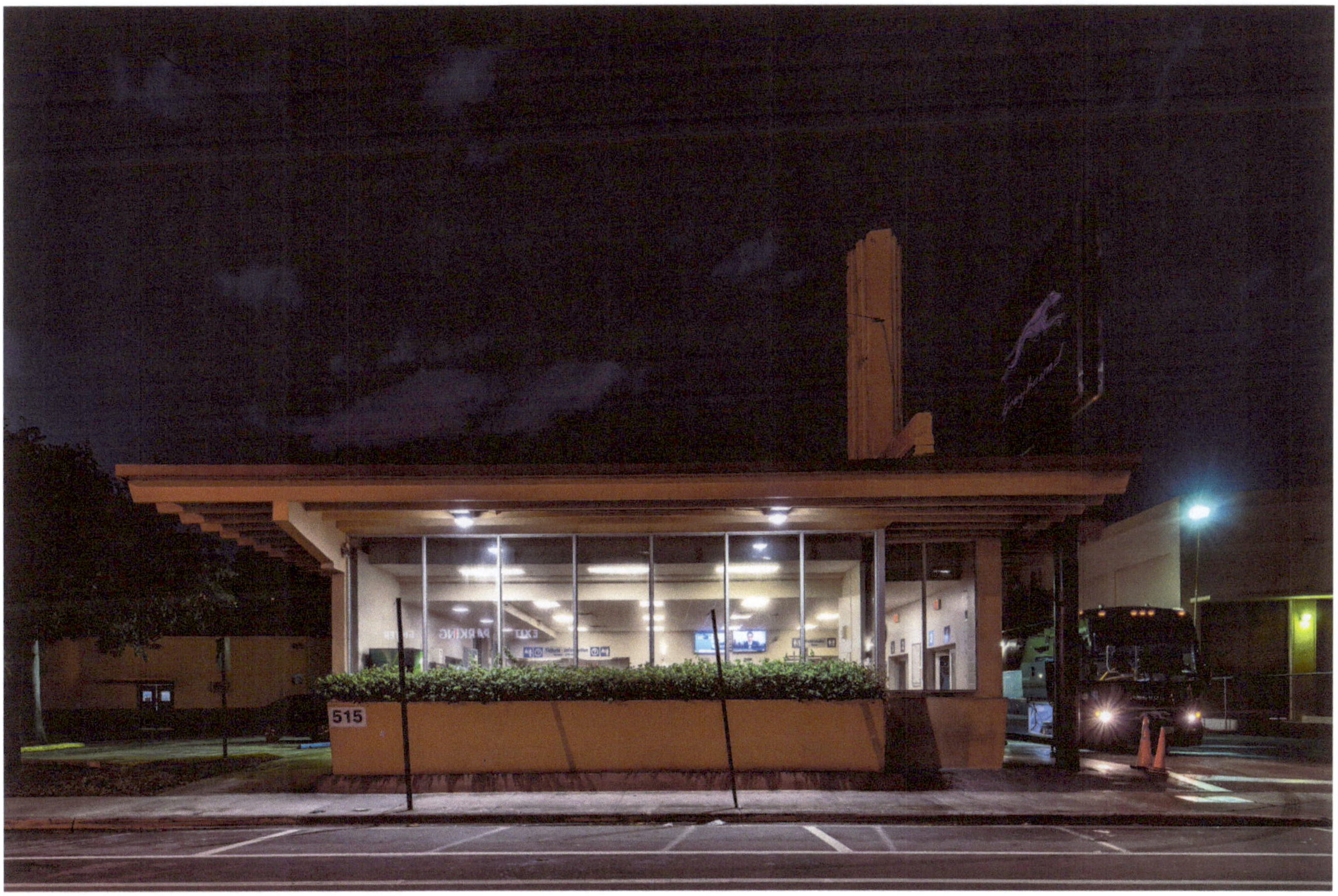

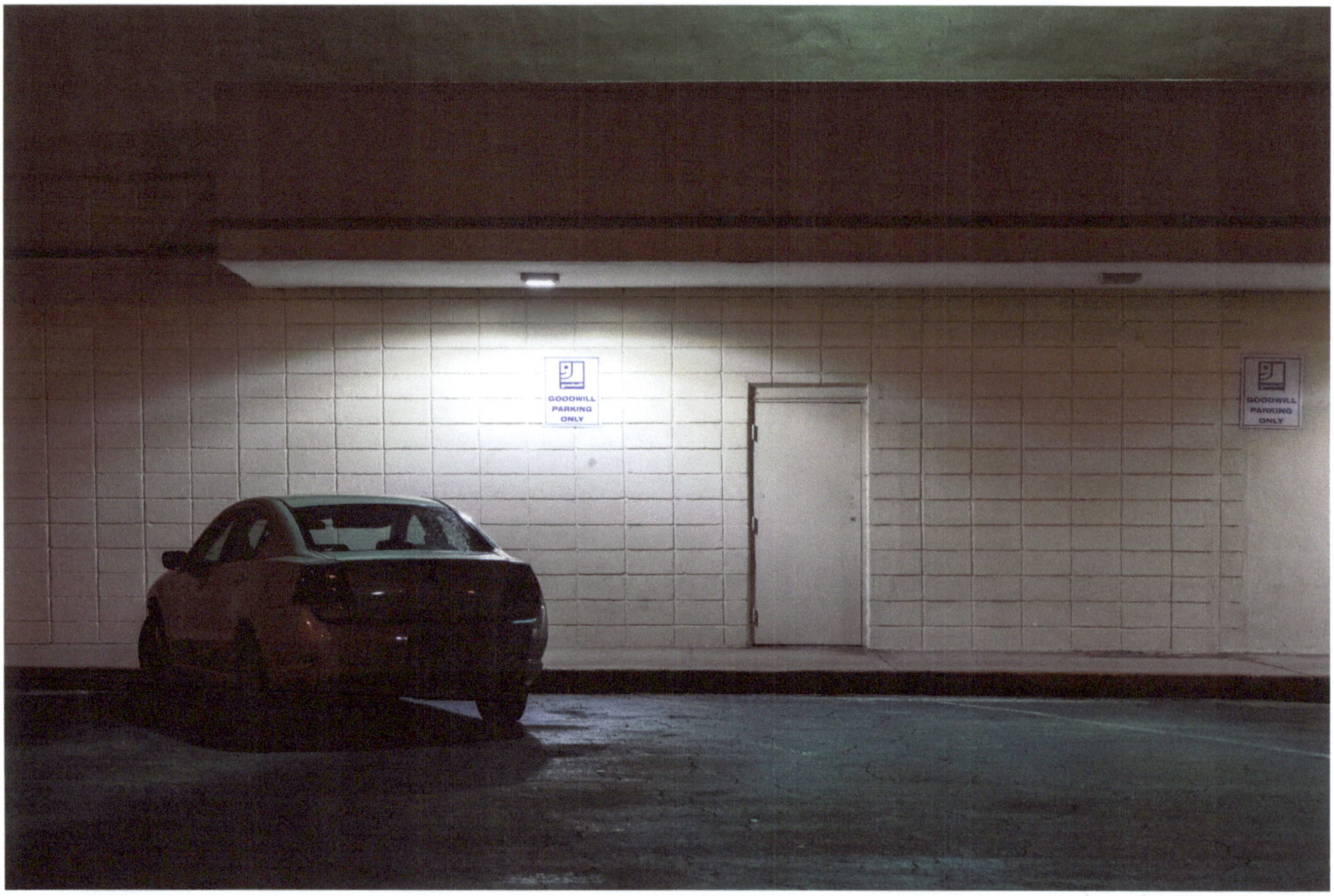

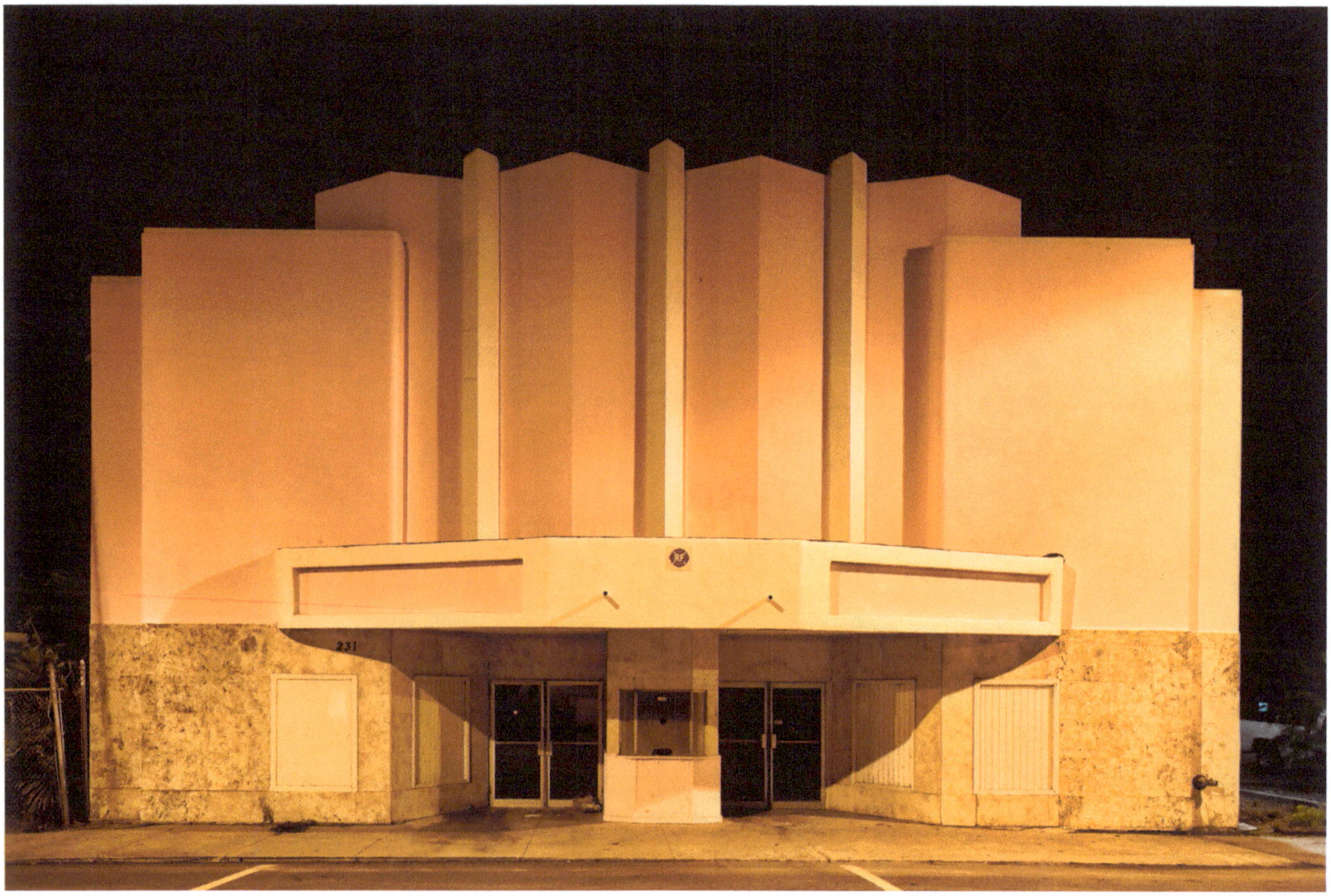

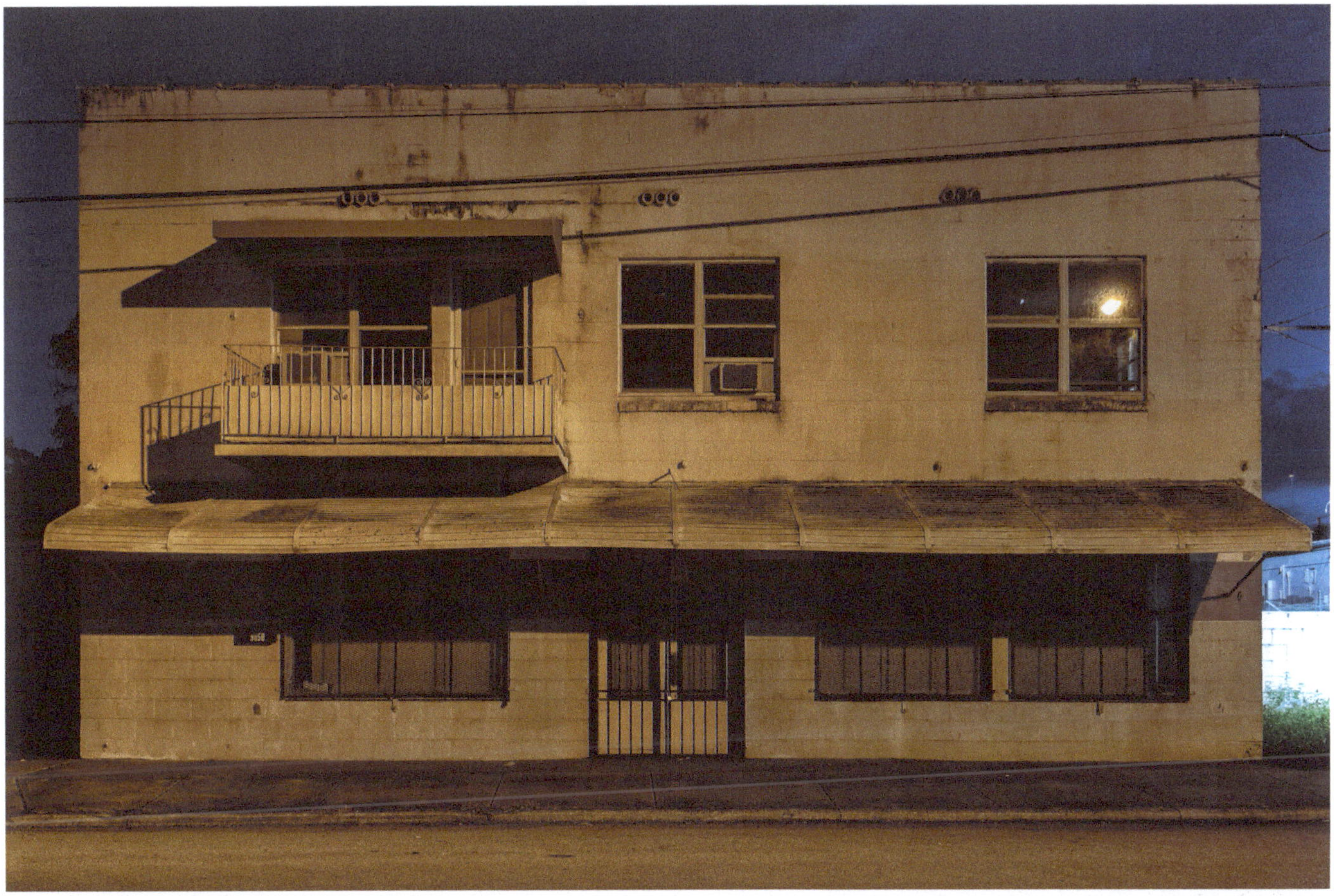

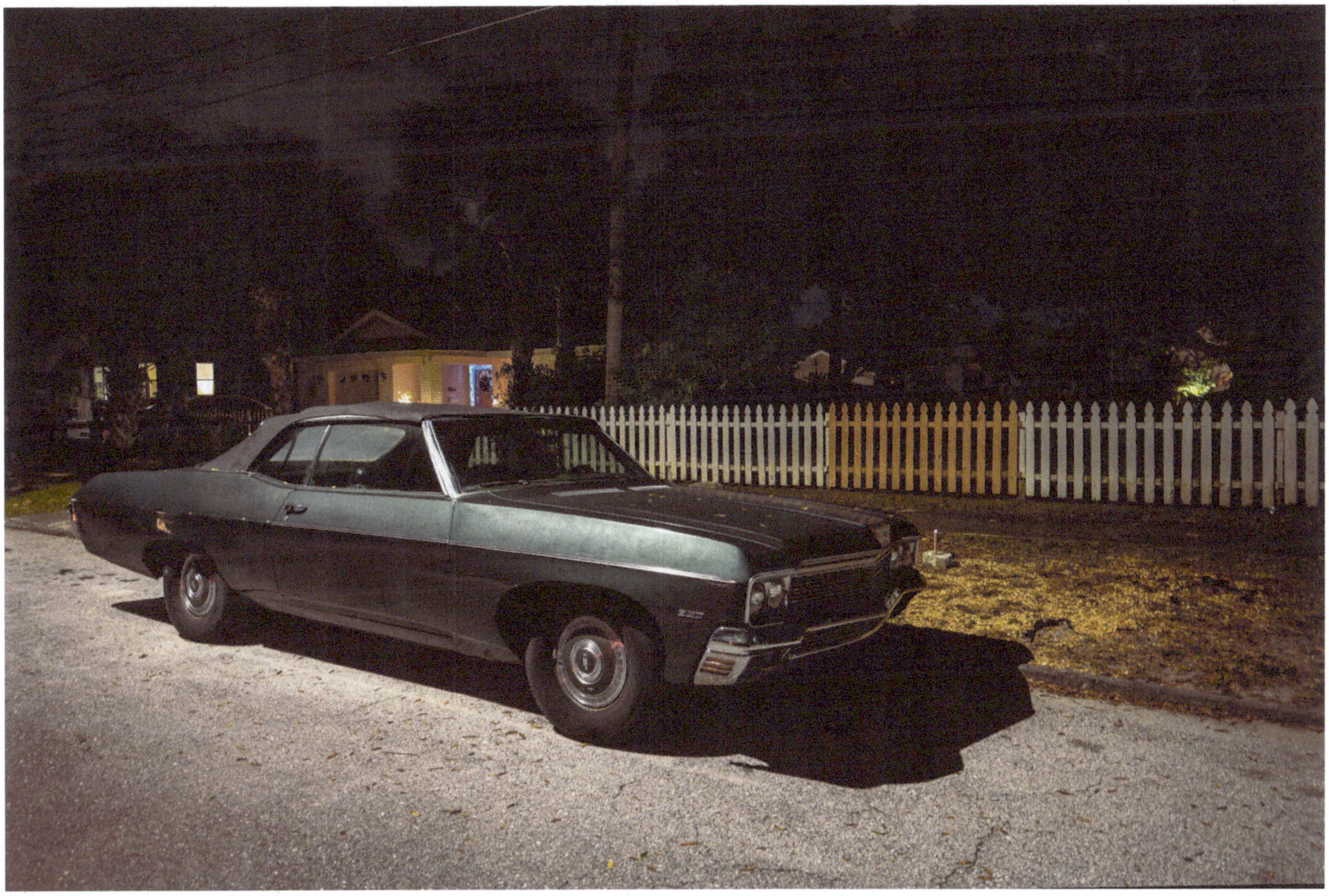

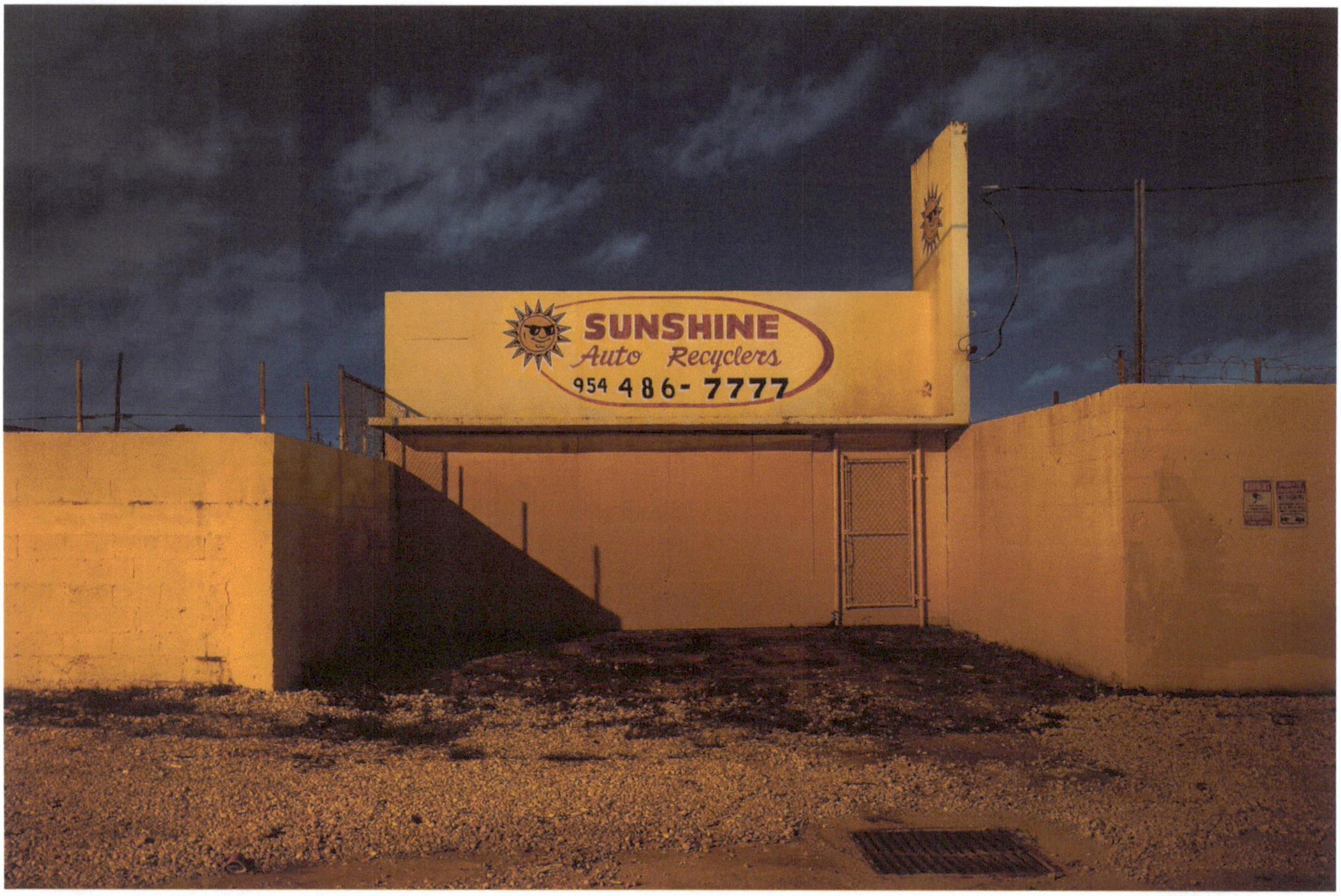
SUNSHINE
Auto Recyclers
954 486-7777

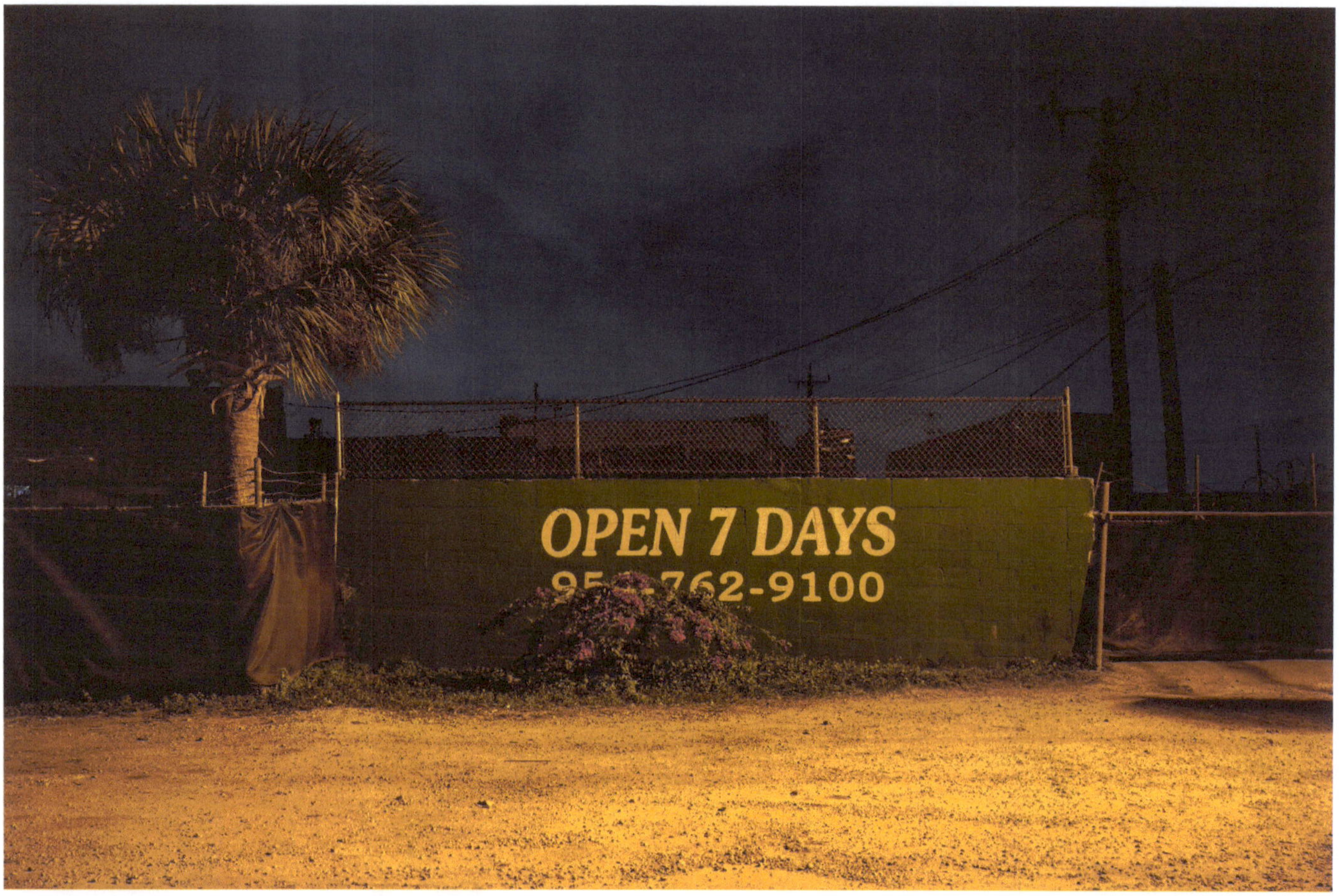
OPEN 7 DAYS

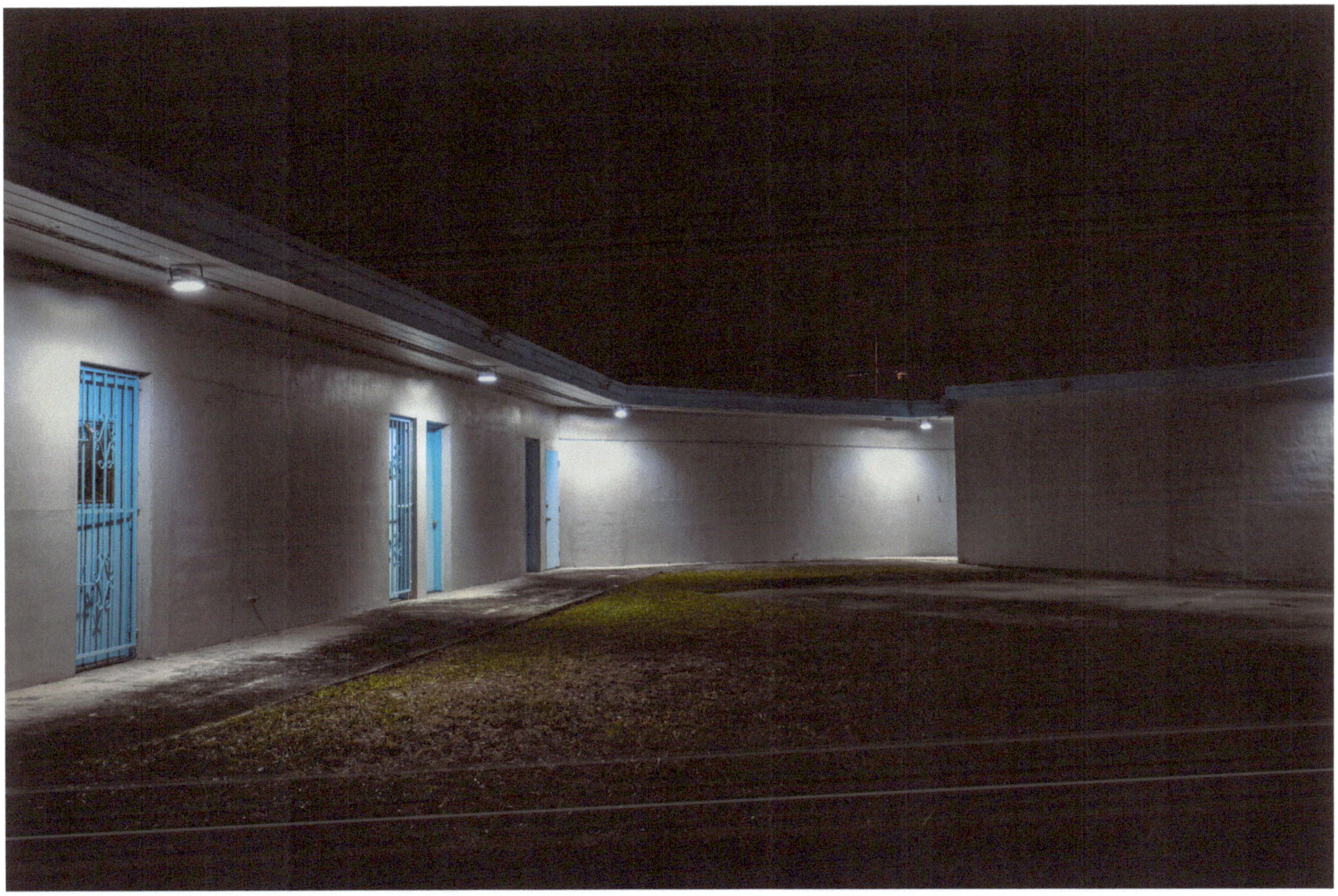

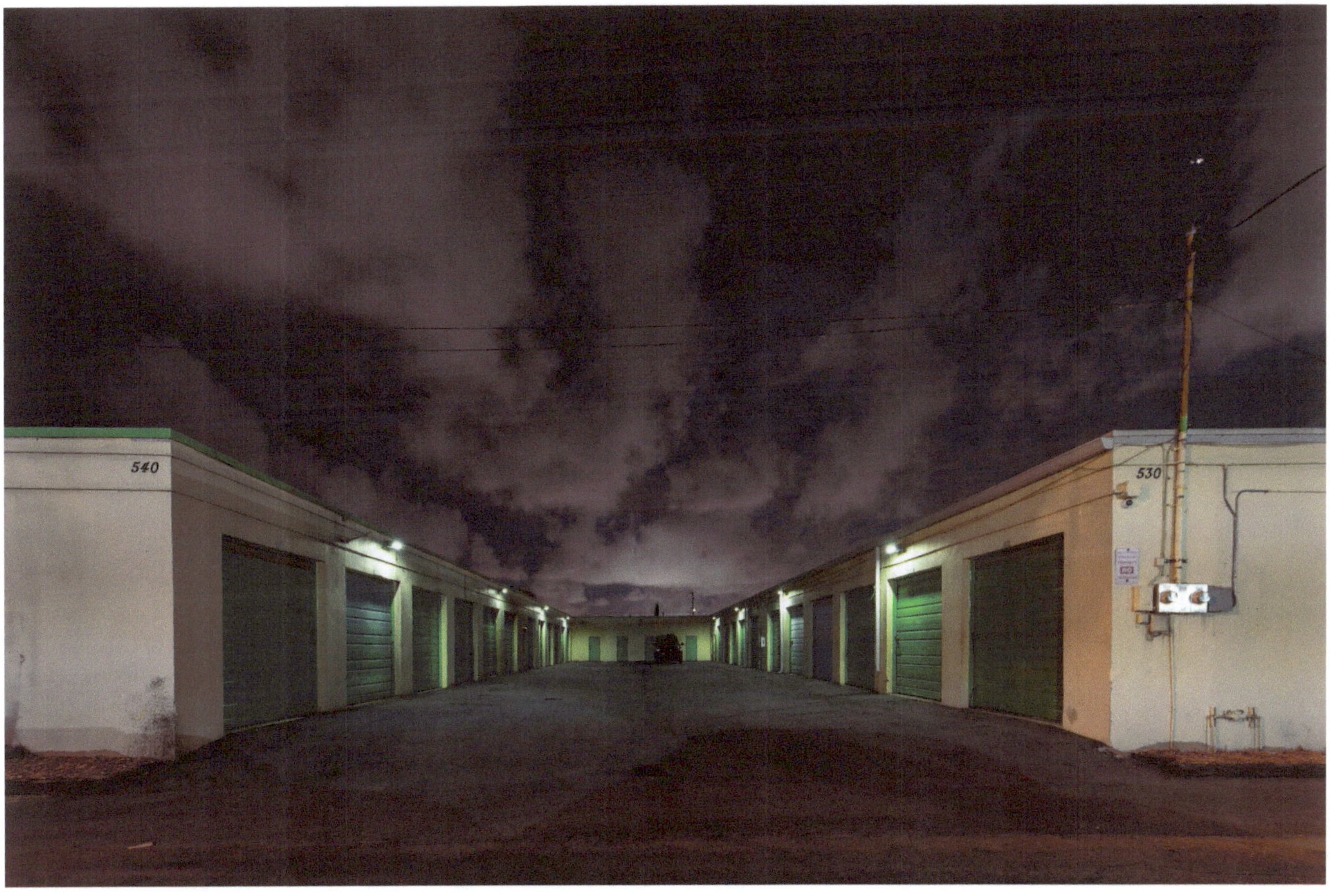

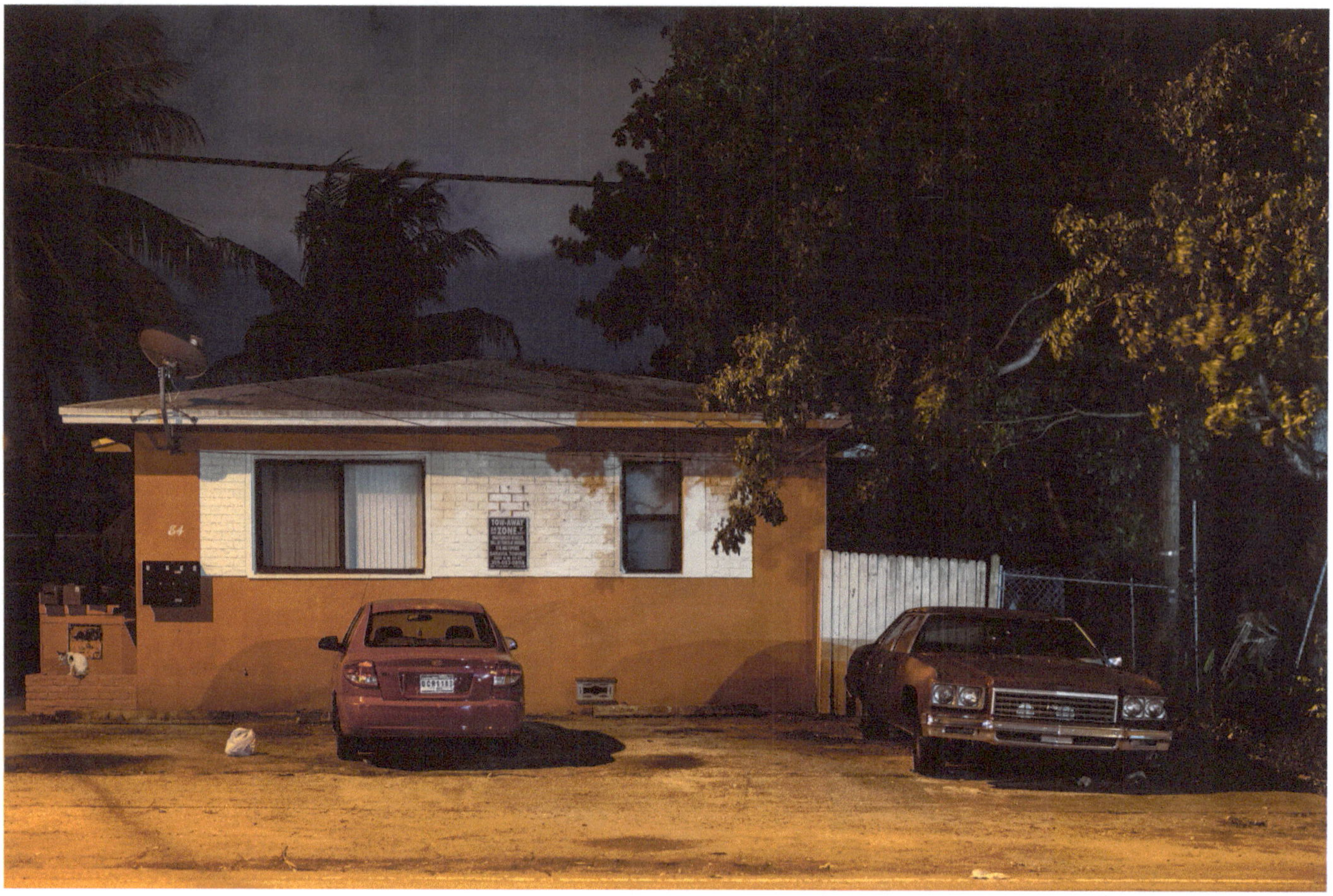

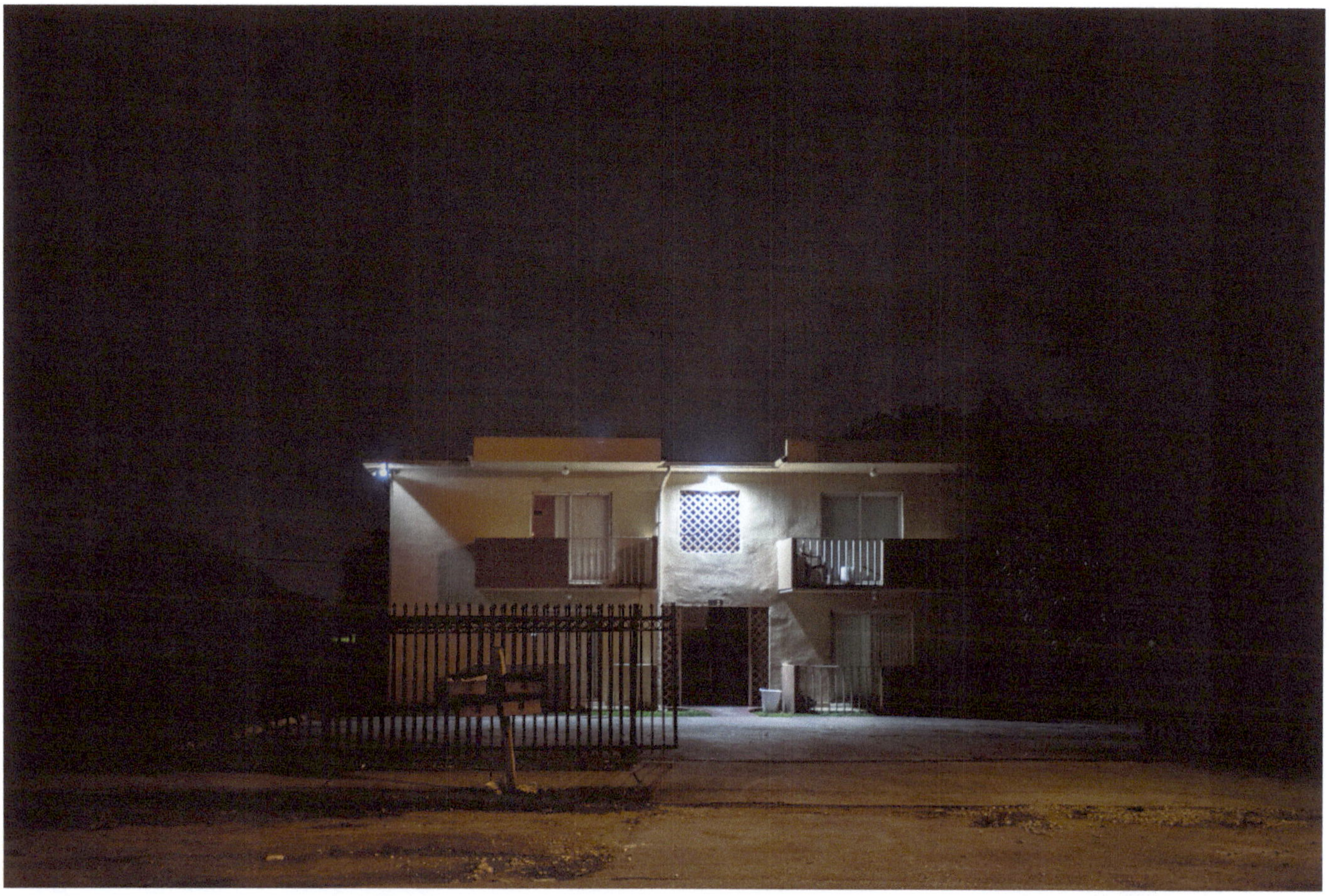

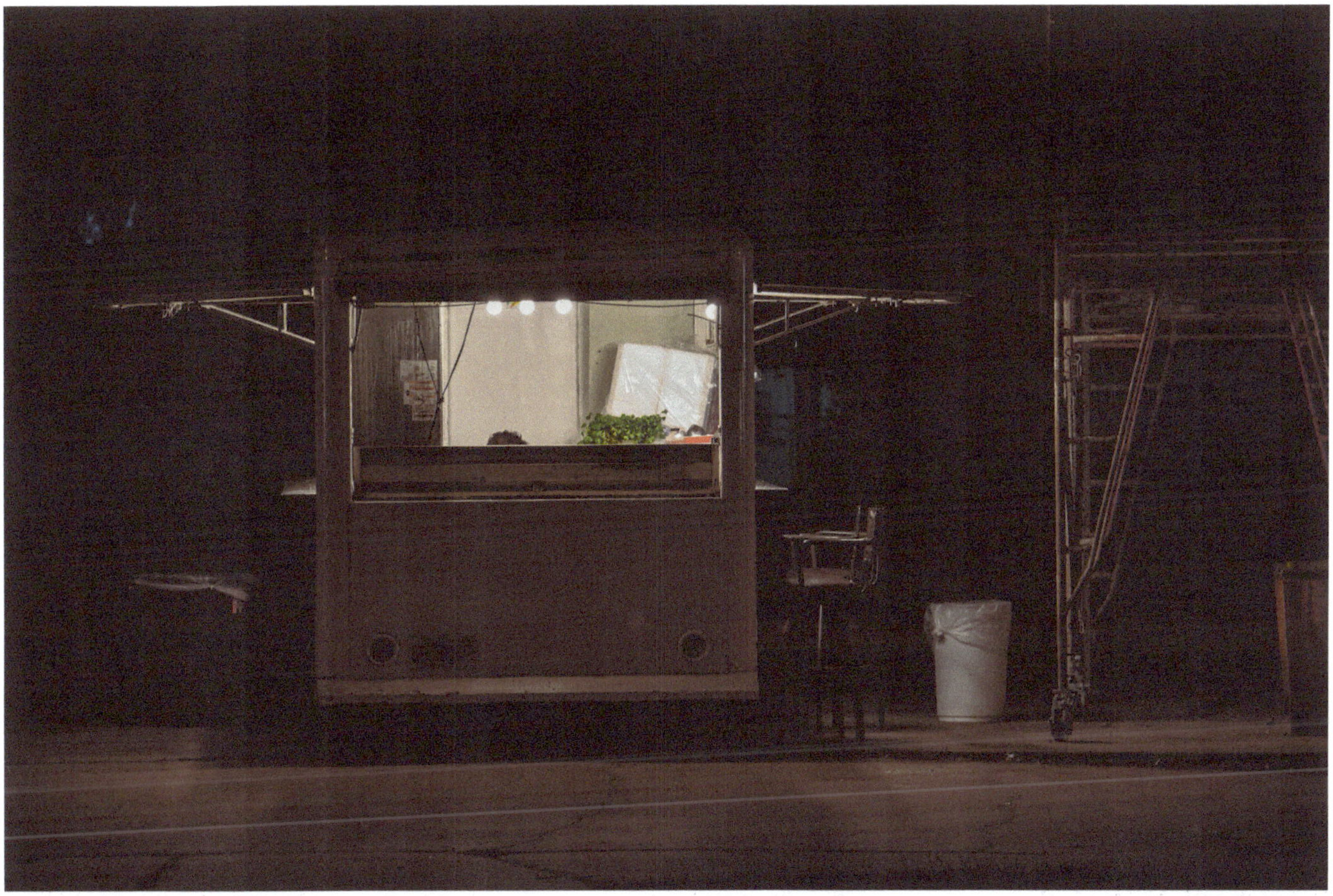

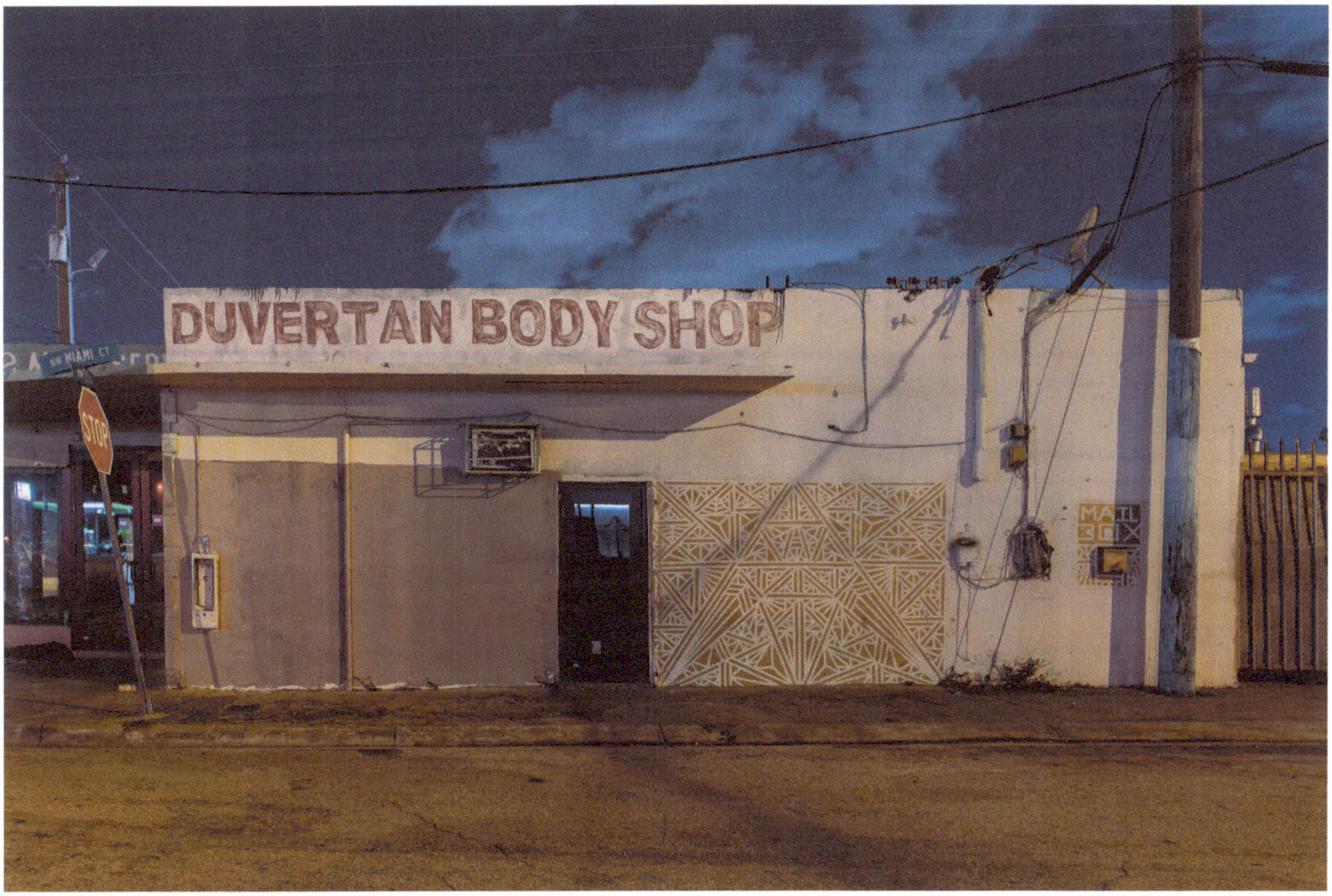
DUVERTAN BODY SHOP
STOP

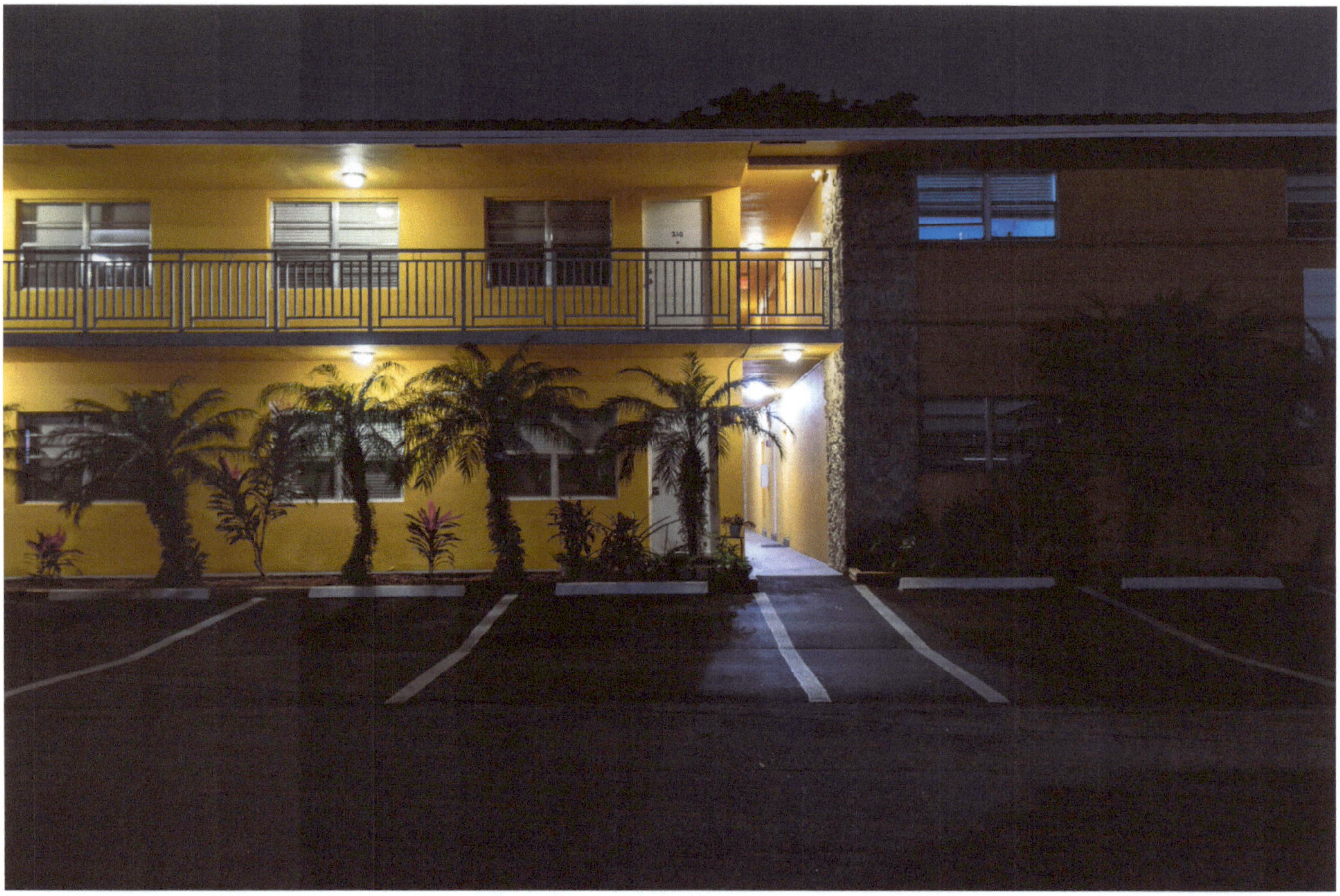

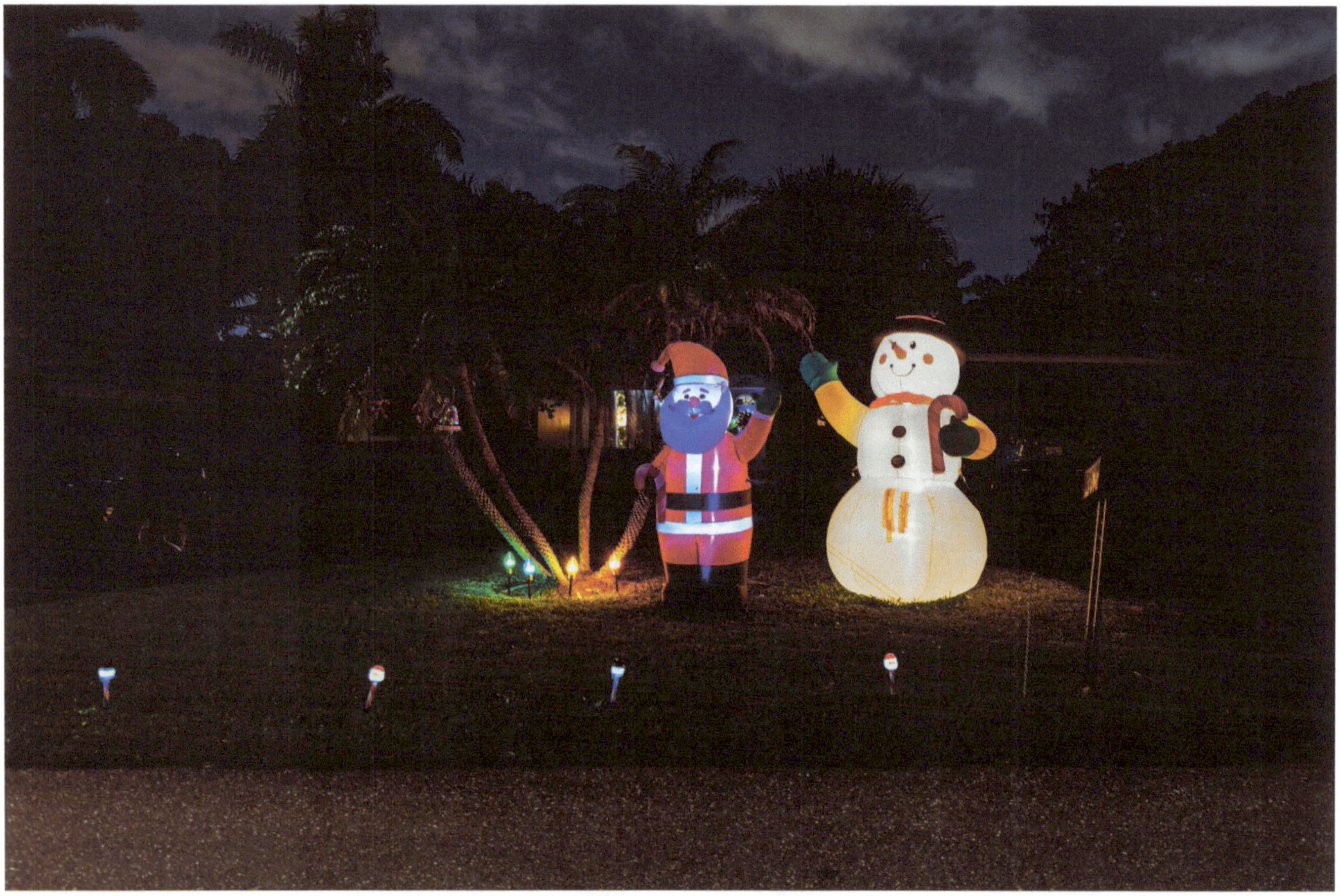

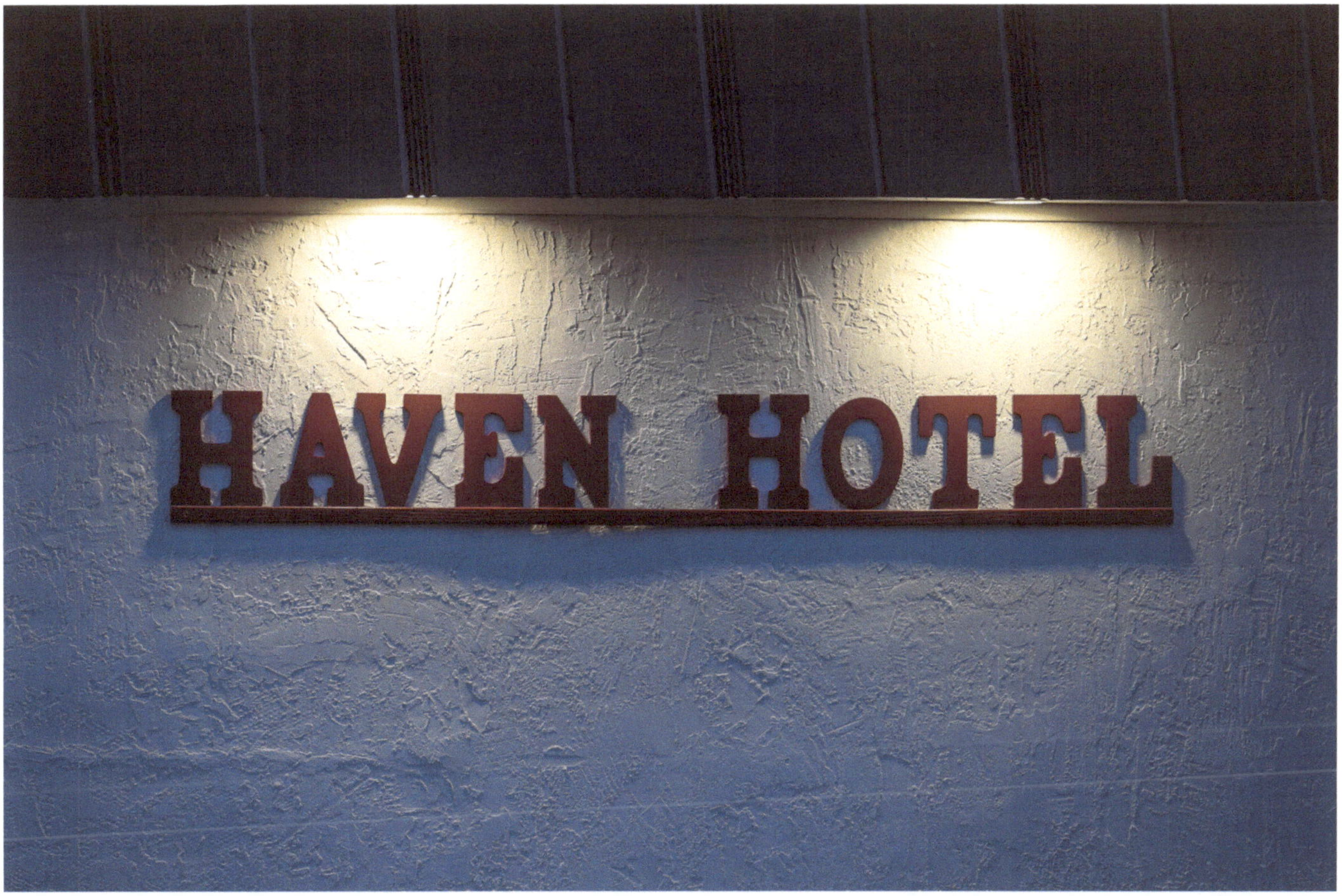

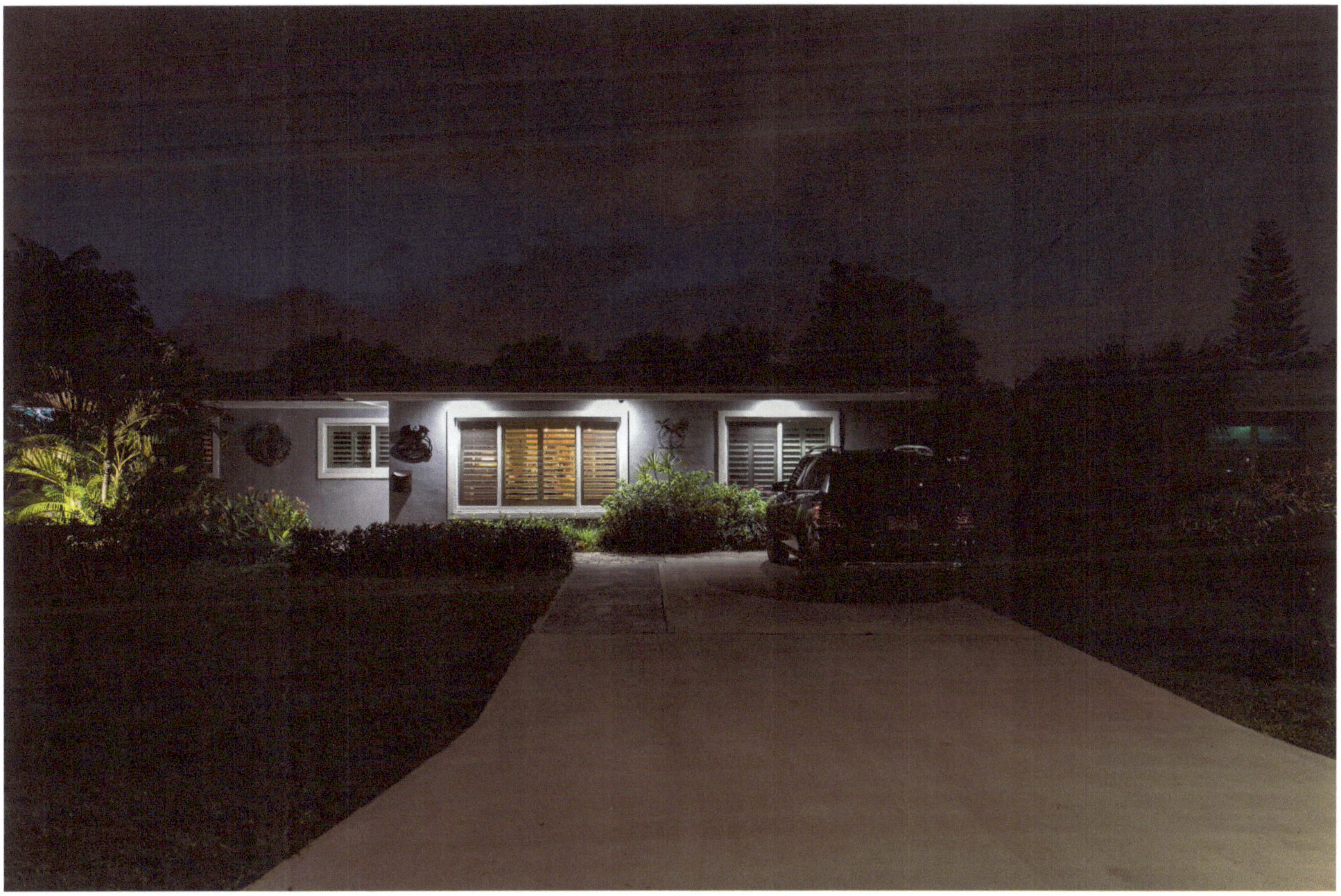

PAGE 2A - Hollywood - 1999
PAGE 2B - Near Fort Lauderdale - 2021

PAGE 3A - Fort Lauderdale - 2021
PAGE 3B - Saint Petersburg - 2022

PAGE 4A - Roosevelt Gardens - 2023
PAGE 4B - Tampa - 2018

PAGE 5A - Liberty City - 2019
PAGE 5B - Saint Petersburg - 2019

PAGE 6A - Fort Lauderdale - 2021
PAGE 6B - Delray Beach - 2014

PAGE 7A - Saint Petersburg - 2022
PAGE 7B - Oakland Park - 2022

PAGE 8A - Oakland Park - 2021
PAGE 8B - Belle Glade - 2019

PAGE 9A - Fort Lauderdale - 2021
PAGE 9B - Fort Lauderdale - 2019

PAGE 10A - Fort Lauderdale - 2021
PAGE 10B - Oakland Park - 2023

PAGE 11A - Ocala - 2018
PAGE 11B - Oakland Park - 2022

PAGE 12A - Saint Petersburg - 2019
PAGE 12B - Davie - 2020

PAGE 13A - Fort Lauderdale - 2023
PAGE 13B - Fort Lauderdale - 2020

PAGE 14A - Delray Beach - 2015
PAGE 14B - West Palm Beach - 2015

PAGE 15A - Ruskin - 2015
PAGE 15B - Riviera Beach - 2015

PAGE 16A - Oakland Park - 2022
PAGE 16B - Oakland Park - 2020

PAGE 17A - Dania Beach - 2021
PAGE 17B - Oakland Park - 2020

PAGE 18A - Fort Lauderdale - 2021
PAGE 18B - Oakland Park - 2020

PAGE 19A - Key Largo - 2019
PAGE 19B - Homestead - 1999

PAGE 20A - Wilton Manors - 2019
PAGE 20B - Fort Lauderdale - 2021

PAGE 21A - Fort Lauderdale - 2021
PAGE 21B - Oakland Park - 2021

PAGE 22A - Fort Lauderdale - 2021
PAGE 22B - Ruskin - 2015

PAGE 23A - Pahokee - 2015
PAGE 23B - Pahokee - 2015

PAGE 24A - Delray Beach - 2015
PAGE 24B - Pompano Beach - 2021

PAGE 25A - Delray Beach - 2015
PAGE 25B - Delray Beach - 2015

PAGE 26A - Fort Lauderdale - 2019
PAGE 26B - Wilton Manors - 2019

PAGE 27A - Pompano Beach - 2015
PAGE 27B - Pompano Beach - 2015

PAGE 28A - Lake Worth - 2015
PAGE 28B - Panama City - 2015

PAGE 29A - Deerfield Beach - 2015
PAGE 29B - Oakland Park - 2015

PAGE 30A - North Lauderdale - 2022
PAGE 30B - Canal Point - 2015

PAGE 31A - Deerfield Beach - 2015
PAGE 31B - Oakland Park - 2015

PAGE 32A - Fort Lauderdale - 2022
PAGE 32B - Fort Lauderdale - 2020

PAGE 33A - Hollywood - 2015
PAGE 33B - Hollywood - 2015

PAGE 34A - Pahokee - 2015
PAGE 34B - Hollywood - 2015

PAGE 35A - Hollywood - 2015
PAGE 35B - Oakland Park - 2022

PAGE 36A - Fort Lauderdale - 2022
PAGE 36B - Hollywood - 2015

PAGE 37A - Okeechobee - 2015
PAGE 37B - Hollywood - 2015

PAGE 38A - Boynton Beach - 2015
PAGE 38B - Oakland Park - 2022

PAGE 39A - Hollywood - 2015
PAGE 39B - Oakland Park - 2022

PAGE 40A - Oakland Park - 2022
PAGE 40B - Fort Lauderdale - 2015

PAGE 41A - Oakland Park - 2022
PAGE 41B - Fort Lauderdale - 2019

PAGE 42A - Fort Lauderdale - 2015
PAGE 42B - Fort Lauderdale 2021

PAGE 43A - Hollywood - 2015
PAGE 43B - Fort Lauderdale - 2022

PAGE 44A - Delray Beach - 2015
PAGE 44B - West Palm Beach - 2015

PAGE 45A - West Palm Beach - 2015
PAGE 45B - Pompano Beach - 2015

PAGE 46A - Delray Beach - 2015
PAGE 46B - Tampa - 2018

PAGE 47A - Oakland Park - 2015
PAGE 47B - Wilton Manors - 2019

PAGE 48A - Golden Gate - 2015
PAGE 48B - Tampa - 2018

PAGE 49A - Tampa - 2018
PAGE 49B - Tampa - 2018

PAGE 50A - Tampa - 2018
PAGE 50B - Tampa - 2018

PAGE 51A - Belle Glade - 2018
PAGE 51B - Belle Glade - 2018

PAGE 52A - Oakland Park - 2019
PAGE 52B - Oakland Park - 2019

PAGE 53A - Key Largo - 2019
PAGE 53B - Homestead - 2013

PAGE 54A - Fort Lauderdale - 2019
PAGE 54B - Homestead - 2013

PAGE 55A - Fort Lauderdale - 2019
PAGE 55B - Fort Lauderdale - 2019

PAGE 56A - Daytona Beach - 2013
PAGE 56B - Tampa - 2022

PAGE 57A - Miami - 2019
PAGE 57B - Saint Petersburg - 2022

PAGE 58A - Miami - 2019
PAGE 58B - Miami - 2019

PAGE 59A - Miami - 2019
PAGE 59B - Miami - 2019

PAGE 60A - St Petersburg - 2022
PAGE 60B - Oakland Park - 2022

PAGE 61A - St Petersburg - 2022
PAGE 61B - St Petersburg - 2022

PAGE 62A - Miami - 2019
PAGE 62B - Miami - 2019

PAGE 63A - Fort Lauderdale - 2022
PAGE 63B - Oakland Park - 2022

PAGE 64A - Fort Lauderdale - 2019
PAGE 64B - Miami - 2023

PAGE 65A - Wilton Manors - 2019
PAGE 65B - Fort Lauderdale - 2022

PAGE 66A - Fort Lauderdale - 2023
PAGE 66B - Fort Lauderdale - 2023

PAGE 67A - Fort Lauderdale - 2022
PAGE 67B - Fort Lauderdale - 2020

PAGE 68A - Oakland Park - 2023
PAGE 68B - Oakland Park - 2023

PAGE 69A - West Palm Beach - 2023
PAGE 69B - Oakland Park - 2022

PAGE 70A - Fort Lauderdale - 2019
PAGE 70B - Fort Lauderdale - 2019

PAGE 71A - Oakland Park - 2019
PAGE 71B - Oakland Park 2019

PAGE 72A - Wilton Manors - 2019
PAGE 72B - East Hialeah - 2019

PAGE 73A - Miami - 2021
PAGE 73B - Fort Lauderdale - 2019

PAGE 74A - Fort Lauderdale - 1993
PAGE 74B - Miami - 2019

PAGE 75A - St Petersburg - 2019
PAGE 75B - Fort Lauderdale - 2022

PAGE 76A - Fort Lauderdale - 2019
PAGE 76B - Oakland Park - 2019

PAGE 77A - St Petersburg - 2019
PAGE 77B - St Petersburg - 2019

PAGE 78A - Key Largo - 2013
PAGE 78B - Key Largo - 2019

PAGE 79A - Tavernier - 2019
PAGE 79B - St Petersburg - 2019

PAGE 80A - Oakland Park - 2019
PAGE 80B - Miami - 2020

PAGE 81A - Poinsettia Heights - 2020
PAGE 81B - Hollywood - 2020

PAGE 82A - Fort Lauderdale - 2020
PAGE 82B - Hollywood - 2020

PAGE 83A - Hollywood - 2020
PAGE 83B - Hollywood - 2020

PAGE 84A - Lake Worth - 2020
PAGE 84B - Tampa - 2019

PAGE 85A - Tampa - 2019
PAGE 85B - St Petersburg - 2019

PAGE 86A - St Petersburg - 2019
PAGE 86B - St Petersburg - 2019

PAGE 87A - St Petersburg - 2019
PAGE 87B - Oakland Park - 2022

PAGE 88A - Boca Raton - 2016
PAGE 88B - St Petersburg - 2019

PAGE 89A - St Petersburg - 2019
PAGE 89B - St Petersburg - 2019

PAGE 90A - Tampa - 2019
PAGE 90B - Tampa - 2019

PAGE 91A - St Petersburg - 2019
PAGE 91B - St Petersburg - 2019

PAGE 92A - St Petersburg - 2019
PAGE 92B - St Petersburg - 2019

PAGE 93A - Bonita Springs - 2019
PAGE 93B - Fort Lauderdale - 2020

PAGE 94A - Miami - 2020
PAGE 94B - Oakland Park - 2020

PAGE 95A - Miami - 2020
PAGE 95B - Belle Glade - 2020

PAGE 96A - Belle Glade - 2020
PAGE 96B - Belle Glade - 2020

PAGE 97A - Fort Lauderdale - 2020
PAGE 97B - Fort Lauderdale - 2020

PAGE 98A - Miami - 2020
PAGE 98B - Fort Lauderdale - 2024

PAGE 99A - Fort Lauderdale - 2020
PAGE 99B - Fort Lauderdale - 2022

PAGE 100A - Fort Lauderdale - 2020
PAGE 100B - Wilton Manors - 2020

PAGE 101A - Hallandale Beach - 2020
PAGE 101B - Miami - 2022

PAGE 102A - Oakland Park - 2020
PAGE 102B - Fort Lauderdale - 2020

PAGE 103A - Fort Lauderdale - 2020
PAGE 103B - Oakland Park - 2020

PAGE 104A - Wilton Manors - 2020
PAGE 104B - Wilton Manors - 2020

PAGE 105A - Oakland Park - 2021
PAGE 105B - Fort Lauderdale - 2021

PAGE 106A - Fort Lauderdale - 2021
PAGE 106B - Fort Lauderdale - 2021

PAGE 107A - Miami - 2021
PAGE 107B - Miami 2020

PAGE 108A - Fort Lauderdale - 2020
PAGE 108B - Fort Lauderdale - 2020

PAGE 109A - Fort Lauderdale - 2020
PAGE 109B - Oakland Park - 2021

PAGE 110A - Fort Lauderdale - 2020
PAGE 110B - Fort Lauderdale - 2020

PAGE 111A - Fort Lauderdale - 2020
PAGE 111B - Deerfield Beach - 2020

PAGE 112A - Fort Lauderdale - 2020
PAGE 112B - Oakland Park - 2021

PAGE 113A - Fort Lauderdale - 2020
PAGE 113B - Wilton Manors - 2021

PAGE 114A - Oakland Park - 2022
PAGE 114B - Boca Raton - 2015

PAGE 115A - Fort Lauderdale - 2020
PAGE 115B - Miami - 2021

PAGE 116A - Hollywood - 2021
PAGE 116B = Lake Worth Beach - 2023

PAGE 117A - South Tampa — 2022
PAGE 117B - Miami - 2022

PAGE 118A - Fort Lauderdale - 2020
PAGE 118B - Miami - 2022

PAGE 119A - Fort Lauderdale - 2020
PAGE 119B - Oakland Park - 2021

PAGE 120A - Oakland Park - 2021
PAGE 120B - Fort Lauderdale - 2022

PAGE 121A - Wilton Manors - 2020
PAGE 121B - Fort Lauderdale - 2020

PAGE 122A - Oakland Park - 2020
PAGE 122B - Fort Lauderdale - 2021

PAGE 123A - Fort Lauderdale - 2022
PAGE 123B - Wilton Manors - 2022

PAGE 124A - Miami - 2020
PAGE 124B - Fort Lauderdale - 2024

PAGE 125A - Fort Lauderdale - 2021
PAGE 125B - Fort Lauderdale - 2022

PAGE 126A - Fort Lauderdale - 2020
PAGE 126B - Fort Lauderdale - 2022

PAGE 127A - Pompano Beach - 2021
PAGE 127B - Fort Lauderdale - 2023

PAGE 128A - Fort Lauderdale - 2019
PAGE 128B - Miami - 2022

PAGE 129A - Fort Lauderdale - 2022
PAGE 129B - Hollywood - 2019

PAGE 130A - Hollywood - 2019
PAGE 130B - Lauderhill - 2022

PAGE 131A - Miami - 2019
PAGE 131B - Tampa - 2018

PAGE 132A - Delray Beach - 2015
PAGE 132B - Fort Lauderdale - 2019

PAGE 133A - Oakland Park - 2021
PAGE 133B - Miami - 2019

PAGE 134A - Homestead - 2001
PAGE 134B - Miami - 2023

PAGE 135A - Ocala - 2018
PAGE 135B - Wilton Manors - 2021

PAGE 136A - Homestead - 2013
PAGE 136B - Saint Petersburg - 2022

PAGE 137A - Hollywood - 2019
PAGE 137B - Fort Lauderdale - 2020

PAGE 138A - Pompano Beach - 2022
PAGE 138B - Miami - 2020

PAGE 139A - Tavernier - 2019
PAGE 139B - Fort Lauderdale - 2021

PAGE 140A - Tampa - 2022
PAGE 140B - Fort Lauderdale - 2023

PAGE 141A - Fort Lauderdale - 2019
PAGE 141B - Wilton Manors - 2022

PAGE 142A - Miami - 2019
PAGE 142B - Fort Lauderdale - 2022

PAGE 143A - Miami 2021
PAGE 143B - Boca Raton - 2015

PAGE 144A - Tampa - 2022
PAGE 144B - Tampa - 2022

PAGE 145A - Tampa - 2022
PAGE 145B - Tampa - 2022

PAGE 146A - Tampa - 2022
PAGE 146B - Fort Lauderdale - 2023

PAGE 147A - Saint Petersburg - 2022
PAGE 147B - Saint Petersburg - 2022

PAGE 148A - Wilton Manors - 2019
PAGE 148B - Fort Lauderdale - 2022

PAGE 149A - Fort Lauderdale - 2022
PAGE 149B - Fort Lauderdale - 2022

PAGE 150A - Saint Petersburg - 2019
PAGE 150B - Oakland Park - 2020

PAGE 151A - Oakland Park - 2022
PAGE 151B - Oakland Park - 2022

PAGE 152A - Hollywood - 2001
PAGE 152B - Key Largo - 2001

PAGE 153A - Fort Lauderdale - 2023
PAGE 153B - Fort Lauderdale - 2023

PAGE 154A - Sunrise - 2023
PAGE 154B - Fort Lauderdale - 2023

PAGE 155A - Fort Lauderdale - 2023
PAGE 155B - Miami - 2024

PAGE 156A - Fort Lauderdale - 2023
PAGE 156B - Saint Petersburg - 2022

PAGE 157A - Oakland Park - 2022
PAGE 157B - Miami - 2023

PAGE 158A - Delray Beach - 2015
PAGE 158B - Miami - 2020

PAGE 159A - Fort Lauderdale - 2019
PAGE 159B - Riviera Beach - 2015

PAGE 160A - Fort Lauderdale - 2024
PAGE 160B - Hollywood - 2015

PAGE 161A - Fort Lauderdale - 2020
PAGE 161B - Oakland Park - 2024

PAGE 162A - Lake Worth - 2015
PAGE 162B - Dania Beach - 2020

PAGE 163A - Fort Lauderdale - 2024
PAGE 163B - Miami - 2024

PAGE 164A - Miami - 2019
PAGE 164B - Fort Lauderdale - 2019

PAGE 165A - Fort Lauderdale - 2024
PAGE 165B - Miami - 2024

PAGE 166A - Fort Lauderdale - 2022
PAGE 166B - Saint Petersburg - 2019

PAGE 167A - Saint Petersburg - 2019
PAGE 167B - Fort Lauderdale - 2020

PAGE 168A - South Tampa - 2022
PAGE 168B - Fort Lauderdale - 2021

PAGE 169A - Miami - 2020
PAGE 169B - Fort Lauderdale - 2020

PAGE 170A - Oakland Park - 2021
PAGE 170B - Pahokee - 2015

PAGE 171A - Tampa - 2018
PAGE 171B - Saint Petersburg - 2019

PAGE 172A - Fort Lauderdale - 2022
PAGE 172B - Fort Lauderdale - 2022

PAGE 173A - Fort Lauderdale - 2020
PAGE 173B - Oakland Park - 2022

PAGE 174A - Miami - 2020
PAGE 174B - North Miami Beach - 2020

PAGE 175A - The Gulf Coast - 2015
PAGE 175B - Miami - 2020

PAGE 176A - Fort Lauderdale - 2022
PAGE 176B - Oakland Park - 2020

PAGE 177A - Near Hollywood - 2021
PAGE 177B - Oakland Park - 2022

www.ingramcontent.com/pod-product-compliance
Lightning Source LLC
LaVergne TN
LVHW070120110826
845147LV00002B/157

* 9 7 9 8 9 8 7 5 3 1 2 0 4 *